Nelson Pereira da Costa

Glossário do EMPREENDEDOR

Uma Coletânea de Conceitos do Mundo Corporativo

Nelson Pereira da Costa

Glossário do EMPREENDEDOR

Uma Coletânea de Conceitos do Mundo Corporativo

EDITORA CIÊNCIA MODERNA

Editor: Paulo André P. Marques
Produção Editorial: Dilene Sandes Pessanha
Capa: Daniel Jara
Diagramação: Daniel Jara
Copidesque: Equipe Ciência Moderna

FICHA CATALOGRAFICA

COSTA, Nelson Pereira da.

Glossário do Empreendedor – Uma Coletânea de Conceitos do Mundo Corporativo

Rio de Janeiro: Editora Ciência Moderna Ltda., 2019.

1. Administração
I — Título

ISBN: 978-85-399-1064-9 CDD 658

Editora Ciência Moderna Ltda.
R. Alice Figueiredo, 46 – Riachuelo
Rio de Janeiro, RJ – Brasil CEP: 20.950-150
Tel: (21) 2201-6662/ Fax: (21) 2201-6896
E-MAIL: LCM@LCM.COM.BR
WWW.LCM.COM.BR **06/19**

A
Alexandre Nelson
Meu filho, que, devido ao seu grande
conhecimento e argúcia, já poderia ter
escrito diversos livros sobre esoterismo,
assunto que tanto gosta.

Prefácio

Após ter escrito cerca de 20 livros (publicados e editados) de Administração & Negócios, nos últimos 18 anos, achei por bem escrever um texto que traga os conceitos básicos e necessários ao Administrador Empreendedor, para que este se expresse de maneira adequada e correta, a fim de que sua equipe tenha um vocabulário de padrões pertinente ao Campo da Administração. Vale acrescentar que sempre construí livros didáticos com remissivos bastante longos, visando à Função Pesquisa da Universidade.

Hoje, vivemos a primazia da imagem sobre a palavra. É muito comum, entre nós, que os meios audiovisuais (cinema, televisão, internet) foram, aos poucos, deixando os livros para trás. As previsões são pessimistas quanto à cultura da boa definição, do conceito correto, da terminologia adequada e da linguagem profissional.

Os livros, dentro de pouco tempo, estarão mortos e enterrados, fazendo com que os amantes da cultura livresca, como eu, lamentem, pois serão aniquilados da comunicação com os mais jovens, porque estes gostam do que é efêmero e superficial. Eles adoram tudo que seja novidade e descartável. E desse modo, viverão em um lixo cultural, perdendo o rumo de suas próprias vidas. Pularão de um arquivo para outro, sem planejamento, direção e controle.

Na civilização atual a técnica é o ensaio e erro até encontrar aquilo que se quer, afinal existem tantas máquinas de busca, para que usar a inteligência e a reflexão. Nossa época, em conformidade com a inflexível pressão da cultura dominante, que privilegia o engenho em vez da inteligência, as imagens em vez das ideias, o humor em vez da sisudez, o banal em vez do profundo e o frívolo em vez do sério, já não produz criadores.

Passei por uma Faculdade de Administração sem ter visto um professor que tivesse a coragem didática de trazer à sala de aula conceitos do Mundo Corporativo. As sutilezas entre conceito, definição e termo jamais foram abordadas. É muito comum encontrarmos alunos, professores e autores que não são capazes de exprimir com clareza aquilo que falam ou escrevem. Essa dúvida sempre me atormentou. Hoje, acredito que era por falta de conhecimento.

A importância da terminologia (nomenclatura) apropriada é de vital importância para que as atividades, ações, processos, estratégias, táticas e procedimentos fluam de maneira espontânea e correta. Os conceitos, desde que aparecem no intelecto, são manifestados por um símbolo ou palavra (conjunto de símbolos). Daí o cuidado para não usar a mesma palavra para coisas diferentes, ou dar diversas designações para a mesma coisa.

Quando comparamos as definições de um conceito proposto em épocas diferentes, verificamos, geralmente, que há um denominador comum, mesmo que este tenha sofrido uma mudança, em função da evolução científica e tecnológica. Então, podemos dizer que um Glossário é, por excelência, uma obra dinâmica.

Segundo Aristóteles, a definição é a declaração da essência de um conceito. Henry S. Leonard sugere 72 tipos diferentes de conceitos da palavra definição. Apesar de tudo isto, poderia argumentar-se que o indivíduo inteligente médio continua incerto sobre a natureza da definição, da finalidade e da maneira como se pode saber se é boa ou má. Assim, ficamos com a seguinte máxima: *Uma definição é boa no grau em que seja útil.*

Quando estudamos as funções administrativas e organizacionais, temos, forçosamente, que afirmar que um texto didático passa pela conceituação, pois é o único caminho para saber o que comunicar numa determinada ordem, ação, decisão, técnica, instrução, política, estratégia e tática, por exemplo. Assim, há o empenho máximo em buscar, no atual projeto, a concisão, a clareza e a precisão.

Este Livro, ***Glossário do Empreendedor: Uma Coletânea de Conceitos do Mundo Corporativo*** tem o propósito de mostrar não só os conceitos, como também apresentar elementos adredes, que ajudem a fundamentar este projeto, tais como: Administração & Negócios; Gestão Corporativa; Contabilidade de Custos; Otimização de Recursos; Economia; Indicadores e Índices de Gestão.

É sempre bom lembrar que para ser pragmático e comunicativo, antes de tudo, é ser um emérito conhecedor dos conceitos desenvolvidos e aplicados pelos cientistas de todo o mundo. Kurt Lewin nos deixou uma frase lapidar: *Nada é mais prático do que uma boa teoria.*

O bom gestor precisa falar com seus comandados de forma que estes o entendam, já que cada Campo do Conhecimento tem seu linguajar próprio. O médico, o engenheiro, o economista, o advogado, por exemplo, têm maneiras próprias de comunicação. Quando conversam entre si, o leigo não os entende.

Vale fazer, no momento, uma observação muito importante: Um Glossário não é um Dicionário, embora muitos autores achem que seja a mesma coisa. Esta obra não só mostra conceitos, como também: fórmulas, figuras, quadros, equações, tabelas, fluxogramas, modelos, planilhas, matrizes, demonstrativos e análises, todos voltados para a **Linguagem Empresarial**.

Gostaria de agradecer a todos aqueles autores que li, por meio de suas obras, tendo em vista que a minha formação intelectual e cultural se deve a todos os livros que estudei até hoje. Também não poderia deixar de lado o agradecimento a todos os exigentes professores que passaram pela minha vida.

Nelson Pereira da Costa

Sumário

A

Abatimento: Subtração de valores, em função das devoluções de mercadorias.

Abordagem: Estudo sistêmico de uma atividade (operação, função, processo) que procura ressaltar aquilo que seja relevante, evidente e útil ao analista; Enfoque que se preocupa em descrever e explicar um fenômeno (fato, acontecimento) sob uma determinada perspectiva.

Abrangência: Nível de detalhamento que se quer para determinado estudo.

Abreviatura: Representação de um nome por meio de sua redução.

Absenteismo: Ausência do funcionário no seu posto de trabalho.

Abstração: Ato de separar um ou mais elementos de uma totalidade complexa, que só, mentalmente, pode subsistir fora desse contexto.

Academicismo: Formação fechada, na sala de aula, alienada dos problemas circundantes, desligada da pesquisa, excessivamente teórica, tipicamente livresca.

Ação: Ato que ocorre dentro de uma operação, transformação ou criação; Ato de agir; Documento que representa uma parcela em que se divide o capital de uma sociedade anônima.

Ação Administrativa: Ação pragmática que faz acontecer aquilo que foi preestabelecido, visando atingir resultados concretos e positivos, através de métodos, princípios, teorias, técnicas, modelos e recursos; Ação que envolverá as funções administrativas, sob a forma de um processo.

Ação Gerencial: Expressão individual de autonomia, de reflexão, de segurança, de conhecimento e de seu papel na organização; Ação que reflete o comprometimento, a autodisciplina e a adaptabilidade pessoal na consecução de uma missão; Ação, totalmente, apoiada no conhecimento administrativo, na busca de novos cenários.

Aceitação: Ato em que uma pessoa é receptiva a um produto, ambiente, cargo, negociação, acordo, situação, valor.

Acidente: Ato não premeditado do qual resulta dano considerável.

Acidente de Trabalho: Acidente causado por condições perigosas, ferramentas impróprias, atos de indisciplina que pode provocar lesão corporal, perturbação funcional, perda ou redução dos movimentos e até mesmo morte; Acidente que não se restringe apenas às ocorrências havidas no ambiente de trabalho, pois envolvem imprudência, negligência ou imperícia de terceiros; Doenças profissionais originadas de esforço repetitivo, contaminação; Todo acidente em que o empregado estiver no exercício da sua função.

Acionista: Pessoa proprietária de ações de uma determinada empresa.

Acomodação: Ação contrária à mudança, inovação, criatividade.

Acompanhamento: Fase de monitoramento do resultado, ou resposta, de uma decisão ou solução de problema; Fase para verificar se existem ajustes, mudanças e modificações a serem realizadas em um determinado processo.

Aconselhamento: Função do dirigente voltada a discutir com um subordinado a maneira de como melhorar o seu trabalho (eficiência, eficácia e efetividade).

Acoplamento: Grau de interdependência (relacionamento) entre módulos (partes) de um sistema.

Acordo: Modo honesto de se chegar a um entendimento.

Adaptação: Movimento que o indivíduo (sistema, empresa) executa, através de reações ou respostas, para atender as modificações do ambiente a fim de não prejudicar a consecução de seus objetivos.

Adhocracia: Tipo de organização de estilo administrativo solto, com pequenas estruturas temporárias, flexíveis, não detalhistas, para propósitos especiais, poucos níveis hierárquicos, poucas gerências, pouca normalização; Inverso da burocracia; Tipo de organização que se agrupa, modifica, acaba e se altera em função do tempo, onde as pessoas se movimentam com grande velocidade; Estrutura que possui extrema especialização horizontal, com poucos níveis hierárquicos, controles, regras, políticas e procedimentos.

Aditivo Contratual: Contrato que estabelece novos prazos, valores, procedimentos, renegociações, relativos a um contrato anterior de mesmo objeto.

Adiamento: Diz-se do retardamento de um pagamento.

Administração: Conjunto de conceitos, princípios, regras, métodos, funções e técnicas isoladas, cujo conhecimento auxilia o dirigente, no alcance dos objetivos da organização, utilizando recursos próprios ou adquiridos. A palavra administração vem do latim *ad* (direção para, tendência para) e *minister* (subordinação ou obediência).

Administração Ambiental: Administração que perpassa todos os setores da organização, adotando regras de respeito ao ambiente, sem colocar em risco a viabilidade, rentabilidade e sobrevivência da organização.

Administração Burocrática: Administração baseada no mando por meio do conhecimento e experiência.

Administração Casuística: Administração baseada na consulta a especialistas, visando estudos de rentabilidade, viabilidade e sustentabilidade de uma ideia inovadora.

Administração Científica: Administração que aplica métodos científicos, a fim de alcançar elevada eficiência.

Administração Colegiada: Administração em que a decisão é tomada por consenso do grupo de trabalho.

Administração Competitiva: Administração baseada no nível de produtividade; Administração da eficiência, por meio da adequação dos recursos humanos às novas tecnologias.

Administração Corporativa: Administração realizada por um grupo de empresas que atuam em mercados comuns, desde que seus objetivos sejam os mesmos.

Administração da Cadeia de Suprimentos: Administração que envolve compras, produção, produtos, movimentação de materiais e consumidores.

Administração da Complexidade: Administração voltada a desenvolver sistemas mais sutis e velozes, para respostas a problemas muito complexos.

Administração da Distribuição: Administração voltada para a otimização da satisfação do consumidor com o produto que recebe.

Administração da Informação: Administração voltada a transformar dados em informações úteis e relevantes, por meio da utilização de filtros no canal de comunicação.

Administração da Mudança: Administração voltada ao equilíbrio entre a mudança e o conflito que toda mudança causa.

Administração da Produção: Administração voltada a evitar que sejam cometidos erros na produção, que comprometam a qualidade dos produtos e o atendimento da carteira de pedidos.

Administração da Qualidade: Administração orientada para padrões superiores de desempenho, pela aplicação dos melhores recursos disponíveis.

Administração de Cargos: Administração que define e configura a hierarquia dos cargos, numa organização; Determina as atribuições, direitos, deveres e responsabilidades, nominando quem é quem na organização.

Administração de Condomínio: Administração voltada à manutenção, segurança e sustentabilidade do imóvel.

Administração de Conflito: Administração orientada para ver no conflito quais as oportunidades de mudanças e inovações.

Administração de Contrato: Administração que trata do cumprimento das cláusulas estabelecidas em um contrato de prestação de serviço, desde a proposta inicial até o término do período de garantia.

Administração de Dados: Administração que procura identificar e modelar (estruturar) os dados que representem a empresa.

Administração de Empresas: Ver Administração.

Administração de Marketing: Conjunto de atribuições, fundamentadas na noção de troca, produzindo satisfação para as partes envolvidas; Administração da demanda.

Administração de Materiais: Administração que diz respeito a tudo que envolve materiais, como: compra, recepção, movimentação, custo, armazenamento, expedição.

Administração de Pessoas: Administração voltada a obter o máximo de cada funcionário da organização; Base de todos os esforços para desenvolver competências, habilidades e conhecimentos.

Administração de Projeto: Constante exercício de antecipação de futuras possibilidades de falhas e desvios daquilo que foi planejado nas fases de construção do projeto.

Administração de Recursos: Administração que demanda capacidades diversas e complexas, sobretudo num mundo em que a mudança e a incerteza são as duas únicas constantes.

Administração de Recursos Humanos: Administração interdisciplinar que envolve necessariamente conceitos de Psicologia Industrial; Sociologia Organizacional; Engenharia Industrial; Direito do Trabalho; Segurança no Trabalho; Medicina do Trabalho; Higiene e Limpeza.

Administração de Salários: Conjunto de princípios e regras que refletem a orientação e a filosofia da organização, no que tange aos assuntos de remuneração de seus empregados, em função dos cargos ocupados.

Administração de Shopping: Administração de amplos espaços de venda de produtos e de prestação de serviços.

Administração de Sistema: Administração que trata da criação de planos para o sistema, determina as finalidades dos componentes, procede à alocação de recursos e controla o rendimento do sistema.

Administração de Vendas: Administração voltada a desenvolver estratégias para atender vendedores em treinamento, novos vendedores, antigos vendedores, supervisores, gerentes e diretores do departamento de vendas.

Administração do Canal de Distribuição: Administração voltada a otimizar a rota (caminho) que o produto terá de percorrer até o consumidor final.

Administração do Conhecimento: Conjunto de processos e fluxos de informação que precisa ser compartilhado com as pessoas certas, no momento adequado.

Administração do Estoque: Administração que monitora o valor (inventário), o nível e o giro do estoque.

Administração do Tempo: Conjunto de princípios, premissas e práticas voltados a fazer melhor uso do tempo.

Administração Econômica: Conjunto de operações praticadas por alguém com o objetivo de conservar e tornar produtiva determinada riqueza.

Administração Estratégica: Um enfoque sistemático à determinação de mudanças a serem feitas nas estratégias e nas potencialidades internas da empresa, para garantir êxito em seu ambiente futuro; Administração evolutiva, porque seus princípios se adaptam às constantes mudanças ambientais; Administração mais bem exercitada, quando o nível de competição existente no mercado é elevado, o que leva os dirigentes a serem mais criativos.

Administração Financeira: Administração do capital de giro de um negócio, por meios de princípios, regras, terminologias e premissas que valorizem o aspecto econômico da organização.

Administração Heróica: Administração em que os superiores ficam com toda a responsabilidade, retirando de seus subordinados toda a motivação para um trabalho sério.

Administração Mercadológica: Administração que trabalha para que a empresa tenha produtos para atender a demanda de mercado.

Administração Participativa: Administração baseada no consenso das pessoas e no seu envolvimento na decisão. Considera os focos de liderança, as responsabilidades compartilhadas, as noções de conjunto e de diferença, bem como o processo integrativo para o alcance dos objetivos estabelecidos; Administração que leva em consideração as bases da organização, ouvindo, estudando, negociando e aproveitando iniciativas, inovações e ideias.

Administração por Agenda: Administração regida por uma agenda de trabalho, atualizada e priorizada diariamente.

Administração por Análise: Administração que propõe, antes de uma decisão, um estudo de viabilidade.

Administração por Atividade: Administração cujos objetivos não levam em conta o longo prazo e as medidas, que deverão modificar a estrutura da empresa, não são programadas de forma metódica, lógica, científica e sequencial.

Administração por Carteira: Divisão da empresa em áreas estratégicas de negócios, cobrando resultados, conforme postulado pela direção da empresa; Administração central que cobra uma performance constante dos resultados, especificando como a carteira deve evoluir com o tempo, quais as mudanças nas áreas de negócio e liquidações de posições.

Administração por Crise: Administração em que todo esforço é dirigido para solucionar o problema, sem análise e avaliação das causas; Administração do tipo apaga incêndio.

Administração por Experiência: Administração do tipo ensaio e erro, onde as experiências do passado, tanto os erros quanto os acertos, constitui os ingredientes básicos de uma vida de crescimento pessoal e profissional.

Administração por Impulso: Administração que não leva em consideração as funções administrativas e organizacionais.

Administração por Objetivos: Administração que preconiza, a todos os setores da organização, o dever de saber os objetivos propostos; Administração por resultados.

Administração por Reunião: Administração que reúne pessoas para buscar cooperação, para um trabalho específico.

Administração por Sistemas: Administração que procurará estabelecer, onde for apropriado, um conjunto programado de regras de decisão, para serem aplicadas num grande volume de tipos repetitivos de transações.

Administração por Tarefa: Administração do dever cumprido.

Administração por Telefone: Administração muito comum na administração de condomínio ou de construções, onde não há a necessidade física do síndico ou do construtor, respectivamente.

Administração Profissional: Administração que utiliza meios científicos para conduzir uma organização.

Administração Prospectiva: Administração que olha para o futuro, estabelecendo alternativas para a empresa, de forma a possibilitar a avaliação contínua dos cursos de ação e sua rápida e adequada alteração conforme novos obstáculos ou oportunidades.

Administração Pública: Conjunto de meios e movimentos para a consecução de políticas governamentais.

Administrador: Elemento dinâmico e vital de qualquer empresa, pois a qualidade e o desempenho de seus administradores são as únicas vantagens efetivas que uma empresa pode ter, dentro de uma economia competitiva; Aquele que não só dá solução aos problemas da organização (empresa), como também os descobre. O administrador tem a responsabilidade de atingir objetivos através de sua equipe, para quem delega tarefas.

Administrador Competitivo: Indivíduo que absorve mudanças, assume riscos com cautela, resolve problemas, através de modelos e políticas conhecidas; Hábil na coordenação, no diagnóstico e no controle de atividades complexas.

Administrador da Produção: Aquele que é responsável pela produção de bens, na qualidade exigida e a tempo de satisfazer as datas estipuladas para entrega.

Administrador de Contrato: Elemento coordenador de diversos especialistas da empresa, para que as cláusulas contratuais sejam cumpridas em tempo hábil; Defensor do contratante no âmbito da empresa e representante desta junto ao contratante, compatibilizando os justos interesses de ambos os lados.

Administrador de Dados: Pessoa que identifica, descobre, estrutura, modela e comunica os dados relevantes e pertinentes aos usuários dos bancos de dados.

Administrador do Tempo: Aquele que utiliza o tempo para pensar sobre os problemas, descobrindo novos meios para o êxito da organização.

Administrador Efetivo: Aquele que sabe onde gastar o próprio tempo; concentra esforços em resultados mais do que em atividades; baseia-se nas qualidades pessoais mais fortes de cada um; concentra-se nas tarefas chaves; toma decisões que otimizam resultados; atua como agente de mudança; avalia estratégias e táticas.

Administrador Eficaz: Aquele que faz as coisas certas, dando ênfase aos resultados; elabora alternativas e diz quais resultados pode trazer; otimiza a utilização dos recursos; distingue quais problemas devem ser tratados e porque da prioridade de abordagem; aumenta lucro e receita com vendas; desenvolve recursos humanos, explicando os objetivos.

Administrador Eficiente: Aquele que faz as coisas de maneira certa, dando ênfase aos meios; resolve problemas; diz como as coisas são executadas; cuida dos recursos; preocupa-se com o controle; cumpre com suas obrigações; reduz custos em processos de produção; treina os subordinados.

Administrador Empreendedor: Aquele que é inovador e criativo, aproximando-se do papel de empresário; Capaz de vislumbrar novas oportunidades e iniciar novos negócios.

Administrador Estratégico: Aquele que tem a habilidade de perceber as tendências subjacentes que moldarão o futuro. Tem a habilidade de identificar aquelas variáveis que são críticas para o sucesso, num negócio pouco conhecido e complexo.

Administrador Executivo: Administrador situado no nível institucional da empresa.

Administrador Financeiro: Indivíduo que, numa empresa, desempenha a função principal no levantamento e planejamento das necessidades de fundos e aplicações efetivas dos mesmos, tendo como principais funções: manter a liquidez da empresa, otimizar o lucro, levantar fundos, manobrar orçamentos, fazer investimentos, imobilizações e aplicações.

Administrador Objetivo: Administrador que deve ter presente a ideia de finalidade, poder observar e delinear as causas dos eventos sem se influenciar por emoções, determinar as causas reais dos resultados, saber chegar sem se perder a meio caminho, distinguir o essencial do acidental, ter concisão (clareza e precisão), ter inteligência treinada para resolver problemas, não confundindo rapidez com pragmatismo e objetividade, porque são coisas diferentes.

Administrador Organizado: Aquele que evita fazer várias coisas ao mesmo tempo, pois isto estimula a dispersão, a baixa produtividade e a ineficiência, além de favorecer o esquecimento e a confusão que causam estresse e tensão.

Administrador Profissional: Pessoa que detém conhecimento adquirido em uma faculdade de administração; Profissional de administração.

Administrar: Tirar o melhor partido das circunstâncias (externas e internas), de modo a utilizar, o mais eficientemente possível, os recursos que dispõem para a sobrevivência da organização; Tentar moldar o cenário e planejar mudanças; Transformar o desejável no possível e o possível no efetivo.

Adaptabilidade: Movimento de mudança que a empresa (sistema) executa, através de reações ou respostas para atender as modificações ambientais e as demandas dos consumidores, sem atingir de maneira destrutiva a própria organização.

Adoção do Produto: Fase do processo de aceitação do produto, em que o consumidor passa a ser cativo da empresa e do produto.

Adulteração do Produto: Forma mentirosa de se comercializar um produto que terá sua composição, propriedade e peso modificados, embora a embalagem diga outra coisa.

Advertência: Comunicação oral, ou escrita, feita a alguém por seu comportamento irregular, isto é, um comportamento incongruente à cultura da organização.

Afastamento: Não presença do empregado no posto de trabalho, por diversos motivos.

Agência de Governo: Organização que regulamenta limitações, ou restrições, à livre iniciativa, bem como dos próprios órgãos de governo, seja especificando maneiras pelas quais ela deverá se conduzir, cerceando algumas de suas decisões e fiscalizando, ou controlando, suas atividades.

Agência de Propaganda: Empresa privada que se especializou na execução de tarefas de propaganda, dedicando seu tempo para prestar serviços a anunciantes, como planejamento da campanha publicitária, bem como execução e avaliação de resultado. Oferece, também, serviços de desenhos de embalagem e pesquisa de mercado.

Agência de Rating: Agência que estuda o estado financeiro de uma empresa (pais, organização) e depois atribui um grau de qualidade aos títulos por ela emitidos.

Agenda: Lista sumária, geralmente, com data e hora marcadas, em que são feitas anotações de compromissos, apontamentos pessoais, questões a serem debatidas, tarefas a serem cumpridas, ações e decisões a tomar; Agenda de trabalho.

Agente: Intermediário que ajuda a distribuir o produto, não sendo proprietário do mesmo.

Agente de Mudança: Pessoa externa ou interna à organização que tenta modificar uma situação organizacional existente; Alguém que, simplesmente pela força de suas ideias, carisma, capacidade de trabalho e de uma retórica capaz de empolgar as pessoas, consiga sacudir de alto a baixo todas as divisões de uma companhia pelo menor custo possível.

Ágio: Diferença entre o valor realmente pago e seu valor nominal (de face).

Agravo: Insatisfação entre superior e subordinado, tendo origem exógena ou endógena; Insatisfações exógenas podem vir da família, lar, comunidade, região ou país; Insatisfações endógenas podem vir da realização profissional, ambiente organizacional, status, remuneração, interação ou políticas empresariais.

Alavancagem: Utilização de recursos de terceiros para aumentar o capital próprio.

Alavancagem Bruta: Relação entre o aumento de lucro e aumento da produção, cuja fórmula é a seguinte: Alavancagem Bruta = Aumento do Lucro / Aumento da Produção.

Exemplo: Aumento do Lucro = 15%; Aumento da Produção = 20%.

Solução: Alavancagem Bruta = 15% / 20% = 0,75

Análise: É uma ilusão achar que um aumento da produção significará maior lucro. No caso acima, o aumento da produção não causou um aumento linear do lucro, porque foi um aumento menor que a unidade. Também é comum a empresa diversificar linhas de produtos num curto espaço de tempo, o que é perigoso.

Alavancagem Financeira: A alavancagem financeira é dada pela fórmula: Alavancagem Financeira = Lucro Operacional Líquido / (Lucro Operacional Líquido - Despesas Financeiras).

Onde: Lucro Operacional Líquido = Lucro líquido conseguido no ciclo operacional total; Despesas Financeiras = Despesas com bancos e instituições financeiras.

Exemplo: Lucro Operacional Líquido = $ 500,00; Despesas Financeiras = $ 100,00; Alavancagem Financeira = 500 / (500 - 100) = 500 / 400 = 1,25

Análise: No caso acima houve uma alavancagem de 25% (125% - 100%), mostrando que o dinheiro tomado de instituições financeiras serviu para alavancar (aumentar) o lucro da empresa.

Alavancagem Operacional: A alavancagem operacional é dada pela fórmula: Alavancagem Operacional = (Receita c/ Vendas - Custo Variável) / (Receita c/ Vendas - Custo Total).

Onde: Receita com Vendas = Entrada em caixa, relativa às vendas faturadas e entregues; Custo Variável = Quantidade Vendida × Custo Variável Unitário; Custo Total = Custo Fixo + Custo Variável.

Exemplo: Receita com Vendas = 12.000,00; Custo Variável = 6.000,00; Custo Fixo = 3.000,00; Custo Total = 9.000,00; Alavancagem Operacional = (12.000 - 6.000) ÷ (12.000 - 9.000) = 6.000 / 3.000 = 2

Análise: A alavancagem operacional terá de ser positiva. Se for negativa, indica que não houve alavancagem. Nem sempre a alavancagem operacional está em função da receita com vendas e sim em função do enxugamento dos custos.

Aliança Estratégica: Aliança em que duas ou mais empresas se juntam para compartilhar e competir no mesmo mercado, cada uma participando com a parte ou etapa do processo, onde detém maior conhecimento (pontos fortes).

Alienação de Ativos: Cessão de bens patrimoniais da empresa.

Alienação Fiduciária: Documento em que o adquirente de um bem móvel transfere o domínio do mesmo ao credor que emprestou o dinheiro para pagar-lhe o preço, continuadamente e que, se ao alienante não for ressarcido do referido bem, no prazo combinado, volta a ter domínio sobre o mesmo, isto é, o vendedor é dono do bem até a quitação total pelo comprador.

Alíquota: Percentual com que determinado tributo incide sobre o valor da coisa tributada.

Almoxarifado: Local onde estão guardadas utilidades, materiais, ferramentas, componentes, equipamentos que a empresa comprou para serem consumidos em suas operações.

Almoxarife: Responsável pelo almoxarifado.

Alocação: Distribuição do custo indireto; Rateio.

Alteração Contratual: Contrato aditivo para permitir alterações do capital, da participação societária, da admissão de novos sócios, da gerência da sociedade, da mudança das atividades ou por razões que ficaram omissas e que precisam ser explicitadas.

Alteração do Produto: Processo natural que atua na composição, gosto, odor e forma de um produto.

Alternativa: Ação sucedânea para um mesmo resultado.

Aluguel: Valor pago por mês para remunerar a locação de um bem.

Ambição: Motor que energiza o indivíduo, impulsiona suas ações e garante o progresso; Capacidade de definir foco e estabelecer metas, traçando caminhos para alcançá-las; Apetite para o risco e disposição para ir além da média dos seres humanos.

Ambiente: Todo um espaço (contexto) que envolve externamente uma organização de forma direta e indireta, sendo constituído de: pessoas, sistemas, recursos, grupos, famílias e organizações que formam a sociedade; Lugar onde as empresas obtêm os recursos para poderem agir e devolver, ao mesmo tempo, bens, serviços e ideias.

Ambiente Cultural: Ambiente traduzido pelos usos e costumes da região. Uma organização poderá mudar hábitos culturais ou não. As diferenças culturais são assustadoras, baseiam-se, em grande parte, nas tradições: religiosa, social e econômica.

Ambiente de Mercado: Ambiente propício à criação e desenvolvimento de um nicho de mercado.

Ambiente de Negócios: Ambiente que facilita a realização de negócios, onde os recursos são disponíveis a baixo custo, as legislações são favoráveis e a infraestrutura ajuda a mobilidade e a distribuição dos produtos.

Ambiente de Produção: Ambiente interno da organização onde são transformados matérias-primas e insumos em produtos.

Ambiente de Tarefa: Ambiente operacional e específico de cada organização.

Ambiente de Trabalho: Ambiente onde os recursos humanos são agrupados em equipes de trabalho.

Ambiente Demográfico: Ambiente que mostra à organização o crescimento da população e suas faixas etárias. As tendências demográficas são altamente confiáveis a curto e a médio prazos.

Ambiente Direto: Representa o conjunto de fatores através do qual a empresa tem condições não só de identificar, mas também de avaliar ou medir, de forma mais efetiva e adequada, o grau de influência recebido e/ou proporcionado.

Ambiente do Empreendimento: Ambiente que reúne e integra recursos no sentido de que o mesmo seja autossustentável e lucrativo.

Ambiente do Sistema: Ambiente que está fora do sistema, mas que exerce uma forte influência sobre o mesmo.

Ambiente Econômico: Ambiente que retrata o poder de aquisição da população.

Ambiente Empresarial: Ambiente voltado ao estudo da cultura e do conhecimento organizacional da empresa. Isto inclui atitudes, impulsos, valores, objetivos, metas, funções administrativas, funções organizacionais, mudanças, leituras de cenário, riscos, estratégias, negócios, ameaças, restrições, oportunidades. O ambiente empresarial não é um conjunto estável, uniforme e disciplinado, mas um conjunto bastante dinâmico que muda a cada momento.

Ambiente Estável: Ambiente que apresenta estabilidade, pois não há mudanças relevantes de comportamento. Normalmente, é conservador, previsível e rotineiro.

Ambiente Estratégico: Ambiente caracterizado por flutuações frequentes e imprevisíveis, exigindo que as atividades de produção e marketing estejam juntas para permitir rápidas respostas a novos cenários.

Ambiente Externo: Ambiente que envolve a organização.

Ambiente Físico: Ambiente, cujos fatores iluminação, temperatura, ar, ruído, umidade, insalubridade e pintura, determinam a qualidade de vida dos funcionários da organização.

Ambiente Geral: Ambiente comum a todas as organizações (macroambiente), também conhecido como ambiente externo. É constituído de um conjunto amplo e complexo de condições e fatores externos que envolvem e influenciam todas as empresas.

Ambiente Heterogêneo: Ambiente de muita diferenciação entre seus componentes.

Ambiente Homogêneo: Ambiente de pouca diferenciação (segmentação) de mercados. O ambiente homogêneo é simples, permitindo à empresa pequena diferenciação de atividades e, portanto, uma estrutura organizacional com poucos departamentos para lidar e, ao mesmo tempo, centralizada. É o caso das empresas que têm consumidores, fornecedores e distribuidores pouco diferentes entre si e que podem ser tratados, com certa uniformidade de critérios, por parte da empresa.

Ambiente Incerto: Ambiente onde faltam informações e conhecimentos para a consecução de objetivos empresariais; onde o risco é grande. Para sobreviver em um ambiente incerto e para lidar com tecnologias de difícil domínio, a empresa precisará estabelecer estratégias de sobrevivência.

Ambiente Indireto: Ambiente que representa o conjunto de fatores, através do qual a empresa não tem condições, no momento, de avaliar ou medir o grau de influência entre as partes.

Ambiente Instável: Ambiente de constantes mudanças, gerando incertezas. Uma das características do ambiente instável é que ele potencializa as oportunidades e as ameaças à empresa. É crucial, portanto, que os empresários aprendam a reconhecer os solavancos e a lidar com eles.

Ambiente Interno: Ambiente relacionado às qualidades ambientais de operação da organização; Ver ambiente físico.

Ambiente Legal: Ambiente que mostra restrições legais à organização, para a sua criação e desenvolvimento. Assim como as pessoas não podem dizer que não conhecem a lei, os empresários precisam estar conscientes das leis e regulamentações governamentais que afetam seus mercados, produtos, projetos e negócios.

Ambiente Mutável: Ambiente também chamado dinâmico apresenta instabilidade no comportamento dos clientes. Neste ambiente as reações empresariais são diferentes e variadas, em função do tempo.

Ambiente Natural: Ambiente preocupado com: escassez de matéria-prima e insumo; custo crescente de energia; nível de poluição; proteção ambiental; ecologia; ecossistema.

Ambiente Organizacional: A própria organização.

Ambiente Político: Ambiente ditado pelo sistema político, onde a organização está inserida.

Ambiente Psicológico: Ambiente comportamental relacionado às necessidades humanas. É a situação que a pessoa percebe e interpreta a respeito de seu ambiente externo mais próximo.

Ambiente Sistêmico: Ambiente cujos mercados (elementos, componentes) possuem reações semelhantes. Uma modificação em um mercado muda todo ambiente, e vice-versa.

Ambiente Social: Ambiente representado pela sociedade (reunião de pessoas e organizações).

Ambiente Tecnológico: Ambiente que fornece o desenvolvimento de novos produtos e processos, função dos avanços tecnológicos.

Ambiente Turbulento: Ambiente onde as estratégias passadas são suspeitas, a rentabilidade não acompanha o crescimento e o futuro é cheio de surpresas. Em ambientes turbulentos, a alternativa ao incremento lógico é o planejamento estratégico. O nível de turbulência ambiental é determinado por uma combinação de numerosos fatores, tais como: mutabilidade do mercado, velocidade de mudança, intensidade da concorrência, fertilidade tecnológica, segmentação do mercado, pressões do governo e grupos de influência.

Ameaça: Uma espécie de desafio decorrente de uma tendência desfavorável, como: redução da margem de lucro e decréscimo da receita com vendas, sendo classificada conforme seu grau de relevância e probabilidade de ocorrência.

Amortização: Pagamento de ágios e juros relativos a ações e empréstimos, respectivamente; Débito do custo do bem (ativo fixo), durante vários exercícios, até que termine a sua vida econômica.

Amostra: Conjunto dos elementos de uma população, localizado num determinado espaço-tempo, contendo certos atributos de um universo que tem valor estatístico.

Amostragem: Escolha de determinadas partes ou de determinados instantes na execução de um serviço para a observação ou contagem.

Amplitude: Diferença entre o maior valor e o menor valor de uma série histórica.

Amplitude de Comando: Também denominada amplitude de controle, refere-se ao número de subordinados que um chefe pode supervisionar pessoalmente, de maneira efetiva.

Analisar: Função administrativa voltada a dividir aquilo que se deseja conhecer, em tantas partes quanto for possível, de modo que permita um bom conhecimento de cada uma delas, e, com isso, um conhecimento completo e detalhado do todo.

Análise: Busca da melhor solução (resposta) para uma questão colocada em estudo ou dúvida.

Análise Administrativa: Análise fundamentada nas funções administrativas, cuja finalidade é efetuar diagnósticos dos cenários e estudar soluções integradas para problemas empresariais, envolvendo processos, métodos e técnicas de trabalho. A análise administrativa é dinâmica e permanente, porque suas conclusões são reavaliadas, visando novos rumos, se necessários.

Análise Ambiental: Análise das condições externas que envolvem a organização, tais como oportunidades, ameaças, preservação do ecossistema, cultura da sociedade, geografia, clima, religião, mercado, produto concorrente, tendência, perspectiva do cenário, consumidores, fornecedores de recursos, conjunturas econômica, social e política, restrição legal.

Análise Comercial: Análise que, através de métodos de previsão de vendas, estimativas de custos e projeção orçamentária, define o comportamento que leva a organização a cumprir sua missão, isto é, a finalidade pela qual a organização foi criada.

Análise Competitiva: Análise para prever os passos dos concorrentes e se antecipar às suas ações. Esta análise mostra que, mesmo que a empresa adote estratégias ótimas em todas as suas áreas de negócio, certas áreas são mais promissoras do que outras.

Análise da Atividade: Análise para determinar a incidência temporal para os períodos de atividade e de inatividade e ao estudo das possíveis modificações realizáveis sobre o método (processo) seguido, a fim de aumentar a produtividade.

Análise da Capacidade Instalada: Análise que objetiva determinar qual a capacidade em máquinas, equipamentos e instalações deve ter o projeto para que o produto atenda às exigências do mercado, bem como a qualidade e as especificações instituídas no projeto.

Análise da Carga de Trabalho: Análise que objetiva examinar a quantidade de trabalho relativa às várias tarefas atribuídas e desenvolvidas em cada unidade, em períodos de tempo prefixados, e na verificação do equilíbrio existente entre essa quantidade e a organização que se estuda.

Análise da Carteira: Análise que objetiva dar uma visão clara da capacidade da empresa para atender o mercado e observar como está sendo feito o atendimento dos pedidos da clientela, permitindo comparar prioridades de atendimento e aplicações dos recursos existentes.

Análise da Concorrência: Análise que objetiva definir quem são os maiores concorrentes, quais os produtos (bens, serviços, ideias) que eles oferecem, quais são suas potencialidades e fragilidades. Essa análise pressupõe o conhecimento da atuação passada e presente dos principais concorrentes.

Análise da Condição de Trabalho: Análise que objetiva verificar a importância do ambiente sobre o trabalho a ser executado, levando em consideração, principalmente, a iluminação, o ar, a temperatura, a umidade, a ventilação, os ruídos e as cores.

Análise da Crise: Análise que objetiva saber se o problema é institucional, político, estrutural, comportamental, administrativo, mercadológico ou tecnológico, por exemplo.

Análise da Decisão: Análise que objetiva identificar alternativas de escolha, fazer uma apreciação sobre uma linha de conduta a ser adotada, determinar quais os recursos que viabilizam a solução de um problema. Na análise da decisão é fundamental conhecer a natureza do problema, da estratégia de solução e o tipo de decisão a tomar.

Análise da Demanda: Análise que objetiva conhecer a evolução do consumo, a concorrência, os preços praticados, a elasticidade da demanda do produto. Para projeto de maior envergadura ser realizado em ambiente competitivo, serão necessárias análises aprofundadas de demanda.

Análise da Dispersão: Análise que objetiva identificar o relacionamento entre variáveis e seus respectivos valores, que influenciam no resultado de um processo.

Análise da Distribuição do Trabalho: Análise que objetiva conhecer as tarefas individuais, o desdobramento das tarefas em atividades, a distribuição do trabalho, o processamento do trabalho, o tempo requerido para execução, a correlação entre as operações e os postos de trabalho, com a finalidade de elaborar o Quadro de Distribuição de Tarefas (QDT).

Análise da Embalagem: Análise da embalagem objetiva estudar a cor, o rótulo, as especificações, o formato, o código de barras e tudo o mais que formará o produto com um visual agradável, ajudando a imagem da marca e da empresa.

Análise da Empresa: Análise que objetiva buscar informações sobre seus produtos, pontos fortes, pontos fracos, fontes de recursos, setor econômico, práticas do comércio local, tecnologias, custos, canais de distribuição, oportunidades, ameaças, preços de mercado, margem de lucro, políticas.

Análise da Estratégia: Análise da estratégia objetiva determinar e esclarecer os seguintes pontos: a importância da estratégia, a visão estratégica da alta administração, a principal característica da estratégia, os componentes da estratégia, a consciência (postura) estratégica, o enfoque da estratégia, as questões que inviabilizam a estratégia, a resistência à nova estratégia, os recursos necessários para sua implementação, o principal objetivo da estratégia.

Análise da Estrutura: Análise que objetiva buscar a simplificação de cargos e funções, verificar e comparar a documentação em busca de dados sobre centralização e descentralização, conhecer as unidades organizacionais e polos de decisão, enumerar as atividades das funções organizacionais, conhecer a composição qualitativa e quantitativa dos recursos humanos, buscar as relações de caráter hierárquico, consultivo e funcional existentes entre as unidades.

Análise das Fontes de Recursos: Análise que objetiva buscar no mercado quais as fontes para: capital, mão de obra, imóveis, matéria-prima, insumos, máquinas, instalações, equipamentos, inovações tecnológicas, práticas administrativas, técnicas mercadológicas, conhecimentos.

Análise da Imagem: Análise que objetiva melhorar, de forma contínua, o conceito que os consumidores têm da empresa, suas marcas e produtos.

Análise da Instalação: Análise que objetiva otimizar e simplificar o uso de máquinas e equipamentos, conforme sua continuidade de uso.

Análise da Linha de Produtos: Análise que objetiva determinar que itens devem ser desenvolvidos, mantidos, explorados, otimizados, inovados, eliminados, descontinuados, progressivamente ou não.

Análise da Oferta: Análise que objetiva conhecer as capacidades nominal e efetiva do mercado, grau de utilização, prática de comércio.

Análise da Oportunidade: Análise que objetiva traçar um paralelo entre as hipóteses e realidades daquilo que parece ser uma oportunidade.

Análise da Qualidade: Análise que objetiva verificar a conformação do produto, evidenciada pelo desenho, especificações, tolerâncias, confiabilidade e padrões.

Análise da Relação Custo/Benefício: Análise que objetiva estudar quais as variáveis que mais bem viabilizam o projeto, tais como: qualidade, preço, custo e lucro.

Análise da Rentabilidade: Análise que objetiva saber quais mercados, produtos e consumidores são os mais lucrativos.

Análise da Rotina: Análise que objetiva a sua simplificação. Para tal é preciso fazer um levantamento compreendendo: espécie, natureza ou denominação de cada rotina; órgãos e pessoas envolvidas; desdobramento da rotina em fases e operações; referências ao tempo e volume de cada operação; espaços existentes entre cada operação; síntese de cada operação; exposição gráfica; tempos de espera e de execução de cada operação; fixação das unidades de trabalho; indicação das quantidades e qualificações dos executores; apontamento das falhas; identificação das vinculações entre as rotinas; especificação da clientela servida.

Análise da Segmentação: Análise que objetiva examinar para qual público-alvo o produto é destinado.

Análise da Situação: Análise que objetiva relatar de forma sucinta as informações básicas sobre as variáveis pertinentes a: mercado, governo, ambiente, consumo, empresa, concorrência, restrições, oportunidades, pontos fracos, pontos fortes, necessidades e desejos dos consumidores, indicadores do setor.

Análise da Variedade: Análise que objetiva estudar o quanto a variedade do produto pode atrapalhar a qualidade e a produtividade, ou o quanto pode ajudar o pessoal de marketing.

Análise de Dados: Análise que objetiva permitir ao pesquisador o estabelecimento de conclusões, a partir de um levantamento da situação, identificando as anomalias e as partes separadas que permaneceram em um conjunto de dados após este ter passado por controles de qualidade, ser reformatado e padronizado. O grande desafio desta análise é saber escolher corretamente as técnicas de análise dentre as inúmeras existentes.

Análise de Gestão: Análise onde se estuda, de forma holística, o desempenho da empresa, utilizando as análises horizontal e vertical ao mesmo tempo, para os itens que compõem o Balanço Patrimonial e o Demonstrativo de Resultado, que de certa forma se completam e até se sobrepõem.

Análise de Risco: Análise para determinar as medidas necessárias para que o risco seja minimizado a ponto de ser tolerável e quanto vale a pena pagar; Análise para dimensionar, mesmo de maneira probabilística, os possíveis resultados de uma decisão.

Análise de Sistema: Análise que procura equacionar um universo mais complexo, cheio de variáveis que, muitas vezes, não podem ser identificadas e, outras vezes, mesmo depois de caracterizadas, não podem ser quantificadas.

Análise de Valor: Análise do exame crítico das funções do produto, com o objetivo final de dotar o mesmo de condições, para que realize suas funções pelo custo mínimo; Análise que deve ser dividida em etapas, que podem começar com o objetivo do novo produto e terminar com um relatório recomendando ou não o produto.

Análise Digital: Análise que substitui os dados em papel por bits de dados eletrônicos. Esta análise deve começar pelo negócio e não pela tecnologia. Ser digital não é ter um site, e-mail, um blog, uma rede social ou um portfólio virtual.

Análise Dinâmica: Ver análise histórica.

Análise Discriminante: Técnica estatística para classificar, determinar, separar e especificar objetos, pessoas, dimensões, programas, políticas, planos, respostas, resultados, modelos, estratégias, relações, táticas. A análise discriminante procura descrever e analisar uma série histórica de valores colhidos, através de um levantamento de dados.

Análise do Arranjo Físico: Análise que objetiva determinar um lugar para cada coisa, de modo que este lugar possa ser utilizado de maneira mais eficiente, e em fazer com que cada coisa ocupe, realmente, o seu lugar.

Análise do Balanço Patrimonial: Análise que objetiva prestar informações sobre o grau de rentabilidade dos valores empregados (investidos), servir como instrumento de avaliação da tendência do negócio e seu rendimento, assegurar que os recursos sejam obtidos e aplicados efetivamente.

Análise do Cargo: Análise que objetiva investigar os cargos e descrevê-los em termos das características gerais, tais como: o nível de responsabilidade, as condições de trabalho e as qualificações exigidas. Cada fator pode então ser dividido em um número de graus, cada um deles recebendo o valor de um ponto. Todos os cargos podem ser comparados e avaliados, fornecendo um valor total de pontos para cada cargo.

Análise do Cenário: Análise voltada a caracterizar situações futuras que têm, necessariamente, ligação com situações presentes e passadas.

Análise do Comportamento: Análise que objetiva buscar compreender as atitudes humanas, bem como achar paradigmas de comportamento que possam ser utilizados (copiados) na organização com sucesso.

Análise do Consumo: Análise que objetiva estudar o histórico do faturamento, a previsão de vendas, a carteira de pedidos, o perfil do público-alvo, o poder de compra do consumidor, a renda da população, o nível social (econômico, financeiro, educativo, intelectual e cultural) do consumidor, bem como medir as mudanças de atitude e de hábito das pessoas.

Análise do Demonstrativo de Resultado: Análise que compara o crescimento (principalmente das vendas) apresentado pela empresa, em face do crescimento do segmento econômico em que a empresa atua; dos principais concorrentes e da inflação ou da variação das outras moedas.

Análise do Fato: Análise que objetiva fazer um levantamento estatístico, em termos numéricos, pois o resultado desta análise vai ser função direta da fidelidade, da precisão e da metodologia empregada neste levantamento.

Análise do Feedback: Análise que objetiva comparar resultados, no fim do processo, com as expectativas tidas no início do mesmo. Esta análise mostra as habilidades que uma pessoa precisa ter para aprimorar seus conhecimentos que não são adequados e atualizados.

Análise do Fluxo de Informações: Análise que objetiva conhecer o suprimento de informações. Este suprimento requer que haja um fluxo adequado de informações através de reuniões, circulares, relatórios, memorandos, cartas, e-mails, banco de dados, intranet, internet.

Análise do Governo: Análise que objetiva estudar as variáveis macroeconômicas, leis, gastos públicos, balança comercial, licitações, impostos, carga tributária, taxas sobre serviços, taxa de juros, inflação. Também objetiva determinar: quem é quem no governo, quais as pessoas que influenciam nas decisões, quais as "eminências pardas" do governo, quais são as pessoas que realmente detêm o poder e quais são aquelas que praticam lobby.

Análise do Impacto: Análise também chamada de análise colateral, objetiva dimensionar os efeitos que um novo produto terá sobre os demais produtos da empresa e da concorrência.

Análise do Investimento: Análise que objetiva verificar a conveniência da otimização tecnológica para a substituição de máquinas e equipamentos, melhoria da produtividade (reditividade), avaliando o impacto na estratégia empresarial e qual a mudança no comportamento e cultura da organização.

Análise do Mercado: Análise que objetiva estudar séries históricas, variáveis interdependentes da economia e do mercado, ambientes de consumo, demanda e potencial de mercado, volume de vendas, participação no mercado, concorrentes, inovações, novos produtos, tendências, mudanças do cenário, ciclo de venda, sazonalidade, estratégias e táticas de penetração no mercado.

Análise do Negócio: Análise que objetiva inventariar sintomas, definir a missão do negócio, determinar aquilo que é essencial, definir objetivos das funções vitais, comparar o real com o desejado, determinar os desvios, escolher variáveis a serem alteradas.

Análise do Novo Produto: Análise que objetiva estudar a viabilidade do projeto, quanto aos aspectos econômicos e mercadológicos. Esta análise deve levar em consideração uma multiplicidade de fatores, que, no seu somatório, possa efetivamente conduzir o projeto ao mais próximo possível da realidade. Levantamentos estatísticos servem, em primeira mão, para identificar oportunidades e fornecer dados para ajudar os gerentes de marketing, produção e finanças na viabilização do projeto.

Análise do Pedido: Análise que objetiva verificar a possibilidade de se atender ao cliente para um determinado produto, em função de: quantidade estocada do produto, margem de lucro do produto, custo de distribuição, área do consumidor (local de entrega), lotes economicamente viáveis, limite de crédito, correção no preenchimento do pedido, perfil do comprador, prazo de atendimento.

Análise do Perfil: Análise que objetiva proporcionar um enfoque complementar e/ou alternativo à escolha de uma estratégia e estudar as mudanças de transição de um perfil para outro. Considera-se perfil uma descrição rápida de algo.

Análise do Ponto Comercial: Análise que objetiva considerar os seguintes pontos: potencial de mercado, visibilidade, acesso, funcionalidade, tamanho da área, infraestrutura local (correio, banco, telefonia, escola, hospital, transporte), tipo de solo, recursos naturais, recursos primários (água, luz, força, esgoto e gás), planejamento urbano, planejamento viário, restrições legais.

Análise do Posto de Trabalho: Análise que objetiva buscar respostas ao questionamento: A arrumação dada é a melhor possível? A tecnologia utilizada é a melhor possível? A economia de tempos e movimentos é a melhor possível? As condições ambientais são as melhores possíveis? O empenho para evitar "gargalos" em atividades é o melhor possível?

Análise do Processo: Análise que objetiva estudar a ordem dos passos relativos à atividade em curso, conhecer o fluxo dos documentos e a sequência em que é elaborada, determinar as operações merecedoras de maior atenção, coletar o maior número de dados para descrever os passos do processo atual, examinar, criticamente, os métodos empregados, propor a eliminação, combinação, mudança e/ou transferência de posição de cada passo do processo.

Análise do Resultado: Análise que objetiva comparar os valores resultantes com os esperados, bem como observar se os mesmos são significativos em relação aos indicadores fornecidos pelo mercado e pela série histórica da organização.

Análise do Texto: Análise que se refere ao processo de conhecimento de determinada realidade e implica o exame sistemático dos seus elementos. Conhecer tipos de análise do texto ajudará você a se tornar alguém mais esperto na leitura de um documento.

Análise do Trabalho: Análise que objetiva dar um tratamento racional e científico no modo de execução de um trabalho, baseado nas informações sobre: as condições do ambiente; os métodos e processos; as tarefas e operações; os movimentos; as fases em que o trabalho se desdobra e a sua sequência; as capacidades e aptidões; os conhecimentos que o trabalho exige; os equipamentos e materiais utilizados.

Análise Essencial: Análise que indica o modelo que deve satisfazer as necessidades do analista, mencionando o mínimo possível de recursos para a implementação do sistema, produto ou projeto, por exemplo.

Análise Estatística: Método matemático utilizado para obter a mesma informação com a menor quantidade de dados. Uma de suas aplicações mais conhecidas é o controle estatístico de qualidade. A análise estatística fornece meios para a escolha de amostras representativas de uma série temporal (universo de dados) para aceitar ou rejeitar um lote de produção, por exemplo, em função dos dados da amostra. Ela pode ser considerada como um conjunto de procedimentos elaborados para descobrir os fatores reais mais importantes que afetam um determinado processo.

Análise Estratégica: Análise que busca o caminho ou meio para que a organização alcance favorável, preferencial e diferentemente os objetivos e desafios em um ambiente mutável, complexo e altamente competitivo. Análise que permitirá a organização encontrar os recursos para resultados positivos, bem como os fatores chaves que assegurem um sucesso duradouro.

Análise Estruturada: Análise voltada a fornecer modelos da realidade, onde se possa estabelecer especificações precisas.

Análise Funcional: Método de determinar as partes das quais, eventualmente, uma norma, um procedimento, uma rotina, ou uma função, por exemplo, deve ser desenvolvida, reformulada ou diferenciada. Tal análise possibilita alternativas para julgar relações entre pessoas e funções.

Análise Histórica: Análise fundamentada nos registros históricos, levando em consideração os problemas encontrados no passado, bem como os estudos de tendência, ciclo operacional, sazonalidade e eventos ocasionais (greves, guerras, distúrbios sociais, moda, intempéries).

Análise Horizontal: Análise que permite o exame da evolução histórica de uma série de valores, podendo ser efetuada através do cálculo das variações em relação a uma determinada conta. A seguir, um exemplo:

Contas	Produto A	Produto B	Produto C	Total
1 – Receita com Vendas	50.000 (50%)	30.000 (30%)	20.000 (20%)	100.000(100%)
2 – Custos	20.000 (50%)	12.000 (30%)	8.000 (20%)	40.000 (100%)
3 – Lucro Bruto (1 - 2)	30.000 (50%)	18.000 (30%)	12.000 (20%)	60.000 (100%)
Despesas com:				
4 – Salários	4.000 (30%)	3.000 (40%)	5.000 (42%)	12.000 (100%)
5 – Comissões	7.500 (50%)	4.500 (30%)	3.000 (20%)	15.000 (100%)
6 – Viagens	1.500 (25%)	1.800 (30%)	2.700 (45%)	6.000 (100%)
7 – Diversas	6.000 (33%)	6.000 (33%)	6.000 (33%)	18.000 (100%)
8 – Total (4 a 7)	19.000 (37%)	15.300 (30%)	16.700 (33%)	51.000 (100%)
9 – Lucro Líquido (3 - 8)	11.000 (122%)	2.700(30%)	- 4.700(-52%)	9.000(100%)

Análise Interorganizacional: Análise que trata da interação da organização com outras do seu ambiente de atuação.

Análise Interpretativa: Análise que procura associar as ideias expressas pelo autor com outras de conhecimento do leitor, sobre o mesmo tema. Faz uma crítica, do ponto de vista da coerência interna e validade dos argumentos empregados no texto e da profundidade e originalidade dada à análise do problema. Realiza uma apreciação pessoal e emite um juízo sobre as ideias expostas, elaborando uma pauta para discussão.

Análise Morfológica: Análise que exige a identificação de fatores básicos de um problema e o exame dos relacionamentos entre esses fatores, na esperança de se encontrar algo novo. Se nosso problema do canal de distribuição é o transporte, por exemplo, precisamos saber: o tipo de veículo, o meio de transporte, o tipo de carga e suas especificações e a fonte de energia que será utilizada.

Análise Organizacional: Análise das condições internas da organização, o que significa determinar seus elementos competitivos para sobreviver no mercado em que atua. Tal análise tem por finalidade colocar em evidência os pontos fracos e fortes da organização. Pontos fortes são vantagens controláveis que precisam ser aproveitadas ou otimizadas. Pontos fracos são desvantagens controláveis que precisam ser evitadas, modificadas ou corrigidas.

Análise Sistêmica: Análise que considera todo e qualquer organismo e/ou organização como um sistema, pois há uma ênfase na dinâmica do processo de interação entre suas partes constituintes, tendo em vista que o sistema sempre reagirá a qualquer interferência ou estímulo sobre suas interfaces (conexões) ou mesmo sobre seus subsistemas.

Análise Temática: Análise que permite maior compreensão do texto, fazendo emergir a ideia central e as secundárias, as unidades e subunidades de pensamento, sua correlação e a forma pela qual esta se dá.

Análise Transacional: Análise que transparece como um conjunto de normas de terapia psicológica para melhorar o relacionamento interpessoal oportunamente. Além das implicações internas, muitas organizações têm utilizado a análise transacional para melhorar, também, as relações entre o seu pessoal e os consumidores e/ou fornecedores.

Análise Transformacional: Análise tida mais como uma estratégia para projetar sistemas balanceados que facilitam ver o físico a partir do virtual, e vice-versa. Nesta análise, o gerente precisa ter a certeza de que o sistema caminha para os resultados esperados e sua ferramenta básica é o diagrama do fluxo de dados (DFD).

Análise Vertical: Análise que mostra a estrutura de composição dos itens e sua evolução no tempo. Ela tem como objetivo principal determinar a relevância de cada conta em relação a um valor total tomado como base. Assim, o percentual de cada conta mostra sua real importância no conjunto. A base é, geralmente, o total dos ativos no caso do balanço patrimonial e receita com vendas, no caso do demonstrativo de resultado. A seguir, um exemplo:

Contas	Produto *A*	Produto B	Produto C	Total
1 – Receita c/ Vendas	50.000(100%)	30.000 (100%)	20.000 (100%)	100.000 (100%)
2 – Custos	20.000 (40%)	12.000 (40%)	8.000 (40%)	40.000 (40%)
3 – Lucro Bruto (1- 2)	30.000 (60%)	18.000 (60%)	12.000 (60%)	60.000 (60%)
Despesas com:				
4 – Salários	4.000 (8%)	3.000 (10%)	5.000 (25%)	12.000 (12%)
5 – Comissões	7.500 (15%)	4.500 (15%)	3.000 (15%)	15.000 (15%)
6 – Viagens	1.500 (3%)	1.800 (6%)	2.700 (13%)	6.000 (6%)
7 – Diversas	6.000 (12%)	6.000 (20%)	6.000 (30%)	18.000 (18%)
8 – Total (4- 7)	19.000 (38%)	15.300 (51%)	16.700 (83%)	51.000 (51%)
9 – Lucro Líquido (3 - 8)	11.000 (22%)	2.700 (9%)	- 4.700 (-23%)	9.000 (9%)

Analista: Aquele que estuda o serviço a ser realizado, determinando as partes componentes, a metodologia de trabalho e a tecnologia de suporte.

Anexo: Documento cuja extensão e complexidade não faz parte do corpo de um relatório (plano), como por exemplo: quadros, tabelas, planilhas, matrizes, diagramas, gráficos.

Ano Fiscal: Período de doze meses que termina no último dia em que os registros contábeis de uma organização são efetivados.

Anuidade: Série de fluxos de caixa futuros.

Anunciante: Empresa que utiliza um ou mais canais para divulgar um produto.

Anúncio: Texto sobre um produto com palavras atrativas, para consumidores, usuários, pacientes, candidatos, distribuidores e colaboradores.

Antecipação: Adiantamento de um pagamento, visando desconto.

Anteprojeto: Documento que é um esboço preliminar do projeto, como o protótipo é para o produto. Deve ser simples, conciso, objetivo e de orçamento reduzido, não devendo ser confundido com sinopse.

Aplicação: Recursos financeiros aplicados em outras empresas.

Aplicativo: Programa de computador voltado para um objetivo previamente definido; Aplicativos são os processos pelos quais as informações são coletadas, processadas e distribuídas, com vista à ação administrativa.

Apontador: Aquele que faz registros.

Aporte: Injeção de recurso, geralmente, financeiro, para equilibrar o déficit de caixa.

Aprender: Ação que o ser humano constrói para se integrar e interagir com o ambiente do qual faz parte.

Aprendizagem: Fator fundamental do comportamento humano, pois afeta poderosamente não somente a maneira pela qual as pessoas pensam, sentem e agem, mas também suas crenças, valores e objetivos. A aprendizagem de uma pessoa é produzida através da atuação recíproca de impulso, estímulo, sugestão, resposta, realimentação.

Aptidão: Capacidade física e mental que tem o ser humano para desenvolver certas habilidades.

Aquisição: Conjunto de atividades que ocorre entre empresa e seus fornecedores e que não significa, necessariamente, compra de matéria-prima.

Área da Administração: Área estratégica, geralmente, situada, se possível, a ver todas as operações da empresa.

Área de Trabalho: Local apropriado para departamentos, divisões, seções, com o objetivo de facilitar a comunicação entre grupos.

Área Estratégica de Negócios: Segmento de mercado com o qual a empresa se relaciona de forma otimizada.

Área Funcional Fim: Área da empresa que engloba as funções organizacionais: Marketing e Produção.

Área Funcional Meio: Área da empresa que engloba as funções organizacionais: Finanças, Contabilidade, Pesquisa,

Desenvolvimento, Recursos Humanos, Materiais, Patrimônio, Serviços, Sistemas de Informação, Sistemas de Comunicação, Tecnologia, Segurança.

Área do Posto de Trabalho: A área do posto de trabalho é dada pela fórmula: St = Se + Sg + Sc

Onde: St = área total; Se = área estática; Sg = área de gravitação; Sc = área de circulação

Como: Sg = n × Se e Sc = K (Se + Sg)

Onde: n = número de lados utilizados do equipamento; K = fator de segurança.

Normalmente é utilizada a seguinte tabela para o fator de segurança.

Local de Trabalho	Fator K
Grande indústria funcionando sem ponte rolante.	2,0 a 3,0
Indústria de pequeno porte sem ponte.	1,0 a 2,0
Indústria de porte médio com transporte aéreo (ponte).	0,5 a 1,0
Indústria altamente mecanizada.	0,2 a 0,3

Substituindo-se na fórmula geral, vem:

St = Se + nSe + K (Se + Sg) = Se + nSe + KSe + Kn Se = Se (1 + n + K + nK)

Se K = 1, vem: St = Se (1 + n + 1 + n) = 2Se + 2nSe = 2 (Se + Sg)

A seguir, um exemplo de como calcular a área total necessária do posto de trabalho. Determinar a área total necessária para a colocação de alguns equipamentos numa cozinha industrial, sendo dados:

Equipamento	Se (m2)	N	Sg
Fogão Industrial	3,00	1	3,00
Câmara Frigorífica	4,00	1	4,00
Geladeira	3,00	1	3,00
Bancada	3,50	3	10,50

Solução: Se o valor de K = 1,8 e St = Se (1 + n + K + nK), vem:

Equipamento	Se	N	Se (1 + n + K + nK)	St
Fogão Industrial	3,00	1	3,00 (1 + 1 + 1,8 + 1 × 1,8)	16,80
Câmara Frigorífica	4,00	1	4,00 (1 + 1 + 1,8 + 1 × 1,8)	22,40
Geladeira	3,00	1	3,00 (1 + 1 + 1,8 + 1 × 1,8)	16,80
Bancada	3,50	3	3,50 (1 + 3 + 1,8 + 3 × 1,8)	39,20
Total				95,20

Resposta: 95,20 m^2

Argumento: Encadeamento lógico do pensamento pelo qual se chega a um resultado.

Argumentação: Tudo aquilo necessário para convencer o leitor que o que se está escrevendo é verdadeiro e que o autor tem razão, pois há o perigo de que a argumentação crie sofismas (raciocínios que são válidos, apenas aparentemente, uma vez que partem de premissas tidas como verdadeiras), daí levar a conclusões ilógicas.

Armazém: Local onde há armazenagem. Os armazéns podem ser públicos, particulares, custodiais (carga sob garantia) e governamentais. Mesmo em armazéns particulares, o governo tem a obrigação de inspecionar higiene, qualidade de instalações, normas de segurança, limpeza, validade do produto, prazo de armazenagem

Armazenagem: Função da distribuição que envolve o tempo de espera e guarda, até que o produto seja movimentado para seu destino.

Arquitetura: Descrição de como algo (sistema, ambiente, estrutura, organização, aplicativo, programa) deve ser construído. Assim, uma funerária deve ser silenciosa, sombria e calma. Uma discoteca deve ser iluminada, barulhenta, vibrante e festiva. Algumas lojas são deliciosamente perfumadas. Outras projetam ambientes artificiais para combinar estímulos visuais, sonoros, olfativos e tácteis, destinados a atender o público-alvo.

Arquivar: Ação de guardar documentos de forma organizada, dentro de uma cronologia.

Arquivo: Conjunto de registros afins, colocados de forma ordenada e de fácil acesso, tendo um caráter provisório, já que podem mudar de meio, isto é, serem construídos com tecnologia de última geração.

Arranjo Físico: Ação para determinar um lugar para cada coisa, de modo que nesse lugar possa ser utilizado de maneira mais eficiente, e em fazer com que cada coisa ocupe, realmente, o seu lugar. O arranjo físico deve ser congruente com a sua finalidade.

Arrendamento Mercantil: Locação de máquinas e equipamentos para longos prazos.

Arrendatário: Aquele que faz uso do objeto, fruto de um arrendamento.

Arranco: Etapa de um processo de crescimento que passa a ter um caráter institucional em respeito a bens duráveis.

Arte: Atividade humana de valor criativo, fundamentada num conhecimento científico.

Artesanato: Regime de produção individual, ou grupal, com divisão do trabalho elementar, no qual o artesão executa todas as etapas da produção, sendo dono dos meios de produção (geralmente instrumentos rudimentares) e do produto do seu trabalho.

Árvore de Decisão: Matriz visual, cujo método de decisão se baseia no fluxo de entrada e saída de dados; Gráfico que através da divisão das ações em diferentes ramos, consegue cobrir todos os possíveis desdobramentos de uma determinada lógica.

Árvore de Probabilidade: Matriz que associa o projeto da empresa com um projeto concorrente, em termos de probabilidade.

Assembleia: Nome que se dá a uma reunião de pessoas com a finalidade de deliberar sobre assuntos específicos por seus participantes. As atribuições da assembleia são, na sua totalidade, de natureza deliberativa, não lhe competindo a prática de atos executivos.

Assessor: Cargo de aconselhamento de um órgão de linha.

Assessoria: Atividade auxiliar do executivo que inclui o provimento de informações pertinentes e relevantes, por meio da pesquisa, análise, previsão e avaliação. Assessoria está fora da estrutura básica de linha, da qual é auxiliar. Assessoria pode fazer qualquer coisa, menos comandar.

Assiduidade: Qualidade daquele que não falta ao trabalho.

Associação: Ato ou efeito de combinar pessoas (físicas, jurídicas) para formar uma sociedade.

Associação Brasileira de Normas Técnicas (ABNT): Entidade privada, criada em 28/09/1940, sem fins lucrativos, reconhecida de utilidade pública pela Lei nº 4.150, de 21/11/1962; Fórum nacional de normalização que representa o Brasil nas convenções internacionais sobre metrologia, qualidade e normatização.

Associação Patronal: Organização que reúne empresas que tenham os mesmos objetivos.

Associação de Classe: Organização que reúne empresas do mesmo setor para que troquem informações entre si e para defenderem interesses comuns.

Associativismo Empresarial: Conjunto de ações coletivas, programas integrados, informações sobre o segmento em que opera a empresa, desenvolvimento e aplicação de recursos, bem como a criação de Banco de Dados, contendo diversos assuntos de interesse comum.

Ata: Registro escrito no qual se relata o que se passou numa reunião, assembleia ou encontro.

Ata da Assembleia: Ata relativa aos assuntos tratados numa assembleia.

Ata da Assembleia de Constituição de uma Sociedade: Ata da reunião que criou a sociedade.

Ata de Reunião: Documento que é um registro escrito no qual se relata o que se passou de importante numa reunião. A ata de reunião diz o que, quem, como, quando e quanto um determinado trabalho será realizado, dando as devidas responsabilidades de sua execução a determinadas pessoas.

Atacadista: Empresa independente que assume a posse dos bens que vende. Recebe diversos outros nomes, como: distribuidor, intermediário, fornecedor, polo de suprimento.

Atacado: Modalidade de venda para grande volume de um mesmo produto.

Atendente: Pessoa especializada que representa a empresa e que se relaciona com os clientes.

Atendimento: Toda atividade de contato da empresa com o cliente da qual resulta: uma proposta, um contrato, uma venda, uma propaganda, uma negociação; Forma em que a empresa se relaciona com seus clientes, tendo como conteúdo o serviço propriamente dito.

Atestado: Documento que é uma declaração escrita e assinada sobre a verdade de um fato, que serve de documento ao indivíduo que o requer. O atestado é assinado por uma pessoa em favor de outra, não exigindo testemunhas, mas, geralmente, é assinado por mais de uma pessoa.

Atitude: Predisposição pessoal de responder de maneira positiva ou negativa ao ambiente, situação ou objeto.

Atividade: Conjunto de operações reunidas segundo critérios complementares e similares e que servem para definir a finalidade do setor; Conjunto de operações relacionadas entre si, regidas por um sistema. A atividade está voltada para o aspecto funcional da empresa.

Atividade Gerencial: Atividade no nível médio da organização, tendo o propósito de utilizar e otimizar todos os recursos disponíveis.

Atividade Institucional: Atividade no nível estratégico da organização.

Atividade Operacional: Atividade no nível mais baixo da organização (chão de fábrica), cujo sentido é manter a sobrevivência (sustentabilidade) da empresa no mercado em que atua.

Ativo: Conjunto de bens, direitos e valores de uma organização.

Ativo Circulante: Soma do disponível, realizado no curto prazo, duplicatas (valores) a receber, estoques e outros créditos; Capital de giro.

Ativo Diferido: Aplicações de recursos em despesas (gastos com desenvolvimento de novos projetos) que contribuirão para a formação do resultado de mais de um exercício social.

Ativo Imobilizado: Soma de imóveis, máquinas, instalações, veículos, móveis, utensílios, marcas, patentes, direitos de publicação, cauções, reserva técnica de estoque.

Ativo Intangível: Ativo não mensurável, como: capital intelectual; conhecimento; habilidade.

Ativo Nominal: Soma do ativo com despesas.

Ativo Permanente: Soma dos investimentos, ativo imobilizado e ativo diferido.

Ativo Real: Diferença entre ativo total e ativo diferido.

Ativo Total: Soma de todos os ativos.

Ato: Evento que não muda o sistema.

Atributo: Menor decomposição de uma informação dentro de uma classe de dados, apresentando um significado próprio.

Atrito: Discordância entre ideias, pensamentos, conhecimentos, soluções, decisões, mudanças.

Atuação: Diz-se do comportamento do indivíduo na equipe de trabalho.

Auditor: Profissional de auditoria.

Auditoria: Sistema de avaliação, revisão e controle das ações gerenciais e de seus resultados de maneira sistemática, independente e periódica, de preferência independente da empresa que visa descobrir erros (desvios) e recomendar modificações.

Aula: Reunião que visa levar o conhecimento aos alunos pelo professor que utiliza técnicas pedagógicas, didáticas e metodológicas para motivar o grupo, para apreensão do conhecimento exposto (apresentado).

Autoatendimento: Sistema de vendas, onde o comprador executa parte do trabalho do atendente.

Autoavaliação: Avaliação feita pelo funcionário para medir sua qualidade de vida profissional, bem como o estado de conflito existente entre os objetivos da organização e os seus próprios valores pessoais.

Autocrítica: Capacidade da pessoa de criticar suas próprias decisões, soluções, ações, projetos, procedimentos.

Autodisciplina: Exercício do poder que cada um de nós tem sobre si mesmo.

Autogestão: Sistema em que uma organização é administrada coletivamente, por seus associados, funcionários ou proprietários.

Automação: Transferência de atividade de controle, regulagem e correção de processos feitos pelo ser humano para equipamentos cibernéticos; Qualquer forma de equipamento que realiza um programa ou sequência de operações preestabelecidas, no mesmo tempo que mede e corrige seu desempenho real em relação ao programado.

Autonomia: Condição de independência em relação a recursos e ambientes.

Autonomia Financeira: Razão entre capital de empréstimo e capital próprio. A autonomia financeira é dada pela fórmula: Autonomia Financeira = Capital de Empréstimo / Capital Próprio

Onde: Capital de Empréstimo = Capital tomado no mercado de recursos, sob a forma de dinheiro ou de material; Capital Próprio = Patrimônio Líquido

Exemplo: Capital de Empréstimo = $ 2.000,00; Capital Próprio = $ 8.000,00; Autonomia Financeira = 2.000 / 8.000 = 0,25

Análise: O valor de 0,25 (25%) é razoável. O ideal é que seja próximo de zero. É mais um indicador que mostra a influência do capital de terceiros. Alguns autores dizem que a autonomia financeira é dada pela relação entre o patrimônio líquido e o passivo total.

Autoridade: Algo que é dado à pessoa pelo meio em que ela vive e que, portanto, pode ser revogado sob determinadas circunstâncias; Poder legal ou legítimo que dá o direito de agir e comandar pessoas; Poder de dar ordens e esperar obediência. A autoridade não deve ser absoluta, numa sociedade democrática.

Autoritarismo: Abuso de autoridade, excesso de autoridade nas relações entre chefes e subordinados.

Autorização: Ato expresso do consentimento de uma determinada ação.

Avaliação: Ação para medir o desempenho das pessoas e das organizações, por meio de padrões oferecidos pelo mercado.

Avaliação da Eficácia: Ação para medir o percentual dos objetivos alcançados.

Avaliação da Entrevista: Avaliação feita por um entrevistador para selecionar alguém para ocupar um determinado cargo.

Avaliação da Estratégia: Avaliação que se consegue, depois da sua implementação, para medir como os objetivos e desafios são alcançados.

Avaliação da Estrutura: Avaliação para medir as estratégias, os recursos, os mercados, os consumidores, os produtos, por exemplo.

Avaliação da Força de Vendas: Avaliação que mede espírito de equipe, inovação, criatividade, sinergia, integração, interação, promoção, necessidade de treinamento, taxa de turnover, demissão, prêmio, transparência, aumento salarial, receita com vendas.

Avaliação da Função Administrativa: Avaliação cuja finalidade é mostrar a todos os funcionários de um departamento (divisão, seção) as carências de conhecimento administrativo.

Avaliação da Oportunidade: Avaliação para medir a ponte entre os recursos da empresa e o mercado, no momento e no lugar certos.

Avaliação da Pesquisa: Avaliação que serve, por meio de uma amostragem, para medir a possibilidade de erro, existência de limitações, ajuda na tomada de decisão, racionalização do método utilizado, relatório com informações pertinentes.

Avaliação da Propaganda: Avaliação que serve para medir: eficiência do anúncio, tamanho da audiência, volume de vendas, meios de comunicação, eficácia da propaganda, fatia conquistada do mercado, gastos, imagem da marca.

Avaliação da Qualidade: Avaliação que serve para medir o valor do serviço que um produto presta ao consumidor, usuário, paciente, colaborador, parceiro, funcionário, fornecedor, concorrente e agente do governo.

Avaliação da Tendência de Mercado: Avaliação de uma empresa para verificar se a empresa, através de suas vendas, irá aumentar, estabilizar ou diminuir sua participação (fatia) no mercado.

Avaliação de Desempenho: Avaliação que compara os resultados obtidos com os previstos e/ou esperados. Ela pode servir a, pelo menos, dois fins amplos: julgamento e desenvolvimento.

Avaliação de Funcionário: Avaliação para medir se o trabalho do funcionário, diante do grupo, é satisfatório, fraco, regular, bom, ótimo ou insuficiente para o padrão desejado.

Avaliação de Vendas: Avaliação para verificar como as vendas foram efetuadas, qual contribuição de esforços despendidos em propaganda e promoção levou ao sucesso (fracasso), que importância os canais de distribuição e de comunicação afetaram a rentabilidade dos produtos.

Avaliação do Candidato: Avaliação que se faz para medir conhecimento do candidato, segundo o currículo, referências, entrevistas, testes e exames médicos.

Avaliação do Cargo: Avaliação para medir a posição que o cargo ocupa na estrutura organizacional, pela remuneração e benefícios que usufrui, em função do poder que tem.

Avaliação do Consumidor: Avaliação que mede o nível de satisfação do consumidor em relação a um produto.

Avaliação do Executivo: Avaliação para medir, em função das suas qualidades pessoais, os seguintes elementos: coragem, julgamento, lealdade, iniciativa, inteligência, criatividade, conhecimento, confiança, maturidade, objetividade, vitalidade, adaptabilidade, persistência, integridade, tato, decisão.

Avaliação do Gerente: Avaliação dos resultados que o gerente obtém pela utilização dos recursos da empresa.

Avaliação do Movimento: Avaliação que é feita, em função do corpo humano, para medir os efeitos do esforço (ergonomia) do movimento.

Avaliação do Produto: Avaliação feita por métodos estatísticos, para um universo significativo de consumidores.

Avaliação do Projeto: Avaliação feita para medir a qualidade de seus resultados (produtos), pela rapidez de atendimento (velocidade de resposta), pelo custo real, pela comparação, por meio de indicadores de gestão, com outros projetos semelhantes, que permitam descobrir o ponto fraco e possibilitem corrigir as distorções que possam prejudicar novas implantações.

Avaliação do Recurso: Avaliação para medir a contribuição que um recurso traz para uma: função, atribuição, atividade, operação, tarefa, movimento.

Avaliação do Relatório: Avaliação que procura medir eficácia do relatório. O relatório deve ser simples, conciso e não se atolar nos detalhes. Nunca escrever mais do que o necessário. Será útil, se o relatório for escrito por pessoas que saibam prender a atenção do leitor.

Avaliação do Risco: Avaliação que identifica os riscos de um projeto, no sentido da não obtenção dos benefícios esperados e custos de implementação não orçados no planejamento, bem como outros riscos.

Avaliação do Sistema: Avaliação para medir a eficiência do sistema, identificar o potencial para seu aperfeiçoamento, indicar o que ele necessita para obter maior desenvolvimento.

Avaliação do Tempo: Avaliação para medir como o tempo é utilizado, pela importância que tem na consecução de um trabalho e pelo custo na realização de uma determinada tarefa.

Avaliação do Vendedor: Avaliação para medir os seguintes requisitos: conduta no trabalho; nível de ambição; capacidade de decidir; habilidade de comunicação; vontade de crescer profissionalmente; conhecimentos de: produto, mercado, empresa, público-alvo e ambiente; habilidade de relacionamento; aparência pessoal; garra.

Avaliação Patrimonial: Avaliação do valor de cada um dos itens que forma o patrimônio. A seguir, um exemplo simples do cálculo do patrimônio líquido e os respectivos percentuais das principais contas componentes:

01 – Caixa e Bancos	550,00 (0,4%)
02 – Contas a Receber	32.550,00 (24,1%)
Vencidas	1.800,00 (1,3%)
A Vencer	30.750,00 (22,8%)
03 – Estoque	27.850,00 (20, 6%)
Matéria-Prima	22.700,00 (16,8%)
Produto Acabado	5.150,00 (3,8%)
04 – Imobilizado	74.230,00 (54,9%)
Máquinas	32.350,00 (23,9%)
Móveis e Utensílios	5.300,00 (3,9%)
Instalações	36.580,00 (27,1%)
05 – Ativo Total	135.180,00 (100,0%)
06 – Fornecedores	16.780,00 (40,7%)
Vencidas	0,00 (0%)
A Vencer	16.780,00 (40,7%)
07 – Impostos	4.350,00 (10,65)
08 – Empréstimos	12.750,00 (31,0%)
09 – Salários	1.850,00 (4,5%)
10 – Outras Obrigações	5.455,00 (13,2%)
11 – Passivo Total	41.185,00 (100%)
12 – Patrimônio Líquido (5 - 11)	93.995,00

Avaliação do Mérito: Avaliação baseada em um sistema meritocrático.

Avaliador: Aquele que faz avaliação no sentido de medir a competência do funcionário para as atividades, responsabilidades e decisões que exerce.

Avaliar: Comparar, por meio de um padrão, ou relato escrito, os resultados obtidos, confrontando-os com os do passado.

Avalista: Pessoa que dá garantia de pagamento a uma transação que envolva valor econômico: garantidor do pagamento de dívida feita por outra pessoa.

Aviso: Documento que é empregado no serviço público, no comércio, na indústria, na rede bancária e que serve para ordenar, cientificar, prevenir, notificar, convidar, transferir valores.

Aviso de Crédito e Débito: Documento usado para notificar o fornecedor de que os materiais recebidos correspondem, ou não, aos materiais comprados (pedidos).

Aviso de Embarque: Aviso que notifica o despacho (expedição) da mercadoria pedida, indicando o meio de transporte.

Aviso de Transferência de Capital: Aviso muito conhecido no meio bancário é a transferência de valores em moeda corrente (TED).

Aviso Prévio: Aviso que constitui a rescisão do contrato de trabalho.

B

Backlog: Acúmulo de trabalhos pendentes.

Balança Comercial: Relação entre as importações e as exportações de um país.

Balanceamento de Linha: Técnica para planejamento e controle da produção de um lote de produtos especiais, que devem ser entregues progressivamente ao longo de um período de tempo.

Balancete de Verificação: Relatório que lista todas as contas da empresa, colocando-as em colunas com seus respectivos valores, podendo ser construídos a qualquer tempo. A seguir, um exemplo:

Contas	Débitos	Créditos	Saldo Devedor	Saldo Credor
Banco conta Movimento	337,00	183,00	154,00	
Duplicatas a Receber	725,00	110,00	615,00	
Estoques	753,00	165,00	588,00	
Investimentos em Ações	95,00		95,00	
Imóveis	382,00		382,00	
Veículos	11,00		11,00	
Móveis e Utensílios	25,00		25,00	
Títulos a Pagar	20,00	118,00		98,00
Contas a Pagar		42,00		42,00
Fornecedores	79,00	310,00		231,00
Comissões a Pagar		20,00		20,00
Despesas Gerais a Pagar		2,00		2,00
Salários Administrativos		12,00		12,00
Imposto de Renda a Pagar		108,00		108,00
Participação de Empregados		20,00		20,00
Participação Direta a Pagar		9,00		9,00
Dividendos a Pagar		40,00		40,00
Capital		700,00		700,00

Reserva Capital		150,00		150,00
Reserva Legal		34,00		34,00
Reserva Estatutária		56,00		56,00
Lucros Acumulados	55,00	403,00		348,00
Totais	2.482,00	2.482,00	1.870,00	1.870,00

Balanço de Pagamentos: Documento de um país, que mostra todos os pagamentos e recebimentos efetuados com todo o mundo, durante um ano.

Balanço Patrimonial: Apresentação dos saldos respectivos de todas as contas de uma empresa, em uma data qualquer, dispostos em forma relativamente padronizada, com a finalidade de permitir, a quem o analisa, uma visão da posição econômico-financeira da empresa. A seguir, um exemplo:

Ativo		**Passivo**	
Ativo Circulante:		Passivo Circulante:	
Caixa e Bancos	154,00	Títulos a Pagar	98,00
Duplicatas a Receber	615,00	Contas a Pagar	42,00
Estoques	588,00	Fornecedores	231,00
Total	1.357,00	Comissões a Pagar	20,00
Ativo Permanente:		Despesas Gerais a Pagar	2,00
Investimentos	95,00	Salários Administrativos	12,00
Total	95,00	Imposto de Renda a Pagar	108,00
Ativo Imobilizado:		Participações Diretas e Indiretas	29,00
Imóveis	82,00	Dividendos a Pagar	40,00
Veículos	11,00	Total	528,00
Móveis e Utensílios	25,00	Patrimônio Líquido:	
Total	418,00	Capital	700,00
		Reservas:	
		De Capital	150,00
		Legal	34,00
Total do Ativo	**1.870,00**	Estatutária	110,00
		Lucros Acumulados	348,00
		Total	1.342,00
		Total do Passivo	**1.870,00**

Banco Comercial: Instituição financeira que guarda valores, depósitos dos poupadores e empresta dinheiro, podendo realizar aplicações lastreadas pelo Tesouro Nacional, além de outros serviços.

Banco de Dados: Coleção de arquivos estruturados, não redundantes e inter-relacionados, que proporciona uma fonte única de dados para uma variedade de aplicações; Conjunto de bases de dados, associado a um programa de gerenciamento dessas bases, visando formar uma espécie de arquivo mãe de todos os dados da empresa.

Banco de Dados de Candidatos: Banco que contém dados de candidatos potenciais a futuras vagas na organização, principalmente, para mão de obra especializada.

Banco de Dados de Clientes: Conjunto organizado de dados abrangentes sobre clientes atuais e potenciais que seja atualizado, acessível, acionável e destinado a: geração e qualificação de interessados na compra de bens e serviços; Banco para a manutenção de relacionamentos com todos que interagem com a empresa.

Banco de Dados de Empregados: Banco que avalia o empregado, sob o aspecto meritocrático, para sua promoção e remuneração.

Banco de Dados de Fornecedores: Banco que analisa, avalia e relaciona vários fornecedores para um mesmo recurso, sob os seguintes aspectos: custo, crédito, prazos de entrega e de pagamento, arrendamento e leasing.

Banco de Dados de Vendedores: Banco que fornece indicações dos valores próprios de cada vendedor que trabalha na organização e quais os produtos que melhor conhecem e vendem.

Banco de Dados On-Line: Banco que é baseado em sistemas de serviços computadorizados em regime de tempo particionado.

Banco de Dados Estatísticos: Coletânea de técnicas e procedimentos usados para solução de problemas complexos, por meio da Programação Matemática; Representações matemáticas de situações que exigem uma decisão e/ou solução.

Banco de Investimentos: Instituição financeira que subscreve e vende novas emissões de ações e títulos das empresas e as orientam nesses assuntos; Banco que compra títulos de emitentes públicos e privados e os revendem ao público em geral.

Bandeira: Eufemismo que caracteriza uma estratégia de sobrevivência num determinado mercado, onde as bandeiras podem ser: preço, qualidade, imagem, atendimento e valor agregado, por exemplo.

Banner: Uma espécie de cartaz menor, como uma bandeira que depende de uma haste de sustentação. Um banner contém as atividades ou qualidades daquilo que se quer apresentar.

Barganha: Ação de compra que demanda descontos e maior volume de serviços; Troca de algo por um interesse prejudicado; Vantagem monetária para quem compra, em detrimento de quem vende.

Barreira Fitossanitária: Exigências feitas por importadores com relação à qualidade do produto que estão comprando; Dúvidas quanto a origem do produto; Desculpa mentirosa para não importar um determinado produto, não do interesse do importador, tendo em vista acordos, sob a tutela da Organização Mundial de Comércio (OMC).

Base: Diferença entre o preço à vista e o preço futuro.

Base de Dados: Conjunto de dados necessários e relevantes que dão suporte a decisão e/ou a solução de um problema empresarial.

Base de Rateio: Nome dado à relação entre os gastos indiretos e os gastos diretos, num determinado período. A base de rateio do custo fixo de determinado produto é dada pela fórmula:

Base de Rateio do Custo Fixo = Gastos Indiretos / Gastos Diretos

Exemplo: Gastos Diretos = $ 130.000,00; Gastos Indiretos = $ 26.000,00; Base de Rateio do Custo Fixo = 26.000 / 130.000 = 0,20 = 20%; Fator de Rateio = 1,00 + 0,20 = 1,20

Análise: No caso acima, a parcela relativa ao custo fixo que cabe na composição do custo unitário do produto corresponde a 20% do custo fixo total, tendo em vista que o rateio foi feito, em função de uma relação. O cálculo da base de rateio pode ser tomado, em função de: mão de obra, matéria-prima, insumo, luz e força, combustível, transporte, área, salário, horas trabalhadas, horas/máquina, ou ainda, em função da média de todos os rateios das variáveis apontadas acima.

Base Monetária: Total de moeda em poder do setor privado, inclusive as reservas bancárias (técnicas, compulsórias e voluntárias); Total de moeda emitida, excluindo apenas a moeda que permanece com o Banco Central do país.

Batch: Processo tipicamente sequencial, não on-line.

Behaviorismo: Movimento encabeçado por psicólogos e sociólogos em que a organização deve dar grande valor às relações entre Indivíduos e seus efeitos no comportamento grupal; Teoria orientada para o condicionamento comportamental por meio da programação de estímulos.

Bem: Tudo aquilo capaz de satisfazer uma necessidade humana.

Bem de Capital: Bem utilizado na fabricação de outros bens, mas que não é consumido no processo produtivo, como: máquinas, equipamentos, instalações, viaturas, móveis, utensílios, ferramentas.

Bem de Consumo: Bem econômico que se destina ao atendimento das necessidades humanas.

Bem de Investimento: Bem comprado para gerar renda.

Bem de Produção: Bem que se destina a produção de outro bem; Bem industrial; Bem considerado na composição de custeio de um produto.

Bem Durável: Bem de capital utilizado na produção de outro bem.

Bem Econômico: Aquilo que, além de ser escasso, é produzido (extraído) com esforço humano, sendo objeto de compra e venda.

Bem Imaterial: Bem que tem valor como documento de propriedade, como: patentes, marcas, licenças, direitos autorais, alvarás.

Bem Material: Bem que tem valor de uso no processo de produção e venda.

Bem Patrimonial: Bem econômico considerado em um inventário de uma empresa, tais como: móveis, utensílios, máquinas, equipamentos, ferramentas, viaturas, instalações, que tenham algum valor de uso.

Bem Público: Bem econômico consumido e custeado de forma coletiva. Bem público tem por principal característica a impossibilidade de excluir determinados indivíduos de seu consumo.

Bem Semipúblico: Bem público que não é custeado pelo Estado.

Benchmark: Ponto de referência em relação ao qual podem ser feitas comparações.

Benchmarking: Processo contínuo de longo prazo, sistemático, sistêmico, estruturado, analítico e organizado, para avaliar e compreender as práticas de um negócio qualificado como melhor representante de seu segmento de atuação (setor da economia e linha de produtos), cuja finalidade é atingir um patamar de qualidade mundial; Plataforma de excelência; Processo contínuo de mensuração de produtos ou atividades em relação aos níveis ótimos de desempenho.

Benefício Social: Conjunto de facilidades, conveniências, vantagens e serviços que as empresas oferecem aos seus empregados, no sentido de poupar-lhes esforços e preocupações. Benefícios sociais têm história recente e estão intimamente relacionados com a gradativa conscientização da responsabilidade social da empresa.

Bibliografia: Livros, artigos, relatórios, ensaios que dão suporte e fundamentação a um novo livro, projeto, relatório.

Biblioteca: Coleção de sub-rotinas escritas em uma determinada linguagem que se encontram interligadas dentro de um programa principal de computador; Instituição pública que tem livros para serem lidos por pessoas interessadas em adquirir conhecimentos.

Bilhete: Comunicação escrita simples e breve; Aviso em que se anota algum fato para ser observado.

Biosfera: Todos os ambientes onde habitam os seres vivos e que podem ser divididos em subunidades menores, os ecossistemas.

Bit: Palavra formada pelas duas primeiras letras de binary e pela última letra de digit; A menor unidade de informação, que é a base de toda a linguagem usada pelos computadores.

Bolha Especulativa: Especulação irracional (ilógica) feita no mercado de ações.

Bolsa de Valores: Local onde se negociam ações das empresas de capital aberto; Local onde as empresas podem levantar fundos (capitalização) por meio da venda de novos lançamentos em debêntures que serão convertidas em ações, futuramente; Local onde os investidores vendem e compram ações com facilidades operacionais.

Bonificação: Dividendo na forma de ações adicionais; Dividendo na forma de dinheiro.

Bônus: Vantagem dada a acionistas; Dividendo; Prêmio; Título de crédito.

Brainstorming: Tempestade cerebral; Reunião que tem sido utilizada como técnica para o desenvolvimento de ideias criativas em torno de uma área específica; Reunião em que os participantes têm liberdade de dizer o que pensam, sem serem criticados.

Break-Point: Instante, em um ciclo de produção, em que um elemento termina e outro começa.

Burocracia: Organização humana que se baseia na racionalidade, isto é, na adequação dos meios aos objetivos (fins) para garantir a máxima eficiência possível; Tipo de organização caracterizada pela paixão à rotina e à não criatividade.

Burocratização: Processo caracterizado por regras, regulamentos, estatutos, regimentos; Ação contrária à criatividade e à inovação.

Byte: Conjunto de bits; Uma informação inteira; Representa uma unidade padrão de medida das mais variadas capacidades de tratamento da informação.

C

Cadastro: Conjunto de dados sobre pessoas (físicas e jurídicas), tais como: consumidores, distribuidores, fornecedores, funcionários, candidatos, profissionais especializados, vendedores.

Cadeia de Comando: Conjunto interligado e contínuo de relacionamentos de comunicação que se estende, na organização, de cima para baixo, por meio de uma linha de autoridade que interliga as posições da organização e especifica quem dá ordens a quem.

Cadeia de Fornecedores: Conjunto de práticas destinadas a gerenciar e a coordenar toda a cadeia produtiva, desde os fornecedores de matérias-primas até os consumidores finais.

Cadeia de Suprimentos: Cadeia que inclui todas as atividades e processos necessários para fornecer um produto a um consumidor final, abrangendo: suprimento físico de insumos, movimentação interna de materiais, distribuição física de produtos, técnicas de otimização de recursos.

Cadeia de Valor: Conjunto de atividades necessárias para projetar, desenvolver, produzir, comercializar, distribuir e atender um produto; Sequência de atividades para valorizar um produto.

Cadeia Produtiva: Conjunto de células produtivas cuja finalidade é fabricar um produto, podendo estas células estarem numa mesma região ou não. A cadeia produtiva visa: otimização de recursos, aumento de produtividade e minimização do custo de fabricação e de logística, em função de um mundo globalizado.

Caixa: Controle diário onde são registradas todas as transações em dinheiro e por onde passa todo o fluxo de valores monetários do sistema financeiro da empresa.

Caixa Preta: Sistema onde as entradas, saídas e funções do sistema são conhecidas, mas com um mecanismo interno desconhecido.

Câmbio: Relação de troca entre moedas.

Caminho Crítico: Caminho que determina o maior tempo em que o projeto pode ser concluído e onde as folgas são nulas.

Campanha de Imagem: Campanha para colocar na cabeça do consumidor o valor do produto, da marca e/ou da empresa.

Campanha Promocional: Campanha para promover um produto no seu local de venda.

Campanha Publicitária: Trabalho de divulgação para tornar público um produto, uma marca, uma ideia.

Campo da Administração: Conjunto de conhecimentos que dão suporte à manutenção e ao desenvolvimento de uma empresa (organização).

Canal Aberto de Comunicação: Canal de comunicação onde o destinatário não se obriga a retornar à fonte de origem da mensagem.

Canal de Comunicação: Espaço intermediário situado entre o transmissor e o receptor.

Canal de Distribuição: Rota (caminho) seguida pelo direito de posse de um produto, à medida que ele se movimenta do produtor para o consumidor final, atuando como ferramenta importante na rede de distribuição física.

Canal Fechado de Comunicação: Canal de comunicação onde o destinatário é obrigado a retornar à origem, acusando o recebimento e entendimento da mensagem.

Canal On-Line: Canal de comunicação que acessa, por computador, uma pessoa (usuário, consumidor) onde ela estiver; Ferramenta do marketing direto.

Cancelamento do Pedido: Um ato solicitado pelo comprador devido, principalmente, ao não cumprimento de prazo e especificações por parte do vendedor, ou, também, pode ser devido à falta de capital de giro para pagar mais uma dívida.

Candidato: Pessoa que possui aspirações a um cargo, um emprego, uma vaga em uma organização, considerado como um indivíduo específico, por ter determinados requisitos que o qualifiquem para um determinado trabalho.

Canibalização: Ato de retirar componentes de um produto de linha para um novo produto, com a finalidade de otimizar lucros e vendas.

Cansaço: Problema que aparece no ser humano quando este deixa de ser produtivo, podendo o cansaço ser físico e/ou mental; Baixa de produtividade.

Capacidade: Habilidade; Conhecimento adequado para a solução de um problema.

Capacidade Adaptativa: Ação que alguém faz, por meio de reações e respostas, para atender as mudanças ambientais, como mecanismo de sobrevivência.

Capacidade Administrativa: Capacidade que o dirigente possui em atingir os objetivos organizacionais, por meio das funções administrativas.

Capacidade Ambiental: Capacidade para atender as modificações ambientais e as demandas dos consumidores, sem atingir de maneira destrutiva a própria organização.

Capacidade Criativa: Capacidade de buscar novas soluções, buscando, em cada um, o efeito incentivador no melhor desenvolvimento das qualidades individuais.

Capacidade de Comunicação: Capacidade de reunir meios e recursos para melhor se comunicar com qualquer que seja a pessoa.

Capacidade de Crescimento: Capacidade que uma empresa tem de estar diretamente vinculada à eficiência com que seus diretores delegam a sua autoridade, fazendo-a com competência, funcionalidade e efetividade.

Capacidade de Diagnosticar: Capacidade adquirida ao longo do tempo, em função do acurado poder de observação. A capacidade para diagnosticar problemas é um pré-requisito da tomada de decisão.

Capacidade de Escrever: Habilidade de construir relatórios claros, concisos e relevantes. Capacidade que dá muito destaque ao executivo.

Capacidade de Generalização: Capacidade que tem o ser humano para tornar a vida mais tolerável e possível, pois a generalização ajuda a sobreviver e progredir.

Capacidade de Liderança: Capacidade (posição, carisma) de alguém poder influenciar outra pessoa, ou grupo, no sentido de alcançar determinado objetivo.

Capacidade de Observação: Capacidade do executivo para ressaltar aquilo que seja relevante para solucionar e decidir.

Capacidade de Produção: Ver capacidade instalada.

Capacidade de Reflexão: Capacidade crítica do administrador na busca, interpretação e descoberta das relações entre causa e efeito.

Capacidade de Resolução: Capacidade de definir (selecionar) qual o real problema, diante das dificuldades existentes em qualquer empresa.

Capacidade de Trabalho: Capacidade de dimensionar o número de tarefas que se pode fazer, numa jornada de trabalho, bem como o tempo gasto para tal.

Capacidade Empreendedora: Capacidade voltada para: a inovação, a mudança e a criatividade. Ela é capaz de vislumbrar novas oportunidades, iniciar novos negócios e ver nichos de mercado.

Capacidade Empresarial: Capacidade empresarial é inerente à criação, existência e desenvolvimento da empresa.

Capacidade Gerencial: Capacidade de atingir os objetivos da organização, por meio de todos os recursos disponíveis.

Capacidade Inovadora: Capacidade de desenvolver, de forma sistemática, novos inventos comercialmente viáveis.

Capacidade Instalada: Conjunto de máquinas, equipamentos e instalações que a empresa utiliza na manufatura de seus produtos. Capacidade instalada objetiva determinar qual a capacidade em máquinas, equipamentos e instalações deve ter o projeto para que o produto atenda as exigências do mercado.

Capacidade Ociosa: Capacidade que considerada como máquinas e equipamentos que não estão sendo utilizados por falta de pedidos dos clientes, por estarem com defeitos ou por estarem em manutenção.

Capacidade Perceptiva: Conhecimento que um indivíduo possui sobre o ambiente em que vive.

Capacidade Técnica: Capacidade de realizar as atividades de maneira mais eficiente.

Capacidade Tecnológica: Conjunto de recursos e informações que se constitui em uma vantagem competitiva, na produção e comunicação de bens e serviços.

Capacidade Teórica: Capacidade, cujo conhecimento, ajuda a desenvolver métodos práticos de trabalho.

Capital: Montante de recursos financeiros a serem investidos em um projeto; Soma do capital realizado mais o capital a realizar.

Capital a Integralizar: Capital a realizar; Capital que falta para compor o capital social declarado em contrato entre sócios.

Capital Autorizado: Capital limitado pelo que estabelece o estatuto e autorizado pelos sócios proprietários. O capital autorizado não precisa ser contabilizado, mas seu limite deve ser divulgado nas demonstrações financeiras.

Capital da Marca: Ativo que o responsável pelo marketing acumula para garantir a continuidade do consumo e do lucro. Ele pode ser considerado como reserva de lucro da empresa.

Capital de Empréstimo: Capital tomado no mercado de recursos, sob a forma de dinheiro, material, máquinas e equipamentos.

Capital de Giro: Capital necessário às operações do projeto; Recursos financeiros para pagar as despesas operacionais, como a compra de matérias-primas, insumos, materiais de higiene e limpeza, materiais de escritório, manutenção de máquinas, manutenção das instalações, despesas diversas. A seguir, um exemplo de fontes e aplicações que determinam o capital de giro:

Nº	Descrição	Valor	%
1	Necessidades de Capital de Giro: (2 + 3 + 4 + 5)	69.620,00	100,00
2	Caixa e Bancos	850,00	1,30
3	Contas a Receber	17.500,00	25,10
4	Estoques	42.750,00	61,40
5	Outros Créditos e Recebíveis	8.520,00	12,20
6	Fontes Externas de Capital de Giro: (7 + 8 + 9 + 10)	56.205,00	80,70
7	Fornecedores a Pagar	38.750,00	55,70
8	Contas a Pagar	6.785,00	9,70
9	Duplicatas Descontadas	6.320,00	9,10
10	Financiamento a Curto Prazo	4350,00	6,20
11	Capital de Giro (1- 6)	13.415,00	19,30

Capital de Giro Líquido: Diferença entre o capital de giro e as receitas conseguidas durante a construção do projeto.

Capital de Giro Próprio: Diferença entre ativo circulante e passivo circulante.

Capital de Movimento: Soma do capital próprio com as exigibilidades correntes.

Capital de Terceiros: Capital de credores, com prazos preestabelecidos de resgate; Capital daqueles que aportam recursos em um projeto como terceiros e exigirão: informações, garantias sobre a viabilidade do projeto, retorno do investimento, credibilidade dos gestores do projeto e prazos de vencimento.

Capital Declarado: Capital estabelecido no contrato social.

Capital Disponível: Somatório do dinheiro em caixa e em bancos.

Capital Efetivo: Diferença entre capital realizado e valores consumidos no projeto.

Capital Estrutural: Conjunto de invenções e inovações desenvolvidas por funcionários, com capital da empresa, sendo considerado propriedade da empresa.

Capital Financeiro: Valores que podem ser transformados em dinheiro.

Capital Humano: Conjunto de pessoas que detém conhecimentos úteis à empresa.

Capital Imobilizado: Capital retido em ativos necessários ao andamento das atividades do projeto, para maior eficiência, eficácia, efetividade e produtividade.

Capital Inicial: Capital com que contam os sócios no início do empreendimento.

Capital Intelectual: Conjunto de todo conhecimento científico, tecnológico e metodológico que possui uma organização, através de seus registros, arquivos e pessoas.

Capital Investido: Capital aplicado em um negócio.

Capital Ordinário: Valor das ações ordinárias emitidas pela empresa; Valor residual que cabe aos proprietários, no caso de insolvência da empresa.

Capital Próprio: Participação dos proprietários no ativo da empresa; Patrimônio líquido.

Capital Realizado: Diferença entre capital declarado e capital a realizar.

Capital Social: Capital declarado no contrato social.

Capital Subscrito: Valor do capital social representado por cotas (ações) totalmente subscritas pelos investidores.

Capitalismo: Sistema econômico e social onde a economia se baseia na separação entre trabalhadores que dispõem da força de trabalho e a vendem em troca de salário.

Capitalista: Proprietário dos meios de produção que controlam os trabalhadores na fabricação de bens, visando lucro.

Capitalização: Incorporação de lucros e reservas, de qualquer natureza, ao capital social da empresa.

Capitação de Recursos: Conjunto de meios para dotar a empresa de recursos, para que possa funcionar.

Carga: Materiais e ferramentas sob a responsabilidade de alguém que controla as saídas e as devoluções.

Carga de Produção: Demanda a ser atendida em um determinado período de tempo; Volume a produzir, função da previsão de vendas.

Carga de Trabalho: Volume de trabalho atribuído a uma unidade da empresa, em um determinado período de tempo.

Carga Tributária: Somatório de taxas, contribuições e impostos pagos compulsoriamente ao governo.

Cargo: Conjunto de funções que uma pessoa tem sob sua responsabilidade, numa estrutura organizacional.

Carisma: Qualidade pessoal de liderança.

Carreira: Curso progressivo que alguém constrói, subindo na hierarquia de uma organização.

Carreira do Administrador: Reunião de sucessos, fracassos, erros, comportamentos, experiência, acertos, decisões que acontecem na vida de um administrador, nos cargos que assume em uma ou mais empresas.

Carreirismo: Atitude que o profissional faz de ficar pouco tempo na mesma empresa, preferindo ir de empresa em empresa, pensando com isso adquirir mais conhecimentos e relacionamentos do setor que trabalha; Atitude que dá muito valor ao pragmatismo do que o estudo das teorias de suporte à sua profissão.

Carta: É a comunicação devidamente endereçada a uma ou várias pessoas. É mais do que um punhado de termos e expressões, pois desperta no receptor/destinatário impressões e emoções. A carta é um dos elementos básicos da correspondência administrativa, podendo ser editada em papel, ou meio denso, e enviada pelos Correios ou pela Internet. É utilizada para tratamento formal de assunto entre pessoas físicas e jurídicas.

Carta Aviso: É a comunicação de um comerciante a outro de que emitiu contra ele, e em favor de terceiros, uma ordem de pagamento ou saque.

Carta Comercial: É uma carta diferente da carta comum, à medida que crie e mantenha um cliente (consumidor, fornecedor, paciente, parceiro, terceirizado). Você representa a sua empresa quando escreve. Por isso, é recomendado que se paute com eficiência, eficácia e efetividade.

Carta Convite: É uma mensagem escrita pela qual se formaliza uma convocação, um chamamento, um comparecimento, uma cerimônia, um evento. Na empresa, o convite, em geral, busca uma transação comercial.

Carta Convocação: É uma forma de comunicação escrita em que se convida ou chama alguém para uma reunião. Na elaboração do texto é necessário especificar local, data, finalidade. A garantia da inteligibilidade do texto advém da escolha de um vocabulário simples (palavras conhecidas, utilizadas no dia a dia) e uso de frases curtas. O objetivo da convocação deve ser reconhecido prontamente.

Carta de Acompanhamento: É muito utilizada para apresentar uma planilha, um relatório, uma sinopse, um projeto, um plano, uma política, por exemplo, tendo, sempre anexo, o referido documento.

Carta de Apresentação: É o ato de alguém, ou uma organização, mostrar algo, objeto, pessoa, bem, serviço ou ideia, sempre ressaltando seus benefícios. É uma carta escrita por alguém, de certo prestígio e/ou posição, onde esta faz uma argumentação bem fundamentada do apresentado.

Carta de Crédito: Autorização dada por um banqueiro ou comerciante, a seu correspondente para que ponha à disposição de uma terceira pessoa determinada importância, dentro de certo prazo; Declaração feita por um banco de uma empresa ao fornecedor estrangeiro desta, declarando que o banco garante o pagamento do montante faturado, se todos os acordos subjacentes forem atendidos.

Carta de Controle: Gráfico que mostra o comportamento de uma variável em relação a um padrão desejado.

Carta de Fiança: Documento em que alguém se obriga, solidariamente, pelo pagamento de outrem.

Carta de Intenção: Documento que ratifica um propósito para contrato ou acordo futuro.

Carta de Remessa: Relação de títulos enviados pelos comerciantes aos bancos para serem cobrados ou descontados.

Carta Patente: Documento emitido pelo poder público que encerra privilégio, concessão ou autorização de funcionamento.

Carta Representação: Documento em que uma pessoa, física ou jurídica, é apresentada como representante de outrem. Caso comum para diplomatas e agentes de negócios.

Cartão de Crédito: Cartão que o consumidor utiliza para ter acesso a um crédito de uma instituição financeira, tendo limite de saque e um máximo de prestações mensais a pagar.

Cartão de Conta Corrente: Cartão de crédito emitido por uma determinada loja.

Cartão de Visita: Documento que ajuda o vendedor a identificar o que faz seu cargo, o que vende e para qual empresa trabalha.

Cartaz: Anúncio ou aviso de grande formato, próprio para afixação em ambientes amplos, ou ao ar livre, em geral, com ênfase no aspecto visual. Sua maior vantagem é a flexibilidade.

Carteira de Pedidos: A carteira de pedidos é um controle que dá uma visão clara se a empresa tem capacidade para atender ao mercado, e, também, ajuda a observar como está sendo feito o atendimento dos pedidos de sua carteira. A seguir, um exemplo desse controle:

Pedidos	Jan	Fev	Mar	Abr	Mai	Jun	Jul	Ago	Set	Out	Nov	Dez
Em Execução	26	26	25	18	22	21	26	27	24	26	30	29
Recebidos	10	15	5	17	8	15	13	8	14	10	15	3
Entregues	10	16	12	13	9	10	12	11	12	6	16	5
Pendentes	26	25	18	22	21	26	27	24	26	30	29	27
Média de Entrega	10	13	13	13	12	12	10	12	12	11	12	10
Atraso em Meses	2,6	1,9	1,4	1,7	1,8	2,2	2,7	2,0	2,2	2,7	2,4	2,7
Atraso em Dias	78	57	42	51	54	66	81	60	66	81	72	81

O atraso de pedidos é dado pela fórmula:

Atraso de Pedidos = Pedidos Pendentes / Média das Entregas do Período

Onde:

Pedidos Pendentes = Pedidos em Execução + Pedidos Recebidos - Pedidos Entregues

Média de Entregas do Período = Soma do Número de Entregas / Número de Meses

Exemplo: Pedidos em Execução = 22; Pedidos Recebidos = 8; Pedidos Entregues = 9; Entregas Realizadas em 5 meses: 10; 16; 12; 13; 9; Pedidos Pendentes = 22 + 8 – 9 = 21; Média de Entregas do Período = (10 + 16 + 12 + 13 + 9) / 5 = 12; Atraso de Pedidos = 21 / 12 = 1,8 mês; Atraso em dias = 1,8 × 30 = 54 dias

Análise: Medir o atraso de pedidos ajuda a ter uma noção clara da capacidade da empresa em atender o mercado e o porquê dos cancelamentos dos pedidos.

Carteira de Projetos: Controle do andamento dos diversos projetos da empresa, independente do método utilizado, cujos objetivos são: congruência com o planejamento estratégico, prazo de execução, maximização dos recursos, progresso do projeto, pendências (exigências, interrupções), índice de confiança na equipe e garantia de qualidade do projeto, por exemplo.

Carteira Profissional: Documento do empregado que comprova a sua situação perante a empresa onde trabalha, seu cargo, seu salário, data de admissão, situação civil e outras informações.

Cartel: Organização (formal ou informal) de produtores dentro de um setor da economia que determinam políticas de comum acordo.

Cartograma: Gráficos em cartas geográficas, onde associamos a região geográfica com os valores de uma série histórica.

CASE: Engenharia de Software Computadorizada.

Caso Análise: Estudo de caso para desenvolver a capacidade analítica dos participantes da reunião, não sendo a unanimidade o propósito do grupo e nem o encontro de uma solução para problema/conflito.

Caso Problema: Estudo de caso para se chegar à solução de um problema, em função dos dados apresentados e recursos disponíveis, havendo um esforço de síntese do grupo, que desenvolve a solução ótima (a melhor possível).

Catálogo: Relação de produtos, baseado em um banco de dados.

Caução: Depósito de valores aceitos para tornar efetiva a responsabilidade de um encargo financeiro. A caução é uma garantia de pagamento antecipada.

Caução de Duplicatas: Caução lastreada em duplicatas a receber; Garantia de empréstimo de curto prazo a um banco que coloca as duplicatas em cobrança, mediante um ágio pago pela empresa solicitante de um adiantamento em dinheiro a este banco.

Causa: Aquilo que faz com que uma coisa exista, estando diretamente ligada a consequência (resultado, reação, comportamento).

Causalidade: Princípio que diz: "Todas as coisas têm direção e sentido"; Uma razão passada para o que ocorre hoje.

C&F: Cost and Freight; Custo e frete por conta do exportador até o ponto de destino e seguro por conta do importador.

C&I: Cost and Insurance; Custo e seguro por conta do exportador, enquanto o frete corre por conta do importador.

CCQ: Círculo de Controle de Qualidade.

CDI: Certificado de Depósito Interbancário.

Célula de Produção: Constitui uma unidade autônoma e autossuficiente, contendo todas as ferramentas e operações requeridas para produzir um determinado produto. Constitui uma combinação de processos e arranjos de produtos, nos quais estão presentes as pessoas e equipamentos necessários.

Cenário: Visão internamente consistente daquilo que o futuro poderia vir a ser; Estrutura futura possível.

Cenário da Negociação: Rede de tensões e influências, algumas facilmente verificáveis, outras ocultas e dissimuladas. Geralmente são considerados três cenários: O primeiro, é aquele onde acontece a negociação. O segundo, é constituído por todos os personagens e fatores organizacionais, bem como os intermediários da negociação, que embora não estejam diretamente envolvidos, influenciam de forma indireta. O terceiro, pelos fatores ambientais, pelas variáveis sociais e macroeconômicas, podendo incluir a opinião pública.

Cenário do Varejo: Cenário onde a oportunidade é cada vez mais difícil, devido ao alto nível de incerteza e de competição.

Centralização: Movimento do executivo para concentrar em si mesmo o poder de decidir sobre os rumos da organização: Controle de um alto número de subordinados para dar agilidade ao processo de responder a problemas; Referência à concentração de poder da alta administração.

Centro de Custo: Unidade de atividade, como um departamento, para a qual custos podem ser prática e equitativamente atribuídos. O centro de custo é um centro de controle, com a finalidade de alocação de custos. O centro de custo pode ser definido como o último grau de análise de uma organização, adotado para o controle dos custos.

Centro de Informações: Local de estudo que gera um bom número de serviços, visando melhorar o processamento das informações, tais como: avaliação, disseminação, armazenamento e substituição.

CEO: Chefe executivo da organização.

CEP: Código de endereçamento postal: Código que ajuda a identificar a região, unidade da federação, município e suas microáreas. Os três últimos dígitos para logradouros e segmentos deles. Uma das vantagens do uso do CEP é a possibilidade do processamento da base de dados. Os quatro ou três primeiros dígitos representam polígonos, permitindo, assim, a rápida identificação do local de entrega.

CFO: Chefe do setor de finanças da empresa.

Cerco: Estratégia de lançar uma grande ofensiva contra o inimigo em diversas frentes, forçando-o proteger a frente, os lados e a retaguarda ao mesmo tempo.

Certeza: Condição de saber antecipadamente o resultado de uma decisão; Inverso da variedade.

Certificação: Qualquer decisão de aprovar e atestar que um produto atende a uma norma. Aplica-se particularmente a certificados de qualidade assegurada por um sistema de padrão internacional, como ISO, por exemplo.

Certificado: Documento idôneo em que se certifica alguma coisa.

Certificado de Depósito: Documento que atesta ter havido depósito do importador em uma conta bancária do exportador.

Certificado de Garantia: Documento que atesta a garantia de um produto, tanto na origem como no consumo.

Ceticismo: Aplicação do princípio da dúvida sistemática.

Chave: Atributo que singularmente identifica dados em um sistema de informações; Conteúdo reduzido de fácil memorização e de valor constante, que permite o acesso direto às informações relevantes à solução de um problema.

Chefe: Administrador que dirige funcionários de mais baixo nível hierárquico.

Chefia: Função vinculada à autoridade formal dos aspectos organizacionais e normativos exigidos no processo administrativo.

Cheque: Ordem de pagamento à vista em favor próprio ou de terceiros.

Chip: Placa minúscula de silício com milhões de funções, de caráter modular, que se aplica em sistemas eletrônicos avançados.

Cibernética: Ciência da comunicação e do controle, seja nos seres vivos ou nas máquinas; Teoria dos sistemas de controle, baseada na comunicação de informações entre o sistema e o ambiente; Ramo da teoria da informação que compara os sistemas de comunicação e controle de aparelhos produzidos pelos seres humanos com aqueles dos organismos biológicos.

Ciclo: Conjunto de eventos (etapas) de um processo que se repete numa determinada ordem.

Ciclo de Atendimento: Conjunto de fases em que se mede o tempo de resposta de uma solicitação do consumidor/usuário.

Ciclo de Decisão: Processo que inicia com dados e informações a respeito de um problema (mudança), passando pela resolução, e termina com um relatório e recomendações.

Ciclo de Vida Consumível: Período de tempo em que um produto atende às necessidades do cliente.

Ciclo de Vida da Empresa: Ciclo que caracteriza qualquer organismo vivo que nasce, cresce e morre. Os estágios do ciclo de vida da empresa são: Crescimento (Acumulação de recursos, ampliação das instalações, aumento dos canais de distribuição, preocupação em vender e conquistar o mercado); Desenvolvimento (Preocupação com racionalização dos meios, eficiência e eficácia; busca do aumento do lucro; melhora das funções administrativas; adoção de uma visão estratégica e uma filosofia de marketing); Novo Crescimento (Passa a ter dificuldades em reduzir custos; busca o desenvolvimento de novos produtos e mercados; dá ênfase à pesquisa; busca novos recursos tecnológicos; aumenta a produtividade); Sobrevivência (Melhora a relação custo/preço/qualidade/lucro; mercado começa a saturar; aumenta a efetividade de resposta ao mercado (velocidade); promove reengenharia e *downsizing*; descentraliza as decisões); Declínio (Não consegue acompanhar as mudanças; a alta administração não sabe mais ler o cenário; capital intelectual da empresa em processo de esclerose).

Ciclo de Vida do Produto: Ciclo que pode ser muito bem retratado por uma curva que cresce, se mantém e depois entra em declínio. É comum caracterizar o ciclo de vida de um produto em estágios: Introdução (produto é levado ao mercado pela primeira vez); Crescimento (demanda pelo produto aumenta); Maturidade (demanda nivela-se e as vendas são para reposição) e Declínio (produto começa a perder atração para o consumidor e as vendas despencam).

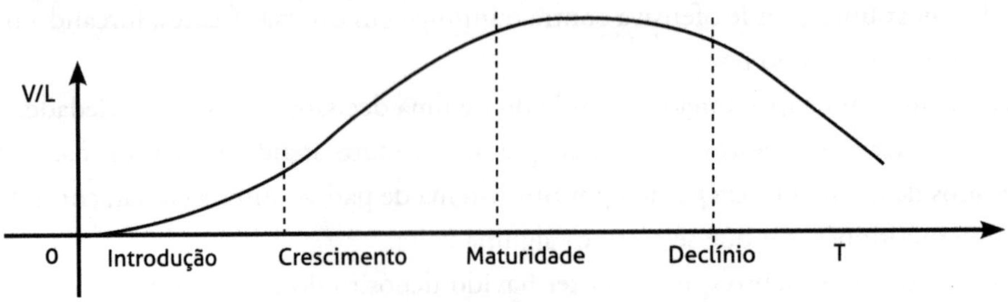

Onde: V/L = Vendas/Lucros; T = Período de tempo

Ciclo de Vida Produtor de Receita: Período de tempo em que um produto gera receita.

Ciclo de Vida do Projeto: Ciclo de vida, cujas fases são: Concepção (ideia inicial, conceituação, definições, finalidade, necessidades do usuário, levantamento de dados, estudo de viabilidade, orçamento provisório, cronograma inicial, proposta inicial, formação da equipe, projeto preliminar (sinopse, anteprojeto) e declaração de viabilidade); Desenvolvimento (início da configuração, análise e reestudo da fase anterior, especificações, aprimoramento da documentação existente, designação de atividades e tarefas, estrutura organizacional da equipe, exigências de desempenho, especificações funcional e qualitativa, apropriação tecnológica, terminologia, diagrama do fluxo de dados, especificações dos processos, nomenclatura, reconfiguração, desenhos, protótipos, programa e plano); Execução (análise de risco, aceitação pela equipe e pelo usuário/proprietário/consumidor, interação equipe-usuário, conclusão da documentação, implementação, instalação ou conversão do sistema antigo por um novo, teste de aceitação, monitoramento, treinamento do usuário, inserção do produto no mercado, implantação e revisão); Conclusão (manual de procedimentos, entrega do produto final, relatório dos testes, manual de manutenção e conservação, entrega dos arquivos e documentos básicos, acompanhamento e desmonte da equipe).

Ciclo de Vida do Sistema: O ciclo de vida do sistema pode ser dividido em: Concepção (Fase onde se determinará o que deverá ser feito, como e quando); Desenvolvimento (Fase que englobará desde o planejamento até a apresentação do relatório final de implantação); Acompanhamento (Fase de avaliação da atuação do sistema, bem como a sua qualidade de resposta e sua documentação de operação e de manutenção).

Ciclo do Pedido: Tempo transcorrido entre a colocação do pedido pelo cliente até sua entrega em domicílio.

Ciclo Financeiro: Ciclo contido no ciclo operacional, cujas fases são: pagamento a fornecedores e contas e receber. O ciclo financeiro mostrará qual é o período a descoberto e a inadimplência.

Ciclo Mercadológico do Produto: Ciclo operacional do produto; Ciclo composto das seguintes fases: planejamento da produção e da venda, período de vendas, compra de matéria-prima e insumo, pagamento a fornecedores, produção, distribuição dos produtos e recebíveis, sendo que estas fases se superpõem, em função dos períodos de tempo preestabelecidos. A figura, a seguir, mostra este ciclo:

Planejamento

///////////////////

Período de Vendas

//////////////////////////////

Compra M. P. Insumos

////////////////////////////////

Fornecedores

////////////////////////////

Produção

//

Distribuição

//

Contas a Receber

//

Ciclo Financeiro

//

Ciclo Operacional

//

Ciclo Motivacional: Conjunto de etapas a serem percorridas para atingir a satisfação humana.

Ciclo Operacional do Produto: Ver ciclo mercadológico do produto.

Cidade: Polos de consumo por meio de grandes varejos, diferenciados por forte concorrência na qualidade, preço e atendimento.

Ciência: Conhecimento da realidade de maneira racional, descobrindo relações universais e necessárias entre os fenômenos, o que permite prever acontecimentos e, consequentemente, também agir sobre a natureza. A ciência utiliza métodos rígidos e atinge um tipo de conhecimento sistemático, preciso e objetivo.

Ciência Factual: Ciência que estuda os fatos, trata de objetos empíricos, coisas e processos, necessita da observação e/ou experimentação, depende do fato para fundamentar seu conteúdo ou significação, verifica, comprova ou refuta hipóteses (soluções prováveis).

Ciência Formal: Ciência que estuda as ideias, preocupa-se com enunciados, contenta-se com a lógica para demonstrar rigorosamente seus teoremas, é suficiente em relação aos seus conteúdos e métodos de comprovação (demonstração).

Ciência Social: Ciência que trata de estudar o homem em relação ao meio físico, cultural e social em que ele vive.

Ciência Gerencial: Ciência que reúne interesses e conhecimentos na procura de soluções, construções de modelos e utilização das funções administrativas e organizacionais.

CIF: Custo indireto de fabricação.

CIO: Chefe do setor de informações da empresa.

CIPA: Comissão interna de prevenção de acidentes.

Circular: Comunicação escrita para divulgar assuntos que contenham recomendações ou informes de interesse geral da empresa, devendo ser distribuída, simultaneamente, a vários destinatários. A circular caracteriza-se como uma comunicação que, reproduzida em muitas cópias, é dirigida a diversas pessoas ou a diversos departamentos.

Círculo de Controle da Qualidade: Pequeno grupo de empregados voluntários que se encontram, voluntariamente, numa base regular, para trocar ideias numa tentativa de identificar, analisar e resolver problemas relacionados à qualidade. Os grupos são, geralmente, compostos de no mínimo seis e de no máximo 12 pessoas, que desempenham tarefas semelhantes, cujas conclusões são encaminhadas a quem de direito, na forma de sugestões.

Clareza: Requisito que um relatório deve ter, para ser compreendido e aceito por um leitor especializado.

Classe Social: Grupo de pessoas, cujo comportamento é relativamente semelhante.

Classificação: Ato ordenado e sistemático de fatos, fenômenos, teorias e itens, por exemplo, que os agrupa, de acordo com suas especificações e propósitos.

Cliente: Todo aquele que se relaciona com a empresa, isto é, funcionários, consumidores, patrocinadores, parceiros, fornecedores, credores, usuários, pacientes, assinantes, colaboradores, agentes, compradores, concorrentes, empresas, universidades, institutos, intermediários, distribuidores.

Clima de Liderança: Ambiente em que os chefes se tornam líderes.

Clima Gerencial: Ambiente que é favorável ao aprimoramento do trabalho em equipe, onde são buscadas a interação e a integração dos esforços pessoais na consecução de objetivos comuns.

Clima Organizacional: Estado emocional das pessoas que trabalham numa mesma organização, podendo ser favorável, receptivo e agradável, ou não.

CLT: Consolidação das leis do trabalho.

Cluster: Uma espécie de corporação de aspecto regional, como um conjunto de empresas do mesmo setor ou da mesma cadeia produtiva, que juntam esforços para aumentar sua competitividade. Suas ações típicas são: realização de eventos para divulgar produtos identificados com um selo de procedência; negociação conjunta com fornecedores de matéria-prima; obtenção de financiamentos a taxas melhores, conseguidas com negociação em grupo; política de atração e capacitação de mão de obra especializada.

Cluster de Informações: Grupo de módulos com direito exclusivo de acesso a um banco de dados, limitado a certas pessoas por motivo de segurança.

Coação: Ferramenta de direção que não dá alternativa à pessoa de recusar uma ordem, porque poderá ser punida por tal atitude.

Coalizão: Combinação de duas ou mais organizações para alcançarem objetivo comum.

Codificação: Procedimento técnico em que os dados são categorizados e transformados em símbolos, necessariamente numéricos, para serem contados e tabulados;

Codificação do Produto: Sistema que permite controlar o estoque nos aspectos econômicos, financeiro e logístico.

Codificador: Elemento que traduz o programa do computador em linguagem de máquina.

Código: Combinação de signos.

Código de Barras: Código de produto, criado em 03 de abril de 1973, que permite a leitura de dados, no caixa da empresa, de maneira rápida e eficiente, com a finalidade de dar suporte à contabilidade de custos.

Código de Defesa do Consumidor: Conjunto de leis, criado em 11/03/1991, que confere aos consumidores o direito de fiscalizar os produtos que compram, denunciando fraudes de composição, mau atendimento nos prazos de entrega, embalagens e rótulos enganosos, por exemplo.

Código de Endereçamento Postal: Ver CEP.

Coeficiente Angular da Reta: Valor dado pela tangente do ângulo que a reta faz com o eixo X.

Coeficiente de Correlação: Coeficiente que mede o grau de relacionamento entre duas variáveis de uma equação, bem como a direção do relacionamento.

Coeficiente Linear da Reta: Cota onde a reta corta o eixo Y.

Coeficiente de Variação: Medida de dispersão que relaciona o desvio padrão com a média aritmética de uma série, medindo a dispersão relativa de uma série. Serve para análise comparativa de séries, cujos valores são expressos em diferentes unidades. A fórmula é a seguinte: Coeficiente de Variação = (Desvio Padrão / Média Aritmética) x 100%

Coerência: Qualidade de um relatório que se traduz como a necessidade de narrar fatos sequenciais, de tal modo que o desenvolvimento de um depende do outro.

Coesão: Medida da intensidade de associação funcional de elementos (atividades), normalmente, dentro de um módulo (grupo).

Colaboração: Combinação harmoniosa das atitudes opostas ao domínio e a submissão; Fusão de pontos de vista, que permite maior e melhor entendimento e comunicação entre os componentes de um grupo de trabalho.

Colaborador: Pessoa que faz parte de um grupo (equipe, time) que vai dar andamento a um projeto; Pessoa que esteja totalmente comprometida e interessada no desenvolvimento e atendimento das reais necessidades do projeto em que é participante.

Coleta de Dados: Reunião metódica, precisa e eficiente de acontecimentos e fenômenos necessários para o perfeito entendimento dos sistemas em uso numa organização. As operações de coleta de dados precisam ser detalhadamente planejadas e controladas, para que os dados coletados tenham alta qualidade e para que as previsões de tempo e custo sejam atingidas.

Comandar: Função administrativa relacionada com aquele que planeja e depois dirige a execução daquilo que foi planejado. É uma função muito comum nas forças armadas que, hoje, vem fazendo parte do conjunto de habilidades do gerente, tendo em vista que o mercado é considerado um campo de batalha.

Comando: Ação e direito do superior para com o subordinado.

Comercialização: Processo que envolve diversas atividades mercadológicas, em várias etapas, pois engloba, por exemplo: pesquisa de mercado, desenvolvimento de produto, vendas, comunicação do produto, previsão de vendas, distribuição, determinação do preço de venda, armazenagem, plano de vendas, necessidade e alocação de recursos, treinamento de vendedores, acompanhamento pós-venda.

Comercialização Direta: Distribuição do produtor diretamente ao consumidor final, sem a participação de intermediários.

Comercialização Eletrônica: Comercialização virtual; Comercialização feita em página na Internet.

Comercialização Indireta: Comercialização que é feita por meio de intermediários.

Comercialização Internacional: Comercialização feita entre exportadores e importadores.

Comercialização por Varejo: Comercialização feita por lojas de varejo para atender o consumidor final.

Comerciante: Pessoa que faz comércio ou negocia, visando lucro. Normalmente, compra produtos para revendê-los com margem para cobrir custos de comercialização e sua própria mão de obra.

Comércio: Conjunto de atividades voltadas para a distribuição das riquezas no mercado. Ele se efetiva na medida em que as riquezas, após serem produzidas, chegam até seu destino, ou seja, até o consumidor final que as retira do mercado (varejo).

Comércio Atacadista: Comércio que faz vendas e compras em grandes quantidades.

Comércio de Exposições e Feiras: Comércio que reúne compradores e vendedores em um local com excelente infraestrutura.

Comércio de Franquia: Comércio que estabelece relações de compra e venda entre franqueador e franqueado.

Comércio de Importação e Exportação: Comércio regulamentado pela OMC (Organização Mundial de Comércio); Comércio exterior fundamentado em acordos bilaterais e multilaterais.

Comércio de Varejo: Comércio varejista; Comércio feito por meio de lojas de varejo.

Comércio Distribuidor: Comércio indireto; Comércio que é feito por intermediários entre os fornecedores e os consumidores finais.

Comércio Eletrônico: Comércio onde as vendas são feitas pela Internet.

Comércio Externo: Comércio que se refere às compras e vendas realizadas além fronteiras de um país, entre vendedores e compradores de países diferentes.

Comércio Interno: Comércio que se refere às compras e vendas realizadas dentro do território nacional de um país, entre produtores, intermediários e consumidores.

Comércio Internacional: Comércio baseado nas vantagens competitivas de cada país. Este comércio sugere que cada país deva se especializar na produção daquilo em que é relativamente mais eficiente e, assim, exportar.

Comissão: Grupo de pessoas especificamente designadas para desempenharem uma ação administrativa voltada a dar soluções a problemas emergentes na organização; Comitê; Grupo de pessoas reunidas para debater um assunto e buscar a melhor solução para o momento.

Comitê de Satisfação do Consumidor: Grupo de pessoas de uma empresa que se reúnem para buscar soluções para problemas com seus consumidores.

Commodities: Matérias-primas negociadas por um país no exterior, como grãos, sucos, vegetais, minérios, carnes, óleos, combustíveis, por exemplo.

Companhia: Nome dado à grande empresa.

Comparação: Fase do processo de avaliação em que se compara o desempenho real com o desempenho esperado, determinando desvios.

Compatibilidade: Atitude mental de lutar com persistência, levando em conta a realidade objetiva e a realidade emocional do indivíduo.

Compensação: Ação que se dá pela troca de uma necessidade não atendida por outra semelhante. É como comer margarina em vez de manteiga.

Competição: Disputa pelos mesmos recursos de dois ou mais elementos de um: sistema, mercado, setor da economia, processo, função organizacional, estrutura, organização, empresa, departamento, projeto.

Competitividade: Palavra que define o sucesso ou o fracasso de qualquer negócio; Adequação do empreendimento ao seu microambiente, consistindo no bom atendimento das necessidades dos clientes, na diferenciação desse atendimento em relação aos concorrentes, no bom relacionamento com os fornecedores e também na existência de barreiras à entrada de novos concorrentes no setor.

Complexidade: Referência à diferenciação e integração ambiental, exige uma percepção que ultrapassa os limites das associações simplistas, típicas do senso comum. Na complexidade, é preciso usar muitos enfoques para examinar um mesmo problema.

Compliance: Conjunto de regras para orientar e disciplinar a conduta de um determinado grupo de pessoas de acordo com os mais relevantes princípios de ética e de transparência.

Comportamento: Conduta, maneira de agir, uma reação, uma atitude diante de uma pessoa, organização ou ambiente. O comportamento de um indivíduo no grupo de trabalho é influenciado pelos motivos que levam o indivíduo a trabalhar ou ter gosto pelo trabalho.

Comportamento Apropriado: Estilo comportamental de uma pessoa no exercício de suas funções. O estilo comportamental de um homem é, em grande parte, determinado por sua formação e personalidade. O engenheiro é mais preciso e formal do que um homem com formação no setor de vendas. O vendedor será agressivo e, por natureza, será também sensível às sugestões dos outros, pois aqueles que sabem persuadir podem ser persuadidos.

Comportamento Conflitante: Comportamento que leva a um apoio social saudável e a relações seguras. Está relacionado a autocontrole (padrão interdependente de comportamento), sendo característico de indivíduos que administram bem o estresse.

Comportamento Conservador: Comportamento orientado para metas de curto prazo, evitando correr riscos e postergando o reconhecimento de erros.

Comportamento Defensivo: Comportamento que resiste à mudança.

Comportamento Dependente: Comportamento que limita a capacidade do dirigente de usar seus pontos fortes e limita a capacidade de fazer sua parte em uma equipe (time).

Comportamento de Compra: Comportamento do consumidor na hora de comprar, tendo como elementos principais: o fornecedor, o valor do produto, o prazo de pagamento, por exemplo.

Comportamento de Custos: Comportamento em que os custos apresentam subidas e descidas, em função da demanda do consumo.

Comportamento de Manada: Comportamento em que um indivíduo toma, baseado na premissa de que é preferível errar com todos a fazer papel de tolo sozinho.

Comportamento do Administrador: Comportamento em que a decisão é mais importante do que a execução, porque o comportamento das pessoas na organização é planejado, no sentido de metas, objetivos, propósitos e desafios.

Comportamento do Consumidor: Comportamento retratado pelas pesquisas de mercado, que tem mostrado que o consumidor é, hoje, menos rígido, mais propenso a experimentar novidades, mais educado, cético, eclético, esperto e seletivo.

Comportamento do Dirigente: Ver comportamento executivo.

Comportamento do Empresário: Comportamento, cujos parâmetros são baseados nos aspectos macroeconômicos da política econômica do governo.

Comportamento do Negociador: Comportamento equilibrado no estabelecimento de compromissos, por meio de: acompanhamentos, programas, controles, planos, procedimentos e cronogramas, por exemplo.

Comportamento do Vendedor: Comportamento que se enquadra nos seguintes fatores: Individualizar a venda; Provar o que diz; Conhecer, de antemão, o nível de percepção do comprador; Entrar em contato com o comprador quando este estiver disposto a ouvi-lo; Conhecer os sistemas de venda da empresa, suas atribuições e responsabilidades; Utilizar argumentos convincentes; Saber quais as objeções e como eliminá-las; Ajudar o cliente consumidor a escolher; Manter o ponto de venda, estando sempre atualizado com a clientela; Saber redigir relatórios e preencher, corretamente, formulários.

Comportamento Empreendedor: Comportamento orientado para um horizonte mais amplo (metas de longo prazo), tendo uma visão voltada para o mercado e seu controle é para acompanhar objetivos no atacado. O comportamento do empreendedor envolve uma atitude diferente em relação à mudança, porque, em vez de suprimir ou minimizá-la, procura que ela aconteça. Assim, em vez de reagir a problemas, o empreendedor se antecipa às ameaças e oportunidades futuras; em vez de soluções locais, há uma busca geral de alternativas de ação, em lugar de uma única alternativa.

Comportamento Ético: Comportamento moral; Comportamento aceito como correto pelo grupo do qual o indivíduo faz parte. Não há uma ciência da ética, porque o que pode ser ético para um grupo não é ético para outro.

Comportamento Executivo: Comportamento voltado para os aspectos microeconômicos da empresa e seus indicadores de gestão.

Comportamento Habitual: Comportamento pautado, geralmente, em políticas, rotinas e procedimentos preestabelecidos.

Comportamento Generalizado: Comportamento fundamentado na cultura de almanaque, onde o indivíduo sabe um pouco de cada coisa, para poder participar de reuniões sociais.

Comportamento Humano: Comportamento do ser humano para atender suas necessidades (fisiológica, segurança, social, estima, independência, realização, poder, atuação, afiliação).

Comportamento Independente: Comportamento que limita a capacidade de estabelecer relações pessoais e interfere no sucesso de tarefas cooperativas.

Comportamento Individual: Comportamento pessoal que é afetado por hereditariedade e pelo ambiente em que a pessoa cresceu e no qual vive.

Comportamento Míope: Comportamento em que só o curto prazo é que vale; Comportamento imediatista, em detrimento do longo prazo; Falta de visão estratégica.

Comportamento Negativo: Comportamento que não deve ser visto como um comportamento problemático, porque pode ser inovador.

Comportamento Organizacional: Comportamento que estuda a diferença cultural, a influência da ideologia, a fonte de motivação, o processo de negociação, o poder dos símbolos e mitos, a pesquisa, a lei da natureza e o movimento artístico, por exemplo, para poder se adaptar ao novo cenário (ambiente).

Comportamento Organizado: Comportamento que se fundamenta nos recursos humanos, tendo os demais recursos como acessórios, porque são as pessoas que organizam todos os recursos.

Comportamento Profissional: Comportamento congruente com os objetivos da empresa em que trabalha um profissional de qualquer ramo do conhecimento e setor da economia.

Comportamento Social: Comportamento individual voltado a defender e participar do seu grupo primário (família, trabalho, clube, igreja, partido).

Composto de Marketing: Conjunto de todos os itens utilizados pelo grupo de marketing, tais como: produto, marca, capacidade instalada, preço, serviço pós-venda, crédito, financiamento, distribuição, comunicação com consumidor, divulgação e armazenagem. Assim, a combinação ótima do composto de marketing é alcançada quando não é mais possível obter lucro por unidade produzida, por melhor que seja a utilização e arranjo de seus elementos (lucro marginal tende a zero).

Composto do Produto: Todos os elementos que participam da fabricação do produto.

Composto Mercadológico do Produto: Seleção e combinação de fatores que uma empresa resolve adotar para alcançar os seus objetivos de mercado, dentro de um prazo determinado. Os elementos do composto mercadológico são os seguintes: Produto (custo de fabricação, matéria-prima, insumo, mão de obra direta, mão de obra indireta, embalagem, cor, rótulo, estilo, moda, garantia, assistência técnica, serviço pós-venda); Comercialização (marca, imagem, atendimento, prazo de pagamento, desconto, custo de comercialização, intermediário, ponto de venda); Preço (determinação, política, crédito, financiamento); Logística (distribuição física, controle, transporte, armazenagem, risco, canal de comunicação, modal, prazo de entrega); Comunicação (publicidade, propaganda, promoção, treinamento da força de vendas, relações públicas); Produção (tempo de pesquisa e desenvolvimento, prazo de fabricação, tempo de espera, imprevisto, risco, quantidade ótima a produzir, capacidade instalada, tecnologia, produtividade, recurso).

Composto Salarial: Conjunto que envolve: política salarial, capacidade financeira da empresa, desempenho da empresa e do indivíduo, situação do mercado, conjuntura econômica, negociações coletivas, legislação trabalhista.

Compra: Troca de um ativo por outro; Processo que passa pelos seguintes elementos: pessoa que sugere a ideia de comprar (iniciador da compra); pessoa que abaliza a decisão de comprar (influenciador da compra); pessoa que decide o que, como, quanto e quando comprar (decisor da compra); pessoa que autoriza a compra (autorizador da compra); pessoa que realiza a compra (comprador); pessoa que vai dispor da compra (usuário, consumidor, paciente).

Compra Centralizada: Compra que é feita por um centro (escritório) de compras, onde se seleciona os fornecedores, por meio de um banco de dados. O órgão de compras identifica as necessidades dos departamentos e passa a comprar de maneira centralizada. Com isso, a empresa passa a ter maior poder de compra, tendo ganhos substanciais.

Compra Descentralizada: Método em que há a delegação de decidir a alguns funcionários o poder de comprar pequenos itens. A empresa distribui cartões codificados para limites de valores, tempo de uso e locais de compra.

Compra Eletrônica: Compra virtual; Compra feita em qualquer lugar do mundo a qualquer hora, por meio eletrônico.

Compra Governamental: Compra feita pelo governo de bens e serviços para cumprir as funções: defesa, justiça, obras públicas, educação, saúde, segurança e assistência social.

Compra Industrial: Compra de matérias-primas e insumos necessários ao processo de produção.

Compra Organizacional: Compra em que organizações formais estabelecem a necessidade de comprar produtos, identificando, avaliando e decidindo sobre fornecedores alternativos.

Compra Virtual: Compra onde a empresa se conecta, por meio de redes, diretamente com os fornecedores daquilo que é desejado.

Comprador: Aquele que tem autoridade na empresa para adquirir material.

Comprador de Barganha: Comprador que demanda desconto, em função do volume comprado e das condições de pagamento.

Comprador de Empresa: Comprador habituado a fazer aquisições, devido o seu conhecimento do mercado de recursos; Comprador que força os preços dos fornecedores para baixo, exige qualidade em tudo e coloca os fornecedores uns contra outros.

Comprador de Relacionamento: Comprador que conhece as ofertas concorrentes.

Comprador de Varejo: Comprador que afronta o fornecedor, em função do poder que possui.

Comprador Industrial: Comprador que planeja e controla as compras de bens, para o setor de fabricação da empresa, utilizado sempre que possa o sistema Just-in-Time.

Comprador Internauta: Comprador que só faz compra virtual.

Comprador Programador: Comprador que encara a compra como uma rotina e que, geralmente, paga o preço pleno e recebe serviços de baixa qualidade.

Comprador Revendedor: Comprador de produtos acabados para revendê-los em um mercado aberto.

Compreensão: Qualidade de uma relação positiva, sob o aspecto da comunicação entre pessoas. Na compreensão tanto a origem como o destino têm absoluto entendimento do fato, ordem, mensagem, fenômeno, por exemplo.

Comprometimento: Ação em que pessoas estão comprometidas com os objetivos da empresa, desde que haja congruência com os interesses de ambos.

Compromisso: Função que o dirigente deve ter no atendimento dos interesses, satisfações, necessidades e participações dos clientes da organização.

Computação: Ciência que estuda como usar computadores.

Computação em Rede: Forma de computação na qual uma combinação de recursos de computação, em diversos níveis, encontra elos (links) comuns de comunicação.

Computador: Equipamento eletrônico que requer instruções exatas (programa) sobre o que fazer e como fazer, tendo uma margem de erro praticamente zero; Máquina recomendada quando se necessita de: velocidade nas operações, grande volume de trabalho, uniformidade nas transações, muitos cálculos, estabilidade das operações, necessidade de alta precisão, menor tempo de resposta e ajuda na tomada de decisão; Dispositivo eletrônico capaz de receber informações, executar operações matemáticas e lógicas, comunicar os resultados, tudo isso sob o controle de um programa.

Computador Analógico: Computador que possui a característica de processar dados mediante comparações entre medidas de fenômenos diferentes. Este computador oferece maior velocidade de resposta, pois trabalha com o fenômeno específico que será analisado. Opera por diferenças de voltagem e de rotação para estabelecer relações.

Computador Cliente: Computador que possui software para acessar um computador servidor.

Computador Digital: Computador que se vale de transformações e contagens de valores unitários (dígitos) para obter o processamento desejado. Opera com números de maneira semelhante a uma calculadora rotativa.

Computador Híbrido: Computador que, normalmente, se utiliza do método analógico para a coleta dos dados e do método digital para as etapas de armazenamento e de processamento até a obtenção das informações finais.

Computador Servidor: Computador provedor de serviços à Internet, abrigando vários sites. O domínio/protocolo de servidor mais utilizado é o www. Ele é preferido, porque permite o uso de recursos gráficos, sons, vídeos e textos.

Comunicação: Função administrativa, cujo objetivo é o de informar, educar, instruir, persuadir, divertir, influenciar, entre duas ou mais pessoas, através de fatos, ideias, símbolos, sentimentos, palavras, opiniões e emoções; Processo de passar informação e compreensão de uma pessoa para outra.

Comunicação Administrativa: Uma forma de comunicação social, que, no seu processo, envolve os seguintes elementos: um superior (chefe ou líder), um subordinado, uma ordem (mensagem, estímulo), um processo, um resultado (objetivo) e uma reação (feedback).

Comunicação com Consumidores: Comunicação feita para divulgar um novo produto ou mesmo um produto já existente, por meio da propaganda, publicidade, promoção e merchandising.

Comunicação com Subordinados: Comunicação da cúpula da organização endereçada a todos os seus membros. Normalmente, são excessivamente gerais em caráter e demasiadamente distintas das limitadas experiências cotidianas do funcionário médio.

Comunicação com Superiores: Comunicação linha acima que precisa ser filtrada para não sobrecarregar a chefia. Em geral, a comunicação ascendente é pequena e termina no nível hierárquico imediatamente acima. Os subordinados dão informações sobre o andamento e problemas do trabalho aos superiores, de modo que estes decidam o que fazer.

Comunicação de Dados: Comunicação feita entre entidades que transportam dados sob a forma de voz, texto, imagem, dígito, símbolo, por exemplo.

Comunicação Didática: Comunicação que efetiva a linguagem utilizada para ensinar.

Comunicação do Conhecimento: Comunicação que ajuda a divulgar (disseminar, compartilhar) o conhecimento para aqueles interessados em aprender.

Comunicação do Produto: Processo, por todos os meios de divulgação, que gera resposta imediata do consumidor, porque é importante saber o que ele pensa e o que ele quer. A comunicação do produto precisa garantir que ele satisfará as necessidades e desejos do consumidor, em tempo hábil.

Comunicação Docente: Comunicação que utiliza recursos instrucionais para ensinar; Comunicação entre professor e aluno.

Comunicação Empresarial: Comunicação que efetiva a mudança e influencia a ação administrativa, proporciona informação e compreensão necessárias para que as pessoas possam se conduzir nas suas tarefas.

Comunicação Escrita: Comunicação que expressa um acordo, contrato, projeto, teoria, decisão, solução, por exemplo.

Comunicação Formal: Comunicação baseada em regras rígidas de conduta.

Comunicação Hierárquica: Comunicação que obedece o princípio da unidade de comando, pois um subordinado terá um único superior do qual receberá ordens e perante o qual é responsável. Um superior não deve dar ordens diretas a quem quer que esteja a mais de um nível da sua posição na hierarquia, a não ser por emergência. Assim como passar por cima de um superior imediato é, geralmente, considerado como uma falta grave na vida organizacional.

Comunicação Humana: Comunicação feita por meio de regras de conduta, quase sempre, muito exigentes. Ela apela para a motivação e valores (aspirações, propósitos) comuns àqueles que estão se comunicando. Não havendo convergência, não haverá comunicação.

Comunicação Informal: Contrário da comunicação formal.

Comunicação Interna: Usada em caráter informal para despachos ou para comunicar assuntos rápidos e diretos, não exigindo controle e nem arquivamento.

Comunicação Interpessoal: Comunicação entre pessoas de uma mesma organização.

Comunicação Intraorganizacional: Comunicação dentro de uma organização que obedece a regulamentos, protocolos, políticas e procedimentos.

Comunicação Mercadológica: Comunicação de caráter psicológico que leva uma pessoa a comprar e/ou vender um produto.

Comunicação Oral: Comunicação rápida entre as pessoas, devido ao grau de intimidade entre elas, mas que pode ser prejudicada na precisão e na acuidade.

Comunicação Organizacional: Comunicação entre departamentos, divisões, superintendências, sessões, cargos e indivíduos da mesma organização.

Comunicação Publicitária: Comunicação apropriada para tornar público um produto, uma marca, um invento, um projeto, um programa.

Comunicação Remota: Técnica que permite que um determinado computador possa controlar ou duplicar a operação de um outro computador, situado em local remoto.

Comunicação Verbal: Comunicação que é feita de forma oral ou escrita.

Comunicador: Aquele que pensa, fala ou redige a mensagem.

Comunicar: Função administrativa cuja ação é a de informar, educar, instruir, persuadir, divertir, influenciar, entre duas ou mais pessoas, através de fatos, ideias, símbolos, sentidos, palavras, opiniões e emoções.

Comunidade: Local em que seres vivos utilizam para satisfazer suas necessidades básicas.

Conceito: Representação de um objeto, pelo pensamento, por meio de suas características gerais.

Concentração: Qualidade que dá ao administrador o domínio do tempo para lidar com uma grande diversidade de atribuições e recursos.

Concepção: Fase inicial de um projeto, em que deve ser feito um questionamento do tipo: Por quê? Para quê? Como? O quê? Quem? Quanto? Quando? A que custo?

Concisão: Qualidade de dizer muito com pouco; Qualidade que ensina a cultivar a economia verbal como forma de alcançar a clareza, no entanto, a preocupação exagerada com o sintético pode levar ao laconismo, que, por sua vez, conduz à obscuridade e à imprecisão.

Concordata: Conjunto de regras que cria um plano de recuperação judicial da empresa.

Concorrência: Disputa entre empresas por um mesmo mercado. A concorrência é uma ação que contribui com a melhoria da qualidade e a determinação do preço justo. Sem concorrência, a livre iniciativa não ganhará fôlego.

Concorrência de Marca: Ocorre quando uma empresa vê seus concorrentes como outras empresas que oferecem bens e serviços similares aos mesmos consumidores.

Concorrência de Mercado: Um conjunto de empresas concorrentes para aprender e satisfazer as necessidades de consumidores específicos.

Concorrência Imperfeita: Mercado no qual o preço que uma empresa cobra por uma unidade influenciará a quantidade de unidades que ela vende; Concorrência monopolista.

Concorrência Industrial: Ocorre quando uma empresa vê seus concorrentes como todas as empresas que fabricam o mesmo produto ou classe de produtos.

Concorrência Monopolista: Ver monopólio.

Concorrência Perfeita: Concorrência que pressupõe um número grande de vendedores e compradores, em grau tal, que a entrada e saída de uma unidade produtora, ou consumidora, não conduza a uma possível alteração do mercado. Consequência implícita do modelo de concorrência perfeita é que, do ponto de vista de cada empresa, o preço de venda é invariável e fixo em relação às condições estabelecidas pelo equilíbrio geral alcançado.

Concorrência Pública: Concorrência regida por lei, onde os fornecedores, depois de devidamente cadastrados, são convidados a participar. As especificações incluem, além da quantidade, a descrição do material, a qualidade, a garantia, os requisitos de embalagem.

Concorrente: Empresa que concorre com outras empresas para a obtenção dos recursos necessários à conquista de mercados e à colocação de seus bens e serviços à disposição do público-alvo.

Condomínio: Domínio de pessoas sobre um bem (ativo, propriedade), cujas despesas de manutenção e guarda são rateadas entre os condôminos (proprietários).

Conectividade: Facilidade rápida de conexão em rede para compartilhar dados e informações.

Conferência: Reunião para assuntos específicos, cuja duração é de dois a três dias, e onde são estimuladas novas ideias e relatos de experiências.

Confiabilidade: Qualidade de um bom relacionamento funcional.

Confiança: Sentimento de uma relação construída, durante uma negociação.

Confiante: Pessoa que acredita na certeza de tudo que faz; Otimista exagerado.

Configuração Geométrica: Formato mais adequado da área de um negócio: Planta do projeto.

Configuração Sociotécnica: Organização pensada como um conjunto de recursos, tendo uma estrutura formal que talvez deva ser vista como organização social e humana. O modelo sociotécnico de Tavistock foi proposto por sociólogos e psicólogos do Instituto de Relações Humanas de Tavistock, com base em resultados de pesquisas por eles efetuadas em minas de carvão inglesas e empresas têxteis indianas, onde a organização é vista como dois subsistemas: técnico e social.

Confirmação do Pedido: Documento enviado por um fornecedor a um comprador para confirmar a aceitação de um pedido de compra.

Conflito: Situação em que ideias, sentimentos, atitudes ou interesses são antagônicos e colidentes. O estudo do conflito contribui grandemente para a compreensão dos processos de mudança; Situação em que uma pessoa se coloca contra uma outra ou contra um grupo. O conflito bem administrado não é uma perda de tempo, antes pelo contrário, pode funcionar como ferramenta de esclarecimento e compreensão.

Conflito Familiar: Conflito suscitado por rivalidades entre familiares e outros parentes têm um efeito cronicamente abrasivo nos diretores da empresa.

Conflito Funcional: Conflito decorrente das diversas funções organizacional.

Conflito Hierárquico: Conflito que se origina das diferenças de remuneração e poder entre os níveis hierárquicos.

Conflito Natural: Conflito que acontece normalmente em nossas vidas, tais como: ordem × caos; pessoa × comunidade; presente × futuro; competição × cooperação; pai × filho; tradicional × moderno; conservador × progressista; geração anterior × geração atual; manual × automático; formal × informal; indivíduo × grupo.

Conflito no Consumo: Conflito psicológico do consumidor, em função do que ele pensa sobre qual local fará sua compra; Questionamento básico de o que, como, quando, quanto, por que comprar?

Conflito Organizacional: Conflito interno na organização, tais como: estrutura formal × estrutura informal; objetivos de curto prazo × objetivos de longo prazo; planejamento tradicional × planejamento estratégico; especialista × generalista; órgão de linha × órgão de assessoria; coordenação × comunicação; espírito inovador × espírito conservador; burocracia × conhecimento; consumidores × empregados; posição hierárquica × papel a desempenhar; marcas famosas × preços do varejo; responsabilidade social × oportunidade de lucro; marcas próprias × marcas institucionais; grandes varejos × indústrias.

Conformismo: Característica daquele que não pretende mudar, estando satisfeito com tudo.

Conforto Térmico: Resultado das condições do ar e da temperatura ambiente.

Congestionograma: Gráfico especializado na identificação, análise e otimização da velocidade do fluxo, diminuindo as possibilidades de engarrafamento, que prejudicam o desempenho previsto; Representa a forma técnica e certa de elaborar alternativas para as emergências e minimizar as probabilidades de interrupção do fluxo principal.

Conglomerado: Reunião de diversas empresas, cujo controle acionário é feito por uma empresa chamada Holding.

Congresso: Reunião solene, geralmente, de caráter internacional, para abordar assuntos específicos, congregando especialistas, que expõem e discutem experiências e descobertas. Um congresso reúne pessoas com interesses comuns.

Congruência: Ação que tem a administração da empresa de agir em consonância com o ambiente onde habita, porque corre um risco muito grande de entrar em dissonância cognitiva com este ambiente, o que é catastrófico para a empresa.

Conhecimento: Ato, ou processo, pelo qual o sujeito se coloca no mundo e, com ele, estabelece uma relação. Como entendimento do mundo, o conhecimento não é, pois, um enfeite ou uma ilustração da mente e da memória, mas um mecanismo fundamental para tornar a vida mais desejável e mais plenamente realizada, pois só tem seu sentido pleno na sua relação com a realidade.

Conhecimento Administrativo: Conhecimento que é produzido pelos administradores, por meio de: experiências, observações, análises, avaliações, demonstrações, práticas, técnicas, métodos, princípios, regras, ensaios e erros. Este conhecimento está sempre incorporado a uma pessoa, é criado, aumentado e aprimorado. É aplicado, ensinado, transmitido, usado, empregado, mudado.

Conhecimento Científico: Conhecimento que procura substituir o conhecimento empírico, utilizando, para tanto, explicações objetivas para os fenômenos verificados na esfera da experimentação. É transmitido por intermédio de treinamento apropriado, sendo um conhecimento obtido de modo racional, conduzido por meio de procedimentos científicos.

Conhecimento da Situação: Reunião de todas as análises possíveis do cenário em que está inserida a empresa, sendo protagonista ou não.

Conhecimento de Depósito: Permissão ao depositante negociar os produtos sob sua guarda.

Conhecimento do Administrador: Conhecimento voltado para o estudo, análise e avaliação de: mercados; ambientes; produtos; inovações; fornecedores de recursos; política governamental; funções organizacionais, funções administrativas; estratégias e táticas; processos de decisão; modelos de solução; políticas e diretrizes; técnicas de análise, pesquisa e previsão de vendas; sistemas de informação e comunicação; tecnologias da informação; relacionamentos com pessoas; técnicas de negociação.

Conhecimento do Consumidor: Conhecimento que ajuda a empresa na sua ação estratégica. Assim, é preciso saber: o perfil do consumidor, por meio dos níveis de: intelectualidade, educação, percepção, cultura, instrução e informação.

Conhecimento do Mercado: Conhecimento que permite viabilizar um determinado empreendimento, por meio de pesquisa, análise, avaliação, qualificação e custeio.

Conhecimento Especializado: Conhecimento técnico que dá ao seu detentor os métodos, as técnicas e as especificações para construir (fabricar) um produto.

Conhecimento Filosófico: Conhecimento que se fundamenta num esforço da razão pura para questionar os problemas humanos e poder discernir entre o certo e o errado. É sempre insatisfatório ao homem como ser racional. Este conhecimento emprega o método racional e não exige confirmação experimental, mas somente coerência lógica.

Conhecimento Financeiro: Conhecimento que elabora e interpreta o fluxo de caixa, registro de toda a movimentação das entradas e saídas de capital da empresa.

Conhecimento Histórico: Conhecimento que resulta de um longo processo, para cujo crescimento é fundamental atitudes, tais como: interesse profundo por um problema; busca do sentido da prova; oposição ao dogmatismo; aptidão na consideração de alternativas; liberdade de imaginação; firmeza nas conclusões.

Conhecimento Humanístico: Conhecimento das relações humanas, sob os aspectos: lógico, ético e social.

Conhecimento Interdisciplinar: Conjunto de várias disciplinas que devem ser do conhecimento do administrador, empresário, empreendedor, gestor, dirigente.

Conhecimento Popular: Conhecimento que advém das experiências da vida, transmitido de geração a geração por meio da educação informal, portanto empírico. Ele é o meio mais prático e espontâneo de se conhecer as coisas, as pessoas, os objetos e os ambientes.

Conhecimento Técnico: Ver conhecimento especializado.

Conhecimento Teológico: Conhecimento que se apoia em doutrinas que contêm proposições sagradas. Este conhecimento se fundamenta na revelação divina, como experiência e autoridade, que são aceitas pela fé.

Conhecimento Tradicional: Conhecimento que se espera ter uma pessoa instruída. Este conhecimento dá a pessoa que o detém o entendimento de quase tudo que existe, mas não dá o suficiente para fazer acontecer.

Conselho Administrativo: Conselho de Administração; Órgão considerado o único representante dos proprietários da empresa. Na maioria das empresas o conselho é eleito e deposto pela diretoria executiva. Este conselho deve manter um equilíbrio justo entre os interesses dos acionistas, investidores, empregados, consumidores, fornecedores e público em geral.

Conservação Ambiental: Técnica de preservação da natureza; Manejo ambiental no sentido de conservar o ambiente.

Consolidação: Fusão de duas, ou mais, empresas que passam a ser uma terceira empresa; Esta fusão pode ser feita pela emissão de títulos.

Consultor: Elemento que dá opiniões e pareceres como devem operar as funções administrativas, contábeis e organizacionais da empresa.

Consultoria: Serviço, que além de fazer um diagnóstico (relatório) dos problemas do cliente, elabora um plano (programa, projeto) de ação para superá-los. Também participa do processo de criação das condições necessárias à implementação das medidas propostas.

Consumerismo: Movimento social que insiste para que os produtos apresentem qualidade absolutamente inatacável e sem quaisquer efeitos colaterais danosos. O consumerismo está associado à busca de melhor tratamento para os consumidores.

Consumidor: Indivíduo, ou instituição, que compra um produto. Pessoa ou unidade organizacional que desempenha um papel no processo de troca ou transação de um produto. Por ser pessoa muito importante, o consumidor deve ser o propósito da empresa, pois este é quem determina o que o negócio é, o que produz e se prosperará. Consumidor não é mais um receptor passivo de produtos, mas, sim, alguém envolvido no projeto e na melhoria do produto.

Consumidor Apático: Consumidor que precisa receber informações concisas e corretas sobre os produtos e condições de pagamento.

Consumidor Atento: Consumidor do tipo fácil de se vender.

Consumidor Ativo: Consumidor satisfeito.

Consumidor Cativo: Aquele que compra constantemente na mesma loja; Freguês.

Consumidor Consciente: Consumidor que faz primeiro uma pesquisa daquilo que vai comprar.

Consumidor Despreocupado: Consumidor sem pressa de comprar.

Consumidor Difícil: Consumidor que precisa ser muito bem trabalhado pelo vendedor (atendente).

Consumidor Emergente: Consumidor que está entrando pela primeira vez em um determinado mercado.

Consumidor Final: Consumidor que desempenha um duplo papel no mercado. Em primeiro lugar, ele atua como comprador. Em segundo lugar, elabora um estudo crítico daquilo que compra, como, também, dos métodos de comercialização.

Consumidor Globalizado: Usuário da Internet que atua no varejo virtual, tende a explorar primeiramente as páginas de marcas conhecidas, devido à confiança e credibilidade adquiridas no varejo real.

Consumidor Hostil: Consumidor sobrecarregado, atira para todo lado, não ataca apenas o produto, mas também a empresa, porque ele pensa que a vida é matar ou morrer. Brigar o faz se sentir vivo.

Consumidor Idoso: Consumidor que é saudável e ativo, tendo os mesmos desejos e necessidades do que os mais jovens. Suas decisões de compra, em sua maioria, são baseadas em seu estilo de vida e não na sua idade.

Consumidor Indeciso: Consumidor que possui pouca, ou nenhuma, lealdade à marca e sua decisão de comprar varia. Mas, este consumidor pode não ser um alvo atraente, devido a sua mutabilidade.

Consumidor Indiferente: Consumidor aparentemente desligado, mas que na verdade deseja crescer psicologicamente e ele o faz comprando.

Consumidor Individualizado: Consumidor que precisa ser diferente de todos os outros consumidores.

Consumidor Interativo: Consumidor que presta informações sobre determinado produto ao fabricante.

Consumidor Leal: Consumidor que é leal à marca.

Consumidor Malcriado: Consumidor que se irrita com facilidade, mas não é igual ao abusivo e impertinente.

Consumidor Nervoso: Consumidor cujo equilíbrio emocional precisa ser descoberto para que haja negociação.

Consumidor Orgulhoso: Consumidor que precisa ser tratado com respeito e consideração (aparentemente especial), transforma-se e sente-se importante, passando a comprar tudo aquilo que se lhe queira vender.

Consumidor Perdido: Consumidor que não compra por um período maior do que um ano.

Consumidor Potencial: Consumidor que é alguém disposto e habilitado a se engajar em uma troca de valores. Não se pode vender um produto a menos que se encontre um comprador. Por isso, a prospecção de localizar e classificar consumidores potenciais é o primeiro passo no processo de venda.

Consumidor Procrastinador: Consumidor que toma muito tempo para tomar uma decisão de comprar.

Consumidor Reclamão: Aquele que reclama de tudo e de todos, pondo o vendedor na defensiva.

Consumidor Sabichão: Consumidor cabotino que se julga um especialista em tudo.

Consumidor Silencioso: Consumidor que é conciso, breve, sucinto, difícil de decifrar. Evita riscos e mantém-se imperturbável em sua estratégia de compra e negociação.

Consumidor Sofisticado: Consumidor importante para testar novos produtos.

Consumidor Taciturno: Consumidor que precisa de ajuda, para tomar a decisão de comprar. O atendente precisa ter calma e paciência.

Consumidor Vaidoso: Consumidor que é fácil de ser atendido, quando o vendedor descobre a sua vaidade maior.

Consumidor Vigilante: Consumidor que não está mais tolerando bens e serviços de má qualidade. Por outro lado, deseja que as empresas sejam mais humanas.

Consumir: Usar um produto até que deixe de atender às necessidades ou que o seu valor tenha sido anulado ou muito reduzido.

Consumo: Uso de bens e serviços.

Consumo de Recursos: Consumo necessário para a criação, desenvolvimento e progresso de qualquer negócio.

Consumo Final: Consumo em que o produto não tem mais valor de uso.

Consumo Globalizado: Consumo de um produto por muitos países.

Consumo Industrial: Consumo de recursos, relativos à fabricação de bens, tais como: matéria-prima, mão de obra e insumo.

Conta: Registro de uma transação que envolve valores.

Conta a Pagar: Controle, ou levantamento, que se faz, numa data qualquer, para determinar quanto, em dinheiro, a empresa terá de pagar aos seus credores e fornecedores.

Conta a Receber: Controle ou levantamento que se faz, numa data qualquer, para determinar quanto, em dinheiro, a empresa terá de receber de seus devedores.

Conta Capital: Conta que controla os investimentos e retiradas de cada sócio, mostrando a participação de cada sócio.

Conta Cliente: Conta que avalia a capacidade de pagamento do cliente, bem como sua movimentação financeira com a empresa.

Conta Corrente: Registro para mostrar a liquidez de uma transação.

Conta de Liquidação Duvidosa: Conjunto de contas a receber, cujos valores, provavelmente, não serão liquidados.

Conta do Consumidor: Controle que ajuda a demonstrar a liquidez do consumidor e sua capacidade de compra.

Conta Investimento: Conta onde são registrados todos os investimentos por data de lançamento.

Contabilidade: Setor da empresa onde são registradas as contas que ocorrem na movimentação diária dos valores que entram e saem. A importância da contabilidade está em guardar os valores passados e presentes, ajudando na previsão do futuro.

Contabilidade de Custos: Sistema contábil de processos de transferências de valores para uma conta única, relativa ao final da produção. A contabilidade de custos não é apenas utilizada em fábricas, mas também em empresas de serviços.

Contabilidade Financeira: Sistema contábil que se preocupa com a preparação de relatórios financeiros para mostrar, aos seus clientes, a liquidez da organização.

Contabilidade Fiscal: Sistema contábil que se ocupa da manutenção da documentação para fins tributários.

Contabilidade Gerencial: Sistema que enfatiza os conceitos e os procedimentos contábeis que são relevantes à preparação de relatórios para os usuários internos e externos. Num sentido mais amplo, está voltada, única e exclusivamente, para a administração da empresa, procurando suprir informações que se encaixem de maneira válida e efetiva no modelo decisório do dirigente.

Contabilidade Social: Sistema que se preocupa com a definição e quantificação dos principais agregados macroeconômicos, como produto interno bruto, balança de pagamentos, consumo global, investimentos, por exemplo.

Contabilista: Profissional com conhecimentos de contabilidade, cujas atribuições, além da escrituração, são preparar as guias de recolhimento dos impostos, taxas e contribuições ao governo.

Contador Público: Auditor externo; Contador que conhece finanças públicas.

Contato Funcional: Encontro informal entre dois ou mais funcionários para a solução de um problema da organização.

Conteúdo Programático: Resumo detalhado dos assuntos que serão abordados numa sala de aula, relativos a uma disciplina escolar.

Contexto: Inter-relacionamento das variáveis (elementos) que existem em um ambiente, considerando-se a época.

Contexto Social: Contexto que constitui a população que habita um território e se articula com formas particulares de produção; Conjunto de valores que define padrões de comportamento, convivência e identidade cultural.

Contingência: Algo incerto ou eventual, que pode suceder ou não, dependendo das circunstâncias. Refere-se a uma proposição, cuja verdade ou falsidade somente pode ser conhecida pela experiência e pela evidência, e não pela razão, isto é, não há um único caminho para a eficácia da organização, mesmo dentro de um ambiente fechado.

Contrabando: Importação ilegal de produtos, em geral, cópias mal feitas de bens e marcas.

Contratação: Processo de admissão, propriamente dito, que é realizado mediante um contrato de trabalho entre a empresa e o empregado, sendo o vínculo empregatício estabelecido a partir da assinatura da carteira de trabalho. A jornada de trabalho, aprovada pela Constituição Brasileira, de 5 de outubro de 1988, é de 220 horas por mês (44 horas por semana), incluindo o descanso remunerado de um dia por semana, normalmente, o domingo.

Contratado: Alguém que presta serviços para determinada organização (contratante), por meio de um contrato de trabalho. Na locação recebe o nome de locatário.

Contratante: Aquele que contrata.

Contrato: Acordo (combinação, ajuste) tácito, ou escrito, entre duas ou mais pessoas para execução de determinada coisa, onde estão assinaladas cláusulas de: condições legais, responsabilidades, deveres, direitos, prazos e obrigações das partes envolvidas. Contrato é, nada mais nada menos, um acordo de vontades, entre duas ou mais pessoas, que tem por finalidade produzir efeitos jurídicos.

Contrato a Longo Prazo: Contrato que as partes fazem por um longo tempo, por serem pessoas confiáveis e que cumprem o acordado.

Contrato a Termo: Contrato em que alguém troca um montante específico de uma moeda (título) a uma taxa combinada (taxa a termo) em que, numa data futura, haja resgate.

Contrato Acessório: Contrato que pressupõe a existência de outro, do qual depende e, via de regra, serve de garantia. Também é conhecido como Aditivo Contratual.

Contrato Aleatório: Contrato em que há uma contraprestação de serviço incerta, por depender de fato futuro, cujo recebimento é provável, não certo.

Contrato Bilateral: Contrato em que as partes estabelecem obrigações recíprocas. Quando as partes transferem mutuamente alguns direitos e mutuamente os aceitam. No contrato bilateral, ou oneroso, duas ou mais pessoas se obrigam a realizar algo. As formas mais comuns são: prestação de serviços, fornecimento de material, sociedade comercial.

Contrato Comutativo: Contrato em que a coisa que cada uma das partes se obriga a dar, ou fazer, equivale à que tem de receber.

Contrato Cotalício: Contrato em que alguém se associa a um litigante a quem auxilia mediante certa vantagem no resultado final do conflito.

Contrato de Aliança Estratégica: Contrato em que duas ou mais pessoas (físicas, jurídicas) se juntam para compartilhar e competir no mesmo mercado, cada uma participando com a parte ou etapa do processo onde detém maior conhecimento.

Contrato de Arrendamento Mercantil: Contrato parecido com leasing, mas que não dá o direito de aquisição do bem, após o término do contrato.

Contrato de Associativismo Empresarial: Contrato que propicia ações coletivas, facilidades compartilhadas, defesa de interesses, oportunidades de negócios, centrais de compra ou de venda.

Contrato de Cessão de Crédito: Contrato em que o credor transfere a outrem, por título de valor econômico, independentemente do consentimento do devedor. O credor pode ceder o seu crédito, se a isso não se opuser à lei. A cessão compreende os acessórios, juros e privilégios.

Contrato de Cessão de Direitos: Contrato em que o cedente transfere o direito sobre o bem (um imóvel, por exemplo) para que o cessionário (adquirente) solva o compromisso num prazo estipulado.

Contrato de Cessão de Direitos Aquisitivos: Contrato que na realidade é uma promessa de venda, sendo, em geral, fruto de outra cessão de direitos.

Contrato de Cessão de Direitos Hereditários: Contrato de promessa de venda, fruto de herança, não tendo caráter definitivo.

Contrato de Cessão de Posse: Contrato particular (não público) onde a propriedade de um bem é transferida para outra pessoa.

Contrato de Comodato: Contrato público em que uma pessoa cede gratuitamente um bem à outra, para que dele utilize, devendo devolvê-lo em tempo convencionado.

Contrato de Compra e Venda: Contrato em que uma pessoa vende um bem para outra, dando a esta todo direito e ação sobre o mesmo. No caso do bem ser um imóvel é comum este tipo de contrato receber o nome de escritura (pública ou particular). Os contratos de compra e venda podem, ainda, ser com pacto adjeto de reserva de domínio, onde parte do pagamento do bem pode ser feito com um outro bem do comprador (dação em pagamento).

Contrato de Conta Corrente: Contrato de crédito, por meio de abertura de conta em um banco.

Contrato de Corretagem de Imóvel: Contrato que dá a uma imobiliária o direito de negociar um determinado imóvel, sob condições de taxas de corretagem (comissão).

Contrato de Crédito ao Consumidor: Contrato em que um varejo dá a um consumidor para que o mesmo obtenha um produto com a finalidade de consumo, sob a promessa de pagar o equivalente num prazo futuro combinado.

Contrato de Crédito Mercantil: Contrato de Crédito Comercial; Contrato em que uma empresa concede a outra a venda de mercadorias que serão comercializadas, geralmente, sob a forma de concessão de prazos para pagamentos das mesmas.

Contrato de Doação: Contrato em que uma pessoa doa um bem para outra(s), podendo, ou não, reservar o direito de uso e fruto até a sua morte.

Contrato de Edição: Contrato em que um autor dá o direito de um editor apresentar a obra (projeto) do autor (ou artista) para o mercado, com o objetivo de juntos auferirem lucro com o trabalho de venda.

Contrato de Financiamento: Contrato em que é dado a uma pessoa jurídica para a obtenção de capital de giro, compra de instalações, máquinas e equipamentos ou a uma pessoa física para que adquira um bem durável. Tais contratos são amparados pela figura da alienação fiduciária, como garantia da transação.

Contrato de Franquia: Contrato bilateral entre uma empresa de marca forte e famosa (franqueador) e uma empresa (franqueada), onde são repassados conhecimentos tecnológicos e administrativos do negócio. Na realidade o contrato de franquia é um contrato de distribuição de bens e serviços.

Contrato de Garantia: Contrato que garante a qualidade e o funcionamento de um produto.

Contrato de Garantia de Funcionamento: Contrato em que se dá segurança ao comprador de que o equipamento fará aquilo que se espera dele.

Contrato de Garantia de Pagamento: Contrato em que se dá como garantia de pagamento os seguintes elementos ou figuras de garantia como são conhecidas: penhor, fiança, caução e alienação fiduciária.

Contrato de Joint-Venture: Contrato entre uma empresa nacional e uma estrangeira para suprir necessidades de capital, transferência de tecnologia, otimização de recursos e inovações de padrão internacional.

Contrato de Leasing: Contrato em que o vendedor faz um contrato de locação para um determinado período que, quando terminado, dá o direito ao locatário de adquirir o bem. Um contrato de leasing é um misto de locação e de cessão de direitos.

Contrato de Locação: Contrato pelo qual uma das partes se compromete, mediante remuneração, que a outra passe a fornecer, durante certo tempo, ou o uso e gozo de um bem. A paga pode ser também através da prestação de um serviço. Os contratos de locação podem ter como objeto: armazenamento, comércio, residência, máquina, escritório, por exemplo.

Contrato de Mútuo: Contrato em que alguém empresta dinheiro, ou qualquer coisa fungível, a outrem, que se obriga a lhe restituir coisa do mesmo gênero, qualidade e quantidade.

Contrato de Parceria: Contrato que reúne duas ou mais empresas com algumas afinidades no mercado, explorando uma atividade comercial, industrial ou agrícola, onde são definidas as participações nos resultados da nova sociedade. Dependendo do objetivo da parceria, esta pode ter as seguintes conotações: Aliança Estratégica, Associativismo Empresarial, Franquia, Joint-Venture, Terceirização, Parceria em Rede, Parceria de Preço, por exemplo.

Contrato de Parceria de Preço: Contrato que reúne diversas empresas, para juntas usarem de uma mesma política de preço de um produto, uma linha de produtos ou mercados comuns.

Contrato de Parceria em Rede: Contrato em que algumas empresas utilizam o mesmo espaço virtual para integrar seus negócios.

Contrato de Posse: Contrato que dá o direito de detenção de uma coisa com o objetivo de tirar dela qualquer utilidade econômica.

Contrato de Prestação de Serviço: Contrato feito por duas pessoas para que uma preste serviço para outra, sob uma determinada remuneração.

Contrato de Terceirização: Contrato em que uma empresa, por razões de custo, flexibilidade, produtividade, conhecimento e burocracia, contrata outra empresa especializada no serviço objeto do contrato.

Contrato de Trabalho: Contrato bilateral, porque gera obrigações para as partes contratantes; Prestação de serviços pelo empregado e a remuneração pelo empregador é consensual, porque depende do acordo de vontades para a sua concretização. Ele é oneroso por gerar compromissos a ambos os contratantes. É não solene pela faculdade de poder ser contratado verbalmente ou por escrito.

Contrato de Trabalho por Tempo Determinado: Contrato que permite a contratação de funcionários para jornadas reduzidas, limitadas ao máximo de 25 horas semanais, com salários e encargos (férias, 13º salário, contribuições para o INSS) também proporcionais ao tempo efetivamente trabalhado. Este contrato cessa de pleno direito, findo o prazo estipulado, independente de notificação ou aviso.

Contrato de Venda por Consórcio: Contrato que, diferentemente do crédito ao consumidor, trabalha com taxas de juros de mercado, os consórcios fixam suas mensalidades de acordo com o preço à vista dos produtos. Esse preço poderá ser reajustado mensalmente.

Contrato Formal: Contrato em que a lei estabelece determinada metodologia processual; Contrato solene.

Contrato Informal: Contrato que é inteiramente verbal, pois não possuem compromisso formal de uma parte para apoiar a outra, mas existe um entendimento tácito, muitas vezes, baseado nos anos de trabalho em conjunto.

Contrato Leonino: Contrato em que uma das partes leva todas as vantagens, ou a maioria delas, em detrimento da outra parte.

Contrato Psicológico: Contrato em que há um entendimento tácito entre indivíduo e organização, no sentido de que uma vasta gama de direitos, privilégios e obrigações, consagradas pelo uso, será respeitada e observada pelas partes.

Contrato Social: Contrato em que duas, ou mais pessoas (sócios), se cotizam para juntas fundarem uma empresa e onde são estabelecidas as responsabilidades dos sócios, suas participações, remunerações, investimentos, retiradas, distribuição de lucros, dissolução da sociedade, apuração de resultados. A forma mais adotada é o contrato de responsabilidade limitada.

Contrato Unilateral: Contrato em que só uma das partes se obriga para com a outra e esta aceita. No contrato unilateral há obrigação de uma só pessoa. As modalidades mais comuns são: depósitos em conta, doação, empréstimo, mandato.

Contrato Verbal: Contrato consubstanciado na palavra entre duas pessoas.

Contribuição: Pagamentos (trocas) feitos entre o indivíduo e a organização. As contribuições do indivíduo são: trabalho, tempo, esforço, dedicação, pontualidade, assiduidade, compromisso, esmero, participação, por exemplo. As contribuições da organização são: incentivo, recompensa, salário, remuneração, benefício, prêmio, bonificação.

Controlador: Indivíduo que controla um sistema, processo, contrato, orçamento, projeto, desvio, etc. O nome Controller é, geralmente, o nome daquele que controla as finanças da empresa.

Controlar: Verificar se o plano foi executado, aferindo resultados, para saber se estes estão além ou aquém do esperado. É possível, assim, determinar, também, se os objetivos foram superestimados ou subestimados.

Controle: Função administrativa que verifica e compara os resultados alcançados com aquilo que foi estabelecido no planejamento (resultados esperados).

Controle Contábil: Controle relativo às contas utilizadas em uma empresa; Controle das contas do ativo e do passivo.

Controle Conveniente: Grau mais conveniente possível de um sistema de controle, quando o custo total deste sistema é mínimo, considerando-se o custo total do sistema a soma do custo do próprio sistema de controle mais o custo quando não há controle. A figura, a seguir, mostra o grau de controle mais conveniente:

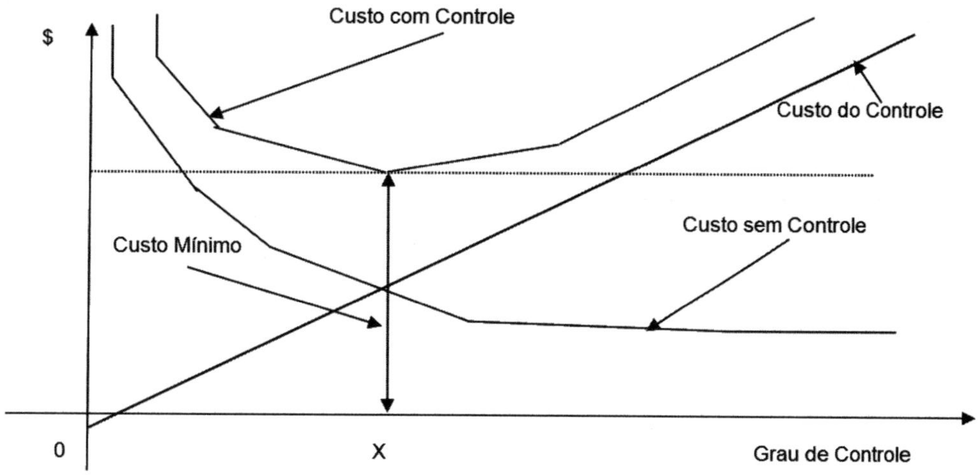

Onde:
X = Grau de Controle mais Conveniente
$ = Valor do custo

Controle da Estrutura: Controle relativo ao número de níveis hierárquicos da organização, a quantidade de departamentos e cargos, as relações entre chefes e subordinados.

Controle da Produção: Controle relativo aos elementos que fazem parte do sistema de produção, tais como: Comparar resultados obtidos com os planejados; Determinar as causas das variações e desvios; Preocupar-se com os níveis de estoque e de qualidade; Minimizar custos; Atender a carteira de pedidos; Desenvolver planilhas e gráficos para analisar resultados; Medir os tempos de resposta; Estudar os resultados, em relação às outras empresas concorrentes.

Controle de Contas a Pagar: Ver conta a pagar.

Controle de Contas a Receber: Ver conta a receber.

Controle de Devolução de Mercadorias: Controle que retrata a qualidade do produto e do atendimento. Este controle deve conter informações quanto aos defeitos, prazos de entrega não atendidos, especificações fora dos padrões, valores não contratados.

Controle de Estoque: Controle que mostra quanto cada item do estoque pesa no total e quanto de dinheiro está imobilizado; Mostra o giro de cada produto (material) e quanto o mesmo participa no valor total do estoque. O sistema de controle de estoque é uma necessidade que ajuda a decidir quais os níveis de bens que podem ser economicamente mantidos. Tal sistema é utilizado para descrever inspeção, recebimento, movimentação, alienação de ativos, inventário, distribuição e armazenagem. A seguir, é mostrado um controle geral de estoque:

Data do Inventário:

Produtos	UA	Q	Custo	Valor	AC
Aipim para Fritar	Kg	18,5	4,20	77,70	77,70
Almôndega de Carne	kg	0	1,00	0,00	77,70
Anéis de Lula	200 g	0	10,00	0,00	77,70
Anéis de Lula	300 g	22	13,00	286,00	363,70
Bolinho de Carne Seca	1	821	0,90	738,90	1.102,60
Bolinho de Feijoada	1	679	0,90	611,10	1.713,70
Camarão Empanado	200 g	0	8,50	0,00	1.713,70
Camarão Empanado	250 g	0	10,50	0,00	1.713,70

Camarão Empanado	300 g	0	13,00	0,00	1.713,70
Camarão Empanado Médio	Kg	3,5	42,00	147,00	1.860,70
Escondidinho Bolonhesa	250 g	5	5,00	25,00	1.885,70
Escondidinho Camarão	250 g	34	5,50	187,00	2.072,70
Escondidinho Carne Seca	250 g	4	5,50	22,00	2.094,70
Espaguete	200 g	11	0,50	5,50	2.100,20
Espetinho de Boi 120 g	1	7	3,50	24,50	2.124,70
Kafta de Carne 120 g	1	40	2,50	100,00	2.224,70
Milanesa de Alcatra	Kg	5,6	19,00	106,40	2.331,10
Milanesa de Frango	Kg	1,825	11,00	20,08	2.351,18
Molho Bolonhesa	200 g	37	5,00	185,00	2.536,18
Molho Calabresa	200 g	0	5,90	0,00	2.536,18
Molho Copa Lombo	200 g	0	4,90	0,00	2.536,18
Molho de Camarão	200 g	26	5,90	153,40	2.689,58
Molho de Carne Seca	200 g	0	6,50	0,00	2.689,58
Molho Funghi	200 g	51	5,90	300,90	2.990,48
Molho Gorgonzola	200 g	59	5,90	348,10	3.338,58
Nhoque de Aipim	250 g	24	1,50	36,00	3.374,58
Nhoque de Aipim Empório	250 g	44	1,50	66,00	3.440,58
Penne	200 g	0	0,50	0,00	3.440,58
Strogonoff de Carne	200 g	18	5,00	90,00	3.530,58
Strogonoff de Frango	200 g	0	4,50	0,00	3.530,58

Onde:

UA = Unidade de armazenamento

Q = Quantidade em estoque

Custo = Custo unitário da unidade de armazenamento

Valor = Quantidade x Custo

AC = Valor acumulado

Controle do Faturamento: Controle que ajuda a acompanhar o desempenho da equipe de vendas e se a mesma está cumprindo as metas estabelecidas. Ele deve indicar o faturamento bruto diário e seu valor acumulado, num determinado período. Através desse controle pode-se verificar se as metas estão sendo atingidas.

Controle de Faturas a Pagar: Controle de fornecedores a pagar; Controle em que a empresa observa se os pagamentos (dívidas) foram feitos em dia e quais as faturas pendentes de pagamento. Também é fato gerador de informações para o controle geral de contas a pagar.

Controle de Gastos: Controle onde são registrados os valores gastos, direta e indiretamente, bem como seus respectivos desvios.

Controle de Gastos Diretos: Controle para gastos com: mão de obra, matéria-prima, bem como suas participações. A seguir, um exemplo:

Dia	Histórico	Valor	AC.	MO	MP	Obs.
1	Fornecedor MP	1.495,61	1.495,61		1.495,61	
2	Fornecedor MP	302,50	1.798,11		302,50	
2	Cartão Transporte	792,00	2.590,11	792,00		
2	Salário Aracy	900,00	3.490,11	900,00		
3	Fornecedor MP	953,72	4.443,83		953,72	
4	Fornecedor MP	20,06	4.463,89		20,06	
4	Cartão Transporte	220,00	4.683,89	220,00		

5	Fornecedor MP	562,90	5.246,79		562,90	
5	Diária Bufê	440,00	5.686,79	440,00		
6	Fornecedor MP	86,00	5.772,79		86,00	
6	Salários Pagos	2.920,92	8.693,71	2.920,92		
6	Diárias Frank	481,00	9.174,71	481,00		
7	Fornecedor MP	307,01	9.481,72		307,01	
7	Fornecedor MP	570,00	10.051,72		570,00	
8	Salários Pagos	2.520,88	12.572,60	2.520,88		
9	Diária Willian	100,00	12.672,60	100,00		
9	Fornecedor MP	1.663,50	14.336,10		1.663,50	
10	Comissão Expedito	800,00	15.136,10	800,00		
10	Fornecedor MP	561,24	15.697,34		561,24	
11	Fornecedor MP	2.312,88	18.010,22		2.312,88	
12	Diárias Bufê	690,00	18.700,22	690,00		
12	Diárias	130,00	18.830,22	130,00		
12	Fornecedor MP	663,96	19.494,18		663,96	
13	Fornecedor MP	85,00	19.579,18		85,00	
13	Diárias	480,00	20.059,18	480,00		
13	Comissão	270,00	20.329,18	270,00		
15	Fornecedor MP	1.148,68	21.477,86		1.148,68	
17	Diárias	100,00	21.577,86	100,00		
17	Fornecedor MP	91,83	21.669,69		91,83	
18	Fornecedor MP	763,96	22.433,65		763,96	
19	Salários Pagos	3.200,00	25.633,65	3.200,00		
19	Fornecedor MP	751,08	26.384,73		751,08	
20	Diárias	572,00	26.956,73	572,00		
20	Fornecedor MP	9,25	26.965,98		9,25	
23	Fornecedor MP	2.212,80	29.178,78		2.212,80	
23	Salários Pagos	500,00	29.678,78	500,00		
26	Diárias	140,00	29.818,78	140,00		
26	Fornecedor MP	76,28	29.895,06		76,28	
27	Diárias	556,50	30.451,56	556,50		
27	Fornecedor MP	18,50	30.470,06		18,50	
29	Fornecedor MP	9,00	30.479,06		9,00	
30	Fornecedor MP	2.087,54	32.566,60		2.087,54	
31	Fornecedor MP	3.826,14	36.392,74		3.826,14	
31	Fornecedor MP	293,17	36.685,91		293,17	
	Totais		36.685,91	**15.813,30**	**20.872,61**	
			100%	43%	57%	

Onde:

AC = Valor acumulado

MO = Mão de obra

MP = Matéria-Prima

Controle de Gastos Indiretos: Controle dos gastos de tudo que não seja gasto direto. A seguir, exemplos:

Dia	Histórico	Valor	Acumulado
1	Material Higiene e Limpeza	3,18	3,18
2	NET	249,69	252,87

2	Força e Luz HB	189,15	442,02
2	Gás	895,11	1.337,13
5	Material Higiene e Limpeza	47,51	1.384,64
6	IPVA Anderson (3/3)	440,87	1.825,51
6	Água e Esgoto HB	74,70	1.900,21
7	Material Higiene e Limpeza	7,59	1.907,80
8	Material Higiene e Limpeza	15,00	1.922,80
8	Música	200,00	2.122,80
8	Divulgação	230,00	2.352,80
8	Aluguel Loja	2.200,00	4.552,80
8	Transporte Pessoas	20,00	4.572,80
8	Segurança	151,05	4.723,85
8	Sistema Wise	290,17	5.014,02
8	Telefone	135,28	5.149,30
12	Manutenção Máquinas	50,00	5.199,30
13	Honorários	918,00	6.117,30
14	Material Higiene e Limpeza	7,50	6.124,80
15	Serviço Médico	462,00	6.586,80
15	Associação Patronal	179,81	6.766,61
15	Despesas Diversas	120,00	6.886,61
15	Música	200,00	7.086,61
16	Música	100,00	7.186,61
16	Transporte Pessoas	40,00	7.226,61
17	DAS Tributos	583,88	7.810,49
17	Telefone Anderson	384,45	8.194,94
17	Água e Esgoto Loja	468,70	8.663,64
-	-	-	-

Controle de Gastos Indiretos

Dia	Histórico	Valor	Acumulado	%
23	Água e Esgoto Loja	468,70	468,70	3,27%
31	Alarme (5/12)	83,33		
18	Alarme (6/12)	151,05	234,38	1,63%
10	Aluguel Loja	2.000,00		
3	Aluguel Louça	40,00		
23	Aluguel Louça	30,00	2.070,00	**14,44%**
15	Associação Patronal	179,81	179,81	1,25%
12	Combustível	50,00		
31	Combustível	470,00		
31	Combustível	220,00		
6	Combustível	50,00	790,00	**5,51%**
19	DAS Tributos	378,31	378,31	2,64%
30	Dedetização	150,00	150,00	1,05%
13	Despesas Diversas	20,00	20,00	0,14%
11	Divulgação	465,00	465,00	3,24%
3	Divulgação (2/2)	200,00	200,00	1,39%
23	Força e Luz	2.971,40		
7	Força e Luz HB	330,80	3.302,20	**23,03%**
7	Gás	770,93	770,93	5,38%

23	Honorários	240,00	240,00	1,67%
3	IPVA Fiat (2/3)	440,86		
3	IPVA Kombi	283,41	724,27	5,05%
4	Manutenção Instalações	60,00	60,00	0,42%
15	Manutenção Máquinas	5,00	5,00	0,03%
10	Manutenção Viaturas	180,00	180,00	1,26%
2	Material Higiene e Limpeza	15,58		
6	Material Higiene e Limpeza	20,00		
11	Material Higiene e Limpeza	46,34		
12	Material Higiene e Limpeza	10,07		
17	Material Higiene e Limpeza	41,41		
18	Material Higiene e Limpeza	8,99		
23	Material Higiene e Limpeza	20,77	163,16	1,14%
31	Microondas (5/5)	95,23	95,23	0,66%
4	Música	200,00		
11	Música	100,00		
18	Música	200,00		
19	Música	200,00	700,00	4,88%
7	NET	250,32	250,32	1,75%
31	Passe Expresso	295,00		
31	Passe Expresso	295,00	590,00	4,11%
23	Seguro Loja (1/6)	296,39	296,39	2,07%
15	Serviço Médico	462,00	462,00	3,22%
10	Sistema Wyse (Jan/Fev)	400,00	400,00	2,79%
9	Site - Domínio (Jan/Fev)	400,00	400,00	2,79%
31	Tarifa Bancária	150,43	150,43	1,05%
10	Telefone	116,93		
19	Telefone	395,57	512,50	3,57%
5	Transporte Pessoas	20,00		
12	Transporte Pessoas	20,00		
19	Transporte Pessoas	40,00	80,00	0,56%
		14.338,63		

Controle de Mão de Obra: Controle relativo à contratação e dispensa de pessoal, taxa de turnover dos recursos humanos, índice de reclamações trabalhistas.

Controle de Materiais: Controle interno que é projetado para proteger os materiais fisicamente e manter o equilíbrio apropriado de materiais imobilizados e suas demandas.

Controle de Padrões: Controle que busca a integração entre fabricantes, intermediários, consumidores, governos, laboratórios e associação de normas técnicas, naquilo que diz respeito à padronização.

Controle de Qualidade: Controle que envolve uma comparação entre as especificações do planejamento e os resultados reais obtidos pela inspeção e por outras técnicas. A mais importante função do controle de qualidade é manter fora do mercado produtos de padrão inferior. Os principais benefícios do controle de qualidade são: performance do produto, racionalidade na produção, custo reduzido no longo prazo, moral elevada dos empregados, satisfação das expectativas dos consumidores, aumento da imagem da empresa, taxas de devolução e cancelamentos menores, avaliação positiva dos fornecedores de recursos.

Controle de Quantidade: Procedimento empregado para controlar a quantidade de material e trabalho em andamento, para evitar perdas, roubos ou sobras de recursos.

Controle de Reclamação: Ver taxa de reclamação.

Controle de Reservas: Controle que permite a empresa direcionar a distribuição de suas reservas (de capital, de lucro, legal, estatutária) para enfrentar incertezas do mercado.

Controle de Resultado: Controle retratado pelas avaliações de resultado, por meio do balanço patrimonial, demonstrativo de resultado, matrizes de análise (horizontal e vertical), indicadores de gestão, por exemplo.

Controle de Vendas: Controle que trata do faturamento, perfil do consumidor, vendas por vendedor, conta corrente do consumidor, carteira de pedidos por cliente, carteira de pedidos, taxa de clientela, movimentação de vendedores e devolução de mercadorias.

Controle do Bem Patrimonial: Registro, feito no inventário, relativo aos bens duráveis (móveis, imóveis, utensílios, máquinas, equipamentos, viaturas). Neste inventário é verificada a existência do bem, seu estado físico e seu valor de mercado.

Controle do Caixa: Controle que mostra por meio do saldo, o disponível em dinheiro vivo; Ver caixa. A seguir, uma parte de um controle de caixa de um hipotético restaurante que também distribui congelados (CGL) e trabalha com bufês para eventos.

Dia	Histórico	Entrada	Saída	Saldo	CGL	Bufê
1	Abertura	5.626,00		5.626,00		
1	Receita Bufê	683,00		6.309,00		683,00
1	Receita Restaurante	528,40		6.837,40		
1	Fornecedor MP		1.495,61	5.341,79		
2	Receita Restaurante	822,90		6.164,69		
2	Fornecedor MP		302,50	5.862,19		
2	Cartão Transporte		792,00	5.070,19		
2	Salário Aracy		900,00	4.170,19		
2	Material Higiene e Limpeza		15,58	4.154,61		
3	Receita Restaurante	679,50		4.834,11		
3	Fornecedor MP		953,72	3.880,39		
3	Divulgação (2/2)		200,00	3.680,39		
3	Aluguel Louça		40,00	3.640,39		
3	IPVA Fiat (2/3)		440,86	3.199,53		
3	IPVA Kombi		283,41	2.916,12		
4	Receita Restaurante	3.074,91		5.991,03		
4	Fornecedor MP		20,06	5.970,97		
4	Cartão Transporte		220,00	5.750,97		
4	Música		200,00	5.550,97		
4	Manutenção Instalações		60,00	5.490,97		
5	Receita Restaurante	3.489,24		8.980,21		
5	Fornecedor MP		562,90	8.417,31		
5	Diárias		440,00	7.977,31		
5	Transporte Pessoas		20,00	7.957,31		
6	Receita Restaurante	2.630,30		10.587,61		
6	Fornecedor MP		86,00	10.501,61		
6	Salários Pagos		2.920,92	7.580,69		
6	Diárias Frank		481,00	7.099,69		
6	Material Higiene e Limpeza		20,00	7.079,69		
6	Combustível		50,00	7.029,69		
7	Fornecedor MP		307,01	6.722,68		
7	Fornecedor MP		570,00	6.152,68		
7	Gás		770,93	5.381,75		

7	NET		250,32	5.131,43		
7	Força e Luz HB		330,80	4.800,63		
8	Receita Restaurante	655,90		5.456,53		
8	Receita Congelados	435,00		5.891,53	435,00	
8	Salários Pagos		2.520,88	3.370,65		
9	Receita Restaurante	849,70		4.220,35		
9	Diárias Willian		100,00	4.120,35		
9	Fornecedor MP		1.663,50	2.456,85		
9	Site - Domínio (Jan/Fev)		400,00	2.056,85		
10	Receita Restaurante	762,20		2.819,05		
10	Receita Bufê	595,00		3.414,05		595,00
10	Receita Congelados	600,00		4.014,05	600,00	
10	Comissão Expedito		800,00	3.214,05		
10	Fornecedor MP		561,24	2.652,81		
10	Aluguel Loja		2.000,00	652,81		
10	Manutenção Viaturas		180,00	472,81		
10	Telefone		116,93	355,88		
10	Sistema Wyse		290,17	65,71		
11	Receita Restaurante	1.361,45		1.427,16		

Controle do Consumidor: Controle do perfil do consumidor; Controle relativo ao cadastro geral dos consumidores (banco de dados), sendo atualizado diariamente.

Controle do Custo: Controle relativo a analisar e avaliar: custo total, custo fixo, custo variável, custo unitário do produto, custo de comercialização, custo de produção, rateios do custo fixo (bases de cálculo), depreciação, despesas diretas e indiretas.

Controle do Fluxo de Caixa: Controle utilizado para que não falte dinheiro para tocar o negócio; Controle para verificar, no curto prazo, se há liquidez na empresa. A seguir, um exemplo:

Controle do Fluxo de Caixa						
Contas	Início	15 dias	30 dias	45 dias	60 dias	90 dias
Saldo de Caixa (1)	500	550	800	640	330	150
Entradas:						
Contas a Receber	200	400	300	200	200	300
Outros Créditos	100			50	100	100
Capital a Integralizar			100		100	100
Crédito de Aplicação						
Alienação de Ativos						
Total de Entradas (2)	300	400	400	250	400	500
Saídas:						
Fornecedores	200		500	400	400	500

Encargos Sociais	30		10	40	30	50
Empréstimos		100		100		
Impostos	20		50	20	50	30
Contas a Pagar		50			100	150
Total de Saídas (3)	250	150	560	560	580	730
Saldo Final (1 + 2 - 3)	550	800	640	330	150	- 80

Controle Patrimonial: Controle que é um registro, feito no inventário, relativo aos bens duráveis (móveis, imóveis, utensílios, máquinas, viaturas, equipamentos).

Controle do Produto: Controle sobre os seguintes elementos do produto: qualidade, marca, preço de venda, composto do produto, ciclo de vida do produto, margem de contribuição, distribuição, índice de reclamações.

Controle do Risco: Controle para classificar se o risco de um negócio é pequeno, médio ou grande.

Controle do Sistema: Subsistema que serve para avaliar e comparar os resultados, determinando se os objetivos foram atingidos. Assim, é necessária uma medida de desempenho chamada padrão.

Controle do Tempo: Controle feito por cronogramas, mapas, formulários e gráficos. Os mais importantes controles do tempo estão voltados para processos, procedimentos, rotinas e atividades.

Controle Estatístico da Qualidade: Processo utilizado para determinar, em produtos de uma amostra de inspeção, qual a probabilidade de que o universo escolhido alcance os padrões de qualidade, porque quando trabalhamos com estatística, temos dados de amostragem.

Controle Estatístico do Processo: Controle que verifica a capacidade de um processo manter a qualidade dos produtos, implementando correções nas máquinas e equipamentos de produção.

Controle Excessivo: Ver controle conveniente.

Controle Financeiro: Controle voltado para: fluxo de caixa, orçamentos, capital de giro, aplicações de saldos de caixa, taxa de inadimplência, investimentos, ativos, empréstimos e tudo o que se refere a movimentação de dinheiro no âmbito da empresa.

Controle Gerencial: Controle que assegura a eficácia na utilização de recursos; Controle que é congruente com aquilo que foi estabelecido pelo planejamento estratégico.

Controle Hierárquico: Controle que relaciona o cargo ao nível da estrutura organizacional.

Controle Institucional: Controle que se relaciona com o nível mais elevado da empresa (nível estratégico); Controle que se refere, geralmente, aos aspectos globais que envolvem a organização. Seu tempo é o longo prazo e seu conteúdo é genérico e sintético; Controle organizacional.

Controle Normativo: Controle ético, baseado na aplicação de valores, tais como: prestígio, crença, fama, estima, amor, fé, por exemplo.

Controle Operacional: Controle que assegura eficiência na utilização dos recursos da empresa. No controle operacional as informações são detalhadas e surgem principalmente de fontes internas da organização. Um exemplo de controle operacional é a gestão de estoques.

Controle Orçamentário: Controle definido como a coordenação das atividades empresariais para a predisposição de um plano financeiro integrado.

Controle Social: Controle relativo a aspectos corporativos (agravos, sanções, demissões), aspectos materiais (salários, recompensas) e aspectos normativos (normas, regras, regulamentos, regulamentações, políticas, procedimentos).

Controlgrama: Gráfico que possibilita uma avaliação quantitativa ou qualitativa de qualquer resultado, objetivando evitar o impacto emocional no controle, uma vez que ideias estereotipadas e condicionamentos produzem erros irreversíveis.

Convenção: Reunião que serve para integrar e treinar pessoal, ventilar problemas, recomendar procedimentos e soluções, entregar direitos, comprometer obrigações, analisar reclamações e homologar projetos. O perigo das convenções repousa na falta de planejamento, na ausência de motivação e no surgimento de vedetismo.

Convenção Coletiva de Trabalho: Convenção que trás para debate assuntos de caráter trabalhista e conflitos entre empregados e empregadores. O assunto mais abordado é salário.

Convenção de Unidades: Conjunto de normas de caráter internacional, para a redação correta de unidades de medida. Eis algumas unidades escritas de maneira correta: Hora = h (10 h); Minuto = min (20 min); Grama = g (5 g); Tonelada = t (2 t); Hectare = ha (4 ha); Temperatura = ºC (40 ºC); Litro = l (2 l). Devemos observar os espaços entre o número (quantidade) e o símbolo, por exemplo: 1 h; 2 h; 30 min; $ 1,59; 1 cm; 1 mm; R$ 2,00. As unidades monetárias dentro do texto devem ser escritas: $ 10; $ 100; $ 1.000 (padrão de 1 a 1.000); 1.500 dólares; 2.300 dólares; 3.800 dólares; um milhão de dólares; três bilhões de dólares; 11 milhões de dólares; 17 milhões de dólares; 1,5 bilhão de dólares; 1, 3 a 5 milhões de dólares.

Convergência: Ferramenta utilizada na economia de rede, para unir telefone, computador e televisão.

Convite: Ver carta convite.

Convocação: Ver carta convocação.

Cooperação: Uma espécie de divisão de trabalho entre os indivíduos participantes de um mesmo grupo, porque ela aumenta a capacidade da performance humana.

Cooperativa: Associação de produtores, intermediários ou consumidores que se reúnem com o propósito de fazer negócios a custo reduzido e, geralmente, no curto prazo.

Cooperativa de Consumo: Central de compras; Cooperativa que reúne compradores, a fim de efetuarem uma compra de volume muito maior que iriam fazer individualmente, com o propósito de reduzir custos.

Cooperativa de Trabalho: Sociedade civil sem fins lucrativos que reúne pessoas de mesma profissão para objetivos comuns de prestação de serviços, atuando como uma empresa terceirizada. O número de sócios é ilimitado quanto ao máximo, não podendo, entretanto, ser inferior a 20 (vinte) pessoas físicas.

Cooptação: Processo para absorver elementos estranhos ao grupo (lideranças) como forma de subsistir, porque o enfrentamento pode causar a destruição do contestador.

Coordenação: Reunião, unificação e harmonização de esforços para a efetividade das atividades organizacionais. A coordenação é como essência da arte de administrar, pois a realização da harmonia do esforço individual no sentido da obtenção dos objetivos de grupo é um dos propósitos do administrador. A melhor coordenação ocorre quando os indivíduos veem de que forma seus trabalhos contribuem para os objetivos dominantes da empresa.

Coordenar: Função administrativa que visa cuidar da integração das funções administrativas, para que aconteça o mínimo de conflito e as relações se desenvolvam com suavidade e aceitação.

Copiar: Ato seguro de desenvolver um negócio (produto) de sucesso, por meio de observações, pesquisas, experiências, análises e avaliações, realizadas em empresas concorrentes.

Cor do Produto: Fator importante, porque chama a atenção do comprador e é uma vantagem competitiva para quem quer exportar, pois cada povo tem suas preferências por cores.

Corporação: Organização de grande porte em que o controle financeiro é centralizado, mas cujas decisões operacionais são descentralizadas. Esta organização pode reunir diversas empresas com objetivos comuns.

Correção Monetária: Ajuste financeiro dado no pagamento do imposto de renda; Valor que corrige o principal, em função da inflação.

Corrente de Trânsito: Facha pintada no chão da empresa para indicar os limites que o funcionário não deve ultrapassar, pois é uma corrente de movimentação de cargas. Esta pintura deve ser viva para alertar as pessoas sobre acidentes.

Correspondência: Meio de comunicação escrita trocada entre órgãos da empresa ou externos a ela, com o objetivo de informar, documentar e formalizar: uma providência, uma decisão ou uma solução de um determinado assunto, situação ou problema. Em sentido genérico, a correspondência significa ação relativa à pessoa que envia um apelo, pedido ou ato que lhe vem de outra pessoa, mesmo que esta esteja por trás de uma máquina.

Correspondência Administrativa: Correspondência que significa uma ação relativa a um pedido, uma decisão, uma resolução ou uma apresentação, por exemplo. Na comunicação administrativa, é possível que problemas de comunicação surjam, em função de excessos, tais como: Excesso de Filtragem da Informação; Excesso de Chefia; Excesso de Contatos Funcionais; Excesso de Reuniões; Excesso de Centralização.

Correspondência Comercial: Correspondência utilizada no fechamento de negócios. Serve como canal de comunicação para assuntos de alta relevância para a organização.

Correspondência Empresarial: Correspondência que observa um conjunto de normas que orientam a elaboração e a circulação de papéis e documentos necessários ao comércio, à indústria e à agricultura.

Corretor: Pessoa, cuja missão é aproximar compradores e vendedores, intermediando a negociação, recebendo por seu trabalho uma comissão.

Corrupção: Fenômeno universal de ser aferido, razão pela qual, a pesquisa sobre o assunto se limita a medir a percepção das pessoas, e não o tamanho da roubalheira.

Cortesia: Traço importante de todo trabalho, sobretudo quando se trata de discordar dos resultados apresentados. Por outro lado, pode-se afirmar que um clima de cortesia proporciona resultados eficazes.

Cota de Capital: Cota de participação na sociedade; Parte do capital de um sócio no capital social da empresa.

Cota de Venda: Meta para uma linha de produtos, uma equipe de vendas, um vendedor, um agente, um distribuidor. Trata-se de um dispositivo para alavancar vendas, definindo o quantitativo que a empresa precisa, para ter a garantia de sobrevivência.

Cota Diária: Quantidade de trabalho a ser completada por funcionário durante uma jornada de trabalho.

Cotação: Documento emitido por um fornecedor em resposta a uma consulta para bens e serviços, por determinados preço e prazo.

Cozinha Industrial: Tipo de cozinha, cuja finalidade é o fornecimento de refeições prontas e semiprontas. Será considerada como uma unidade de trabalho que desempenha atividades relacionadas à alimentação e à nutrição, sendo parte de um sistema maior, o restaurante.

Crediário: Crédito aberto em troca da promessa de reembolso do valor, com juros, em prestações iguais e pagas dentro dos intervalos de tempo especificados.

Credibilidade: Crédito de confiança que o cliente deposita nas palavras e atos do vendedor, chefe, dirigente, atendente ou proponente.

Crédito: Cessão de mercadoria, serviço ou dinheiro para pagamento futuro.

Crédito ao Consumidor: Facilidade dada a um indivíduo, para que ele obtenha bens e serviços para consumo próprio, sob a promessa de pagar o equivalente, em um prazo combinado.

Crédito Mercantil: Valores que uma empresa concede a outra, na venda de mercadorias a serem comercializadas pelo tomador, sendo pagas dentro de prazos contratados. É, na verdade, um empréstimo indireto ao distribuidor de produtos. No crédito mercantil o vendedor fornece os bens e espera pelo pagamento após um prazo predeterminado; Crédito comercial.

Credor: Alguém que se deve dinheiro, ou outra coisa considerada de valor econômico; Pessoa que empresta determinado valor a outrem.

Crença: Valor próprio que uma pessoa tem sobre algo.

Crescimento: Decorrência inevitável do êxito empresarial: Processo de mudança inovadora, com a finalidade de adaptação a novas circunstâncias, ditadas pelo ambiente.

Criatividade: Movimento que está ligado a algo novo e diz respeito a uma capacidade de encontrar novos caminhos ou novas soluções para problemas e/ou oportunidades do momento; pressupõe um poder de alterar o ambiente corporativo para melhor; Refere-se a um processo crítico da realidade que resulta em algo antes desconhecido e não praticado.

Crise: Falta de confiança, credibilidade, imagem, reputação. A crise começa pelos pontos mais vulneráveis (pontos fracos) da empresa.

Critério: Conjunto de regras que permite trazer uma avaliação, onde as alternativas são pontuadas ou hierarquizadas de modo que se permite a escolha daquela decisão mais eficaz ou desejável.

CRM: Customer relationship management; Gerenciamento da relação com o cliente.

Cronograma: Diagrama que estabelece prazos de execução (início e fim) das etapas de um processo, plano, programa, projeto ou contrato. Permite estabelecer e controlar a execução de qualquer trabalho, dentro de um período determinado. A função de um cronograma é dar ao dirigente meio de saber o que já foi realizado, o que precisa ser feito, para garantir aquilo que precisará ser conseguido no futuro. Os cronogramas podem ser construídos, em função de eventos, barras, fases, atividades, datas.

Cronometragem: Técnica para avaliar a regularidade de um tempo de trabalho; Método para se saber o tempo gasto num determinado trabalho, visando, principalmente, o custo da mão de obra ou do processo; Ver taxa de variabilidade.

Cultura: Soma de crenças, conhecimentos, linguagens, costumes, indumentárias, usos, sistemas, por exemplo; Resumo de tudo que um povo faz, teme ou adora; Complexo de valores, ideias, atitudes, símbolos e significados criados pelos humanos, a fim de moldar o seu comportamento.

Cultura da Informação: Valores, atitudes e comportamentos que influenciam o modo como as pessoas avaliam, aprendem, coletam, organizam, processam, comunicam e utilizam a informação.

Cultura da Qualidade: Cultura de satisfação que resulta de ambientes onde: há um preço justo, há um bom atendimento, há confiança recíproca, há a certeza de bom produto e há o respeito às necessidades e expectativas dos clientes consumidores.

Cultura do Consumo: Expressão, frequentemente, associada a um materialismo banal. Hoje, comprar um carro esportivo de dois lugares ou uma minivan com capacidade para sete passageiros representa uma afirmação sobre o que somos e o que não somos. Isso ajuda a nos diferençar de um vizinho e a nos aproximar de outro. As características do consumo mudaram ao longo da história, de modo que o consumo foi associado aos seguintes valores: liberdade, status, razão, progresso, individualidade, alienação e tédio, por exemplo.

Cultura Organizacional: Conjunto de crenças, hábitos, tradições, valores, normas e regulamentos predominantes que caracterizam os processos interativos pessoais que ocorrem nas operações do dia a dia da organização. A definição de cultura organizacional procura explicar que a única maneira viável de mudar os sistemas, dentro dos quais as pessoas estão inseridas, é alterar sua cultura e o seu comportamento.

Currículo: Relatório que aponta de forma resumida a vida de alguém, sendo um histórico curto da vida de uma pessoa. Portanto, trate-o como um dos exames mais importantes que você já teve de passar e isso o recompensará muito bem. Não permita um único erro de ortografia ou gramática. Não exagere suas alegações. Por outro lado, não se diminua. A falsa modéstia em um currículo pode ser desastrosa. Como o currículo é dirigido a uma pessoa física ou jurídica para uma vaga de emprego, associação, prestação de serviço ou parceria, é bom que o mesmo não seja "pesado demais" ou "curto demais", isto é, deve atender ao padrão de mercado e para quem ele é encaminhado.

Currículo da Proponente: Currículo que deve informar sobre os seguintes itens: Razão Social; Nome Fantasia; Endereço; Telefones; Canais de Comunicação escrita e visual; CNPJ; Inscrição Municipal; Registro na Junta Comercial; Data de Fundação; Ramo de Atividade; Capital Social; Administração; Corpo Técnico e Histórico da Empresa. Proponente é uma pessoa (Física, jurídica) que propõe um negócio.

Currículo Mínimo: Conjunto de disciplina que todas as faculdades de administração no país terão de cumprir na formação do profissional.

Currículo Pleno: Somatório do currículo mínimo mais currículo complementar. Aquilo que a instituição de ensino superior achar necessário colocar na formação.

Currículo Reduzido: Currículo que deve abordar os seguintes itens: Dados Pessoais (todos); Vida Escolar (três últimos cursos); Línguas Estrangeiras (a que fala, lê e escreve); Vida Profissional (três últimos cargos); Área de Atuação; Atividade Paralela; Experiência Profissional (a de interesse do destinatário); Referências Pessoais (três pessoas e meios de comunicação); Data; Assinatura.

Curto Prazo: Período até um ano.

Curva: Gráfico utilizado para medir desempenho de uma série histórica. As análises que se faz das curvas, quanto ao desempenho de um vendedor, por exemplo: Desempenho Normal (representa que a maioria dos vendedores vende em torno da média de vendas do grupo); Desempenho Ótimo (representa que a maioria dos vendedores atua acima da média, indicando um ótimo desempenho ou que a empresa subestimou suas metas); Desempenho Ruim (representa que a maioria dos vendedores atua abaixo da média, indicando um resultado ruim ou que a empresa superestimou suas metas); Desempenho Irregular (representa que existem dois grupos de vendedores: um grupo que vende abaixo da média e que, portanto, precisa de treinamento ou pode ser um problema de supervisão ou de clientes consumidores e o outro grupo, que vende acima da média, devendo ser investigado o motivo de tal resultado).

Curva de Gauss: Curva que representa uma distribuição contínua de probabilidade; Curva normal.

Curva de Lafer: Curva que mostra que após certo nível da alíquota do imposto, qualquer elevação da taxa, em vez de aumentar a arrecadação total do governo, resulta em uma redução devido à evasão fiscal (sonegação) e num desestímulo provocado sobre os negócios, em geral.

Custeio: Referência à forma como os custos são registrados e transferidos internamente na empresa.

Custeio Direto: Sistema que considera que os produtos devem receber somente gastos, diretamente, ligados à fabricação. Assim, neste caso, os custos a serem apropriados aos produtos são somente os custos variáveis. Os custos fixos são tratados como custos do período, indo diretamente para o resultado do exercício (Demonstrativo de Resultado), como as despesas.

Custeio por Absorção: Sistema de custeio em que todos os custos de fabricação, variáveis e fixos, são levados em conta para a avaliação dos estoques. Tal sistema consiste em atribuir aos produtos fabricados todos os custos de produção, quer de forma direta ou indireta (rateios). Assim, todos os custos, sejam eles fixos ou variáveis, são absorvidos pelos produtos. É o sistema utilizado para custear os estoques e determinar o custo de produtos vendidos. O custeio por absorção retrata onde os custos e as despesas influem no resultado de uma empresa, deixando claro o "peso" que as despesas operacionais têm no resultado da fabricação e comercialização de um determinado produto.

Custeio por Apropriação: Sistema onde os custos são calculados à medida que o processo de fabricação avança, desde a matéria-prima até a entrega ao consumidor final.

Custeio por Atividade: Sistema de custeio, voltado para as atividades que emprega o custo dessas atividades como base de apropriação dos custos a outros objetos de custo. Este sistema rastreia, primeiramente, os custos para as atividades e depois rastreia os custos para objetos de custos; Custeio ABC.

Custeio por Consumo: Sistema para determinar o custo de um produto baseado no preço que os consumidores estão dispostos a pagar. Também é conhecido como custeio alvo e custeio direcionado pelo preço. Alguns autores consideram que este sistema tem como objetivo a redução sistemática do custo do produto por todo seu ciclo de vida.

Custeio por Operação: Sistema de custeio híbrido aplicado a lotes de produtos similares. Cada um desses lotes, muitas vezes, é uma variação de um único design e continua através de uma sequência de atividades ou operações selecionadas (embora não necessariamente as mesmas). Dentro de cada operação, todas as unidades empregam idênticas quantidades de recursos.

Custeio por Ordem de Serviço: Sistema de custeio em que o custo de um produto é obtido pela apropriação dos custos a uma unidade isolada, grupo ou lote de um produto, isto é, usa o custeio por ordem de serviço para atribuir os custos dos materiais de produção.

Custeio por Processo: Sistema de custeio no qual o custo de um produto é obtido pela distribuição dos custos por grandes quantidades de unidades semelhantes (iguais). Os custos unitários são calculados com base na média. Este sistema é utilizado para produção em massa.

Custeio Predeterminado: Sistema onde os custos são predeterminados, baseados em séries históricas, onde se incorporam variáveis do cenário atual e do volume previsto a ser produzido.

Custeio Standard: Sistema onde o custo é determinado em laboratório (ensaio e erro). É o custeio baseado na Ficha Técnica. Qualquer diferença acentuada entre o custo efetivo e o custo presumido significa que algo anormal está ocorrendo.

Custo: Gasto (desembolso) relativo à produção de um bem, serviço ou ideia.

Custo Administrativo: Custo associado com a gestão geral de uma organização que não pode ser atribuído à comercialização e à produção.

Custo Alvo: Diferença entre o preço de venda necessário para se atingir uma participação projetada de mercado e o lucro desejado por unidade. O custo alvo envolve desenhar o produto, estimar seus custos e, depois, determinar seu preço. O custo alvo adota o método de levantar todos os custos durante o estágio de planejamento e desenvolvimento do produto, em vez de tentar reduzi-los após o produto ser lançado no mercado.

Custo Ambiental: Somatório dos custos que são incorridos por causa da existência, ou possível existência, de má qualidade ambiental, ou ainda, gastos com a preservação do ambiente onde a organização opera.

Custo Combinado: Custo total mais custo de oportunidade.

Custo Compartilhado: Somatório dos custos ao longo de uma cadeia de produção (suprimento, distribuição).

Custo Controlável: Custo resultado de uma decisão responsável.

Custo Corrente: Custo que não considera o contexto inflacionário, experimentado por vários países.

Custo Corrigido: Custo que é corrigido pela correção monetária.

Custo da Dívida: Custo financeiro dos passivos onerosos de uma empresa.

Custo da Mão de Obra: Custo vinculado diretamente aos salários e valores pagos ao pessoal da produção.

Custo da Qualidade: Custo incorrido por causa da existência de falhas nos produtos, por não estarem em conformidade com suas especificações. Este custo está associado aos defeitos encontrados antes da transferência do produto ao consumidor. Tais defeitos podem causar: sucata, desperdício, retrabalho, reinspeção, perda de tempo, novo teste.

Custo de Aquisição: Valor pelo qual um ativo imobilizado (fixo) é registrado na contabilidade de uma empresa. Esse custo pode ser tanto aquele pago pelo ativo, quanto o de fabricação ou de construção do mesmo.

Custo de Armazenagem: Custos incorridos, em geral, para guardar e manter estoques. Estes custos, geralmente, incluem: custos de manuseio e estocagem de materiais; juros, seguros e impostos; custos por: perda, roubo, deterioração ou obsolescência; custos de manutenção de sistemas de informação. O custo da armazenagem é diretamente proporcional às quantidades de itens armazenados e ao tempo de permanência desse estoque no depósito (armazém).

Custo de Avaliação: Custos incorridos para determinar se bens e serviços estão em conformidade com os requisitos de fabricação e qualidade.

Custo de Capitalização: Custo financeiro para a formação do capital na composição do ativo total.

Custo de Colocação: Valores pagos a intermediários que ajudam a empresa a vender seus produtos.

Custo de Comercialização: Custo necessário a acrescentar para que o produto possa chegar ao mercado e ser distribuído.

Custo de Consumidores Perdidos: Custo que diz respeito à receita que deixa de entrar, se um consumidor for perdido.

Custo de Curto Prazo: Custo relativo à produção para a capacidade máxima atual.

Custo de Distribuição: Ver custo logístico.

Custo de Fabricação do Produto: Somatório dos dispêndios para transformar matéria-prima mais insumo em um produto.

Custo de Falência: Soma das despesas que acontece numa empresa inadimplente, tais como: custos legais, ineficiências, perdas na liquidação e aumento no custo de capital.

Custo de Instalação: Gastos com instalações necessárias para que o negócio funcione, excluído o custo financeiro.

Custo de Longo Prazo: Custo que incide sobre melhoria e desenvolvimento de recursos próprios. No longo prazo, os custos fixos tendem a diminuir, enquanto os custos variáveis tendem a aumentar.

Custo de Manutenção: Gasto para manter em bom estado (condições ambientais e operacionais) estoques, viaturas, produtos, materiais, máquinas, equipamentos. Tal custo se resume à compra de materiais para serem consumidos nos trabalhos de manutenção, conservação e embelezamento.

Custo de Manutenção de Estoque: Custo para manter um nível de estoque para suprir as necessidades da empresa em matérias-primas. É dado pela fórmula: $CME = (Q/2)\ (1 - d/m)\ CI$

Onde: CME = Custo total de manutenção de estoque; Q = lote de suprimento; d = Razão de consumo; m = Razão de suprimento da operação de fabricação; C = Custo direto por unidade; I = Taxa percentual de todos os encargos financeiros que gravam o estoque.

Custo de Mercadoria Vendida: Somatório do estoque inicial mais compras, mais despesas, menos estoque final. O custo de mercadoria vendida é dado pela seguinte fórmula:

$CMV = Qv + D = (Ei + C - Ef) + D$

Onde: CMV = Custo de mercadoria vendida; D = Despesas de comercialização e de distribuição.

Considerando-se que no início do período temos uma determinada quantidade em estoque, como no final, e que também podem ocorrer compras. O valor da quantidade de mercadoria vendida é dado pela fórmula: $Qv = Ei + C - Ef$

Onde: Qv = Quantidade de mercadoria vendida; Ei = Estoque inicial; C = Compras do período; Ef = Estoque final

Então, o resultado com mercadorias vendidas (RCM) é igual a: $RCM = V - CMV = V - (Ei + C - Ef) + D$

Onde: V = Vendas

Análise: Se RCM é igual a zero, vem: $O = V - (Ei + C - Ef) + D = V - Ei - C + Ef + D$.

Então: $Ef = Ei + C – D – V$; Se RCM é positivo (lucro), temos: $Ef > (Ei + C - D - V)$;

Se RCM é negativo (prejuízo), temos: Ef < (Ei + C - D - V)

Custo de Oportunidade: Diferença entre a melhor alternativa e a alternativa possível.

Custo do Período: Somatório dos custos não atribuídos ao produto, mas que são reconhecidos como despesas e debitados às receitas do período incorrido, isto é, são custos deduzidos como despesas durante o período corrente, sem passar pelo estágio de estoque.

Custo de Preparação: Custo que abrange os custos burocráticos de preparação e de liberação de uma ordem de fabricação, mais os custos de preparação do equipamento de produção para fabricar um lote de um item específico. Como existem variações no custo de preparação para cada uma das ordens, a regra é usar o custo médio por lote.

Custo de Prevenção: Gastos incorridos para prevenir defeitos em produtos e desvios de processos.

Custo de Produção: Toda a despesa realizada na transformação de matéria-prima, mão de obra e insumo em um produto.

Custo de Promoção: Gasto para por em prática um programa de promoção.

Custo de Reposição: Valor de mercado de um ativo novo para substituir um antigo.

Custo de Segurança: Gasto de contratos com empresa de segurança (física e patrimonial).

Custo de Suprimento: Gasto com ordens de reabastecimento ou de suprimento, sendo este custo proporcional ao número de ordens, durante determinado período.

Custo de Transação: Custo que excede o valor do preço de venda do produto, por razões de negociação.

Custo de Transformação: Custos incorridos para transformar matéria-prima em produtos. Compreende os custos com a mão de obra direta e os custos diretos e indiretos de fabricação. São também chamados custos de conversão.

Custo de Transição: Gastos com propaganda e promoção para manter a fidelidade do consumidor a um determinado produto.

Custo Diferencial: Custo que é realçado de uma série de soluções alternativas que comparam conjuntos diferentes de dados relevantes sobre custos.

Custo Direto: Soma de matéria-prima mais mão de obra direta.

Custo do Canal de Comunicação: Despesa para manter tal canal em funcionamento, bem como sua manutenção, enquanto for necessária a comunicação.

Custo do Capital: Custo financeiro para conseguir recursos a fim de que a empresa funcione.

Custo do Capital Próprio: Valor gasto para formar patrimônio líquido da empresa.

Custo do Comprador: Valor que corresponde ao preço de venda do fornecedor. A fórmula do custo do comprador por unidade comprada é: $C = F + V/Q$

Onde: C = Custo do comprador por unidade; F = Custo fixo por unidade; V/Q = Custo variável por unidade; V = Carga financeira por ordem de suprimento; Q = Quantidade encomendada pelo comprador.

Custo Total do Comprador: O custo total do comprador, ao longo de determinado período, é dado pela fórmula:

$$CT = (D/Q) \times A + D \times C + (Q/2) \times CI$$

Substituindo o valor de C (Custo do Comprador), vem:

$$CT = (D/Q) \times A + D (F + V/Q) + Q/2 (F + V/Q) \times I$$

$$CT = DA/Q + DF + DV/Q + QFI/2 + VI/2$$

$$CT = D/Q (A + V) + DF + I/2 (QF + V)$$

Onde: CT = Custo total ao longo de um período; D = Demanda no período de planejamento; A = Custo fixo por ordem de comprador; V = Carga financeira fixa por ordem de suprimento; F = Custo fixo por unidade do fornecedor; I = Taxa percentual de encargos financeiros que gravam o estoque; Q = Lote de suprimento (lote de compras).

Custo do Controle: Despesas relativas à implantação de um sistema de controle.

Custo do Objetivo: Despesas relativas para se alcançar um objetivo.

Custo do Pedido: Somatório dos custos para pedir material, pagar salários do pessoal envolvido, receber e inspecionar material (produto), comunicar, processar arquivos e banco de dados, manter produtos em estoque (armazenamento).

Custo do Produto: O custo unitário do produto é o somatório dos dispêndios, para transformar recursos em um produto, dividido pelo total de unidades produzidas. O custo final de um produto dependerá, fundamentalmente, da quantidade produzida, como mostra o quadro, a seguir:

Produto:		
Quantidade Produzida (Q): 500		
Período:		
Nº	Itens	Valor
1	Matérias-primas	5.000,00
2	Insumos (matéria-prima indireta)	1.000,00
3	Embalagens	2.000,00
4	Mão de obra direta	2.500,00
5	Encargos sociais	2.875,00
6	Custo variável (1 + 2 + 3 + 4 + 5)	13.375,00
7	Custo fixo (rateio)	600,00
8	Custo de fabricação	1.200,00
9	Custo de comercialização	800,00
10	Despesas financeiras	600,00
11	Mão de obra indireta	5.000,00
12	Custo total (6 + 7 + 8 + 9 + 10 + 11)	21.575,00
13	Custo unitário (12/Q)	43,15

Custo do Projeto: Custo, cujo valor dependerá da dimensão do projeto. O custo é um fator que pode inviabilizar um projeto, porque dependerá da capacidade financeira dos patrocinadores.

Custo do Serviço: Somatório dos dispêndios com mão de obra e materiais, na consecução do serviço.

Custo do Transporte: Somatório de despesas relativas à racionalização de rotas das frotas, otimização de espaços de estocagem, através de estudos de modularização para cargas e fracionamento das mesmas, e de depósitos que venham a ser o lugar geométrico de pequenos centros de distribuição.

Custo Evitável: Custo que não continuará a ocorrer se uma operação em andamento for mudada ou eliminada.

Custo Fixo: Custo decorrente da estrutura produtiva instalada na empresa, que independe da quantidade que venha a ser produzida, dentro do limite da capacidade instalada. O custo fixo deve ser uma preocupação do empreendedor, porque este custo existe independente de haver ou não produção, por exemplo: Água e Esgoto; Força e Luz; Telefones; Honorários; Extintor de Incêndio (carga); Mão de Obra Indireta; Despesas Indiretas; Amortizações; Material de Escritório; Pró-Labore; Taxa de Alvará; Correios; Treinamento; Propaganda; Encargos Sociais; Taxa de Incêndio; Aluguel de Ativos; Seguros; IPTU; Material de Higiene e Limpeza; Manutenções Diversas; Depreciação; Segurança; Despesas Financeiras.

Custo Histórico: Custo relativo ao passado, devidamente registrado e arquivado, tendo como principais vantagens as seguintes: simplicidade de comparação com os custos atuais; possibilidade de projetar o futuro baseado no passado; melhorar a eficiência do controle. Os custos históricos, uma vez efetuados, deixam de ter qualquer relevância, a não ser como Banco de Dados, para futuras consultas. O custo histórico só se aplica aos ciclos de produção de longa duração, para produtos homogêneos.

Custo Ideal: Custo somente conseguido quando os recursos para a obtenção de um produto são otimizados.

Custo Incontrolável: Custo que não pode ser controlado pela gestão de um centro de custo, dentro de um período de tempo.

Custo Indireto: Soma de mão de obra indireta mais aluguel, mais seguros, mais impostos, mais taxas, mais depreciação.

Custo Indireto de Fabricação (CIF): Custo relativo à manufatura de um produto, exceto materiais diretos e mão de obra direta. Esses custos incluem materiais indiretos, mão de obra indireta e outras despesas de manufatura, como: depreciações, suprimentos, utilidades públicas, manutenções, seguros e impostos.

Custo Industrial: Custo relativo aos produtos nas fases de fabricação (linha de produção) e de acabamento; Custo dos produtos semiacabados.

Custo Inevitável: Custos que incluem muitos custos comuns que são os de instalações e serviços compartilhados pelo usuário.

Custo Logístico: Custo que estará em função do: volume negociado, canal de distribuição, economia de escala, desconto por volume, tipo de transporte, tecnologia de processamento do pedido, rota, documentação necessária, meios de expedição, equipamento de manuseio.

Custo Marginal: Custo adicional requerido para aumentar a produção em uma unidade.

Custo Médio: Custo, em um determinado nível de produção, que é igual ao custo total dividido pelo total de unidades produzidas.

Custo Misto: Custo dimensionado, em função das variabilidades dos custos variáveis e dos custos fixos, que estão sujeitos a certos limites de produção. O custo misto tem, pelo menos, um componente fixo e um componente variável.

Custo Padrão: Valor estabelecido, em laboratório, segundo um determinado conjunto de variáveis. É um tipo especial de custo estimado, obtido por meio de padrões de eficiência e produtividade. Diferentemente dos custos estimados, os custos padrões são valores estabelecidos em relação às condições e situações de pura normalidade. A comparação do custo apurado no campo com o determinado em laboratório permite uma análise mais profunda das alterações que se fazem necessárias para uma melhor adequação à realidade do mercado.

Custo País: Custo da dificuldade em locomover recursos e bens, função da infraestrutura deficiente do país. O mesmo raciocínio se aplica no caso da importação e da exportação.

Custo Previsto: Custo determinado através de estudos preliminares de estimativas. Os custos previstos ou estimados permitem uma rápida noção do custo e serve de referencial de comparação com os custos efetivos.

Custo Primário: Custo de matéria-prima e mão de obra direta.

Custo Progressivo: Custo variável que aumenta em função de uma demanda não programada, implicando em horas extras, por exemplo.

Custo Real: Custo resultante da soma algébrica do custo estimado de um projeto com o custo de sua implantação; Valor aproximado e aceitável do verdadeiro custo de produção de um produto.

Custo Regressivo: Custo variável que, geralmente, acontece em função de descontos por volume de compra.

Custo Relevante: Custo futuro esperado que é relevante para o futuro da empresa.

Custo Total: Soma dos custos fixos mais os custos variáveis, para qualquer nível de produção.

Custo Transferido: Custo que ocorre em um setor (departamento) da empresa que é transferido para outro departamento.

Custo Variável: Custo que oscila diretamente com o volume de bens e serviços produzidos. É custo diretamente ligado à produção. Se uma fábrica não produz, o seu custo variável é zero. Exemplos de custos variáveis são: mão de obra direta, matéria-prima, insumo, gasto de energia com produção, manutenção da fábrica, fretes, embalagens, combustível, despesas de comercialização e propaganda.

Custo Vinculado: Custo que resulta de decisões tomadas no passado e que, agora, não podem ser modificadas. Em tal sentido, são irrelevantes para o fim de uma escolha entre diversas alternativas, porquanto não influem nas futuras entradas e saídas de caixa. Um exemplo de custo vinculado é representado pela amortização de uma máquina ou de um bem ativo. Nos casos de substituição, pode acontecer que a desvalorização repentina da máquina seja maior do que as cotas de amortização. A diferença entre o seu valor de recuperação, no momento da substituição, e o saldo contábil, representa um custo vinculado.

Por exemplo: Valor de aquisição = 10.000,00; Vida econômica = 5 anos; Valor de recuperação ao término de 5 anos = 1.000,00; Quota de amortização anual = 1.800,00 = (10.000,00 – 1.000,00) / 5

Análise: Suponhamos que, ao término do terceiro ano, se cogite da aquisição de uma nova máquina, com qualidade tecnológica mais apurada. Em tal época, o valor contábil da máquina em atividade é de: 10.000,00 - (3 x 1.800,00) = 4.600. Se o valor que se pode realizar com a venda é de 3.000,00, a diferença é de 1.600,00 (saldo contábil - valor de recuperação), que representa um custo vinculado.

Custo Vivo: Custo que representa uma movimentação financeira relativa a desembolso de caixa.

Custódia: Armazenagem sob garantia.

D

Dado: Elemento identificado em sua forma bruta, que, por si só, não conduz a uma compreensão da situação; Registro a respeito de um determinado evento, fato ou ocorrência. Pode ser entendido como uma letra, um símbolo, um dígito, um número ou um caractere, que por si só não permite assimilar conhecimento e até não transmite significado.

Dados: Observações registradas que não afetam o comportamento de um indivíduo. Assim, os pedidos recebidos num almoxarifado são dados. Notas fiscais e faturas são informações. Os dados fornecem a base de sustentação das informações necessárias para o desenvolvimento, implantação e sobrevivência de um produto, projeto, empresa, organização e de até uma pessoa.

Dados Ambientais: Dados relativos a cenários, oportunidades, restrições, mercados, situações, mudanças.

Dados Básicos: Dados mais relevantes para o trabalho a ser realizado.

Dados Comerciais: Dados relativos a consumidores, fatias de mercado, produtos, marcas.

Dados Comportamentais: Dados que indicam sentimentos, expectativas, atitudes, opiniões, motivações, intenções, conflitos.

Dados das Atividades: Dados que ajudam a estudar o objetivo, o desenvolvimento e o relacionamento das atividades praticadas numa organização.

Dados de Armazenamento: Dados sobre entradas e saídas do armazém, bem como os níveis de estoque de vários produtos.

Dados de Comunicação: Dados que medem níveis de audiência no rádio e na televisão; Resultados de propaganda e promoção; Respostas de matérias pagas na mídia.

Dados de Consumo: Dados relativos ao consumo individual de cada cliente, cuja finalidade é montar perfis de consumo para uma determinada população.

Dados de Empreendimento: Dados relativos às propriedades, patrimônios, investimentos, gastos, faturamentos, vendas, compras, estoques, custos, potenciais de mercado, armazenamentos, instalações, equipamentos, máquinas, tecnologias, níveis de qualidade.

Dados de Varejo: Dados que permitem ao analista manipular diferentes variáveis, para determinar quanto realmente ganham em cada produto.

Dados Disponíveis: Dados úteis que já foram coletados e tabulados e, às vezes, até analisados; Dados catalogados à disposição dos interessados.

Dados Estatísticos: Dados resultantes de observações de fatos e fenômenos, chamados variáveis, que tendem a exibir, quando medidos, um grau de variabilidade. Variáveis que podem assumir virtualmente qualquer valor num intervalo determinado.

Dados Estruturais: Dados relativos a fatos, ações, leis, regulamentações, fenômenos, legislações, políticas, por exemplo, que afetam a organização de qualquer forma.

Dados Grupais: Dados que indicam os índices de interação, cooperação, integração, liderança, filiação.

Dados Históricos: Dados que avaliam desempenhos, resultados, balanços patrimoniais, demonstrativos, carteiras de pedidos, séries históricas.

Dados Metodológicos: Dados relativos a orientações para processos, atividades, tarefas, projetos, planos, programas.

Dados Operacionais: Dados que representam, como e quanto, tais dados contribuem para o resultado final de qualquer processo.

Dados Preliminares: Dados que são encontrados nos próprios arquivos da empresa, sendo a base inicial para qualquer análise de um produto (projeto).

Dados Primários: Dados que não foram antes coletados, estando ainda em posse dos pesquisadores. Estes dados podem ser sobre: características demográficas e socioeconômicas; estilos de vida; atitudes e opiniões; conscientização e conhecimento; motivações; comportamento passado e presente; intenções.

Dados Secundários: Dados que já foram coletados, tabulados, ordenados, catalogados, arquivados e analisados. As fontes básicas de dados secundários são: a empresa, publicações, governos, instituições e serviços padronizados de informações; Dados que contribuem para: estabelecer melhor o problema de pesquisa; sugerir outros métodos já testados e aprovados de coleta de dados; sugerir outros tipos de dados a serem coletados para obter as informações desejadas; servir como fonte comparativa e complementar para os dados primários a serem coletados; ajudar a mapear oportunidades.

Data de Entrega: Data na qual um fornecedor promete entregar determinada quantidade de produto.

Data de Término: Data assinalada em uma ordem de serviço, na qual o trabalho deve estar concluído.

Data Mais Cedo: Menor tempo no qual é possível a ocorrência de um evento.

Data Mais Tarde: Último momento em que o evento pode acontecer sem atrasar o início da atividade posterior.

Debênture: Título de dívida sem garantia, que só as empresas com crédito podem emitir.

Débito: Quantia que aumenta, ou diminui, o valor de uma conta, em função da transação (conta de ativo ou de passivo).

Decidir: Função administrativa voltada a fazer uma apreciação sobre uma linha de conduta a ser adotada (escolhida).

Decisão: Processo social contínuo e composto de pequenas ações que levam a pessoa a decidir.

Decisão Administrativa: Decisão que está relacionada com a estrutura e configuração da organização, com a alocação e distribuição de recursos, de modo a criar um maior potencial de desempenho. Tal decisão está voltada para a aplicação do que fazer.

Decisão Autocorretiva: Decisão que busca parâmetros familiares, baseados na experiência e conhecimento acumulado, ao longo dos anos, como num processo contínuo de realimentação.

Decisão Bem-Sucedida: Decisão que atinge o objetivo pretendido.

Decisão Corporativa: Decisão que estabelece o equilíbrio entre o desejável e o possível.

Decisão da Marca: Decisão que define o nome da marca e sua finalidade, após um questionamento sobre vantagens e desvantagens de se ter uma marca.

Decisão de Comprar: Decisão que leva em consideração os motivos e os fatores que influenciam na compra de um produto.

Decisão de Investir: Decisão que será tomada em função do retorno do investimento, da taxa de juros praticados no mercado e da disponibilidade de fundos de longo prazo patrocinados pelos governos e bancos de desenvolvimento (fomento).

Decisão de Marketing: Decisão tomada em função do ambiente competitivo, incerto e mutável para participar de um determinado mercado.

Decisão de Rotina: Decisão que envolve a aplicação de princípios familiares a uma situação dada. Esta decisão é fundamentada em: manuais, regulamentos e políticas; Decisão que visa mais os meios e recursos de como operacionalizar uma ação, típica do chão de fábrica.

Decisão Desnecessária: Decisão que gasta recursos sem atingir o objetivo pretendido.

Decisão Eficaz: Decisão quando se fundamenta no equilíbrio entre fatos e opiniões, levando em consideração uma reflexão sobre as alternativas de solução; Decisão que atinge o objetivo.

Decisão Empresarial: Decisão voltada a avaliar o trabalho de cada um, no âmbito da empresa.

Decisão Estratégica: Decisão que se baseia em fatores que transcendem os limites da organização. Tal decisão pode mudar os objetivos da empresa; Decisão de longo prazo que focaliza variáveis externas não controláveis pela organização.

Decisão Finalística: Decisão que determina quais recursos são necessários para que a empresa atinja objetivos previstos no planejamento estratégico, bem como planos, programas e políticas.

Decisão Função da Reunião: Decisão tomada por consenso e em grupo, previamente escolhido, para tratar de um assunto pendente de solução.

Decisão Função do Custo: Decisão baseada no custo do volume a fabricar de um determinado produto (projeto).

Decisão Função do Mercado: Decisão que é tomada quando se tem pleno conhecimento do mercado em que se vai atuar.

Decisão Gerencial: Decisão baseada nas exigências de uma realidade empresarial cada vez mais anárquica, fragmentada e descontínua. As informações são incompletas.

Decisão Imediata: Decisão tomada quando há fatores antagônicos, causando demora na solução.

Decisão Importante: Decisão que você toma para desenvolver um planejamento estratégico e prover recursos para posições de mando dentro da organização.

Decisão Improvisada: Decisão necessária, mais ou menos inconsciente, para buscar solução que se arrasta por muito tempo.

Decisão Individual: Decisão que é fundamentada no conhecimento do indivíduo.

Decisão Inovadora: Decisão baseada numa inovação ainda não aplicada no mercado. É uma decisão que toma tempo e muita atenção.

Decisão Integrativa: Decisão que se preocupa com a estruturação dos recursos de modo a criar possibilidade de execução para os melhores resultados.

Decisão Judicial: Decisão que faz parte de uma negociação que não deu certo.

Decisão Mercadológica: Decisão que responde com rapidez a uma acomodação e/ou mudança no mercado.

Decisão Não Programada: Decisão que pode ser usada para situações que acarretam novos problemas complexos. Os dados são inadequados e exclusivos. As condições são dinâmicas e o grau de certeza é, praticamente, nenhum.

Decisão Normal: Decisão que você toma para determinar objetivos secundários, desenvolver políticas e procedimentos não críticos.

Decisão Operacional: Decisão que influi no funcionamento corrente da empresa, pois afetam processos, atividades, tarefas, operações.

Decisão por Amostragem: Decisão fundamentada na amostra, cuja finalidade é reduzir custos, eliminar desperdícios de tempo e simplificar o trabalho.

Decisão por Comissão: Decisão tomada por grupos específicos para estudar um problema e buscar solução. Este tipo de decisão, entretanto, é vulnerável a duas tendências ruins: à dominação de um indivíduo e à personalidade do grupo.

Decisão Preestabelecida: Decisão que pode ser tomada, em função de políticas, rotinas e procedimentos, para problemas já enfrentados pela empresa (ou outras) no passado e cujas soluções deram bons resultados.

Decisão Presidencial: Decisão que confronta o cenário de hoje com a oportunidade de amanhã.

Decisão Probabilística: Decisão que utiliza os princípios da Teoria da Amostragem Estatística e da Teoria da Probabilidade.

Decisão Programada: Decisão para a qual é possível estabelecer um procedimento padrão para ser acionado cada vez que ocorra sua necessidade. Caracteriza-se por situações bem definidas, muito repetitivas e rotineiras, para as quais existem informações adequadas e geralmente servem como guia da atividade administrativa.

Decisão Secundária: Decisão que deve ser delegada.

Decisão sob Certeza: Decisão que ocorre quando as variáveis são conhecidas e a relação entre a ação e suas consequências é determinística, ou seja, uma relação de causa e efeito.

Decisão sob Incerteza: Decisão que ocorre quando as variáveis são conhecidas, mas as probabilidades para determinar as consequências de uma ação são desconhecidas, ou não podem ser determinadas com algum grau de certeza.

Decisão sob Risco: Decisão que ocorre quando as variáveis são conhecidas e a relação entre a ação e as suas consequências é conhecida em termos probabilísticos.

Decisão Superior: Decisão que se origina no nível institucional da organização e que não pode ser contrariada.

Decisão Tática: Decisão que permite a variação do modo operativo anteriormente escolhido. Ela não tem implicações diretas nos objetivos, mas pode mudá-los.

Decisão Tradicional: Decisão tomada por força do hábito, calcada na memória coletiva da organização, isto é, conhecimentos, métodos e técnicas utilizadas odiernamente.

Decisor: Aquele que toma decisão.

Declaração: Prova escrita que alguém faz de uma determinada pessoa com um determinado objetivo. Nela se manifesta: explicação, depoimento, opinião, resolução ou observação.

Declínio de Participação: Movimento que caracteriza uma diminuição da participação da empresa, no mercado em que atua.

Decodificação: Processo pelo qual os sinais da mensagem são interpretados pelo receptor.

Dedução: Subtração ou diminuição de valores para receitas com vendas, em função de descontos e de impostos faturados, possuindo um caráter estritamente financeiro.

Defeito: Discrepância entre o que acontece e aquilo que foi especificado. Um produto defeituoso causa muitos problemas para a empresa.

Defesa: Emprego de meios para refutar, ou resistir, a uma agressão sem passar dos limites da razão e da lei.

Deficiência: Fator que contribui para provocar falta de eficiência de um sistema, projeto, plano, processo.

Déficit: Falta de dinheiro no caixa para pagar exigências correntes (tributos, fornecedores).

Déficit Nominal: Déficit total da organização, incluindo juros e correção monetária e cambial da dívida passada.

Déficit Operacional: Diferença entre os gastos operacionais e a receita no período, somados os juros reais da dívida passada, não incluindo a correção monetária e cambial da dívida.

Déficit Primário: Déficit operacional que não inclui a dívida passada.

Definição: Essência do que pretende esclarecer. A definição envolve uma visão mais aprofundada daquilo que se pretende conceituar.

Definição do Problema: Etapa muito importante para o sucesso da solução, pois dela dependerá, em grande parte, a delimitação do problema.

Definir: Determinar a extensão, o limite e a compreensão essencial de uma variável, fato, problema, situação, dado, informação, acontecimento, fenômeno, de modo a ser o mais esclarecedor possível.

Deflação: Eliminação do efeito inflacionário, para uma série de valores monetários; Redução da demanda por bens e serviços.

Delegação: Transferência de determinado nível de autoridade de um chefe para seu subordinado, criando a correspondente responsabilidade pela execução da tarefa delegada.

Delegação de Autoridade: Delegação que dá ao indivíduo o direito de agir ao modo dele.

Delegação de Responsabilidade: Delegação que superior e subordinado identificam, em conjunto, suas responsabilidades. Tal delegação não exime o superior da responsabilidade total.

Delegação para Cima: Delegação comum na empresa centralizadora, onde o poder de decisão permanece concentrado na cúpula, de onde se delega apenas responsabilidade de executar tarefas, sem a correspondente autoridade para tomar decisões, alocar recursos e mudar o procedimento.

Delegação por Atividade: Delegação de atribuições específicas, que quando terminadas, acaba a delegação.

Delegação por Resultado: Delegação em que são estabelecidos resultados desejados ao delegado.

Delegar: Função administrativa de atribuir competência, autoridade e/ou poder a um subordinado para a execução de um determinado trabalho, criando a correspondente responsabilidade pela execução da tarefa delegada.

Delineamento de Cenários: Conjunto de técnicas utilizado por especialistas para descrever situações futuras prováveis.

Delivery: Palavra em inglês que significa entrega, distribuição ou remessa. É um substantivo que tem origem no verbo "deliver" que remete para o ato de entregar, transmitir ou distribuir. Atualmente, a palavra delivery é muito usada no âmbito de restaurantes, que entregam comida na casa, ou no trabalho, das pessoas, para que elas não tenham que cozinhar, nem se deslocar até o restaurante. Também existe delivery para frutas, legumes, verduras, bebidas, roupas, remédios.

Demanda: Procura; Fator que em equilíbrio com a oferta estabelece o preço de um produto.

Demanda da Empresa: Participação que a empresa tem na demanda de mercado.

Demanda de Mercado: Demanda para um produto que é igual ao volume total que pode ser comprado por um grupo, chamado consumidores, numa área geográfica definida, num período de tempo, num ambiente determinado.

Demanda do Produto: Demanda resultante da participação do mesmo na demanda de mercado. Ela é função da eficácia dos investimentos em marketing, realizados pela empresa.

Demanda Elástica: Demanda em que uma mudança no preço do produto ocasiona uma mudança percentual maior na quantidade comprada.

Demanda Inelástica: Demanda em que uma mudança no preço do produto ocasiona uma mudança percentual menor na quantidade comprada.

Demanda Primária: Demanda por uma classe de produto.

Demanda Provável: Demanda projetada em função da extrapolação das tendências históricas e suas correlações com as elasticidades de preço e de renda.

Demanda Seletiva: Demanda por uma marca dentro de uma classe de produto.

Demissão: Dispensa de empregado por razões qualificadas, geralmente, feita pelo Departamento de Recursos Humanos, estando fundamentada na legislação vigente.

Demografia: Estudo da população que contempla suas quantidades, nascimentos, mortes e estatísticas daí resultantes.

Demonstração do Lucro: Documento que a empresa apura o resultado do exercício (ou de um determinado período); Exposição escrita do que ocorre na empresa, sob o aspecto econômico e financeiro.

Demonstrativo: Relatório emitido a intervalos regulares definidos, trazendo informações sobre um assunto específico, geralmente, na forma de dados tabulados.

Demonstrativo de Resultado: Demonstrativo que expõe todos os débitos e créditos que compõem os fluxos financeiros de um exercício de uma empresa (período, geralmente, de um ano); Relatório que apura se há lucro ou prejuízo numa empresa, durante um período de tempo. A seguir, um exemplo:

Nº	Histórico	Parcial	Parcial	Total
1	Receita Bruta de Vendas			2.000,00
2	Deduções (3 + 4 + 5)			200,00
3	Descontos Concedidos	10,00		
4	Impostos Faturados	168,00		
5	Devoluções	22,00		
6	Receita Operacional Líquida (1 - 2)			1.800,00
7	Custo de Mercadorias Vendidas			300,00
8	Resultado Operacional Bruto (6 - 7)			1.500,00
9	Despesas Operacionais (10+14+15+24+25)			190,00
10	Engenharia (11 + 12 + 13)		40,00	
11	Projetos e Desenhos	15,00		
12	Testes	5,00		
13	Protótipos	20,00		
14	Produção		10,00	
15	Marketing (16+17+18+19+20+21+22+23)		100,00	
16	Lançamento	50,00		
17	Literatura	5,00		
18	Propaganda	5,00		
19	Exposições e Feiras	10,00		
20	Salários	10,00		
21	Viagens	6,00		
22	Amostras	4,00		
23	Pesquisas	10,00		
24	Gerais e Administrativas		30,00	
25	Financeiras		10,00	
26	Resultado Operacional Líquido (8 - 9)			1.310,00
27	Correção Monetária (+/-)			90,00
28	Resultado antes do Imposto de Renda (26+27)			1.400,00
29	Provisão para Imposto de Renda			400,00
30	Participações			300,00
31	Resultado [28 - (29 + 30)]			700,00

Demonstrativo Financeiro: Relatório, na forma de balancete, onde a preocupação é com o dinheiro nas suas diversas formas e aplicações. Seus itens são: Ativo Circulante (caixa, bancos, aplicações, estoques, duplicatas a receber e títulos a receber); Ativo Imobilizado (imóveis, equipamentos, máquinas, instalações, móveis, utensílios, viaturas); Fundos de Aprovisionamentos (reservas, provisões, empréstimos a empregados); Exigível (duplicatas a pagar, contas a pagar, fornecedores a pagar, saldos de empréstimos).

Demora: Tempo durante o qual os materiais para serem processados antes ou durante as operações; Tempo durante o qual homens e máquinas não são empregados proveitosamente; Tempo ocioso.

Departamentalização: Agrupamento de especializações de maneira horizontal, de acordo com um critério específico de homogeneidade para: atividades e correspondentes recursos em unidades organizacionais (departamentos). A departamentalização é uma característica típica das grandes empresas e está relacionada com o tamanho da empresa e com a natureza de suas operações.

Departamentalização Funcional: Critério mais largamente utilizado para organizar atividades empresariais, encontrando-se presente em quase todas as empresas, em algum nível da estrutura organizacional. Tem como principal característica a especialização.

Departamentalização Matricial: Departamentalização resultante da sobreposição de dois ou mais tipos de departamentalização sob a mesma pessoa. A departamentalização matricial, tendo em vista sua característica de responsabilidade compartilhada, exige nível de confiança mútua e capacidade de improvisação na solução de problemas.

Departamentalização Mista: Departamentalização que mais se adapta ao ambiente empresarial.

Departamentalização por Cliente: Departamentalização com foco no consumidor.

Departamentalização por Grupos de Trabalho: Departamentalização realizada quando as pessoas a serem reunidas possuem um alto nível de conhecimento sobre determinado assunto.

Departamentalização por Objetivos: Departamentalização baseada no critério de agrupar em um só órgão todas as entidades e atividades que visem a mesma finalidade.

Departamentalização por Processo: Departamentalização onde se reúne, em um só departamento, todos os empregados que trabalham, utilizando determinadas habilidades e recursos.

Departamentalização por Produto: Departamentalização que agrupa funcionários dedicados à fabricação e comercialização de determinado produto.

Departamentalização por Projetos: Departamentalização temporária que reúne determinadas pessoas encarregadas de levar um projeto adiante.

Departamentalização Territorial: Agrupamento de atividades de acordo com a localização geográfica.

Departamentalizar: Técnica de descentralizar as partes componentes de uma estrutura, formando unidades produtoras dotadas de todos os elementos necessários a uma perfeita funcionalidade dentro das melhores condições de trabalho, obedecendo a critérios preestabelecidos que devem produzir o melhor resultado.

Departamento: Designa uma área, divisão ou um segmento distinto de uma empresa sobre o qual um administrador, seja diretor, gerente, supervisor ou chefe, tem autoridade para o desempenho de atividades específicas. Assim, um departamento é empregado com um significado genérico e aproximativo de: setor, divisão, seção, unidade e órgão, por exemplo.

Departamento de Compras: Departamento encarregado de administrar todas as aquisições da empresa.

Departamento de Crédito e Cobrança: Departamento cuja função maior é administrar a inadimplência dos devedores e as possibilidades de obtenção de crédito junto a fornecedores.

Departamento de Finanças: Departamento que cuida dos problemas financeiros da empresa que, basicamente, estão voltados para o fluxo de dinheiro que corre na empresa e se ela terá condições de saldar compromissos assumidos (liquidez).

Departamento de Manutenção: Departamento encarregado de manter e conservar equipamentos e máquinas, durante o maior prazo possível e com o máximo de rendimento, isto é, uma atividade desenvolvida para manter as instalações em condições, que irão mais bem apoiar as metas da organização.

Departamento de Marketing: Departamento voltado a criar e a manter consumidores.

Departamento de Pesquisa e Desenvolvimento: Departamento que serve de elo entre os diversos departamentos interessados em melhorar os bens e serviços da empresa, bem como criar novos produtos.

Departamento de Produção: Departamento que planeja e controla a produção.

Departamento de Recursos Humanos: Departamento que procura atender a necessidade de pessoal da organização. Uma empresa que deseja um bom time deve começar a procurar os elementos adequados. Atrair bons candidatos a emprego não é coisa fácil e de pouca importância.

Departamento de Relações Públicas: Departamento que busca o relacionamento mais equilibrado possível com seus públicos (clientes).

Departamento de Serviços: Unidade que existe para dar suporte aos outros departamentos.

Departamento de Vendas: Departamento criado para dar apoio aos vendedores, bem como dar treinamento e definir as atividades de cada um.

Dependência Tecnológica: Síndrome da necessidade de estar ligado o tempo inteiro, com a melhor tecnologia da atualidade.

Depósito: Local onde estão guardados os produtos que se vai vender ou consumir na produção de outros bens.

Depósito Bancário: Ação de creditar títulos e valores numa conta de banco.

Depósito de Dados: Arquivo em que se pode retirar dados por um tempo indefinido.

Depreciação: Diminuição do valor real de um bem, devido à exaustão, uso, desgaste e obsolescência, num determinado período de tempo; Valor da soma dos resultados obtidos pela aplicação dos percentuais específicos de depreciação por diversos bens que compõem o ativo operacional da empresa. A depreciação (exaustão, amortização) nada mais é que um valor retirado do valor nominal de compra de um bem ao longo dos anos.

Depreciação Acelerada: Método de depreciação em que, nos primeiros anos após o investimento, a depreciação é maior do que nos anos subsequentes.

Depreciação Linear: Método de depreciação em que o mesmo valor é considerado a cada ano.

Depreciação Recuperada: Valor pago pelo mercado menos o seu valor de revenda (valor contábil) mais algum ganho de capital (se houver).

Depressão: Doença com vários graus de complexidade, que precisa ser tratada por profissional. Tem sintomas constantes e diferenciados. Provoca dificuldades para desenvolver tarefas cotidianas. Faz com que seja difícil identificar o motivo do desânimo e da tristeza; Período de atividades empresariais extremamente baixas, assinalado por desemprego elevado e quedas extremadas de demanda por bens e serviços.

Derivativo: Valor que deriva de outro ativo.

Desafio: Objetivo perfeitamente quantificado e com prazo definido. Para realizar um desafio a organização terá de fazer um esforço extra, às vezes, com mudanças no seu comportamento, na estratégia e nos seus recursos.

Desafio da Marca: Desafio de se impor no mercado e de cair na aprovação dos consumidores.

Desafio do Negócio: Desafio que busca o sucesso e a perenidade dos bens e serviços que a empresa (negócio) oferta ao mercado.

Desajustamento: Contrário da integração.

Desburocratização: Movimento contrário à burocratização. As providências recomendáveis para desburocratização são: humanizar e dinamizar o organismo administrativo, mediante a liberação da iniciativa e a eliminação da desconfiança; cuidar para que a organização e a sua administração estejam, permanentemente, voltadas para a realização de seus objetivos.

Desburocratização da Empresa: Ação empresarial para que as pessoas que trabalham numa organização possam desenvolver novas ideias, processos, estratégias, táticas, projetos, por exemplo, livrando-se dos padrões, regras e regulamentos, colocados em seus manuais de procedimentos.

Descentralização: Dispersão ou pulverização do poder (autoridade) no processo decisório (as decisões e tarefas são delegadas em direção à base da organização). A descentralização requer para seu funcionamento um sistema bem definido de delegação.

Descentralização da Empresa: Forma de estruturar uma grande organização em organizações menores, como se estas unidades tivessem de lidar com o mercado de forma autônoma.

Descentralizar: Ação de transferir para outros órgãos atribuições específicas do órgão central, objetivando aliviar o mesmo da carga de trabalho e criar instrumentos de penetração em outras áreas.

Descoberta: Novidade observada fruto do acaso.

Desconto: Quantia reduzida do preço de venda por um vendedor, sob a forma de moeda corrente ou alguma outra coisa de valor, podendo ser até produto.

Desconto Concedido: Desconto que a empresa dá aos seus consumidores, usuários e pacientes.

Desconto Efetivo: Desconto dado por uma empresa, incluindo tolerâncias para as transações, onde o desconto previsto não é utilizado.

Desconto Especial: Desconto utilizado, geralmente, no serviço pós-venda (instalação, reposição, garantia).

Desconto Funcional: Desconto concedido ao intermediário, em função da sua posição no canal de distribuição.

Desconto Obtido: Desconto que a empresa recebe de terceiros, como fornecedores, fabricantes, atacadistas, por exemplo.

Desconto por Antecipação: Desconto concedido para pagamento de contas, antes da data de vencimento.

Desconto por Quantidade: Desconto concedido, em função do volume de mercadoria negociada. Pode ser cumulativo ou não cumulativo.

Desconto Promocional: Desconto utilizado para forçar a venda ou para fazer propaganda do varejo.

Desconto Sazonal: Desconto utilizado para forçar a venda fora de época.

Descrever: Representar verbalmente um objeto, uma pessoa, um lugar, mediante a indicação de aspectos característicos e de pormenores individualizantes. Requer observação cuidadosa, para tornar aquilo que vai ser descrito em um modelo inconfundível. Não se trata de enumerar uma série de elementos, mas de captar os traços capazes de transmitir uma impressão autêntica.

Descrição do Cargo: Descrição que estará sempre relacionada com: atribuição, responsabilidade, autoridade, desempenho, poder, decisão, remuneração. Assim, um cargo mal descrito poderá não só ser um tormento para o ocupante como uma perda de tempo, pois o executivo poderá estar atuando em dissonância com sua posição na estrutura hierárquica e organizacional da sua empresa. O conhecimento do conteúdo do cargo tem grande importância para se estabelecer os critérios de recrutamento, seleção e treinamento.

Desembolso: Gasto para pagamento de bens e serviços, independentemente de quando o produto foi ou será consumido.

Desempenho: Conjunto de características e qualidade que diz se o negócio prosperará, ou não. Quando medimos o desempenho, localizamos erros e desvios.

Desempenho da Empresa: Medida que compara o desempenho da empresa em relação a outras empresas do mesmo mercado.

Desempenho da Máquina: Rendimento da máquina.

Desempenho da Pessoa: Performance profissional.

Desempenho do Canal de Comunicação: Desempenho relativo às funções da comunicação, tais como: informar, educar, instruir, treinar, divertir, persuadir, por exemplo.

Desempenho do Canal de Distribuição: Desempenho que atenda as exigências de carga normal, mínima e máxima; apresente um tempo mínimo de transporte; atenda ao vendedor e comprador para custo mínimo e cuidado no manuseio das mercadorias; reduza os conflitos entre seus membros para um mínimo aceitável.

Desempenho do Produto: Desempenho que atenda as necessidades dos consumidores e dê lucro para a empresa.

Desempenho do Sistema: Desempenho que atenda muito bem o usuário, levando-se em consideração o tempo de resposta. O sistema não pode cometer erros bobos, comprometendo seu uso.

Desempenho do Vendedor: Desempenho em que são solicitados o seguinte: conheça as atribuições do seu cargo e respectivas responsabilidades, atenda as necessidades dos consumidores, possua características próprias e não copiadas de terceiros, demonstre vontade de crescer dentro da organização, estude técnicas de aproximação e argumentação, mantenha o ponto de venda e ajude o consumidor a escolher aquilo que seja mais apropriado às suas necessidades. Deve, ainda, considerar o ambiente, o mercado, o produto, o recurso, a equipe de vendas, o concorrente, fazendo relatórios.

Desempenho Esperado: Aquilo que se deseja que um indivíduo, candidato, vendedor, processo, produto, organização, sistema, por exemplo, realize. Assim, é alvo extrapolado para o futuro, isto é, espera-se que ocorra.

Desempenho Executivo: Desempenho esperado de um executivo que o leva a objetivos organizacionais com os melhores métodos de eficiência (perícia na execução), eficácia (resultados positivos) e efetividade (velocidade de resposta com eficiência e eficácia). Também são considerados os traços de caráter que refletem a maneira pela qual o executivo desempenha as funções administrativas.

Desempenho Gerencial: Desempenho onde se espera que os objetivos centrais do negócio sejam atendidos, dando ênfase a resultados positivos.

Desempenho Obtido: Desempenho daquilo que já aconteceu, como um balanço patrimonial, demonstrativo de resultado, receptividade de um produto, atendimento prestado, vendas realizadas, relatório de pesquisa, série histórica.

Desenho: Representação gráfica bastante abrangente, podendo ser um retrato, uma estrutura, um formato.

Desenho do Cargo: Desenho pelo qual o administrador projeta, estrutura e descreve os cargos e os combina em unidades (departamentos, divisões, setores, gerências, supervisões, seções).

Desenho Organizacional: Organograma; Retrato da configuração estrutural da organização e seu funcionamento.

Desenvolvimento: Ato de crescer, aumentar, construir, progredir.

Desenvolvimento da Administração: Desenvolvimento que proporciona às pessoas a capacidade de reunir habilidades, para alcançarem objetivos comuns.

Desenvolvimento da Tecnologia: Desenvolvimento que proporcionou avanço da ciência. Alguns cientistas argumentam que a maioria das mudanças da História se deu em função da tecnologia. Os séculos são marcados por invenções, tais como: roda, foice, roldana, alavanca, martelo, espada, bússola, luneta, caldeira, motor, aço, telefone, computador.

Desenvolvimento de Equipe: Técnica comportamental em que várias pessoas se reúnem para criticarem-se mutuamente, com a finalidade de eliminar barreiras interpessoais para que a empresa possa ter um espírito de equipe.

Desenvolvimento de Mercado: Processo de um mercado específico, cuja criação depende da renda da população, incentivos e programas governamentais, exigências ambientais, exigências dos consumidores, dinamização de uma situação de apatia (ou anomia) do mercado, surgimento de novas tecnologias, barateamento de processos produtivos, lançamento de novo produto, desenvolvimento econômico de uma região, meios de comunicação mais efetivos (eficientes + eficazes + velozes), facilidades de recursos.

Desenvolvimento de Novo Produto: Desenvolvimento que exige o emprego de métodos de pesquisa semelhantes aos usados para melhorar um produto já existente.

Desenvolvimento de Produto: Etapa do processo de criação de um produto a partir de uma ideia inovadora.

Desenvolvimento do Plano: Procedimentos adotados para escrever os detalhes que possam viabilizar o plano, independentemente do escopo do mesmo, e para estruturar um paradigma a ser seguido durante um determinado período de tempo.

Desenvolvimento do Projeto: É todo processo que facilita o trabalho executivo, porque ajuda a identificar e operacionalizar suas atividades e áreas envolvidas para alcançar objetivos enfocados no planejamento estratégico da empresa.

Desenvolvimento do Sistema: Processo que busca técnicas para lidar com grandes estruturas e complexos.

Desenvolvimento do Sistema de Informações: Processo de transformação de dados em informações úteis e relevantes.

Desenvolvimento Econômico: Parte da Teoria Econômica que se preocupa com a melhoria do padrão da coletividade ao longo do tempo.

Desenvolvimento Empresarial: Processo que se fundamenta em fatos biográficos de empresas que utilizam dados e registros dos arquivos e entrevistas, para reconstruir um belo retrato do desenvolvimento da empresa.

Desenvolvimento Estratégico: Ação de longo prazo que visa uma mudança planejada com engajamento e adequação da cultura organizacional ao ambiente em que vive a organização.

Desenvolvimento Humano: Desenvolvimento relativo ao ato de crescer, aumentar, construir e progredir do ser humano.

Desenvolvimento Industrial: Desenvolvimento ditado pela capacidade do país de responder aos avanços tecnológicos, colocando no mercado produtos singulares.

Desenvolvimento Organizacional: Processo planejado de modificações culturais e estruturais, permanentemente, aplicado a uma organização, visando a institucionalizar uma série de tecnologias sociais, de tal forma que a mesma fique habilitada a diagnosticar, planejar e implementar essas modificações com ou sem assistência externa.

Desenvolvimento Profissional: Processo em que o profissional adquire mais e mais conhecimentos da sua área de trabalho.

Desenvolvimento Social: Movimento progressivo e acelerado de uma mudança, na qual se alteram os fatos históricos subjacentes da sociedade.

Desenvolvimento Sustentável: Desenvolvimento que a empresa deve ter sem se esquecer do ambiente. Para se conseguir um desenvolvimento sustentável, é necessário reformular as atuais medidas regulamentadoras. Assim, é preciso criar e inovar nos métodos para que a administração do ambiente seja mais eficiente, eficaz e efetiva.

Desídia: Comportamento negligente e displicente do empregado no desempenho de suas atividades, podendo ser motivo de dispensa por justa causa.

Desktop: Computador de mesa.

Desmotivação: Ação contrária à motivação, sendo que as principais maneiras de desmotivar são: não ouvir quando ele quer nos expor suas ideias; cortar uma explicação com outro assunto; dar um risinho de mofa quando algo sair errado; reclamar asperamente na presença de outros; humilhar e desprezar suas iniciativas, criatividades, interesses e ajudas.

Desorganização: Conjunto de inabilidades para cumprir, positivamente, as funções administrativas e organizacionais.

Desperdício: Fator de alto custo na produção. Toda vez que se consome mais material, tempo, energia e espaço do que realmente seria necessário, se o trabalho fosse realizado racionalmente, isso que se consome a mais é desperdício e encarece a produção. Os desperdícios mais notáveis são de: água, material, dinheiro, alimento, energia elétrica, espaço físico, gás, mão de obra e tempo.

Despesa: Dispêndio; Ato de despender; Gasto correspondente à produção de bens e serviços, direta ou indiretamente, para a obtenção de receitas.

Despesa Administrativa: Despesa com salários, materiais, honorários, equipamentos, sistemas de informação, correios, transporte de pessoas, despesas gerais. Se tais despesas não são relacionadas, diretamente, à produção, ela será descarregada no Demonstrativo de Resultado do período.

Despesa Antecipada: Despesa paga por antecipação, em função de se obter algum direito de desconto.

Despesa com Segurança: Gasto com outra empresa para serviços de segurança física e patrimonial.

Despesa com Venda: Despesa com distribuições, salários, comissões, viagens, representações, propagandas, seguros e impostos.

Despesa Comprometida: Despesa resultante de um compromisso colocado no planejamento estratégico.

Despesa Controlável: Despesa que pode ser controlada por uma pessoa (grupo), dentro de certas limitações.

Despesa Corrente: Despesa de curto prazo que são completamente debitadas no resultado da empresa, no ano em que ocorrem.

Despesa de Fabricação: Despesa com planejamento, preparação, manutenção, armazenamento, luz e força, salários.

Despesa de Instalação: Conjunto de valores gastos no desenvolvimento e implementação de um novo empreendimento (projeto).

Despesa de Manutenção: Valor referente aos materiais consumidos nos trabalhos de manutenção e conservação de instalações e máquinas.

Despesa de Oportunidade: Despesa em decorrência da escolha de outra alternativa.

Despesa Direta: Despesa diretamente ligada ao custo variável de fabricação. Estas despesas são chamadas diretas, porque podem ser facilmente identificadas.

Despesa Evitável: Despesa eliminada, em função de um processo de otimização e/ou racionalização de uma atividade ou processo.

Despesa Financeira: Despesa com juros, comissões, bancos e diversos. As despesas com juros não nascem diretamente da operação da empresa, mas da decisão de financiamento. Na verdade, as decisões de financiamento e investimento são independentes.

Despesa Fixa: Despesa que não varia, em função do volume de vendas.

Despesa Geral: Despesa que não é identificada como usual; Despesa realizada para um produto fora da linha de produção.

Despesa Incremental: Despesa também denominada despesa marginal (ou diferencial), que acontece em função de uma mudança de decisão.

Despesa Indireta: Despesa ligada ao custo fixo do negócio.

Despesa Inevitável: Despesa que acontece, independentemente, da decisão tomada.

Despesa Mensal: Despesa relativa a todas as contas, mesmo que tenha valores nulos, para se ter noção do quanto cada conta pesa em relação ao total de gastos.

Despesa Mercadológica: Despesa com pesquisa, análise, previsão de vendas e avaliação de desempenho.

Despesa Monetária: Despesa associada à conta de Lucros & Perdas.

Despesa Nacional: Total dos gastos dos vários agentes econômicos, em termos agregados. Compõe-se das despesas de: consumo, investimento, governo, importação, exportação, preservação ambiental.

Despesa Não Controlável: Despesa que foge ao controle, como o rateio de alguns custos fixos.

Despesa Não Monetária: Despesa que não gera saída diretamente do caixa, mas reconhecidas na conta de Lucros & Perdas, tal como a despesa de depreciação.

Despesa Operacional: Despesa para manter o ciclo operacional da empresa. Podemos considerar que a despesa operacional é uma despesa, desembolso ou provisão que se relaciona diretamente com o objetivo do negócio de uma empresa.

Despesa Preliminar: Despesa relativa ao trabalho preparatório de produção.

Despesa Pré-Operacional: Despesa incorrida antes do início das operações, propriamente ditas, que são incorporadas ao Ativo Diferido.

Despesa Pública: Ver despesa nacional.

Despesa Rateada: Despesa relativa ao rateio das despesas fixas, segundo uma base arbitrariamente escolhida.

Despesa Total: Somatório de despesas de fabricação, despesas com vendas, despesas administrativas, despesas mercadológicas e despesas financeiras.

Despesa Variável: Despesa que varia, em função do volume de vendas.

Despoluição: Exigência de manter os recursos naturais com qualidade adequada para manter a saúde das pessoas.

Despreocupação: Qualidade daquele que não dá a devida atenção aos fatos e acontecimentos.

Destinatário: Aquele que recebe a mensagem.

Desvalorização da Moeda: Valor medido quando a desvalorização nominal supera a taxa de inflação interna; Estado da moeda de um país que se torna mais fraca, podendo comprar menos unidades da moeda de um outro país.

Desvio: Algo que saiu errado ao planejado, isto é, aconteceu um distúrbio no comportamento do sistema. Sempre há um desvio esperado, por mínimo que seja, pois não existe nada perfeito.

Desvio do Faturamento: Desvio para medir o desempenho do setor de vendas e se o mesmo está cumprindo as metas estabelecidas. O desvio do faturamento é dado pela fórmula:

Desvio do Faturamento = (Valor Mensurado / Média do Faturamento) - 1

Onde: Valor Mensurado = Faturamento Registrado no dia (mês ou ano); Média de Faturamento = Valor Acumulado do Faturamento / Número de Dias; Valor Acumulado do Faturamento = Soma dos Faturamentos

Exemplo: Valor Acumulado = $ 1.500,00; Número de Dias = 5; Média de Faturamento = $ 1.500,00 / 5 = $ 300,00; Valor Mensurado = $ 450,00; Desvio do Faturamento = (450,00 / 300,00) - 1 = 1,5 - 1 = 0,5 = 50%

Resposta: Neste dia o valor está 50% acima da média.

Desvio Médio: Desvio que indica o grau de dispersão do total dos elementos de um grupo, em relação à média da série. O desvio médio (dm) é dado pela fórmula:

Desvio Médio = Somatório dos desvios / Número de elementos da série

Exemplo: Dada a seguinte série 2, 3, 6, 8 e 11, determinar o desvio médio.

Solução: n = 5; Média Aritmética = (2 + 3 + 6 + 8 + 11) / 5 = 30 / 5 = 6

Somatório dos desvios (valores absolutos) = |2 - 6| + |3 - 6 | + |6 - 6| + |8 - 6| + |11 - 6| = 14

dm = 14/5 = 2,8

Desvio Padrão: Medida estatística da variação ou disposição de uma distribuição de frequência em torno de sua média. O desvio padrão (s) é definido como a raiz quadrada da média aritmética dos quadrados dos desvios, em relação à média dos valores que compõem a série. É a mais precisa das medidas de dispersão, pois considera todos os valores que participam da série. Tem grande importância na representação de uma série, porque caracteriza o agrupamento dos valores pertencentes a ela em torno da média aritmética. Um grande valor do desvio padrão indica alta dispersão dos dados em relação à média aritmética e um valor pequeno indica alta concentração de dados.

Exemplo: Dada a seguinte série: 10, 20, 30, 40, 50, calcular o desvio padrão.

Solução: n = 5; Média aritmética = (10 + 20 + 30 + 40 + 50) /5 = 150/5 = 30

Desvios (valores absolutos): |10 - 30|; |20 - 30|; |30 - 30|; |40 - 30|; |50 - 30|

Soma dos quadrados dos desvios = 400 + 100 + 0 + 100 + 400 = 1.000

$$S = \sqrt{1000/5} = \sqrt{200} = 14,14$$

Detalhe: Ponto crítico de uma rotina, sistema, projeto, processo, por exemplo.

Dever do Administrador: Dever relativo a fazer com que a organização, seja ela qual for, desempenhe adequadamente sua função e contribua para a causa pela qual foi criada (missão).

Devolução de Mercadoria: Ação em que o comprador devolve ao vendedor as mercadorias que comprou, em função de defeitos, qualidade do produto, especificações fora do padrão contratado, prazos de entrega fora do estabelecido, valores não contratados, atendimento deficiente.

Diagnose: Caracterização da problemática (conjunto de problemas relativos a um determinado assunto).

Diagnosticar: Ação de ter um diagnóstico. Diagnosticar a situação, por exemplo, é ler para qual direção vai o mercado, analisar as fontes de recursos, conhecer a influência da política governamental, prever a demanda de inovações em produtos e processos, analisar as condições ambientais.

Diagnóstico: Levantamento de dados (informações), a respeito de um problema, que ajuda a dar uma definição para as causas (origens) que criaram tal situação.

Diagnóstico do Tempo: Ato de determinar as causas da má utilização do tempo.

Diagnóstico Estratégico: Leitura do cenário para mais de um ano.

Diagnóstico Organizacional: Levantamento de dados a respeito de uma organização para definir e interpretar quais são os problemas e fragilidades da organização, para que possam ser remediados e resolvidos.

Diagrama: Gráfico, geralmente, em um espaço bidirecional, onde podemos representar, por meio de pontos, linhas e superfícies, resultados, estruturas, rotinas, relações, atividades, programas, controles, prazos, gargalos e programações, por exemplo. Os mais clássicos diagramas utilizados são: organogramas, fluxogramas, cronogramas e congestionogramas. É uma ferramenta importante para análise de séries históricas, pois uma simples apreciação permite, com razoável rapidez, chegar-se a conclusões não só sobre a evolução do fenômeno, mas também sobre o relacionamento entre este e os dados que compõem a série. Como o diagrama facilita o entendimento do fato, o mesmo sempre deve ser precedido de um estudo analítico.

Diagrama das Funções Administrativas: Diagrama relativo às funções administrativas e como estas são interligadas e quais suas dependências de informações para sua execução.

Diagrama de Acesso a Dados: Ferramenta gráfica para determinar o caminho pelo qual um banco de dados pode ser referenciado pelas informações contidas em outro banco de dados.

Diagrama de Atividades da Empresa: Diagrama que mostra o fluxo de informações entre os diversos setores da empresa. Tal diagrama ajudará a determinar estratégias, táticas, decisões, políticas, procedimentos, regras, relações, canais de comunicação, necessidades de informações e necessidades de recursos.

Diagrama de Blocos: Diagrama onde as ações, procedimentos e decisões são representados por figuras geométricas.

Diagrama de Bolhas: Diagrama utilizado na comunicação entre analistas de sistemas e usuários. É representado por bolhas elipsoides, que correspondem a menor decomposição de uma informação com significado próprio.

Diagrama de Causa-Efeito: Diagrama que individualiza o problema. Seu objetivo é o de alcançar a raiz do problema, mediante o detalhamento progressivo de sua causa. A ideia é de que, ao irmos à origem dos problemas, podemos configurar projetos que terão como objetivo anular tais causas ou, pelo menos, atenuá-las.

Diagrama de Colunas e Barras: Diagrama onde se constrói um retângulo cujo comprimento é proporcional à totalidade dos valores levantados, portanto, representando 100% da série. Divide-se o comprimento do retângulo em partes proporcionais a estes valores, tendo como resultado um diagrama composto de barras e colunas. Esta representação é bastante usada quando se deseja comparar as partes entre si e com o todo.

Diagrama de Contexto: Diagrama onde se estabelece os limites de um sistema e seu ambiente. A partir do diagrama de contexto, serão feitas sucessivas subdivisões (ou explosões) em outros processos mais simples, até que seja atingido um nível de especificação de processos, razoavelmente, elementar.

Diagrama de Relacionamento de Entidades: Diagrama que dá uma visão geral das interações de um sistema (relacionamentos internos).

Diagrama de Estrutura: Diagrama que exibe uma hierarquização de módulos por meio da passagem do fluxo de dados. Cada módulo representa uma unidade de programa que executa uma determinada função.

Diagrama de Fluxo: Fluxograma que representa a rede de um sistema e mostra os componentes ativos do mesmo, suas interfaces e trocas de informação.

Diagrama de Matriz: Diagrama com linhas e colunas é muito utilizado em projetos, onde é construída uma matriz, sob a coordenação de um gerente, que caracteriza a estrutura organizacional da equipe que irá trabalhar durante o desenvolvimento e implantação do projeto.

Diagrama de Montagem: Desenho técnico que mostra os componentes de um produto, em suas posições relativas finais.

Diagrama de Navegação de Dados: Ver diagrama de acesso a dados.

Diagrama de Rede: Diagrama que mostra a sequência relativa das etapas (eventos) de um projeto, bem como os tempos de duração para todos esses eventos que compõem tal projeto.

Diagrama de Pareto: Diagrama que indica a frequência com que cada defeito ocorre.

Diagrama de Setores Circulares: Diagrama cujos valores de uma série histórica são representados por setores circulares. A avaliação é feita pelo tamanho e ângulo da área ocupada.

Diagrama de Transição de Estado: Representação gráfica dos estados de um sistema e dos eventos que causam transição entre esses vários estados.

Diagrama do Fluxo de Dados (DFD): Diagrama que procura examinar e destacar tão somente a troca e arquivamento de dados que se dão hoje, na suposição de que, de sua observação e análise, vai-se obter subsídios sobre os objetivos ou resultados esperados para o sistema; Diagrama cujo objetivo é detectar as participações de um sistema dentro de uma rede de atividades e suas interfaces, juntamente com suas origens, destinos e depósito de dados.

Diagrama do Ponto de Equilíbrio: Diagrama que relaciona receitas com custos (fixo e variável), para determinar a quantidade onde o lucro é zero. Também mostra as áreas de lucro e de prejuízo.

Diagrama do Sistema Aberto: Diagrama que mostra a empresa como um sistema aberto. Este diagrama também conhecido como Diagrama de Ackoff, representando a empresa num determinado ambiente.

Diagrama em Árvore: Diagrama muito utilizado quando queremos decisões rápidas. Os cálculos são feitos por estimativas percentuais de sucesso.

Diagrama Espinha de Peixe: Ver diagrama de causa e efeito.

Diagrama por Curva: Diagrama que utiliza uma curva para representar uma série histórica.

Diagrama por Pontos: Diagrama em que são plotados pontos em um referencial cartesiano. Quando ligados por linhas mostram um comportamento (tendência).

Diagrama por Superfícies: Diagrama em que a série histórica é mostrada por polígonos. O diagrama mais famoso por superfície é o Histograma.

Dicionário de Dados: Dicionário que fornece a informação de texto de suporte para complementar a informação gráfica. É uma listagem organizada de todos os elementos de dados pertinentes a um sistema de informações, com definições precisas e rigorosas, para que o usuário e o analista de sistemas possam conhecer todas as entradas, saídas, componentes de depósitos, cálculos intermediários e dados de procedimentos; Dicionário que define dados compostos em termos de seus componentes no sentido de mostrar valor que cada componente possa assumir.

Dicotomia: Divisão lógica de uma variável em duas categorias, geralmente contrárias por natureza, e que esgotam a extensão da variável.

Didática: Qualidade que torna o ensino mais ajustado à natureza e às possibilidades do educando e da sociedade;

Conjunto de técnicas destinado a dirigir o ensino, fornecendo princípios, métodos, metodologias e premissas aplicáveis ao aprendizado. A didática ajuda a tornar mais consciente e eficiente a ação do professor, ao mesmo tempo em que torna mais interessantes e proveitosos os estudos do aluno.

Diferenciação: Referência à divisão do trabalho mais adequada ao alcance dos objetivos organizacionais. O grande desafio da diferenciação é o custo.

Diferenciação de Produto: Ação de mostrar a importância do valor agregado (percebido) ao produto. O produto é divulgado como singular e superior aos seus concorrentes.

Diferencial: Diferença entre duas alternativas de decisão.

Digitação: Transcrever dados codificados para arquivos em computador.

Dilema: Conflito de difícil solução. A margem de negociação é muito pequena.

Dimensão do Mercado: Tamanho do mercado relativo a compradores e vendedores que possui.

Dimensão Humana: Expressão utilizada na Escola da Psicologia Humanista que amplia o conceito de ser humano, incluindo o meio em que vive, seus sonhos e perspectivas.

Dimensionamento dos Equipamentos: Dimensionamento feito no planejamento do arranjo físico, uma vez que sua localização define o local das atividades. Esta localização deve atender ao fluxo racional das operações, evitando cruzamentos e retornos desnecessários, estrangulamentos dos processos e procedimentos. O dimensionamento dos equipamentos tem estreita relação com o número de produtos, porém sua implementação depende da política da empresa e, muitas vezes, do efetivo da mão de obra e da rentabilidade do investimento.

Dimensionamento do Lote: Aplicação de modelo matemático para encontrar a quantidade ótima a produzir. Neste dimensionamento procura-se o custo mínimo.

Dinâmica das Cores: Estudo feito para avaliar os efeitos fisiológicos das cores sobre os seres humanos.

Dinâmica de Grupo: Método que não só ajuda a solucionar problemas como desenvolve estratégias e políticas. Através da dinâmica de grupo, as pessoas aprendem a se conhecer.

Dinâmica do Ambiente: Elemento do ambiente que se traduz por um campo dinâmico, onde atua uma multidão de diferentes forças, de diferentes naturezas e dimensões, em direções e sentidos diversos, mudando a cada momento, pois cada uma dessas forças interfere, influencia e interage com as demais.

Diploma: Documento oficial em que se dá crédito de determinadas habilidades profissionais a alguém, lhe conferindo um grau em nível superior.

Direção: Função administrativa que dinamiza a ação administrativa, sendo considerada como um processo de relacionamento (comunicação e liderança) com subordinados, pares e superiores. Na direção, o administrador deve se preocupar com a formação de sua equipe, cuidando para que as pessoas sejam escolhidas por seus méritos e conhecimentos.

Direção da Empresa: Ação em colocar outras pessoas a executar o trabalho a ser feito, consoante com o planejamento preestabelecido.

Direcionador: Fator de mudança para atividades, custos, prazos, recursos, orçamentos, projetos.

Direito de Subscrição: Direito do acionista de participar de qualquer distribuição de títulos de uma empresa.

Direito de Preferência: Direito que permite aos acionistas ordinários manter sua propriedade proporcional na empresa, quando novas ações são emitidas.

Diretor: Executivo de alto nível, cujos deveres incluem, geralmente, a supervisão de diversos outros executivos de nível mais baixo.

Diretoria: Conjunto de diretores do nível estratégico (institucional) da empresa.

Diretriz: Orientação (política) macroeconômica da empresa.

Dirigente: Aquele que dirige um negócio, cujas características principais são: bastante confiança para assumir riscos; lealdade para com todos; rigor e controle com o dinheiro para que este gere mais dinheiro; vontade de simplificar; habilidade para diagnosticar problemas; capacidade de fazer as pessoas trabalharem sob seu comando; capacidade de admitir enganos e alta dose para prever mudanças (leitura do cenário).

Dirigente Eficaz: Dirigente que dá condições para que as pessoas cheguem até ele, façam perguntas, concedendo seu tempo.

Dirigente Estratégico: Dirigente que tem uma visão holística do mercado em que atua para ser capaz de converter "insights" em modelos de negócio. Para tanto, terá de ser um bom comunicador, aceitar de bom grado a ambiguidade e estar pronto para abandonar a busca de respostas simples, para problemas complexos.

Dirigente Indeciso: Dirigente que se vale da reunião para tomar decisão, eximindo-se com isso da responsabilidade total da ação administrativa.

Dirigente Prudente: Dirigente que inicia um projeto com uma dose de pessimismo, levando em consideração o maior nível de detalhamento possível.

Dirigir: Função administrativa que faz cumprir aquilo que foi planejado, isto é, implementa os planos empresariais, orientando e conduzindo recursos para alcançar (ou superar) os objetivos da organização.

Disciplina: Processo, ou forma de pensar, que ajuda o ser humano a desenvolver o autocontrole, tornando-se alguém mais efetivo. A disciplina, em geral, é vista de forma pejorativa e está associada a recompensas e punições (sanções); Título dado a um conjunto específico de conhecimentos de uma matéria escolar.

Disco: Equipamento periférico de entrada e saída de um sistema de computador.

Discurso: Forma instrumental (imagem ou palavra) pela qual a mensagem chega ao público.

Disfunção: Desarranjo ou desvio do comportamento de um sistema, que compromete qualquer aspecto de seu desempenho.

Disponibilidade Financeira: Capital próprio.

Disponível: Soma de valores monetários em caixa e bancos.

Disponível Circulante: Diferença entre ativo circulante e passivo circulante.

Disputa pelo Consumidor: Ação de atrair consumidores por meio de campanhas promocionais; prêmios e incentivos a consumidores cativos; política para atingir os pequenos intermediários; esforços de venda em marcas fortes; prestação de diversos serviços gratuitos; lançamento de novos produtos; facilidades de crédito ao consumidor; melhores embalagens.

Dissertar: Maneira de apresentar ideias, analisando-as. É preciso estabelecer um ponto de vista baseado em argumentos lógicos e relações de causa e efeito (explanar e explicar).

Dissimulação: Ato de encobrir as verdadeiras intenções.

Dissonância Cognitiva: Conflito ou incoerência entre dois elementos cognitivos (conhecimentos, opiniões e crenças).

Distorção: Efeito que acontece quando valores aberrantes de uma série considerada mascaram o seu valor real.

Distorção da Informação: Distorção que acontece quando a informação atravessa a hierarquia da organização.

Distrato: Documento em que os sócios, por livre vontade, resolvem dissolver a sociedade, por ser de seus interesses.

Distribuição: Entrega de produtos aos consumidores.

Distribuição de Frequências: Série de valores em que o fenômeno, a época e o local permanecem constantes. Apenas os valores é que mudam.

Distribuição Direta: Distribuição que dispensa a participação do intermediário.

Distribuição Exclusiva: Intermediário que adquire o direito de representar, com absoluta exclusividade dentro de determinado território, os produtos do fabricante.

Distribuição Física: Ramo da logística que trata da movimentação, estocagem e processamento de pedidos dos produtos. Costuma ser a atividade mais importante em termos de custo para a maioria das empresas; Movimento percorrido pelo produto do fabricante até o consumidor final.

Distribuição Geral: Distribuição que utiliza intermediários, dispostos a repassar e estocar produtos.

Distribuição Indireta: Distribuição que se caracteriza por utilizar, no fluxo dos produtos, as figuras do intermediário (atacadista e/ou varejo).

Distribuição Integrada: Distribuição que a empresa planeja, executa e controla o fluxo de produtos desde a fonte fornecedora até o consumidor final.

Distribuição Intensiva: Distribuição que procura colocar o produto o mais próximo possível do maior número de consumidores. Esta distribuição é caracterizada pelo fato de o fabricante dispor de seus bens e serviços no maior número possível de estabelecimentos.

Distribuição Reversa: Logística do caminho contrário, isto é, aquela que pode retornar ao ponto de origem, onde começou a distribuição.

Distribuição Seletiva: Distribuição que envolve a utilização de mais de um intermediário, mas seleciona entre estes, aqueles que estão dispostos a lidar com determinado produto.

Distribuidor: Intermediário entre a fábrica e o varejo; Detentor de canais de distribuição.

Distribuidora de Valores: Empresa que atua como intermediária financeira, na compra e venda de ações.

Distúrbio: Ver desvio.

Distúrbio Físico: Distúrbio que acomete o executivo, tais como cansaço, insônia, hipocondria, dores de cabeça.

Diversidade: Fator de diferenciação entre funcionários, que precisa de aceitação e de inclusão de todos os grupos (raça, nacionalidade, religião, sexo) em todos os níveis da empresa. A diversidade precisa de uma cultura especial que afugente os preconceitos e fatores irrelevantes ao desempenho funcional.

Diversificação: Processo para acrescentar produtos diferentes a uma linha de produtos já existente; Mania que nos compele à falsa noção de que grandeza implica saber tudo, fazer tudo, vender tudo.

Dividendo: Parcela do lucro de uma sociedade anônima atribuída a cada ação em que se subdivide seu capital.

Divisa: Saldo a favor de um país, quando da troca de moeda estrangeira com a moeda nacional.

Divisão: Unidade organizacional estabelecida para operar e ser responsável por determinadas atividades ou área funcional (física). Uma divisa, geralmente, contém duas ou mais unidades menores.

Divisão do Trabalho: Divisão em unidades lógicas de trabalho, para um máximo de eficiência, eficácia, efetividade, qualidade, economia, por exemplo.

Divulgação: Ação de tornar o produto de conhecimento do mercado.

Documentação: Conjunto de informações relativas a um fato, um problema, uma situação, um plano, um resultado, uma política, uma previsão, uma decisão, uma estratégia, uma estrutura, um projeto, por exemplo.

Documento Anexo: Ver anexo.

Documentação Bibliográfica: Documentação que é um acervo de informações sobre livros, artigos e demais trabalhos que existem sobre determinados assuntos.

Documentação Geral: Documentação que organiza e guarda documentos úteis, retirados de fontes, tais como: jornais, revistas, textos, relatórios, leis.

Documentação Temática: Documentação que visa coletar elementos relevantes para o estudo em geral ou para a realização de um trabalho em particular, sempre dentro de determinada área.

Documento: Registro material de determinado conhecimento que se possa utilizar para consulta, estudo ou prova.

Documento Comercial: Documento relativo ao registro de compra, venda, crédito, contrato, correspondência, proposta, orçamento, por exemplo.

Documento Contratual: Documento que diz respeito a um acordo (combinação, ajuste) entre duas ou mais pessoas para execução de alguma coisa, sob determinadas condições. São exemplos de documentos contratuais: contrato de locação, contrato de trabalho, contrato social, arrendamento mercantil, leasing, distrato, escritura de compra e venda, escritura de cessão de direitos, escritura de comodato.

Documento Corrente: Documento utilizado no dia a dia da empresa.

Documento de Especificação: Documento relativo a determinadas características de fabricação de um produto.

Documento de Suporte: Documento que ajuda no desenvolvimento e construção de um projeto. São exemplos de documentos de suporte: tese, relatório de pesquisa, descrição de experiência.

Documento Declaratório: Documento que esclarece uma relação entre duas ou mais pessoas (física e/ou jurídica). São exemplos de documentos declaratórios: declaração, atestado, procuração, carta de representação.

Documento Descritivo: Representação escrita de um objeto, fato, situação, coisa, lugar, resultado. A descrição pode ser uma "fotografia" e/ou uma interpretação pessoal do relator. São exemplos de documentos descritivos: relatório, sinopse, currículo, demonstrativo de resultado, balanço patrimonial.

Documento Empresarial: Documento que transita no âmbito da empresa, como anteprojeto, ata de reunião, aviso, balanço patrimonial, carta, cheque, circular, currículo, duplicata estatuto, ficha, formulário, gráfico, por exemplo.

Documento Estatístico: Representação de dados coletados, que abrangem um determinado universo, de forma direta ou indireta. São exemplos de documentos estatísticos: rol, amostra, histograma, relação.

Documento Fonte de Orçamento: Documento que relaciona os documentos de origem e os documentos derivados. Assim, um relatório de previsão de vendas pode derivar outros documentos, tais como: orçamento de vendas, orçamento de capitais, orçamento de compras.

Documento Jurídico: Documento que é uma fonte rica de informes do ponto de vista sociológico, mostrando como uma sociedade regula o comportamento de seus membros e de que forma resolvem os problemas sociais. São exemplos de documentos jurídicos: constituição, código, portaria.

Documento Metodológico: Arranjo escrito de etapas (passos) de ação através de uma organização lógica e racional de métodos para algum propósito. São exemplos de documentos metodológicos: plano de aula, estudo de caso, método de previsão de vendas, projeto.

Documento Normativo: Conjunto de comandos diretos e cursos de ação que devem ser seguidos fielmente. Tais comandos são conhecidos como norma (regra). São exemplos de documentos normativos: política, procedimento, diretriz, regulamentação organizacional, regulamentação governamental, estatuto, ata de constituição de sociedade.

Documento Oficial: Fonte mais fidedigna de dados, que diz respeito a atos individuais ou coletivos. São exemplos de documentos oficiais: filme, foto, catálogo, ficha, prontuário.

Documento Operacional: Documento que pode ser utilizado como ferramenta de trabalho, de consulta, de coleta de dados e de referência. Os principais exemplos são: manual, questionário, formulário, gráfico, modelo, diagrama.

Documento Particular: Documento, particularmente importante, sobretudo, por seu conteúdo não oferecer apenas fatos, mas o significado que estes tiverem para aqueles que o viveram, descrito em sua própria linguagem.

Documento Peticional: Documento que faz um pedido a um poder constituído. São exemplos de documentos peticionais: petição, requerimento.

Documento Prescritivo: Documento que limita, regula e ordena aquilo que precisa ser feito, dentro de um determinado tempo, ou não, para atingir um objetivo predeterminado. São exemplos de documentos prescritivos: programa, plano, estratégia, orçamento.

Dominação: Relação de poder que o chefe impõe, ao seu arbítrio, aos seus subordinados.

Dominância: Característica de uma, ou mais pessoas de um grupo, que domina as demais para decidir sobre algo. Hoje, a dominância na família, por exemplo, é dinâmica. Ora um, ora outro.

Domínio: Atitude que pode acontecer quando alguém é alçado à posição de líder.

Domínio Administrativo: Ambiente interno da organização.

Domínio Carismático: Domínio de grandes líderes políticos e religiosos.

Domínio Patriarcal: Domínio do pai, do chefe, do dono e do rei, por exemplo.

Domínio do Mercado: Domínio que é caracterizado por falta de concorrência.

Doutrina: Linhas de conduta baseadas em valores filosóficos ou religiosos.

Downsizing: Enxugamento da estrutura organizacional. O downsizing, quando corretamente implementado, pode resultar em grandes economias para sua empresa em termos de preço de aquisição, instalação e custos de manutenção. A implementação do downsizing em sistemas de informação pode vir a ser o resultado que se espera de um processo de reengenharia empresarial. Contudo, o downsizing não é sempre a resposta que resulta do processo de reengenharia. Mas, é importante que se perceba que a perspectiva da reengenharia tem impacto na ação administrativa.

DSS: Sistema de suporte à decisão; Sistema cuja intenção é dar suporte à tomada de decisão em situações não estruturadas e semiestruturadas, decisões que não podem ser especificadas por um algoritmo.

Dumping: Prática comercial que consiste em vender produtos a preços inferiores ao seu custo, com a finalidade de eliminar concorrentes e ganhar maior participação no mercado.

Dupla Incidência de Autoridade: Problema relativo à acomodação de pessoas aos cargos sem que haja uma perfeita delimitação de atribuições e de áreas de influência. Não raras vezes, resulta em subordinados com mais de um chefe.

Duplicata: Título de crédito emitido pelo vendedor de bens e serviços, correspondente a uma fatura de venda a prazo (da qual é cópia) e que, aceita pelo comprador, este se obriga a pagar dentro de certo prazo, e, em geral, descontada num banco comercial que efetua a cobrança.

Duplicata Descontada: Duplicata em carteira bancária para antecipar capital de giro.

Duplicata a Receber: Conta a receber na forma de duplicata.

Durabilidade: Período de tempo que um produto funciona a contento, isto é, como pretendido para satisfazer uma necessidade.

E

Ecletismo Empresarial: Prática que leva a empresa a saber, fazer e vender tudo. Procedimento considerado por muitos autores como errático, pois a empresa, primeiro, deve formar uma cultura própria e adquirir uma tradição no seu setor de atuação, antes de diversificar seus produtos.

Ecoeficiência: Qualidade da empresa que produz bens e serviços com o mínimo (ou zero) de impacto ambiental.

Ecologia: Área das ciências biológicas que estuda os seres vivos em relação ao ambiente. A maior unidade ecológica é a biosfera, que abrange todos os ambientes onde habitam os seres vivos e que pode ser dividida em subunidades ecológicas menores, os ecossistemas.

Economia: Ciência social que estuda a maneira pela qual os homens decidem empregar recursos escassos a fim de produzir diferentes bens e serviços, de modo a distribuí-los entre as várias pessoas e grupos da sociedade, para satisfazer necessidades humanas; Ciência que investiga as condições que afetam a produção, distribuição e consumo de riquezas; Gastar o mínimo necessário.

Economia Centralizada: Sistema em que as políticas econômicas são planejadas pelo governo e não pelo mercado.

Economia Competitiva: Economia em que a atuação dos governantes está próxima da livre iniciativa. O governo do país é estruturado como uma empresa.

Economia de Consumo: Economia onde bens e serviços estão cada vez mais parecidos. A disputa pela atenção do melhor consumidor está, cada dia, mais acirrada.

Economia de Escala: Integração Vertical; Economia em que uma organização produz, ela mesmo, aquilo que tem de comprar de fornecedores (peças, materiais, insumos).

Economia de Escambo: Economia em que o pagamento de um produto é feito com outro produto.

Economia de Mão de Obra: Economia baseada no estudo da oferta e demanda de recursos humanos.

Economia de Mercado: Economia cuja quantidade demandada pode variar em função do preço de venda dos produtos; Sistema em que as questões econômicas são resolvidas pelo mercado, onde os recursos são de propriedade privada.

Economia de Movimento: Estudo para economizar tempo de operação de uma atividade.

Economia de Rede: Economia criada com o advento da Internet, onde as relações entre as pessoas são feitas no espaço virtual, sendo, com isso, muito ampliadas e intensificadas.

Economia Gerencial: Subdivisão da economia que realça as decisões referentes às funções gerenciais.

Economia Globalizada: Economia em que os consumidores, cada vez mais, diferem entre si e é muito difícil estabelecer um equilíbrio entre custo, preço, qualidade, quantidade e lucro.

Economia Industrial: Economia que estuda as condições que afetam a produção, distribuição e consumo de bens.

Economia Informal: Atividades que estão fora da legislação vigente, tendo em vista a alta carga tributária que penaliza a quem dá emprego às pessoas. Não há registro em carteira desses trabalhadores, nem o recolhimento de encargos sociais.

Economia Internacional: Economia que estuda as relações e transações comerciais entre países.

Economia Moderna: Ver economia de mercado.

Economia Regional: Economia não globalizada.

Economizar: Administrar com o menor custo; Poupar; Gastar com parcimônia.

Ecossistema: Equilíbrio entre os organismos e os ambientes.

Edital: Traslado, cópia autêntica de leis, decretos ou posturas para se publicar pela imprensa periódica ou por meio de afixação nos lugares públicos; Ver Carta Convocação.

Editoração: Exercício contínuo, senso crítico, observação e gosto pela arte de escrever e de diagramar.

Educação: Preparação do ser humano para viver em sociedade, por meios pedagógicos e didáticos.

Educação Continuada: Educação não interrompida, cujo objetivo é atualizar e aprofundar conhecimentos do ser humano, por meio de cursos que tenham vínculo comum.

Educação de Qualidade: Educação de duração suficiente para equipar as pessoas a uma vida competente e para sobreviver na sociedade de hoje.

Educação Especializada: Educação vinculada a um conhecimento mais amplo de um objeto. Um médico, que não considere o ser humano na sua totalidade como um sistema, poderá cometer graves erros, o que, aliás, acontece a todo instante. Da mesma maneira, um dirigente empresarial que desconheça questões administrativas, econômicas, políticas, sociais, culturais, por exemplo, coloca em risco a vida da empresa, as carreiras profissionais, as decisões e as soluções dos problemas corporativos.

Educação Profissional: Educação que prepara uma pessoa para uma profissão.

Educar: Preparar um ser humano para enfrentar a vida.

Efeito: Resultado de um ato.

Efeito Cadeia: Mudança em uma parte de um sistema que causa efeito em outras partes do mesmo sistema.

Efeito Físico da Cor: Efeito relacionado com a reflexão da luz, porque as cores têm características diferentes de reflexão. Conhecidos os efeitos das cores, você deve procurar tornar racional a sua aplicação; Ver dinâmica das cores.

Efeito Fisiológico da Cor: Efeito que age sobre o funcionamento dos sistemas do nosso corpo. Assim, por exemplo: Vermelho (aumenta a tensão muscular, a pressão sanguínea e o ritmo respiratório); Laranja (provoca sensação de calor, sendo reanimadora e estimulante, também reduz a fadiga); Rosa (tem um efeito calmante no corpo); Azul (tem efeito calmante e tranquilizador); Amarelo (tem um efeito energizante, pode ajudar a diminuir a depressão, aumenta a pressão e a pulsação, mas em menor grau do que a cor vermelha. Se quiser estimular a memória o amarelo é a cor ideal. Para se lembrar de algo, escreva em um papel amarelo); Verde (cor da primavera e de novos começos, é atraente para quem está de regime, é a cor das pessoas idosas).

Efeito Halo: Tendência de se pensar que uma pessoa com determinado traço de comportamento tem outros traços semelhantes.

Efeito Hawthorne: Tendência das pessoas se comportarem de forma diferente, quando tratadas com respeito e apreciação por seus superiores.

Efeito Incremental: Variação no resultado total, quando há um planejamento de acréscimos com o desenvolvimento de um projeto.

Efeito Preço: Variação da quantidade demandada, quando varia o preço de um bem.

Efeito Renda: Variação da quantidade demandada, em função do aumento do poder aquisitivo do consumidor.

Efeito Substituição: Substituição de um produto por outro, considerado sucedâneo. Quando a manteiga aumenta de preço os consumidores passam a consumir margarina.

Efeito Tanzi: Efeito provocado pela defasagem entre a arrecadação fiscal do governo e a corrosão desse valor, em função da inflação.

Efetividade: Somatório da eficiência mais a eficácia, visando buscar a satisfação do consumidor dentro de um período de tempo mais curto possível.

Efetividade de Marketing: Efetividade que está relacionada à velocidade de resposta que o consumidor dá aos produtos de uma empresa.

Eficácia: Medida normativa do alcance de resultados (objetivos, propósitos, metas, desafios), isto é, refere à capacidade de satisfazer uma necessidade da sociedade através do suprimento, pela empresa, de bens, serviços e ideias. A eficácia relaciona-se com os fins almejados.

Eficácia da Propaganda: Avaliação que relaciona os gastos de propaganda com a fatia de mercado obtida. A seguir, um exemplo da eficácia para quatro empresas.

Empresas	Gastos com Propaganda	Valor Relativo	Fatia do Mercado	Eficácia da Propaganda
A	3.000,00	43%	40%	0,93
B	2.000,00	28%	20%	0,71
C	1.500,00	21%	25%	1,19
D	500,00	8%	15%	1,87
Totais	7.000,00	100%	100%	

Análise: Taxa abaixo de 1,00 significa que a propaganda é ineficaz. Taxa acima de 1,00 significa que a propaganda é eficaz. No caso acima, temos: Empresa A – Relativamente ineficaz (40%/43% = 0,93); Empresa B – Ineficaz (20%/28% = 0,71); Empresa C – Relativamente eficaz (25%/21% = 1,19); Empresa D – Muito eficaz (15%/8% = 1,87). É difícil saber quão eficaz é a propaganda, a não ser nos casos mais óbvios. A eficácia da propaganda será maior quando o conhecimento do comprador for mínimo, as vendas da indústria, como um todo, crescerem, a propaganda apresente aspectos do produto, normalmente não observados pelo comprador, as oportunidades de diferenciação dos produtos ficarem bem claras, as rendas discriminatórias dos consumidores forem altas.

Eficácia de Marketing: Eficácia que é avaliada quando se mede o resultado do período em relação ao faturamento; Despesas com vendas em relação ao lucro.

Eficácia de Vendas: Eficácia que mostra como são os resultados previstos de receitas com vendas.

Eficiência: Habilidade de produzir o desejado com custo mínimo de esforço, recurso e desperdício.

Eficiência da Distribuição: Esforço para melhorar a qualidade e minimizar o custo da movimentação de materiais, da armazenagem e do meio (modo) de transporte.

Eficiência da Empresa: Relação entre a saída (produtos, informações, ideias) da empresa e os recursos aplicados na entrada.

Eficiência da Força de Vendas: Relação entre o volume de vendas e o número de vendedores.

Eficiência da Gerência: Eficiência que se traduz pela acomodação de interesses diversos, às vezes, opostos e de difícil negociação.

Eficiência da Máquina: Relação entre o uso real da máquina e sua capacidade de produção.

Eficiência da Produção: Relação entre produtos resultantes (benefícios) e recursos aplicados (custos).

Eficiência da Promoção: Medida de impacto sobre vendas (receitas) que causa a campanha promocional (custos).

Eficiência da Propaganda: Eficiência que poderá ser medida pelo impacto visual que causa e pelo desejo de leitura. Para tal, a propaganda terá de trazer novas ideias, melhorar os níveis de percepção, persuasão e clareza. Deverá trabalhar, também, o emocional. Um exemplo de eficiência da propaganda pode ser dado quando se afere o valor de um anúncio, comparando os seguintes fatores:

Fatores	Especificações
Ilustrações	Área, estrutura, fotografia, proximidade, contraste.
Título	Pequena área, uma ou duas linhas, poucas palavras, junto do texto.
Conteúdo	Texto principal, texto suplementar, área para assinatura.
Desenho	Equilíbrio de desenhos e gráficos, maximização da utilização de espaços.
Cores	Vivas, misturadas, frias, leves, fortes.

Eficiência de Marketing: Relação entre receita com vendas e gastos com marketing.

Eficiência de Mercado: Eficiência que pode ser traduzida como a capacidade de um mercado gerar valor (qualquer que seja). É prático e habitual distinguir vários níveis de eficiência de mercado, dependendo da quantidade de informação integrada nos preços e nas quantidades.

Eficiência de Vendas: Relação entre a receita com vendas e gasto total.

Eficiência do Grupo: Eficiência medida pelo trabalho em equipe, que adquire hábitos de cooperação para ser capaz de tratar problemas corporativos. Também é possível considerar, para que haja eficiência do grupo, os seguintes fatores: antecedentes, interesses e meios de comunicação.

Eficiência do Sistema: Relação entre resultados obtidos e resultados pretendidos.

Eficiência Empresarial: Resultado positivo do emprego dos recursos disponíveis; Razão entre os recursos de entrada e os resultados de saída.

Eficiência Executiva: Conjunto de conhecimentos, técnicas, modelos, métodos e ferramentas que o executivo dispõe, para bem executar suas tarefas e atingir os objetivos da organização.

Eficiência Operacional: Maximização da eficiência pela utilização plena dos recursos disponíveis e as operações vigentes.

Eficiência Produtiva: Ponto que a eficiência técnica do produto é atingida.

Eficiência Satisfatória: Eficiência que a empresa pode cumprir o que satisfaz o mercado.

Eficiência Técnica: Eficiência cujos resultados planejados são obtidos com o mínimo de recursos.

Elasticidade: Intensidade com que a procura de um produto aumenta ou diminui, em resposta a uma baixa ou a uma alta de preços (elasticidade de preço) ou a uma alteração da renda (elasticidade da renda). Genericamente, pode-se dizer que a elasticidade reflete o grau de reação que o mercado dá a um produto, função de alterações de preço, qualidade, quantidade, renda, crédito, liquidez.

Elasticidade da Renda: Intensidade com que a procura de um produto aumenta, ou diminui, em função de uma alteração da renda do consumidor.

Elasticidade do Preço: Intensidade com que a procura de um produto aumenta ou diminui, em resposta a uma baixa ou a uma alta de preços do produto.

Elasticidade Preço da Demanda: Variação percentual na quantidade demandada, dada a variação percentual no preço de outro bem. Quando é maior do que um, o bem tem demanda elástica. Quando é menor do que um, o bem tem demanda inelástica.

Elasticidade Preço da Oferta: Variação percentual na quantidade ofertada, dada a variação percentual no preço do bem. Quando é maior do que um, o bem tem oferta elástica. Quando é menor do que um, o bem tem oferta inelástica.

Elasticidade Renda da Demanda: Variação percentual na quantidade demandada, dada uma variação percentual da renda. Quando é maior do que um, é um bem superior (luxo). Quando é menor do que um e maior que zero, é um bem normal. Quando é menor do que zero é um bem inferior.

Elasticidade Unitária: Elasticidade em que não há variação, nem de preço e nem de demanda.

Eleitorado: Pessoas que têm interesses em uma organização.

Elemento: Subdivisão do ciclo de trabalho composto de uma sequência de vários movimentos distintos, passíveis de serem descritos e medidos. O elemento pode ser: intermitente, ocasional ou repetitivo.

Elemento Social: Elemento que afeta o comportamento das pessoas numa organização.

Elogio: Ação que representa uma força que pode até mudar a motivação da equipe (grupo). Uma única palavra ou um simples tapinha nas costas, contém uma energia motivacional muitas vezes subestimada pelo dirigente.

E-mail: Carta por via eletrônica, sem a cosmetização e floreios do passado. Permite aos usuários o envio de mensagem ou arquivos anexos de um computador para outro. A mensagem chega quase instantaneamente e pode ser gravada, impressa e respondida no ato. Outra facilidade é a inclusão de um programa que filtra o que interessa. Geralmente, a filtragem é feita pelo próprio servidor (sistema provedor de serviços à internet).

Embalagem: Recipiente ou envólucro de um produto. O desenho da embalagem de um produto, muitas vezes, determina o seu sucesso ou fracasso.

Embarcador: Agente encarregado do armazenamento e guarda de produtos que serão exportados. Os embarcadores precisam conhecer as características dos meios de transporte para não cometerem erros, principalmente, quanto à temperatura e à umidade. A forma como os produtos são embalados e transportados podem ter grande impacto sobre o custo total da distribuição.

Emissor: Remetente; Pessoa que desenvolve uma ideia ou escolhe um fato para comunicar, isto é, o conteúdo da comunicação. O emissor organiza a mensagem por meio de uma série de símbolos, sinais, códigos, nomenclaturas pelos quais pretende comunicar a outra pessoa, ou seja, o destinatário.

Emoção: Comportamento não racional.

Empatia: Compreensão intelectual, ou imaginativa, de assumir o papel de outra pessoa. Na maioria dos casos, é uma característica adquirida; Capacidade de projetar-nos dentro das personalidades de outras pessoas. A empatia é um dos mais importantes elementos influenciadores do atendimento.

Empenho: Reserva de parte de um estoque, ou ordem de produção, para um fim determinado ou para um pedido de venda específico. O empenho pode ser para uma máquina, por exemplo.

Empírico: Conhecimento guiado pelo que se adquire na vida cotidiana ou ao acaso, ou com base na experiência vivida ou transmitida por alguém.

Empowerment: Estilo de dar aos funcionários autoridade e recursos que eles necessitam para realizar suas tarefas com maior autonomia, liberdade e confiança.

Empreendedor: Aquele que persegue com vigor novas oportunidades e não considera os recursos de que dispõe, naquele momento, fato considerado por muitos como temerário. Ele, cada vez mais, combina sua intuição, perspicácia e disposição para o trabalho a uma dose cada vez maior de audácia recheada de sofisticação administrativa e mercadológica.

Empreendedor Interno: Tipo especial de dirigente que recebe salário no fim do mês e que assume responsabilidade pela criação de inovações, transformando uma ideia numa realidade lucrativa. Responsabilidade, iniciativa própria, vontade de fazer negócios, vocação para assumir riscos e capacidade para motivar são suas características básicas.

Empreendedorismo: Comportamento daquele que é empreendedor.

Empreendimento: Ação de transferir recursos de áreas de baixa produtividade e rendimento para áreas de produtividade e rendimento mais elevados. A prática do empreendimento está assentada em teorias econômicas e administrativas, dentro de uma sociedade organizada, mas é preciso assinalar que tal prática é extremamente arriscada.

Empregado: Alguém que presta serviço a outrem, sob condições contratuais.

Empregado Acidentado: Empregado que é alcançado pela estabilidade provisória de um ano após o término do auxílio-doença por acidente, sendo depositado, neste período, o valor mensal do FGTS. O empregado, ou dependente, para se habilitar ao benefício relativo ao acidente de trabalho, deverá comparecer ao posto de atendimento do INSS, portando os documentos exigidos.

Empregado Afastado do Trabalho: Empregado licenciado, acidentado ou em férias.

Empresa: Empresa é todo empreendimento humano que procura reunir e integrar recursos no sentido de se autossustentar e de lucrar, através da produção e comercialização de produtos.

Empresa Agrícola: Empresa que trabalha a terra na produção de alimentos.

Empresa Atacadista: Ver atacadista.

Empresa Autogestionária: Empresa em que todos os seus associados participam da administração.

Empresa Comercial: Empresa que faz a ligação entre o produtor e o consumidor.

Empresa Competitiva: Empresa que está atrelada à capacitação tecnológica, como ferramenta de competição.

Empresa Consensual: Empresa cujos líderes têm uma visão de longo prazo (estratégica).

Empresa Conservadora: Empresa que tem dificuldades de promover mudanças.

Empresa de Comércio Exterior: Empresa que pratica importação e exportação. As empresas de comércio exterior são conhecidas como "trading companies".

Empresa de Embalagem: Empresa que produz embalagens personalizadas.

Empresa de Primeiro Tipo: Empresa de tecnologia simples, de produção rotineira, de ambiente estável, mecanicista, com ênfase em suas próprias atividades.

Empresa de Qualidade: Empresa que produz satisfação em todos os seus clientes.

Empresa de Segundo Tipo: Empresa um pouco mais complexa, tanto no que diz respeito à tecnologia utilizada, quanto no que se refere ao cenário de produção, não tão programável, de ambiente com certa complexidade, com ênfase no indivíduo, procurando motivá-lo no trabalho.

Empresa de Serviço: Empresa que fornece atividades funcionais (benefícios), cujos valores são intangíveis, isto é, não possui estoque para vender.

Empresa de Terceiro Tipo: Empresa de tecnologia de ponta, às vezes nova, de ambiente de alta incerteza (turbulento), de alta interdependência entre suas diversificadas áreas, com ênfase grupal, buscando a mobilização da força de trabalho, induzindo a uma abordagem adhocrática e contingencial, com estruturas predominantemente temporárias (matricial).

Empresa de Transformação: Empresa que processa e transforma matérias-primas e insumos em produtos finais, isto é, de produtos tangíveis. Nesta classificação entram as indústrias, quaisquer que sejam seus produtos finais. Também são conhecidas como empresas secundárias.

Empresa de Transporte: Empresa prestadora de serviços de transporte que cobra, como qualquer outra empresa, uma taxa ou tarifa pelos seus serviços. Quando se trata do transporte de pessoas, a cobrança dessa tarifa se faz através de um bilhete. Quando se trata de cargas, o valor que se paga é denominado frete.

Empresa Desenvolvimentista: Empresa que através de líderes opta por ações de curto prazo, devido à incerteza ambiental.

Empresa do Conhecimento: Empresa voltada para a educação, treinamento, tecnologia educacional, capital intelectual, informação, talento, criatividade, patentes, direitos autorais, softwares, marcas.

Empresa Empreendedora: Empresa que se preocupa em investir em novidades.

Empresa Estatal: Ver empresa mista.

Empresa Extrativa: Empresa que executa atividades extrativas, por exemplo, a empresa agrícola, a de mineração, a de prospecção e a de extração de petróleo. São chamadas primárias, porque se dedicam basicamente à obtenção de matérias-primas (commodities).

Empresa Familiar: Empresa gerida pelo dono, herdeiros e familiares. Empresa que valoriza o trabalho em grupo.

Empresa Financeira: Empresa que trabalha com dinheiro, títulos, ações e valores econômicos.

Empresa Global: Aquela que opera em mais de um país e obtém vantagens em pesquisa e desenvolvimento, produção, logística, marketing, finanças, custos e reputação, que não estão disponíveis para os concorrentes basicamente domésticos. As empresas globais planejam, operam e coordenam suas atividades em base mundial.

Empresa Grande: Empresa também chamada de corporação é uma organização de grande porte em que o controle financeiro é centralizado e as decisões são descentralizadas. Esta organização pode reunir diversas empresas com objetivos comuns.

Empresa Hierárquica: Empresa que se viabiliza, através de líderes especialistas.

Empresa Imitadora: Empresa que copia algumas coisas da empresa líder, mas mantém a diferenciação em termos de preço, embalagem, propaganda, atendimento, serviço e outros fatores. A líder não se preocupa com a imitadora, à medida que esta não a ataque agressivamente. A imitadora até contribui para que a líder não seja acusada da prática de monopólio.

Empresa Individualista: Empresa que valoriza a competição.

Empresa Industrial: Empresa que transforma recursos em bens econômicos.

Empresa Inovadora: Empresa de capacidade visionária em que o empreendedor não precisa ter uma forte imaginação, mas ele precisará de uma capacidade para imaginar cenários de negócios lucrativos.

Empresa Internacional: Empresa que mantém relações com empresas do resto do mundo.

Empresa Líder: Empresa que detém a maior fatia de mercado de determinado produto.

Empresa Média: Empresa com razoável volume de recursos, onde existem profissionais de administração em sua direção.

Empresa Mista: Empresa cuja participação no capital social tem a seguinte composição: 51% do governo e 49% do público. É uma sociedade por ações. Todavia, o governo é o sócio majoritário e, portanto, detém o controle administrativo.

Empresa Moderna: Empresa que deve projetar sobre o público suas características qualitativas, como segurança, confiabilidade, pontualidade, precisão, progresso tecnológico, diversificação de produtos, a fim de destacar-se das demais. A empresa moderna necessita desses predicados, não somente para seus produtos, mas também para alcançar uma importância no conceito público, que representa a sua finalidade essencial, devendo encontrar um perfil capaz de criar na comunidade uma imagem definida, pois o anonimato não inspira confiança.

Empresa Multinacional: Empresa que atua em diversos países, mantendo produção de bens e serviços nestes locais.

Empresa Nacional: Empresa que atua no país, podendo exportar.

Empresa Pequena: Empresa em que o administrador (geralmente o proprietário) enfeixa o comando de todas as áreas funcionais, não havendo um segundo nível diretivo para essas responsabilidades. As empresas pequenas podem ser desdobradas em miniempresas e microempresas. A maioria das pequenas empresas tem muito pouca disponibilidade de caixa, durante, pelo menos, os primeiros anos de operação e ficam altamente vulneráveis a qualquer mudança repentina do ambiente. Muitas delas, por necessidades de dinheiro, fracassam num momento em que estão tendo lucro, isto é, são economicamente viáveis, mas fracassam financeiramente.

Empresa Privada: Empresa de propriedade particular, ou seja, faz parte da livre iniciativa.

Empresa Profissional: Empresa que é gerida por administradores profissionais.

Empresa Pública: Empresa do chamado setor público e compreende a empresa, cujos objetivos são o bem-estar social, pois estão voltadas para o benefício da sociedade. É chamada de empresa não lucrativa, cuja propriedade é do estado (100% do governo, em nível federal, estadual ou municipal).

Empresa Racional: Empresa que maximiza o desempenho individual.

Empresa Transnacional: Empresa que atua em diversos países, sem, necessariamente, possuir empresas nestes países onde, normalmente, mantém representações.

Empresa Virtual: Empresa que negocia via Internet.

Empresário: Elemento básico da empresa que, através de seu trabalho, conhecimento e criatividade, manterá a empresa viva e crescente. Portanto, o empresário, coração da empresa, deve aprender a convivência com o risco, aproveitar situações, adquirir conhecimento das funções administrativas e organizacionais, liderar mais do que chefiar, ser independente e agir com otimismo, não exagerado.

Empréstimo: Capital tomado de terceiros, cujo ressarcimento se faz com acréscimo de juros.

Empréstimo Autoliquidante: Empréstimo para atender sazonalidades (picos de demanda), tendo como lastro contas a receber.

Empréstimo com Recibo de Armazenamento: Empréstimo, cuja garantia de pagamento é o material armazenado por um determinado agente.

Empréstimo Particular: Empréstimo tomado de pessoa física, sendo dado, como garantia de pagamento, notas promissórias.

Encalhe: Mercadorias não vendidas em tempo hábil.

Encargo: Obrigação; Incumbência; Responsabilidade.

Encargo Financeiro: Juros e comissões diversas que a empresa tomadora do empréstimo deve pagar, conforme contrato.

Encargo Social: Encargo traduzido pelo acréscimo à remuneração direta paga por exigência da lei, como: Seguridade Social (INSS); FGTS; 13º Salário, Cartão Transporte; Vale Refeição.

Encomenda: Quantidade, relativamente pequena, de um tipo de produto fabricado de uma só vez.

Endividamento: Somatório do capital de terceiros utilizado para financiar os ativos de uma empresa.

Energia: Força motriz.

Ênfase: Aspecto particular de se ver um processo, procedimento ou política, por exemplo.

Ênfase na Estrutura: Abordagem da Administração, cujo foco é a configuração e estruturação da organização.

Ênfase na Pessoa: Abordagem da Administração, cujo foco são as pessoas, suas atividades e relacionamentos dentro da organização.

Ênfase Convencional: Ênfase baseada na resistência às mudanças tecnológicas, ambientais e comportamentais.

Ênfase na Tarefa: Abordagem da administração, cujo foco é a racionalização e o planejamento das atividades operacionais numa organização.

Ênfase na Tecnologia: Abordagem da administração, cujo foco é a aplicação bem-sucedida da tecnologia na atividade organizacional.

Ênfase no Ambiente: Abordagem da administração, cujo foco é a adequação da organização às demandas e situações que ocorrem em seu contexto externo.

Enfoque: Aspecto particular das organizações, selecionado para estudo e produção de conhecimento; Perspectiva ou estratégia para interferir com a realidade.

Enfoque Biopsicossocial: Perspectiva integral ou holística do ser humano, que considera o bem-estar do ponto de vista biológico, psíquico e social.

Enfoque de Prototipação: Enfoque que é baseado na Teoria da Aprendizagem, útil para organizações que experimentam um ambiente muito dinâmico, onde os usuários têm pouca cultura em computação e informática. Tal enfoque não é uma técnica, mas, sim, uma filosofia.

Enfoque Estruturado: Enfoque que é o mais utilizado, porque permite uma abordagem disciplinada de projetos em computador; permite que a forma do problema guie a forma da solução. Tal enfoque procura resolver a complexidade, através da segmentação, utiliza ferramentas, especificamente gráficas, de fácil compreensão, oferece um conjunto de estratégias, oferece critérios para avaliar a qualidade de um dado, produz sistemas fáceis de entender, confiáveis, passíveis de longa vida, facilmente desenvolvidos, eficientes e que funcionam.

Enfoque Incremental: Enfoque que representa uma variação do modelo linear, onde a partir da fase de especificação funcional são feitos incrementos sucessivos. Geralmente é utilizado como estratégia para minimizar riscos de projetos muito grandes, onde se procura obter resultados sem, entretanto, descuidar do objetivo final.

Enfoque Sistêmico: Perspectiva do conjunto formado por partes que interagem para produzir um resultado.

Engenharia da Informação: Conjunto de técnicas e lógicas formais, aplicadas a dados, atividades, tecnologias e pessoas, que permite planejar, analisar, projetar, construir e manter sistemas de processamento de dados, de forma integrada e interativa. A engenharia da informação deve ser utilizada de maneira estratégica para poder mudar rapidamente os objetivos, metas qualitativas e quantitativas, desafios e prazos dos negócios de qualquer empresa. Seus elementos básicos são: dados, pessoas, atividades, tecnologias.

Engenharia de Métodos: Técnica que submete cada operação de determinado trabalho a uma análise detalhada, para eliminar tudo aquilo que é desnecessário.

Engenharia da Produção: Aplicação de todas as funções administrativas e organizacionais aos princípios da produção.

Engenharia de Valor: Técnica de redução de custos ao longo do estágio de projeto de um determinado produto.

Engenharia Industrial: Engenharia que cuida da eficiência da produção, por meio do estudo e da racionalização dos tempos e movimentos de fabricação.

Engenheiro: Pessoa diplomada na arte de construir estruturas e sistemas.

Engenheiro de Informação: Elemento que participa da construção de um sistema de informação, baseado em uma metodologia para inventariar sintomas e definir a missão do sistema.

Engenheiro de Métodos: Engenheiro encarregado de criar e organizar métodos e metodologias para otimizar os recursos da empresa.

Engenheiro Industrial: Engenheiro que tem conhecimentos de planejamento, direção e controle da produção.

Enriquecimento do Cargo: Enriquecimento que consiste em elevar deliberadamente a responsabilidade, os objetivos e os desafios das tarefas do cargo, como um meio de trazer maior significado ao trabalho, além de oferecer oportunidades significativas de satisfação das necessidades mais elevadas. O enriquecimento do cargo pode ser por movimento vertical (adição de responsabilidades de nível mais elevado), horizontal (desdobramento de tarefas no mesmo nível) ou rotativo (mover sistematicamente as pessoas de um cargo para outro para diminuir a monotonia e aumentar o conhecimento da organização).

Ensino: Transmissão de conhecimentos, informações, ou esclarecimentos úteis, indispensáveis à educação.

Ensino Público: Ensino patrocinado pelo Estado.

Entendimento: Qualidade para enfrentar dificuldades de comunicação no processo de atendimento ao consumidor.

Entidade: Representação abstrata de um objeto.

Entrada do Sistema: Aquilo que o sistema importa do seu ambiente para a sua operação. A entrada pode ser constituída de insumos, tais como: informação, dado, energia, material; Impulso que dá partida ao sistema.

Entrevista: Ferramenta de coleta de dados de um candidato num processo de seleção de pessoal; Fonte coletora de dados e fatos, presentes e passados, aparentes e reais.

Entrevista de Desligamento: Entrevista que procura abordar os motivos do desligamento. É comum nessa entrevista colher a opinião do empregado sobre: a empresa, o cargo, o chefe direto, o horário de trabalho, as condições ambientais, os benefícios sociais, o salário, o relacionamento humano, as oportunidades de progresso, o moral, a atitude dos colegas, as oportunidades.

Entrevista Final: Última etapa do processo de seleção. Esta entrevista precisa considerar o seguinte: o entrevistador deve ter preparo especializado, o ambiente da entrevista deve ser um local adequado, sem perturbações de qualquer ordem, evitando-se a presença de outras pessoas, a formulação das perguntas e o registro das respostas obedecem a uma técnica pedagógica própria e não podem ser planejados por quem desconhece o assunto.

Entrevista Padronizada: Entrevista onde se busca um padrão de comportamento, comparando as respostas dos entrevistados.

Entrevista Pessoal: Entrevista cujo método de levantamento é mais caro, porque os pesquisadores precisam contratar, treinar e supervisionar os entrevistadores, que vão falar com os respondentes. Mas, este método também é o mais flexível, porque as perguntas podem ser passadas e repassadas a fim de garantir que a informação seja a mais verdadeira possível. O questionário usado em uma entrevista pessoal já não pode mais ser usado para levantamento pelo correio e pelo telefone, já que esta situação, frente a frente, dificulta ao entrevistador cortar a entrevista.

Entrevista por Telefone: Entrevista que é mais rápida para levantamento de dados. O entrevistador pode chamar muitas pessoas e obter respostas imediatas para completar seu questionário.

Entrevista Preliminar: Entrevista mais executada na seleção de pessoas. O propósito de uma entrevista preliminar é avaliar de modo seguro os seguintes pontos: formação, qualificação, personalidade, experiência, atendimento dos pré-requisitos exigidos, atitude, comportamento, pretensão salarial e confronto de mérito.

Entrevistado: Pessoa que fornece informações a um entrevistador.

Entrevistador: Pessoa que colhe informações do entrevistado. O entrevistador vai lidar com todo tipo de entrevistado, tais como: enganador, simpático, cativante, de "grande experiência", com currículo brilhante, sedutor, exagerado, mentiroso, mascarado, carismático, aproveitador da ingenuidade do entrevistador, por exemplo. Assim, a empresa deve checar tudo, mesmo aquilo que possa parecer irrelevante. Uma contratação ruim pode causar sérios danos à equipe. Deixar-se levar pela primeira impressão de um candidato e acreditar em tudo aquilo que está escrito no papel é o maior pecado do entrevistador.

Entropia: Tendência que o sistema tem para o desgaste, desintegração, afrouxamento do padrão e um aumento da aleatoriedade. A entropia é um conceito bastante controvertido. Alguns dizem que a entropia é a segunda Lei da Termodinâmica e se refere à perda de energia em sistemas isolados, levando os mesmos à degradação e ao seu desaparecimento. Etimologicamente, entropia significa a volta a um estado ou forma preexistente.

Entropia Negativa: Entropia em que o sistema se organiza para sua sobrevivência.

Envolvimento: Qualidade de motivação para um trabalho de equipe. O envolvimento pode ser realizado por coação, recompensa ou valoração. Em todos estes casos o dirigente se apresenta como aquele que trabalha com o risco calculado de manter um subordinado necessariamente motivado para desempenhar determinada tarefa.

Enxugamento: Redução de níveis hierárquicos de uma organização para manter o essencial. O enxugamento, geralmente, é acompanhado de descentralização; Ver downsizing.

Equação: Expressão, ou fórmula, que representa as variáveis que dão solução a um problema; Hipótese de solução matemática para um problema.

Equação da Distribuição: Equação que otimiza as variáveis: tempo, lugar e propriedade do produto.

Equação de Vendas: Equação que possui variáveis dependentes, como: preço praticado, custo, concessão, contrato, qualidade do produto, entrega, serviço e variáveis independentes, como: política pública, economia mundial, tamanho do mercado, previsão de vendas, concorrência, renda do consumidor, alteração climática.

Equação do Lucro: Equação dada pela fórmula: L = R - G

Onde: L = Lucro; R = Receita; G = Gasto

Equação do Patrimônio Líquido: Equação dada pela fórmula: PL = B + D - O

Onde: PL = Patrimônio líquido; B = Bens (caixa + estoques + máquinas + imóveis); D = Direitos (duplicatas descontadas + contas a receber + aplicações); O = Obrigações (impostos + dívidas + salários a pagar + fornecedores a pagar); B + D = Ativo; PL + O = Passivo; Ativo = Passivo; B + D = Aplicações de recursos; O + PL = Fontes de recursos

Equação Patrimonial: Equação dada pela fórmula: A - P = C + (R - D)

Onde: A = Ativo Circulante; P = Passivo Circulante; C = Capital Próprio; R = Receitas; D = Despesas; R - D = Rédito; |R - D| = Valor absoluto do rédito; Valor Absoluto = Valor sempre considerado positivo; Ativo Circulante = Conjunto de bens, direitos e valores a receber; Passivo Circulante = Somatório de títulos a pagar, duplicatas a pagar, contas a pagar, fornecedores a pagar, comissões a pagar, despesas gerais a pagar, hipotecas, penhor mercantil, salários administrativos, impostos a pagar, participações de empresas e dividendos a pagar; Capital Próprio = Patrimônio Líquido (capital + reservas)

Equifinalidade: Característica do sistema para alcançar, por uma variedade de caminhos, o mesmo estado final, partindo de diferentes condições iniciais.

Equilíbrio: Estado de estabilidade do sistema. Um sistema está em equilíbrio quando todas as suas variáveis permanecem imutáveis, em determinado período de tempo.

Equilíbrio Dinâmico: Ver homeostase.

Equilíbrio do Mercado: Equilíbrio dado pela intersecção das curvas de demanda e de oferta, determinando o preço e a quantidade de equilíbrio de um bem ou serviço em um dado mercado. Tal equilíbrio atende produtores e consumidores.

Equipamento: Termo empregado, genericamente, para designar todo o maquinário, equipamento de movimentação, equipamento de estocagem, equipamento de inspeção e outros.

Equipamento de Preparação: Equipamento que ajuda na produção de um bem ou serviço.

Equipamento Especial: Equipamento projetado para trabalhos muito específicos.

Equipamento Universal: Equipamento projetado para atender a fabricação de uma variedade muito grande de peças (produtos).

Equipe: Combinação de diferentes indivíduos com habilidades complementares, trabalhando ao longo de rotas independentes e colaborativas para objetivos comuns. As equipes não podem ser formadas da noite para o dia, pois é necessário um longo período antes que possam funcionar.

Equipe de Alto Desempenho: Equipe caracterizada pela busca rápida de inovações para atender novos ambientes de negócios.

Equipe de Negociação: Equipe que reúne pessoas habilitadas a obter resultados expressivos numa negociação.

Equipe de Vendas: Conjunto de vendedores de uma empresa.

Equipe Mercadológica: Equipe cuja função precípua é vender, mas que também participa do planejamento e desenvolvimento do produto, bem como na determinação do preço de venda.

Equivalência de Taxas: Relação das taxas de juros para um determinado período de tempo.

Equivalência de Caixa: Investimento de curto prazo que pode ser transformado em dinheiro, imediatamente.

Era da Descontinuidade: Época em que os processos não são contínuos e constantes, pois mudam a todo instante.

Era da Informação: Época em que o recurso mais importante deixou de ser o capital financeiro para ser o capital intelectual, baseado no conhecimento.

Era da Internet: Época em que as informações são trocadas no espaço virtual e em rede.

Era Digital: Época em que os dados são armazenados em uma linguagem binária (bytes e bits).

Era do Consumidor: Época em que o conhecimento do consumidor é de fundamental importância, pois o mercado é, cada vez mais, competitivo e exigente.

Ergonomia: Ciência da engenharia humana.

Erro: Resultado diferente do esperado (planejado).

Erro de Amostragem: Extensão provável da diferença entre o valor da amostra e o de interesse da população.

Escalonamento: Fator a ser considerado em um projeto, com relação aos participantes, a fim de se saber quanto e quando este será empregado.

Escaneador: Dispositivo ótico que lê códigos.

Escassez: Falta de bens e serviços essenciais, tendo como consequência a elevação de preços.

Escassez de Estoque: Falta produto para atender a demanda de consumidores.

Escola: Corrente de pensamento de cientistas que, independentemente do tempo, compartilha um conjunto de teorias a respeito de determinado conhecimento (área de saber). Na sociedade do conhecimento, a escola passa a ser, acima de tudo, responsável por desempenhos e resultados.

Escola Clássica da Administração: Abordagem da administração que foi a primeira tentativa com êxito de análise das organizações com a utilização de métodos e fundamentos científicos. Seu surgimento aconteceu por volta do início do Século XX, tendo como principais objetivos a eficiência, a produtividade, a redução de desperdícios, o controle das tarefas, a ordem social nas fábricas e a otimização do lucro. Esta escola reinou absoluta durante quase trinta anos.

Escola Comportamental da Administração: Abordagem feita por psicólogos e sociólogos que deram valor às relações entre indivíduos e seus efeitos no comportamento grupal. Estudaram a organização como um sistema de controle baseado no reconhecimento das motivações dos indivíduos. Estudaram a administração sob os seguintes enfoques: organização constitui o resultado de uma série de transigências, organização é uma força viva, móvel e fluida, organização são pessoas que reagem a estímulos.

Escola Contingencial da Administração: Abordagem que foi à procura de um enfoque organizacional que pudesse ir além da teoria da organização, ainda muitíssimo utilizada pelos administradores e estudiosos, de modo geral, e que, na realidade, é uma mistura da Teoria Clássica com a Teoria Behaviorista. Estudos realizados no final do Século XX, levaram a uma nova perspectiva teórica sobre o funcionamento da organização, porque dependem da interface com o ambiente. Então, diferentes ambientes requerem diferentes desenhos de organização.

Escola da Qualidade da Administração: Abordagem organizacional ampla para a melhoria contínua da qualidade de todos os seus processos, bens, ideias e serviços. Não se trata mais de uma questão de produzir para satisfazer às expectativas dos clientes, mas também de inspirar as pessoas que os produzem, para que façam da melhor maneira possível.

Escola das Relações Humanas da Administração: Abordagem da administração que se fundamenta na relação dos empregados com a organização, como também afirmava que o objetivo da ação administrativa é conseguir a integração das pessoas e a coordenação de suas atividades.

Escola Econômica da Administração: Abordagem cujos conceitos básicos são controle e remuneração. A contribuição dos economistas para o pensamento da administração não foi certamente muito técnica, específica e duradoura, tendo em vista o que viria a ser descoberto durante o Século XIX. Mas eles, certamente, contribuíram para valorizar a Administração, seja porque a mencionaram dando-lhe o *status* de um novo campo de conhecimento ou por estimularem os pensadores e autores que vieram depois.

Escola Estruturalista da Administração: Abordagem que permitiu a aceitação do conflito entre a autoridade hierárquica e a autoridade do conhecimento, dando à organização um caráter pluralista, o que permitiria a interdependência das funções e construiria uma verdadeira cooperação entre as partes da organização.

Escola Ideológica da Administração: Abordagem que propôs substituir o individual pelo coletivo, o dinheiro pelo trabalho, a livre iniciativa pelo planejamento governamental, os direitos naturais pelas responsabilidades.

Escola Neoclássica da Administração: Abordagem que fundamenta sua análise organizacional nas seguintes premissas: administração é um processo operacional, a experiência aumenta a visão administrativa, o campo de atuação do administrador é, cada vez mais, abrangente, holístico e sistêmico.

Escola Pragmática da Administração: Abordagem que considera o administrador como o elemento que tem de saber e entender o que as metas da empresa esperam dele em termos de desempenho, e o seu superior deve saber que contribuição pode exigir e esperar dele, devendo julgá-lo de conformidade com a mesma. Para isso, a empresa deve estabelecer um conjunto de objetivos claramente definidos, específicos, concretos e mensuráveis, originados nos objetivos centrais do negócio, dando ênfase ao resultado.

Escola Satírica da Administração: Abordagem que mostra o administrador tendo um comportamento voltado a proteger a aparência de nossa personalidade, para manter nossa posição na empresa.

Escola Sistêmica da Administração: Abordagem que surgiu no início da década de 1950, com o desenvolvimento de uma teoria interdisciplinar denominada Teoria Geral dos Sistemas, proposta pelo biólogo alemão Ludwing Von Bertalanffy. Tal proposta é uma nova visão da realidade que transcende os problemas tecnológicos, exigindo uma reorientação das ciências, indo das físicas até as sociais. Esta abordagem propõe uma radical inversão nos princípios básicos até então aceitos. O reducionismo transformou-se em expansionismo, o pensamento analítico cedeu lugar ao pensamento sintético e o mecanicismo foi substituído pela teleologia (a causa é uma condição necessária, mas nem sempre suficiente para que surja o efeito).

Escola Sociológica da Administração: Abordagem baseada na necessidade de haver um modelo organizacional racional capaz de envolver todas as variáveis que dariam solução aos problemas da época. Também o crescimento da complexidade exigia maior certeza nas decisões e modelos mais bem definidos. Então, alguns cientistas foram buscar na obra de Max Weber (1909), economista e sociólogo, a inspiração para a criação da Teoria da Burocracia, cujo modelo foi encarado como uma forma de conter o ser humano, no seu comportamento instável.

Escopo: Ambiente caracterizado por determinados aspectos (visões, considerações, objetivos).

Escopo da Administração: Escopo de aspecto econômico.

Escore: Posição relativa de um valor de uma série numérica, em relação à média aritmética da série.

Escrever: Método de comunicação por meio de símbolos.

Escrita: Uma das formas de linguagem silenciosa que denota conhecimento e personalidade. O estudo da escrita desenvolveu a ciência da Grafologia, onde o traço (fino ou grosso), a inclinação, a forma da letra é capaz de indicar se alguém tem características de líder, por exemplo.

Escrituração Contábil: Escrituração que trata do cálculo, do registro e da análise das operações praticadas na Administração Econômica; Contabilidade.

Esfera de Comunicação: Amplitude que um chefe pode ter para se comunicar de maneira efetiva e adequada com seus subordinados. A esfera de comunicação é influenciada por vários fatores, a saber: tecnologia utilizada, interdependência dos subordinados, similaridade de funções supervisionadas, qualificação dos subordinados, utilização de assistentes, supervisão de um nível superior, estabilidade do ambiente.

Esfera de Controle: Relação que se estabelece entre superior e subordinado, sendo inversamente proporcional ao número de níveis hierárquicos da organização. Assim, para um grande número de níveis hierárquicos, menor será a esfera de controle, e vice-versa.

Esforço: Trabalho para alcançar uma meta.

Esgotamento: Diminuição do valor de um bem devido à diminuição da quantidade disponível. É similar à depreciação, exceto no que se refere aos recursos naturais.

Espaço Virtual: Espaço onde é possível se fazer negócios, sem contato físico, por meio de uma rede, como na Internet.

Especialista: Pessoa que conhece, em detalhes, informações sobre uma determinada área de conhecimento.

Especialização: Conhecimento dos diversos e diferentes aspectos que determinado trabalho exige para ser executado. Mas, a especialização absorve a inteligência e a capacidade das pessoas, levando-as a graves distorções pela impossibilidade de perceber os efeitos colaterais de uma ação setorial.

Especialização Horizontal: Divisão do trabalho organizacional em departamentos.

Especialização Vertical: Divisão do trabalho organizacional em níveis hierárquicos.

Especificação: Ação que consiste em fazer uma descrição detalhada das características e propriedades de produtos e projetos. A especificação está sempre atrelada a uma política de qualidade.

Especificação de Acabamento: Especificação que pormenoriza padrões a serem feitos na fase de acabamento de um produto.

Especificação de Cargo: Conjunto de atributos necessários para que uma pessoa assuma determinado cargo.

Especificação de Desempenho: Conjunto de padrões que devem ser atingidos em testes de laboratório e de campo.

Especificação de Material: Descrição escrita dos padrões de qualidade para um tipo de material.

Especificação de Planejamento: Especificação que dá detalhes importantes para o desenvolvimento e implementação de um plano.

Especificação de Qualidade: Especificação que descreve o processo de fabricação de um produto, em termos de utilidade, desempenho e atributo.

Especificação do Produto: Conjunto de informações que dá condições para que um produto seja bem fabricado.

Especificação do Projeto: Especificação que reúne todos os elementos que configuram o projeto.

Especificação Funcional: Especificação que modela a situação desejada, propondo soluções precisas, claras, concisas e documentadas, para sanar as deficiências do sistema (produto) existente e/ou melhorar sua qualidade.

Especificação Lógica: Especificação que reflete, de forma mais exata possível, aquilo que realmente se quer da implementação de um projeto.

Especificação Técnica: Especificação que define tarefas e tolerâncias que devem conduzir os programas de qualidade. As especificações podem incluir: materiais (componentes, insumos); processos de fabricação (otimização de recursos); ensaios e critérios para rejeição (nível de qualidade técnica); usos do produto (métodos e limites). As especificações técnicas são redundantes, difíceis de modificação e totalmente físicas.

Especulação: Investimento que apresenta alta probabilidade de insucesso, mas promete elevados lucros se bem sucedidos. A especulação, às vezes, parece ser um mal necessário, haja vista o acerto de alguns especuladores que ganham rios de dinheiro.

Espírito Criador: Capacidade de criar um produto, função de uma oportunidade.

Espírito Empreendedor: Conjunto de atributos, tais como: iniciativa, criatividade, tolerância a riscos, perseverança, disciplina, flexibilidade, poder de comunicação, persuasão, ousadia, humildade, capacidade de sonhar, paixão.

Espírito Empresarial: Qualidade daquele que tem condições de criar, inovar, inventar, desenvolver e mudar uma empresa.

Espontaneidade: Estado de disponibilidade e flexibilidade que permite a uma pessoa adequar-se rapidamente a estímulos, produzindo respostas corretas e rápidas.

Esquema: Gráfico que permite o melhor agrupamento de dados, com um mínimo de componentes, independente do equipamento disponível e da linguagem empregada.

Essencial: Aquilo que é relevante saber (ter, ser).

Estabelecimento de Objetivos: Procedimento, baseado em princípios e premissas para determinar quais objetivos devem ser perseguidos, para o êxito da empresa/empreendimento.

Estabelecimento de Padrões: Primeira fase de implantação de um sistema de padronização.

Estabilidade: Condição caracterizada pela ausência de alterações bruscas.

Estabilidade do Modelo: Período em que um modelo não exige tanto trabalho de manutenção para ser eficiente.

Estado do Sistema: Conjunto de propriedades relevantes que o sistema apresenta num determinado tempo.

Estagflação: Situação que ocorre quando se tem, paralelamente, taxas elevadas de inflação e recessão econômica.

Estágio de Crescimento: Estágio no ciclo de vida de um produto em que as vendas aumentam a uma taxa cada vez maior.

Estágio de Declínio: Estágio no ciclo de vida de um produto em que este perde aceitação do mercado e as vendas começam a cair.

Estágio de Introdução: Estágio que dá início ao ciclo de vida de um produto.

Estágio de Maturidade: Estágio no ciclo de vida de um produto em que as vendas começam a aumentar.

Estatística: Ramo da matemática que lida com dados numéricos relativos a fenômenos sociais e naturais, com objetivo de medir ou estimar a extensão desses efeitos e relações. A estatística é uma ciência que está interessada na coleta, organização, resumo, apresentação e análise de dados.

Estatuto: Documento que expressa, formalmente, os princípios que regem o desenvolvimento de um estado, sociedade, associação, organização ou clube, por exemplo. Um estatuto é dividido em capítulos, artigos e parágrafos que se referem a: denominação, sede, finalidade, sócios (participantes), objetivos, estrutura organizacional, reuniões, diretoria, conselhos, patrimônio, duração, capital social, participações, cotistas, inversões, lucros, atribuições, deveres, dissolução, liquidação, número de associados, conselho fiscal, conselho administrativo (deliberativo), fundos, reservas, balanço patrimonial, disposições gerais, disposições transitórias. O maior problema do estatuto é não ser suficientemente completo para resolver dúvidas futuras.

Estatuto da Micro e Pequena Empresa: Estatuto, criado pela Lei 9841/99, que dá tratamento diferenciado em vários órgãos governamentais, inclusive quanto à redução ou isenção das taxas de registros, licenças e tributações.

Estatuto da Terra: Estatuto que trata basicamente do uso da posse da terra e do arrendamento rural.

Estatuto de uma Associação de Funcionários: Estatuto cujos objetivos são: cultivar a solidariedade entre seus associados e familiares e desenvolver projetos assistenciais que contribuam para o bem-estar da coletividade; promover atividades que possam contribuir para o aprimoramento intelectual dos associados e seus familiares; realizar convênios operacionais com outras entidades, órgãos e empresas públicas e privadas, nacionais ou estrangeiras, que possam contribuir para efetivação dos objetivos estatutários; editar publicações (jornais, revistas e boletins informativos) de interesse dos associados e do público em geral; criar onde couberem sedes sociais, recreativas (náuticas e campestres), clubes, colônia de férias e pousadas.

Estereograma: Representação geométrica do espaço tridimensional. Os volumes dos sólidos devem ser proporcionais aos valores da série que se procura representar. O sólido mais empregado é o prisma reto de base quadrada, colocado em perspectiva.

Estética: Qualidade com a aparência de tudo que cerca um produto.

Estilo: Comportamento de uma pessoa nas suas atribuições profissionais na organização ou função em que trabalha. Assim, o engenheiro é mais preciso e formal do que um homem com formação no setor de vendas. O vendedor será agressivo e, por natureza, será também sensível às sugestões dos outros, pois aqueles que sabem persuadir podem ser persuadidos. O estilo deve caracterizar e explicar sem a intenção de convencer, aparecer ou impor.

Estilo de Direção: Estilo de um dirigente, no exercício da função administrativa direção, que é ditada por sua formação e personalidade.

Estilo de Planejamento: Estilo que pode ser: Planejamento de cima para baixo, assim chamado, porque a alta administração determina os objetivos e planos para todos os níveis inferiores da empresa; Planejamento de baixo para cima, assim chamado porque os vários departamentos da empresa preparam seus próprios objetivos e planos, baseados no que melhor pensam e podem fazer; Planejamento dos objetivos para baixo e planos para cima, sendo o mais utilizado pelas empresas.

Estilo de Redação: Estilo escolhido pelo autor, redator, editor para mostrar como pode causar impacto no leitor. O estilo de redação está em função do público-alvo.

Estilo de Venda: Estilo que cada vendedor utiliza, quando do exercício de sua função. Vale acrescentar que cada negociação impõe um estilo próprio.

Estilo Empreendedor: Estilo de assumir novos riscos.

Estimativa: Quantificação de uma demanda (necessidade, custo, venda, oferta, receita).

Estimativa das Necessidades: Estimativa dos recursos necessários para implementar um projeto.

Estimativa de Custo: Orçamento preliminar junto aos fornecedores de recursos, para dimensionar o valor necessário para iniciar um projeto.

Estimativa de Venda: Primeiro passo para saber o tamanho do mercado e qual fatia é possível alcançar.

Estímulo: Influência que leva alguém a praticar algo ou modificar seu comportamento. O estímulo, sendo percebido, deve ser interpretado pelo organismo que deve produzir uma resposta, segundo tenha sido entendido e interpretado.

Estocagem: Compra e armazenamento de matérias-primas que serão utilizadas em curtíssimo prazo.

Estoque: Somatório de matérias-primas, insumos, produtos acabados e semiacabados. O valor do estoque é um valioso item (conta) do ativo circulante, porque mostra o giro de cada produto (material) e quanto o produto participa no valor total do estoque.

Estoque Consignado: Estoque composto de produtos vinculados a um contrato de consignação (devolução se não vender).

Estoque Contábil: Custo de mercadoria vendida.

Estoque de Produção: Estoque composto de materiais diretos que dão suporte a um lote de produção.

Estoque de Produtos Acabados: Estoque de produtos totalmente prontos, mas ainda não vendidos.

Estoque de Produtos Semiacabados: Estoque de produtos em processo de fabricação, mas não totalmente acabados.

Estoque de Segurança: Estoque mínimo estimado que garanta a demanda da clientela.

Estoque de Serviço: Estoque próximo de zero, sendo refeito quando necessário.

Estoque de Varejo: Estoque que inclui todo o sortimento de produtos que a empresa possui e que são colocados à venda.

Estoque Físico: Todos os bens tangíveis de uma empresa que não são ativos fixos.

Estoque Máximo: Quantidade máxima de uma mercadoria e/ou material que a empresa deve estocar para operacionalizar suas atividades durante determinado período. Uma fórmula prática é ter o estoque máximo igual ao dobro do estoque mínimo.

Estoque Médio: Estoque determinado por uma média entre os saldos no início e no final do exercício.

Estoque Mínimo: Quantidade mínima de uma mercadoria que a empresa deve manter em estoque para atender às suas necessidades por determinado período, até reposição ao nível normal de operação. O estoque mínimo de um bem é dado pela fórmula:

Estoque Mínimo = (Quantidade vendida / Consumo Médio Diário) x Prazo de Cobertura

Onde: Prazo de Cobertura = Tempo para fazer o pedido + Prazo de entrega + Prazo de conferência e codificação + Margem de segurança; Margem de Segurança = 20% do prazo de entrega

Estoque Residual: Estoque representado pelo saldo de produção e venda, em um determinado período.

Estratégia: Caminho (meio) para uma organização, ou alguém, alcançar, preferencial e diferentemente, os objetivos e desafios em um ambiente mutável, cambiante, complexo e altamente competitivo. A expressão estratégia do grego "strategos" (general) é de origem militar e significa a arte de conceber e organizar um plano de operações de guerra, estando ou não no teatro de operações.

Estratégia Administrativa: Estratégia voltada à otimização das funções administrativas, pela aplicação de todos os recursos disponíveis.

Estratégia Alternativa: Estratégia que atua no produto (considerado estável) e no mercado (considerado mutável). Esta estratégia analisa como as influências no produto modificam o mercado, e vice-versa.

Estratégia Analítica: Estratégia que divide a empresa em níveis organizacionais, de forma como bem operá-la. Tais níveis são: Nível Institucional (nível que trata do problema da organização diante dos ambientais e/ou mercados); Nível Intermediário (nível que trata do problema gerencial para estruturas, processos, recursos, tempos e movimentos); Nível Operacional (nível que trata da adequação tecnológica dos recursos para maior eficiência e produtividade).

Estratégia com Foco no Mercado: Estratégia focada nas oportunidades de mercado ou nos segmentos deste. Esta estratégia concentra seus esforços em uma parte do mercado, sendo, em geral, sob o aspecto da especialização.

Estratégia Competitiva: Estratégia em que a empresa procura lançar novos produtos e aumentar a participação no mercado. É a estratégia em que a empresa concorre com outras empresas; Estratégia voltada para o desenvolvimento e crescimento da empresa. Nesta estratégia os ambientes são parcialmente controlados

Estratégia Cooperativa: Estratégia voltada para a sobrevivência, ajuste, cooptação, coalizão e manutenção da empresa.

Estratégia Corporativa: Estratégia que abrange todas as áreas de negócios de uma organização diversificada; Estratégia da empresa.

Estratégia da Força de Vendas: Estratégia utilizada pelos vendedores para acessar os compradores em potencial.

Estratégia da Informação: Estratégia que considera a informação como um ativo da empresa. Isso é demonstrado pela onda de fusões e aquisições. Como as empresas, com grandes bancos de dados, são constantemente ameaçadas pela concorrência, elas precisam montar estratégias de segurança em tecnologia da informação. Hoje, esta tecnologia cria muitas oportunidades de negócios. Porém, a relação entre a estratégia da informação e a estratégia empresarial tem vertentes diferentes.

Estratégia da Inovação: Estratégia voltada a introduzir uma descoberta ou invenção, julgada positiva, benéfica e prática.

Estratégia da Marca: Estratégia voltada para preservar a marca por muito tempo.

Estratégia da Qualidade: Estratégia que está envolvida em como desenvolver e treinar recursos humanos, visando melhorar a qualidade das pessoas. A estratégia da qualidade deverá ser percebida pelos consumidores e refletida em todas as atividades da empresa.

Estratégia da Taxa de Juros: Estratégia da alocação de saldos de caixa em títulos (certificados de depósito bancário, tesouro direto, letras do tesouro, fundos de aplicação), de modo a capitalizar, em função das previsões dadas pelo mercado de capitais.

Estratégia de Agregação: Estratégia de produzir um único produto e oferecê-lo aos consumidores com um único plano de divulgação.

Estratégia de Ataque: Estratégia idealizada para desenvolver negócios com novos consumidores e novos mercados. Estratégia de ataque é adotada por empresas que, constantemente, buscam novas oportunidades de mercado e experimentam novos recursos, trabalhando com mudanças, incertezas e inovações, o que faz com que não haja qualidade suficiente para conseguir o máximo de rendimento em seus processos produtivos. As estratégias de ataque podem ser: Frontal (estratégia de quem tem poder, porque compara seus produtos com a concorrência abertamente); Flanco (estratégia de atacar o lado fraco da concorrência); Cerco (estratégia de lançar uma grande ofensiva contra o inimigo em diversas frentes, forçando-o proteger a frente, os lados e a retaguarda ao mesmo tempo); Contorno (estratégia de dar ao inimigo um ponto de ataque falso (simulação) e atacar alvos mais fáceis, pela diversificação de produtos que não se relacionam); Guerrilha (estratégia para: provocar a concorrência com cortes seletivos de preços, tentar interromper suas linhas de suprimento, roubar seus principais empregados e criar surtos rápidos e fortes de promoção).

Estratégia de Atendimento: Estratégia de melhorar o atendimento ao consumidor, para fazê-lo cativo.

Estratégia de Atomização do Mercado: Estratégia que visa tratar o consumidor como se este fosse único. Suas ferramentas são a publicidade e a propaganda.

Estratégia de Atração: Estratégia voltada a criar demanda, por meio de propaganda e promoção.

Estratégia de Captação de Fundos: Estratégia para cobrir necessidades de recursos financeiros de curto prazo (sazonalidade) e de longo prazo (investimentos permanentes).

Estratégia de Coalizão: Estratégia que combina duas ou mais empresas com finalidades comuns. É uma forma extrema de condicionamento dos objetivos das empresas.

Estratégia de Competição: Estratégia em que a empresa procura lançar novos produtos e aumentar a participação no mercado. É a estratégia em que a empresa concorre com outras empresas.

Estratégia de Comunicação do Produto: Estratégia voltada a desenvolver e aplicar os recursos eficazes de comunicar o produto por meio de: publicidade, promoção, propaganda, merchandising e outros meios de divulgação.

Estratégia de Concentração: Estratégia que dirige todos os esforços para um determinado segmento de mercado, abandonando todos os demais.

Estratégia de Cooptação: Estratégia de conquista e absorção de grupos concorrentes ameaçadores, ou a contratação de líderes desses grupos, para participarem do processo decisório a fim de inibirem a ação contrária aos interesses da empresa.

Estratégia de Crescimento: Estratégia em que a empresa procura lançar novos produtos e aumentar a participação no mercado. Os principais crescimentos são classificados em: Crescimento Intensivo (oportunidade de melhorar o desempenho dos negócios praticados na atualidade); Crescimento Integrado (as vendas e os lucros de um negócio podem crescer através da integração dentro de seu setor industrial); Crescimento Diversificado (boas oportunidades fora dos negócios atuais).

Estratégia de Declínio: Estratégia apropriada para aproveitar ao máximo a redução gradual de vendas, mantendo-se um nível razoável de custos. Os primeiros custos a cortar são os de investimento em ativos e os de pesquisa e desenvolvimento de novos produtos. A empresa pode também reduzir a qualidade do produto, tamanho da força de vendas, serviços marginais e gastos com propaganda. É uma estratégia ambivalente e de difícil execução.

Estratégia de Desenvolvimento: Estratégia que combina recursos mercadológicos e recursos tecnológicos para diversificar investimentos e produtos; Estratégia voltada a aumentar o número de consumidores e maior participação no mercado.

Estratégia de Desenvolvimento de Mercado: Estratégia voltada para a distribuição de produtos em mercados que a empresa não atua. Um exemplo é a exportação ou a distribuição em novas áreas geográficas.

Estratégia de Diferenciação do Produto: Estratégia que visa desenvolver um conjunto de diferenças significativas e valorizadas pelo cliente para distinguir seus produtos dos demais concorrentes; Estratégia que visa exercer influência direta sobre a demanda para que esta se incline a favor dos bens oferecidos pela empresa em detrimento dos produtos concorrentes.

Estratégia de Distribuição: Estratégia voltada a descobrir qual o melhor canal de distribuição para determinado produto.

Estratégia da Diversificação de Produtos: Estratégia voltada ao lançamento de novos produtos em mercados em que a empresa atua, ou não. A estratégia de diversificação é aplicada quando os negócios existentes estão em fase de maturação ou declínio e não dão o retorno adequado aos investimentos aplicados. Neste caso, a empresa realiza investimentos em outros negócios, cujo potencial de crescimento seja favorável.

Estratégia de Empurrar: Estratégia voltada a induzir os distribuidores a fazer promoções para vender os produtos.

Estratégia de Extensão da Marca: Estratégia para utilizar a marca nominal bem-sucedida, a fim de processar modificações no produto ou acrescentar produtos adicionais. A extensão de marca também cobre a introdução de novos tamanhos de pacotes, sabores, modelos e assim por diante.

Estratégia de Financiamento: Estratégia em que a empresa financia suas necessidades sazonais e, possivelmente, uma parcela das necessidades permanentes com fundos de curto prazo, sendo o valor restante financiado com fundos de longo prazo. É a estratégia do orçamento financeiro, que projeta e limita os recursos a serem utilizados.

Estratégia de Foco: Estratégia que seleciona e enfatiza um mercado, um produto, um grupo de consumidores, uma linha de produtos, em que a empresa atua. Esta estratégia repousa na premissa de que a empresa é capaz de atender seu alvo estratégico, mais efetivamente do que os concorrentes.

Estratégia de Gestão: Estratégia de melhorar a aplicabilidade dos recursos existentes na organização.

Estratégia Imitadora: Estratégia que a empresa economiza na pesquisa e desenvolvimento de um produto, preferindo correr o risco de imitar.

Estratégia de Impulsão: Estratégia que dá incentivos aos canais de distribuição, para que promova os produtos.

Estratégia de Ingresso: Estratégia para adentrar mercados amadurecidos. Nesta estratégia é preciso conhecer fornecedores fortes, concorrentes poderosos, associações patronais fechadas, distribuidores dominadores e grandes varejos. A aquisição de uma empresa é a forma mais fácil e rápida de ingressar em um novo mercado.

Estratégia de Lançamento de Novo Produto: Estratégia para avaliar o melhor local e data de lançamento de um novo produto.

Estratégia de Liderança: Estratégia que leva a empresa a liderar as demais por sua participação no mercado. Na realidade é uma estratégia que resulta de muitas outras, que tornaram a empresa líder, em termos de mudança de preços, lançamentos de novos produtos, coberturas de distribuição e intensidade promocional.

Estratégia de Manutenção: Estratégia que procura manter um estado de equilíbrio ameaçado. Em geral, a empresa procura dominar um segmento de mercado, concentrando esforços e recursos para manter vantagens competitivas.

Estratégia de Marca: Estratégia voltada a manter a marca com uma boa imagem (posição) na cabeça dos consumidores. A posição na cabeça do consumidor é um retrato da qualidade da marca. As principais estratégias de marcas são: Marcas Múltiplas; Preservação da Marca; Rejuvenescimento da Marca; Reposição da Marca; Divulgação da Marca; Extensão da Marca; Parceria de Marca.

Estratégia de Marketing: Estratégia voltada para criar e manter consumidores satisfeitos.

Estratégia de Melhoria do Produto: Estratégia que é comprometida a acrescentar novas características (tamanhos, pesos, materiais, aditivos, acessórios) que expandem a versatilidade, segurança ou conveniência do produto.

Uma estratégia de melhoria traz novas características que constroem uma imagem de empresa inovadora, conquistando, com isso, a lealdade de determinados públicos.

Estratégia de Mudança: Estratégia para contornar e eliminar todas as reações contrárias à mudança, bem como os conflitos daí decorrentes.

Estratégia de Negociação: Estratégia voltada a uma ampla abordagem, que tenha boa chance de atingir os objetivos do negociador. Os negociadores fazem uso de uma série de estratégias para atingir seus objetivos. Saber usar e lidar com essas estratégias é essencial para o sucesso na mesa de negociação.

Estratégia de Nicho: Estratégia que concentra recursos suficientes e necessários para conquistar e desenvolver um pequeno nicho de mercado.

Estratégia de Parceria: Estratégia que visa utilizar recursos de empresas chamadas de terceiro tipo, para enxugar custos e aumentar a produtividade. A preocupação desta estratégia é com a qualidade.

Estratégia de Participação de Mercado: Estratégia, na qual a empresa procura apossar-se de uma parte maior do mercado, a fim de desencorajar os seus concorrentes, quanto às suas intenções de se expandirem, como também barrar suas entradas. Tal estratégia requer não somente investimentos em instalações, mas também para suportar resultados financeiros marginais e até negativos. Além do mais, se não conseguir desencorajar a concorrência, isto pode conduzir a uma guerra comercial desastrosa, uma vez que ocorre excesso de capacidade instalada.

Estratégia de Penetração: Estratégia que se refere aos investimentos que a empresa realiza em produtos existentes no mercado em que já atua, mas que são novos para ela.

Estratégia de Pessoal: Estratégia voltada ao desenvolvimento humano nas organizações. Este desenvolvimento será feito por meio da educação, treinamento, aprendizado, avaliação de desempenho, feedback, responsabilidade, ética, comprometimento, motivação e expectativa, por exemplo.

Estratégia de Portfólio: Estratégia voltada a otimizar o portfólio da empresa. Os modelos de portfólio apresentam inúmeros benefícios, porque ajudam a pensar estrategicamente, a melhorar a qualidade da documentação, a melhorar os sistemas de informação e comunicação, a melhorar a gestão dos recursos, a identificar problemas, por exemplo. Contudo, é preciso realizar uma análise adicional dos produtos integrantes do portfólio, antes que se possa estabelecer de maneira sensata o uso dessa ferramenta de vendas. O portfólio terá de ser congruente com os objetivos de marketing. Seu uso não dá a empresa nenhuma invulnerabilidade no seu segmento de atuação.

Estratégia de Posicionamento: Estratégia voltada a incutir na mente do consumidor que o produto e a empresa são os melhores do mercado.

Estratégia de Preço: Estratégia voltada a comparar os preços dos produtos de uma empresa com os concorrentes. Para tal, três condições devem ser atendidas. Primeiro, a desafiante deve convencer os compradores de que seu produto é comparável ao da empresa líder de mercado. Segundo, os compradores devem ser sensíveis à diferença de preço e não achar constrangedora a ideia de abandonar seus antigos fornecedores. Terceiro, a líder de mercado deve recusar baixar o preço, não obstante o ataque da desafiante.

Estratégia de Produção: Estratégia voltada à melhoria contínua dos processos, atividades, procedimentos, operações e movimentos de fabricação.

Estratégia de Produto: Estratégia voltada para posicionar e manter na cabeça dos consumidores a boa imagem do produto, além de ressaltar os valores agregados na sua aquisição.

Estratégia de Propaganda: Estratégia que a empresa utiliza para alavancar suas vendas.

Estratégia de Publicidade: Estratégia de buscar todos os recursos possíveis para tornar público um produto, uma marca, uma empresa.

Estratégia de Público-Alvo: Estratégia voltada a satisfazer os consumidores que se quer atender.

Estratégia de Puxar: Estratégia que, por meio de um produto de alta imagem e marca, consegue envolver novos consumidores.

Estratégia de Redução de Custo: Estratégia voltada a fornecer o maior valor possível aos consumidores a um custo mais baixo do que da concorrência, adotando procedimentos de compras mais eficientes, reduzindo os custos de mão de obra e empregando equipamentos de produção mais modernos. Esta estratégia tem sido crítica para a invasão de produtos importados com preços de arrebentar a concorrência.

Estratégia de Rejuvenescimento da Marca: Estratégia que busca conter o processo de envelhecimento da marca.

Estratégia de Reposição da Marca: Estratégia em que a marca é renomeada, em função da concorrência.

Estratégia de Retirada do Produto: Estratégia utilizada quando não há crescimento sustentável para um produto no mercado. É ainda utilizada quando o empreendedor viabiliza dificuldade em retirar o capital investido e precisa vender, no momento certo, para minimizar o prejuízo.

Estratégia de Segmentação: Estratégia que dirige esforços a grupos de consumidores selecionados, para bem atendê-los. Nesta estratégia devemos investir nos segmentos mais rentáveis e de baixo risco ou relativamente baixo.

Estratégia de Serviço: Estratégia para a prestação de serviço que atende principalmente as diferenças competitivas, tendo em vista que os serviços, em geral, são muito iguais. Algumas empresas podem chegar a uma estratégia clara e convincente de serviço com rapidez e facilidade, a partir de perspectivas viáveis de consecução.

Estratégia de Sobrevivência: Estratégia aplicada quando a empresa está em dissonância com o ambiente. Nesta estratégia é comum a redução de custos, alienação de ativos, liquidação de produtos a preços mais baixos que o mercado.

Estratégia de Sortimento: Estratégia onde se oferta uma grande variedade de produtos.

Estratégia de Tecnologia: Estratégia voltada a desenvolver, usar e licenciar tecnologia de maneira efetiva. No âmago de uma estratégia de tecnologia está o tipo de vantagem competitiva que uma empresa está tentando alcançar, se comparada às probabilidades de sucesso. O desenvolvimento desta tecnologia estará sempre ligado à ponte entre a transformação tecnológica e o benefício obtido. A preocupação da estratégia tecnológica deve estar centrada em como otimizar o uso da tecnologia, a fim de que a empresa, num determinado momento, se torne bem-sucedida.

Estratégia de Varejo: Estratégia voltada a criar modelos de varejo que atendam os consumidores de forma otimizada.

Estratégia de Vendas: Estratégia voltada a ajudar à Força de Vendas com recursos apropriados e ferramentas administrativas.

Estratégia Defensiva: Estratégia em que a empresa tem domínio definido em produtos e mercados e procura tornar-se cada vez mais eficiente para não perder tal domínio; Estratégia idealizada para evitar a perda de mercados e de consumidores.

Estratégia do Composto do Produto: Estratégia que busca a composição ótima do produto, por meio de possíveis combinações, para o lucro máximo e nível de qualidade aceitável pelo mercado. Deve-se rever, periodicamente, se os itens de produtos e linhas específicas no composto apresentam um bom equilíbrio em termos de crescimento de vendas futuras, estabilidade de vendas e lucratividade.

Estratégia Empresarial: Estratégia, desenvolvida no nível institucional, que a empresa usa para lidar com oportunidades e ameaças. Na estratégia empresarial a organização afirma a sua razão de ser (missão) e os valores que norteiam seu comportamento (filosofia). Esta estratégia é elaborada segundo um alto grau de incerteza, num ambiente de mudanças extremamente velozes.

Estratégia Financeira: Estratégia que envolve o entendimento da mistura que existe entre dívida, participação acionária e ganhos retidos. Esta estratégia especificará as regras e os meios pelos quais a empresa procurará financiar seu crescimento e sua expansão.

Estratégia Funcional: Estratégia voltada para redirecionar uma função organizacional da empresa (Marketing, Produção, Pessoal, Finanças...).

Estratégia Global: Estratégia voltada para solucionar problemas de caráter multinacional, por exemplo, a adaptação aos mercados de outros países. As estratégias globais não são uniformes, mesmo supondo que o mundo seja um mercado único, homogêneo e sem fronteiras, embora o mundo continue a ser um conjunto de economias independentes com características próprias. Para qualificar uma empresa como aquela que busca uma estratégia global é necessário que essa empresa demonstre possuir duas aptidões: capacidade de competir em qualquer mercado e capacidade de aplicar recursos de forma otimizada, estando onde estiver.

Estratégia Mista: Estratégia de padronização de certos aspectos do mercado industrial para que haja uma linguagem comum entre as organizações.

Estratégia Multinacional: Estratégia que trata o mundo como um portfólio de oportunidades nacionais.

Estratégia Organizacional: Estratégia voltada a dar suporte à organização, no trato com o ambiente do qual ela faz parte, principalmente, no tocante a eficiência, eficácia, efetividade e produtividade.

Estratégia Possível: Estratégia fundamentada em hipóteses a serem verificadas como solução ao problema.

Estratégia Reativa: Estratégia de resposta a imprevistos. Estratégia reativa é aquela que reage com atraso às adversidades do ambiente. A estratégia reativa é instável, tendo em vista que é aplicável em curtos espaços de tempo, sem um envolvimento amplo e incapaz de integrar as atividades nos três níveis da estrutura organizacional (institucional, gerencial e operacional).

Estratégia Seguidora: Estratégia de seguir a empresa líder do mercado. Esta estratégia, porém, tem limites que são percebidos quando as empresas atingem um elevado nível de desenvolvimento e chegam ao topo do mercado. O monitoramento da transição de seguidor para líder é essencial para evitar a degradação do posicionamento conquistado.

Estratégia Social: Estratégia voltada a rever o papel e responsabilidade da empresa para com a sociedade em que está inserida. Até a metade do Século XX, o princípio da livre iniciativa era aceito pela sociedade como ingrediente essencial de liberdade democrática.

Estrutura: Conjunto integrado de elementos suportes, que formam o arcabouço sobre o qual repousam as demais partes componentes de um organismo, e que se relacionam no tempo e no espaço. A estrutura é a forma de combinar as partes, configurando um arranjo que represente uma composição. Ela representa a integração das unidades operantes e a forma pela qual é exercida.

Estrutura Básica: Estrutura que define como será a divisão de trabalho e a alocação de recursos; Estrutura que se refere aos aspectos estáticos da organização e corresponde a uma radiografia do corpo organizacional, onde estão representados os órgãos e partes que compõem a organização.

Estrutura Colegiada: Estrutura por comissões; Estrutura que, em face da importância das decisões tomadas, faz declinar a chefia única, aparecendo em seu lugar uma pluralidade de membros, dividindo as responsabilidades.

Estrutura da Sinopse: Estrutura que deve ser construída em função da abrangência do projeto, isto é, não pode ser grande para um projeto pequeno, e vice-versa. Ela deve ser adaptada à estratégia de apresentação para um determinado público-alvo ou mercado.

Estrutura de Capital: Estrutura fundamentada na composição financeira de uma empresa.

Estrutura de Comercialização: Estrutura que apresenta uma infinidade de variações, decorrentes da natureza do produto, das características e condições do mercado, do tipo de comprador, das dimensões da empresa e até da atitude da alta administração.

Estrutura de Comércio: Arquitetura para que as pessoas na empresa possam interagir e se comunicar, de forma necessária a realizar seu trabalho. Quanto mais a estrutura facilita o processamento de informações, mais ela contribui para a eficiência.

Estrutura de Dados: Estrutura de um arquivo que deverá ser levada em consideração pelo usuário, de modo a processar um arquivo com facilidades de disposição e de linguagem.

Estrutura de Rede: Estrutura que conecta empresas eletronicamente.

Estrutura Descentralizada: Estrutura, relativamente horizontal, podendo minimizar a hierarquia e a burocracia, além de facilitar a comunicação. Também são capazes de manter a flexibilidade de alocar os recursos mais poderosos, para as tarefas ou projetos críticos e de redistribuí-los sempre que ocorrerem mudanças nas prioridades.

Estrutura Divisional: Estrutura divisionária; Estrutura em que as atividades díspares, mas vinculadas a um objetivo final específico, são agrupadas em uma mesma unidade organizacional.

Estrutura do Plano: Estrutura composta dos seguintes itens: capa, folha de rosto, agradecimentos, sumário, introdução, síntese, análise da situação, suposições, objetivos, estratégias, planos componentes, orçamentos, comunicação do plano, resultados, controles, atualização.

Estrutura do Relatório: Estrutura que está em função do assunto, das exigências e das necessidades. O relator precisa de uma estrutura preliminar para dar andamento ao seu trabalho para não ficar perdido. Uma boa estrutura precisará de muito estudo, pesquisa, análise e sistematização. Alguns princípios e normas são de real valor na construção de um relatório, pois o mesmo é uma espécie de "cartão de visita". A macroestrutura de um relatório é a seguinte: Apresentação; Introdução; Desenvolvimento; Conclusão; Apêndices e Anexos; Referências Bibliográficas.

Estrutura Formal: Estrutura, objeto de grande parte do estudo das organizações empresariais, é aquela deliberadamente planejada e formalmente representada pelo organograma. Quanto maior a formalização, mais a empresa se torna burocrática, mecanicista, fechada, rotineira, bem previsível e programada.

Estrutura Funcional: Estrutura que divide as unidades empresariais de modo que cada unidade tenha um conjunto de deveres e responsabilidades não semelhantes. As estruturas funcionais, uma vez que orientam a pessoa para uma atividade especial, concentram a competência de modo particularmente eficiente. Elas tendem a dar menor ênfase à cooperação interdepartamental.

Estrutura Hierárquica: Estrutura em que a organização é dividida em níveis de poder e de decisão. É bom frisar que um nível hierárquico pode abrigar mais de um nível de trabalho.

Estrutura Holística: Estrutura em que a organização assume uma concepção global, sem limites. Ao aceitar tal concepção, a organização deve reconhecer que cada funcionário deve ter dentro de si toda a instituição, bem como: valores, práticas, estratégias, políticas e normas. Este tipo de estrutura organizacional dispensa chefias intermediárias, pois os controles comportamentais são minimizados devido à aludida integração.

Estrutura Informal: Estrutura, que é uma rede de relações sociais e pessoais, não estabelecida pela estrutura formal.

Estrutura Linear: Estrutura organizacional em que a autoridade desce numa linha direta do superior ao subordinado, até ao nível operativo, com cada executivo tendo jurisdição e responsabilidade pelo desempenho de todas as atividades necessárias para atingir seus objetivos. A estrutura linear é de larga aplicação nas organizações burocráticas e com alto grau de formalismo.

Estrutura Matricial: Estrutura que é uma solução mista em que, normalmente, se combina a estrutura com base em recursos e projetos (produtos). Assim, em vez da organização adotar grupos de produtos (estrutura divisional) independentes, cada um com suas próprias subestruturas funcionais, com uma coordenação geral. Esta estrutura é o estágio mais desenvolvido das estruturas organizacionais contemporâneas, tendo tido seu início na indústria aeroespacial.

Estrutura Militar: Estrutura, representada graficamente por uma pirâmide, demonstra claramente a unidade de comando e o princípio de escalonamento hierárquico. É um tipo de estrutura baseado na organização dos antigos exércitos, tendo as seguintes características: a chefia é fonte exclusiva de autoridade; as ordens seguem pela via hierárquica; cada empregado recebe ordens de um só chefe imediato.

Estrutura Mista: Estrutura (linha-assessoria) que segue as características básicas da estrutura linear distinguindo-se desta pela existência de órgãos de assessoria, com a exclusiva função de aconselhamento ao executivo, ao qual se acham ligados. Pela sua grande flexibilidade de funcionamento, essa estrutura é largamente empregada nas empresas de médios e grandes portes.

Estrutura Orgânica: Estrutura viva.

Estrutura Organizacional: Forma que a organização toma para integrar seus recursos e atender estratégias; Desenho organizacional que reúne cargos e funções que a organização terá de desenvolver, através dos recursos disponíveis. A estrutura diz quem é quem na organização.

Estrutura para Inovação: Estrutura construída para atender a criação de novos produtos, reelaboração de processos, melhor uso da tecnologia, racionalização e minimização de custos.

Estrutura para Resultados: Estrutura cujo enfoque é dado, principalmente, além dos resultados, aos seguintes itens: relações, informações, comunicações e sistemas; Modelo baseado em unidades autônomas que trabalham juntas, organizadas e informadas para atender necessidades do mercado, contingências ambientais, aparentemente sem muita lógica na sua ação.

Estrutura para Rotinas: Estrutura voltada para rotinas é aquela construída para atender ações e processos repetitivos.

Estrutura Plana: Estrutura plana possui grande amplitude de controle e pequeno número de níveis hierárquicos. Tal estrutura impossibilita a supervisão minuciosa e obriga os subordinados a confiar em seus próprios recursos, criando assim, elementos capazes de decidir por seus métodos e processos. Também tende a reduzir a distância administrativa entre os níveis superior e inferior, porque existe menor número de níveis hierárquicos, favorecendo o processo de comunicação.

Estrutura por Cliente: Estrutura que divide a organização em unidades dispostas a servir a um cliente (consumidor) diferente. Uma estrutura por cliente pode, sob certas circunstâncias, influenciar o comportamento dos gerentes e dos funcionários, dentro da organização, no sentido de satisfazer as necessidades dos consumidores em detrimento das próprias. Também ajuda a adquirir conhecimentos necessários para que a organização preste um melhor atendimento, traduzindo-se em vantagem competitiva.

Estrutura por Equipes: Estrutura que é uma mistura de estrutura matricial com estrutura mista. Nesta estrutura o gerente do projeto é conhecido como líder. As equipes são eminentemente funcionais, podendo ser provisórias ou permanentes (assessorias especializadas em determinados assuntos).

Estrutura por Processo: Estrutura que é utilizada quando a organização tem um peso muito grande no nível operacional (chão de fábrica). A implantação desta estrutura está em função da disposição de máquinas, equipamentos, materiais, instalações, arranjos físicos (layout); Estrutura orientada para a ação e não para a hierarquia. Cada funcionário é um elo de uma cadeia de trabalho para produzir um bem ou serviço, cujo maior beneficiário é o consumidor.

Estrutura por Produto: Estrutura útil para ressaltar os resultados globais da empresa, distintamente dos resultados puramente técnicos. Tem-se mostrado melhor, sempre que se multiplicam as linhas de produtos, as quais sobrecarregam as estruturas funcionais. De modo geral, estas parecem ser melhores em caso de ambientes estáveis, ao passo que as estruturas por produto tendem a ser melhores para os ambientes instáveis.

Estrutura por Território: Estrutura que focaliza sua atenção em unidades geográficas, ou em clientes particulares. Sua maior característica é apoiar o pensamento global em situações particulares.

Estruturação: Processo de elaboração de uma estrutura que irá constituir a base da organização.

Estruturalismo: Método analítico e comparativo que estuda os elementos ou fenômenos com relação a uma totalidade, salientando o seu valor de posição. O estruturalismo pode ser: abstrato, concreto, dialético e fenomenológico.

Estudar: Ato pelo qual cada pessoa enfrenta a realidade para compreender e elucidar o que vê. Estudar não é simplesmente ler ou ouvir algo sobre determinado assunto. É concentrar todos os recursos e habilidades pessoais na capacitação e assimilação dos dados, relações e técnicas conducentes ao domínio de um problema ou assunto. Há muita coisa para se estudar e aprender, infinitamente mais do que um só indivíduo pode dominar. Isto implica, consequentemente, o exercício de um processo decisório sobre o que estudar.

Estudo: Descrição analítica de um fenômeno, evento ou situação.

Estudo de Caso: Apresentação de forma sucinta de uma situação real ou fictícia, para ser discutida em grupo.

Estudo de Tráfego: Estudo que ajuda a identificação dos principais pontos de distribuição da cidade.

Estudo de Viabilidade: Estudo que simula o que acontecerá no futuro a partir de diversos cenários alternativos.

Estudo do Método: Registro sistemático, análise e exame crítico dos modos existentes, mais fáceis e mais eficientes de realizar um trabalho.

Estudo do Micromovimento: Estudo que requer sistemas e meios bastantes precisos para aperfeiçoar micromovimentos.

Estudo do Trabalho: Estudo utilizado para designar o método de trabalho a empregar para encontrar a relação otimizada entre recursos, materiais e produtos. Quando se elabora um novo método de trabalho, além da sua exequibilidade, é preciso fazer uma estimativa do custo da sua implementação e do rendimento a mais que ele dará, fazendo-se, inclusive, o cálculo da amortização dos gastos que serão necessários na implantação.

Estudo dos Movimentos: Estudo que é o resultado das análises e das medidas de todos os movimentos envolvidos numa determinada tarefa, com a intenção de eliminar o esforço que pode ser evitado. O estudo dos movimentos é desenvolvido e representado por meio de modelos esquemáticos simples.

Estudo dos Tempos: Estudo que objetiva conhecer o tempo necessário para o desenvolvimento de um trabalho (tarefa, atividade, processo) e, portanto, avaliar a eficiência operativa; Medida do trabalho necessário para o desenvolvimento de operações definidas por meio de padrões de execução e de habilidades profissionais.

Estudo Inicial: Estudo de filtragem para retirar informações irrelevantes na busca da solução de um problema.

Ética: Parte da filosofia que estuda a moralidade das ações humanas, isto é, se são boas ou más. Para que uma conduta possa ser considerada ética, é preciso levar em consideração a ação, a intenção e as circunstâncias, pois, se um desses elementos não for considerado no grupo em que o indivíduo está inserido, ele não tem um comportamento ético.

Ética Absoluta: Ética apoiada no idealismo moral; Ideia de que os princípios éticos são universais e invariáveis.

Ética na Venda: Ética que está baseada no comportamento transparente do vendedor.

Ética nos Negócios: Ética que combate a sonegação, informalidade, pirataria, corrupção.

Ética Relativa: Ideia de que os princípios éticos variam com o tempo e o espaço, justificando adaptações de comportamento ao momento e ao lugar.

Euforia: Manifestação de forma consciente, direcionada para atitudes produtivas.

Evento: Acontecimento, geralmente, de curta duração, para mostrar um produto, uma experiência, uma teoria, uma convocação, uma demonstração, por exemplo. A vantagem do evento é congregar pessoas do mesmo campo de especialização e interesse.

Evento Promocional: Acontecimento de curta duração para mostrar um produto.

Evolução: Sequência de transformações regidas por lei, que pode ser incessantemente renovada.

Evolução da Administração: Estudo que mostra como os administradores enfrentaram novas situações, que se desenvolveram com o decorrer do tempo, bem como: doutrinas e teorias que foram se adaptando e se modificando, a fim de continuarem úteis e aplicáveis.

Evolução do Marketing: Resultado da aplicação de novos conceitos de administração à distribuição de produtos; Caminho que o marketing passou a ser uma função organizacional que antes era uma subfunção do setor de vendas.

Exame: Análise e avaliação na comparação da qualidade de um objeto com o padrão tomado como referência.

Exame de Referência: Exame que o entrevistador faz, consultando pessoas indicadas pelo candidato, para obter informações profissionais.

Exame Médico: Exame feito no candidato, no processo de seleção, para avaliar se o mesmo está apto ao cargo pretendido.

Exatidão: Uso de termos apropriados numa linguagem profissional.

Exaustão: Fenômeno que ocorre quando o recurso é exaurido ao máximo, não representando nenhum valor econômico, não mais podendo ser utilizado na produção.

Excelência: Ver benchmarking.

Excesso: Aquilo que ultrapassa o permitido como normal.

Excesso de Controle: Procedimento exagerado de querer controlar tudo e todos. O excesso de controle é sugador de recursos.

Excesso de Filtragem: Excesso que pode filtrar ou distorcer a informação relevante para a solução de um problema.

Excesso de Informação: Excesso que confunde o administrador, dando a falsa aparência que tem todos os dados e informações para a melhor tomada de decisão.

Excesso de Reuniões: Procedimento que torna difusa a responsabilidade da direção da organização.

Executivo: Administrador situado no nível institucional (nível superior) da organização. Geralmente, é um diretor ou superintendente, podendo, em algumas empresas, ser um gerente; Aquele que recebe delegação superior de poderes dentro de uma empresa, ou todo dirigente marcado pela ousadia, racionalidade e criatividade.

Executivo Conservador: Executivo voltado a se apoiar em normas, gastando a maioria do seu tempo em controle e supervisão dos subordinados.

Executivo Empreendedor: Executivo que trabalha com metas de longo prazo. É minimamente controlador e orientado para a ação.

Executivo Estratégico: Executivo que não tem vínculos sentimentais com mercados, produtos e clientes; Executivo de Marketing.

Executivo Racional: Administrador que utiliza o seu tempo com racionalidade, para que tenha êxito em suas ações.

Exercício: Período contábil, geralmente de doze meses, encerrado em determinada data (normalmente no último dia de algum mês).

Exigência: Procedimento necessário para que a organização sobreviva com eficiência e eficácia.

Exigibilidade: Somatório dos valores do passivo para determinado prazo de pagamento.

Exigibilidade Corrente: Exigibilidade de curto prazo.

Exigível: Passivo exigível; Somatório de todas as obrigações financeiras que uma empresa tem para com terceiros; Dívidas que a empresa contraiu.

Exigível de Curto Prazo: Somatório de: Fornecedores a Pagar + Contas a Pagar + Empréstimos Bancários

Exigível de Longo Prazo: Exigível cujo resgate é maior do que um ano.

Expansão: Fase do ciclo de vida de uma empresa.

Expansão Horizontal: Ver diversificação.

Expansão Vertical: Ver integração.

Expectância: Probabilidade de que os esforços de uma pessoa conduzam a um bom desempenho (resultado).

Expectativa: Combinação de crença, chance, probabilidade e sorte que alguém tem em atingir determinado resultado (objetivo, desempenho).

Expectativa do Consumidor: Expectativa que pode ser traduzida como aquilo que uma pessoa espera de um bem, de um serviço ou de uma pessoa. Sua fórmula é a seguinte:

Expectativa do Consumidor = Necessidades + Desejos + Hábitos + Informações + Emoções

Expedição: Setor da empresa que tem a guarda provisória dos produtos acabados, para que sigam seus destinos, isto é, devem ser despachados com presteza e rapidez para os distribuidores.

Experiência: Conjunto de práticas, exercidas no passado, que ajudam a aumentar o conhecimento de uma pessoa. Aproveitar as experiências do passado, tanto os erros quanto os acertos, para viver o presente e planejar o futuro constitui os ingredientes básicos de uma vida de plenitude, crescimento pessoal e profissional e de autorrealização.

Experimentação: Investigação científica em que se infere causa e efeito. A experimentação atua como uma forma de aprendizado barato para a maioria das empresas e, usualmente, revela-se menos cara e mais útil do que sofisticadas pesquisas de mercado.

Experimento: Ferramenta que transforma o resultado da pesquisa em ação administrativa.

Experimento Hawthorne: Experimento que deu origem à Teoria das Relações Humanas.

Explosão: Desenho de montagem de uma peça ou de um produto.

Exportação: Comércio dedicado a enviar produtos para fora do país. No processo de exportação é preciso observar desde a cotação correta até a entrega efetiva da mercadoria no destino e em perfeitas condições de uso.

Exportação com Carta de Crédito: Comercialização em que o exportador faz oferta ao importador de mercadorias num determinado valor, contra abertura de carta de crédito à vista, irrevogável. O importador aceita, indo ao banco de sua preferência (banco instituidor) e pede a abertura de uma carta de crédito confirmada irrevogável. O banco instituidor emite documento original de crédito com uma carta ao banco americano, pedindo que confirme o crédito em favor do exportador.

Exportação sem Carta de Crédito: Comercialização em que o exportador faz a oferta ao importador, cujas condições de pagamento são saque à vista contra apresentação de documentos. O importador o aceita e relaciona a documentação necessária à negociação, fixando prazos para receber a mercadoria. O exportador prepara a mercadoria e a entrega, na alfândega, à empresa transportadora. A empresa transportadora emite os conhecimentos de embarque e entrega ao exportador. A transportadora leva a mercadoria ao porto indicado. O exportador prepara a documentação exigida pelo importador e entrega ao banco com o qual contratou o câmbio, acompanhado de um saque à vista. O banco do importador remete a documentação ao seu correspondente, solicitando que apresente o saque ao importador para ser pago contra a entrega dos documentos necessários para retirar a mercadoria. O importador faz o pagamento e retira a documentação. O banco do importador avisa ao banco do exportador que recebeu pagamento e que creditou a importância devida na conta do exportador.

Exposição: Local especial, com boa infraestrutura, que permite o encontro de vendedores e compradores; Forma de comercialização em nível de atacado. O consumidor pode visitar o local (evento), mas não fará compras.

Extensão do Produto: Estratégia para aumentar o ciclo de vida do produto.

Extranet: Site privado de Internet que possibilita várias empresas compartilhar informações e realizar negócios com segurança.

Extrapolação: Previsão de supor que o futuro continuará a refletir certas tendências já firmadas na atualidade.

F

Fábrica: Local onde se aplicam avanços científicos e tecnológicos à produção. Onde se exige maior planejamento e controle do que em unidades menores de produção de simples artesanato, fazendo com que a divisão do trabalho tomasse mais importância e complexidade.

Fábrica Piloto: Fábrica construída para submeter a teste um novo produto (processo), em escala menor do que se propõe no futuro, caso dê resultado positivo. A fábrica piloto mostra meios e modos de aperfeiçoar o processo de fabricação.

Fabricação: Combinação de engenharia industrial, estudo de tempo, leiaute de fábrica, controle de estoques, análise quantitativa, programação e simulação (ensaio e erro).

Fabricante: Empresa que procura os mercados de recursos, onde os compram e os transformam em bens e serviços, vendendo-os para o mercado de intermediários, que vendem ao mercado consumidor.

Factoring: Forma de empréstimo a curto prazo com garantia, que envolve o uso de duplicatas a receber para obter recursos financeiros. O factoring, na realidade, acarreta a venda das duplicatas, com desconto.

Fadiga: Consequência de um trabalho continuado, resultando uma redução da eficiência. Ela pode ser mental, física ou material. Assim, é preciso conhecer as causas da fadiga e como combatê-la. Ao realizarmos um trabalho, mesmo sendo de pouca intensidade, ele provoca, depois de certo tempo, fadiga.

Fadiga Aguda: A fadiga aguda é aquela resultante de um esforço muito intenso e, por isso, o intervalo entre um repouso e outro deve ser maior.

Fadiga Crônica: A fadiga crônica, também chamada de remanescente ou acumulada, é aquela que resulta de esforços não tão intensos, mas contínuos, deixando sempre um saldo de fadiga. Esse tipo de fadiga é muito sério, pois quanto mais tempo o músculo ficar sem se recuperar, mais tempo gastará na sua recuperação. Muitas vezes provoca a estafa, tendo a pessoa que se afastar para tratamento.

Fadiga Humana: A fadiga humana é uma diminuição do poder funcional dos órgãos, provocada por um excesso de trabalho, ou de esforço, acompanhada de uma sensação característica de mal-estar. Consequentemente, há uma diminuição da capacidade de trabalho, afetando a produtividade. O que acontece com o homem cansado ou fatigado não é difícil de entender, pois, geralmente, ele produz menos, erra mais e se acidenta com frequência, caindo a produção, a qualidade e a produtividade.

Faixa Salarial: Intervalo salarial entre o mínimo e o máximo de remuneração de um determinado cargo. As observações mostram que a faixa salarial é inversamente proporcional ao nível hierárquico. Assim, é comum no nível da alta administração se encontrar uma faixa estreita e no nível operacional uma faixa mais elástica. Em geral, a situação é assim retratada: Nível Institucional: de dois a três níveis salariais; Nível Gerencial: de três a cinco níveis salariais; Nível Operacional: de quatro a sete níveis salariais.

Falência: Termo que significa insolvência ou incapacidade de pagar dívidas.

Falsificação do Produto: Falsificação que ocorre alheia à vontade do fabricante. Ela pode ser provocada por intermediários ou produtores inescrupulosos.

Falta: Necessidade de um item menos a quantidade disponível; Ausência.

Falta de Conhecimento: Incapacidade de utilizar técnicas e meios de racionalizar recursos, como também ter novas ideias; criar leis e princípios; fazer abstrações. Só quem possui conhecimento tem o poder da análise, maior ferramenta na solução de problemas.

Falta de Coordenação: Incapacidade de trabalhar com um número enorme de atividades. Cada função do administrador é um exercício de coordenação. A melhor coordenação ocorre quando os indivíduos veem de que forma seus trabalhos contribuem para os objetivos dominantes da empresa.

Falta de Delegação: Incapacidade de entregar tarefas a outras pessoas subordinadas, liberando a quem delega tempo para desenvolver habilidades administrativas, bem como pensar em ideias inovadoras. Pessoas que não sabem delegar alegam falta de tempo.

Falta de Disciplina: Incapacidade de ter habilidade que ajude a analisar situações (problemas) e determinar qual decisão (solução) tomar.

Falta de Informação: Falta que leva um indivíduo a ter problemas, tendo em vista que a informação é vital para se viver o presente e planejar o futuro. A receita de sucesso é ter a informação relevante e adequada para o momento.

Falta de Motivação: Falta que decorre, em grande parte, de todo um processo cultural que vincula a maneira como o indivíduo conduz sua vida, com base nos acontecimentos do passado.

Falta de Objetividade: Incapacidade de ser objetivo. Em geral, o ser humano dá mais valor a discussões do que chegar a um objetivo. A divagação é muito apreciada, porque abandonar preconceitos e opiniões formados é penoso.

Falta de Objetivos: Incapacidade de dar rumo a um negócio. Os objetivos indicam a missão precípua da organização, isto é, aquilo para a qual foi criada. Também servem como referências. Os objetivos são importantes, porque identificam os primeiros passos do planejamento.

Falta de Planejamento: Incapacidade de traçar rumo para atingir um objetivo. É fácil estar ocupado, difícil é ser eficaz. Bons administradores precisam saber o que lhes aguarda na próxima semana, no próximo mês, até mesmo no próximo ano.

Falta de Política: Incapacidade de criar meios e métodos que facilitam a tomada de decisão. A função de uma política é aumentar as chances de os dirigentes, gerentes e funcionários fazerem escolhas semelhantes ao enfrentarem, independentemente, situações similares. Uma organização, que tenha políticas bem definidas, utilizará seu tempo inteligentemente.

Falta de Programação: Incapacidade de controlar o tempo operacional para realizar tarefas.

Falta de Racionalidade: Incapacidade de fixar prioridades e antecipar as necessidades, a fim de evitar que tudo seja urgente, controlando a pressa e as preocupações do dia a dia.

Falta de Recurso: Incapacidade de uma organização prever a necessidade de meios auxiliares que permitem a pessoa (organização) atingir objetivos. Sem recursos atuais e modernos a empresa se tornará lenta, cara e não competitiva.

Falta de Visão: Incapacidade de dominar e manusear informações relativas à situação e à missão da empresa.

Família: Lista de componentes associados à determinada linha de produção; Grupo primário de referência para que um indivíduo interaja com os demais membros do grupo. A família precisa satisfazer as necessidades individuais e comuns, partilhando seus recursos relativamente fixos.

Fase: Etapa de um ciclo, geralmente, com período de tempo determinado.

Fase da Empresa: Etapa de evolução da empresa, que vai desde a sua criação até sua sobrevivência e morte. Cada fase é ao mesmo tempo um efeito da fase anterior e uma causa da fase seguinte.

Fase de Construção: Etapa de uma escolha metodológica de construção de um sistema.

Fase de Crescimento do Produto: Fase de um produto bem-sucedido, cuja curva de vendas apresenta ascenção.

Fase de Declínio do Produto: Etapa em que o produto deixa de vender à medida que a demanda diminui.

Fase de Introdução do Produto: Etapa em que o produto adentra o mercado, tendo muitas incertezas e riscos imprevisíveis.

Fase de Maturidade do Produto: Estágio caracterizado pela saturação de mercado. Isto significa que a maioria dos compradores potenciais já tem ou usa o produto. As vendas agora crescem, mais ou menos, na mesma proporção que a população. Não há outros canais de distribuição a serem ocupados. A concorrência de preços torna-se agora intensa. O estágio de maturidade exige tentativas de criar e promover sutis distinções do produto por meio de embalagem e publicidade, por exemplo.

Fase Metodológica: Etapa de uma metodologia que, por ter características próprias, se destaca das demais.

Fato: Acontecimento passível de ser observado empiricamente, sendo expresso por meio de uma afirmativa, que tem validade geral e que não pode ser contrariada.

Fato Administrativo: Conjunto de elementos e de suas relações entre si, resultante e condicionante da ação de diferentes pessoas, escalonadas em diversos níveis de decisão, no desempenho de funções que limitam e orientam atividades humanas associadas, tendo em vista objetivos predeterminados.

Fator: Aquilo que contribui para um resultado.

Fator Crítico de Sucesso: Fator desejado em qualquer projeto, para que este sobreviva, atingindo objetivos propostos para continuar de forma performática.

Fator da Ação Administrativa: Fator que ajuda fazer acontecer aquilo que foi preestabelecido, visando atingir resultados concretos e positivos, através de métodos, princípios, teorias, técnicas, modelos e recursos.

Fator de Avaliação: Fator que mede elementos na consecução dos objetivos de um sistema.

Fator de Certeza: Fator empregado para converter prováveis incertezas em certezas possíveis.

Fator de Correção: Fator que corrige perdas de matérias-primas utilizadas na produção e que precisam ser computadas no cálculo do custo. Esse fator mede a relação entre o peso bruto (PB) e o peso líquido (PL). Entende-se por peso bruto aquele que é medido, quando adquirido do fornecedor, e por peso líquido aquele que é medido para ser utilizado na produção, propriamente dita, do produto. O fator de correção (FC) é dado pela fórmula: FC = PB / PL ou PL = PB / FC. Tomemos o exemplo de uma empresa que recebeu 10 kg de alface e após a limpeza pesou 6,85 kg. O fator de correção é: FC = 10 / 6,85 = 1,46

Fator de Desconto: Fator resultante da diferença entre a unidade e o desconto dado na venda de um produto. Exemplo: Preço de Venda do Produto = 1.000,00; Desconto = 30%; Valor Líquido = 1.000,00 (1 - 0,30) = 0,70 × 1.000,00 = 700,00; Fator de Desconto = 1 - 0,30 = 0,70

Fator de Desempenho: Fator que mede habilidades executivas, formando uma base de padrões para comparação.

Fator de Fracasso Empresarial: Justificativa dada pelo empreendedor do porquê o negócio fracassou, tais como: falta de recursos financeiros, instabilidade econômica, limitação do mercado, concorrência, problemas pessoais, planos de governo, localização inadequada, inflação, encargos financeiros, desorganização administrativa, custo das matérias-primas, falta de interesse, falta de incentivo oficial, burocracia governamental, falta de tempo, baixa lucratividade, maus pagadores, falta de experiência, mão de obra.

Fator de Ganho do Sistema: Cociente entre a saída do sistema e a diferença da entrada menos a saída. É dado pela fórmula: G = O / (I - O). Onde: G = Fator de ganho; O = Saída do sistema; I = Entrada do sistema. Exemplo: Entradas = 1.000 t de materiais; Saídas = 600 t de produtos acabados. O fator de ganho é: G = 600 / (1.000 - 600) = 600 / 400 = 1,5. Quanto maior for o fator de ganho mais ajustado está o sistema, isto é, as perdas são mínimas.

Fator de Ponderação: Valor (peso) atribuído a um produto, em função dos recursos utilizados para sua fabricação na cadeia de produção.

Fator de Produção: Elemento necessário para a produção de bens e serviços, tais como capital, trabalho, terra, aluguel, tecnologia.

Fator de Produtividade: Razão entre a quantidade produzida e os recursos empregados.

Fator de Sucesso Empresarial: Justificativa dada pelo empreendedor para o sucesso do negócio, tais como: persistência, boa administração, dedicação do empresário, boa estratégia de vendas, capital próprio, experiência no ramo, mercado favorável, investimento, qualidade do produto, fonte de renda, otimismo, tino empresarial, sorte, criatividade, boa localização, ajuda da família, relação com fornecedores, preços competitivos, imóvel próprio.

Fator de Teste: Fator que permite obter interpretações mais bem fundamentadas, mais precisas e significativas naquilo que concerne às relações entre duas ou mais variáveis. Ele, na realidade, é uma variável introduzida na análise com o propósito de aumentar a compreensão da relação entre as demais variáveis.

Fator de Venda: Fator necessário para a criação de uma atmosfera que leve o consumidor a comprar.

Fator Econômico: Ver fator de produção.

Fator Geográfico: Elemento levado em consideração para a instalação de um negócio, tais como: rios, lagos, mares, rodovias, ferrovias, hidrovias, barragens, pontes, hospitais, universidades, cinemas, teatros, shoppings, cemitérios, parques florestais, jardins botânicos e parques temáticos com suas vantagens e desvantagens. A infraestrutura do lugar é determinante para o sucesso do empreendimento.

Fator Higiênico: Fator não controlado pelo funcionário, pois são administrados pela organização. Os principais fatores higiênicos são: salários, benefícios sociais, tipo de chefia, condições de trabalho, políticas da empresa, clima de relação entre superior e subordinado, regulamentos, contexto, ambiente externo ao indivíduo.

Fator Humano: Elemento cujo valor está na interação e integração com outros membros do grupo. As organizações são importantes porque são os instrumentos para que as pessoas sejam produtivas e se realizem.

Fator Motivacional: Fator que ajuda criar motivação no funcionário. Uma única palavra, ou um simples tapa nas costas contém uma energia motivacional muitas vezes subestimada pelo dirigente.

Fator Organizacional: Fator a ser considerado quando da construção e/ou desenvolvimento de uma organização, como: humano, ambiente, cultura, clima, diversidade, estratégia, estrutura, tecnologia, dado, linguagem, contingência.

Fator Qualitativo: Fator relativo à qualidade da ação, da política, do processo, da decisão, por exemplo.

Fatura: Título que acompanha a nota fiscal e que faz menção ao seu número correspondente, bem como a remessa das mercadorias vendidas e expedidas, com seus respectivos preços; Boleto de pagamento.

Fatura Proforma: Documento emitido por um fornecedor para requerer o pagamento de produtos, nos casos em que é necessário o pagamento antes da entrega dos produtos.

Faturamento: É o somatório de todas as notas fiscais tiradas num determinado período.

Faturamento de Equilíbrio: Faturamento onde as receitas se igualam às despesas. O faturamento no ponto de equilíbrio é dado pela fórmula: FE = Pv x QE = Pv [CF / (Pv - Cv)]

A seguir, um exemplo: Custo fixo total = 90.000,00; Custo variável total = 50.000,00; Faturamento = 200.000,00; Custo total = 90.000,00 x 50.000,00 = 140.000,00; Margem total = 200.000,00 - 50.000,00 = 150.000,00; Faturamento de equilíbrio = (90.000 / 150.000) x 200.000,00 = 120.000,00

Febre da Ocupação: Doença que se reflete na necessidade de estar sempre ocupado, isto é, não perder tempo com distrações e coisas sem sentido, na avaliação do indivíduo.

Feedback: O feedback (retorno, realimentação) reforça o canal de comunicação entre os interlocutores (emissor e receptor), fornecendo informações para sua adequação, compreensão, manutenção, adaptação, efetivação e reconstrução. Os indivíduos que não receberam nenhuma realimentação apenas não sabem como modificar os seus esforços, ou mesmo se devem modificá-los.

Feedback na Comunicação: Feedback que controla o resultado do efeito de uma mensagem sobre o receptor. Permite ao comunicador determinar se a mensagem foi recebida e se produziu a resposta desejada. A partir dos erros verificados, podem ser feitas correções na elaboração da mensagem. Se num processo de comunicação não houver retorno da mensagem, então, na realidade, não houve comunicação.

Feedback Negativo: Processo (circuito) que busca amortecer e reduzir as flutuações daquilo considerado normal ou padrão.

Feedback Positivo: Feedback que reforça a direção do sistema em funcionamento e amplifica a ação de ajustamento. Dirigir e controlar um sistema, essencialmente, significa manter o mesmo operando dentro de um intervalo de performance.

Feira: A feira é uma espécie de exposição de produtos de diversas marcas e procedência, com a diferença de que o público, qualquer que seja, pode comprar.

Feira Livre: Feira que responde por significativa parcela das vendas de produtos como: frutas, legumes e verduras, sendo fontes de suprimento de todas as classes sociais. Nas feiras tudo é permitido. Senhoras ricas e elegantes barganham preços e provam de tudo. Todos pechincham. Talvez esta seja a razão de sua continuidade e encanto.

Fenômeno: Observação percebida pelos sentidos, ou pela consciência. Geralmente, é raro e surpreendente, cujo aparecimento contrasta com a realidade do observador.

Ferramenta: Recurso apoiado em leis, teorias, regras, princípios, premissas, procedimentos e políticas, que dará ao dirigente administrador condições de não só decidir, como também solucionar um problema, desenvolver um projeto ou montar uma estratégia. Pode-se dizer que a ferramenta ajuda a diminuir a complexidade de como tudo se apresenta aos olhos do ser humano e, principalmente, de uma empresa, tendo em vista o alto grau de incerteza em todos os mercados que atua.

Ferramenta de Análise: Ferramenta que ajuda a apontar alternativas e sugestões para buscar a melhor solução para um problema.

Ferramenta de Avaliação: Ferramenta que serve para confrontar o resultado obtido com o resultado esperado. Esta ferramenta ajuda a avaliar o processo aplicado, para não se cometer os mesmos erros que causam desperdício de esforço, investimento, recurso e tempo. As ferramentas de avaliação serão utilizadas, em função dos recursos disponíveis e do avaliador.

Ferramenta de Decisão: Ferramenta que ajuda o empreendedor a tomar a decisão mais inteligente para o momento.

Ferramenta de Direção: Ferramenta utilizada pelo empreendedor para administrar sua equipe de trabalho.

Ferramenta de Solução: Ferramenta utilizada na solução do problema. Vale observar que é o problema que deve determinar a ferramenta e não o contrário. Um dos graves erros que se pode cometer é acreditar que uma ferramenta substitui o ato de pensar e dispensa a análise da situação.

Ferramenta Eletrônica: Ferramenta que utiliza tecnologia da informação.

Fiança: Obrigação acessória assumida por terceira pessoa, que se responsabiliza, total ou parcialmente, pelo cumprimento da obrigação do devedor, caso este não a cumpra ou não possa cumpri-la.

Ficha: Documento onde se arquivam informações valiosas.

Ficha de Avaliação: Documento em forma de quadro onde aparecem os principais itens de avaliação de um candidato a um cargo ou de um funcionário.

Ficha de Cadastro: Ficha contendo informes relevantes sobre uma pessoa física ou jurídica.

Ficha de Cadastro Simplificado: Espécie de banco de dados bastante simplificado que relaciona o nome da pessoa com os elementos que a qualificam.

Ficha de Contato: Ficha utilizada pelo vendedor, a fim de obter informações preliminares sobre potencial comprador.

Ficha de Descrição do Cargo: Documento utilizado onde se estabelece: definições, funções, objetivos, responsabilidades, trabalhos, supervisão exercida, supervisão recebida, grupo salarial, departamento, seção, centro de custo, requisitos mínimos (grau de instrução, educação, experiência, conhecimento específico) de um determinado cargo.

Ficha de Estoque: Planilha onde se registra entradas e saídas de um determinado item do depósito.

Ficha de Inscrição: Formulário que uma pessoa preenche com o objetivo de fornecer dados específicos, como: domicílio; formação escolar e profissional; nível de instrução; gostos culturais; posição econômica; vida recreativa; empregos anteriores.

Ficha de Registro de Empregado: Ficha que resume os principais dados do empregado, para efeito de fiscalização.

Ficha do Cliente Consumidor: Ficha para controlar os dados cadastrais do consumidor cativo.

Ficha do Fornecedor: Cadastro que indica quem atua no mercado de recursos, principalmente, para bens, matérias-primas e insumos.

Ficha Técnica: Ficha que contém informações que vão do nome do produto até o lucro líquido. A ficha técnica é muito negligenciada, pois esta ficha garante a qualidade do produto, não só do ponto de vista da segurança, mas também, para se controlar contabilmente o custo do produto e medir os desvios do padrão preestabelecido. A construção da ficha técnica do produto pode ser desenvolvida de diversas maneiras.

Fidelização do Cliente: Movimento caracterizado para dar ao cliente o que ele deseja, ou seja, atenção, respeito e produto de que necessita. Quando o cliente é bem tratado e bem informado sobre as novidades é certo que retornará; Todo trabalho para atrair e garantir o retorno do cliente. Para fidelizar o cliente, temos que cativá-lo, mostrar o quanto ele é importante para nós e o quanto a empresa se preocupa em atendê-lo bem.

Filosofia: Orientação que fundamenta a ação na resolução de problemas, porque ela é um modo de se posicionar diante do mundo. Ela tem por finalidade estabelecer uma forma de compreensão e transmissão da realidade comum. Por isso, os agrupamentos humanos sobrevivem se tiverem alguma orientação filosófica.

Filosofia Adaptativa: Filosofia fundamentada no equilíbrio entre as deficiências do passado e a adaptabilidade às mudanças ambientais.

Filosofia Administrativa: Filosofia que fundamenta a ação administrativa.

Filosofia Conservadora: Filosofia em que o planejamento é feito para um nível considerado "suficientemente bom" e não para o ideal. Também chamada de filosofia da satisfação, porque o esforço despendido é o mínimo necessário. A filosofia conservadora tem como preocupação o aspecto financeiro (orçamentos e projeções).

Filosofia da Qualidade: Filosofia destinada a incutir na mente de seus funcionários um racionalismo adequado para o uso do processo de implantação da qualidade, criando uma expectativa de resultados positivos.

Filosofia da Simplificação: Filosofia que se fundamenta na seguinte premissa: Há sempre uma maneira melhor de se executar uma tarefa.

Filosofia de Marketing: Filosofia orientada a encarar o mercado como objetivo principal da empresa.

Filtro: Elemento utilizado para selecionar o que deve ou não passar.

Filtro de Comunicação: Filtro utilizado na comunicação superior/subordinado, pois nem tudo deve ser do conhecimento de todos.

Filtro de Entrada: Filtro que monitora qual o tipo e a quantidade de informação (dado) que entra no sistema.

Filtro de Feedback: Filtro que aponta quais os desvios devem ser considerados.

Filtro de Informação: Filtro utilizado para filtrar o que é pertinente e relevante do redundante e repetitivo. A informação passada de um determinado nível hierárquico para outro terá de ser filtrada (triagem) ou sintetizada (condensada). O problema do administrador é a explosão (abundância) de informações, dificultando o controle da comunicação.

Filtro de Poder: Filtro aplicado pelo executivo chefe ou coordenador do projeto.

Filtro de Relevância: Filtro voltado para a lógica, porque determina o que realmente serve.

Finalidade: Motivo básico para uma ação, um objetivo, um sistema, um projeto.

Finalidade da Estratégia: Motivo da implantação da estratégia.

Finalidade da Informação: Questionamento da relevância da informação, para o momento, na solução de um problema.

Finanças: Aplicação de uma série de princípios econômicos e financeiros para maximizar a riqueza ou o valor total de um negócio. O horizonte das finanças recai sobre as formas de orçar com eficácia os escassos recursos e investir os capitais nos ativos, ou projetos, que apresentem o melhor balanceamento entre o risco e o retorno do investimento.

Financiamento: Valor dado a uma pessoa (física ou jurídica) para obtenção de: bens, capitais, instalações, máquinas, equipamentos. Suas duas figuras mais importantes são leasing e alienação fiduciária.

Financiamento ao Consumidor: Financiamento que envolve o consumidor, o lojista, a financeira e o investidor.

Financiamento com Garantia: Financiamento em que são dados ativos da empresa como garantia de pagamento.

Financiamento de Capital Próprio: Financiamento que obtém fundos em troca de participação acionária na empresa e que são utilizados para investimento em projetos.

Financiamento de Dívida: Financiamento que é dado um prazo maior para pagamento de uma dívida anterior não paga.

Financiamento Permanente: Nível mínimo de ativo circulante mais ativo fixo.

Financiamento Sazonal: Parte do ativo circulante que varia de um mês para outro.

Firma de Sociedade: Sociedade onde duas ou mais pessoas se associam e constituem uma entidade com personalidade jurídica, distinta daquela dos indivíduos que a compõe. Estas firmas podem assumir uma variedade de formas de sociedades comerciais.

Firma Individual: Firma representada por um único empresário ou proprietário que responde pelos seus negócios. Estas firmas também são consideradas pessoas jurídicas para fins tributários.

Fiscalista: Pessoa que defende a intervenção do estado na economia de um país, quando necessário. Mas, por outro lado defendem um estado não capitalista e sim controlador para evitar abusos do poder público.

Fisiologia Industrial: Fisiologia que se preocupa com a repercussão de métodos industriais específicos sobre o organismo humano e seu funcionamento.

Fixação de Preço: Política que atribui um único preço ao produto e o oferece a todos os consumidores que comprem a mesma quantidade sob as mesmas condições. Tal política dá um tratamento igual a todos os consumidores e elimina o tratamento diferenciado, que provoca descontentamento em muitos intermediários (distribuidores).

Flexibilidade: Qualidade para aceitar novidades para processos e métodos de trabalho; Estar aberto para novas ideias relativas às funções administrativas e organizacionais.

Flexibilidade da Mensagem: Qualidade que tem a mensagem para lidar com os diversos tipos de pessoas, cujas capacidades mentais são diferentes.

Flexibilidade do Plano: Qualidade que tem o plano por não se considerar completo e definitivo, já que tudo é provisório. Felizmente, existem diversas maneiras de se obter flexibilidade sem que se sacrifiquem os benefícios do plano.

Flexibilidade Organizacional: Flexibilidade necessária, não só em função das grandes transformações do mundo, mas, principalmente, porque essas mudanças se acentuarão em escopo, espaço, tempo, velocidade e complexidade. A busca de novos modelos de flexibilidade organizacional significou vencer as barreiras impostas pelas concepções rígidas de estrutura que prevaleciam tanto na teoria quanto na prática administrativa. Uma estrutura organizacional flexível enfatiza: a comunicação horizontal; a descentralização das decisões; a delegação de autoridade; a utilização intensa da coordenação; poucas regras; políticas e procedimentos e, principalmente, economia de tempo.

Fluxo: Caminho que algo ou alguém faz de forma sequenciada.

Fluxo da Informação: Fluxo que a informação, numa organização (sistema), faz por suas várias partes (subsistemas, departamentos, divisões, seções).

Fluxo de Caixa: Fluxo por onde passam todos os valores monetários do sistema financeiro de uma organização.

Fluxo de Custos: Sequência na qual os custos unitários dos materiais são atribuídos e baixados para consumo na fabricação.

Fluxo de Materiais: Movimento progressivo de materiais, peças ou bens entre postos de trabalho, áreas de estocagem, para a conclusão de um processo produtivo.

Fluxo de Produção: É uma lista de operações organizada como um registro, na ordem em que devem ser realizadas, junto com outras informações que serão necessárias durante a produção e podem ser convenientemente apresentadas em um único documento.

Fluxo de Trabalho: Fluxo que determina quem necessita comunicar com quem. Esta comunicação será entre pessoas ou entidades.

Fluxo do Capital de Giro: Caminho que o dinheiro faz desde o recebimento da encomenda até a entrega do produto e seu respectivo ressarcimento (pagamento).

Fluxo Produtivo: Fluxo que deve orientar o arranjo físico para que, além de atender às exigências da produção, também combine a capacidade das máquinas e aproveite melhor o espaço existente. Não se faz um bom fluxo produtivo sem planejamento.

Fluxograma: É um diagrama para atividades, rotinas e relações, que representa de forma dinâmica as unidades de trabalho e a sequência do processo, através dos fluxos das microestruturas que compõem o sistema; Diagrama de fluxo.

Fluxograma de Blocos: Fluxograma que usa um conjunto de símbolos gráficos que descreve as etapas da resolução do problema e é normalmente usado antes de se escrever o programa final. Este diagrama documenta o processo num nível acima da linguagem básica de construção de programas.

Fluxograma de Dados: Diagrama que representa a rede de um sistema e que mostra os componentes ativos do mesmo, suas interfaces e trocas de informação. O fluxograma de dados existe há bastante tempo. O primeiro uso deste diagrama foi registrado na França, na década de 1920.

Fluxograma de Decisão: Diagrama que ajuda o empreendedor, devido a uma ampla diversidade de circunstâncias, tomar a decisão mais acertada. Aqueles que não podem discernir entre o importante, o urgente e o que não tem pressa, estão fadados a gastar tempo e energia preciosos em problemas errados e a fracassar em tomar decisões desnecessárias, intempestivas e burras.

Fluxograma de Expedição: Diagrama que mostra a logística de saída do produto até a entrega ao cliente consumidor.

Fluxograma de Fabricação do Produto: Diagrama que estabelece todas as fases da fabricação do produto, desde a sua escolha até o recebimento do preço cobrado.

Fluxograma de Operações: Lista de operações de produção organizada como um registro, na ordem em que devem ser realizadas, junto com outras informações que serão necessárias durante a produção, convenientemente apresentadas num mesmo documento; Folha de processo.

Fluxograma de Processo: Gráfico que mostra diversas operações de um processo, na sequência em que elas devem ocorrer.

Fluxograma de Programa: Gráfico que retrata todas as etapas e respectivas atividades de um determinado trabalho. Em geral, os símbolos utilizados são processamento (retângulo) e decisão (losango). O símbolo de decisão tem duas saídas: sim e não. Uma destas alternativas determina o caminho a seguir.

Fluxograma de Risco: Diagrama que aponta os riscos de um projeto, antes mesmo dele ser implementado. Os riscos de fracasso rondam, permanentemente, o analista, o empreendedor e o gestor. Deve-se levar em conta que qualquer investimento tem uma expectativa de risco. Como não existe risco zero, este deve ser o mais bem calculado possível.

Fluxograma de Rotina: Diagrama que espelha uma rotina em ordem cronológica.

Fluxograma Horizontal: Fluxograma utilizado quando envolve muitas pessoas (entidades). Ele permite visualizar a parte que cabe a cada uma e comparar a distribuição das tarefas, possibilitando racionalização, enxugamento, participação, coordenação e integração.

Fluxograma Vertical: Fluxograma que retrata a sequência de uma rotina por meio de linhas e de colunas. No fluxograma vertical, a ênfase é colocada na ordem cronológica em que ocorrem os eventos.

FBO: Livre a bordo. O exportador é responsável pelas despesas de transporte e embarque a bordo do meio de transporte, no porto de origem, e daí em diante, a responsabilidade e risco é do importador.

Foco Luminoso: Toda a luz que a pessoa necessita para ver um produto. O foco deve ser constante e uniformemente distribuído.

Folder: Folheto dobrado, geralmente, entregue pelos Correios, ou em mãos, em que são relatados os bens e serviços que se quer divulgar.

Folga: Margem entre duas medidas de segurança; Diferença entre a data inicial de um processo e o seu término.

Folga Orçamentária: Prática de subestimar as receitas, a fim de tornar as metas orçamentárias mais factíveis de alcançar.

Folha de Autoavaliação: Formulário onde o próprio funcionário faz a sua avaliação.

Folha de Avaliação: Formulário onde são colocados itens (questões), cuja finalidade é medir, por meio das respostas, se o avaliado deve ser aproveitado ou promovido.

Folha de Observações Diretas: Controle do tempo utilizado por um funcionário para poder estabelecer padrões ou avaliar seu desempenho, através de diversas observações.

Folha de Observações Instantâneas: Controle para comparar o tempo de atividade de um funcionário e comparar com o tempo de inatividade. Este controle substitui a observação de prancheta que constrangia o funcionário e mascarava o resultado, porque era feito com o conhecimento do observado.

Folha de Pagamento: Controle que mostra a remuneração da mão de obra e os descontos (encargos).

Folha de Rosto: Folha que encabeça qualquer projeto para realçar a sua importância.

Follow-up: Arquivo de acompanhamento diário das atividades a executar (ação/decisão).

Fonte: Origem de algum recurso.

Fonte de Comunicação: Pessoa que emite ou fornece a mensagem.

Fonte de Capital: Origem de onde vem o capital necessário a tocar um empreendimento; Fonte de recursos financeiros.

Fonte de Conflito: Fonte de onde derivam os conflitos e que podem ser: internos (regras, padrões, procedimentos, políticas) e externos (ambientes, consumidores, distribuidores, fornecedores, governos, comunidades).

Fonte de Dados: Fonte de onde saem os dados, que podem ser: publicações, relatórios internos, relatórios externos, pesquisas, sistemas de informação, inspeções, experiências, demonstrativos de resultados, previsões, planos, orçamentos, projetos, estudos de risco. Cada uma das fontes deve ser avaliada quanto à credibilidade, custo, tempo, acessibilidade, coerência, pertinência, verificação.

Fonte de Decisão: Fonte de onde deriva a decisão, que pode ser: ordens superiores, apelos dos subordinados, plano organizacional, planejamento estratégico, posição na estrutura organizacional, orçamento, oportunidades, ameaças, restrições, contingências, estratégias, táticas, vantagens, desvantagens, pontos fortes, pontos fracos, prioridades, plano de curso e relação custo/benefício, por exemplo.

Fonte de Informação: Ver fonte de dados.

Fonte de Lucro: Fonte de onde provém o lucro. Na prática as reservas são provenientes dos lucros.

Fonte de Oportunidade: Ver inovação; Fonte em que se vê a oportunidade para inovar.

Fonte de Recrutamento: Lugar para recrutar recursos humanos. As fontes podem ser: internamente na empresa, associações patronais, universidades, agências de emprego (governo e particular), anúncios e indicações.

Fonte do Documento: Documento (arquivo) ligado diretamente ao objeto de estudo. As fontes do documento são as testemunhas diretas ou contemporâneas do fato (fenômeno) estudado, material bruto, não elaborado. As fontes podem vir de arquivos públicos e particulares, ou ainda, de fontes estatísticas, que abrangem os mais variados aspectos das atividades societárias.

Fonte do Orçamento: Documento construído à base de previsões de receitas e despesas futuras.

Fonte e Aplicação: Equilíbrio nas diversas contas do ativo e do passivo, porque um débito do ativo corresponde a um crédito do passivo, e vice-versa. Assim, quando debitamos no ativo e creditamos no passivo estamos aplicando e quando creditamos no ativo e debitamos no passivo estamos gerando uma fonte.

Força de Decisão: Prestígio que tem o tomador da decisão.

Força de Vendas: Equipe de vendas; Equipe cujo papel começa com uma avaliação de como a estratégia de vendas se compara ao que está sendo feito em outras organizações em diversos setores da economia.

Força-Tarefa: Grupo heterogêneo e provisório, constituído de especialistas de áreas diferentes para executar uma tarefa complexa, difícil e transitória.

Forma: Desenho que deve ter um produto.

Forma do Material: Forma que deve ter um material para ser entregue à sua produção.

Forma Jurídica: Escolha para a constituição de uma organização.

Formação: Educação formal que um ser humano teve durante a sua vida.

Formação Acadêmica: Qualidade que um executivo teve na universidade em que estudou. Além da preocupação didática em termos de conteúdos de qualidade acadêmica assegurada, há um esforço em todas as áreas de conhecimento, para que os alunos extrapolem a vivência em sala de aula e ganhe conhecimento prático em suas áreas de atuação.

Formação de Capital: Processo econômico-financeiro de criação de capital.

Formalidade: Maneira de agir conforme aquilo que estabelece a lei, a norma, o princípio, o regulamento, a praxe.

Formalização: Técnica de prescrever como, quanto e por quem as tarefas deverão ser executadas. Refere-se ao grau em que as regras, regulamentos, políticas e padrões são explicitamente definidos, governando o comportamento dos participantes da organização.

Formato: Desenho geométrico que deve ter o objeto.

Formato do Relatório: Formato que estará em função do tipo de leitura que deve ser feita, do assunto, das preferências do público-alvo, da apresentação da solução, da enumeração dos fatos, da exposição cronológica, das causas e efeitos e da elaboração da decisão, por exemplo.

Fórmula: Expressão matemática que leva a um resultado pretendido. As fórmulas, sempre que possível, devem ser precedidas de uma demonstração de como chegar à mesma, bem como o significado dos símbolos utilizados; Maneira de fazer algo.

Fórmula Descritiva: Fórmula que descreve um processo, como a fórmula de Lasswell, por exemplo: Quem é o comunicador? Sua reputação, sua capacidade de comunicar. Que diz a mensagem? A informação, por si só, não tem sentido. As pessoas lhe dão sentido apenas através do que conseguem captar. Quem é o receptor? A comunicação é percebida? Só é importante o que é visto e ouvido pelo outro, e nele desperta motivação. Com efeito, não há comunicação a não ser que o receptor esteja envolvido. Qual o meio utilizado? Marshall McLuhan tornou-se famoso ao afirmar que "o meio é a mensagem". A notícia, que vai ao ar pela TV, não é a mesma quando veiculada pelo rádio, jornal ou cinema. Que reação provoca a mensagem? A comunicação exige ida e volta. Você precisa de algum tipo de "feedback".

Fórmula Literal: Fórmula onde os símbolos são descritos em letras.

Formulação: Exprimir um objeto com precisão. A boa formulação de um problema leva a se ter praticamente metade da solução.

Formulação da Estratégia: Formulação que expõe de maneira clara e sucinta toda a complexidade que envolve o desenvolvimento de uma estratégia.

Formulação da Hipótese: Formulação que mostra uma alternativa de solução de um problema. A formulação da hipótese tem como condições: Ter caráter explicativo e/ou preditivo; Ser compatível com o conhecimento científico; Ter relevância e consistência lógica; Ser passível de verificação empírica.

Formulação do Problema: A formulação que indica exatamente qual a questão que se pretende resolver. Formular o problema consiste em dizer de maneira explícita, clara, compreensível e operacional qual a dificuldade com a qual nos defrontamos e que pretendemos resolver, limitando o seu campo e apresentando suas características. O objetivo é tornar o problema individualizado, específico e inconfundível.

Formulário: Documento padronizado, estruturado segundo sua finalidade específica, possuindo características e campos apropriados, destinados a receber, preservar e transmitir informações, cujos lançamentos são necessários para definir a natureza ou cobrir um fluxo qualquer de trabalho, desde seu início até sua conclusão.

Formulário de Papel: Formulário que pode ser impresso.

Formulário de Pesquisa: Formulário voltado para auxiliar a pesquisa, sendo um importante meio de comunicação, transmissão e registro de informações, principalmente, o baseado em dados quantitativos. É um documento destinado à inserção de informações variáveis.

Formulário de Requisição de Materiais: Formulário para identificar o custo do material a cada pedido.

Formulário Eletrônico: Formulário que substitui o de papel pelo uso da internet, com resultados extraordinários, além de reduzir o custo das transações.

Fornecedor: Empresa que atua no mercado de recursos.

Fornecedor de Recursos: Empresa que negocia recursos específicos para cada ramo da economia.

Fornecedor de Serviços: Empresa que negocia recursos utilizados no setor de serviços.

Fornecimento Interno: Ver distribuição interna.

Fortuna: Conjunto de bens e haveres.

Fracasso: Experiência bastante fatigante pela qual uma pessoa passa. Não há nada mais enervante do que não se conseguir uma coisa, sentir-se bloqueado, sem ir para frente.

Fracasso da Organização: Fracasso que não pode ser atribuído ao mercado, mas sim a uma falha administrativa. Não se trata da falta de recursos ou de informações, mas é uma questão de comportamento apropriado ao ambiente de negócios.

Fracasso do Projeto: Fracasso que se caracteriza pela inviabilidade do projeto. Pesquisas têm comprovado que a ocorrência de fracassos é muito comum e em algumas áreas de negócios os números chegam a assustar.

Fracasso Executivo: Fracasso profissional; Fracasso caracterizado por: desânimo, cansaço, fadiga física e mental, dificuldade de trabalho.

Fragmentação: Ato de dividir um todo.

Fragmentação do Mercado: Fragmentação que é resultado da concorrência e a consolidação da inovação. Dois aspectos devem ser considerados: posição e domínio.

Franqueado: Aquele que adquire do franqueador o direito de instalar e explorar as marcas e os produtos do franqueador, de acordo com as normas operacionais ditadas pelo franqueador. O franqueado deve pagar pelo direito de fazer parte do sistema de franquia.

Franqueador: Aquele que, sendo o titular de uma marca famosa, possui produtos já consagrados no mercado consumidor, sendo detentor da tecnologia de instalação e operação de um determinado tipo de negócio, processo, produto ou equipamento, outorga a alguém, dele mercadologicamente dependente, chamado franqueado, licença para explorar esses recursos, sempre em conexão com a exploração, utilização ou comercialização, da imagem da marca, em troca do pagamento de royalties.

Franquia: Forma de licenciamento pela qual o proprietário, titular ou franqueador de um produto, método, marca, processo ou tecnologia obtém sua distribuição e/ou utilização, por meio de parcerias com outras empresas, chamadas de franqueadas; Método de distribuição e comercialização entre franqueador e franqueado, no qual o primeiro oferece e é obrigado a manter um interesse contínuo no negócio do segundo, no que tange a área de atuação do primeiro.

Franquia de Formato: Franquia que o franqueador transfere para o franqueado conhecimentos e padrões de desempenho.

Franquia de Marca: Franquia que o franqueador apenas concede ao franqueado o direito ao uso de suas marcas.

Franquia de Performance: Franquia que utiliza técnicas e ferramentas típicas de operações de franquia para o aperfeiçoamento da rede de negócios e dos canais de marketing formados por outros tipos de parceiros, que não os franqueados.

Franquia de Produto: Franquia que permite ao franqueado revender produtos do franqueador.

Franquia de Rede: Franquia cujos parceiros compartilham valores e relacionamentos fundados no respeito mútuo e em que ambas as partes têm direito de serem ouvidas.

Franquia Social: Franquia voltada para atividades sem fins lucrativos (terceiro setor, sociedades sem fins lucrativos) e tem como objetivo primordial promover o bem comum.

Freguês: Ver consumidor cativo.

Frequência: Acontecimento, ato ou fenômeno que acontece dentro de uma determinada periodicidade.

Frequência de Produção: Quantidade de lotes de um item produzido ou programado para produção em um determinado período de tempo.

Fronteira: Uma espécie de linha que contém a atividade do sistema, podendo considerar seu limite virtual.

Fronteira Eficiente: Curva que calcula o máximo de retorno do investimento, em diferentes níveis de risco.

Frustração: Sentimento de perda de uma expectativa ou uma realização.

Função: Esforço disciplinado de um órgão, no sentido de realizar uma atividade útil à vida e ao desenvolvimento do organismo. O conceito de função transmite a ideia de ação e de dinâmica, impondo a existência de um componente ou de uma base estrutural, que sirva de suporte para o desenvolvimento da gestão de recursos. Em administração, este componente se chama cargo (conjunto de funções). O principal objetivo do estudo das funções é permitir a compatibilização e coordenação de esforços cooperativos e a eliminação de tudo aquilo que for desnecessário.

Função Administrativa: Função exercida por pessoa que trabalha com recursos organizacionais, para atingir objetivos predeterminados. Mas, como elas exercerão estas funções, ficará por conta da ação administrativa que, por sua vez, se fará por conta de métodos, princípios, teorias, técnicas, modelos e recursos.

Função Administrativa Acessória: Função que dá suporte às principais funções administrativas, que são planejar, dirigir e controlar; Função Auxiliar; Função Secundária.

Função Administrativa Analisar: Função administrativa voltada a dividir aquilo que se deseja conhecer, em tantas partes quanto for possível, de modo que permita um bom conhecimento de cada uma delas, e, com isso, um conhecimento completo e detalhado do todo.

Função Administrativa Avaliar: Função administrativa voltada a comparar, por meio de um controle, os resultados obtidos com os padrões propostos anteriormente. Uma avaliação deve ter, de preferência, um relato escrito. A avaliação tem sido utilizada pelos homens e animais, bem como pelas organizações.

Função Administrativa Comandar: Função administrativa relacionada com aquele que planeja e depois dirige a execução daquilo que foi planejado. É uma função muito comum nas forças armadas que, hoje, vem fazendo parte do conjunto de habilidades do gerente, tendo em vista que o mercado é considerado um campo de batalha.

Função Administrativa Comunicar: Função administrativa cuja ação é a de informar, educar, instruir, persuadir, divertir, influenciar, entre duas ou mais pessoas, através de fatos, ideias, símbolos, sentidos, palavras, opiniões e emoções.

Função Administrativa Controlar: Função administrativa que verifica e compara os resultados alcançados com aquilo que foi estabelecido no planejamento. O controle é necessário porque constantemente surgem distúrbios (desvios) tirando o sistema do curso traçado. Os desvios, por definição, estão fora do controle gerencial.

Função Administrativa Coordenar: Função administrativa que visa cuidar da integração das funções administrativas para que aconteça o mínimo de conflito e as relações se desenvolvam com suavidade e aceitação. Muitos gerentes não consideram a coordenação como parte separada e distinta de sua responsabilidade administrativa.

Função Administrativa Decidir: Função administrativa voltada a fazer uma apreciação sobre uma linha de conduta a ser adotada (escolhida). A tomada de decisão está intimamente relacionada à solução do problema.

Função Administrativa Delegar: Função administrativa de atribuir competência, autoridade e/ou poder a um subordinado para a execução de um determinado trabalho, criando a correspondente responsabilidade pela execução da tarefa delegada.

Função Administrativa Dirigir: Função administrativa que faz cumprir aquilo que foi planejado, isto é, implementa os planos empresariais, orientando e conduzindo recursos para alcançar (ou superar) os objetivos da organização. A função direção dinamiza a ação gerencial, sendo considerada como um processo de relacionamento (comunicação e liderança) com subordinados, pares e superiores.

Função Administrativa Negociar: Função administrativa em que as partes envolvidas se deslocam de suas posições originais, inicialmente divergentes, para um ponto no qual a convergência possa ser realizada. As pessoas discutem negócios diariamente e chegam a acordos sem negociar. Discussão, comunicação, reunião e entrevista não representam o mesmo que negociação.

Função Administrativa Organizar: Função administrativa que emprega eficientemente todos os recursos disponíveis, a fim de alcançar determinados objetivos. No sentido mais simples, organizar é preparar uma empresa (organização) para funcionar.

Função Administrativa Padronizar: Função administrativa que estabelece padrões (resultados desejados). Os padrões podem ser expressos em tempo, dinheiro, qualidade, custo, quantidade, índice, indicador. Podem ser tangíveis, intangíveis, vagos, específicos, explícitos e implícitos.

Função Administrativa Pesquisar: Função administrativa voltada ao desenvolvimento de uma busca reflexiva, sistemática, controlada e crítica que permite descobrir causas, novos fatos (ou dados), relações, leis, regras, princípios e procedimentos para adequar a organização e/ou a pessoa a uma mudança de estado. Como a mudança é constante, a necessidade de pesquisar é eterna.

Função Administrativa Planejar: Função administrativa que capacita a empresa a decidir qual é o melhor uso de seus recursos para atingir objetivos propostos. Se os recursos empresariais são insuficientes, cabe ao gerente planejador apontar as necessidades. O planejamento é a primeira e a mais importante função administrativa por ser ela a base para as demais funções.

Função Administrativa Prever: Função administrativa para dimensionar uma situação futura (para um determinado período), a partir de dados, informações e recursos presentes e existentes. Toda previsão é, por definição, errada, porque não há um grau de certeza absoluto.

Função Administrativa Recrutar: Função administrativa que determina quais os candidatos que estão qualificados a ocupar um determinado cargo.

Função Administrativa Selecionar: Função administrativa que complementa o recrutamento, pois ajuda a escolher a pessoa certa para o lugar certo.

Função Administrativa Solucionar: Função administrativa que encontra um meio ou processo de superar um problema. Nem sempre a solução apresentada permite a resolução total do problema, pois a mesma tem de ser conclusiva e demonstrável, como recomenda a ciência. Pode parecer fácil solucionar um problema empresarial para aqueles que administram no estilo "apaga incêndio", isto é, resolvem o problema, mas não se preocupam em evitá-lo no futuro.

Função Administrativa Treinar: Função administrativa que visa ajudar o subordinado a organizar suas ideias e aptidões de modo a poder usá-las com vantagem em suas relações. O objetivo do treinamento é capacitar o indivíduo a alcançar altos padrões de desempenho para cumprir seus deveres e responsabilidades.

Função da Armazenagem: Função que controla seu estoque, principalmente, para compensar erros na projeção de demanda. Desde que a demanda possa ser maior do que a prevista, a empresa precisará estocar matérias-primas, insumos, peças, utilidades, produtos semiacabados, produtos acabados, como medida de segurança. Também a manutenção de estoques permite a empresa comprar e fabricar lotes econômicos.

Função da Moeda: Função que dá a moeda um sentido de instrumento de troca ou de reserva de valor.

Função da Universidade: Função que capacita as pessoas para a pesquisa, ampliando o conhecimento científico e tecnológico. A importância da universidade está na reflexão que faz da sociedade na qual está inserida.

Função Custo: Equação utilizada para descrever os relacionamentos entre um custo e seus componentes.

Função de Custo Linear: Equação de custo representada por uma linha reta, devidamente ajustada (regressão linear).

Função de Custo Não Linear: Equação de custo representada por uma linha quebrada, cujos degraus representam períodos de análise do custo.

Função de Vendas: Função que ajuda a empresa a sobreviver, porque consegue receitas. Reconhece necessidades, provendo informações a respeito de produtos. Ainda promove trocas. Todavia, talvez a sua função mais importante seja a de disseminar informações sobre inovações.

Função do Administrador: Exercer o comando do chamado processo administrativo, visando questionar se a empresa cumpre a finalidade para qual foi criada.

Função do Banco Central: Banco emissor de moeda e controlador da base monetária.

Função do Dirigente: Dedicar-se à obtenção dos melhores resultados possíveis, com os recursos corretamente utilizados e disponíveis.

Função Econômica: Função voltada a produzir bens e serviços e de manter o equilíbrio entre a organização e o ambiente.

Função Estimuladora: Função voltada a desenvolver e capacitar uma pessoa por meio da comunicação.

Função Estruturação: Função que estrutura a organização para atender as exigências do mercado.

Função Executiva: Função administrativa dirigir.

Função Expressiva: Função voltada a expressar emoções, ideias, temores e expectativas. A necessidade humana de ser expressivo é tão forte que, às vezes, supera a necessidade de comunicar-se com os outros.

Função Gerencial: Função multidirecional, envolvendo responsabilidades para gerir relacionamentos nos sentidos vertical, horizontal e diagonal da estrutura organizacional. Atualmente, já se aceita tratar a função gerencial como extremamente ambígua e repleta de dualidades, cujo trabalho se faz de forma fragmentada e intermitente, ao contrário do passado onde achávamos que tudo deveria ser certinho, subtraindo a mudança do ambiente de operação da organização.

Função Identificadora: Função reveladora de um objeto.

Função Informativa: Função que, por meio da comunicação, informa um fato, um acontecimento, um fenômeno, um problema.

Função Objetivo: Função de um modelo de decisão.

Função Organizacional: Função que diz respeito às atividades envolvidas com os recursos disponíveis da organização.

Função Organizacional Desenvolvimento: Função voltada para a pesquisa, criação de novos produtos, aplicação de tecnologia e aquisição de conhecimento (capital intelectual).

Função Organizacional Finanças: Função relativa a planejamento, captação e gestão dos recursos financeiros, envolvendo também os registros contábeis das operações realizadas nas empresas e seus respectivos orçamentos.

Função Organizacional Logística: Função relativa ao suprimento de materiais (máquinas e equipamentos), armazenagem, movimentação e distribuição física de produtos.

Função Organizacional Marketing: Função relativa à identificação das necessidades de mercado, bem como a colocação de bens, serviços e ideias junto ao público, devendo, ainda, criar e manter consumidores.

Função Organizacional Pessoal: Função relativa ao atendimento dos funcionários, ao planejamento das necessidades de mão de obra, treinamento, política de benefícios e obrigações legais.

Função Organizacional Primária: Função essencial à vida e ao desenvolvimento da organização. Englobam as funções e atividades envolvidas diretamente no ciclo de transformação de recursos em produtos e de sua colocação no mercado.

Função Organizacional Produção: Função relativa à transformação das matérias-primas e insumos em produtos a serem vendidos.

Função Organizacional Qualidade: Função relativa a atender às exigências ou adequações dos clientes da organização. É uma espécie de sistema voltado para conseguir, em primeiro lugar, a satisfação dos consumidores, tendo a participação de todas as áreas e indivíduos e, em segundo lugar, acompanhar as atividades da empresa desde o planejamento até o fim da vida útil do produto vendido.

Função Organizacional Secundária: Função auxiliar e acessória que proporciona os meios para que os recursos sejam operacionalizados e controlados.

Função Organizacional Serviço: Função relativa ao transporte de pessoas, manutenção e limpeza dos escritórios, documentação, arquivos, patrimônio imobiliário da empresa, serviços jurídicos, segurança e alimentação.

Função Organizacional Sistema: Função do tratamento da informação (dado) e comunicação, englobando a análise de sistemas, o processamento de dados, os modelos de decisão e os bancos de dados.

Função Organizacional Social: Função que objetiva manter a satisfação de seus funcionários.

Função Organizacional Terciária: Função que visa manter o equilíbrio interno (organização) e externo (sociedade).

Função Persuasão: Função que atua no comportamento dos indivíduos (consumidores), fazendo com que estes atuem conforme a nossa vontade.

Função Pesquisa & Desenvolvimento: Função crítica para a administração da produção. Cada ideia força sua própria demanda em termos de tempo e de recursos para trazê-la à realização. Os procedimentos de laboratório são vetores e não soluções para amenizar os conflitos entre Produção versus Pesquisa e Desenvolvimento. O desenvolvimento é o campo do técnico e não do cientista.

Função Pública: Função que a organização deve ter para com o público do seu entorno (vizinhança).

Função Staff: Função de assessoria.

Funcionalidade: Fator que diz respeito especialmente ao projeto de construção. Adaptações em edificações antigas podem sair mais caras do que a montagem de uma loja em local projetado para esse fim.

Fundador: Pessoa que tem uma ideia inovadora e dá início a um empreendimento.

Fundamentação: Bases em que se assentam um novo projeto. A fundamentação se fará por: bibliografias; experiências; demonstrações; processos; relatórios; análises; conhecimentos; tecnologias; Conjunto de conhecimentos que embasam um projeto.

Fundo: Nome dado à origem ou depósito de um meio financeiro. O fundo pode advir de: reservas de lucro, empréstimos ou créditos mercantis.

Fundo com Encargos: Fundo que cobra uma taxa dos investidores que aplicam seu dinheiro neste fundo.

Fundo de Capital Aberto: Fundo que vende ações de acordo com a demanda dos investidores e compram ações de volta desses mesmos investidores que desejam se desfazer da aplicação.

Fundo de Capital Fechado: Fundo que vende suas ações por meio de uma oferta pública inicial e são, então, fechados após a oferta.

Fundo de Investimento: Fundo de investimento que permite ao investidor possuir interesses em muitas empresas sem possuir diretamente suas ações.

Fundo de Pensão: Fundo que recebe pagamentos (chamadas contribuições) de funcionários (empregados) e/ou de empregadores (patrões) em nome dos funcionários. Estes pagamentos são um percentual dos salários que serão pagos como benefícios àqueles que se aposentarem.

Fundo de Reserva: Fundo gerado internamente pela empresa a partir de lucros retidos e depreciação de seus ativos.

Fundo Mútuo: Fundo que vende ações a indivíduos e usam os recebimentos para aplicar em título da dívida publica; Fundo que vende cotas a indivíduos e reúne os recebimentos para aplicar no mercado financeiro.

Fundo sem Encargos: Fundo que não cobra taxa de administração aos seus investidores, em função do capital aplicado.

Fusão: Nome dado ao resultado da reunião de duas ou mais empresas, que podem manter a mesma marca (nome) ou não. A fusão se refere, mais especificamente, ao acordo entre uma empresa adquirente e uma adquirida para juntar seus negócios. A empresa adquirente assume o controle, mantendo, geralmente, seu nome e identidade.

Fusão e Aquisição: Movimento feito por uma empresa que deseja se desenvolver. Tanto a aquisição quanto o desenvolvimento interno assumem inúmeras formas. A aquisição vai desde o licenciamento à compra de produtos já desenvolvidos, bem como fusões com outras empresas. O desenvolvimento interno vai desde a edição de novos produtos a radicais mudanças organizacionais para abrir espaço para novas habilidades e competências (reengenharia). No caso da aquisição, além dos custos relatados, há um ágio que é pago como recompensa pelos riscos que foram assumidos pelo vendedor para ter os ativos e as capacidades instaladas que estão no jogo da negociação. As palavras fusão e aquisição têm significados e aplicações diferentes na contabilidade. Numa aquisição, os ativos são incorporados no balanço patrimonial da empresa compradora de acordo com o valor justo. Na fusão, os ativos são somados.

Fusão Global: Fusão que envolve a adaptação a diferentes padrões contábeis, leis fiscais, tributos, estilos de administração e adaptações trabalhistas. Este tipo de fusão é demorado, até que se tenha um nível de sinergia desejável.

Fusão Horizontal: Fusão que acontece quando uma empresa pequena possui tecnologia avançada e não consegue financiar sua expansão.

Fusão Vertical: Fusão que ocorre quando uma de duas empresas tem dificuldade na gestão dos recursos disponíveis.

Futuro Administrador: Administrador de amanhã que terá de ser capaz de relacionar seu produto e seu setor com o cenário global, terá que descobrir o que apresenta de significativo e terá que levar em consideração em suas ações e decisões. E cada vez mais as perspectivas do administrador futuro serão mais difíceis. A carreira do administrador dependerá muito de sua força de vontade. Saber liderar pessoas se tornará um dever sagrado. Embora as pessoas sejam difíceis de administrar, é através delas que a empresa atinge seus objetivos.

G

Gabarito: Dispositivo que segure uma peça em uma posição desejada, dando condições de se utilizar a ferramenta necessária ao processo de fabricação; Documento em que são listadas as respostas corretas de um teste (prova).

Ganho: Fator da relação saída/entrada de um sistema, no circuito de feedback (retroalimentação). Como o feedback trata dos desvios, é possível estabelecer: O = G (I - O) ou: G = O / (I - O)

Onde: O = Saída do Sistema; G = Ganho do Sistema; I = Entrada do Sistema.

Exemplo: São aplicados num sistema 1.000 t de materiais e são obtidos 600 t de produto acabado, pergunta-se: Qual o fator de ganho do sistema? Solução: G = 600 / (1.000 - 600) = 600 / 400 = 1,5

Ganho Cambial: Valorização da moeda local em relação à outra moeda.

Ganho de Capital: Variação positiva de um ativo (investimento) durante um dado período.

Garantia: Promessa que dá a segurança aos compradores de que o produto fará aquilo que esperam dele. O tipo de garantia oferecida e sua duração estão descritas no contrato.

Garantia de Pagamento: Garantia onde há certeza de pagamento nas datas previstas. Devem ser evitadas garantias pessoais do empreendedor.

Garantia de Serviço: Garantia que, talvez, seja o seu maior valor agregado, porque é uma comunicação explícita de dizer que o serviço será feito conforme contrato.

Gargalo: Nome dado ao momento em que o trabalho exigido é maior do que a capacidade de fazê-lo. Ver congestionograma.

Garoto Propaganda: Mídia que utiliza tipos de pessoas condizentes com a propaganda. O risco é grande porque está em função da conduta do protagonista.

Garra: Força de vontade de uma pessoa naquilo que deseja construir. A garra produz um efeito contagiante. Mas, atenção, ter garra sem técnica pode causar frustrações.

Gasto: Todo dispêndio (saída de caixa) para cobrir um compromisso financeiro. Ele pode se referir a: aquisição de um produto (gasto de consumo), dispêndio com energia (gasto de produção), dispêndio com ativos para futuras utilizações (gastos de investimento), dispêndio não associado à produção (gastos administrativos), por exemplo. Como um gasto corresponde ao valor pago para obtenção de um ativo, quer tenha sido desembolsado à vista ou assumido a obrigação de pagá-lo posteriormente, seu destino pode ser para: custos, despesas, investimentos, desembolsos e amortizações, por exemplo.

Gasto Direto: Despesa direta.

Gasto Indireto: Despesa Indireta.

Gasto Público: Gasto para pagar salários de funcionários públicos e aposentadorias, bem como recursos para manter: saúde, educação, transportes, estradas, portos, segurança, juros da dívida pública, ciência, tecnologia.

Gastos Diretos com Mão de Obra: Despesas com: Cartão Transporte; Comissões; Décimo Terceiro Salário; Admissão; Demissão; Acidentes; Médicos; Diárias; Encargos Sociais; Férias; Horas Extras; Multas Trabalhistas; Prêmios por Produtividade; Rescisão Contratual; Salários Líquidos a Pagar; Seguro de Vida em Grupo para

Funcionários; Seguro Saúde em Grupo; Treinamento de Funcionários.

Gastos Diretos com Matéria-Prima: Despesas com materiais utilizados na produção de bens e serviços.

Gastos Indiretos: Despesa com: Água e Esgoto; Aluguel de Imóveis, Máquinas e Utensílios; Amortização de Empréstimos; Aplicativos de Software; Associação Patronal; Brindes; Material de Escritório; Correios; Combustível; Segurança; Bancos; Reposições; Alterações Contratuais; Força e Luz; Honorários; Impostos; Taxas; Contribuições; IPTU; IPVA; Manutenção; Material de Higiene e Limpeza; Meios de Divulgação; Multas do Governo por Improbidades; Pró-Labore de Sócio; Recarga de Extintores; Seguros; Site (domínio); Taxa de Alvará; Letreiros; Taxa de Incêndio; Telefones; Transporte Pessoas.

GATT: Acordo Geral de Tarifas e Comércio.

Generalista: Executivo que possui uma visão holística da empresa ou do seu departamento. É o individuo que quando olha a floresta vê uma manhã verde; Contrário de especialista.

Generalização: Característica voltada a determinar uma regra (procedimento, diretriz) comum a vários objetos de estudo.

Gênio: Pessoa superdotada que, além de demonstrar precocidade, provoca perplexidade, pois é capaz de criar algo inédito, revolucionário e transformador.

Geografia do Varejo: Nome dado ao local do varejo, onde são consideradas as seguintes varáveis: hábito, comportamento, nível de riqueza, cultura, faixa etária, necessidade, desejo, propensão a consumir, nível de atendimento, uso do solo, infraestrutura de transporte, legislação, zoneamento, topografia do terreno.

Geração de Ideias: Nome dado a procedimentos sistemáticos que ajudam a empresa cruzar dados, para que esta combinação se transforme em informações úteis e inteligentes. As fontes onde surgem ideias de novos produtos podem vir de: consumidores, usuários, colaboradores, voluntários, pacientes, concorrentes, revendedores, distribuidores, atacadistas, varejistas, vendedores, cientistas, técnicos, engenheiros, institutos de pesquisa, universidades.

Gerência: A palavra gerência (management) tem sido usada como sinônimo de administração, mas, na verdade, apesar de muitas pesquisas, este termo ainda continua um tanto ambíguo. Cabe à função gerência, a arte de pensar, decidir, agir, fazer acontecer, prover recursos, atingir objetivos estabelecidos e obter resultados positivos.

Gerência da Cadeia de Suprimentos: Gerência que integra os elementos do negócio, desde o usuário final até os fornecedores primários que proporcionam matérias-primas, insumos, bens, serviços e ideias.

Gerência da Decisão: Gerência que procura sempre alternativas satisfatórias e não as mais elaboradas. É o que acontece com os padrões, pois trabalhamos, em geral, com os aceitáveis, porque nem sempre é possível trabalhar com padrões de excelência. A gerência da decisão na empresa se caracteriza pelos seguintes aspectos: incerteza e regras.

Gerência da Distribuição: Gerência dos canais de distribuição, da armazenagem, do custo do transporte, do local de entrega e do atendimento da carteira de pedidos, por exemplo. Tarefa difícil de ser executada, porque precisará trabalhar conflitos entre: vendedores, fornecedores, intermediários, distribuidores, varejistas e consumidores.

Gerência da Empresa: Gerência necessária para dirigir diversas atividades que um indivíduo sozinho não consegue realizar. Embora a função gerencial esteja ligada ao nível intermediário da organização, é comum se ler sobre gerências de alto nível, transparecendo que esta palavra gerência está ganhando, cada vez mais, importância e, via de consequência, galgando o nível estratégico da organização.

Gerência da Força de Vendas: Gerência para comandar os vendedores, bem como: recrutar, selecionar, treinar, remunerar, supervisionar, motivar e controlar. Todos estes e outros dispositivos ajudam a eliminar os candidatos inadequados. Mas, certamente, o método mais relevante é o da entrevista pessoal. Ela permite a avaliação de qualidades e capacidades do pretendente a um cargo de vendedor.

Gerência da Marca: Gerência que se relaciona com a equipe de vendas, intermediários, público consumidor, compradores, fornecedores, projetistas, serviços acessórios, propaganda, promoção, produção, pesquisa, desenvolvimento, tributação, mercado de recursos.

Gerência da Mensagem: Gerência que tem o desafio de criar mensagens que atrairão a atenção do público-alvo específico. Isso significa formular algum tipo de benefício, motivação, identificação ou razão por aquilo que o leitor deva considerar. São exemplos de mensagens aquelas que demonstram qualidade, economia, valor e desempenho de um produto.

Gerência da Propaganda: Gerência para elaborar o orçamento da propaganda, verificar a disponibilidade de recursos, estabelecer um percentual em função da receita com vendas (em geral é de 3%), acompanhar o gasto da concorrência com propaganda, estabelecer um cronograma para o plano de propaganda e desenvolver um fluxograma de programa para decidir o que fazer em função dos objetivos.

Gerência da Qualidade: Gerência que assegura a redução dos desvios que, por sua vez, proporciona redução dos custos, gerando maximização dos lucros. A qualidade, enfocada no seu mais amplo sentido, requer que cada empregado tenha confiança em sua própria competência. É necessário que os empregados sintam que a qualidade é meta prioritária da empresa e que vai ser levada a sério. É fundamental que todos saibam como a empresa encara as questões de qualidade, diante de usuários, consumidores, fornecedores e todos os que se relacionam com a organização.

Gerência da Racionalidade: Gerência baseada na premissa de que as empresas existem e se justificam para atingir objetivos, metas, desafios e propósitos.

Gerência da Tecnologia: Gerência voltada a solucionar os problemas que causam as novas tecnologias.

Gerência de Dados: Gerência voltada a estabelecer como criar critérios de: arrumação, filtragem, ordenação e seleção de dados.

Gerência de Estoque: Gerência que procura minimizar custos de armazenagem para produtos acabados e semiacabados. Em muitas empresas, a gerência de estoque acumula com a função de gerência de materiais. Embora a previsão de demanda seja uma parte vital na determinação do fluxo dos produtos, a verdadeira demanda pode não ser a prevista. Os produtos precisam ser armazenados de um modo que compense as inexatidões da previsão de vendas.

Gerência de Linha: Gerência diretamente responsável a alcançar os objetivos da empresa.

Gerência de Marketing: Gerência que surgiu das dificuldades de concorrência de um mercado altamente competitivo. As ações gerenciais acontecem em dois mundos completamente diferentes: o mundo do ambiente competitivo de hoje e o mundo incerto e mutável de amanhã.

Gerência de Mercado: Gerência voltada a desenvolver políticas de pessoal e plano de vendas. Para tal, terá como atribuições: analisar para qual direção vai o mercado; avaliar oportunidades e planejar o esforço de vendas no logo prazo; estudar e mobilizar meios e recursos; conhecer o volume de vendas e respectivos custos; participar do grupo que define o preço de venda dos produtos; participar da equipe que monta sistemas de informação e comunicação; atualizar informações sobre produtos, mercados, concorrentes e consumidores; orientar a força de vendas na criação de novos consumidores.

Gerência de Novas Ideias: Gerência de transformar ideias em inovações. As novas ideias não são, por si mesmas, suficientes para produzir inovações. É preciso que elas ultrapassem os limites do desejo individual e se torne coletivo. Tal processo é difícil, pois ameaça valores e comportamentos. Implica uma ação coordenada para harmonizar interesses, percepções e atitudes.

Gerência de Recursos Humanos: Gerência que trata das atividades relacionadas ao recrutamento, seleção, contratação e treinamento de funcionários. A gerência de recursos humanos conta com pesquisa de motivação.

Gerência de Relacionamento: Gerência voltada ao relacionamento com todos os clientes da empresa. Hoje, é comum se falar de CRM (*customer relationship management*) nas empresas como veículo de relações lucrativas para ambos os lados e um canal de integração-comunicação. Quando funciona, o CRM possibilita que as empresas reúnam, rapidamente, os dados dos clientes, identifiquem os mais valiosos ao longo do tempo e aumentem a fidelidade oferecendo bens personalizados.

Gerência de Tráfego: Gerência voltada a identificar pontos logísticos de atendimento. O mapeamento das áreas de concentração das atividades de comércio e dos polos geradores de serviços contribuirá para a organização de um banco de dados associado com elementos geográficos.

Gerência de Transporte: Gerência que procura minimizar o custo do frete. Ela prefere meios menos dispendiosos e embarques menos frequentes e volumosos. A análise do sistema viário principal de uma cidade permite o entendimento preliminar da movimentação dos veículos e das pessoas dentro do tecido urbano.

Gerência de Vendas: Gerência cuja finalidade é avaliar os resultados da força de vendas. A preocupação do gerente de vendas está relacionada, diretamente, com a maximização da receita com vendas, volume e entrega dos produtos faturados.

Gerência do Conhecimento: Gerência que agrega valor em todos os níveis da organização, devido ao compartilhamento do conhecimento através de redes digitais. As vantagens da transferência de conhecimento foram muitas, porque aumentaram a eficiência dos métodos e processos, levando para resultados eficazes. A qualidade da decisão aumentou, em função da conexão de grupos detentores do conhecimento. O conhecimento adquiriu caráter estratégico.

Gerência do Lucro: Gerência cuja preocupação maior é saber qual o lucro ou o retorno ideal para o seu negócio. É importante distinguir lucro de retorno. Um lucro pode parecer excelente e não representar um bom retorno quando comparado ao investimento feito. Gerenciar o lucro é imprescindível para a continuidade do negócio.

Gerência Estratégica: Gerência que surgiu para fazer face aos desafios de uma nova era de descontinuidade, mudanças e turbulências. As mudanças ambientais, contudo, foram de tal ordem que não se caracterizaram por algo passageiro e previsível. Surgiram de forma incontrolável, com o futuro se aproximando do presente. Por outro lado, a competição acirrada, função da globalização, criou um cenário hostil e imprevisível, causando a sensação de falta de controle gerencial.

Gerência Flexível: Gerência que acontece numa estrutura organizacional atomizada (polos de decisão), tendo em vista que a gerência intermediária está sendo gradualmente eliminada, devido ao avanço da: automação, informática, tecnologia e telemática. A gerência flexível representa a consequência de uma ação estratégica de antever e se adaptar às constantes mutações social e econômica do ambiente.

Gerência Intermediária: Gerência necessária para atividades que um indivíduo sozinho não consegue realizar. A gerência de nível intermediário tem sido uma atividade desenvolvida por políticas e procedimentos criados pelo nível institucional da empresa, que acabaram virando ordens e regras para toda a organização.

Gerência Pública: Ver administração pública.

Gerente: Profissional que vive pressionado para adotar ações na busca de recursos e ferramentas para terem soluções de curto prazo e resultados que, geralmente, só aparecerão no longo. Gerentes são nomeados ou dispensados, em função dos resultados.

Gerente de Carteira: Gerente que administra uma carteira de títulos.

Gerente de Compras: Gerente que compra o indispensável para a produção da empresa. Este gerente precisará ser um hábil negociador para as variáveis: quantidade, qualidade, preço de compra, prazos de recebimento e de pagamento.

Gerente de Distribuição: Gerente que administra os canais de distribuição, armazenagem, custo do transporte, local de entrega, atendimento da carteira de pedidos, por exemplo. Tarefa difícil de ser executada, porque precisará trabalhar conflitos entre: setor de vendas, setor de produção, intermediários e consumidores.

Gerente de Estoque: Gerente que procura minimizar custos de armazenagem para produtos acabados e semiacabados. Não confundir com gerente de materiais.

Gerente de Linha de Produto: Gerente que precisa conhecer as vendas e os lucros de cada item de sua linha, para determinar quais devem ser desenvolvidos, mantidos, revisados, inovados, explorados ou eliminados. Precisam também conhecer o perfil do mercado de cada produto.

Gerente de Marca: Gerente que para introdução de uma nova marca deve levar em consideração o seguinte: Pode uma ideia inédita ser criada para uma nova marca? Será a marca bem aceita? Será o custo de desenvolvimento e promoção da marca justificado pelo retorno esperado sobre o investimento? É o posicionamento em que a empresa apresenta uma razão específica para a criação da marca? A empresa deve procurar mostrar aos consumidores que sua marca é melhor do que a da concorrência em diversos aspectos?

Gerente de Marketing: Gerente que pode dizer o que a empresa precisa saber sobre o design de um novo produto e o segmento de mercado em que deve ser posicionado. Também dizer o resultado da pesquisa de mercado e qual o significado do resultado.

Gerente de Mercado: Gerente cuja função é: analisar para que direção vai o mercado e qual o novo produto a oferecer; avaliar oportunidades e planejar o esforço de vendas no longo prazo; estudar e mobilizar meios e recursos; conhecer o volume de vendas e respectivos custos; participar do grupo que define o preço de venda dos produtos; participar da equipe que monta sistemas de informação e comunicação; atualizar informações sobre produtos, mercados, concorrentes e consumidores; orientar a força de vendas na criação de novos consumidores.

Gerente de Produção: Gerente que deve indagar, todos os dias, sobre: Por que produzir? O que produzir? Como produzir? Quando produzir? Quanto produzir? Com que produzir? Onde produzir? A que custo produzir? Qual deve ser a capacidade instalada? O preço de venda do produto é competitivo? Este gerente terá os seguintes mais importantes problemas: mudanças excessivas nos produtos (modelos e estilos); rendimento baixo das máquinas e equipamentos; redução nas linhas de produção e linhas de expectativa; tempo residual excessivo; baixa produtividade; resposta irreal sobre pedido do cliente; pedidos de afogadilho; altos custos em algumas linhas.

Gerente de Produto: Gerente relacionado com a equipe de vendas, intermediários, público consumidor, compradores, fornecedores, projetistas, serviços acessórios, propaganda, promoção, produção, pesquisa, desenvolvimento, tributação, empresas concorrentes. A maior preocupação do gerente de produto deve ser para com seu planejamento.

Gerente de Projeto: Gerente que dá ênfase à integração das tarefas e atividades do projeto, em seus aspectos organizacionais e sistêmicos, uma vez que cada área funcional apresenta seus propósitos e objetivos particulares, ocasionando com isso desentendimentos e conflitos. É um gerente que precisa ter um conhecimento amplo daquilo que se propõe a fazer, bem como avaliar e cruzar informações na busca da realização ótima. A função do gerente de projeto dentro da organização é bastante controvertida, pois deve atuar junto à alta administração, falando de orçamentos, prazos e estratégias, e, junto à equipe do projeto, de tecnologia, desenvolvimento, metodologia e desempenho. O gerente de projeto tem uma larga amplitude de interesses, um estilo generalista e um conhecimento específico e bastante aprofundado. O trabalho do gerente de projeto envolve o manuseio da não rotina, de problemas inesperados que surgem entre as funções tradicionais que cada um desenvolve, obrigando-o a resolver conflitos interdepartamentais. Ele não tem autoridade direta em suas relações, exceto aquelas definidas no plano de trabalho.

Gerente de Propaganda: Gerente que direciona suas atividades para o mundo da comunicação, mormente naquilo que diz respeito à mensagem do produto.

Gerente de Relacionamento: Gerente voltado para o estudo do relacionamento entre o consumidor e a empresa e seus conflitos. Sua preocupação é com a taxa de clientela e com as necessidades de definir quais os clientes são chaves para a empresa e quais aqueles que não interessam.

Gerente de Sistemas: Gerente que atua no desenvolvimento e implementação de sistemas, nos procedimentos administrativos e no processamento de dados. O gerente de sistemas deve dar atenção às mudanças de ambiente, óticas profissionais de colaboradores, percepções, sentimentos, ações grupais, questões políticas e organizacionais, conflitos e disputas.

Gerente de Tecnologia: Gerente encarregado do registro de patentes e marcas das inovações desenvolvidas na empresa.

Gerente de Vendas: Gerente que está relacionado diretamente com a maximização da receita com vendas, volume e entrega dos produtos faturados. Cabe a ele ultrapassar as metas estabelecidas, dividir as cotas entre vendedores, participar na elaboração de estratégias e políticas de abordagem do mercado e dos consumidores.

Gerente do Produto: Gerente que se relaciona com: os atendentes, vendedores, intermediários, consumidores, compradores, fornecedores, projetistas, serviços acessórios, propaganda, promoção, produção, pesquisa, desenvolvimento, tributação, mercado de recursos. Em algumas empresas, é o centro dinâmico da atividade mercadológica.

Gerente Efetivo: Gerente que sabe onde gastar o próprio tempo; concentra esforços em resultados mais do que em atividades; baseia-se nas qualidades pessoais mais fortes de cada um; concentra-se nas tarefas-chave; toma decisões que otimizam resultados; atua como agente de mudança; avalia estratégias e táticas.

Gerente Eficaz: Gerente que faz as coisas certas, dando ênfase aos resultados; elabora alternativas; otimiza a utilização dos recursos; distingue quais problemas devem ser tratados e o porquê da prioridade da abordagem; aumenta lucro e receita com vendas.

Gerente Eficiente: Gerente que dá ênfase aos meios; resolve problemas; diz como as coisas são executadas; cuida dos recursos; preocupa-se com o controle; cumpre com suas obrigações; reduz custos em processos de produção; treina os subordinados.

Gerente Empreendedor: Gerente que é inovador e criativo, aproximando-se do papel de empresário. Ele é capaz de vislumbrar novas oportunidades, iniciar novos negócios e ver "nichos" de mercado.

Gerente Financeiro: Gerente voltado a planejar, captar, investir e gerir os recursos financeiros, envolvendo-se também com os registros contábeis das operações realizadas na empresa. Ele é o indivíduo responsável pelo levantamento das necessidades e captação de fundos. O gerente financeiro, ao conseguir recursos financeiros e distribuí-los, em função dos diferentes usos e aplicações, acaba sendo o elo vital na aquisição de recursos de todo o tipo.

Gerente Objetivo: Gerente que deve ter presente a ideia de finalidade, poder observar e delinear as causas dos eventos sem se influenciar por emoções, determinar as causas reais dos resultados, saber chegar sem se perder a meio caminho, distinguir o essencial do acidental, ter concisão (clareza e precisão), ter inteligência treinada para resolver problemas.

Gerente Otimista: Gerente que toma decisões baseadas mais em otimismo lúdico do que pesando racionalmente a possibilidade de ganhos e perdas. Superestima os benefícios, subestima os custos e constrói cenários de sucesso, deixando de lado o potencial de erros. Ele, frequentemente, atribui seus sucessos à própria habilidade e os fracassos à falta de sorte.

Gestalt: Teoria que estabelece que as partes de um conjunto não são definidas individualmente, mas pelo seu conjunto.

Gestão: Termo genérico que sugere a ideia de dirigir e decidir; Algo com base científica, de caráter racional, onde as análises e as relações de causa e efeito ajudam a antecipar ações de forma mais efetiva. O termo gestão vem sendo preferido pelo desgaste das palavras administração e gerência.

Gestão da Qualidade: Gestão cuja filosofia é ter ambientes que produzam bens e serviços sem defeitos; Gestão do zero defeito.

Gestão da Saúde: Gestão voltada a cuidar da saúde dos recursos humanos da Organização. O que importa é como o cuidado à saúde é organizado.

Gestão de Arquivos: Gestão centralizada que permite aprimorar o controle de qualidade dos dados introduzidos no sistema, aumentando a confiabilidade dos mesmos. Naturalmente, a empresa com arquivos desta natureza pode gerenciar seu banco de dados, segundo os critérios de arrumação, filtragem, ordenação e seleção.

Gestão de Custos: Ver custeio.

Gestão de Estoque: Atividade de controlar o fluxo de bens fabricados pela empresa.

Gestão de Pessoas: Gestão que envolve, necessariamente, conhecimentos de: Psicologia Industrial; Sociologia Organizacional; Engenharia Industrial; Direito do Trabalho; Segurança no Trabalho; Medicina do Trabalho; Higiene e Limpeza, por exemplo.

Gestão Empresarial: Gestão Corporativa; Gestão Privada.

Gestão Estratégica: Gestão voltada para o futuro. Na visão estratégica, o planejamento deve ser uma função livre de normas rígidas.

Gestão Privada: Expressão utilizada na Europa para administração de negócios.

Gestão Pública: Expressão utilizada na Europa para administração da coisa pública.

Gesto Corporal: Movimento das mãos, posturas, poses, expressões faciais (sorrisos, cenhos franzidos, olhares à volta).

Gestor: Gerente; Administrador.

Giro: Rotação dos ativos.

Giro de Caixa: Número de vezes que o caixa de uma empresa se renova durante um ano.

Giro do Ativo: Rotação do ativo circulante, mais o total de vendas, caracterizando quanto de dinheiro circula na empresa.

Giro do Ativo Total: O giro do ativo total é dado pela fórmula: Giro do Ativo Total = Receita com Vendas / Ativo Total. Onde: Receita com Vendas = Entradas de dinheiro no caixa; Ativo Total = Soma de todos os ativos. Exemplo: Receita com Vendas = $ 20.000,00; Ativo Total = $ 10.000,00; Giro do Ativo Total = 20.000 / 10.000 = 2,0

Análise: O referido indicador procura mostrar quantas vezes a empresa consegue girar seu ativo total, em função de suas vendas. É medida básica para se calcular o retorno do investimento. Quanto mais elevado, revela maior eficiência operacional da empresa. No exemplo apresentado, o giro de 2,0 (dois) significa que a empresa movimenta seus ativos duas vezes por ano (exercício).

Giro de Capital: O giro do capital é dado pela fórmula: Giro do Capital = Capital de Giro Próprio / Capital de Movimento. Onde: Capital de Giro Próprio = Diferença entre ativo circulante e passivo circulante; Capital de Movimento = Soma do capital próprio mais as exigibilidades correntes. Exemplo: Capital de Giro Próprio = $ 12.000,00; Capital de Movimento = $ 20.000,00; Giro do Capital = 12.000 / 20.000 = 0,60 = 60%

Análise: Este indicador diz que, se os compromissos de curto prazo forem liquidados, o capital de giro ficará reduzido a 60% do valor anterior. Quanto menor for a necessidade de capital de giro, tanto menor é o risco da empresa.

Giro do Estoque: O giro (rotação) do estoque é dado pela fórmula: Giro do Estoque = Custo de Produtos Vendidos / Estoque Médio. Onde: Custo do Produto = Somatório dos dispêndios para se obter um produto; custo unitário do produto; Estoque Médio = Determinado por uma média entre os saldos no início e no final do exercício.

Exemplo: Custo de Produtos Vendidos = $ 6.500,00; Estoque Médio = $ 500,00; Giro do Estoque = 6.500 / 500 = 13

Análise: O custo dos produtos vendidos, incluído no numerador, corresponde ao período analisado. O índice de rotação de estoques nos mostra a rapidez com que os estoques são transformados, por vendas, em duplicatas a receber. Em geral, quanto mais elevada for a rotação do estoque, mais eficiente é a administração da empresa, isto porque, cada vez que os produtos são distribuídos a intermediários, há a possibilidade de venda e lucro. Entretanto, uma rotação relativamente alta poderá ser consequência de um nível de estoques excessivamente baixo e de frequentes faltas, com consequências negativas para os resultados da empresa. Quando a rotação de um item do estoque é baixa, causa a obsolescência do mesmo e retém dinheiro.

Giro do Produto: Número de vezes que determinada quantidade de um produto é fabricada e vendida, num exercício.

Giro Total: Ver Giro do Ativo.

GIS: Sistema de Informações Geográficas; Sistema de informações geográficas, baseado no mapeamento de dados por um sistema de coordenadas.

Glifo: Sinalizador para indicar o lugar e sua utilidade.

Globalidade: Nome que se dá ao foco de uma visão holística, onde há a necessidade de encarar tudo e todos inseridos num mesmo contexto.

Globalismo: Característica de um sistema que reage como um todo quando uma de suas partes é atingida.

Globalização: Referência para ambientes, cada vez mais amplos, devido à integração econômica, política, populacional e tecnológica.

Governante: Indivíduo que é responsável por tudo que acontece na corporação que dirige.

Governo: Grupo de pessoas que administram o estado, dividido em: executivo, legislativo e judiciário.

GPS: Sistema que determina a posição do ponto em relação à latitude, altura e longitude.

Grade Gerencial: Grade que representa as ênfases na produção e nas pessoas, bem como suas interações. Por isso, é importante que cada gerente aprenda a observar a situação que está vivendo, para identificar a discrepância entre o que ele é e o que deveria ser em termos de liderança.

Gráfico: Representação em uma superfície plana de um objeto, de uma relação ou de um raciocínio esquematizado, objetivando visualizar uma ideia e facilitar a transmissão precisa de uma imagem. O gráfico, para facilitar seu entendimento, precisa ser racional, claro e conciso. O gráfico é um meio de que nós utilizamos para configurar ou figurar a observação de determinado fenômeno, durante certo período, em toda a extensão de sua variabilidade e intensidade de suas singularidades. Sob esta acepção, no entender de diversos autores, o gráfico exerce a mesma função de uma mensagem, isto é, deve ser uma comunicação precisa e clara que prenda a atenção do observador.

Gráfico de Estrutura: Organograma; Gráfico que estabelece, por meio de módulos, a hierarquia, a estrutura e as interfaces dos meios de comunicação.

Gráfico de Acompanhamento: Gráfico que representa o acompanhamento de um determinado trabalho.

Gráfico de Carga: Gráfico que mostra como a carga de trabalho é distribuída nos diversos centros produtivos

Gráfico de Controle: Gráfico de uma série histórica, efetuado num determinado período de tempo. Dentre todos os gráficos, as curvas são imbatíveis para avaliar comportamentos, porque estas ajudam a medir, por exemplo, sazonalidade e períodos de entressafra através de séries históricas.

Gráfico de Distribuição de Frequência: Gráfico que representa o agrupamento de dados em classes, ou intervalos, de tal forma que se possa determinar o número, ou a percentagem, isto é, a frequência de cada classe. Isso proporciona uma forma de visualizar um conjunto de números sem precisar levar em conta os números individuais, e pode ter grande utilidade quando precisamos lidar com grande quantidade de dados.

Gráfico de Estudo: Gráfico de análise, cuja condição básica é ter as variáveis mais exatas possíveis. Tal gráfico não precisa ser atraente e sugestivo, pois deve ser estudado e interpretado por quem conheça a sua técnica de construção e as convenções adotadas.

Gráfico de Fluxo: Gráfico de Processo; Gráfico para entender todos aqueles que procuram representar, de maneira dinâmica e analítica, a sequência lógica das fases, etapas ou passos de um trabalho, por meio de determinada simbologia, caracterizando ainda seus agentes executores. Dentre os gráficos de fluxo, o mais importante é o fluxograma de programa.

Gráfico de Gantt: Instrumento de programação e controle composto de uma matriz de dupla entrada que contém verticalmente descritas as atividades ou tarefas a serem executadas e horizontalmente uma escala de tempos onde são indicadas as datas para início e término de cada operação, sua duração e desenvolvimento da execução. Fornece, por exemplo, informações sobre programação, carga de trabalho, carga de máquinas, carga de departamentos, distribuição de ordens de serviço. Suas características são demonstrar o trabalho planejado e o executado, em suas relações mútuas e sua relação com o tempo. Embora simples em conceito, esse gráfico, que mostra as relações cronológicas entre os eventos de um programa de produção, foi considerado como revolucionário para a época.

Gráfico de Informação: Gráfico para ser visto por pessoas que não têm conhecimento das convenções e das técnicas de representação gráfica, convém, também, que sejam vistosos e atraentes. É claro que, nestas condições, o rigor técnico é sacrificado em benefício da estética. Todavia, este fato não tem a mínima importância, porque ninguém vai basear estudos em gráficos desta classe, muitas vezes desenhados em escalas não muito rigorosas.

Gráfico de Organização: Gráfico cuja finalidade básica é relacionar-se com a organização formal e informal, com maior ou menor riqueza de detalhes. O gráfico de organização mais famoso é o organograma.

Gráfico de Planejamento e Controle: Gráfico que é retratado como uma programação do início ao fim. Os mais importantes destes gráficos são o controlgrama, gráfico de Gantt, gráfico PERT/CPM e histograma.

Gráficos de Plotagem: Gráfico que mostra a evolução de alguma característica no decorrer do tempo. A ideia é permitir ao operador acompanhar o comportamento do processador e corrigir antecipadamente qualquer desvio. No gráfico, são traçados limites superior e inferior de controle que permitem visualizar a tendência do processo.

Gráfico de uma Série Temporal: Gráfico que é descrito por um ponto que se move com o decorrer do tempo, sob a influência de forças físicas, econômicas, sociais, psicológicas, políticas, ambientais, mercadológicas, administrativas e estratégicas, por exemplo. Uma série temporal é um conjunto de observações tomadas em tempos determinados, comumente em intervalos iguais.

Gráfico do Ponto de Equilíbrio: Gráfico que relaciona receitas com custos. O volume de produção pode ser indicado em termos de valor das unidades produzidas ou em termos de capacidade instalada (utilizada). A seguir, um exemplo:

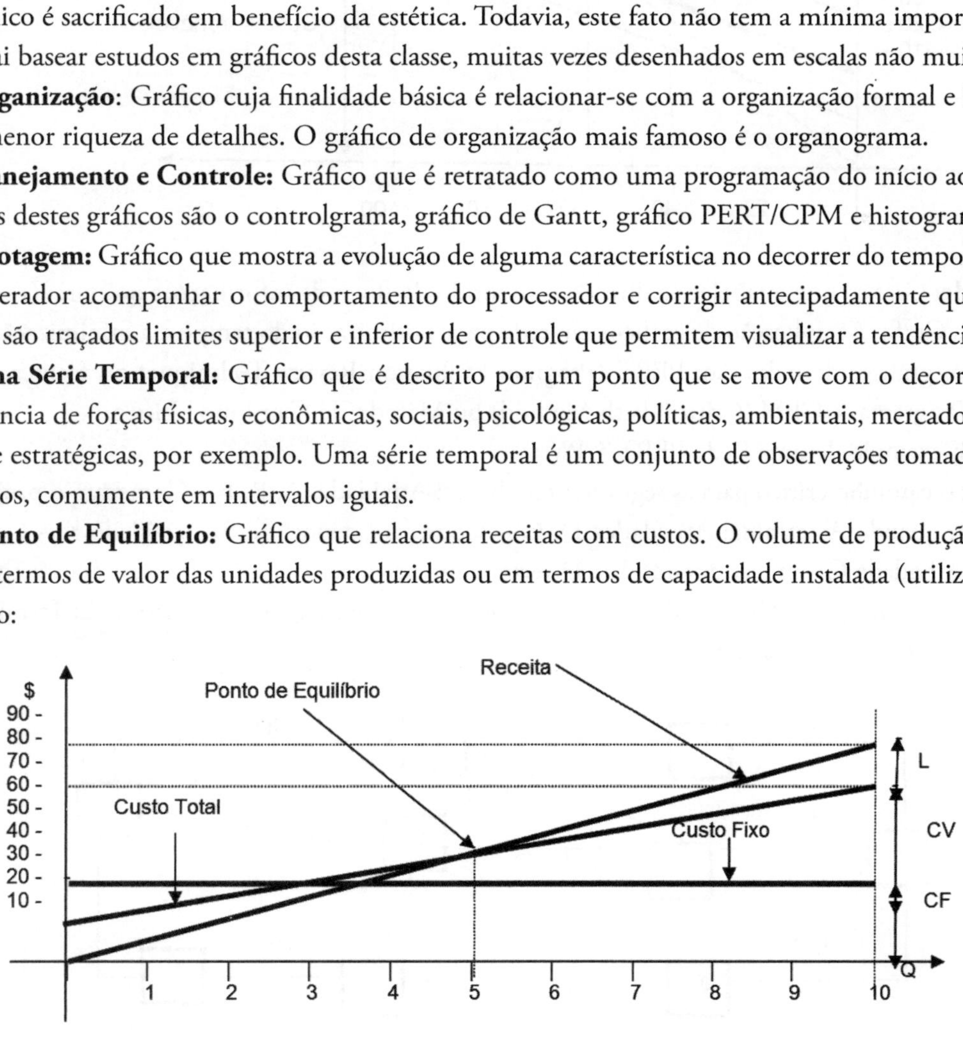

Onde:
L = Lucro
CV = Custo Variável
CF = Custo Fixo

Gráfico do Ponto de Ruptura: Gráfico de equilíbrio, quando se retira, do custo fixo, determinadas despesas, como: honorários, impostos, taxas, recolhimentos obrigatórios (FGTS, encargos sociais, INSS, ...), provisões e fundos, o custo fixo passa a ser menor. Assim, se o custo fixo é menor, o ponto de equilíbrio também o é. Esta prática é comum, pois permite um desafio do caixa. O ponto de ruptura do caixa é o limite que suporta uma empresa antes de quebrar.

Exemplo:

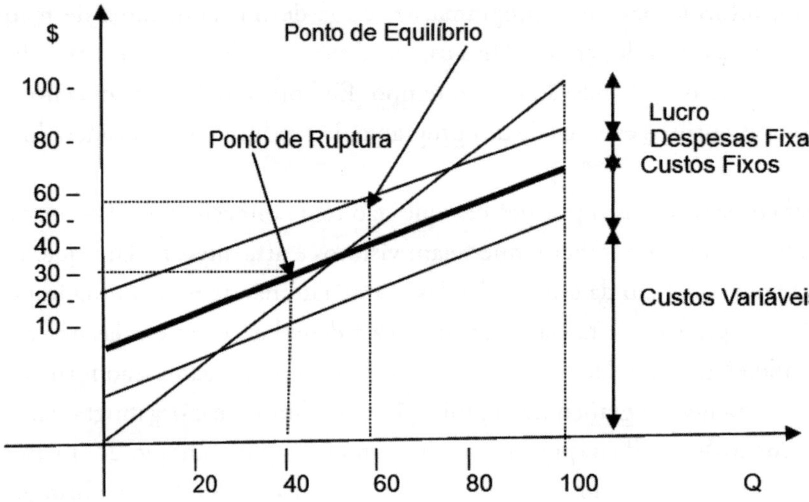

Gráfico de Rede: Gráfico que estabelece a direção e o sentido do fluxo de informações que circula na organização. A Teoria dos Grafos é a aplicação de gráficos em rede para a otimização do tempo e a minimização do custo. Os mais famosos gráficos de redes são: PERT (Program Evaluation Review Technique) ou técnica de Avaliação e Revisão de Programas e CPM (Critical Path Method) ou Método do Caminho Crítico.

A seguir, um exemplo de uma Rede PERT/CPM

Determinar o caminho crítico para as seguintes condições: Atividades A, B, E – Começam o projeto; Atividade F – Começa quando A termina; Atividades D, G – Começam depois de B; Atividade K – Começa quando E termina; Atividade C – Inicia quando F e D terminam; Atividades H e I – Iniciam após a conclusão de G; Atividade L – Inicia após o término de I e K; Atividade J – Começa após conclusão de L; Terminadas as atividades H, J e C, o projeto está concluído.

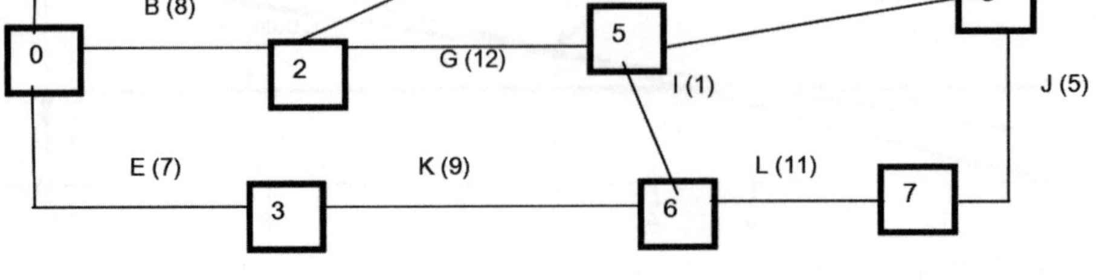

Se a duração das atividades: A = 4 h; B = 8 h; C = 3 h; D = 6 h; E = 7 h; F = 15 h; G = 12 h; H = 10 h; I = 1 h; J = 5 h; K = 9 h; L = 11 h, pergunta-se qual o caminho crítico?

Caminho (0; 1; 4; 8) = 4 + 15 + 3 = 22 h

Caminho (0; 2; 4; 8) = 8 + 6+ 3 = 17 h

Caminho (0; 2; 5; 8) = 8 + 12 + 10 = 30 h

Caminho (0; 3; 6; 7; 8) = 7 + 9 + 11 + 5 = 32 h

Caminho (0; 2; 5; 6; 7; 8) = 8 + 12 + 1 + 11 + 5 = 37 h

Resposta: O caminho crítico leva 37 h para ser concluído.

Grande Empresa: Também chamada de corporação, é uma organização de grande porte em que o controle é centralizado e as decisões são descentralizadas. Esta organização pode reunir diversas empresas com objetivos comuns.

Grande Varejo: Grande empresa de varejo que por sua força de compra negocia com fornecedores grandes descontos. Em alguns casos dominam o mercado.

Grau de Alavancagem Financeira: Relação entre o aumento da rentabilidade da empresa, em função do capital de terceiros. Alavancagem financeira elevada significa alta exposição ao risco da empresa não poder pagar o que deve.

Grau de Alavancagem Operacional: Margem de contribuição dividida pelo lucro operacional. Relação entre variação de lucro e variação da receita com vendas.

Grau de Alavancagem Simples: Relação entre o Ativo e o Patrimônio Líquido. Onde o Patrimônio Líquido = Somatório do capital social, reservas e lucros ou prejuízos acumulados e o Ativo = Conjunto de bens, direitos e valores a receber de uma organização.

Grau de Confiança: Grau que os membros têm em sua capacidade de resolver problemas como grupo é também uma consideração importante, bem como a coesão, a permissividade, a aceitação mútua e a comunhão de propósitos, pois exercem uma poderosa influência sobre a eficácia do grupo.

Grau de Controle: Grau para medir a conveniência do controle. O grau de controle mais conveniente é quando o custo total deste controle é mínimo, considerando-se o custo total a soma do custo do próprio sistema de controle mais o custo quando não há controle.

Grau de Certeza: Grau que define se um evento irá acontecer ou não.

Grau da Delegação: Grau que dá ao subordinado até onde poder ir com sua decisão.

Grife: Marca registrada que é impressa numa certa forma de letra (grife), tornando-se uma marca registrada. Não é preciso que uma marca registrada seja vinculada a um produto nem tem de ser um nome. A palavra Ford é uma marca nominal.

Grupo: Somatório de indivíduos com certas características que tornam possíveis a sua identificação, bem como finalidade e estrutura. Finalidade, porque sempre existe um motivo básico que reúne pessoas que formam o grupo. Estrutura, porque a formação do grupo estabelece posições, mais ou menos, determinadas dos seus membros.

Grupo de Análise: Grupo de funcionários de uma empresa que se reúne para estabelecer uma metodologia de trabalho para a análise de determinado problema.

Grupo de Apoio: Grupo de pessoas que não faz parte da equipe do projeto, mas que dá apoio na implementação e consolidação do produto resultante do projeto.

Grupo de Controle: Grupo que trabalha nas mesmas condições anteriores, servindo como referencial para comparar resultados.

Grupo de Decisão: Grupo cujas características são: as pessoas são especializadas; as pessoas atuam como uma força tarefa; o grupo é fácil de operar; o grupo contém mecanismos que desencorajam atitudes de comportamento negativo.

Grupo de Orçamento: Grupo que precisa possuir uma muito boa coordenação, haja vista que a empresa delega o sistema orçamentário ao controlador (tesoureiro, controller), que não deixa que os orçamentos previstos para o período "estourem". Embora orçamentos sejam comumente traduzidos em quantidades monetárias, eles são muito mais significativos, num estágio inicial do planejamento do projeto.

Grupo de Referência: Grupo que serve para avaliar o comportamento do indivíduo diante do grupo. O grupo de referência pode ser do trabalho, do clube, da vizinhança e da família.

Grupo de Trabalho: Conjunto de indivíduos associados e coordenados para obter uma finalidade que representa um valor econômico. É um conjunto de indivíduos que se organizam (ou são organizados por alguém) para trabalhar. É possível, até mesmo preferível, projetar o trabalho não como um conjunto de tarefas individuais, mas como uma tarefa dividida entre o grupo. Somente por meio do grupo teremos: sinergia, integração e interatividade.

Grupo de Transporte: Grupo voltado para a logística da empresa.

Grupo de Vendas: Equipe de vendas; Força de vendas.

Grupo Experimental: Grupo selecionado para participar de uma pesquisa e sujeito às mudanças nas condições ambientais de trabalho.

Grupo Informal: Grupo que se reúne para discutir assunto sem uma agenda estabelecida.

Grupo Social: Grupo de pessoas que interagem através de determinados padrões e valores orientados para a obtenção de objetivos coletivos. Além das características que o ambiente e os indivíduos levam para o grupo, dois atributos do grupo, seu tamanho e estrutura, podem influenciar sua capacidade de operar de forma satisfatória.

Grupo Social Empresa: Grupo social cuja finalidade é fazer negócios.

Grupo Social Primário: Grupo de pessoas que se relacionam por motivos de parentesco, amizade, proximidade e lazer, por exemplo; Grupo de pessoas que se origina em função de interesses afins.

Grupo Social Secundário: Grupo de pessoas que se fundamentam em relações formais, determinadas por regras ou obrigações, assumidas de maneira voluntária ou imposta.

Guarda do Material: Órgão especializado no recebimento, guarda, controle e distribuição de materiais e de mercadorias.

Guerrilha: Estratégia para provocar a concorrência com cortes seletivos de preços, tentar interromper suas linhas de suprimento, "roubar" seus principais empregados e criar surtos rápidos e fortes de promoção.

H

Habilidade: Ver capacidade; Qualidade que tem um indivíduo de executar uma determinada tarefa.

Habilidade Adaptativa: Habilidade traduzida por meio de reações e respostas que se faça para atender as modificações do ambiente, em que está inserido, a fim de não prejudicar a consecução dos seus objetivos e os da organização.

Habilidade Administrativa: Habilidade que reside na absorção dos objetivos de qualquer empreendimento, bem como atingir tais objetivos através das funções administrativas. Como administrador, o empresário responde à racionalização, produtividade, qualidade, estratégia, estrutura, política, tática, sistema, método, custo, venda, estoque e lucro.

Habilidade Analítica: Habilidade que consiste em saber a utilidade e a potencialidade das técnicas administrativas e adquirir mais realismo, profundidade e criatividade na solução de problemas. Aprender a decompor problemas, identificar variáveis fundamentais, estabelecer relações de causa e efeito, buscar novos caminhos.

Habilidade Cognitiva: Habilidade que se traduz na capacidade de reflexão crítica a respeito dos problemas que o administrador procura interpretar e descobrir suas causas e seus efeitos.

Habilidade Conceitual: Habilidade que consiste na capacidade de utilizar conhecimentos, ideias, conceitos, leis, princípios, teorias e abstrações no trabalho.

Habilidade Crítica: Habilidade que é indispensável ao administrador, inclusive para a sua própria avaliação (autocrítica). Para adquirir senso crítico, questionar sobre resultados melhores, frequentes emergências, controles excessivos, objetivos inatingíveis, séries históricas confiáveis e de encontrar pessoas capazes é preciso ter tal habilidade.

Habilidade de Ação: Habilidade de agir; Habilidade que uma pessoa tem quando demonstra autonomia, reflexão, segurança, conhecimento e papel na organização em que trabalha. Além do mais, a ação reflete o comprometimento, a autodisciplina e a adaptabilidade pessoal na consecução de uma missão.

Habilidade de Atenção: Habilidade de manter a atenção com quem fala ou no trabalho que faz.

Habilidade de Comunicação: Habilidade que dota o administrador de meios e recursos de comunicação dos quais não se deve descuidar. Assim, ele deve ter: uma redação correta, objetiva, clara e concisa, para expressar ordens, planos, programas, políticas, decisões, estratégias, táticas, relatórios.

Habilidade de Crescimento: Habilidade que está vinculada diretamente à competência de delegar, aprender, observar, comparar, teorizar, por exemplo.

Habilidade de Decidir: Habilidade de fazer uma apreciação sobre uma linha de conduta a ser adotada (escolhida).

Habilidade de Diagnosticar: Habilidade que exige da pessoa a leitura do cenário, não só para si, mas também para o grupo do qual pertence. Esta capacidade é adquirida ao longo do tempo, em função do acurado poder de observação. A capacidade para diagnosticar problemas é um pré-requisito da tomada de decisão. Algumas pessoas não percebem os problemas ao seu redor.

Habilidade de Direção: Habilidade de acompanhar e encorajar uma outra pessoa a se comunicar de maneira direta; Habilidade de não perder o rumo.

Habilidade de Escrever: Habilidade que consiste na capacidade da pessoa construir relatórios claros, objetivos, concisos e relevantes. Para que o indivíduo saiba escrever é preciso que o faça com naturalidade, conheça a língua, saiba pensar, escreva para o leitor e não para si, demonstre acuidade para detalhes e possua capacidade de observação.

Habilidade de Falar: Habilidade para alguém se fazer entender. A habilidade de falar consiste na capacidade da pessoa falar em público, devendo prestar atenção para a postura, entonação da voz, gesticulação, correção no uso do microfone e outras preocupações.

Habilidade de Generalizar: Habilidade inerente ao homem para tornar a vida mais tolerável e possível. Do contrário, cada um dos problemas com que se defronta requereria que ele começasse tudo de novo, a partir do zero. Cada geração teria de aprender desde cedo, por si só, tudo quanto precisa saber.

Habilidade de Ler: Habilidade que consiste na capacidade de aprender a conhecer o mundo e suas manifestações. Para que se possa tomar conhecimento e usufruir riqueza histórica construída e transmitida pelos homens é fundamental a prática da leitura. Esta habilidade dará: conhecimento, vocabulário, poder de organizar as ideias, velocidade de entendimento do texto e capacidade de reproduzir as informações apreendidas. A leitura é uma ferramenta poderosa de estudo.

Habilidade de Negociação: Habilidade que consiste na capacidade de ser aquele que encontra meios para alterar ou dirigir o comportamento de outro. Para tal, será preciso persuadir, interessar, motivar, dissuadir, atemorizar e olhar nos olhos do outro.

Habilidade de Objetividade: Habilidade de não se perder no meio caminho e não desviar do tema em pauta ou do problema a ser resolvido.

Habilidade de Ouvir: Habilidade que consiste na capacidade de focalizar um único estímulo durante certo período de tempo. Podem ser reclamações de consumidores, subordinados, superiores, colegas, fornecedores ou concorrentes. A arte de ouvir é uma habilidade que pode ser desenvolvida, e, por mais paradoxal que pareça, é uma excelente técnica para influenciar pessoas. Na atividade gerencial, entretanto, esta capacidade é fundamental. Se não souber ouvir, sua capacidade de comunicação ficará seriamente prejudicada. Portanto, é preciso ouvir opiniões contrárias às suas e poder pensar que talvez aquilo contrário às nossas ideias seja o correto e mais inteligente.

Habilidade de Programar: Habilidade que facilita muito o trabalho a ser executado, porque sendo o programa um conjunto de atividades sequenciais, limitadas no tempo, em ordem de prioridade, estabelecida com a finalidade de atingir um objetivo. A ordem de prioridade dos itens de um programa não precisa, *a priori*, estar rigorosamente em ordem cronológica, porque à medida que o programa avança, muitos itens são excluídos, mudam de posição e outros são inseridos. É comum descobrir nova ordem de prioridade.

Habilidade de Projetar: Habilidade que facilita o trabalho executivo, porque ajuda a identificar e operacionalizar suas atividades em áreas envolvidas, para alcançar objetivos focados no planejamento estratégico da empresa.

Habilidade de Prontidão: Habilidade da pessoa que realmente demonstra o desejo de se comunicar com outra. Não basta querer, pois é necessário possuir capacidade para tal.

Habilidade de Racionalizar: Habilidade dada a quem sabe aproveitar as suas energias físicas e mentais, a sua inteligência, o tempo, os materiais. Enfim, sabe otimizar os recursos que lhes estão ao alcance, e com isso se torna eficiente, produzindo muito e desperdiçando pouco. Infelizmente, porém, é maior o número das pessoas pouco eficientes, que gastam muito, ou desperdiçam muito, produzindo pouco.

Habilidade de Relacionamento: Habilidade que consiste na capacidade de saber se relacionar com as pessoas, através de mecanismos de persuasão, motivação e liderança. Um administrador deve, naturalmente, compreender que ele não é perfeito, que as pessoas que trabalham para ele e com ele não são perfeitas e que sua empresa não é e jamais será perfeita. O bem-sucedido executivo é uma pessoa que mantém alta média de acertos na avaliação precisa das forças que determinam qual deve ser seu comportamento mais apropriado em determinado momento e, efetivamente, ser capaz de comportar-se de acordo com a situação. A habilidade de relacionamento é multidirecional, envolvendo responsabilidades para gerir relacionamentos, nos sentidos vertical, horizontal e diagonal da estrutura organizacional.

Habilidade de Resolver: Habilidade que uma pessoa tem de resolver um problema devido a sua inteligência em identificar o problema com precisão.

Habilidade de Resposta: Habilidade da pronta reação que o indivíduo tem para com um problema, não sendo necessariamente a solução do mesmo. Essa habilidade requer da pessoa grande conhecimento do assunto em pauta.

Habilidade Empreendedora: Habilidade voltada para ver oportunidades no mercado. Tal tipo de habilidade inventa novos fatores de sucesso, detecta necessidades de mercado, provoca mudanças de processos, estruturas, comportamentos, modelos, políticas e procedimentos, por exemplo.

Habilidade Empresarial: Habilidade do empreendedor inerente à criação, existência e desenvolvimento do empreendimento. Por meio desta capacidade ele concebe projetos alternativos, geralmente, em resposta a estímulos financeiros, solicitações do mercado e incentivos fiscais e cambiais do governo.

Habilidade Estratégica: Habilidade que acontece quando o empreendedor percebe as tendências subjacentes que moldarão o futuro. O dirigente estratégico difere do dirigente criativo em sua prontidão para reconhecer que o pensamento (ou ideia) de outra pessoa é legítimo e pode trazer uma contribuição importante para a empresa.

Habilidade Executiva: Habilidade voltada para o desenvolvimento de uma capacidade de interferir intencionalmente no ambiente organizacional, mudar objetivos, valores e processos, alterar táticas de ação, aprender sobre si próprio, sobre sua função e sobre as condições operacionais da organização. Esta habilidade está relacionada em comprometer-se com a missão da organização.

Habilidade Gerencial: Habilidade que reside na absorção dos objetivos de qualquer empreendimento, bem como atingir tais objetivos através das funções administrativas e das funções organizacionais.

Habilidade Gráfica: Habilidade que tem o ser humano de desenhar representações gráficas em uma superfície plana de um objeto, de uma relação ou de um raciocínio esquematizado, objetivando visualizar uma ideia e facilitar a transmissão precisa de uma imagem. A representação gráfica ajuda a ver o problema com mais clareza, facilitando a solução.

Habilidade Humana: Ver habilidade de relacionamento.

Habilidade Inovadora: Habilidade específica daquele que tem o espírito empreendedor. É o ato que contempla os recursos com a capacidade de criar riqueza. A habilidade inovadora não é o inverso daquilo que não está funcionando. Exige bem mais do que meramente compreender por que as ações (decisões, soluções) não funcionam.

Habilidade no Atendimento: Habilidade de atender bem as pessoas, quando da venda de um produto ou na prestação de um serviço.

Habilidade Perceptiva: Habilidade voltada para a leitura que se faz das pessoas, das organizações, dos ambientes e dos mercados. Como a percepção de uma pessoa vem através dos sentidos, é possível que haja uma distorção da realidade comum aos demais, porque ela é intrínseca ao indivíduo.

Habilidade Política: Habilidade que consiste na capacidade de usar estratagemas, às vezes maquiavélicos, para atingir seus objetivos. O administrador que quiser ser um profissional politicamente correto deve usar de cautela ao aceitar conselhos, evitar relação íntima entre superior e subordinado, manter jogo de cintura, usar resistência passiva quando necessária, não hesitar em ser implacável quando conveniente, limitar o que deve ser comunicado, reconhecer que raramente são guardados segredos na organização, aprender a não depender muito de um subordinado, a menos que veja nele lealdade, estar disposto a transigir em pequenas coisas, ser hábil em dramatização, ser um negociador persuasivo, irradiar autoconfiança, evitar a rigidez burocrática, lembrar de elogiar em público e censurar isoladamente, ser compreensivo e receptivo em relação às opiniões que difiram das suas.

Habilidade Profissional: Habilidade de quem atinge resultados positivos para a organização e não pela sua formação acadêmica. Esta habilidade pode ser adquirida e aperfeiçoada, por meio de cursos, seminários, leituras, dinâmicas de grupo e estudos de caso, por exemplo.

Habilidade Psicológica: Habilidade característica em lidar com os erros das pessoas, tanto superiores quanto subordinados. Os erros são para servir de lição e de ponto de partida para novos rumos e não para serem rememorados. A eterna preocupação por causa de um erro é uma atitude estéril. Todo administrador precisa adquirir uma verdadeira tolerância para com suas próprias imperfeições e uma capacidade para utilizá-las de forma positiva. Atribuir responsabilidades às pessoas e deixá-las cometer erros poderá ser a mais alta função da direção de uma empresa.

Habilidade Técnica: Habilidade que diz respeito ao conhecimento de métodos e técnicas de racionalização de recursos, para o seu desempenho na organização. Tal habilidade será adquirida através da leitura, do estudo e da experimentação.

Habilidade Tecnológica: Capacidade que envolve aspectos concretos (recursos físicos, tais como máquinas, equipamentos, imóveis, instalações) e abstratos (conceitos, ideias, conhecimentos, informações, políticas, procedimentos, regras, planos, programas, métodos). Tal capacidade se constitui numa vantagem competitiva que dá atualização nos processos de informação, comunicação e produção. Em resumo, pode-se dizer que a tecnologia tem a propriedade de determinar a natureza da estrutura e do comportamento organizacional das empresas.

Hábito: Movimento inconsciente que o ser humano faz. O hábito é um caminho já conhecido e mais cômodo para ser trilhado. Os hábitos permitem também que façamos as coisas automaticamente. Se não fosse assim, teríamos de começar tudo do início. Um hábito requer sempre uma pequena atenção. Os hábitos evitam os movimentos inúteis e permitem ao homem agir de maneira mais eficaz. Eles dão sistematização ao comportamento, diminui a aleatoriedade e o empirismo.

Hacker: Pessoa cujo prazer é destruir ou invadir sistemas sigilosos e ditos altamente seguros. O termo hacker veio do inglês hack que significa picadinho, isto é, o hacker é um estripador virtual.

Hardware: Parte física de um computador, composto de: unidade central de processamento, memórias e periféricos (unidades de entrada e saída).

Harmonograma: Diagrama descritivo do processo de funcionamento, visto que este representa o fluxo de trabalho, indicando as operações feitas, em órgãos, com quais executores e com que instrumentos. Ele também pode indicar as distâncias entre os órgãos, os tempos de execução de cada operação e os seus volumes de produção.

Hedge: Seguro para proteger a empresa de risco. O hedge cambial elimina o risco das variações de taxas, que afetam, negativamente, os lucros.

Herança: Conjunto de bens patrimoniais deixados por alguém em benefício de outro(s).

Herança Atávica: Cultural herdada.

Herança Cultural: Herança que cada ser humano recebe da interação de fatores ambientais, genéticos, biológicos, sociais, culturais e psicológicos que determinam sua conduta. A sociedade em que vivemos, através de normas, regulamentos, padrões de comportamento, valores e preconceitos, não só condiciona, como impõe certas rotinas que acabam se tornando nossa segunda natureza.

Herdeiro: Sucessor por direito ou por competência. Embora delicada e complexa, a sucessão tem de ser tratada com tempo suficiente para o preparo de todos e a busca da solução mais adequada. Não encontrando o sucessor na estrutura familiar, há de se considerar outras alternativas. A sucessão é um gatilho de mudança, pois o dirigente precisa preocupar-se com seus herdeiros, sócios e empregados.

Heterogêneo: Nome dado a um conjunto formado de partes diferentes.

Heurística: Nome dado ao método onde se busca a solução através de tentativas ao acaso, examinando cada uma até onde ela constitui uma resposta ao problema existente, oferecendo uma solução, pois cada tentativa permite corrigir os erros e melhor caminhar em direção ao objetivo, tendo a desvantagem de ser mais dispendioso. Como os computadores têm muita velocidade e podem testar muitas alternativas, o método heurístico tem sido usado com êxito. O caminho heurístico contém uma forte dose de experiência geral diversificada, baseia-se no emprego maciço do senso comum e faz com que o analista mergulhe, completamente, no problema a ser resolvido. O heurista pode dispensar uma definição precisa do problema, antes de iniciar a investigação. Poderá, ou não, apresentar uma conclusão que constitua solução dominantemente favorável.

Hierarquia: Divisão da organização em níveis de autoridade chamados: institucional (estratégico), intermediário (gerencial) e operacional (atividades). O nível institucional é o nível da alta administração (presidência, diretorias). O nível intermediário é o nível que une o topo à base da organização (gerentes e supervisores). O nível operacional é o nível onde acontecem as atividades, operações, tarefas e movimentos.

Hierarquia de Autoridade: Hierarquia que indica quem comanda e quem é comandado. Uma hierarquia de autoridade é formada para canalizar a direção da atividade dos empregados e a sua interação. Para se projetar uma hierarquia de autoridade deve-se levar em consideração a cadeia de comando.

Hierarquia de Objetivos: Classificação em ordem decrescente dos objetivos.

Hierarquia do Sistema: Característica que diz que todo sistema pode ser considerado como subsistema de um sistema maior, independente do tamanho que tenha.

Hierarquismo: Doença que sofre a organização, devido à valorização excessiva dos níveis hierárquicos.

Higiene: Conjunto de práticas realizadas de forma constante, visando proporcionar benefícios ao homem. Ela engloba todos os hábitos e condutas padronizadas que possam auxiliar a prevenir doenças e a manter a saúde do funcionário da organização.

Higiene do Trabalho: Higiene que se refere a um conjunto de normas e procedimentos que visa à proteção da integridade física e mental do trabalhador, preservando-o dos riscos de doença inerentes às tarefas do cargo e do ambiente físico onde são executadas. Também é certo que as pessoas trabalham melhor em condições de higiene, que ajudam a minimizar acidentes de trabalho. Ela previne o aparecimento das doenças ocupacionais.

Higiene Industrial: Higiene que envolve, além dos serviços médicos adequados, os seguintes objetivos: Eliminação das causas das doenças profissionais; Redução dos efeitos prejudiciais provocados pelo trabalho em pessoas doentes ou portadoras de defeitos físicos; Prevenção do agravamento de doenças e lesões, por meio da preservação ambiental; Manutenção da saúde dos trabalhadores com aumento da produtividade.

Hipermercado: Combinação de supermercado, lojas de descontos e varejos de fábrica. Seu sortimento de produtos vai além de bens rotineiros. São ofertados móveis, eletrodomésticos e utensílios. A exposição é de grande quantidade de itens para impressionar os consumidores. Uma inovação do hipermercado é o conjunto de lojas satélites ao seu redor e a sua localização fora dos centros de grande concentração de pessoas. Além daquilo que é normal em supermercados, os hipermercados oferecem produtos de lazer, lanches rápidos e comidas do tipo self-service.

Hipomania: Variante suave do transtorno bipolar, no qual o paciente alterna períodos de euforia com outros de depressão. Nos hipomaníacos, a euforia se manifesta de forma consciente, é constante e, de modo geral, direcionada para atitudes produtivas. Pode durar: meses, anos ou a vida inteira. Este distúrbio trabalha, muitas vezes, a favor de seu portador, dando a ele uma energia e um otimismo incomum diante das situações do dia a dia. Calcula-se que pelo menos 6% da população seja hipomaníaca.

Hipoteca: Sujeição de bens ao pagamento de uma dívida, sem se transferir ao credor a posse do bem gravado.

Hipótese: Suposição que se faz na tentativa de explicar o que se desconhece. Ela é uma proposição enunciada para resolver um problema. É um enunciado conjectural das relações entre duas ou mais variáveis, que é aceito provisoriamente. A característica básica de uma hipótese é de que ela é uma suposta, provável e provisória solução a um problema. Isto quer dizer que demanda tempo para ser comprovada; É uma suposição que antecede a constatação dos fatos.

Hipótese Científica: Hipótese que fornece o conhecimento objetivo e verdadeiro das leis do mundo. Seu conteúdo não depende do homem nem da humanidade.

Histograma: Representação em que se usam retângulos justapostos, cujas dimensões são proporcionais às variáveis (altura e base). Este diagrama é próprio para representar uma distribuição estatística de frequência. As alturas são iguais às frequências e as bases aos intervalos de classe da distribuição. Um histograma sempre é aplicado com um referencial cartesiano, para cobrir a necessidade de se fazer medidas de comparação entre os dados apresentados. A seguir, um exemplo:

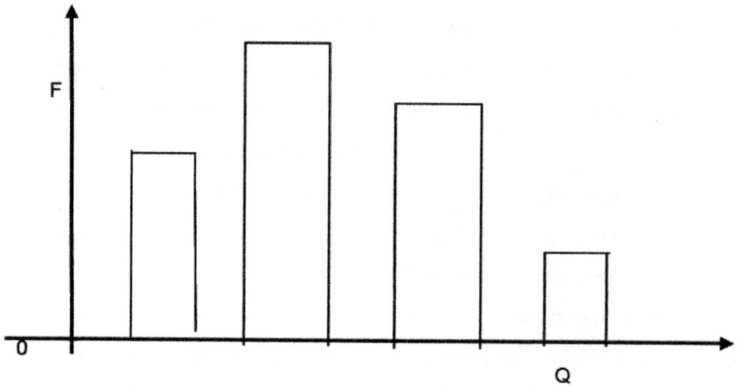

Onde: F = Frequência com que os valores se apresentam; Q = Quantidade de uma determinada grandeza

História: Conjunto de conhecimentos adquiridos através da tradição oral e/ou por documentos relativos à evolução da humanidade.

História da Administração: História cujas variáveis: tarefa, estrutura, comportamento, pessoa, objetivo, ambiente, informação e tecnologia, por exemplo, tiveram, cada uma no seu tempo, preponderância na avaliação da administração como ciência (arte ou prática). Apesar de sempre ter existido a administração na história da humanidade, a história das organizações e sua administração são um capítulo que teve o seu início no começo do Século XX.

História da Empresa: História que é, sobretudo, a história da sua administração. A história das empresas pode ser dividida em fases: Fase Artesanal (vai até, aproximadamente, 1780, quando se inicia a Revolução Industrial); Fase Inicial da Industrialização (corresponde à Primeira Revolução Industrial, entre os anos de 1780 e 1860); Fase do Desenvolvimento Industrial (corresponde à Segunda Revolução Industrial, entre os anos de 1860 e 1914); Fase do Gigantismo Industrial (situada entre as duas Grandes Guerras Mundiais, entre 1914 e 1945, na qual se utilizam organização e tecnologia para fins bélicos, nesta fase a preocupação era com a produção); Fase Moderna (fase mais recente, que vai de 1945 a 1980, marcando uma nítida separação entre os países desenvolvidos e aqueles em desenvolvimento. As preocupações eram com: melhoria da distribuição, funcionários felizes, planejamento estratégico, implementação da qualidade do produto e globalização); Fase da Incerteza (fase pós 1980, carregada de desafios, dificuldades, ameaças, coações, contingências, restrições e toda sorte de adversidades para as empresas). É a fase em que o ambiente (exterior da empresa) se caracteriza por uma complexidade e mutabilidade, que as empresas não conseguem entender adequadamente.

História da Internet: História que começa quando o Sputnik surpreendeu o mundo, em 1957, o presidente

Eisenhower criou a Agência de Desenvolvimento de Projetos Avançados (ARPA). A função desta agência, subordinada ao Ministério da Defesa, seria a de desenvolver mecanismos defensivos muito mais avançados do que os então existentes. Em outubro de 1958, o governo americano criou a NASA, que passou a administrar todo o programa espacial. Mas, tão logo esse seleto grupo foi formado, percebeu-se que a comunicação entre seus integrantes seria um grande empecilho. Falar ao telefone era ineficiente, porque cientistas não conversam, trocam dados. Mandar documentos confidenciais pelo correio nem pensar. Juntar todo mundo com a frequência necessária era impraticável. O ideal seria que todos os envolvidos pudessem receber exatamente as mesmas informações, ao mesmo tempo e o mais rápido possível. Aí, surgiu uma ideia tão boa na teoria quanto inaplicável na prática: interligar toda essa gente, através de grandes computadores. Inaplicável, porque, até então, os computadores vinham sendo construídos para funcionar de forma estanque, porque cada um tinha sua própria configuração e seus próprios programas. Portanto, não eram compatíveis. Em 1986, é criada a primeira rede de acesso público e livre à Internet. Mas, ainda faltava uma coisa: um provedor para acessar à Internet. Em 1989, Tim Berners-Lee cria na Suíça o programa que dá à luz a WWW (Word Wide Web) ao permitir que textos e figuras sejam transferidos e captados por qualquer computador. Numa atitude rara, Tim torna a sua criação um domínio público. Nas mãos do público, a Internet provoca uma revolução nas comunicações e no mundo dos negócios. Sua evolução é cada vez mais rápida. Qualquer que seja o futuro, a Internet estará presente na sua vida.

História da Qualidade: A história da qualidade começou quando os japoneses souberam que na área da qualidade existia um homem chamado Deming, um dos grandes estudiosos e divulgadores desse conhecimento. A administração da qualidade considera que os problemas são, antes de mais nada, gerenciais e, como tal, não podem ser tratados aleatoriamente, exigindo programas de implementação, sob constante vigilância. Philip Crosby, divulgador da Teoria do Zero Defeito e A. Feigebaum, criador da concepção do Total Quality Control (TQC), que estende os métodos estatísticos para setores como: Marketing e Vendas. A estes não se pode deixar de acrescentar o veterano Kaouru Ishikawa, pai dos Círculos de Controle de Qualidade (CCQ).

História da Regulamentação: História que conta o propósito de cada regulamentação. Uma regulamentação tem como objetivos principais: manter a concorrência, repelir monopólios e oligopólios, estimular interesse para projetos especiais, cuidar para que a população tenha maior poder de compra, coibir propaganda enganosa, criar mecanismos de defesa do consumidor, proteger a propriedade de marcas e patentes.

História da Tecnologia: História que conta a evolução das inovações, desde que o homem confeccionou as primeiras ferramentas e armas que lhe possibilitaram controlar a natureza para sua sobrevivência e proteção, até os dias atuais.

Holding: Nome dado a uma empresa controladora de um conglomerado. Sua administração deverá ser conduzida com total profissionalização. A empresa holding deverá montar o seu sistema de informações de modo a não buscar estas informações nos escalões inferiores da organização.

Holístico: Termo derivado do grego "holos", totalidade, refere-se a uma compreensão da realidade em função de totalidades integradas, cujas propriedades não podem ser reduzidas a unidades menores. A estrutura holística deve ser considerada mais como uma visão holística dos negócios do que como uma estrutura organizacional.

Homem-Hora: Unidade de medida equivalente a um homem que trabalha, em condições normais, durante sessenta minutos.

Homem Complexo: Visão que se tem do homem como um sistema complexo, mas aberto para o ambiente que o circunda.

Homem de Negócios: Homem com habilidades em negociação.

Homem Objetivo: Homem cuja habilidade maior é a objetividade.

Homem Funcional: Homem voltado a desempenhar com presteza o seu papel na organização.

Homem Organizacional: Homem cuja habilidade maior é a competitividade.

Homem Social: Homem que coloca o bem social acima do bem econômico.

Homeostase: Equilíbrio dinâmico entre as partes do sistema. Os sistemas têm uma tendência a se adaptarem a fim de alcançarem um equilíbrio interno em face das mudanças do ambiente.

Homogeneidade: Contrário de heterogeneidade; Relacionamento lógico das partes de um sistema.

Homomorfismo: Característica dos sistemas que guardam entre si proporcionalidade de formas, embora nem sempre do mesmo tamanho.

Honorário: Remuneração a alguém que tem uma profissão liberal.

Homem-Máquina: Unidade de medida da disponibilidade ou utilização de uma máquina operada por um homem.

Hora Padrão: Hora para medir a mão de obra direta.

Hora Trabalhada: Hora de trabalho que faz parte da jornada de trabalho contratada. Quando a jornada diária ultrapassa o máximo permitido por Lei, o excesso, dentro dos limites legais, pode ser compensado com folgas.

Horário de Trabalho: Período de tempo estipulado em contrato, para a realização de uma atividade.

Humildade: Virtude que nos dá o sentimento de modéstia. Ser humilde significa reconhecer a participação dos outros nas suas vitórias e, acima de tudo, acreditar que o sucesso de hoje não é garantia para o futuro.

ICMS: Imposto sobre circulação de mercadorias e serviços. Por lei, já está incluído no preço faturado (nota fiscal), por isso a empresa se credita de seu valor e é obrigada a recolher, após o final do mês, no prazo determinado pelo governo, a soma de todos os impostos referentes às suas vendas, mas descontará dessa soma o total de todos os créditos que obteve por ocasião das compras que realizou no período. Ao calcular o custo de aquisição, a empresa deve diminuir o valor do crédito de ICMS.

Idade: Número de anos que alguém vive ou o tempo que uma coisa dure, sendo útil.

Idade da Informação: Idade determinada pelo tempo de existência da informação em relação aos fatos relatados.

Idade do Consumidor: Idade que indica a faixa etária do consumidor.

Ideal Racional: Situação ideal que presume a impossibilidade de existir o "urgente" e a possibilidade de dizer "não".

Idealizador do Projeto: Pessoa de onde se originou a ideia inicial.

Ideia: Noção; Conceito; Simples representação intelectual de um objeto, porque se constitui num ato cognitivo. Pode-se considerar a ideia segundo a sua compreensão e sua extensão. No campo da lógica formal, a compreensão de uma ideia está, necessariamente, na razão inversa de sua extensão.

Ideia de Produto: Ideia que representa o possível produto que a empresa pode oferecer ao mercado, já que o conceito de produto é uma versão elaborada da ideia expressa em termos significativos para o consumidor.

Ideia de Qualidade: Ideia que distingue alguma coisa pela superioridade em relação aos semelhantes.

Ideia do Negócio: Ideia de que todo negócio tem de ser rentável. Mas, é preciso respeitar o tempo de maturação.

Ideia Empreendedora: Ideia, considerada solução plausível, para atender uma ou mais necessidades, desde que sejam confrontadas com a realidade.

Ideia Inicial: Ideia empreendedora. Todo e qualquer projeto é desenvolvido a partir de uma ideia inicial.

Ideia Inovadora: Ideia factível de uma inovação.

Identidade: Característica principal e significativa de um elemento.

Identificação: Características e qualificações de um indivíduo.

Identificação do Sistema: Meios que são necessários para estudar e construir o sistema.

IDORT: Instituto de Organização Racional do Trabalho.

Iluminação: Técnica que exerce forte influência no comportamento das pessoas. Sua utilização adequada evita doenças visuais, aumenta a eficiência do trabalho e diminui o número de acidentes. A iluminação deve ser distribuída uniformemente pelo ambiente, evitando ofuscamento, sombras, reflexos fortes e contrastes excessivos. Deve incidir numa direção que não prejudique os movimentos nem a visão das pessoas. As janelas, ou outros tipos de abertura, deverão estar dispostos de maneira que não permitam a penetração direta do sol sobre a superfície de trabalho.

Iluminação Artificial: Iluminação não natural que não deverá alterar as características visuais do objeto (produto).

Iluminamento: Grau de iluminação para realçar um produto exposto numa vitrine.

Ilustração: Pode ser: gráficos, figuras, mapas, gravuras, esquemas, fotografias, diagramas, tabelas, matrizes, que representam expressivo instrumento de comunicação de conhecimentos quando convenientemente usadas. Toda ilustração deve ter uma legenda para esclarecer de que se trata. Nas ilustrações devem-se evitar abreviaturas e abreviações.

Imagem: Representação de determinado objeto; Cenário pretendido de algo, como sendo bastante aceitável pelo público. A imagem é considerada como um contexto de representações mentais criado pelas pessoas em relação a um objeto.

Imagem da Empresa: Representação que os consumidores da empresa têm nas suas cabeças. A imagem da empresa é uma estratégia interna e externa.

Imagem da Marca: Percepção que um indivíduo cria, após uma série de contatos com uma empresa, somada à experiência com produtos, tendo como base seus valores e crenças pessoais.

Imagem do Tempo: Imagem determinada pelas pessoas e pelos ambientes. Muitos utilizam o tempo de forma inconsciente, como uma máquina, sem se dar conta do seu valor.

Imediatismo: Doença herdada da organização burocrática, onde as pessoas precisam resolver tudo com rapidez, muitas vezes, de forma errada.

Imitação: Produto já existente no mercado em que a empresa imitadora copia algumas coisas da empresa líder, mas mantém a diferenciação em termos de preço, embalagem, propaganda, atendimento, serviço e outros fatores.

Imobilização: Retenção de dinheiro em determinados ativos ou ação de imobilizar capital no longo prazo. O termo imobilizado não diz respeito à falta de mobilidade física dos bens de uma empresa, mas ao fato de que uma parcela dos recursos da sociedade foi aplicada em ativo permanente.

Imobilização de Capital: O mesmo que imobilização.

Imóvel: Lugar próprio ou alugado onde opera a organização.

Imperativo Tecnológico: Condicionante para que haja condições ao desenvolvimento empresarial, fundamentada na tecnologia. Assim, existe um senso comum de que a empresa, para ter sucesso, precisa se ajustar a mais recente inovação tecnológica.

Impessoalidade: Relacionamento entre cargos e não entre pessoas, isto é, a linguagem utilizada é puramente administrativa.

Implantação: Etapa que sucede a implementação de um projeto e que se diferencia por poder ser aplicada de maneira progressiva, pois se deve atacar primeiro aquilo que seja mais vantajoso para a empresa.

Implantação da Estrutura: Implantação que deve considerar todos os elementos necessários para que uma estrutura organizacional funcione.

Implantação do Sistema: Última fase em que o analista verificará se o sistema foi, realmente, bem projetado. É de suma importância que o analista tenha em mente que o seu trabalho em qualquer projeto não termina quando o sistema se torna operacional.

Implementação: Fase da transição da decisão para a execução, isto é, colocar em prática aquilo que foi proposto no planejamento. Porém, que fique bem entendido, esta fase só acontecerá, verdadeiramente, se a direção da empresa der total apoio.

Implementação Incremental: É uma abordagem mais disciplinada para a construção do projeto, porque é efetivada módulo a módulo, um por um ou em pequenos grupos.

Implosão: Desenho de um produto (peça), onde são representados todos os componentes, bem como sua posição, direção, tamanho e quantidade.

Importador: Empresa que traz bens de fora do país para serem negociados no mercado interno.

Importância: Mérito; Valor; Relevância.

Importância da Mensagem: Relevância dada à mensagem para aquele que a recebe.

Importância do Tempo: Valor relativo que está em função da utilização do tempo por uma pessoa.

Importante: Trabalho (tarefa) que precisa ser executado no mesmo dia ou durante a semana que se segue.

Imposto: Transferência compulsória de dinheiro ao governo por parte de indivíduos e/ou organizações; Tributos exigidos independente da prestação de serviços específicos, ao contribuinte, pelo governo.

Imposto de Renda: Imposto que incide sobre os fluxos de rendimento, mensais (diários) e de ajuste anual.

Imposto Específico: Imposto indireto, independente do preço do produto.

Imposto Inflacionário: Imposto do Banco Central imposto à sociedade (coletividade), pelo fato de deter o monopólio da emissão de papel moeda.

Imposto Simples Nacional: Imposto regido por um tratamento tributário diferenciado a ser dispensado às microempresas (ME) e as empresas de pequeno porte (EPP), no âmbito da Federação, Estado e Município, mediante regime único de arrecadação, inclusive para obrigações acessórias.

Imposto sobre Riqueza: Imposto que incide sobre o patrimônio acumulado.

Imposto sobre Consumo: Ver ICMS.

Imposto Verde: Imposto que incide sobre resíduos. O imposto verde começou a ser cobrado no ano 2000, quando todos os projetos, que afetam o ambiente, seja a ampliação de uma rodovia, a implantação de uma hidroelétrica, seja a escavação de uma mina, passou a pagar um percentual sobre o valor do investimento aos órgãos ambientais.

Impressora: Equipamento periférico de um computador que serve para imprimir um documento.

Improvisação: Capacidade de empregar tempo e recursos para favorecer uma resposta ao inesperado. Quando as situações são inesperadas e não planejadas, os dirigentes precisam improvisar. Os improvisadores aceitam com entusiasmo o que se apresenta diante deles, até que surja uma possibilidade mais interessante para criar.

Impulso: Estímulo interno forte que impele a ação. Ele pode se tornar um motivo quando é direcionado a um objetivo específico. Ao contrário da sugestão que é um estímulo menor que determina quando, onde e como a pessoa responde.

Inabilidade: Falta de habilidade

Inabilidade para Conflito: Falta de habilidade para administrar conflito. Todo esforço é feito para eliminar o conflito, em vez de saber a causa.

Inadimplência: Falta de cumprimento de quaisquer condições contratuais ou condições acordadas; Falta de pagamento no prazo acordado.

Incapacidade de Otimização: Falta de uma visão estratégica do dirigente em otimizar recursos, meios e processos para obter uma maximização do lucro.

Incentivo: Contribuição feita pela empresa para seus participantes, como: prêmios, oportunidades de crescimento, segurança no emprego, supervisão aberta, elogios, bom ambiente de trabalho, trabalho significativo, desafios.

Incentivo em Grupo: Incentivo que é repartido pelos membros do grupo, em função de um plano predeterminado.

Incentivo Misto: Incentivo que combina os incentivos: monetário e não monetário, pela flexibilização que proporcionam.

Incentivo Monetário: Sistema de remuneração em que as receitas da empresa com vendas e outras realizações não operacionais são consideradas para cálculo do incentivo do funcionário.

Incentivo Não Monetário: Sistema utilizado para reconhecer realizações do empregado que não estejam vinculadas a resultados financeiros, tais como: jantar de confraternização, carta de agradecimento por serviços prestados, placa por tempo de empresa, diploma de honra ao mérito, certificado do funcionário do ano, certificado de zero defeito.

Incerteza: Estado de conhecimento no qual um ou mais cursos de ação resultam em um conjunto de resultados específicos, cuja probabilidade de ocorrer não é conhecida. Reprimir a incerteza é limitar o futuro à capacidade de controle imediato do dirigente, pois prejudica a empresa, criando uma falsa sensação de segurança e estabilidade.

Incidência Tributária: Carga de impostos paga efetivamente pelos consumidores e produtores.

Inclusibilidade: Qualidade de estar dentro de determinada categoria, grupo, espécie.

Incongruência: Característica de coisas antagônicas ou incompatíveis.

Incongruência de Atividades: Situação em que determinadas atividades não devem coexistir sob uma mesma chefia, por serem, por assim dizer, divergentes, opostas, ou mesmo conflitantes.

Incubação: Período preliminar de um projeto em que ocorre um desenvolvimento não perceptível por uma maioria dos participantes do projeto.

Incubadora: Empresa que presta assessoria, consultoria e parceria a outra empresa que deseja ingressar em segmento da economia para um determinado mercado.

Indicador: Valor que consiste na comparação de dois ou mais elementos, de modo a se obter uma indicação (relação, medida) significativa da situação e, ao mesmo tempo, uma representação sintética da mesma. Um conjunto de indicadores, bem estudado, permite esclarecer a situação da empresa, através de elementos chaves. Quando se compara elementos, pode-se chegar a duas respostas: uma avaliação da proporção existente entre os valores e uma avaliação do desenvolvimento de um valor, em relação a outro tomado como base. Índices e indicadores são, muitas vezes, tomados como sinônimos por diversos autores. Porém, cada vez mais, estes conceitos se afastam um do outro. O índice tem um foco macroeconômico e o indicador microeconômico.

Indicador de Consumo: Indicador de gastos dos consumidores na compra de produtos.

Indicador de Desempenho Ambiental: Indicador que permite que as empresas estabeleçam metas e prazos definidos e comparem técnicas de administração com as melhores práticas dentro e fora da organização.

Indicador de Desenvolvimento: Indicador voltado a mostrar o desenvolvimento de um indivíduo ou de uma organização.

Indicador de Desenvolvimento Humano: Indicador voltado à qualidade de vida do ser humano.

Indicador de Desvio: Indicador que mostra uma anormalidade.

Indicador de Estoque: Indicador que mostra o papel do estoque no ativo total da empresa, como também os valores para: depreciação, imobilização, quantidade, qualidade.

Indicador de Gestão: Representa um sistema peculiar de análise da empresa. Tal sistema consiste na comparação de dois ou mais elementos, de modo a se obter uma indicação significativa da situação e, ao mesmo tempo, uma representação sintética da mesma. Os indicadores de gestão são classificados, por exemplo, em: Econômicos; Financeiros; de Performance; de Mão de Obra; de Venda; de Produção; de Tempo; de Desenvolvimento.

Indicador de Mão de Obra: Indicador que objetiva mostrar, principalmente, o comportamento dos recursos humanos na empresa.

Indicador de Performance: Indicador voltado a retratar o progresso da empresa em busca da melhoria contínua, num determinado período.

Indicador de Produção: Indicador voltado a retratar os principais aspectos da produção, produto e produtividade das máquinas e dos recursos humanos.

Indicador de Qualidade: Indicador cuja função é dizer que a qualidade é uma espécie de sistema voltado para conseguir, em primeiro lugar, a satisfação dos consumidores, tendo a participação de todas as áreas e indivíduos e, em segundo lugar, acompanhar as atividades da empresa desde o planejamento até o fim da vida útil do produto vendido. Os principais indicadores de qualidade são: capacidade de desempenhar funções; custo compatível com as necessidades de mercado, atendimento das condições e exigências dos consumidores; durabilidade da função desempenhada.

Indicador de Tempo: Indicador que objetiva tratar do tempo de duração de um processo e/ou evento.

Indicador de Venda: Indicador que retrata as relações entre vendedor, consumidor, mercado, comercialização, produto, preço e receita com vendas.

Indicador Econômico: Indicador voltado a retratar o resultado de um capital investido num determinado negócio. Este indicador se fundamenta no lucro e no prejuízo.

Indicador Financeiro: Indicador que objetiva mostrar o fluxo de dinheiro que corre na empresa e se ela terá condições de saldar compromissos assumidos.

Índice: Medida (relação) idealizada para mostrar a variação, num determinado período e se este valor oscilou para cima ou para baixo. É possível estabelecer relações do ano em curso com os anos anteriores. Um bem que, em 1995, custava $ 10,00 e, em 2008, passou a custar $ 25,00, diz-se que teve uma variação de 250% (25,00/10,00), ou seja: I = 25,00 / 10,00 = 2,5 = 250%. O valor 2,5 é índice (fruto de uma relação) e o valor 250% é o percentual de variação (ou de desvio).

Índice da Margem de Contribuição: Ver margem de contribuição.

Índice de Consumo: Indicador da relação entre matéria-prima consumida na fabricação de um produto e o seu referencial em laboratório.

Índice de Desenvolvimento Humano: Índice proposto em 1990 pela Organização das Nações Unidas combina as seguintes variáveis: expectativa de vida, ambiente, renda e educação.

Índice de Desvio: Índice representado pela diferença entre um valor tomado de uma série numérica dividido pela média desta série menos a unidade, cuja fórmula é: D = (Valor/Média da Série) - 1

Índice de Distorção: Índice para determinar a distorção de uma determinada série, cuja fórmula é:

Índice de Distorção = 1- (Média Corrigida / Média Simples)

Exemplo: Uma empresa possui vendedores que apresentaram os seguintes resultados: 20.100,00; 22.000,00; 19.000,00; 19.500,00; 21.000,00; 5.000,00 e 21.500,00. Total de vendas = 128.100,00. Média simples = 128.100,00 / 7 = 18.300,00. Se o valor $ 5.000,00 for excluído da série por ser muito baixo, vem:

Média Corrigida = (128.100 - 5.000) / 6 = 20.517,00

Índice de Distorção = 1- (20.517 / 18.300) = 1- 1,12 = - 0,12 = - 12%

Análise: O valor de $ 5.000,00 (muito abaixo da média) mascara o resultado, causando uma distorção negativa de 12%. Para uma série em que seja excluído um valor muito acima da média, o resultado da distorção será positivo.

Índice de Endividamento: Ver endividamento.

Índice de Faturamento: Índice que permite verificar se vale à pena instalar uma nova empresa. Todo o cálculo é feito por estimativa, baseado no faturamento de mercado para aquela região.

Índice de Fracasso: Índice que mede o percentual de fracasso do projeto. Os índices de fracasso são:

Bens Industriais: 20%; Serviços Industriais: 10%; Bens de Consumo: 75%; Serviços Comerciais: 30%

Índice de Inflação: Índice que mostra a perda do poder de compra do consumidor. Ele é um índice governamental que afeta a empresa, mas, mesmo não havendo inflação a nível governamental, pode haver inflação para a empresa. Quando, por exemplo, a mesma compra de matéria-prima é mais cara do que a aquisição anterior.

Exemplo: O Departamento de Compras informa que quando comprou determinada matéria-prima, fez sob as seguintes condições: Momento 01: Preço = $ 2,00 e Quantidade = 5.000; Momento 02: Preço = $ 2,24 e Quantidade = 4.600; Momento 03: Preço = $ 2,80 e Quantidade = 4.000. Pode-se determinar: Qual a inflação do período?

Método de Solução pelo Preço: 2,00 (100%); 2,24 (112%); 2,80 (140%)

Resposta: O índice de inflação em função do preço = (140% / 100%) - 1 = 1,40 - 1,00 = 40%.

Método de Solução pelo Produto (P × Q): 2,00 × 5.000 = 10.000 (100%); 2,24 × 4.600 = 10.340 (103,4%);

2,80 × 4.000 = 11.200 (112%)

Resposta: O índice de inflação em função do preço vezes quantidade é igual a 12% (112 - 100).

Os índices de inflação do governo são medidos por diversos critérios e, por conseguinte, existem diversas fórmulas para o cálculo da inflação. Os índices mais comuns são: INPC (IBGE); IPCA (IBGE); IGP-M (FGV); IGP-DI (FGV): IPC (FIPE); ICV (DIEESE).

Índice de Inovação: Índice dado pela fórmula: Índice de Inovação = Inovações / Total de Produtos. Onde: Inovações = Novos produtos, produtos modificados, imitações.

Total de Produtos = Produtos ofertados ao mercado

Exemplo: Inovações = 20; Total de Produtos = 500; Índice de Inovação = 20 / 500 = 0,04 = 4%

Análise: O valor de 4% para um período de um ano é baixo, mas também é preciso considerar que um índice alto de inovação é um risco a ser observado. Deve haver um equilíbrio nas inovações de uma empresa, tendo em vista a necessidade de se considerar o mercado, o público-alvo e o custo da implementação.

Índice de Liquidez: Ver liquidez.

Índice de Lucratividade: Ver lucratividade.

Índice de Marca: Índice dado pela fórmula: Índice de Marca = Vendas das Marcas Próprias / Vendas de Todas as Marcas

Onde: Marcas Próprias = Marcas de propriedade da empresa para um determinado produto; Todas as Marcas = Somatório das marcas relativas a um determinado produto num território.

Exemplo: Vendas das Marcas Próprias = 100,00; Vendas de Todas as Marcas = 2.000,00; Índice de Marca = 100 / 2.000 = 0,05 = 5%

Análise: A marca própria do produto, no caso acima, tem um peso pequeno no mercado. A análise, para ser mais completa, dependerá de correlações complementares.

Índice de Mercado: Índice que mostra o comportamento de um produto num determinado mercado.

Índice de Pobreza Humana: Criado como um desdobramento do IDH, em 1997, mede os problemas no desenvolvimento humano a partir de quatro grandes eixos: número de pessoas com expectativa de vida inferior a 40 anos, percentual de adultos analfabetos, pessoas sem saneamento básico e crianças com menos de 5 anos, abaixo do peso. Muitos cientistas argumentam que o PIB não mede adequadamente o bem-estar da coletividade, pois não registra: a economia informal; os custos sociais, em função da produção; a poluição; o congestionamento de tráfego nas cidades; a diferença de renda entre as pessoas. Mas, apesar de algumas limitações, o PIB é um indicador útil para comparações ao longo dos anos.

Índice de Produtividade: Índice dado pela fórmula: Produtividade = Unidade de Produto / Unidade de Gasto. Onde: Unidade de Gasto pode ser: matéria-prima, mão de obra, tempo de produção, número de máquinas, capital investido, área ocupada, recursos aplicados, gasto de produção.

Exemplo: Uma fábrica produz 200 peças / dia a um custo de $ 25,00 / peça; Gasto Total de Produção = 200 × 25,00 = $ 5.000,00; Número de empregados = 200; Produtividade em função da produção = 200 / 5.000 = 0,04; Produtividade em função do número de empregados = 200 / 100 = 2

Análise: Cada operário produz 2 peças por dia, e cada peça corresponde a 4% do gasto de produção.

Índice de Utilização: Índice que mostra quanto um bem (objeto) é útil e por quanto tempo.

Índice de Valor: Relação das entradas líquidas de caixa e o investimento líquido inicial.

Índice Funcional: Índice que dá o endereço de uma ilustração (gráfico, formulário, planilha).

Índice Remissivo: Índice que é uma relação em ordem alfabética com indicações das páginas onde os assuntos versados no texto são encontrados. É instrumento de muita utilidade, especialmente na orientação do leitor pesquisador quanto à localização de determinadas informações.

Indiferença: Ação fundamentada no orgulho, na vaidade ou numa falsa convicção de superioridade, sendo uma barreira à comunicação e ao entendimento entre pessoas que devem trabalhar juntas.

Indivíduo: Espécie animal, vegetal ou mineral que faz parte de um grupo; Unidade distinta.

Indivíduo Criativo: Indivíduo que sempre se renova.

Indivíduo Integrado: Indivíduo que tem as seguintes características: O seu comportamento e a sua atitude se afinam com os demais membros do grupo; Demonstra satisfação em pertencer ao grupo; As suas iniciativas envolvem o interesse do grupo; Coopera com os demais, sabendo que a cooperação deve ser espontânea; Os seus sentimentos se identificam com os do grupo.

Indução: Processo mental por intermédio do qual, partindo de dados particulares, suficientemente constatados, infere-se uma verdade geral ou universal, não contida nas partes examinadas. Ela se realiza em três estágios: observação dos fenômenos, descoberta da relação entre eles e generalização da relação.

Indústria: Empresa de fabricação; Fábrica; Empresa que fabrica (monta) um grande número de produtos (acabados, semiacabados), a partir de itens de materiais ou partes componentes. A indústria, como a agricultura, são setores que geram riqueza.

Indústria de Processo: Tipo de indústria em que o fluxo de materiais segue a mesma sequência. Neste tipo de indústria, geralmente, as máquinas são fixas.

Indústria de Serviços: Empresa prestadora de serviços.

Indústria Montadora: Indústria em que a montagem constitui o processo principal da empresa. É conhecida como montadora.

Indústria Protegida: Indústria amparada por legislação própria. A indústria protegida gera um caráter parasitário, que a desvitaliza e assim a desprepara para as contingências econômicas do futuro.

Industriário: Pessoa que trabalha numa indústria, seja qualquer cargo que ocupe.

Inércia Econômica: Efeito que faz com que sejam mais elevados os níveis operacionais mínimos em que a empresa começa a produzir suficientes lucros.

Inferência Estatística: Inferência que se traduz em assumir conclusões para toda uma população a partir de medições de uma parte dessa população, de forma que o risco de se realizar conclusões incorretas possa ser medido. É através dos métodos de inferência estatística que se pode assumir, por exemplo, com determinada probabilidade, a média calculada de uma amostra.

Inflação: Aumento geral dos preços dos produtos, tendo como consequência uma perda de poder de compra do dinheiro. Quando os preços sobem, o valor da moeda diminui, isto é, o poder de compra do cidadão estará em função das oscilações do índice de inflação.

Inflação de Custos: Inflação de oferta; Inflação que ocorre quando o nível de demanda permanece o mesmo, mas os custos de produção aumentam.

Inflação de Demanda: Excesso de demanda em relação à produção disponível.

Inflação Inercial: Inflação que ocorre devido ao mecanismo da indexação ou correção monetária.

Influência: Capacidade que tem uma pessoa de modificar o comportamento de outro. A mudança pode ser realizada por técnicas de indução e liderança, ou pelo carisma próprio do dirigente.

Influência Pessoal: Influência de significado maior em algumas situações e mais forte para alguns indivíduos do que para outros.

Influência Tecnológica: Influência que está redefinindo as fronteiras entre setores, historicamente, independentes, incluindo a própria administração. O papel das tecnologias não se limita às necessidades de alto valor agregado, mas a todo um contexto de valores organizacionais. Alguns argumentam que a maioria das mudanças da

História se deu em função da tecnologia. Os séculos são marcados por invenções, tais como: roda, foice, roldana, alavanca, martelo, espada, bússola, luneta, caldeira, motor, aço, computador. Nas últimas décadas aconteceram avanços notáveis na disponibilidade de informações, na velocidade das comunicações, nos novos materiais, na biotecnologia e nas maravilhas da eletrônica.

Informação: Noção, ideia ou mensagem contida num determinado meio. É sempre incorpórea, por isso é definida como matéria-prima abstrata; Dado trabalhado, registrado, classificado, organizado, relacionado ou interpretado dentro de um contexto, exprimindo significado que permite a alguém tomar uma decisão inteligente. Também pode ser considerada como um conjunto de dados com um significado que reduz a incerteza a respeito de algo ou aumenta seu conhecimento. A informação é indispensável ao administrador para ele atingir objetivos, metas, descobrir e definir problemas. É através da informação que avaliamos desempenhos e desenvolvemos procedimentos adequados. Os pedidos recebidos num almoxarifado são dados. Notas fiscais e faturas são informações.

Informação Armazenada: Informação que pode ser recuperada, através de banco de dados.

Informação Contábil: Informação relativa à caixa, bancos, recebíveis, contas a pagar, balanço patrimonial, demonstrativo de resultado.

Informação Corporativa: Informação relativa aos investimentos, imobilizações, negócios, salários, indicadores de gestão (econômicos, financeiros, de performance, de mão de obra, de venda, de produção, de tempo).

Informação Corrente: Informação relativa aos mais importantes controles, como: caixa, contas a receber, contas a pagar, faturamento, patrimônio, estoque, produtividade, turnover, taxas de reclamações e de devoluções.

Informação de Marketing: Informação relativa à pesquisa de mercado, pesquisa de produto, previsão de vendas, faturamento, receita com vendas. A informação de marketing é muito importante para a empresa, pois é dela, geralmente, que derivam os negócios. As informações de marketing ajudam a delinear cenários futuros para a empresa e, assim, mostrar qual a melhor direção a tomar nos negócios.

Informação de Pesquisa: Informação coletada no ambiente que ajuda a organização sobreviver, diante de tanta competitividade.

Informação de Produção: Informação relativa a processos, tecnologias, materiais, fornecedores, projetos, custos, otimização de recursos, ponto de equilíbrio, capacidade instalada.

Informação Desatualizada: Informação substituída por outra mais atual, mas não eliminada, pois é possível sua utilização no futuro, por exemplo, série histórica.

Informação Digital: Informação digitalizada que permite se trabalhar com uma massa muito grande de dados na velocidade da luz.

Informação Disseminada: Informação que atinge todos os níveis da organização.

Informação Estratégica: Informação voltada a ajudar a alta administração a tomar decisões no nível institucional e que definem o futuro da organização. A informação estratégica não deve ser comparada com informação do concorrente. Nem deve ser confundida com informação competitiva. No nível estratégico, os dados são inexatos.

Informação Externa: Informação relativa ao âmbito externo da organização, tais como: economia (moeda e crédito), política governamental, oportunidades, ameaças, mercados, concorrências, avanços científicos e tecnológicos, balança comercial do país.

Informação Gerencial: Informação que se destina a alimentar o processo decisório. Muitas informações, manipuladas no dia a dia das empresas, não correspondem integralmente às necessidades, sendo, portanto, insatisfatórias. Tais informações se caracterizam pelos seguintes elementos: comparação, confiança, tempo hábil, detalhe, exceção.

Informação Interna: Informação relativa ao âmbito interno da organização, tais como: carteira de pedidos, situação financeira, situação econômica, recursos, processos, atividades, capacidade instalada, ordens de serviço.

Informação On-Line: Informação colhida da internet.

Informação Operacional: Informação voltada a ajudar a organização a manter ativo o seu ciclo operacional. No nível operacional, os dados são exatos.

Informação Privilegiada: Informação do conhecimento somente de alguns gerentes da organização.

Informação Significativa: Informação relevante; Informação que facilita a tomada de decisão.

Informação Tática: Informação voltada a ajudar os gerentes a decidir sobre as necessidades de mudanças, quanto aos recursos aplicados. No nível tático, os dados são aproximados.

Informação Útil: Informação que permite apoiar e orientar uma ação com segurança, minimizando a margem de erro.

Informalidade: Contrário da formalidade; Relação de amizade num grupo informal que não aparece no organograma ou em qualquer outro documento da organização. Ela se forma das interações e relacionamentos sociais entre as pessoas que não têm liberdade para se expressarem na organização formal.

Informática: Ciência do tratamento automático e racional da informação, considerada como suporte do conhecimento e da comunicação. A informática está se transformando em um importante ferramental tecnológico à disposição do homem para promover o seu desenvolvimento econômico e social, pela agilização do processo de decisão e pela otimização dos recursos existentes e disponíveis.

Infraestrutura: Nome dado ao suporte que a empresa recebe de um ambiente. Nenhum estabelecimento comercial funciona bem, se não houver disponibilidade de serviços públicos no próprio local, como energia elétrica, sistema de telefonia, água, esgoto, saúde, escola, correio, banco, transporte e segurança.

Infraestrutura do País: Conjunto de elementos que ajudam a alavancar um país, como: estradas, portos, aeroportos, silos, armazéns gerais, hidrovias, ferrovias. Os gargalos na infraestrutura representam uma ameaça séria ao desenvolvimento.

Iniciativa: Ação de propor, em primeira mão, um projeto, empreendimento, produto, procedimento.

Inovação: Produto verdadeiramente necessário, sem substituto satisfatório; Produto modificado; Produto imitativo.

Inovação Aditiva: Inovação desenvolvida para acompanhar demandas diferenciadas para novos modelos, estilos, características, especialidades, por exemplo.

Inovação Científica: Inovação que interfere na natureza, buscando compreender e utilizar os fenômenos em proveito da sociedade.

Inovação Consciente: Inovação fundamentada numa ideia plausível, para atender uma necessidade, onde o inovador mantém os pés no chão o tempo todo do processo de criação.

Inovação Contínua: Inovação promovida pela empresa é uma necessidade dos dias atuais, mas muita perigosa. Nem sempre o caminho da inovação é o mais lucrativo. A inovação contínua envolve a introdução de um produto modificado, isto é, refere-se a novos atributos e características, e é a que exerce o menor impacto nos padrões de comportamento.

Inovação Deliberada: Inovação utilizada por alguém que possui um espírito empreendedor. É o ato de utilizar recursos para criar riqueza.

Inovação Descontínua: Inovação que envolve a introdução de produtos totalmente novos que requerem a adoção de novos padrões de comportamento e também, em muitos casos, a construção de nova infraestrutura e novos modelos de negócios. A Internet é um exemplo de inovação descontínua, assim como a introdução do primeiro avião, automóvel, televisão, telefone, computador etc.

Inovação Dinâmica: Inovação que implica mudança de comportamento para lidar com o novo produto, sem alterar a configuração anteriormente vigente.

Inovação Econômica: Inovação que altera o comportamento das pessoas, quando trabalham para produzir bens e serviços. Esta inovação sempre precisa estar associada ao mercado.

Inovação Eficaz: Inovação que deu certo.

Inovação Intencional: Inovação que começa com a análise das oportunidades. É iniciada por meio de fontes de informações, tais como: sucessos, fracassos, incongruências, necessidades, mudanças, novos conhecimentos, aumentos nos níveis de percepção.

Inovação no Processo: Inovação que altera, de forma radical, o processo com o objetivo de atingir melhorias drásticas no tempo de resposta, custo, qualidade e outros importantes fatores de competitividade. A importância relativa das inovações no processo, normalmente, aumenta na maturidade, da mesma forma que o resultado do projeto do produto e de seu sistema de entrega para facilitar uma fabricação e um controle com custo mais baixo. É considerada como o último elo da inovação, aquela que modifica o processo de fabricação.

Inovação no Produto: Inovação no produto pode ampliar o mercado e, consequentemente, promover o crescimento da empresa ou pode acentuar a diferenciação do produto. Ela permite que o produto atenda novas necessidades, pode melhorar a posição da empresa em relação aos concorrentes e pode eliminar ou reduzir a necessidade de produtos complementares escassos ou dispendiosos.

Inovação Real: Inovação que se caracteriza como, verdadeiramente, necessária, pois não há nada igual no mercado.

Inovação Sistemática: Inovação deliberada e organizada de mudanças e na análise sistemática das oportunidades que tais mudanças podem oferecer. A maioria esmagadora das inovações bem-sucedidas explora a mudança. Portanto, a inovação é uma disciplina de diagnóstico, isto é, um exame sistemático das áreas de mudança, que tipicamente oferecem oportunidades empreendedoras.

Inovação Social: Inovação que tomou a forma de criação de novas instituições de serviço público. A necessidade de inovação social pode ser até maior, mas terá, em grande medida, que ser uma inovação social dentro da instituição de serviço público já existente. As transformações sociais foram, durante toda história das empresas, no mínimo, tão importantes quanto à inovação tecnológica.

Inovação Substitutiva: Inovação para acompanhar as mudanças tecnológicas.

Inovação Técnica: Inovação que busca melhorar uma maneira, modo, processo ou habilidade para se executar ou fazer algo. A inovação técnica estará sempre ligada à produtividade, eficiência, automação e redução de custo, por exemplo.

Inovação Tecnológica: Inovação que é utilizada para implementar uma oportunidade existente no mercado. Porém, inovações de alta tecnologia podem aumentar o custo fixo no processo de produção e se tornarem uma ameaça para a empresa. A inovação baseada em alta tecnologia tem o mais longo período de espera entre o investimento e a lucratividade.

Inovador: Pessoa criativa; Pessoa que desenvolve coisas novas.

Inovar: Atividade que resulte em um novo produto.

INPI: Instituto Nacional de Propriedade Industrial, onde se registram marcas e patentes.

Insatisfação: Agravo que pode ter origem exógena ou endógena. Insatisfações exógenas podem vir da família, lar, comunidade, região ou país. Insatisfações endógenas podem vir da realização profissional, ambiente organizacional, status, remuneração, interação ou políticas empresariais.

Inscrição do Candidato: Inscrição feita, depois de realizada a seleção, uma vez que afastará os candidatos que não satisfazem a determinados requisitos do cargo.

Insegurança: Característica de uma pessoa insegura de obter um resultado positivo naquilo que está fazendo.

Inseparabilidade: Característica que aponta a produção inseparável do consumo. A venda de um produto é sempre o resultado de um bom serviço prestado.

Insolvência: Falta de liquidez; Incapacidade de pagar uma dívida.

Inspeção: Processo para localizar desvios ou defeitos, detectar erros ou falhas de um produto.

Inspeção Aleatória: Inspeção que consiste em controlar a qualidade, tomando apenas uma percentagem de produtos, tomados aleatoriamente.

Inspeção por Amostragem: Inspeção que não interfere no processo produtivo e não requer parada na produção. Se a amostra é aprovada, todo o lote será aprovado. Mas se for reprovada, todo o lote volta a ser inspecionado.

Inspeção Sanitária: Inspeção cujo objetivo é verificar as condições de higiene e limpeza do local de trabalho.

Inspeção Total da Qualidade: Inspeção total dos itens para verificar se há desvio ou variação, isto é, todo material deve ser inspecionado, bem como todo trabalho. Esta inspeção é imprescindível em determinados tipos de produtos de alto valor, onde a garantia é necessária, pois, em geral, se trata de produção sob encomenda. Porém, a inspeção total exige pessoal especializado, muitas paradas, que, consequentemente, acarreta um custo final elevado.

Instabilidade: Falta de estabilidade na economia, na produção, na política, no ambiente, por exemplo.

Instituição: Organização cujo propósito é muito bem definido, bem como o setor de atuação.

Instituição Financeira: Organização intermediária entre investidores (aplicadores) e tomadores de empréstimos.

Instrução: Conjunto de conhecimentos incorporado em uma pessoa (física ou jurídica). Em todas as sociedades anteriores, a pessoa instruída era um ornamento. Mas, hoje, é um emblema, símbolo, guru, âncora, arquétipo, apanágio, suporte, polo de decisão. A pessoa instruída precisa ser capaz de usar seu conhecimento como suporte do presente para decidir o futuro.

Insumo: Material que contribui para a obtenção do produto, mas nem sempre faz parte da composição final do mesmo.

Intangibilidade: O que não é tangível. Um bem é tangível (mensurado), mas um serviço é intangível, pois é de difícil mensuração.

Integração: Estágio superior da interação, porque é quando o indivíduo se sente realmente fazendo parte do grupo, conhece seus membros como a si mesmo, conhece a organização onde trabalha, conhece os companheiros, sabe participar de uma reunião, sabe a hora de falar, ouvir e de se controlar.

Integração de Planos: Ação voltada a integrar planos interrelacionados. A falta de harmonia entre os planos pode resultar em ineficiência ou mesmo em conflito.

Integração de Sistemas: Reunião de subsistemas de um sistema maior.

Integração Horizontal: Estratégia de aumento de vendas pela presença geográfica, como se vê pelo crescente número de lojas em diferentes lugares.

Integração Ilógica: Dificuldade em integrar racionalmente, sob a mesma chefia, partes heterogêneas que não se ajustam bem.

Integração Vertical: Integração parecida com a economia de escala, onde, por exemplo, a cadeia de lojas, o supermercado, a loja de departamentos e a superloja aumentam cada vez mais suas compras, assumindo, assim, as funções dos atacadistas. Desta forma, o fabricante tem absorvido certas funções atacadistas.

Integrar: Ação do gestor de reunir subordinados adequadamente treinados para garantir o bom desempenho da equipe.

Integridade: Qualidade em que o administrador tem um comportamento adequado aos padrões de civilidade da organização em que trabalha. É muito difícil avaliar a integridade de uma pessoa, mesmo dentro do ambiente de trabalho, que dirá fora do mesmo.

Inteligência: Qualidade que tem um indivíduo para resolver problemas com os recursos que possui.

Inteligência Artificial: Sistema especializado que tenta imitar seres humanos especializados. Tipicamente, um sistema especializado é um pacote de tomada de decisão e/ou resolução de problemas, por meio de um computador, com um programa (software) que pode enriquecer o nível de performance, se comparado ao conhecimento humano.

Inteligência Emocional: Capacidade de controlar suas próprias emoções.

Intenção: Gesto ou palavra que expressa um compromisso futuro.

Interação: Ação que se refere ao comportamento interpessoal. Um dos pontos fortes da empresa é a interação entre os funcionários. Observar esta interação determina quem faz o quê, quem reage e como reage.

Interatividade: Característica que facilita a comunicação entre pessoas.

Interdependência: Característica que faz um indivíduo depender de outro, e vice-versa.

Interesse: Aquilo que desperta desejo, vontade, necessidade.

Interesse do Consumidor: Interesse voltado para preço, qualidade, atendimento.

Interface: Fronteira compartilhada; Ponto físico que demarca dois elementos.

Interface do Sistema: Conexão e interação entre subsistemas. Através das interfaces, os subsistemas trocam materiais, energia e informação. Os limites e as interfaces dos subsistemas devem ser cuidadosamente estudados, e as relações com os subsistemas devem ser claramente definidas.

A fórmula, a seguir, mostra o número de interfaces do sistema: N = n (n - 1) / 2

Onde: N = número de interfaces do sistema; n = número de subsistemas.

Exemplo: Se n = 10, então vem: N = 10 (10 - 1) / 2 = 45.

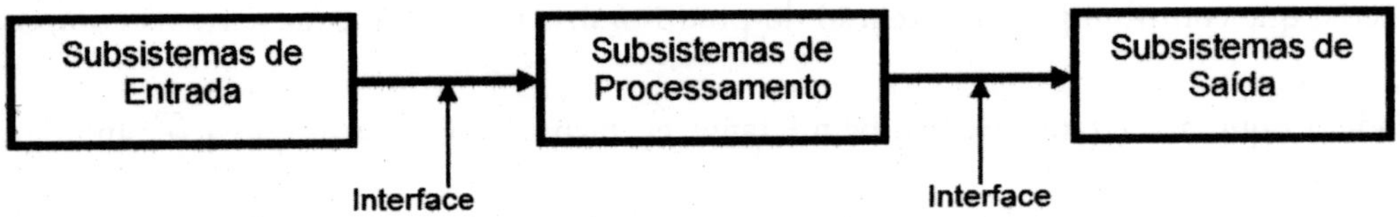

Interface do Usuário: Interface que capacita o usuário a reconhecer a linguagem utilizada no sistema de informações.

Interface Gráfica: Interface que se faz por meio de representações gráficas (ícones).

Intermediário: Empresa independente que ajuda a levar os bens dos produtores para os consumidores finais.

Intermediário Comerciante: Intermediário que assume a propriedade dos bens para revender os mesmos, mais tarde. Os principais intermediários comerciantes são atacadistas.

Intermediário Funcional: Intermediário que não assume a propriedade dos bens, tais como corretores, representantes, agentes de vendas que procuram consumidores, podendo negociar por conta dos produtores/proprietários.

Internauta: Usuário da Internet.

Internauta Comprador: Usuário que faz compras pela internet.

Internet: Grande rede mundial de comunicação com prestação de diversos serviços. O acesso é livre, mas o usuário dependerá de um provedor, que poderá ser pago, ou não, para se conectar com a rede.

Interrupção: Intervalo de tempo em que uma tarefa é interrompida. Nem sempre uma interrupção é algo ruim, pois, às vezes, ela é benéfica.

Intervalo: Espaço (diferença) entre dois valores limites (limite inferior e limite superior).

Intervalo de Confiança: Série histórica cujos dados são confiáveis.

Intervencionismo Estatal: Ação do estado para ditar as regras dos negócios, castrando a livre iniciativa e levando o país a alto nível de corrupção.

Intimidação: Atitude de amedrontar, assustar, apavorar ou ameaçar outra pessoa, por diversas razões.

Intranet: Rede interna da comunicação entre funcionários da mesma empresa.

Intuição: Impulso para uma determinada ação, de razão desconhecida, onde não há raciocínio lógico. A verdade é que muitas pessoas resolvem problemas na base da intuição.

Inutilidade: Prática de fazer coisas sem utilidade. A arte da inutilidade aparece quando alguém toma decisões baseadas em informações incompletas, irrelevantes e falsas.

Invenção: Produto que causa uma revolução científica, tecnológica, ambiental e social. Um bom exemplo de invenção é a roda.

Inventário: Levantamento individual e completo dos bens, valores e haveres, ativos e passivos, de uma organização; Contagem do que há estocado na empresa.

Investidor: Pessoa que aplica capital num projeto, correndo o risco de perder o aplicado. É muito importante que o investidor faça uma análise da conveniência do investimento, bem como se deve comprar ou alugar alguns dos recursos que farão a empresa funcionar, porque os gastos com aluguel podem ser jogados na conta de despesas. Já o imobilizado só pode ser amortizado, em geral, em cinco ou mais anos.

Investidor Institucional: Investidor de grande porte, como: banco de fomento, fundo de investimento; fundo de pensão, por exemplo.

Investigação: Processo de indagação que utiliza meios para chegar à verdade.

Investimento: Recursos (ativos) aplicados em participações e em outras sociedades para gerar renda.

Investimento Agregado: investimento que permitirá o aumento de renda.

Investimento em Qualidade: Investimento calcado na filosofia da qualidade. Não se trata mais de uma questão de produzir para satisfazer às expectativas dos clientes, mas também de inspirar as pessoas que os produzem, para que façam da melhor maneira possível.

Investimento em Tecnologia: Investimento que aproveita os avanços em tecnologia para aumentar produtividade e qualidade dos produtos.

Investimento Empresarial: Massa de capitais aplicada em um empreendimento.

Investimento Estratégico: Investimento voltado para o mercado. Este investimento, dificilmente, permite uma avaliação mais concreta dos futuros resultados.

Investimento Imobilizado: Ver imobilizado; Investimento permanente.

Investimento Inicial: Capital inicial para criação de um negócio.

Investimento Permanente: Imobilizado.

IPI: Imposto sobre Produtos Industrializados.

ISO: International System Organization; Organismo internacional de padronização da qualidade.

Isolamento: Doença empresarial que sofre o dirigente por não se empolgar mais pelo poder aparente e temporário. Este isolamento o levará à frustração, com consequências dolorosas.

Isomorfismo: Característica dos sistemas que possuem semelhança de forma. Um sistema é isomorfo a outro quando suas partes forem cambiáveis.

IVA: Imposto sobre Valor Agregado.

J

Janela de Oportunidade: Termo utilizado para indicar o momento em que determinado projeto (produto) tem chance de ser colocado no mercado, com um retorno de investimento bastante favorável; Ver oportunidade.

Joint-Venture: Associação de empresa nacional com empresa estrangeira, como uma alternativa capaz de interessar ambos os participantes no negócio. Os fatores básicos são: necessidade de capital para expansão, busca de tecnologia para diversificação, necessidade de conhecimento, abertura de mercado no exterior, disponibilidade de matérias-primas e mão de obra, aparecimento de empresários inovadores, empreendedores e progressistas em nível nacional. As joint-ventures passaram, então, a ser consideradas como oportunidades realmente interessantes de aplicação de recursos e as restrições foram aos poucos sendo eliminadas. Na joint-venture os problemas estão na remessa de lucros, nas restrições de transferências de conhecimento, na legislação do país sede e na legislação do país de origem.

Jornada de Trabalho: Horas trabalhadas em um dia. A jornada de trabalho, aprovada pela Constituição Brasileira, de 5 de outubro de 1988, é de 220 horas por mês (44 horas por semana), incluindo o descanso remunerado de um dia por semana, normalmente, o domingo. Além do descanso remunerado, há outros dias em que não se trabalha. O total de horas trabalhadas por ano é mostrado no quadro, abaixo:

Itens	Valor
Dias por Ano	365
Descanso Remunerado	52
Férias	22
Faltas Abonadas por Lei	3
Feriados	13
Total de Dias Trabalhados por Ano	275
Horas de Trabalho por Dia	7,33
Total de Horas Trabalhadas por Ano	2.015,75

Jornal: Mídia impressa altamente confiável; Meio de divulgação de: notícias, propagandas, balanços patrimoniais (relatórios). O jornal é um veículo de vida curta.

Juízo: Ato pelo qual o raciocínio afirma ou nega alguma coisa em função de outra. É o vetor fundamental do pensamento reflexivo, sendo que a expressão lógica do juízo é o raciocínio; Inferência (dedução racional) de um indivíduo na avaliação de um determinado problema.

Julgamento: Ato de tomar decisão; Pensamento descritivo de uma pessoa, baseado em um conjunto de crenças (valores). As crenças podem se basear em conhecimento real, opinião ou fé.

Julgamento do Consumidor: Julgamento baseado nos seguintes critérios: destaca mais os erros do que os acertos, quer suas necessidades atendidas e não está preocupado com os problemas internos da empresa. O consumidor esquece todas as mensagens de propaganda depois de uma única grosseria de qualquer funcionário. Julga ter sempre razão. Aumenta suas exigências em razão do preço que pagou ou está pagando. Se satisfeito, passa a ser um divulgador do produto, da marca e da empresa.

Juros: Importância cobrada por unidade de tempo, pelo empréstimo de dinheiro; Expressão da percentagem a ser paga sobre a soma emprestada; Ver taxa de juros.

Juros Compostos: Juros que incidem sempre no capital anterior, formando um montante. O montante será o somatório do capital inicial mais todos os juros aplicados, num determinado período de tempo; Juros sobre juros. É a forma de juros utilizada no mercado financeiro.

O cálculo do montante é dado pela fórmula:

$M = Ci\ (1 + i^n)$

Onde:

M = Montante

Ci = Capital inicial

i = Taxa de juros

n = número de meses

Juros Simples: Juros que são considerados um artifício simplificador de cálculo, mas que não existem na realidade. Os juros simples ajudam a entender como se calcula os juros sobre um capital.

A fórmula dos juros simples é:

$J = CIT / 100$

Onde:

J = Juros

C = Capital

I = Taxa de Juros

T = Tempo

Just-in-Time: Sistema operacional que busca o ajustamento ótimo entre consumidores, empresas e fornecedores, eliminando ou reduzindo ao mínimo toda a ociosidade de recursos, custos de estocagem e comprometimento do capital de giro em qualquer material ou componente, não imediatamente usado. A regra fundamental, portanto, é obter ou produzir algo somente quando for necessário. O just-in-time se traduz em produzir as quantidades certas na hora certa. Os sistemas just-in-time centram seu objetivo na rapidez. Vale analisar que há empresas que produzem de forma não repetitiva, de acordo com as especificações dos clientes, como para equipamentos e máquinas especiais. Isso leva à conclusão de que, para produções de processos repetitivos, vale o just-in-time. Por outro lado, em ambientes competitivos, é possível que este sistema não seja o mais adequado.

L

Laboratório de Sensitividade: Técnica simulatória onde o indivíduo é afastado da posição que ocupa na organização e são desconhecidas as suas relações com os participantes da mesma. Os principais objetivos do laboratório de sensitividade são o desenvolvimento do conhecimento que o indivíduo exerce sobre as outras pessoas e o aperfeiçoamento da comunicação pela eliminação de barreiras. Esta técnica é aplicada de cima para baixo, a começar pelo nível de cúpula da organização, descendo até os níveis mais baixos da estrutura.

Lançamento do Produto: Colocação de um novo produto no mercado. A oportunidade de lançamento de um novo produto se configura quando a empresa observa as seguintes questões: O novo produto é compatível com os objetivos da empresa? A empresa possui recursos físicos, financeiros, humanos, tecnológicos, materiais, sistêmicos, mercadológicos, administrativos que podem viabilizar o lançamento do novo produto? Os indicadores de gestão estão dentro do esperado? A análise de custo mostrou ser possível desenvolver e lançar o novo produto?

Laptop: Computador portátil, podendo ser ligado à tomada ou funcionar à base de bateria.

Layout: Desenho do local de trabalho; Ver arranjo físico.

Lealdade: Qualidade de quem é leal a uma pessoa, organização ou marca, por exemplo.

Lealdade à Marca: Lealdade que o consumidor tem em detrimento de outras marcas de um mesmo produto. O aumento da complexidade dos mercados e a intensificação da competição são fatores que usualmente figuram, em primeiro plano, na lista de justificativas para o declínio dos consumidores leais.

Leasing: É um arranjo entre o detentor de um equipamento, ou bem, e um arrendatário para que o último possa usá-lo. Durante o período de leasing, o arrendatário faz pagamentos regulares, como se fosse um aluguel. No fim do período, o bem ou equipamento é vendido pela diferença ao arrendatário, devolvido ou arrendado outra vez. O sistema de leasing pode ser recomendável quando a renda a ser paga é próxima a de um aluguel, quando o bem ou serviço é caro em relação ao orçamento do projeto ou quando há vantagens em termos de taxação e imposto. Normalmente os preços de leasing são bastante vantajosos. O leasing funciona mais como uma linha de financiamento.

Legalização: Ato ou efeito de legalizar (legitimar, justificar).

Legalização da Empresa: Legalização para que uma empresa possa iniciar suas atividades. Assim, é necessário que esteja devidamente legalizada, ou seja, deverá estar registrada em determinados órgãos dos governos federal, estadual e municipal. Tais registros são comuns a todas as empresas, mas em função de suas atividades, é possível que outras exigências devam ser cumpridas.

Legislação: Legislação é o conjunto de leis acerca de determinado assunto. Qualquer que seja a legislação, ela estabelece basicamente: quem é o responsável; como fazer; onde atuar; com que frequência acompanhar; por que das precauções; quais produtos são autorizados; quanto de obrigatoriedade assumir; qual documentação utilizar; quais as boas práticas de obediência; quando é preciso mudar; o que fazer.

Legislação Ambiental: Legislação que objetiva conciliar crescimento econômico com preservação do ambiente.

Legislação Comercial: Legislação que visa proteger: as empresas da concorrência desleal; os consumidores de práticas comerciais injustas; os interesses da sociedade contra o comportamento desenfreado das empresas; os consumidores dos abusos da propaganda enganosa; os agentes do governo da corrupção. Um importante propósito dessa legislação é cobrar das empresas os custos sociais gerados por seus produtos.

Legislação de Franquia: Legislação que regula os procedimentos entre franqueadores e franqueados, para que o acordo entre eles aconteça da melhor forma possível. É bom lembrar que, embora elaborado por profissionais de franquia, o contrato deverá garantir a situação de insolvência de cada parceiro. A experiência nos ensina que a legislação de franquia deve conter alguns dispositivos, tais como: O franqueado deve se obrigar a acatar, sem quaisquer reservas, todas as instruções e orientações que lhe der o franqueador; É vedado ao franqueado utilizar suas instalações para atividades que não sejam objeto do contrato; É preciso ficar esclarecido se será permitido ao franqueador ter seus próprios pontos de vendas, ou que trabalhe com outros produtos que não os listados no contrato de franquia; O franqueado se obriga a guardar absoluto sigilo sobre suas negociações com o franqueador.

Legislação do Comércio Eletrônico: A legislação sobre o comércio eletrônico ainda está sendo definida. Não há consenso sobre assuntos como a natureza dos contratos eletrônicos, a distribuição de material protegido por direitos autorais, a pornografia, a indevida divulgação.

Legislação Protecionista: Legislação que, quando sabiamente orientada, consegue realmente proteger e animar a indústria nacional e proteger o consumidor. E, se estes interesses se equilibram, não se trata de uma lei restritiva, porém de uma simples medida econômica sem caráter especial. As leis protecionistas só podem se dizer restritivas, quando resulta um proibicionismo evidente.

Legislação Trabalhista: Legislação que trata da contratação e descontratação e se baseia inteiramente na regulação criada por lei e na negociação entre empregado e empregador.

Legislação Tributária: Legislação que regulamenta a aplicação e recolhimento de tributos.

Legitimidade: Capacidade de justificar legalmente ou, racionalmente, explicar o exercício do poder.

Lei: Constatação empírica de uma realidade. Ela permite prever acontecimentos e resumir uma grande quantidade de fatos; Formulação de condicionantes ditada pela autoridade estatal.

Lei Antitruste: Lei que atua na formação de preços em mercados, evitando abusos de monopólios e oligopólios.

Lei Administrativa: Lei que se aplica ao comportamento da organização.

Lei da Competência: Lei ditada por Lawrence J. Peter, cujas premissas são: Numa hierarquia todo empregado tende a subir até o seu nível de incompetência; Todo cargo tende a ser ocupado por um funcionário que é incompetente para cumprir seus deveres; O trabalho é feito por aqueles funcionários que ainda não atingiram o seu nível de incompetência; As organizações parecem presas irreparáveis da mediocridade e da incompetência; Aquele que passar mais de cinco anos no mesmo cargo, desempenhando as mesmas funções, é um incompetente; A generalização da incompetência é diretamente proporcional à altura da posição hierárquica.

Lei da Economia: Lei baseada nas seguintes premissas: O preço de um produto varia conforme a demanda e a oferta do mesmo. Assim, se a demanda é alta e a oferta baixa, o preço tende a aumentar, e vice-versa; Aumentar a produção não significa maior produtividade necessariamente; Ao procurarmos obter as coisas, todos nós desejamos consegui-las com o mínimo de esforço; Toda a equipe deve unir-se para cortar pela raiz qualquer sugestão que prometa uma melhoria além do custo marginal; A oferta cria a sua própria procura; A quantidade procurada de determinado produto varia inversamente com relação a seu preço.

Se a renda dos consumidores aumenta, a demanda por produtos aumenta; A oferta de um bem é afetada pelos custos dos fatores de produção, por alterações tecnológicas e pelo aumento do número de empresas no mercado; A oferta mostra uma correlação direta entre quantidade ofertada e nível de preços.

Lei da Identificação: Lei baseada no princípio: Quanto maior for a identificação, maior será o grau de persuasão.

Lei da Mudança: Lei ditada por W. Bennis, cujas premissas são: É falso o pressuposto de que para serem feitas grandes mudanças operacionais há também necessidade de grandes mudanças organizacionais; A mudança requer uma preparação cuidadosa; Políticas rígidas ou repressivas podem fomentar passividade ou atitudes de ressentimentos entre os empregados; Escalões excessivos de administração e cadeias de comando e comunicação, exageradamente estruturados, podem causar sentimentos de isolamento, impotência ou despersonalização; Os sentimentos das pessoas é parte fundamental da dinâmica de qualquer processo de trabalho em grupo.

Lei da Oferta: A quantidade ofertada de um produto varia na relação direta com o preço do próprio produto.

Lei da Organização: Lei ditada por Victor Thompson, cujas premissas são: Uma comissão não é uma estrutura, mas uma planta que cresce, floresce, murcha e morre, espalhando as sementes que farão nascer outras comissões; A perfeição da estrutura planejada só é alcançada quando a instituição está no ponto de colapso; Quanto mais complexa for a organização, mais cedo morre; A preocupação principal da administração é a sobrevivência; Num dado tempo, qualquer organização perde a sua capacidade de sobreviver; Comitê é uma reunião de pessoas erradas, escolhidas por incompetentes, entre as que não querem, para fazer o que não é necessário; Se houver muitas reuniões num certo período de tempo, as mesmas se tornam mais importantes do que o problema que elas deviam resolver; Os mecanismos burocráticos cresceram de uma forma descontrolada, passando a representar uma ameaça à eficácia das empresas.

Lei da Probabilidade: Lei baseada nas premissas: A probabilidade de uma dimensão ser omitida num conjunto de instruções é diretamente proporcional à sua importância; A probabilidade de fracasso é diretamente proporcional ao número e importância das pessoas que observam o ensaio; A probabilidade de uma coisa acontecer é inversamente proporcional à sua desejabilidade.

Lei da Procura: A quantidade demandada (procurada) de um produto varia na relação inversa do preço do próprio produto.

Lei da Representação: Ver lei da identificação.

Lei da Situação: Lei ditada por Mary Parker Follet, cujas premissas são: O papel da psicologia administrativa deve ser o de reconciliar os indivíduos com a organização; O objetivo da ação administrativa é conseguir integrar pessoas; A situação deve ser tal que as pessoas cooperem para buscar objetivos comuns; Se a autoridade e a responsabilidade derivam da função, pouco tem a ver com a hierarquia da posição.

Lei das Sociedades Anônimas: Lei que protege o melhor interesse dos acionistas de uma empresa de capital aberto.

Lei de Conway: A estrutura de um sistema reflete a estrutura organizacional da empresa que o construiu.

Lei de Kelvin: É necessário encarar a manutenção tão seriamente como qualquer área produtiva, porque é muito claro que, sem uma boa manutenção, não pode haver produção eficiente, o que determina a vida de uma máquina. A fórmula que determina o tempo da vida econômica útil de uma máquina é:

$T = (I / N) + C + NR$

Onde: T = Tempo de vida econômica útil; I = Investimento total; N = Número de anos de vida útil; C = Custo constante de operação na base de uma utilização normal; R = Incremento anual dos custos de manutenção.

Lei de Murphy: Antes de modificar qualquer coisa deve-se ignorar ao máximo tudo o que se refere a ela, mas antes de modificar qualquer coisa é preciso conhecer tudo sobre ela. Uma mudança perturba a regularidade atual, de cuja eficácia depende o futuro.

Lei de Pareto: Somente 20% dos eventos respondem por 80% dos resultados, isto é, 20% dos eventos/acontecimentos/recursos respondem por 80% dos resultados. Num evento social, 20% dos fatos são críticos para 80% dos resultados.

Lei de Parkinson: Os funcionários gastam mais tempo e realizam mais movimentos do que os realmente necessários para fazer o serviço.

Lei de Patentes: Lei de patentes é destinada a proteger o inovador. As leis de patentes, criadas em 1836, atuam em duas direções: como uma recompensa pelos esforços de pesquisa e como penalidade pela imitação de algum outro trabalho patenteado, ainda que desconhecido do imitador.

Lei de Say: A oferta cria sua própria procura.

Lei do Agrado: Quanto maior for a satisfação mais eficaz será a persuasão.

Lei do Chefe: O chefe deve lembrar-se de que sua habilidade como profissional não é um certificado para sua defesa, mas uma barreira para seu avanço.

Lei do Comportamento: O comportamento humano, em geral, revela uma busca de justificativa para o desempenho ineficiente.

Lei do Conhecimento: O tempo necessário para um sábio influenciar um ignorante é inversamente proporcional ao hiato no seu conhecimento.

Lei do Menor Esforço: Procuramos sempre obter o máximo de tudo com o mínimo de esforço, dinheiro e tempo.

Lei do Trabalho: O trabalho aumenta a fim de preencher o tempo disponível para sua execução.

Lei dos Rendimentos Decrescentes: Não adianta aumentar a produção indefinidamente para que o custo do produto atinja um patamar que ajude a solapar a concorrência, pois existe um limite para isso.

Lei Natural: Lei que é uma constatação empírica de uma realidade, fenômeno ou fato.

Leitora de Código de Barras: Scanner para leitura de um código a fim de projetar na tela especificações de um produto.

Leitura: Ferramenta poderosa de estudo, tanto no papel como na tela e no cenário; Um ato simples, inteligente e reflexivo, cujo objetivo é a compreensão do mundo e do ambiente que nos cerca. Ao nos referirmos à leitura, estamos sempre fazendo referência a um processo realizável em uma dupla dimensão. A primeira, é a de ler a própria realidade, as circunstâncias do mundo em que vivemos, as suas solicitações, provocações e valores, numa linha de reflexão e crítica. A segunda, é a de decodificação da palavra escrita, que nada mais é do que a comunicação e transmissão desta primeira leitura. Sem leitura, qualquer que seja a sua forma, não haverá progresso, acumulação de conhecimento, transmissão e evolução do saber.

Leitura Corporal: Leitura que é feita quando uma pessoa lê a linguagem corporal do interlocutor, isto é, quais são suas reações por meio de expressões corporais para fatos, fenômenos, juízos, experimentos, decisões e soluções, por exemplo.

Leitura Crítica: Leitura cujo propósito é obter uma visão sincrética e global para descobrir as intenções do autor.

Leitura da Documentação: Leitura primitiva e lógica das técnicas de coleta de dados. Qualquer início do trabalho de pesquisa em uma organização começa por seus arquivos.

Leitura de Compreensão: Leitura que permitirá o pesquisador sentir o estilo e o método do autor sob análise.

Leitura de Reconhecimento: Leitura que é feita para um contato ligeiro e visual com a unidade de leitura.

Leitura do Cenário: Leitura fundamental, porque aquele dirigente que não observar as mudanças e tendências ambientais perderá tempo e recursos, até conseguir acompanhar o novo contexto.

Leitura Explicativa: Leitura com o intuito de verificar os fundamentos enfocados pelo autor.

Leitura Exploratória: Leitura feita com atenção, mas ainda corrida.

Leitura Formativa: Leitura cujo propósito é ajudar o leitor a ter um bom nível de conhecimento.

Leitura Informativa: Leitura que se faz por meio das palavras chaves.

Leitura Interpretativa: Leitura que objetiva a assimilação do conteúdo do texto estudado, através da interpretação do significado imediato e mediato do assunto pesquisado. Para tanto o pesquisador deve relacionar as ideias do autor com outras ideias vinculadas à mesma temática.

Leitura Recreativa: Leitura despreocupada, feita em horas de folga, cujo objetivo é o lazer. Embora também contenha informação, a sua finalidade precípua é aliviar o intelecto de questões mais profundas. Caracterizam esta leitura: romances, biografias, histórias e ficções.

Leitura Reflexiva: Leitura para determinar o tema, a ideia central e as ideias secundárias do problema.

Leitura Seletiva: Leitura que visa a eliminação do supérfluo e concentração em informações, verdadeiramente, pertinentes ao tema exposto.

Ler: Habilidade que consiste na capacidade de aprender a conhecer o mundo e suas manifestações, como também usufruir riqueza histórica, construída e transmitida pelos homens.

Letra do Tesouro: Título de curto prazo emitido pelo governo.

Letreiro: Meio de propaganda com letras luminosas. Vantagem: Destaque à distância. Desvantagem: Custo de manutenção.

Levantamento: Pesquisa para conseguir dados relevantes, a fim de dar suporte a uma tarefa a realizar.

Levantamento Amostral: Pesquisa de dados por amostragem.

Levantamento de Tempos: Levantamento considerado um estudo em que os dados de tempo são conseguidos por meio de técnicas e métodos específicos.

Levantamento Estatístico: Levantamento que serve para identificar oportunidades e fornecer dados para ajudar os gerentes de marketing, produção e finanças na viabilização de um projeto.

Levantamento Postal: Abordagem menos flexível de coleta de dados, porque seu questionário tem de conter um conjunto de perguntas específicas que precisam ser padronizadas. Não oferece oportunidade para que os pesquisadores esclareçam as perguntas. Além disso, a taxa de resposta para os levantamentos postais é tipicamente baixa.

Levantamento Virtual: Pesquisa que se faz via internet, nos seus aspectos qualitativos e quantitativos. Esta coleta de dados é muita rápida e gratuita, mas não permite que se acredite em tudo que os sites das empresas expressam, em suas páginas.

Liberação: Documento para liberar a movimentação de materiais e insumos para a fabricação de um produto.

Liberalismo: Corrente econômica, criada no Século XVIII, que acredita que a solução de todos os problemas econômicos está no próprio mercado.

Liberalismo Comercial: Liberalismo que é focado em dois aspectos: a desigualdade entre pobres e ricos aumentou e a possibilidade dos pobres saírem da miséria, através do crescimento econômico.

Liberalismo Econômico: Doutrina que serviu de base ideológica para as revoluções de independência. Defende a democracia representativa, o direito à propriedade e a livre iniciativa.

Licença: Autorização, consentimento, permissão dada pela autoridade competente para que se possa instalar um negócio.

Licença Ambiental: Licença para fiscalizar qualquer empreendimento que interfira no ambiente.

Licença de Funcionamento: Alvará expedido pela autoridade competente.

Licença Tecnológica: Licença que dá acesso a uma determinada tecnologia.

Licenciamento: Nome dado ao ato de se obter uma licença. Uma empresa tem como dever legal licenciar aquilo que projeta, desenvolve e constrói.

Líder: Pessoa que leva outras pessoas a darem o melhor de si para atingir objetivos do líder, que, normalmente, são também do grupo.

Líder de Tarefa: Líder voltado a executar determinada tarefa.

Líder Executivo: Líder em virtude do cargo que ocupa na hierarquia da empresa. A autoridade atribuída a um executivo não está necessariamente relacionada com qualquer habilidade pessoal de liderança que ele possa ter.

Líder Intelectual: Líder que mergulha no estudo, na pesquisa, na análise, na reflexão e no ensino, desenvolvendo relatórios, planos, projetos, livros, teses e teorias. Seu principal canal de comunicação é a escrita.

Líder Pragmático: Líder que tem a capacidade de idealizar estratégias, políticas, estruturas, inovações de processos, desenvolver novos produtos, criar novos métodos e aplicar soluções para problemas. Este tipo de líder usa a fala e a audição como principais canais de comunicação. Tem atitude direcionada e sempre se diz objetivo.

Liderança: Capacidade (posição ou carisma) de alguém de influenciar outra pessoa ou grupo no sentido de alcançar determinado propósito.

Liderança Autocrática: Liderança em que o líder toma decisão e anuncia, identifica o problema, considera as alternativas de solução, escolhe uma delas e depois comunica essa decisão a seus subordinados para execução. O líder vende sua ideia (proposta), identifica o problema e chega a uma decisão.

Liderança Carismática: Liderança que se baseia no desafio e apelo à realização de uma missão.

Liderança de Marca: Liderança que aparece quando a marca se impõe ao mercado.

Liderança Democrática: Liderança em que o líder apresenta ideias e pede perguntas aos subordinados para que juntos explorem mais plenamente as implicações de uma decisão.

Liderança Discreta: Liderança que utiliza ferramentas, tais como: persuasão, elogio, recompensa, adiamento, política de relacionamento, adaptação e flexibilidade.

Liderança Intelectual: Liderança que mergulha no estudo, na pesquisa, na análise, na reflexão e no ensino, desenvolvendo relatórios, planos, projetos, livros, teses e teorias. Seu principal canal de comunicação é a escrita.

Liderança Liberal: Liderança onde o líder coloca o problema e pede solução, isto é, transfere ao grupo o direito da tomada da decisão. Quando participa do processo, procura fazê-lo sem maior autoridade do que qualquer membro do grupo.

Liderança Participativa: Ver liderança democrática.

Liderança Pragmática: Liderança em que o líder tem a capacidade de idealizar: estratégias, políticas, estruturas, inovações, processos, produtos, métodos, com muita objetividade.

Liderança Situacional: Liderança que aflora segundo a situação.

Liderança Tradicional: Liderança em que o controle é de cima para baixo, frequentemente, exagerado, protege os feudos em vez de estimular os outros a pensar em como fazer seu trabalho de um modo melhor para a organização.

Limite: Algo que separa duas partes. Os limites ou fronteiras entre uma empresa e seu ambiente podem ser definidos em termos de valores e atitudes de seus empregados (quando se identificam com as regras e os regulamentos internos da empresa), em termos legais (o que é propriedade da empresa e o que não é) e em termos fiscais (o que é definido como território da empresa e o que não é), por exemplo. Os limites que separam a empresa do seu ambiente são, muitas vezes, ambíguos e pouco definidos.

Limite da Eficiência: Limite que é igual a 1 (um), porque as saídas de um sistema são sempre menores que as suas entradas, devido à entropia do sistema.

Limite de Controle: Máximo desvio permitido de um padrão.

Limite de Tolerância: Faixa de valores (máximo e mínimo) admissíveis na fabricação de um produto; Ver tolerância.

Limite do Sistema: Fronteira de atuação do sistema com o ambiente em que está inserido.

Limpeza: Ato de manter sempre limpo o local de trabalho. A frequência, a rotina e a forma de limpeza das diferentes áreas de trabalho e equipamentos são estabelecidas por uma política de manutenção.

Linguagem: Instituição psicológica que somente surge e evolui na vida social. Cada linguagem tem estilo próprio, em função da sua finalidade. Um estilo correto de linguagem deve: ser organizado e compreensível; usar o vernáculo com propriedade; ser claro, sem rodeios; levar em consideração o leitor; ser conciso e objetivo. Um estilo incorreto de linguagem é loquaz, confuso, desorganizado, indeciso e opiniático. A linguagem na organização deve ter como requisitos principais: estilo, impessoalidade, objetividade, cortesia, função, clareza, concisão, coerência, expressividade, harmonia, motivação, naturalidade, polidez, propriedade, unidade, figuração, correção e formatação.

Linguagem Científica: Linguagem que precisa de comprovação científica. Em linguagem científica, a hipótese equivale, habitualmente, à suposição da verdade, que depois deve ser comprovada ou negada pelos fatos, os quais hão de decidir, em última instância, sobre a verdade ou falsidade daquilo que se pretende explicar.

Linguagem Corporal: Linguagem que pode revelar os verdadeiros sentimentos das pessoas, mesmo quando não estão dizendo a verdade. Algum estudo dessa linguagem vai ajudar a ler os próprios gestos e dos outros. Muitos gestos possuem mais de um significado. Portanto, para uma leitura correta é importante olhar o corpo dentro de um contexto. A linguagem corporal é acompanhada de sinais que podem mudar a qualquer momento, denotando um sentimento. Um gesto repetitivo, se não estiver fora de controle, pode ser planejado, para causar efeito. Um gesto exagerado, quase sempre representa um sentimento oposto.

Linguagem Corporativa: Linguagem apropriada a cada organização e também ao setor da economia em que atua; Linguagem empresarial.

Linguagem de Massa: Linguagem que atua na opinião pública acerca de um acontecimento. Seus veículos mais fortes são: o rádio, a televisão e as redes sociais. Esta linguagem pode mudar para mais ou para menos o valor da opinião existente.

Linguagem de Programação: Linguagem dos programas de computador.

Linguagem de Projeto: Linguagem cujas especificações formais seguem uma nomenclatura (termos específicos, peculiaridades) bastante rígida, contendo procedimentos interativos. O objetivo da linguagem do projeto é oferecer o formalismo e a precisão para o bom entendimento entre as pessoas que formam a equipe do projeto.

Linguagem Didática: Linguagem em que o meio de comunicação do professor com o educando é o veículo de transmissão de conhecimento e informações úteis à formação deste como pessoa.

Linguagem do Sistema: Linguagem que possui os atributos adicionais de: possibilitar implementações mais rápidas, ser de fácil entendimento e aplicação, interagir otimamente com o usuário, empregar sistemas de gerenciamento de banco de dados. Além de dar suporte ao processamento de dados de rotina, a linguagem é uma ferramenta poderosa para os sistemas de apoio à decisão e para os sistemas de informações gerenciais, além de possibilitar a criação de protótipos e a implantação de modelos.

Linguagem Escrita: Linguagem cuja qualidade está pautada, prioritariamente, na clareza e na concisão.

Linguagem Estruturada: Linguagem que é um subconjunto da linguagem normal com algumas restrições, quanto ao tipo de sentenças, que podem ser utilizadas, bem como a maneira em que essas sentenças são reunidas. Uma sentença em linguagem estruturada pode consistir em uma equação algébrica, por exemplo.

Linguagem Executiva: Ver linguagem corporativa.

Linguagem Figurada: Linguagem em que a forma de expressão em que a imaginação tem papel relevante. Geralmente, ela exige criatividade e habilidade no manejo da língua, uma vez que altera a maneira habitual de expressar emoções e informações. É através da linguagem figurada que se dá força, vigor, brilho ao pensamento.

Linguagem Gráfica: Ver gráfico.

Linguagem Oral: Linguagem que se revela superior à escrita, porque pode: Dar vida e motivar o tema em estudo, que, se somente lido, perde muito em vivacidade; Economizar muito tempo no processo de apresentação da matéria em se tratando, principalmente, de temas muito extensos e de difícil apreensão ou mesmo com relação a temas de escassa e difícil bibliografia.

Linguagem Organizacional: Ver linguagem.

Linguagem Silenciosa: Linguagem que acompanha todas as conversas e, às vezes, por si só, constitui uma conversação sem palavras faladas. Muitas pessoas têm alguns conhecimentos dos gestos corporais e reagem de acordo quando estão falando ou ouvindo os outros. Mas, essa forma de linguagem é tão raramente abordada nos sistemas formais de ensino que geralmente a aprendemos subconscientemente. E, muitas vezes, infelizmente, reagimos a essa informação silenciosa num nível inconsciente sem a plena compreensão e avaliação.

Linguagem Televisiva: Ver televisão.

Linha: Nome dado ao órgão da empresa que toma decisão. O contrário de linha é o staff.

Linha Balanceada: Linha de produção em que as operações são relacionadas aos tempos padrões de fabricação de cada etapa.

Linha de Comunicação: Meio de comunicação entre duas entidades.

Linha de Comunicação Diagonal: Comunicação que se refere aos contatos com pessoas de status mais elevado, ou mais baixo, com outros departamentos. É a comunicação que ocupa a maior parte do tempo da atividade gerencial. Cada vez que um subordinado se comunica lateralmente, seu superior é avaliado por outros, para os seguintes aspectos: eficiência como dirigente, qualidade de seus subordinados e capacidade da equipe com relação às funções administrativas.

Linha de Comunicação Horizontal: Comunicação entre pessoas de mesmo nível hierárquico ou assemelhado. A comunicação entre pares, além de proporcionar coordenação de tarefa, também supre apoio emocional e social ao indivíduo. Este tipo de comunicação refere-se à comunicação com pessoas de igual status que trabalham em outros departamentos.

Linha de Comunicação Vertical: Comunicação entre pessoas de níveis hierárquicos diferentes.

Linha de Comunicação Vertical Ascendente: Comunicação que acontece quando é preciso comunicar ideias, avaliações, relatórios, reclamações, problemas, conflitos, mudanças, resultados, desvios, distúrbios. O importante é saber que, por sua natureza, a comunicação é uma via de mão dupla, que tende a um equilíbrio entre a quantidade dada e a quantidade recebida.

Linha de Comunicação Vertical Descendente: Comunicação que se realiza quando é preciso comunicar: instruções operacionais do cargo, diretrizes, especificações da tarefa, informações destinadas a produzir compreensão, rotinas, procedimentos, regras, práticas, informações sobre subordinados, doutrinação sobre o sentido e missão da empresa, por exemplo.

Linha de Crédito: Crédito dado por bancos de fomento e bancos comerciais.

Linha de Financiamento: Financiamento que é dado às empresas que apresentarem: Boa saúde financeira; Impostos e contribuições em dia; Garantias de pagamento; Finalidade do investimento; Tecnologia que utilizará; Mercado de atuação; Um plano de negócios realista para o projeto.

Linha de Fluxo: Linha utilizada no fluxograma para indicar o sentido do fluxo de informações.

Linha de Montagem: Linha que, bem dirigida, dá uma maior produtividade. Sua eficiência tem sido muito discutida com a chegada da automatização, telemática e robótica. A tecnologia da informação passou a gerenciar todos os recursos, inclusive os recursos humanos.

Linha de Produção: Diversos centros produtivos dispostos em sequência para fabricar um item.

Linha de Produtos: Grupo de produtos diretamente relacionados e que desempenham funções similares. Tais produtos são vendidos aos mesmos grupos de consumidores, comercializados pelos mesmos canais ou vendidos dentro de uma faixa de preço específica.

Linha do Tempo da Administração: Linha que apresenta eventos importantes da história da administração e das organizações, bem como ideias que surgiram e que influenciaram a civilização.

Linha Hierárquica: Linha que mostra a posição hierárquica de cada cargo na estrutura organizacional da empresa.

Liquidação: Atos voltados a vender o estoque existente para fazer dinheiro, em função das necessidades de pagar dívidas, de renovar o estoque e de vender produtos encalhados, por exemplo: Venda de todos os ativos devido ao encerramento da empresa.

Liquidez: Facilidade com que um bem pode se transformar em dinheiro.

Liquidez Corrente: Liquidez dada pela fórmula: Liquidez Corrente = Ativo Circulante / Passivo Circulante. Onde: Ativo Circulante = Soma do disponível, realizado no curto prazo, duplicatas (valores) a receber, estoques e outros créditos; Passivo Circulante = Somatório de todas as contas a pagar

Exemplo: Ativo Circulante = $ 2.000,00; Passivo Circulante = $ 1.500,00;

Liquidez Corrente = 2.000 / 1.500 = 1,33

Análise: Quanto mais alto este indicador, maior a capacidade da empresa para pagar suas contas, no curto prazo. O indicador em questão deverá ser considerado como medida bruta, já que não leva em conta a liquidez específica de cada um dos itens componentes do ativo circulante. Assim, uma empresa com ativo circulante composto de caixa, bancos e duplicatas a receber, provavelmente, possuirá maior liquidez, porque terá mais facilidades para obter dinheiro.

Liquidez Imediata: Liquidez dada pela fórmula: Liquidez Imediata = Disponível / Passivo Circulante. Onde: Disponível = Soma de valores monetários em caixa e bancos; Passivo Circulante = Somatório de todas as contas a pagar

Exemplo: Disponível = $ 300,00; Passivo Circulante = $ 1.500,00; Liquidez Imediata = 300 / 1.500 = 0,20

Análise: Este cociente tem por objetivo medir o encaixe da empresa, ou seja, um volume mínimo de dinheiro para cobrir despesas não compromissadas e/ou de valores incertos.

Liquidez Seca: Liquidez dada pela fórmula: Liquidez Seca = (Ativo Circulante - Estoque) / Passivo Circulante. Onde: Estoque = Somatório de matérias-primas, insumos, produtos semiacabados e produtos acabados; Ativo Circulante = Soma do disponível, realizado no curto prazo, duplicatas (valores) a receber, estoques e outros créditos; Passivo Circulante = Somatório de todas as contas a pagar

Exemplo: Ativo Circulante = $ 2.000,00; Estoque = $ 500,00; Passivo Circulante = $ 1.500,00; Liquidez Seca = (2.000 - 500) / 1.500 = 1,0

Análise: A comparação da liquidez seca com a liquidez corrente permite avaliar o quanto pesa o estoque na liquidez da empresa. Valores abaixo de 1 (um) devem preocupar a empresa.

Lista: Ver listagem.

Lista de Atividades: Lista que relaciona as atividades necessárias para a confecção de um produto.

Lista de Compras: Planilha para controlar: a quantidade necessária a comprar, o valor pago por item, o valor total da compra, a entrada de material no estoque da empresa, o nome do comprador, a data da aquisição, o percentual de desvio (inflação ou deflação) apurado no período, o valor do débito no caixa ou no controle de contas a pagar.

Lista de Montagem: Lista que mostra todas as partes para montar uma peça.

Listagem: Lista; Relação; Rol.

Livre Iniciativa: Comportamento não atrelado ao Estado para a realização de negócios. Desde a Primeira Revolução Industrial, foi ficando cada vez mais evidente que o comportamento livre da empresa produz progresso da sociedade.

Lixo: Material não aproveitável; Material que não pode ser mais utilizado na organização.

Lobby: Ferramenta de persuasão que não se confunde com atividade comercial e muito menos com relações públicas. O objeto do lobby é o poder, enquanto o objeto de vendas, por exemplo, é o consumidor. O lobby restringe-se a uma ação junto ao poder público e representa um ato de influenciar a tomada de decisão. Assim, o lobby é uma espécie de fatalidade irrecorrível, pois coloca frente a frente o grupo que tem interesses não satisfeitos com aqueles que podem resolver o problema.

Locação: Contrato pelo qual uma das partes se compromete, mediante remuneração que a outra paga, a fornecer-lhe, durante certo tempo, ou uso e gozo de uma coisa (mão de obra, objeto, imóvel, máquina). É contrato bilateral, consensual, oneroso, comutativo, de execução continuada e não solene.

Locação por Tempo Determinado: Locação que cessa de pleno direito, findo o prazo estipulado, independentemente de notificação ou aviso.

Locador: Pessoa que é proprietária de um imóvel e o aluga; Senhorio.

Local da Fábrica: Local cujas características são: Ser totalmente livre de focos de insalubridade; Ser um local arejado, com ar limpo e seco; Ter as áreas livres para facilitar as operações; Ser abastecido por água limpa e tratada; Ter fornecimento de energia elétrica, que não sofra frequentes quedas de tensão.

Local de Trabalho: Local em que será implantada a organização, tendo muita importância para que a mesma cumpra a sua missão. A localização ideal nem sempre é possível.

Local do Negócio: Local que deve atender as seguintes exigências: custo do aluguel, público-alvo, visibilidade, acesso, funcionalidade, tamanho da área, água, esgoto, infraestrutura, tipo de solo, planejamento urbano, planejamento viário, restrições legais.

Local do Varejo: Local que deve atender a elementos, tais como: topografia, beleza, traçado viário, visibilidade, infraestrutura do lugar. Um dos princípios básicos do varejo é buscar a melhor das localizações.

Locatário: Pessoa que aluga o imóvel; Inquilino.

Lógica: Ciência normativa, uma vez que o seu objetivo não é definir o que é, mas o que devem ser as normas do pensamento correto. É a ciência das leis ideais do pensamento e da arte de aplicá-las à pesquisa e à demonstração da verdade. O objetivo da lógica é o estudo da inteligência sob o ponto de vista do seu uso no conhecimento.

Lógica Crítica: Lógica que estuda a verdade, cujos estágios são: ignorância (ausência de conhecimento), dúvida (possibilidade da verdade), opinião (probabilidade da verdade) e certeza (evidência).

Lógica do Sistema: Lógica que mostrará a oportunidade de desenvolvimento de um sistema, pois avaliará os objetivos das funções vitais, sua carga de trabalho, recursos necessários e os prazos para a sua realização.

Lógica Formal: Lógica que estuda a ideia, o juízo e o raciocínio, com as respectivas expressões verbais: termo, proposição e argumento.

Lógica Material: Lógica que determina as leis e regras impostas ao pensamento pela matéria. É também chamada metodologia.

Logística: Distribuição física; Controle do movimento dos recursos organizacionais, que devem ser colocados nos tempos e locais ótimos. A distribuição física envolve não somente o transporte do produto e sua armazenagem, mas também a manutenção de estoque, a comunicação dentro da rede de distribuição e a maneira como o produto é embalado para distribuição.

Logística de Mercado: Logística que começa com o pedido de um cliente. A maioria das empresas está tentando abreviar o ciclo de recepção (atendimento), isto é, o tempo envolvido entre o recebimento de um pedido, checagem do crédito, programação de estoque, produção, despacho do pedido, nota fiscal, remessa da fatura e recebimento do pagamento. Quanto maior for este ciclo, menor será a satisfação do cliente e o lucro da empresa.

Logística Reversa: Logística do caminho contrário, isto é, aquela que pode retornar ao ponto de origem, onde começou a distribuição. Esta logística já é praticada há muito tempo, pois no passado, quando um caminhão levava bebidas, em garrafas de vidro, trazia de volta os "cascos" vazios. Entretanto, hoje, ela é vista com uma conceituação mais avançada e abrangente, pois engloba a preservação ambiental e também ajuda a otimizar recursos.

Logomarca: Desenho que dá destaque ao nome da empresa e que lembra o produto. Também a cor deve ser tomada em consideração.

Logotipo: Parte da marca que pode ser reconhecida, mas não é pronunciável, tais como um símbolo, um desenho, um colorido, letras distintas.

Loja: Pequeno varejo que atende ao consumidor final, naquilo que diz respeito a bens e serviços. De diferentes modalidades, as lojas buscam uma localização estratégica, em função dos seguintes fatores: visibilidade, atratividade, infraestrutura, acessibilidade, segurança, tráfego, perfil dos consumidores, por exemplo.

Loja de Bairro: Pequeno estabelecimento de autosserviço ou de atendimento personalizado, onde as pessoas compram rotineiramente bens de consumo diário, em pequenas quantidades. São exemplos: padaria, sorveteria, lanchonete, café, quitanda, hortifruti, papelaria, copiadora, armarinho, farmácia, barbearia, perfumaria, mercearia.

Loja de Cadeia: Loja varejista que constitui duas ou mais unidades sob um único proprietário. Estas lojas, geralmente, lidam com as mesmas linhas de produtos ou similares, são desenhadas e decoradas do mesmo modo, e se apoiam em compradores centralizados para a escolha de mercadorias.

Loja de Conveniência: Loja, relativamente pequena, localizada próximo às áreas residenciais, permanecendo abertas além do horário chamado comercial e sete dias na semana. Vendem produtos de alta rotatividade, atendendo compras de última hora, apesar de ter preços mais altos do que a média do mercado. Consumidores desse tipo de loja são pessoas afobadas, que se esquecem de tudo e vivem correndo por não saberem administrar seu tempo. Elas estão dispostas a pagar mais caro pela conveniência e também pela economia de tempo para buscar preços menores em outros lugares. Elas operam num horário especial, sendo que o maior movimento é depois das 22 horas. Seu estoque pode chegar até 1.200 itens.

Loja de Departamento: Loja que vende várias linhas de produtos, como: roupas, móveis, utensílios, utilidades. Cada linha é operada como um departamento, tendo compradores especializados. Mas, a melhor qualidade e preços baixos dos produtos, permitidos com as importações, tornaram algumas dessas organizações competitivamente inviáveis.

Loja de Desconto: Loja que vende mercadorias padronizadas a preços baixos, porque trabalha com pequenas margens e grandes volumes de vendas. Embora venda a preços baixos, seus produtos não são inferiores. É comum se encontrar lojas de desconto trabalhando com produtos de marca e não, como seria lógico pensar, com produtos de qualidade inferior.

Loja de Fábrica: Loja que só vende produtos da própria fábrica.

Loja de Luxo: Loja que surgiu na Europa no Século XIX. No início, as lojas reuniam fabricantes de produtos de altíssima qualidade, sendo alguns feitos à mão por grandes artesões. Mas, as mudanças que estão ocorrendo no varejo de luxo é o fato de que, no passado, eram empresas familiares que garantiam certa exclusividade. Hoje, elas se tornaram grandes corporações.

Loja de Shopping: Loja dentro de um shopping que compõe, com base nas diferentes modalidades de negócio, o universo varejista em amplos espaços de venda e prestação de serviços, caracterizado pelo poder de polarização de áreas primárias, que obedecem a uma política própria. A pluralidade de lojas suplantou em muito às antigas lojas de departamentos.

Loja de Varejo: Loja cujo volume de vendas decorre, principalmente, do fornecimento em pequenas quantidades; Ver varejo.

Loja de Variedades: Loja que vende produtos populares, a preços muito baixos, apresentando novidades. Suas linhas de produtos são descontinuadas com facilidade, para evitar a concorrência dos vendedores ambulantes.

Loja Especializada: Loja varejista para os consumidores profissionais que criam uma forte aliança e preferência. Estas lojas exigem venda personalizada e mão de obra especializada para produtos, em geral, únicos. Alguns analistas acreditam que estas lojas crescerão num ritmo rápido, devido à vantagem das crescentes oportunidades de segmentação de mercado.

Loja Satélite: Loja no entorno de um hipermercado e dentro do mesmo prédio.

Lojista: Dono da loja.

Longo Prazo: Período considerado acima de um ano; Período de tempo para o qual todos os custos são variáveis, isto é, não existem custos fixos altamente relevantes.

Lote: Quantidade de material.

Lote Econômico: Lote a produzir, cujo custo total é mínimo. Coletados os principais parâmetros se torna fácil montar sistemas para a busca de soluções. Como existem importantes diferenças de custo entre as várias dimensões de lote de produção, uma análise deverá ser levada em conta, cujo propósito é determinar aquela dimensão que minimiza o custo total. Esta é a dimensão ótima a produzir. Existem muitas fórmulas de lote econômico. Consequentemente, é importante compreender as razões dessas diferenças. É comum a aplicação sistemática de um modelo matemático, com a finalidade de encontrar a quantidade por lote para cada tipo de item a produzir, para o qual se quer ter custo mínimo.

Lote Piloto: Lote inicial feito para testar as especificações de um novo produto.

LPA: Lucro por ação.

Lucratividade: Parâmetro indicativo de algo vantajoso, útil ou que dá lucro.

Lucratividade do Exercício: Lucratividade final do exercício é dada pela fórmula: Lucratividade Final = Resultado do Exercício / Receita Operacional Líquida.

Onde: Resultado do Exercício = Lucros ou Prejuízos Acumulados; Receita Operacional Líquida = Receita Bruta com Vendas - Deduções (descontos + impostos + devoluções)

Exemplo: Resultado do Exercício = $ 200,00; Receita Operacional Líquida = $ 1.800,00; Lucratividade do Exercício = 200 / 1.800 = 0,11 = 11%

Análise: O resultado final do exercício será dependente da correção monetária (em função da inflação), da provisão para imposto de renda (em função da alíquota determinada pelo governo) e das participações em outras empresas (em função dos seus desempenhos).

Lucratividade Operacional: Lucratividade que ocorre quando a empresa está em operação; Lucratividade que ocorre quando de suas transações correntes. É importante observar que o lucro pode ocorrer de uma operação não operacional.

Lucratividade Operacional Líquida: Lucratividade dada pela fórmula: Lucratividade Operacional Líquida = Resultado Operacional Líquido / Receita Operacional Líquida

Onde: Resultado Operacional Líquido = Resultado Operacional Bruto - Despesa Operacional; Resultado Operacional Bruto = Receita Operacional Líquida - Custo de Mercadorias Vendidas; Despesa Operacional = Despesa para manter o ciclo operacional; Custo de Mercadoria Vendida = Estoque Inicial + Compras + Despesas - Estoque Final; Receita Operacional Líquida = Receita Bruta com Vendas - Deduções (descontos + impostos + devoluções)

Exemplo: Resultado Operacional Líquido = 500,00; Receita Operacional Líquida = 1.800,00; Lucratividade Operacional Líquida = 500 / 1.800 = 0,28 = 28%

Análise: Uma empresa pode apresentar bons indicadores financeiros e de performance e, no entanto, encerrar o exercício com prejuízo, devido à margem de lucro reduzida, elevados custos, volumosas despesas indiretas, volatividade da economia, mercado altamente competitivo e restrições legais, por exemplo.

Lucro: Diferença entre as receitas com vendas de uma empresa e as suas despesas. É comum se ter expectativa de lucro em qualquer transação comercial que se faça, pois sem lucro é impossível uma empresa investir em novas tecnologias, criar novos postos de trabalho, treinar seus recursos humanos, por exemplo. A evolução do lucro durante sucessivos exercícios leva a concluir se a organização vai bem ou não. Neste caso, o lucro é mais uma ferramenta de referência do que de expectativa.

Lucro a Realizar: Lucro que acontecerá no curto prazo, em função de uma venda.

Lucro Acumulado: Somatório de lucros de vários exercícios.

Lucro Bruto: Diferença entre receitas com vendas e custos de produção.

Lucro Contábil: Lucro apurado em conformidade com as regras da legislação fiscal.

Lucro Corrente: Lucro de um investimento, apurado no dia a dia.

Lucro do Negócio: Lucro fruto da sua distribuição.

Lucro do Período: Lucro apurado, após todas as deduções legais e contratuais. A administração pode propor sua permanência na empresa (retenção de lucros) ou distribuição aos sócios. Esta última, se malfeita, pode provocar a descapitalização. A distribuição de lucros, portanto, é uma das formas da empresa remunerar o capital investido.

Lucro Econômico: Lucro encarado como indicador de gestão econômico.

Lucro Extraordinário: Lucro muito maior do que aquele esperado.

Lucro Líquido: Lucro dado pela fórmula: Lucro Líquido = Lucro Bruto - Despesa Total; Lucro relacionado com o patrimônio líquido da empresa, visto que foram deduzidas as despesas financeiras (remuneração do passivo).

Lucro Marginal: Lucro obtido por mais uma unidade produzida.

Lucro Máximo: Valor máximo do lucro que ocorre quando a receita marginal se iguala ao custo marginal da última unidade produzida. A maximização dos lucros envolve, simultaneamente, o aumento das receitas e a diminuição dos custos. Assim, logicamente, qualquer decisão empresarial capaz de baixar os custos sem baixar as receitas ou aumentar as receitas sem aumentar os custos produzirá um aumento dos lucros.

Lucro Não Operacional: Lucro resultante de uma venda de ativos imobilizados.

Lucro Operacional: Lucro igual a receitas totais menos os custos totais, excluindo o imposto de renda.

Lucro Retido: Parte das reservas de lucros, aguardando destinação.

Ludista: Pessoa contra a automação.

Lugar do Consumidor: Lugar em que a empresa vê o consumidor. Alguns autores discordam de que o consumidor vem em primeiro lugar, mas sim em segundo lugar, pois não há como agradar consumidores sem contar com funcionários comprometidos com a qualidade e felizes com o trabalho.

Luz: Claridade de um ambiente de trabalho. A quantidade de luz não deve depender somente do trabalho a ser realizado pelo homem, mas também da interferência dos arredores imediatos, ou seja, a cor do local, o nível de reflexão do mesmo e dos demais objetos ali encontrados.

Luz Artificial: Luz proveniente de uma lâmpada; Luz não solar.

Luz Incidente: Luz que ilumina um bem, uma máquina, um equipamento. O ângulo de incidência do feixe luminoso dependerá do trabalho a ser feito ou do produto a ser exposto.

Luz Solar: Luz natural. O eficiente aproveitamento da luz solar se obtém, por meio de orientação do local de trabalho, de modo que permita iluminação, ação esterilizadora da luz solar, mínimo de calor e boa ventilação; do tamanho e posição das aberturas de modo que permitam suficiente entrada de luz e boa circulação de ar; da cor das paredes, escolhendo-se cores mais claras onde é menor a entrada de luz.

M

Macroambiente: Ver ambiente geral.

Macrocefalia Administrativa: Tendência ao crescimento desordenado com o propósito de justificar posições e poder.

Macroeconomia: Estudo da Economia com uma visão geral dos grandes agregados, como: PIB, balança de pagamentos, base monetária, investimentos, por exemplo.

Mail Listing: Documento que apresenta o nome da pessoa (jurídica ou física), o endereço, CEP, município, cidade e estado da federação. É muito importante para etiquetas de endereçamento, em mala direta.

Mainframe: Nome dado a grandes computadores.

Mala Direta: Meio de divulgação de um produto, para um determinado público-alvo. A mala direta pode ser pessoal ou institucional, tendo tratamento diferenciado. Vantagem: Baixo custo. Desvantagem: Retorno muito pequeno.

Management: Gerente; Gerência.

Mandado: Ordem emanada de autoridade judicial ou administrativa.

Maneira de Escrever: Estilo de escrever de uma pessoa. Muitas vezes, tudo quanto conhecemos de uma pessoa é através da sua maneira de escrever.

Maneira de Falar: Estilo de se comunicar oralmente. Há os que falam aos arrancos, como se as palavras fossem extraídas à força do aparelho fonador. Há os que ao falar sobem e descem o tom. Há os que embrulham as palavras, de maneira a torná-las apenas sons sem significação. Há os que falam, mantendo a boca quase fechada, e as palavras conseguem escapar por entre os lábios, furtivas como fugitivos de uma prisão. Há os que falam muito baixo ou muito alto, os que falam devagar ou correndo. Há os que têm voz fina, grossa, rouca, estridente, infantil, envelhecida.

Maneira de Ler: Estilo que deve ser analisado individualmente, pois através da leitura é possível aperfeiçoar a capacidade de comunicação humana. Maior rapidez na leitura significa notável economia de tempo para o homem de empresa.

Maneira de Ouvir: Estilo de ouvir de uma pessoa. Enquanto ouvindo, abrimos as nossas mentes ao pensamento dos outros. A verificação da nossa maneira de ouvir tem a virtude de chamar a atenção para um dos mais úteis instrumentos de aprendizagem.

Manejo Ambiental: Nome dado à administração da natureza. Muitos países estão com falta de água, por causa de manejo ambiental errado. Por outro lado, os custos da poluição e do lixo encorajaram as empresas a desenhar produtos com menos impacto ambiental e mais valor agregado. Muitos estudos mostram que mais gastos em manejo ambiental tornam as empresas e os países mais produtivos, não menos. Máquinas e fábricas limpas, não poluidoras, são sempre mais eficientes e competitivas.

Manipulação: Ação de influenciar o comportamento do subordinado.

Manual: Documento com a finalidade de uniformizar processos, atividades, tarefas e rotinas que devem ser observados pelas pessoas, sendo, portanto, um ótimo instrumento de racionalização e otimização dos recursos de uma empresa. Ajuda a aperfeiçoar a comunicação e a interação entre os diversos subsistemas da organização, quando é elaborado com base na cultura organizacional existente. É um instrumento de consulta e referência.

Manual da Organização: Manual cuja função é apresentar a estrutura formal de uma empresa, por meio da definição clara, racional e objetiva de: autoridade, responsabilidade, atividades e meios, bem como as relações criadas, de modo que coordene os esforços das pessoas, independentemente da posição que ocupam, para que os objetivos comuns sejam atingidos.

Manual de Formulários: Manual largamente usado, pois nenhum formulário pode ser considerado como um documento isolado, mas sim, um elo na cadeia de informação da empresa, e, como tal, um meio de comunicação.

Manual de Manutenção: Manual que serve de guia para que se possa fazer a manutenção de máquinas e equipamentos.

Manual de Padrões: Manual que determina as especificações dos diferentes tipos de padrões para as funções organizacionais. Este tipo de manual torna possível a uniformidade e a consistência no tratamento, na aplicação e na utilização de pontos específicos de uma empresa, com o objetivo de reduzir os custos e aperfeiçoar, continuamente, a linguagem organizacional.

Manual de Políticas: Manual que reúne em um documento as políticas da empresa. Uma empresa de pequeno porte dificilmente terá necessidade de um manual de políticas, bastarão diretrizes gerais, que serão elaboradas a partir das necessidades.

Manual de Procedimentos: Manual que estabelece conjuntos de atribuições que orientam as ações de pessoas. Este manual nada mais é do que um conjunto de instruções escritas, elaboradas para destacar, em todos os seus detalhes, a rotina a ser seguida de uma função específica.

Manual do Equipamento: Manual que aborda, em geral, os seguintes aspectos: Aplicações; Recomendações de Manuseio; Instruções de Segurança; Apresentação; Vantagens; Funções; Instruções de Instalação; Instruções de Uso (operações); Acessórios e Componentes; Especificações; Desenhos e Esquemas; Explosões de Montagem; Limpeza e Manutenção; Sugestões ao Usuário; Guias para Solucionar Problemas; Termo de Garantia.

Manufatura: Estabelecimento fabril em que a produção é artesanal e exercida por muitas pessoas, sob o controle do dono.

Manutenção: É tudo o que se faz para serem conservados os equipamentos em serviço durante o maior prazo possível e com o máximo de rendimento, isto é, uma atividade desenvolvida para manter as instalações em condições, que irão mais bem apoiar as metas da organização. É comum pensar que manutenção diz respeito a máquinas e equipamentos, esquecendo-se que o conceito de manutenção é muito mais abrangente do que isso, haja vista, a manutenção do próprio corpo humano.

Manutenção Corretiva: Manutenção que troca ou recondiciona, o mais rápido possível, equipamentos que sofreram desgaste de qualquer natureza.

Manutenção de Capital: Manutenção, como uma reserva, para períodos difíceis e conturbados da economia do país, quando é necessário ter liquidez para pagar fornecedores.

Manutenção do Equipamento: Ver manutenção.

Manutenção Periódica: Manutenção feita para manter o equipamento em bom estado de funcionamento, incluindo, por exemplo: a lubrificação de motores, máquinas e equipamentos; a pintura de tubulações, em períodos preestabelecidos.

Manutenção Preventiva: Manutenção que é feita com base estatística que considera o desgaste pelo uso, fadiga e outros fatores, para que esses limites não sejam alcançados. Uma série de medidas pode proporcionar uma boa manutenção preventiva, tais como: inspeção periódica do equipamento; comunicação imediata dos problemas;

limpeza e lubrificação; revisões e pequenos reparos; proteções contra oxidação e apodrecimento; substituições de acessórios com data de validade vencida; estudo das instruções de uso; aprovisionamento de peças sobressalentes; treinamento do usuário.

Mão de Obra: Trabalho feito por uma pessoa; Fator econômico remunerado pelo salário.

Mão de Obra Direta: Trabalho cujo tempo pode ser identificado com a produção, produto, centro de custo, tempo de trabalho, lote de produtos, processo fabril.

Mão de Obra Especializada: Ver especialista.

Mão de Obra Indireta: Trabalho cujas variáveis não podem ser claramente identificadas.

Mapa: Gráfico contendo uma série de observações.

Maquiladora: Indústria de montagens.

Máquina: Nome dado a algo que substitui o trabalho humano; Ver automação.

Máquina Automática: Máquina que é capaz de realizar uma sequência de operações, até certo ponto, semelhantes aos processos mentais humanos, podendo ainda corrigir erros que ocorram no curso de suas operações, seguindo critérios preestabelecidos.

Máquina Simples: Máquina acionada por força muscular, pela queda d' água e pelo vento. São exemplos de máquinas simples os seguintes equipamentos: alavanca, roldana e plano inclinado.

Marca: Nome, termo, sinal, símbolo, logotipo ou combinação dos mesmos, cujo propósito é identificar um produto, uma imagem ou uma empresa. Pode significar qualidade, atendimento, preço, desempenho, status, garantia, estima, confiança, perpetuidade, atualidade e prestígio. Ela é o instrumento de relacionamento entre a empresa, o mercado, o produto e o consumidor.

Marca Bilionária: Marca, também conhecida como "hypermarca", que é negociada por bilhões de dólares. Quando transferidas a um grupo concorrente, esta marca ajuda conseguir capital de terceiros para alavancar a empresa detentora da marca.

Marca Clone: Marca levemente diferente da marca original, como Coko-Cola em vez de Coca-Cola.

Marca Combinada: Marca da empresa combinada com a marca do produto.

Marca de Consumo de Massa: Marca que tem uma aceitação massiva dos consumidores. Estas marcas sempre dão descontos aos grandes varejistas. Infelizmente, perdem valor rapidamente.

Marca de Flanco: Marca adicional à marca original da mesma categoria de produtos, tendo como objetivo criar diferentes apelos e motivos de compra.

Marca de Franquia: Marca forte que atrai muita atenção das pessoas.

Marca de Prestígio: Marca que evoca aspirações de: status, expectativa e poder. Nem sempre reconhecidas como internacionais, elas despertam no consumidor um sentimento de nostalgia.

Marca de Sucesso: Marca que é um patrimônio tão valioso para uma empresa, que esta não pode deixar de investir na manutenção de seu conceito, mesmo após o fim do período de ouro. Ainda que não funcione com a mesma "voltagem" dos bons tempos, pode ser rejuvenescida e ganhar anos de sobrevida.

Marca do Distribuidor: Marca de quem vende ao consumidor final, geralmente, mais barata que as demais.

Marca Dominante: Marca universal que transcende sua origem e que se alimenta de um mito, porque são originais e definem a categoria do produto. Os atributos mais importantes de domínio são: preço, serviço e modelo.

Marca Famosa: Marca de fama mundial, tais como: Maizena (EUA – 1850); Leite Moça (Suíça – 1870); Leite de Magnésia de Philips (Inglaterra – 1890); Biotônico Fontoura (Brasil – 1930); Sonho de Valsa (Brasil – 1940); Ray-Ban (EUA – 1940).

Marca Global: Marca de conhecimento geral, cujo desenvolvimento tem um custo menor, porque não há necessidade de pesquisa ou de elevados gastos em propaganda para criar reconhecimento da marca. Mas, quando uma empresa fabrica produtos muito diferentes, não é desejável usar uma marca global.

Marca Individual: Marca vinculada a um único produto.

Marca Nacional: Marca vinculada a todos os produtos de um fabricante de um determinado país.

Marca Nominal: Marca que leva o nome do fabricante.

Marca Nova: Marca para uma nova categoria de produto.

Marca Privada: Marca própria do varejo.

Marca Própria do Varejo: Ver marca privada.

Marca Registrada: Marca que se refere a uma marca que recebeu proteção legal, porque se tornou propriedade exclusiva de uma pessoa (física ou jurídica). Todas as marcas registradas são marcas, mas nem todas as marcas são marcas registradas. Uma marca registrada pode incluir tanto uma marca nominal, como um desenho.

Marca Resposta: Marca que pode ser entendida como advertência (intimidação) para absorver o ímpeto de um ataque competitivo. Ela também pode ser usada como arma ofensiva em uma campanha publicitária mais ampla.

Marca Superior: Marca definida pelos valores de mercado nos quais atuam. Pode não ser líder nem original, mas se destaca pela percepção de qualidade superior.

Marca Valiosa: Marca cujo valor patrimonial para a empresa é muito grande. Uma marca é classificada como valiosa, quando o consumidor é: real, devoto e valoriza a marca. O valor patrimonial da marca está altamente relacionado com seu índice de marca.

Margem: Percentual acrescentado ao custo para definir o preço de venda de um produto.

Margem Bruta: Receita total menos custo dos produtos vendidos.

Margem de Comercialização: Ver margem.

Margem de Contribuição: Diferença entre o preço de venda e o custo variável unitário do produto.

Margem de Lucro: Margem líquida; Margem que é dada pela fórmula:

Margem de Lucro = Lucro Líquido / Receita com Vendas

Onde: Lucro Líquido = Lucro Bruto - Despesas com Vendas; Lucro Bruto = Receita com Vendas - Custos; Receita com Vendas = Somatório de todas as vendas faturadas e entregues

Exemplo: Lucro Líquido = $ 500,00; Receita com Vendas = $ 2.000,00; Margem de Lucro = 500 / 2.000 = 0,25 = 25%

Análise: Este indicador mostra que nem sempre vender muito é um bom negócio em termos de lucratividade. O que importa é o resultado operacional líquido (lucro líquido). Às vezes, um incremento em vendas traz uma série de despesas que não compensa o esforço, fazendo com que o resultado operacional líquido tenha uma variação menor do que a variação das vendas. Alguns autores chamam este indicador de margem de venda.

Margem Operacional: Taxa de lucratividade das operações menos impostos e juros de empréstimos.

Marketing: Espécie de filosofia dirigida à ação administrativa da empresa que se inspira na pesquisa de mercado. Portanto, uma visão consolidada do processo empresarial inteiro. É a atividade humana dirigida para a satisfação das necessidades e dos desejos dos consumidores, através de processos de troca. Um conceito ampliado de marketing pode ser considerado como uma orientação da direção da empresa, baseada no entendimento de que a tarefa primordial da organização é determinar: necessidades, desejos e valores de um mercado alvo de forma efetiva.

Marketing Bancário: Marketing voltado a cultivar a imagem de um banco forte, seguro, agradável e eficiente na mente do cliente.

Marketing Básico: Marketing voltado a apoiar o produto que vende, recompensando os melhores vendedores. Neste marketing, o vendedor, simplesmente, vende o produto.

Marketing Boca a Boca: Marketing que se vale da satisfação do consumidor para recomendações de um determinado produto. Em geral, a informação passada é: bom, barato e com qualidade.

Marketing Business to Business: Marketing voltado a informar dados do perfil do consumidor por vendedor, tais como: produtos que compra, volume das compras e preços praticados, nomes dos contratos chaves, situação dos pedidos, valor estimado para compras, avaliação do atendimento.

Marketing Compartilhado: Marketing voltado a compartilhar uma atividade de valor, objetivando alcançar uma economia de escala e reduzir, consequentemente, custos.

Marketing Competitivo: Marketing voltado a criar fatores competitivos para os produtos, na intenção de enfrentar a concorrência.

Marketing Concentrado: Marketing voltado a aplicar grande volume de recursos para promover produtos num espaço de tempo reduzido. Também conhecido como aquele que procura servir a um único segmento (estratégia de segmentação).

Marketing Contemporâneo: Marketing voltado a estudar a incerteza na economia mundial.

Marketing Cooperativo: Marketing desenvolvido por rede em que os clientes trocam informações, bens, serviços e ideias.

Marketing Corporativo: Marketing que dá assessoria aos demais departamentos da empresa. Algumas organizações possuem uma pequena equipe com a função de assessorar os dirigentes naquilo que diz respeito ao mercado da empresa.

Marketing Criativo: Marketing voltado a descobrir novos produtos, não declarados pelas pesquisas genéricas.

Marketing de Artes: Marketing cultural voltado a desenvolver estratégias de demanda ao consumo dos diversos tipos de arte.

Marketing de Carreira: Marketing voltado a desenvolver um plano para conseguir um emprego ou alavancar a carreira.

Marketing de Catálogo: Marketing voltado a enviar por mala direta ofertas de produtos a consumidores previamente selecionados.

Marketing de Causas: Marketing voltado a defender causas sociais que trazem um incremento à imagem da empresa. É uma versão do marketing social. O marketing de causas é um componente importante no mercado para que os indivíduos expressem suas preferências morais, políticas e éticas.

Marketing de Comunicação: Marketing voltado a desenvolver ferramentas melhores e mais rápidas para a comunicação com os consumidores.

Marketing de Consumo: Marketing voltado a obter informações sobre o mercado potencial e como conseguir aumentar a carteira de pedidos.

Marketing de Conversão: Marketing voltado a reverter uma demanda negativa.

Marketing de Desempenho: Marketing voltado à qualidade dos produtos e das pessoas envolvidas em negociá-los.

Marketing de Desenvolvimento: Marketing voltado a descobrir demandas latentes.

Marketing de Distribuição: Marketing voltado à distribuição física (logística) de bens para estimular demanda.

Marketing de Eliminação: Marketing voltado a destruir uma demanda indesejada.

Marketing de Esportes: Marketing voltado a fazer propaganda de marcas famosas no vestuário dos atletas.

Marketing de Estímulo: Marketing voltado a converter uma demanda negativa ou inexistente em demanda positiva.

Marketing de Globalização: Marketing que considera o planeta Terra como um grande e único mercado.

Marketing de Guerra: Marketing voltado a utilizar práticas de guerra por considerar o mercado como um campo de batalha.

Marketing de Guerrilha: Marketing voltado a desenvolver estratégias e táticas para fustigar concorrentes.

Marketing de Informação: Marketing que seleciona informações relevantes que viabilizem projetos e produtos. As fontes são: Relatórios do Governo e de Bancos Mundiais; Revistas e Jornais Especializados.

Marketing de Lazer: Marketing que vê o lazer como produto.

Marketing de Localização: Marketing que mostra ao consumidor onde encontrar fornecedores para determinados produtos.

Marketing de Lugar: Marketing que trabalha a imagem de um lugar como se fosse de um produto.

Marketing de Mala Direta: Marketing que utiliza os correios para fazer uma oferta, anúncio ou sugestão a uma pessoa num determinado endereço. E isto pode ser feito pelo envio de: carta, folheto, folder, prospecto, catálogo, por exemplo.

Marketing de Marca: Marketing que desenvolve estratégias para que a marca sobreviva muito tempo.

Marketing de Massa: Marketing voltado a ajudar a empresa a produzir com custos menores para, com isso, poder vender mais barato.

Marketing de Nicho: Marketing voltado a descobrir fatias do mercado não atendidas ou mal assistidas, isto é, um nicho.

Marketing de Objetivos: Marketing voltado a criar um setor, na empresa, coordenador de estratégias para atingir determinados objetivos.

Marketing de Parceria: Marketing voltado a ajudar o varejo (distribuidor) como gerir seus negócios. Neste marketing a empresa trabalha com os consumidores para descobrir maneiras de ajudá-los a usar o produto economicamente.

Marketing de Ponto de Venda: Marketing voltado para o setor de serviço com o objetivo de agregar valores de exclusividade e de privacidade no atendimento.

Marketing de Posicionamento: Marketing voltado a induzir as pessoas, por diversos meios, a comprar seus produtos pela qualidade que têm e a ver a imagem da empresa como excelente no mercado.

Marketing de Produto: Marketing voltado a criar mecanismos para ampliar o ciclo de vida do produto.

Marketing de Qualidade: Marketing voltado a desenvolver na empresa a necessidade da implantação, de forma sistêmica, de um programa de qualidade total.

Marketing de Reciprocidade: Marketing voltado a dividir, ou trocar, recursos entre as partes envolvidas na comercialização de um produto.

Marketing de Recursos: Marketing voltado a melhorar o relacionamento da empresa com os mercados de recursos naquilo que diz respeito, principalmente, a preço, qualidade, prazo de entrega e disponibilidade.

Marketing de Rede: Marketing voltado a criar um forte sistema de informação-comunicação entre seus clientes e a empresa, para agilizar a velocidade das negociações. É uma variante da venda direta, por meio de distribuidores independentes, que recrutam subdistribuidores e pessoas para vender. Os locais de venda, em geral, são clubes, igrejas, condomínios, residências.

Marketing de Relacionamento: Marketing voltado a criar laços tão fortes com os consumidores para que estes passem a ser leais aos produtos e marcas da empresa. É a prática da construção de relações satisfatórias a longo prazo com consumidores, fornecedores e distribuidores. Manter relacionamento forte com os consumidores exige que a empresa esteja preparada para enfrentar mudanças.

Marketing de Resposta: Marketing voltado a desenvolver mecanismos para que a resposta do consumidor seja a mais rápida possível. Este marketing é muito confundido com marketing direto.

Marketing de Segmentação: Marketing que dirige esforços de relacionamento a grupos selecionados de consumidores. A empresa que pratica marketing de segmentação reconhece que os compradores diferem em seus desejos, poder de compra, locais de residência, atitudes e hábitos de compra.

Marketing de Serviço: Marketing voltado a implantar qualidade no atendimento do consumidor. Este atendimento começa na fábrica e termina no balcão da loja, casa ou escritório. É importante entender que os princípios e premissas que orientam os bens são os mesmos para os serviços, porque o que muda é a aplicabilidade das ações.

Marketing de Valor: Marketing voltado a conhecer o valor que os consumidores dão aos bens e serviços que recebem em troca de dinheiro, esforço, tempo e espaço.

Marketing de Varejo: Marketing voltado a criar espaços atraentes e confortáveis. O varejo realizado em shopping é um sucesso devido às facilidades dadas aos consumidores.

Marketing Diferenciado: Marketing voltado a fazer com que a empresa opere em diversos segmentos de mercado, desenvolvendo metodologias de ação diferentes para cada segmento.

Marketing Direto: Marketing voltado, através de um sistema qualquer, a obter uma resposta imediata de um consumidor.

Marketing em Linha: Marketing voltado a utilizar tecnologias da informação e da comunicação interligadas para criar um consumidor a partir do usuário do sistema. É o marketing do Século XXI.

Marketing Estratégico: Marketing voltado a criar caminhos para se atingir um mercado alvo, em longo prazo.

Marketing Ético: Marketing voltado a fazer com que a pesquisa e a propaganda não sejam instrumentos invasores para o consumidor. Muitos veem a pesquisa de marketing como invasão de privacidade ou tentativa velada de vender algo.

Marketing Externo: Marketing voltado a desenvolver boas relações com pessoas de fora da organização.

Marketing Individual: Marketing voltado a atender as exigências do consumidor. Este trabalho é facilitado com um banco de dados.

Marketing Integrado: Marketing que utiliza todos os recursos e meios possíveis da empresa para atender os interesses dos consumidores.

Marketing Interativo: Marketing voltado a treinar funcionários a atender bem aos consumidores. Também é voltado a registrar as reações e características dos consumidores, prevendo com isso uma nova abordagem.

Marketing Internacional: Marketing voltado a estudar os fatores que facilitam a empresa a atuar no exterior. É um marketing muito arriscado.

Marketing Interno: Marketing voltado a preparar os funcionários para a filosofia de marketing.

Marketing Legal: Marketing voltado a aprimorar o estudo da mudança de posse e propriedade de um produto.

Marketing Mix: Marketing que combina as variáveis do composto mercadológico.

Marketing Multicanais: Marketing que utiliza vários canais de comunicação e de distribuição para atingir um ou mais segmentos de consumidores.

Marketing Orientado: Marketing voltado a desenvolver uma embalagem que oriente o consumidor na utilização do produto.

Marketing Personalizado: Marketing voltado a desenvolver banco de dados sobre perfil de consumidores.

Marketing Político: Marketing voltado a criar uma boa imagem do candidato a cargo político. A imagem é passada como o candidato sendo incorruptível e que vai se dedicar a combater as injustiças sociais e a impunidade; melhorar a qualidade de vida dos cidadãos e a distribuição de renda.

Marketing Proativo: Marketing voltado a fazer com que o vendedor oferte novos produtos como uma grande oportunidade para o comprador.

Marketing Reativo: Marketing voltado a estimular o consumidor a responder sobre o produto e como fazer: comentários, reclamações e questionamentos.

Marketing Regional: Marketing voltado a, baseado em pesquisa, divisar o potencial de um mercado.

Marketing Religioso: Marketing voltado a criar novas vertentes de religiões já consagradas para atender descontentes.

Marketing Responsável: Marketing voltado a solicitar informações, logo após a entrega do produto, se o mesmo atende às expectativas do consumidor.

Marketing Responsivo: Marketing criado para atender reclamações de consumidores. Uma empresa responsiva encontra uma necessidade declarada e a atende.

Marketing Social: Marketing voltado a satisfazer, em conjunto, seus consumidores e a sociedade como um todo. O primeiro passo é dado em direção à comunidade, onde se insere a empresa.

Marketing Tático: Marketing voltado a criar atividades para apoiar ou corrigir determinada estratégia.

Marketing Teste: Marketing voltado a se especializar em teste de aceitação de um novo produto, em áreas geográficas limitadas.

Marketing Um a Um: Marketing voltado a criar no consumidor a ilusão de que ele é o único.

Marketing Virtual: Marketing em que as empresas mantêm diálogo com os clientes e atendem suas reivindicações e pedidos.

Markup: Valor (taxa) que se acrescenta ao custo para determinar o preço de venda do produto. O markup será diferente, em função da: sazonalidade, risco, durabilidade, giro, por exemplo.

Matemática: Ciência exata considerada como tradutor universal que nos permite trasladar ideias originalmente expressa em uma determinada linguagem científica para um sistema de conhecimento universal.

Material: Bem que entra na produção de um produto.

Material de Limpeza: Material destinado a manter limpa a empresa. Assim, deve-se observar o prazo de validade e o número de registro no Ministério da Saúde.

Material de Sucata: Material não mais utilizado na produção, mas que ainda tem valor.

Material de Vendas: Material auxiliar do vendedor.

Material Descartável: Material que depois de usado é descartado no lixo, mas que pode ser reciclado.

Material Direto: Material que entra e se torna parte de um produto acabado.

Material em Processo: Material que faz parte do estoque de produção, mas não alocado ainda como produto acabado.

Material Específico: Material não geral.

Material Indireto: Ver insumo.

Materialismo Histórico: Concepção marxista da história da produção, isto é, como a produção evoluiu ao longo da história.

Matéria-Prima: Recurso utilizado na fabricação do produto final e que pode ser prontamente identificada no produto.

Matriz: Tabela (quadro) de dupla entrada onde são conjugadas as variáveis (fatores) controláveis e não controláveis que o analista tem da situação, isto é, o seu conhecimento acerca de: dados, informações, ameaças, oportunidades, restrições, obstáculos, riscos, chances, sintomas, mudanças de comportamento, cenários, pontos fortes e pontos fracos.

Matriz de Análise: Matriz que ajuda a medir a performance de uma empresa, num determinado período; Ver análise.

Matriz de Clientela: Matriz que mostrará a habilidade da empresa em criar e manter consumidores, bem como as razões de cancelamentos e/ou descontinuidades de clientes; Ver clientela.

Matriz de Comando: Matriz que mostrará as relações entre superiores e subordinados, em termos quantitativos, e a rotação de pessoal da empresa; Ver comando.

Matriz de Conhecimento: Matriz que possui quatro quadrantes, retratando o conhecimento sobre os fatores controláveis e não controláveis e que variam de um mínimo para um máximo, à medida que nos deslocamos do canto superior esquerdo para o canto inferior direito da matriz de análise.

Matriz de Liquidez: Matriz que mostra a capacidade da empresa de saldar seus compromissos financeiros; Ver liquidez.

Matriz de Operacionalidade: Matriz que mostra o quanto a empresa é capaz de girar seus ativos; Ver giro do ativo.

Matriz de Prazos: Matriz que mostrará como a empresa administra seu tempo; Ver administração do tempo.

Matriz de Produção: Matriz que mostrará as variações da fatia de mercado que a empresa tem e diversas taxas que ajudam o dirigente a corrigir erros, mudar estratégias e táticas; Ver produção.

Matriz de Rentabilidade: Matriz que mostra o resultado do capital investido, bem como a lucratividade, o retorno e as taxas de recuperação e remuneração; Ver rentabilidade.

Matriz de Tecnologia: Matriz que informa quais tecnologias são usadas na empresa; Ver tecnologia.

Matriz de Vendas: Matriz que mostrará o comportamento da força de vendas, quanto ao número de vendedores necessários e os resultados obtidos; Ver vendas.

Matriz do Ativo: Matriz que mostra a evolução dos diversos tipos de ativos, bem como se comporta o capital de giro da empresa; Ver ativo.

Matriz do Passivo: Matriz que retrata aquilo que a empresa precisa pagar, bem como a evolução do capital social, das reservas e do lucro; Ver passivo.

Matriz do Ponto de Equilíbrio: Matriz que mostra qual a quantidade mínima que a empresa deve produzir para sobreviver ao mercado, isto é, nem lucro, nem prejuízo. Mostra, ainda, as relações entre capacidade instalada, ponto de equilíbrio e quantidade produzida; Ver ponto de equilíbrio.

Matriz do Resultado: Matriz que mostra como foi o comportamento das contas implicadas em determinar o resultado do exercício; Ver resultado.

Matriz Energética: Matriz que determina qual tipo de energia utilizar, em função dos recursos disponíveis e mais baratos. Um país deve evitar ter uma matriz energética, em função de poucas alternativas de fonte de geração e, sim, flexibilizar ao máximo a capitação, transformação e transmissão de energia.

Matriz Horizontal de Análise: Ver análise horizontal.

Matriz Produto/Mercado: Matriz onde são conjugados os produtos e os mercados para a formulação de uma determinada estratégia de ação. As alternativas de análise a serem trabalhadas são: Produtos Atuais; Produtos Novos; Mercados Atuais; Mercados Novos.

Matriz Vertical de Análise: Ver análise vertical.

Maximização da Riqueza: Selecionar investimentos que deem lucro máximo com risco mínimo.

Maximização do Lucro: Otimização do lucro; Ver lucro máximo.

MBA: Curso de pós-graduação com ênfase em Administração de Negócios.

Mecanicismo: Nome dado ao movimento de um homem que imita uma máquina; Atitude sim ou não.

Mecanização: Substituição do trabalho humano pela máquina.

Mecanização Industrial: Trabalho é executado por máquinas acionadas por vapor, eletricidade ou explosão. A mecanização industrial é, geralmente, conhecida simplesmente como mecanização.

Mecanização Primitiva: Trabalho é executado por máquinas simples (alavanca, roldana e plano inclinado) acionadas pela força muscular, pela queda de água ou pelo vento.

Mecanização Semiautomática: Trabalho é executado por máquinas que fazem alguns movimentos ou operações sem controle humano direto, por exemplo, parar após terminar uma operação, parar por determinado defeito.

Média Aritmética: Resultado da divisão da soma dos valores de uma série histórica pela frequência com que tais valores se apresentam; Ver rol de distribuição.

Média Corrigida: Ver índice de distorção.

Média Geométrica: Resultado da raiz n do produto dos elementos de uma série. Onde n = número de elementos da série. Exemplo: Calcular a média geométrica da série 2, 4, 6, 8. Produto da série = 2 x 4 x 6 x 8 = 384; MG = Raiz de grau 4 do produto da série (384) é aproximadamente igual a 4,425

Média Harmônica: Média que é definida como o inverso da média aritmética dos inversos de um conjunto de valores. É uma média bastante afetada por qualquer variação dos dados que compõem a série.

Média Quadrática: Média que é a raiz quadrada da média aritmética dos quadrados destes valores. É usada para o cálculo do desvio padrão.

Mediana: Valor mediano, para uma série de valores crescentes ou decrescentes, é o valor particular que divide esta série em duas quantidades de dados iguais. Portanto, o número de dados existentes antes da mediana é igual ao número existente depois.

Medição: Ação de medir.

Medida: Valor aferido numa medição.

Medida de Dispersão: Medida que descreve somente o valor, sem explicar ou determinar como se dá seu posicionamento ou, ainda, sem identificar como os valores da série se distribuem ou se dispersam relativamente àquelas medidas. É muito comum se encontrar séries em que apesar de terem a mesma média aritmética (200), são completamente diferentes, tais como: Série A: 180, 190, 200, 210, 220; Série B: 100, 150, 200, 250, 300

Medida de Posição: Medida que além de descrever o seu valor também diz a sua posição na série. Assim, temos como medidas de posição as seguintes: média aritmética, média geométrica, média harmônica, média quadrática, mediana, moda, separatrizes. A média, a moda e a mediana são também conhecidas de medidas de tendência central, por estarem no entorno do valor central da séria.

Medida Disciplinar: Ver disciplina.

Medir: Determinar o grau a que se está progredindo em relação aos resultados (objetivos) esperados, isto é, reunir informações sobre o desempenho real do sistema (projeto, atividade, tarefa, procedimento, política, plano, programa).

Meio: Recurso utilizado para alcançar um objetivo.

Meio de Comunicação: Meio para construir e fortalecer uma imagem.

Meio de Divulgação: Recurso utilizado para apresentar o produto ao mercado. Todo esforço feito para divulgar o produto não vale nada, se o produto não estiver disponível ao público, no varejo.

Meio de Transporte: Meio auxiliar de logística que serve para deslocar recursos de um lado para outro, isto é, das fábricas para os distribuidores e destes para os consumidores e usuários. Também ajudam a transferir materiais de toda espécie entre: almoxarifados, depósitos, armazéns, fábricas, fazendas, minas.

Meio Denso: Material que permitiu aumentar a capacidade de memória. O meio denso vai substituir o papel da mesma forma que o papiro substituiu os tabletes de barro, onde foram escritos os primeiros livros da civilização.

Meio Financeiro: Meio para conseguir capital. Quando se quer programar a futura atividade de uma empresa, deve-se tomar em consideração os meios financeiros disponíveis. A disponibilidade de meios financeiros e a obtenção de lucros são dois importantes problemas de sobrevivência de uma empresa.

Melhoria: Movimento para tornar um processo, política, procedimento melhor do que antes.

Melhoria Ambiental: Melhoria do entorno da organização. A melhoria ambiental pode abrir a indústria, em geral, uma série de mercados dinâmicos e lucrativos, representando gastos que no final se pagarão por si mesmos.

Melhoria Contínua: Filosofia que prega o aperfeiçoamento contínuo e sistemático da organização e das pessoas que nela trabalham.

Melhoria da Imagem: Melhoria para construir e fortalecer a imagem de uma empresa, marca, produto, por exemplo. A fim de melhorar a imagem, a organização utilizará: meios de comunicação, meios visuais e serviços de atendimento.

Melhoria da Qualidade: Melhoria que transfere o desperdício de recursos para a produção de um bom produto e uma melhor prestação de serviços. O resultado é uma reação em cadeia, isto é, custos mais baixos, melhor posição competitiva, pessoas mais felizes no trabalho.

Memorando: Documento usado para solicitar ou prestar informações, pedir providências e transmitir ordens e rotinas. É utilizado, sobretudo, para correspondência entre departamentos de uma mesma empresa, ou entre a matriz e suas filiais.

Memória: Parte de um sistema que consiste em adquirir e registrar a informação de maneira a poder acessá-la mais tarde.

Memória do Computador: Dispositivo capaz de armazenar dados, instruções e informações de maneira a permitir o processamento acelerado dos mesmos. RAM e ROM são os dois tipos de memória contidos no microprocessador do computador.

Memória RAM: Memória que lida com informações temporárias, que tanto podem ser guardadas ou apagadas, quando o computador for desligado. O usuário trabalha com a memória RAM que pode fazer dezenas de alterações e operações, sendo todas temporárias, sem uma cronologia de comando.

Memória ROM: Memória que trabalha com informações fixas e permanentes. Pode-se dizer que a memória ROM trabalha para o sistema e não para o usuário.

Mensagem: Meio que se caracteriza como um grupo de elementos significativos tirados de um repertório e reunidos numa estrutura. Em sentido amplo, mensagem é sinônimo de uma unidade básica da comunicação, porque pode gerar comportamentos diversos e mudanças de atitude.

Mensagem da Propaganda: Mensagem paga para divulgar um produto.

Mensagem Empresarial: Mensagem cujos principais tópicos são: ordens de serviço, instruções e decisões, relatos de resultados e desempenhos, atitudes pessoais, opiniões, pontos de vista, objetivos, políticas, práticas, processos, estratégias, táticas, soluções.

Mensuração: Fase do processo de controle que busca informações precisas a respeito do que está sendo controlado, fazendo observações e medidas.

Mercado: Lugar organizado, onde as pessoas transacionam preços, quantidades e qualidades de determinados produtos (bens, serviços e ideias). É todo ambiente onde compradores e vendedores de produtos se mantêm em estreito contato uns com outros. Este contato se faz em função das necessidades, desejos e disponibilidades dos consumidores. O mercado tem como função principal atender a sociedade no que diz respeito ao consumo de produtos e, também, absorver os resultados da atividade empresarial.

Mercado a Termo: Mercado que trabalha com transações futuras de valores e títulos.

Mercado à Vista: Mercado que negocia ativos com preços à vista.

Mercado Aberto: Mercado executado pelo Banco Central, tais como: Fundo-Ouro, Open Market, Hot-Money, CDI, por exemplo.

Mercado Alvo: Mercado de atendimento; Mercado que, estando disponível, é visado por uma determinada empresa por entender que seja aquele que oferece mais oportunidades de negócio. Como o grau de heterogeneidade dos consumidores é muito grande, há muita dificuldade em se selecionar um alvo (clientes em potencial).

Mercado Competitivo: Mercado onde o custo dos produtos ofertados tem influência, porém influenciará muito nos lucros; Mercado em que o comprador está mais inclinado a comparar preços do que outras características do produto.

Mercado Comprador: Mercado que se caracteriza por uma oferta grande. O comprador exerce uma influência reguladora no mercado, impondo aos produtores as suas condições.

Mercado Comum: Mercado de um grupo de empresas e/ou países onde as regras apresentam vantagens tributárias de negociação e menos burocracia.

Mercado Concentrado: Mercado onde a empresa aloca suas forças numa determinada área de atuação, quando a mesma possui recursos limitados. Em vez de ir à procura de uma pequena participação num grande mercado, a empresa procura uma grande fatia num mercado menor (nicho de mercado).

Mercado Consumidor: Mercado para bens e serviços que são adquiridos ou alugados por indivíduos e famílias para uso pessoal. As principais características do mercado consumidor são: grande número de compradores; os valores transacionados são baixos; maior frequência de compra; pequeno volume de compra; negociação rápida; relação direta entre vendedor e comprador; riscos menores.

Mercado de Ações: Parte do mercado de capitais, onde são negociadas ações.

Mercado de Alimentos: Mercado que mais tem crescido nos últimos tempos é o da alimentação. O aumento populacional, a inserção cada vez maior da mulher no mercado de trabalho e, principalmente, a correria da vida moderna tem levado um número grande de pessoas a realizar suas refeições fora de casa.

Mercado de Baixa Renda: Mercado voltado a atender às necessidades da população de baixa renda, bem como entender seus hábitos de compra. Para entrar neste mercado, as empresas precisam ter a capacidade de viabilizar o sonho de consumo dessa faixa da população. Para tal, a ferramenta utilizada é o crédito facilitado.

Mercado de Câmbio: Mercado onde são realizadas a compra e a venda de moeda estrangeira, para atender a diversas finalidades dos exportadores, importadores e turistas. As operações no mercado de câmbio são realizadas pelas instituições financeiras autorizadas pelo Banco Central.

Mercado de Capitais: Mercado de valores mobiliários. À medida que os mercados de capitais se expandem e se interligam, o dinheiro corre mais rápido.

Mercado de Commodities: Mercado dedicado aos produtos primários de grande participação no comércio internacional, como: café, gado, minério de ferro, soja, milho, algodão, petróleo. Este mercado desenvolveu uma padronização, sob todos os aspectos, para que o comércio entre os países seja cada vez maior e dinâmico.

Mercado de Congelados: Mercado que está em grande expansão, devido à facilidade de se manter a qualidade, mesmo não dispondo de tempo para o preparo dos mesmos e as possibilidades de longo período de estocagem desses produtos. Com as facilidades dadas pela tecnologia de preparação e conservação de congelados, cada vez mais as empresas de varejo estão interessadas em alimentos semiprontos.

Mercado de Crédito: Mercado onde são atendidas as necessidades de recursos financeiros de curto, de médio e de longo prazos, principalmente, oriundas da demanda de crédito para aquisição de bens duráveis e da demanda por capital de giro.

Mercado de Mala Direta: Mercado que utiliza meios reais e/ou virtuais para comunicar produtos a consumidores potenciais. Os meios físicos são: catálogos e prospectos enviados pelos correios. Os meios virtuais são: mensagens pela internet e pelo telefone.

Mercado de Massa: Mercado em que a empresa prefere não reconhecer os diferentes segmentos que compõem o mercado. O mercado de massa é também conhecido como mercado não diferenciado. Os motivos de sua defesa são baseados em custos.

Mercado de Opções: Mercado que negocia opções de compra e venda de determinados ativos em data futura.

Mercado de Recursos: Mercado que fornece matérias-primas, insumos, capital, mão de obra, projetos, instalações, equipamentos, máquinas, suprimentos, serviços de manutenção, componentes e assessorias (administrativas, mercadológicas, tecnológicas, sistêmicas, informativas).

Mercado de Recursos Humanos: Mercado constituído dos candidatos potenciais a determinadas vagas oferecidas pelas organizações. Tal mercado é também conhecido erradamente como mercado de mão de obra, porque este mercado se constitui de todos os recursos humanos especializados ou não.

Mercado de Rede: Mercado em que a tecnologia digital possibilitou criar uma rede de parcerias para mais bem servir os consumidores. Todos os participantes da rede estão integrados eletronicamente no negócio, podendo dar opinião e participar com ideias inovadoras.

Mercado de Trabalho: Mercado em que o conjunto das ofertas de trabalho oferecidas pelas organizações, em certa época e em determinado lugar. É constituído de oportunidades de emprego e trabalho.

Mercado de Troca: Mercado onde existem trocas sem a participação do dinheiro. Podem ser até troca de favores. Quando um museu desenvolve o mercado de doadores, o mesmo oferece privilégios especiais aos contribuintes em troca de seu apoio financeiro; Ver economia de escambo.

Mercado Diferenciado: Mercado em que a empresa decide operar em dois ou mais segmentos de mercado, mas projeta um programa separado em relação a produtos e mercados. O mercado diferenciado eleva as vendas, mas também os custos.

Mercado Disponível: Mercado representado por um conjunto de consumidores que tem interesse, renda, acesso e qualificação para determinada oferta. Em geral, após identificar o mercado disponível, a empresa concentra-se em segmentos vantajosos.

Mercado Ecológico: Mercado que, na preservação ambiental, vê possibilidades de negócios. Ativos de carbono, controle de chuvas ácidas, agricultura autossustentada, biodiesel, biomassa, política verde, redução das emissões de poluentes, filtros antipoluição, controle do desflorestamento e tantos outros títulos na moda estão criando balcões de negócios.

Mercado Eficiente: Mercado que pratica eficiência; Ver eficiência.

Mercado Eletrônico: Mercado que diminuirá o número de intermediários entre fabricantes e consumidores finais. Os compradores trocarão informações e experiências sobre os produtos. A propaganda terá uma característica informativa, em vez de persuasiva. O pregão eletrônico já é uma realidade.

Mercado Especializado: Mercado que requer algo novo, agregado e genuíno. É raramente encontrado por acidente e também é considerado por muitos como um nicho de mercado. Tal mercado é descoberto quando observamos novas oportunidades e estudos relativos à pesquisa e ao desenvolvimento de produtos.

Mercado Estratégico: Mercado voltado a entender como será seu desempenho no futuro. Assim, os mercados estratégicos para um fabricante de equipamentos para a indústria leiteira seriam: laticínios; instalações de fabricação de queijos; instalações de fabricação de manteiga; instalações de produção de iogurtes; caminhões de leite; equipamentos de ordenha; tanques de leite.

Mercado Experimental: Mercado escolhido para realizar o teste de venda de um novo produto. O teste deve ser feito dentro de uma zona delimitada do mercado, para facilitar a análise dos dados obtidos.

Mercado Exportador: Mercado voltado para o comércio internacional, onde o produtor nacional aloca bens e serviços em outros países. Os agentes que nele atuam ou que dele participam, sejam pessoas, empresas ou nações, devem mostrar capacidade e competência. Neste comércio não há lugar para aprendizes. Custo, qualidade e logística são chamados de trinômio da competência em importação e exportação.

Mercado Externo: Mercado voltado para o exterior, sendo de alto risco, em função das instabilidades políticas e sociais do mundo.

Mercado Financeiro: Mercado de várias instituições financeiras, em todo o mundo, nas quais empresas e governos participam, tomando dinheiro emprestado ou investindo as sobras de caixa. Tais mercados tiram proveito do valor da eliminação de desequilíbrios tecnológicos, sociais e científicos, avaliando as empresas em função da sua capacidade de gerar lucros.

Mercado Futuro: Mercado que negocia os preços esperados de certos ativos e de mercadorias para determinada data futura.

Mercado Globalizado: Mercado baseado na economia de rede. Administrar uma empresa, em um mercado globalizado e altamente competitivo dos dias de hoje, é arriscado e imprevisível.

Mercado Governamental: Mercado de unidades dos governos federal, estadual e municipal que compram ou locam bens, a fim de realizarem as funções precípuas de governo. Os procedimentos de compra do governo devem ser feitos através de licitação pública. Caso não haja participação de empresas na licitação, o governo poderá pesquisar empresas que possam realizar a obra e negociar, com uma delas, um contrato que atenda às suas necessidades. A aquisição do governo terá de ser sempre realizada através de concorrência pública regida por lei.

Mercado Heterogêneo: Mercado composto de compradores que procuram valores diferentes dos normalmente encontrados. Este mercado é constituído de grupos de pessoas com necessidades e desejos diferenciados.

Mercado Homogêneo: Mercado onde os compradores são semelhantes nas suas escolhas.

Mercado Importador: Mercado inverso do mercado exportador. As importações representam as despesas que nós fazemos quando compramos produtos estrangeiros.

Marcado Industrial: Ver mercado produtor.

Mercado Informal: Mercado onde as transações não têm o mínimo controle do estado, a pirataria e o contrabando não são enfrentados. A ética neste mercado não é uma prioridade. É pouco provável que tal situação seja revertida, quando os governos cobram tributos absurdamente altos e recolhimentos tributários bastantes burocráticos sem quase nenhum retorno social para quem paga.

Mercado Institucional: Mercado constituído de escolas, hospitais, creches, prisões e outras organizações de serviço público. Deve fornecer bens e serviços às pessoas que estão sob seus cuidados. Um mercado institucional não é sinônimo de mercado governamental.

Mercado Intermediário: Mercado que consiste de indivíduos e organizações que adquirem bens com o propósito de revender ou alugar a outros.

Mercado Internacional: Mercado entre nações.

Mercado Interno: Mercado voltado para compra e venda dentro do país. Também conhecido como mercado doméstico. Muitas empresas atuam somente no mercado interno, devido à facilidade de obter informações.

Mercado Marginal: Mercado que substitui o produto que o consumidor procura por outro, chamado de produto sucedâneo.

Mercado Monetário: Mercado onde são realizadas operações de curtíssimo prazo, com a finalidade de suprir as necessidades de caixa dos diversos agentes econômicos, entre os quais se incluem as instituições financeiras.

Mercado Núcleo: Mercado cujo grau de combinação entre os produtos e as necessidades de seus consumidores seja quase perfeito.

Mercado Penetrado: Conjunto de consumidores que já compraram produtos da empresa.

Mercado Pessoal: Mercado em que as empresas, fazendo uso de bancos de dados sobre consumidores e suas transações, ofertam, de maneira personalizada, produtos que satisfaçam ou atendam às necessidades de sua clientela. É um mercado altamente seletivo, que, hoje, com a Internet ajudou muito conhecer aquilo que agrada os compradores em potencial.

Mercado Potencial: Mercado cujo limite tende à demanda de mercado, à medida que o esforço da empresa tende ao infinito, para determinado ambiente, isto é, a receita máxima com vendas que a empresa, de um determinado setor, pode conseguir num período de tempo.

Mercado Primário: Mercado em que se realiza a primeira compra/venda de um ativo.

Mercado Produtor: Mercado que consiste de indivíduos e organizações que adquirem bens e serviços para serem utilizados na produção de outros bens e serviços destinados à venda ou para serem alugados a terceiros.

Mercado Secundário: Mercado que compra e vende ativos financeiros anteriormente negociados.

Mercado Segmentado: Mercado em que a empresa dirige esforços de marketing a grupos de consumidores selecionados, para poder mais bem atendê-los, de maneira fácil e objetiva. Este mercado é diferenciado.

Mercado Vendedor: Mercado que se caracteriza pelo fato de que o produtor estabelece o preço com uma ampla liberdade, impondo ao mercado as condições de venda de seus produtos. É o que acontece quando a procura é maior do que a oferta e se torna mais evidente quanto menor for a concorrência.

Mercadologia: Neologismo introduzido no Brasil pela Escola de Administração e Economia do Estado de São Paulo (FGV) para ser usado como tradução de marketing.

Merchandising: Ação de planejamento necessária para colocar o produto certo, no lugar certo, na hora certa, na quantidade certa, ao preço justo. Representa operações de merchandising: exposição e apresentação adequada dos produtos; verificação do nível dos estoques e dos preços; aferição da data de validade dos produtos; averiguação do estado do material promocional nos pontos de vendas; ações de amostragem e de degustação. O merchandising é importante na medida em que: apresenta ao consumidor uma real oportunidade de adquirir o produto. Os principais componentes do merchandising são: embalagens, displays e arranjos físicos das mercadorias.

Merchandising Visual: Espécie de vitrine que vende sem palavras. É como uma exposição que desperta o interesse dos passantes na rua (avenida, travessa, alameda, corredor).

Meritocracia: Sistema de avaliação por mérito. A necessidade de reconhecimento público dos méritos é intrínseca ao ser humano, que sempre buscou criar símbolos para qualificar a diferença das pessoas dentro do mesmo contexto social. Assim, surgiram: hierarquias, títulos, cargos, sinalizando o grau de importância do indivíduo no grupo.

Mestre: Alguém que tem discípulos. O mestre pode ser também um professor, mas aquilo que o distingue está voltado para a formação da elite que governará o país. Ele terá de ser um modelo de líder.

Meta: Objetivo quantificado e/ou qualificado, sendo, em geral, de curto prazo, com responsabilidades definidas. A ausência de metas conduz as pessoas da organização a uma atitude passiva (reativa). As metas ajudam a orientar, melhorar e motivar os recursos humanos.

Meta Principal do Projeto: Meta principal é a sobrevivência e a continuidade do projeto.

Método: Conjunto de atividades sistemáticas e racionais que, com maior segurança e economia, permite alcançar um objetivo, um conhecimento válido, traçando um caminho e detectando erros, sendo capaz de gerar um produto ou um estado desejado.

Método Algébrico: Método representado por uma equação algébrica, mostrando a solução para um determinado problema.

Método Analógico: Método criado pelo homem parecido com que existe na natureza. Por exemplo, aviões imitando pássaros.

Método Cartesiano: Método científico de René Descartes (1637) que é baseado em quatro fatores: dúvida sistemática, análise ou decomposição, síntese ou comparação e enumeração ou verificação. Tal método influenciou poderosamente a maneira de abordar e solucionar problemas, pois o mesmo decompõe o problema em partes, que são estudadas separadamente.

Método Científico: Método orientador da investigação e que, por esta razão, pode derivar outros métodos. Ele é um traço característico da ciência aplicada. O modo pelo qual se aplica este método e a natureza dos problemas aos quais se emprega é que tem gerado certas apreciações selecionadas às formas mais diversas do pensamento científico e ao próprio proceder científico.

Método Comparativo: Método que realiza comparações com a finalidade de verificar similitudes e explicar divergências, isto é, consiste em investigar coisas, ou fatos, e explicá-los, segundo suas semelhanças e suas diferenças. Comparando-se semelhanças e divergências pode-se mais bem explicar fenômenos, fatos, fatores, dados, elementos, por exemplo. É um método que propicia investigações de caráter indireto.

Método da Amostragem: Método de selecionar unidades, elementos e amostras com o objetivo de estimular outros valores, tais como: média, mediana, moda, variância e desvio padrão. A finalidade deste método é reduzir custos, eliminar desperdícios de tempo, obter dados mais confiáveis e simplificar o trabalho.

Método da Consulta Direta: Método que se baseia em consultas a consumidores e usuários sobre suas intenções de compra num dado período de um ou mais produtos. A consulta direta ao mercado é, especialmente, desejável na previsão de vendas de um novo produto ou de um novo canal de distribuição, por exemplo. A consulta direta mede a satisfação do consumidor. Pequenos negociantes devem ouvir o que os consumidores têm a dizer para preverem quais as necessidades a serem atendidas.

Método da Fórmula: Método cuja solução de um problema é conseguida por meio de uma fórmula.

Método da Observação: Método de pesquisa onde aquilo que é observado independe da boa vontade das pessoas, não havendo influência no processo de respostas. As desvantagens são: mais lento; maior custo; dados são mais difíceis de interpretação; difícil de se obter dados para situações íntimas.

Método da Opinião de Especialistas: Método de previsão de vendas feito por pessoas bem informadas (distribuidores, consultores).

Método da Opinião de Executivos: Método de previsão de vendas baseado na média das opiniões dos diversos executivos da empresa.

Método da Opinião de Vendedores: Método de previsão de vendas baseado no ponto de vista combinado de vendedores. Esta previsão é feita através da opinião de cada vendedor e no que ele espera vender, em seu território, durante o exercício seguinte. Naturalmente, este método é baseado na crença de que os que estão mais perto do mercado têm melhor conhecimento dele.

Método da Ponderação: Método de previsão de vendas baseado em fatores de peso. Adota-se a ponderação, pela simples razão de que os acontecimentos mais recentes são bem mais importantes e influem mais sobre a previsão do que as observações mais antigas.

Método da Regressão: Método de previsão de vendas baseado na simplificação das variáveis que determinam a matriz de vendas.

Método das Coincidências: Método de causa e efeito que postula: aparecendo a causa, dá-se o efeito, retirando-se a causa o efeito não ocorre, variando-se a causa o efeito se altera.

Método das Médias Móveis: Método de previsão de vendas baseado em médias por grupos de valores. A tendência é descrita mediante um ajuste das flutuações de dados através de médias parciais. São eliminados, através deste método, os fatores irregulares, sazonais ou cíclicos por meio de médias sucessivas de grupos de dados. A média móvel é um dos métodos mais elementares de previsão de vendas, e na sua forma simples pressupõe a existência de tendências ascendentes ou descendentes, eliminando valores aleatórios que podem mascarar o resultado.

Método das Partidas Dobradas: Método contábil que mostra o equilíbrio nas diversas contas do ativo e do passivo, porque um débito do ativo corresponde a um crédito do passivo, e vice-versa.

Método de Análise: Ver análise.

Método de Avaliação: Método que compara os resultados obtidos com os padrões propostos anteriormente.

Método de Decisão: Método para decidir qual o melhor caminho soluciona um problema; Conjunto de atividades sistemáticas e racionais que, com maior segurança e economia, permite alcançar o conhecimento válido na tomada de decisão.

Método de Ensino: Método que objetiva transmitir conhecimentos, atitudes e ideais, por exemplo, para conduzir a objetivos conhecidos, para quem transmite e desconhecidos para quem os recebe.

Método de Escrever: Método que ajuda a construir bons relatórios. Para que a pessoa saiba escrever é preciso que faça com naturalidade, conheça a língua, saiba pensar, escreva para o leitor e não para si, demonstre acuidade para detalhes e possua capacidade de observação.

Método de Investigação: Método que se destina a descobrir novas verdades, a esclarecer fatos desconhecidos, a enriquecer o conhecimento.

Método de Organização: Método que trabalha sobre fatos conhecidos, procurando ordenar e disciplinar esforços, para que se atinja a eficiência com eficácia.

Método de Pesquisa: Método que requer um tratamento científico, permitindo descobrir novos caminhos na busca de verdades, em qualquer campo do conhecimento.

Método de Previsão: Método para determinar futuros eventos que poderão ocorrer (registros de uma série probabilística) ou não. Todo método de previsão é, por definição, incerto, porque não há um grau de certeza absoluto.

Método de Solução: Método que ajuda no tratamento de um problema. É bom, sempre que possível, agir com maturidade, objetividade, estabelecendo relações entre fatos, fenômenos, ideias, acontecimentos e pessoas.

Método de Trabalho: Ver metodologia.

Método Dedutivo: Método que parte do geral para o particular, do mais alto nível para o mais baixo nível e da generalidade para o detalhe. Analisando isso sob outro enfoque, diríamos que os métodos dedutivos ou estão corretos ou incorretos, não há meio termo. O método dedutivo tem um propósito explicativo/conclusivo. Por exemplo, todo mamífero tem um coração. Se todos os cães são mamíferos, logo todos os cães têm um coração.

Método Dialético: Método baseado no conflito que a mudança causa e como tudo se altera e se esclarece. A dialética é a lógica do conflito, do movimento e da vida.

Método do Ajuste da Curva: Método que minimiza as ondulações da curva resposta de uma série histórica. Quando estabelecemos os desvios em relação à média aritmética e aplicamos um fator de correção para o ajuste da série, estamos praticando um ajuste que leva para novos valores.

Método do Caso: Método que é uma técnica de simulação. Ele parte do princípio de que existe sempre mais de uma solução adequada para qualquer problema. Tal método requer que seja designado um coordenador que deverá ser o elemento capaz de fazer o grupo trabalhar de maneira organizada, não sendo levado à dispersão.

Método do Modelo: Método baseado no cálculo de probabilidade, utilizando modelos anteriores onde as variáveis são mudadas e aí se analisa o resultado.

Método dos Mínimos Quadrados: Método de previsão de vendas também conhecido como análise de regressão de Galton, estatístico do Século XIX.

Método Ensaio e Erro: Método da tentativa; Método em que se faz o aprendizado por experiência própria, imitação e identificação com modelos já existentes.

Método Específico: Método que representa o detalhamento mais completo da investigação. Os métodos específicos mais conhecidos são: Observacional; Histórico; Comparativo; Monográfico; Estatístico; Tipológico; Funcionalista; Estruturalista.

Método Estatístico: Método aplicado ao estudo dos fenômenos aleatórios. Praticamente, todos os fenômenos que ocorrem na natureza são aleatórios. Tais fenômenos se destacam, porque eles se repetem e estão associados a uma variabilidade. Após a ocorrência de um fenômeno aleatório, é impossível prever com precisão o resultado de nova ocorrência.

Método Estruturalista: Método que caminha do concreto para o abstrato e vice-versa.

Método Experimental: Método em que as variáveis, de maneira preestabelecida e seus efeitos suficientemente controlados desempenham dupla função para descobrir conexões causais e atingir a demonstrabilidade. O princípio central da aplicação dos métodos experimentais é que devemos aceitar os resultados tal como eles se apresentam com tudo que neles haja de imprevisto e de acidental e, diante dos resultados, é necessário esquecer as próprias opiniões e as opiniões alheias. No método experimental, os agentes são examinados nas relações de uns para com os outros, devendo ser dimensionados.

Método Funcionalista: Método que estuda a sociedade do ponto de vista da função de suas unidades, isto é, um sistema organizado de atividades.

Método Geométrico: Método baseado, principalmente, na geometria plana para se calcular, sem contas, o valor que se deseja. Utiliza sempre um referencial cartesiano, cujos eixos são quantificados.

Método Gráfico: Ver gráfico.

Método Heurístico: Método onde se busca a solução através de tentativas ao acaso, examinando cada uma até onde ela constitui uma resposta ao problema existente, oferecendo uma solução, pois cada tentativa permite corrigir os erros e melhor caminhar em direção ao objetivo, tendo a desvantagem de ser mais dispendioso. Como os computadores têm muita velocidade e podem testar muitas alternativas. O método heurístico tem sido empregado para a solução de problemas aparentemente insolúveis e que acabam sendo resolvidos mediante o emprego da analogia, que é partir do conhecido para chegar ao desconhecido.

Método Histórico: Método que consiste em investigar acontecimentos, processos, cenários, ambientes, situações, mercados e organizações do passado para verificar a sua influência na sociedade de hoje.

Método Indutivo: Método que parte do particular para o geral, do detalhe para a generalidade. Neste caso, apresenta-se como uma forma de raciocínio que vai de simples dados para uma verdade geral. O método indutivo tem como objetivo final a inferência perfeita. Assim, por exemplo, se todos os cães que foram observados tinham um coração, logo todos os cães têm um coração. Os principais tipos de inferência indutiva são: da amostra para a população; da população para a amostra; da amostra para outra amostra; das observações verificáveis para uma hipótese.

Método Intuitivo: Ver intuição.

Método Lógico: Método que consiste em partir da premissa certa e, através de raciocínio dedutivo ou indutivo, avançar por etapas até chegar a uma solução válida e relevante.

Método Matemático: Método que utiliza: números, fórmulas, equações, formas geométricas, quadros, matrizes, planilhas, tabelas, por exemplo, de maneira lógica e simples.

Método Monográfico: Método que consiste no estudo de determinados indivíduos, profissões, condições, instituições, grupos ou comunidades, com a finalidade de obter generalizações.

Método Racional: Método cujos elementos estão embasados na razão. O ser humano, ao fazer uso da sua razão sobre os acontecimentos que o cercam, chega, necessariamente, à condição ou inferência fundamentada nas observações analíticas dos acontecimentos.

Método Simbólico: Método representado por uma ideia (tangível ou intangível), por meio de símbolos que são desenhos que têm uma relação gratuita com o que eles representam.

Método Simulatório: Método utilizado para situações não facilmente definidas ou parcialmente definidas; Ver simulação.

Método Tabular: Método que utiliza tabela na solução de um problema.

Método Tipológico: Método que cria tipos ou modelos ideais, construídos a partir da análise de aspectos essenciais do fenômeno.

Metodologia: Arranjo de etapas (passos) de ação, por meio de uma organização lógica de procedimentos, visando atingir um determinado objetivo, que pode ser a solução de um problema. Se tal objetivo não for alcançado, é provável, que as etapas não foram seguidas ou as mesmas estão equivocadas; Coleção de métodos, técnicas, procedimentos e ferramentas para otimizar um determinado processo, levando o indivíduo a: conhecer, agir e fazer um determinado estudo; Ciência dos métodos. Toda metodologia deve possuir uma filosofia própria, isto é, um conjunto de ideias iniciais que constitui a sua fundamentação conceitual e que serve de embasamento para as demais regras de sua construção.

Metodologia Estruturada: Metodologia que preconiza que o projeto deve ser administrado por meio de ações gerenciais, que são executadas com base na experiência do gerente do projeto e de sua equipe, e em um conjunto de documentos que são confeccionados a partir de conceitos básicos, tendo como preocupação a: conceituação, objetividade, clareza, concisão e reflexão.

Metodologia Gerencial: Metodologia para dar suporte ao trabalho a ser desenvolvido, quer seja na solução de um problema, na tomada de decisão, na construção de um plano, na elaboração de estratégias, na implementação de um programa, na análise de risco, no gerenciamento dos recursos, na condução de um projeto e muitas outras atividades gerenciais.

Microcefalia Administrativa: Tendência à centralização do gerente para controlar um número de subordinados muito grande para a sua capacidade de rapidez e de resposta aos problemas.

Microcomputador: Versão menor do computador.

Micromovimento: Menor unidade de movimento considerada e executada pelo ser humano.

Micropadrão: Padrão componente de um produto necessário para que haja a visão de um padrão geral (total) para o produto.

Microprocessador: Equipamento inventado pela INTEL, em meados da década de 1980, utilizando chips semicondutores. Fato que trouxe um enorme avanço para a tecnologia da informação.

Missão: Finalidade pela qual a organização foi criada.

Missão da Empresa: Missão que mostra a razão de existir da mesma, tornando claros seus objetivos. A criação de uma empresa está em função da sua missão, isto é, qual a direção e sentido e qual a razão da sua existência. É também possível se perguntar aonde a empresa quer chegar e quais são seus objetivos.

Missão do Sistema: Ver missão.

Mito: Liderança ideológica. Os mitos bem-sucedidos nunca são meramente cínicos ou manipulativos. Para ser eficaz, o mito planejado não deve se restringir aos discursos em dias festivos. A arte da liderança se fundamenta na ação de transformar crença em mito.

Moda: Valor da variável que apresenta maior concentração de dados de uma série de números, isto é, o valor que possui maior frequência numa distribuição de dados.

Modal: Denominação genérica dos vários modos de transporte (ferroviário, rodoviário, aéreo, duto, esteira, fluvial, marítimo).

Modelagem: Ordenação e configuração lógica do projeto. O que distingue a modelagem de projeto de outras modalidades de criação é seu caráter, eminentemente, técnico. O termo modelagem é uma tradução da expressão "project design" e foi adotado pela primeira vez em um texto sobre modelagem organizacional.

Modelagem do Projeto: Modelagem que é uma atividade recorrente, com idas e vindas de retrabalho, porque quando elaboramos o projeto vemos que alguns dos fatores que idealizamos são irrealizáveis ou podem ser feitos de outra maneira.

Modelo: Qualquer representação simplificada de um processo e/ou uma realidade em seu todo ou em partes: Uma abstração de uma realidade, de uma situação ou de uma solução, ajudando a economizar tempo e dinheiro; Expressão de um raciocínio, de um encaminhamento lógico que parte dos dados de base, que são o resultado da observação da realidade, para a escolha de uma solução que possibilite uma ação. Pelo modelo verifica-se a interligação entre informação, processo e decisão. O desenvolvimento de um modelo é fundamental, porque ele é um pré-requisito para a análise de valor da informação e porque é a chave para se compreender que partes do processo podem ser apoiadas por sistemas automatizados.

Modelo 3D: Ver teoria gerencial.

Modelo Algébrico: Representação que, feita por uma equação algébrica ou sistema de equações, mostra a solução para um determinado problema.

Modelo Ambiental: Ver diagrama de contexto.

Modelo Analógico: Representação criada pelo homem parecida com o que existe na natureza.

Modelo Burocrático: Modelo baseado nos elementos: hierarquia, estrutura, especificação, disciplina, delegação, norma, regulamento, procedimento, diretriz, política, formulário, documentação e arquivo; Ver burocracia.

Modelo Capitalista Popular: Modelo de empresa objetivando tornar o empregado sócio do empreendimento, a fim de ampliar as oportunidades de negócios e beneficiar as organizações e seus sócios. O trabalho é estruturado em pequenas equipes de menos de vinte pessoas com um líder. Os líderes são treinados para falar em público e estimulados a manter diálogo com a força de trabalho.

Modelo Cibernético: Representação universal, multidisciplinar, generalista, abstrata e comparativa de um sistema; Ver cibernética.

Modelo Comportamental: Ver comportamento.

Modelo da Administração pela Qualidade: Modelo de empresa onde os valores são pautados pela qualidade das pessoas. A avaliação de desempenho deve ceder espaço à educação e ao treinamento. A busca do zero defeito deve evitar o medo de errar e a vontade de mentir. O gerente se responsabilizará pela educação dos funcionários, isto é, pelo seu desenvolvimento pessoal e profissional.

Modelo da Cogestão: Modelo de empresa resultado das lutas trabalhistas alemãs, desde o Século XIX. Seu objetivo não é apenas estimular a participação efetiva dos empregados nos resultados e nos destinos das empresas ou chamar os empresários às suas responsabilidades sociais para com os recursos humanos. Vai mais além, ao tentar despertar a consciência civil e o sentimento de cidadania.

Modelo da Empresa Atomizada: Modelo de empresa que troca o modelo piramidal por um dos três níveis de atividade: núcleo, franja contratual e mão de obra flexível, lembrando a estrutura de um átomo. O núcleo é formado por um número de pessoas superqualificadas, cujo trabalho é essencial para a organização, com grande flexibilidade e autonomia na forma de realizar o trabalho. A franja é formada pela terceirização de funções não essenciais, pelo sistema de parcerias e pela prestação de serviços, que são atividades diretamente vinculadas ao negócio da empresa, só que realizadas por firmas externas e pessoas contratadas. A mão de obra flexível está ligada à sazonalidade de mercado, ao melhor, ou pior, pique dos negócios, ao trabalho por tarefas, chegando a ter horários flexíveis e contratos por tempo determinado. Há participação e tomada de decisão por pessoas que atuam na ponta do negócio.

Modelo da Hierarquia das Necessidades: Representação que declara que uma pessoa tem muitas razões que variam em importância e circunstância. Maslow propôs que existem cinco necessidades básicas e hierarquizadas e que são: fisiológica, segurança, relacionamento social, estima e autorrealização.

Modelo de Análise: Ver análise. A construção de um modelo analítico quase sempre se apoia matematicamente sobre uma ou mais, das seguintes teorias e métodos: Teoria dos Jogos, Teoria das Filas, Teoria da Decisão, Teoria dos Grafos, Programação Linear, Probabilidade, Estatística e Programação Dinâmica.

Modelo de Análise Horizontal: Ver análise horizontal.

Modelo de Análise Vertical: Ver análise vertical.

Modelo de Apropriação de Custo: Ver sistema de custeio.

Modelo de Árvore de Decisão: Modelo que trabalha com riscos, valores, ganhos e perdas em cada alternativa; Ver árvore de decisão.

Modelo de Árvore de Probabilidade: Modelo parecido com a árvore de decisão, onde se inclui a probabilidade de sucesso e falha do nosso projeto e do projeto competidor.

Modelo de Avaliação: Representação que compara (avalia ou estima) o resultado alcançado com um padrão (referencial) de desempenho predeterminado.

Modelo de Avaliação da Estratégia: Modelo que corresponde à fase na qual o executivo verifica se a estratégia implementada está alcançando objetivos e desafios da empresa.

Modelo de Avaliação da Oportunidade: Modelo ligado ao mercado, em função dos objetivos e recursos da empresa. Veja a seguir um exemplo:

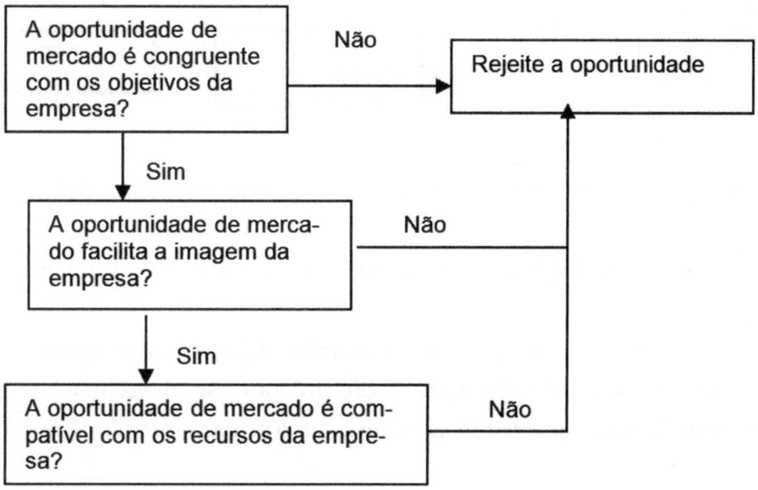

Modelo de Balancete de Verificação: Ver balancete de verificação.

Modelo de Balanço Patrimonial: Ver balanço patrimonial.

Modelo de Cálculo: Modelo em que são realizados cálculos, por exemplo, uma planilha.

Modelo de Canal de Comunicação: Modelo caracterizado pela figura, a seguir:

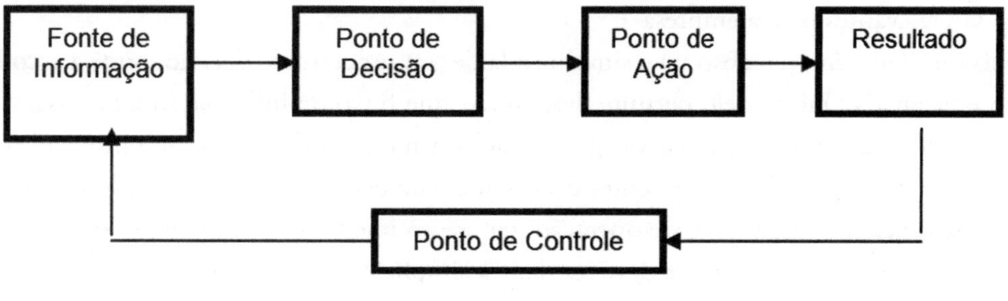

O canal de comunicação é uma via de mão dupla, tanto vai como vem, cuja importância é tão grande, porque, muitas vezes, determina a eficácia da comunicação.

Modelo de Ciclo de Vida do Projeto: Ver ciclo de vida do projeto.

Modelo de Ciclo Motivacional: Modelo que é um conjunto de etapas a serem percorridas para atingir a satisfação humana, como mostrado na figura, a seguir:

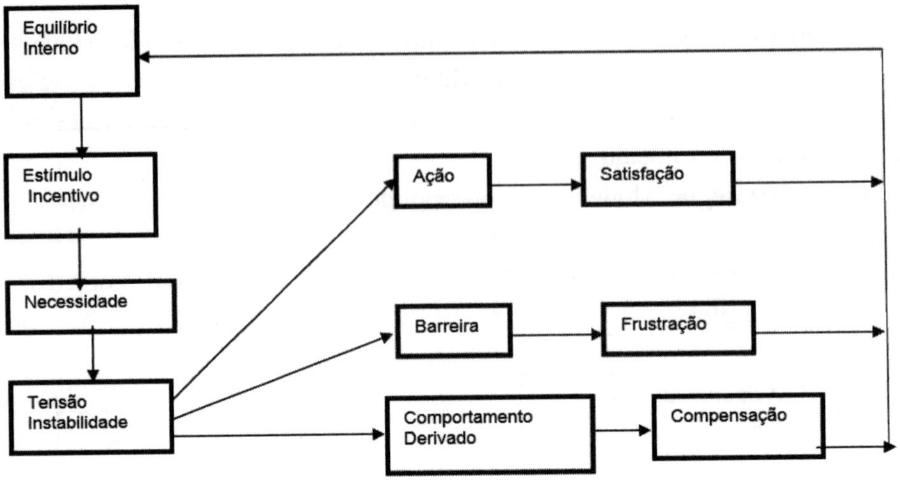

Modelo de Comercialização: Representação das transações entre os mercados: produtor, intermediário, governamental, de recursos e consumidor.

Modelo de Compras: Modelo para determinar as necessidades e motivações humanas para a compra de um produto.

Modelo de Comunicação: Representação que questiona sobre: Quem é o comunicador? Que diz a mensagem? Quem é o receptor? Qual o meio utilizado? Que reação provoca a mensagem?

Modelo de Conhecimento: Modelo que reúne as análises básicas para que alguém conheça a situação (cenário); Ver matriz de conhecimento.

Modelo de Controle: Representação que verifica e compara os resultados alcançados com aquilo que foi estabelecido no planejamento (resultados esperados); Ver controle.

Modelo de Controle de Estoque: Ver controle de estoque.

Modelo de Custeio: Ver sistema de custeio.

Modelo de Dados Corporativos: Modelo que deverá conter todas as informações básicas necessárias para que o negócio da empresa seja levado a bom termo. Este modelo é fundamentado no delineamento dos dados que efetivamente são relevantes para a empresa

Modelo de Decisão: Representação abstrata e simplificada de um processo de decisão, onde a escolha do caminho a ser seguido é facilitada. Tal modelo permite determinar que fluxo de informação é necessário para manter a ligação entre as informações e as alternativas de decisão. Os modelos de decisão são projetados para avaliar os resultados alternativos, associados às diferentes decisões, e para encontrar a decisão "ideal". Os modelos para a decisão devem ser eficientes em tempo de operação, ter acesso imediato a dados atuais e serem estruturados de forma a facilitar suas alterações. A ênfase deve ser dada à simplicidade de construção.

Modelo de Decisão Não Programada: Modelo mostrado, a seguir:

Decisões	Técnicas	Ferramentas
Não Programadas	Tradicionais	Julgamento em grupo, intuição, métodos empíricos, processamento eletrônico de dados, ensaio e erro.
	Modernas	Método heurístico, simulação por computadores, aproximação sucessivas, análise de sistemas, análise estruturada.

Modelos de Decisões Programadas: Modelo mostrado, a seguir:

Decisões	Técnicas	Ferramentas
Programadas	Tradicionais	Rotinas, regras, normas, diretrizes, políticas, reuniões, lista de prioridades, fluxogramas, redes, análise do ponto de equilíbrio, análise matemática.
	Modernas	Métodos quantitativos (estatística, e probabilidade), aplicativos em computadores, pesquisa operacional, matrizes, programação, árvore de decisão, sistemas de informação.

Modelo de Demonstrativo de Resultado: Ver demonstrativo de resultado.

Modelo de Desenvolvimento de Novo Produto: Modelo associado a um processo que analisa a viabilidade de uma ideia vir a se tornar um produto vendável. A seguir, um exemplo:

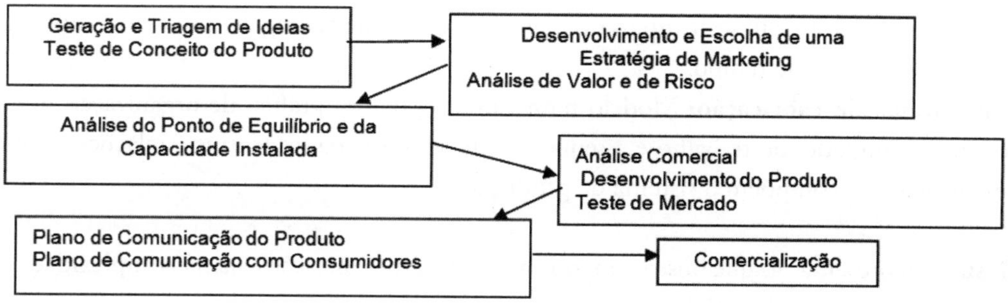

Modelo de Desenvolvimento Organizacional: Representação que reconhece o processo de mudança como função de: interação, participação e comunicação humanas. Tal modelo é fundamentalmente antiautoritário e baseado nas alterações estruturais e comportamentais

Modelo de Direção: Representação que faz cumprir aquilo que foi planejado, conduzindo e orientando os recursos da organização.

Modelo de Distribuição Física: Modelo que estabelece medidas de controle, através de esquemas (sistemas) que buscam otimizar as atividades de movimentação e alocação de ativos.

Modelo de Educação: Ver educação.

Modelo de Eficácia da Propaganda: Ver eficácia da propaganda.

Modelo de Empresa Aberta: Modelo que vê a empresa como um dinâmico relacionamento com o seu ambiente, recebendo vários insumos (entradas), transformando-os em resultados na forma de bens, serviços e ideias (saídas).

Modelo de Fatores Críticos de Sucesso: Modelo onde são mostrados os dados que ajudam a empresa obter sucesso. A seguir, um exemplo:

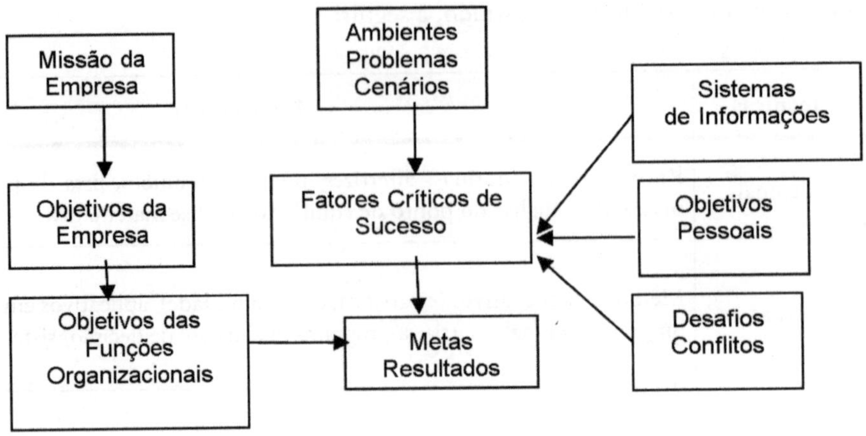

Modelo de Flexibilização: Representação que busca novos métodos de flexibilizar a organização para vencer as barreiras impostas pelas concepções rígidas de estrutura que prevalecem tanto na teoria quanto na prática administrativa. Uma estrutura flexibilizada enfatiza a comunicação horizontal, a descentralização das decisões, a delegação de autoridade, a utilização intensa da coordenação, poucas regras, políticas e procedimentos, mas principalmente a economia de tempo.

Modelo de Fluxograma de Fabricação: Modelo representado por um gráfico de organização que representa de forma dinâmica as unidades de trabalho e a sequência de suas atividades (rotinas, relações), através dos fluxos das microestruturas que compõem o sistema de produção.

Modelo de Gestão: Representação que busca com que a empresa (organização) aja na complexidade e na turbulência ambiental com dinamismo e rapidez.

Modelo da Hierarquia da Organização: Representação da hierarquia da organização. A seguir, um exemplo:

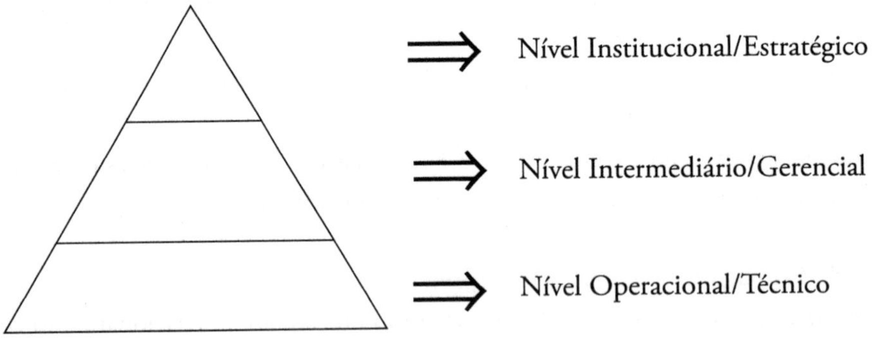

Modelo de Implantação de Gestão: Modelo que mostra a ação administrativa no âmbito da gestão corporativa. A seguir, um exemplo:

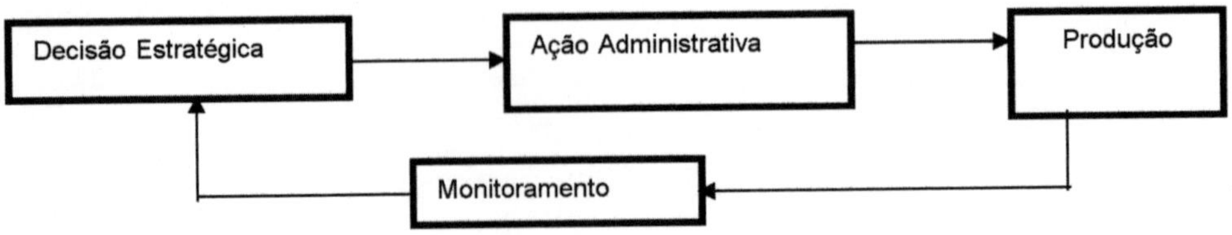

Modelo de Logística: Ver modelo de distribuição física.

Modelo de Loja: Ver loja.

Modelo de Mudança: Modelo que representa a dinâmica das forças que processam a mudança, tais como ambiente, organização e tecnologia.

Modelo de Negociação: Representação que busca a interação humana para resolver diferenças através de acordo, troca, partilha, barganha, doação, às vezes, precisando persuadir, interessar, dissuadir.

Modelo de Orçamento Integrado: Modelo que serve para desenvolver e/ou atualizar programas, planos e políticas de: estoque de produto acabado, armazenamento, rotação de recursos humanos, nível adequado de estoque mínimo, investimentos, despesas de fabricação, despesas de marketing, despesas administrativas, necessidade de capital de giro, lucros e perdas, nível de caixa necessário, fluxo de entradas e saídas, movimentação de materiais e logística, por exemplo.

Modelo de Organização: Representação que visa dar apoio às demais funções administrativas, no sentido de simplificar, melhorar, minimizar custos, otimizar a utilização e racionalização dos recursos organizacionais voltados ao desenvolvimento de processos, atividades e tarefas.

Modelo de Otimização: Representação cuja finalidade é descobrir a melhor solução possível, em função dos recursos disponíveis.

Modelo de Otimização do Lucro: Ver otimização do lucro; Lucro máximo.

Modelo de Pesquisa: Representação que estabelece procedimento reflexivo, sistemático, controlado e crítico para buscar descobrir novos dados, relações, leis, em qualquer campo do conhecimento.

Modelo de Planejamento: Representação que envolve uma análise das potencialidades, oportunidades, fragilidades, restrições que darão respaldo para as decisões de hoje e que influenciarão o amanhã.

Modelo de Planejamento de Marketing: Modelo que envolve uma série de etapas para a consecução de um plano para atender um mercado.

Modelo de Planejamento Estratégico: Modelo que questiona a melhor estimativa que se pode fazer.

Modelo de Procedimento: Ver procedimento.

Modelo de Processo Administrativo: Modelo que mostra as etapas voltadas para a ação empresarial para atingir objetivos. A seguir, um exemplo:

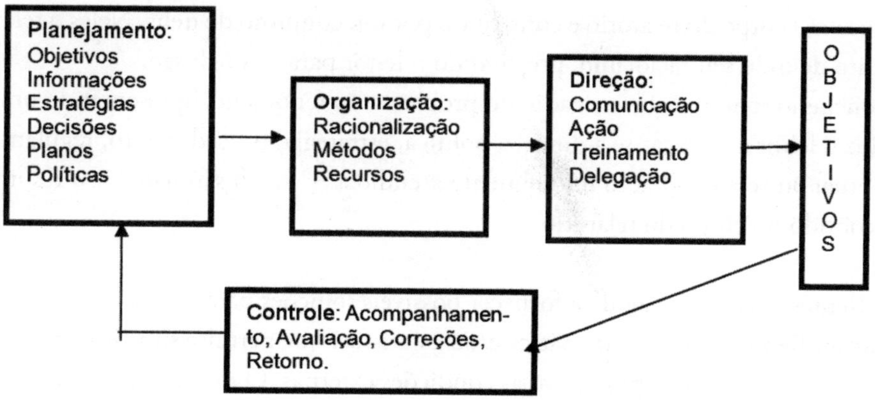

Modelo de Processo de Comunicação: Modelo que retrata como a comunicação se faz através de seus elementos básicos. A seguir, um exemplo:

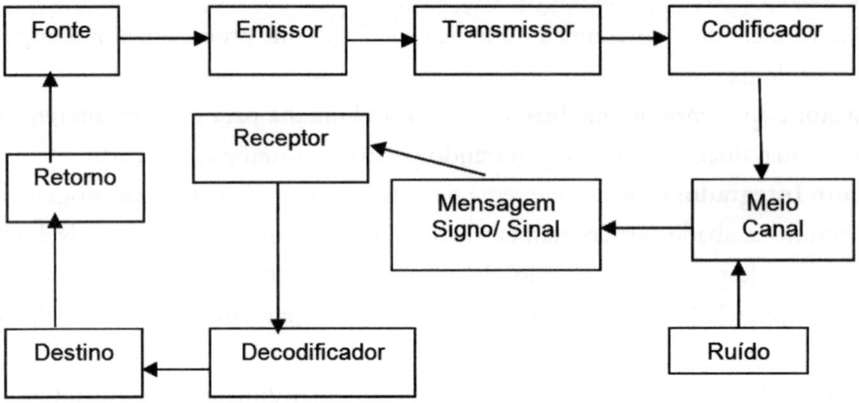

Modelo de Produção: Ver modelo de fluxograma de fabricação.

Modelo de Qualidade: Representação que fornece meios às organizações para serem identificadas como comprometidas em melhoria e superação dos maiores e melhores patamares de qualidade do mundo.

Modelo de Qualidade de Serviço: Modelo que proporciona ao consumidor: confiabilidade, rapidez, segurança, atenção, atendimento eficiente, beleza, atendimento de expectativas e prestação de informações relevantes, por exemplo. Tal modelo deve buscar entender como o consumidor chegou até a empresa.

Modelo de Relatório: Modelo cuja estrutura está configurada. A seguir, um exemplo:

Instituição: Nome da organização.

Departamento: Produção

Categoria: Rotina

Data:

Relator: Nome do relator e cargo que ocupa.

Introdução: Relator caracteriza o problema e prepara o leitor para o raciocínio a ser desenvolvido no corpo do relatório. A introdução deve conter a finalidade do documento, seu escopo e a sequência de apresentação dos assuntos.

Corpo do Relatório: O corpo do relatório e construído por um conjunto de itens. Neles o relator deve apresentar o desenvolvimento de todo seu raciocínio, preparando o leitor para a conclusão.

Conclusão: A conclusão termina a investigação do problema ou fenômeno, apresentando uma solução ou explicação. Ela conduz o leitor a verificar se a diretriz, política, estratégia, procedimento, regulamento estão adequados à realidade atual ou se a solicitação foi fielmente atendida. A conclusão não é um resumo nem a repetição do abordado e contido no corpo do relatório.

Assinatura:

Modelo de Risco: Representação que ajuda a fornecer possíveis soluções para riscos.

Modelo de Simulação: Representação matemática e/ou estatística que permite substituir testes de campo, porque são realizados em laboratório que reproduzem as condições externas. O modelo de simulação permite substituir o teste de campo ou mesmo reduzir e até eliminar para um novo produto a ser lançado no mercado.

Modelo de Sistema: Ver sistema.

Modelo de Sistema Aberto: Modelo de sistema que está em constante interação com o ambiente.

Modelo de Sistema Cibernético de Gestão: Modelo de sistema que é baseado na automação, comunicação e controle.

Modelo de Sistema de Finanças: Modelo de sistema que envolve o fluxo de caixa (dinheiro) que percorre a organização. A seguir, um exemplo:

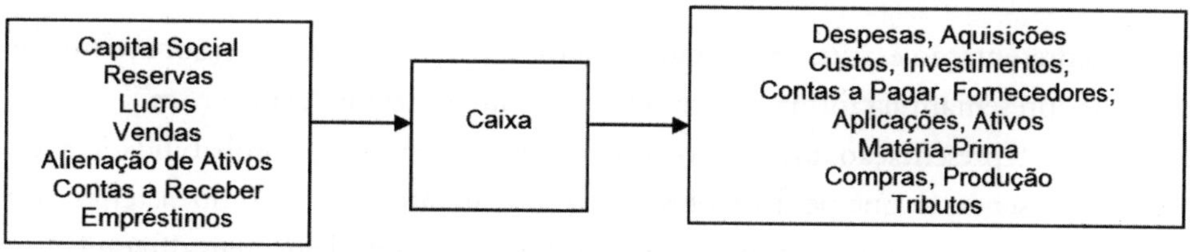

Modelo de Sistema de Informações de Marketing: Modelo que apoia o uso de computadores, para armazenar e processar dados de marketing, tendo as seguintes funções: Montagem (busca e coleta de dados); Processamento (edição, tabulação e resumo dos dados); Análise (verificação do valor dos dados); Armazenagem (indexação, arquivamento, recuperação e localização de dados); Avaliação (determina a relevância dos dados); Disseminação (encaminha informações úteis para os tomadores de decisão).

Modelo de Sistema de Informações de Projeto: Modelo projetado para gerar fluxos de informações para que o projeto cumpra a sua missão.

Modelo de Sistema de Informações de Vendas: Modelo que mostra início, meio e fim da transferência de propriedade de um bem ou serviço.

Modelo de Sistema de Produção: Modelo que cobre todas as atividades do planejamento ao controle de fabricação. A seguir, um exemplo:

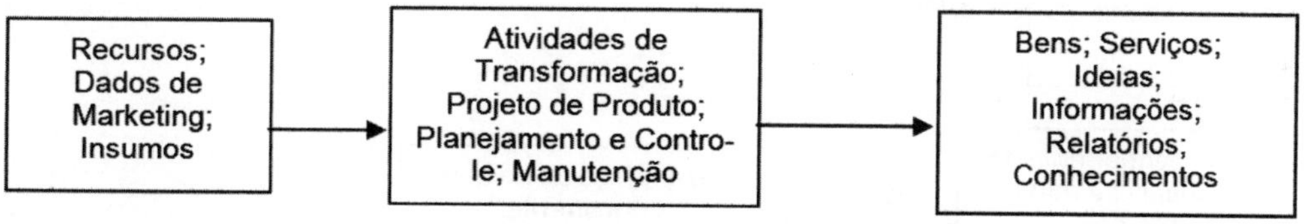

Modelo de Sugestão: Modelo que sugere ações baseadas em técnicas da Pesquisa Operacional.

Modelo de Tabela de Decisão: Modelo que mostra as várias possibilidades de resultado, em função das condições e dos critérios utilizados. A seguir, um exemplo:

Condições	**Alternativas**							
Idade > 21 Anos	S	S	S	S	N	N	N	N
Sexo (M ou F)	M	M	F	F	F	M	F	F
Peso > 80 Kg	S	N	S	N	S	N	S	N
Medicação A	*				*			*
Medicação B							*	
Medicação C			*			*		*
Não Medicação		*		*				

Modelo de Tomada de Decisão: Ver modelo do processo decisório; Ver decisão.

Modelo de Treinamento: Representação em que, de maneira sistemática, as pessoas são preparadas a ter conhecimentos, deveres, responsabilidades, atitudes e habilidades direcionadas ao preenchimento de cargos e funções.

Modelo de Varejo: Representação que abrange as atividades ligadas à venda ao consumidor final. Os modelos de varejo seguiram a seguinte evolução histórica: Bazar; Loja Comercial; Loja Especializada; Loja de Departamentos; Supermercado; Hipermercado; Superloja; Shopping Center; Loja de Conveniência; Loja de Desconto; Varejo de Fábrica; Varejo de Liquidação; Loja de 1,99; Varejo sem Loja, Loja Virtual (Internet) e Varejo com Visual de Depósito.

Modelo Descritivo: Representação escrita de um fato, objeto, acontecimento, situação, evento, coisa, lugar, resultado. Geralmente se apresentam na forma de um relatório com as devidas explicações.

Modelo Determinístico: Representação dos relacionamentos exatos, em que a probabilidade não tem influência.

Modelo Dinâmico: Representação que permite observar o movimento do estado do sistema (mudança, solução, decisão, estratégia, política, comportamento), através do tempo. Os modelos mais dinâmicos que conhecemos, devido à concorrência, são modelos de mercado.

Modelo do Ciclo de Vida do Produto: Ver ciclo de vida do produto.

Modelo do Ciclo Mercadológico do Produto: Ver ciclo mercadológico do produto.

Modelo do Fluxograma de Risco: Modelo que ajuda a tomar decisões relativas ao risco. A seguir, um exemplo:

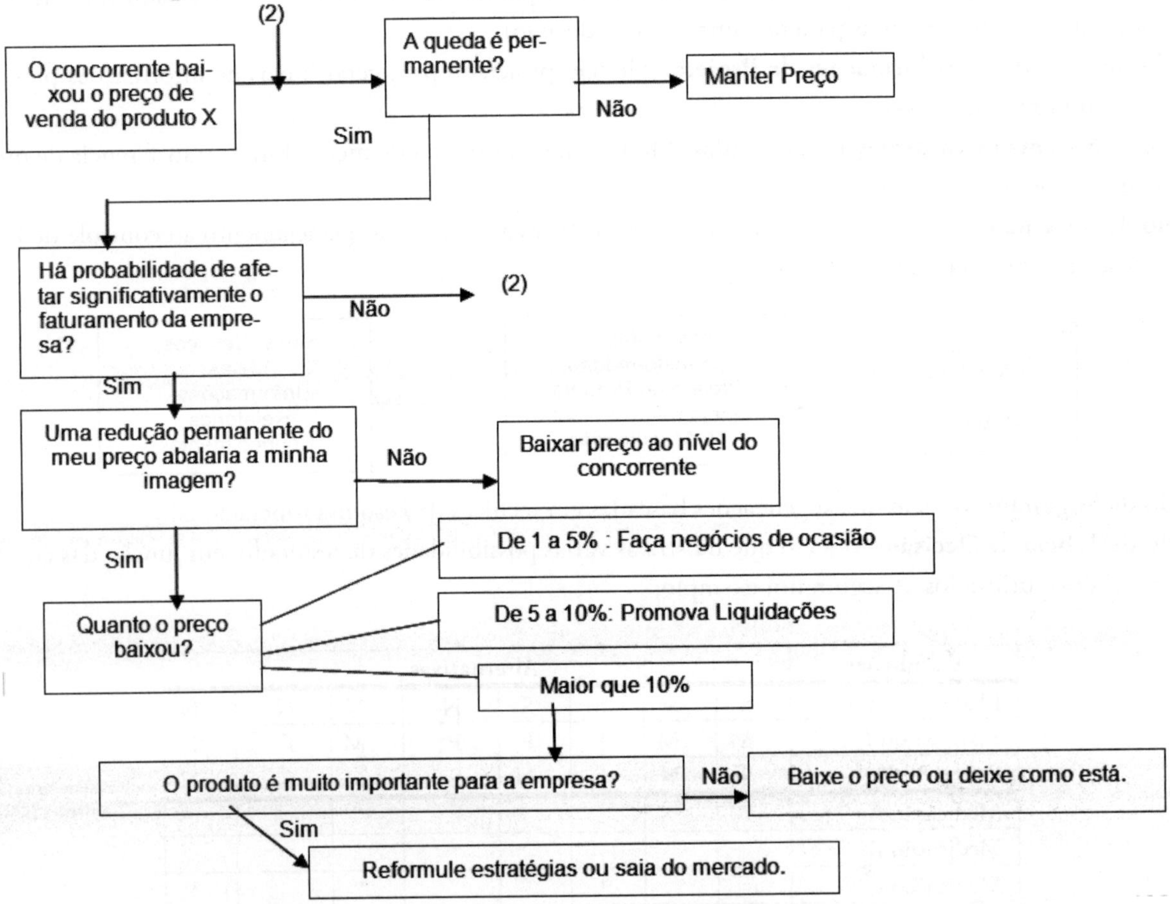

Modelo do Processo de Fabricação de Produto: Modelo que mostra o caminho que um produto precisa fazer antes de ser posto à disposição da força de vendas.

Modelo do Processo Decisório: Modelo que escolhe o caminho que irá identificar o problema e buscar uma solução para o mesmo. A seguir, um exemplo:

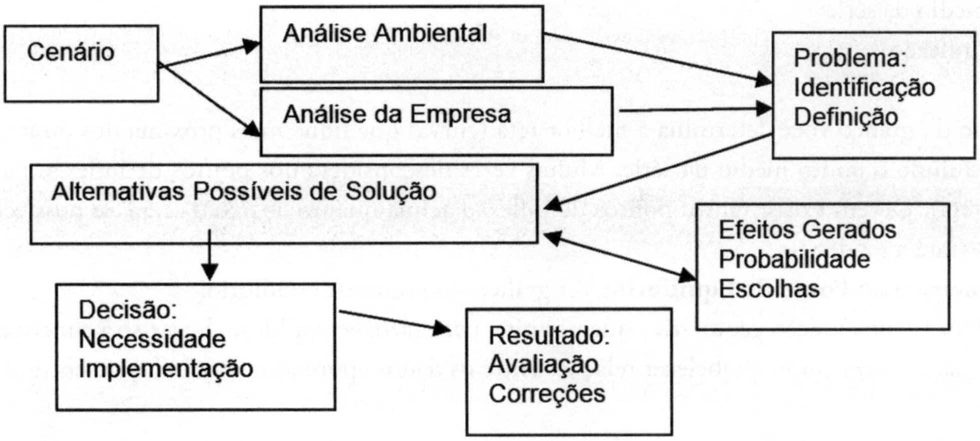

Modelo Econômico de Compra: Representação em que os economistas preferem ignorar as questões de como as necessidades humanas se formam ou se modificam. Declaram que o consumidor segue o princípio da utilidade máxima e agirá a fim de maximizar sua satisfação e minimizar seus gastos.

Modelo Essencial: Modelo composto pelos modelos ambiental e comportamental, onde o primeiro define a fronteira entre o sistema e o resto do mundo e o segundo descreve o comportamento do interior do sistema necessário para interagir com o ambiente, tendo sucesso.

Modelo Estático: Representação do último estado (resultado, solução, estrutura) de um sistema independentemente do tempo.

Modelo Físico: Representação de um protótipo ou de um produto piloto.

Modelo Geométrico de Previsão de Vendas: Modelo é baseado na série histórica. O gráfico (curva) é construído utilizando-se os valores da série estudada. A plotagem (colocação dos pontos no gráfico) poderá ser simples, aleatória, sazonal ou função de médias. Considere-se a seguinte série histórica de vendas num determinado ano: Jan = 340; Fev = 480; Mar = 350; Abr = 300; Mai = 320; Jun = 250; Jul = 200; Ago = 170; Set = 280; Out = 310; Nov = 380; Dez = 450.

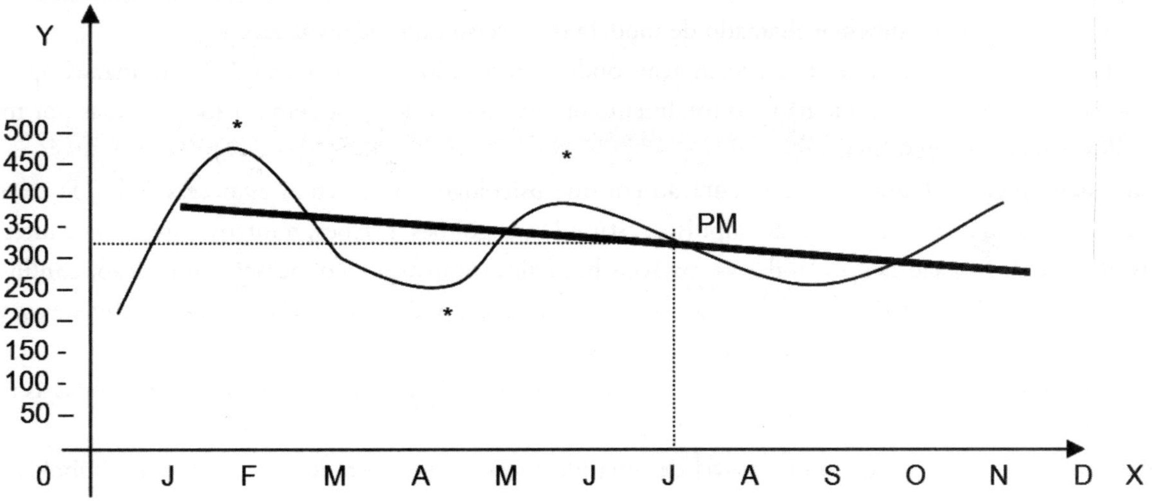

Simbologia:

Y = Eixo dos Y (indica o faturamento ou quantidade vendida)

X = Eixo dos X (indica o tempo em meses, por exemplo)

PM = Ponto médio da série
* = Ponto de inflexão

Após o término do gráfico você determina a melhor reta (curva) que fique mais próxima dos pontos colocados no gráfico, incluindo o ponto médio da série. Muitas vezes desconsideramos pontos de inflexão para encontrar o caminho (reta). Devem existir tantos pontos de inflexão acima quanto abaixo da reta, se possível. A inclinação da reta mostrará a tendência.

Modelo Geométrico do Ponto de Equilíbrio: Ver gráfico do ponto de equilíbrio.

Modelo Gráfico: Representação geométrica que permite, com razoável rapidez, chegar-se à conclusão sobre a evolução da situação, bem como estabelecer relações entre os dados apontados, suas relações entre si e com o todo; Ver gráfico.

Modelo Heurístico: Ver heurística.

Modelo Integrado de Gestão: Modelo que mostra a harmonização dos grupos de gestão de uma empresa.

Modelo Matemático: Representação simbólica da realidade através de variáveis numéricas e/ou quantitativas. O modelo matemático é uma construção lógica e simples do problema.

Modelo Neoliberal: Modelo considerado pelos economistas como o grande responsável pela situação econômica do país, isto é, contra as forças do mercado é inútil lutar.

Modelo Pedagógico: Representação que mostra um método prático de ensinar e educar. Um plano de aula pode ser um modelo pedagógico.

Modelo Preditivo: Representação de uma previsão do cenário, ambiente, comportamento ou vendas. Os modelos preditivos são baseados em leis e métodos de pesquisa e análise. Tais métodos são fundamentados na matemática e na pesquisa operacional.

Modelo Prescritivo: Representação para determinar, limitar, regular, ordenar aquilo que precisa ser feito. São exemplos: programas, políticas, planos, estratégias, regulamentos, procedimentos. Também são conhecidos como modelos normativos.

Modelo Probabilístico: Representação da ocorrência de um evento que pode acontecer de diversas maneiras diferentes, para diversos modos possíveis e igualmente prováveis, fundamentados em variáveis introduzidas explicitamente. Este modelo também é chamado de modelo de sucesso ou modelo aleatório.

Modelo Psicanalítico de Compra: Representação onde é declarado que as necessidades humanas operam em vários níveis de consciência que não são totalmente observados e que só podem ser identificadas por meios de métodos especiais de pesquisa.

Modelo Psicológico de Compra: Representação em que psicólogos interpretam as necessidades de compra do homem por meio da interpretação de impulsos, estímulos, sugestões, reações, reforços, interações e integrações.

Modelo Racional: Modelo em que todas as variáveis humanas (motivação, cooperação, interação, conflito, integração, personalidade), variáveis políticas (autoridade, liderança, poder) ou variáveis sociais (referências, valores) são tratadas como restrições ao alcance dos objetivos.

Modelo Racionalista: Representação que procura justificação analítica, racional e imparcial para todas as tomadas de decisão.

Modelo Simbólico: Representação observável de uma ideia (tangível ou intangível), através de símbolos que são sinais que têm uma relação gratuita com o que eles representam.

Modelo Simplificado de Produção: Modelo que apenas considera as entradas de recursos, o processamento e transformação dos recursos, os produtos resultantes e o controle de desvios.

Modelo Simplificado do Caixa: Ver modelo de sistema de finanças.

Modelo Sociológico de Compra: Representação onde o sociólogo postula que as necessidades e o comportamento do homem são fortemente moldados pelos grupos e forças sociais.

Modelo Sociotécnico de Tavistock: Modelo proposto por sociólogos e psicólogos do Instituto de Relações Humanas de Tavistock, com base em resultados de pesquisas por eles efetuadas em minas de carvão inglesas e empresas têxteis indianas, onde a organização é vista como dois subsistemas: Técnico e Social. Antes que uma empresa (organização) seja pensada como um conjunto de recursos e/ou uma estrutura formal que distribui funções ou procedimentos, atividades, sistemas e computadores, por exemplo, talvez deva ser pensada como organização social e humana.

Modem: Equipamento que realiza a tarefa de conversão do sinal digital em analógico (modulação), e vice-versa.

Modificação: Alteração de projeto que modifica material, forma, aparência ou desempenho de um produto (peça), tornando necessário um novo código e identificação.

Modificação do Sistema: Modificação feita que, normalmente, resulta em mudança no software e/ou no hardware do sistema. Pode também causar alterações nos manuais, nos procedimentos de operação e em vários outros componentes do sistema. Comprovada a necessidade da modificação, o próximo passo é verificar o nível de envolvimento, ou seja, a partir de que fase será efetuada a revisão do sistema.

Modo de Pensar: Processo que mostra a maneira que o ser humano dá solução a um problema. Este processo mostra a sua importância quando enveredamos por caminhos errados e perdemos muito tempo, chegando, às vezes, a solução, muito tardiamente.

Modularidade: Alternativa de organizar um projeto em módulos completos e separados, para permitir intercâmbio, transferência, mudança, agilidade; Característica que diz que todo sistema pode ser dividido em sistemas menores.

Monitor: Periférico do computador que dá apoio à interface visual do usuário.

Monitoramento: Ação de acompanhar.

Monitoramento de Crédito: Acompanhamento diário de contas a receber, verificando inadimplência.

Monitoramento Tecnológico: Acompanhamento do desenvolvimento tecnológico, isto é, a procura de um recurso que pode ou não estar materializado num produto. Para este monitoramento, o conhecimento especializado é da maior importância.

Monografia: Estudo sobre um tema específico ou particular, com suficiente valor representativo e que obedece a rigorosa metodologia. Investiga determinado assunto não só em profundidade, mas também em todos os seus ângulos e aspectos, dependendo dos fins a que se destina; Trabalho dissertativo que representa a conclusão de um curso de pós-graduação, acerca de um aspecto particular de uma ciência.

Monopólio: Situação que pressupõe a existência de um só produtor-vendedor frente a um grande número de compradores. Neste caso, o preço é determinado por parte de quem vende, levando-se em conta as características da curva de demanda e, portanto, da quantidade que a tal preço poderá ser vendida.

Montagem: Sistema empregado quando um ou mais objetos são acoplados em outro objeto, de modo que se ajustem ou fiquem em contato um com o outro como se fosse uma unidade.

Montante: Nome dado à soma do capital principal mais juros de um determinado período.

Moral: Atitude mental, um espírito de corpo, uma situação de bem-estar, um estado emocional. É, portanto, um conceito intangível. O moral da empresa é elevado quando as necessidades dos funcionários são razoavelmente atendidas, e vice-versa.

Mostruário: Conjunto de amostras de uma determinada coleção ou linha de produtos. A amostra deve ser representativa dos produtos a serem ofertados.

Motivação: Ato de estimular alguém a agir da maneira que se deseja ou fazer com que um indivíduo desenvolva uma atividade que lhe dê satisfação. O êxito do administrador depende de muitos fatores, mas o mais importante é, sem dúvida, o grande talento para motivar pessoas. A motivação inclui uma grande quantidade de propósitos possíveis e uma ramificação de motivos abstratos e concretos. A motivação estuda todas as técnicas de interação humana.

Motivação do Consumidor: Motivação que deve ser construída pelo vendedor, desde que este atenda às necessidades e desejos do consumidor.

Motivo: Fato gerador que define o problema da motivação.

Motivo para Trabalhar: Motivo derivado dos seguintes elementos: manter-se ativo, descarregar tensões emocionais, adquirir prestígio junto ao grupo, ganhar a vida, realizar-se, encobrir outras atividades, exibir-se, competir, colocar o grupo acima de si mesmo e, principalmente, ter prazer no que faz. As variações desses motivos dependem, em grande parte, da posição do indivíduo dentro da empresa, isto é, do seu nível hierárquico, do cargo que ocupa, do poder que possui e das atividades que desenvolve. Os motivos que levam as pessoas a não cooperarem são de natureza: orgânica, ambiental, psicológica e social.

Mouse: Periférico do computador responsável pelo deslocamento do cursor na tela. O mouse ainda possui outras finalidades.

Movimentação: Ação de mover.

Movimentação de Carga: Transferência de carga de um modal para outro.

Movimentação de Materiais: Movimentação que permite a forma, a maneira e os meios de utilização em fazer render, em sua plenitude, os materiais, isto é, sua otimização. A movimentação de materiais sempre estará associada à outra atividade, visto que não pode, por si só, assumir a condição de uma atividade discreta, isolada e independente.

Movimentação do Consumidor: Movimentação de levar o consumidor a procurar: preços mais baratos associados à qualidade do produto. O consumidor começou a entender que os custos da distribuição são repassados aos preços de venda dos produtos. O movimento do consumidor tem levantado assuntos que são de grande efeito sobre as atividades mercadológicas.

Movimento: Menor unidade dentro da divisão do trabalho a ser feito. Sua avaliação é feita em função do corpo humano, do posto de trabalho e do esforço.

Movimento Corporal: Ver linguagem corporal.

Movimento da Administração Científica: Corrente iniciada por Taylor, através da publicação *Princípios de Administração Científica*. Este movimento enfatiza as tarefas, a racionalidade do trabalho, a padronização e o estabelecimento de princípios.

Mudança: Transição ou passagem de uma situação (estado) para outra diferente. Mudam a tecnologia, a estrutura, a estratégia, o ambiente, as necessidades, as pessoas, os recursos. A mudança passa a ser sempre mais valorizada, a estabilidade passa a ser vista como suspeita, e se procura imaginar novos tipos de estabilidade que atendam às necessidades de mudança. A mudança pode ser realizada por técnicas de indução e liderança ou pelo carisma próprio do gerente.

Mudança Adaptativa: Mudança que ocorre de forma gradual, por meio de mudanças incrementais, função dos estímulos ambientais e desempenhos insatisfatórios. As adaptações sucessivas são, normalmente, alcançadas por tentativa e erro.

Mudança Ambiental: Mudança que a empresa faz para sobreviver e crescer, na medida em que se adapta às circunstâncias ambientais e, mais que isso, aproveita as oportunidades e amortece as coações e contingências que lhes são impostas pelo ambiente de tarefa. Seja reagindo ao ambiente, seja tentando influenciá-lo, a empresa passa a apresentar estruturas e estratégias distintas e bem delineadas, as quais constituem, na realidade, respostas organizacionais ao ambiente do qual faz parte.

Mudança Cultural: Ação que atinge valores e crenças, sendo benéfica no sentido que ajuda o grupo a aceitar as modificações, minimizando o tempo do impacto que outros tipos de mudança podem causar.

Mudança da Estrutura: Procedimentos que levam a mudança da estrutura organizacional de uma empresa, num momento em que ela busca superar dificuldades.

Mudança da População: O movimento populacional também ocorre em tempos normais, quando as pessoas migram de áreas rurais para áreas urbanas e, depois, para os subúrbios das grandes cidades. A localização das pessoas faz grande diferença em suas preferências por bens e serviços.

Mudança de Método: Mudança de como fazer determinado trabalho, isto é, mudar o meio (maneira) para alcançar determinado objetivo.

Mudança de Preço: Mudança que pode afetar consumidores, concorrentes, distribuidores e fornecedores, além de provocar também reações do governo.

Mudança Estratégica: Mudança que inclui normas, percepções, valores, sistemas, leituras de cenários, visões de mundo e distribuição de poder.

Mudança na Distribuição: Mudança que foi introduzida em muitas fases da comercialização, por exemplo, vários melhoramentos no manuseio físico.

Mudança na Organização: Mudança, em função de diversas razões, que ocorre pelas seguintes razões: operar com mais eficiência, conseguir um crescimento equilibrado, manter-se atualizado, ser mais flexível.

Mudança Pessoal: Mudança que acontece nas pessoas, em função do avanço científico e tecnológico, bem como das mudanças ambientais. As pessoas precisam mudar para se adaptar aos novos tempos.

Mudança Planejada: Mudança que exige um esforço comum, um espírito de investigação, uma interação entre os participantes, uma relação voluntária, na qual cada parte tem igual oportunidade para influir sobre a outra. Também destaca os motivos que operam mudanças na filosofia gerencial, tais como: maior conhecimento do homem e suas complexidades; necessidade de criar, descobrir e inventar; necessidade de adaptação ao meio e a sua recriação; crescente velocidade com que se processam as transformações; melhor conhecimento do conceito de poder e de seus mecanismos de utilização; melhor conhecimento do conceito de valor.

Mudança Política: Ação que minimiza a resistência à mudança, resultado de uma campanha de relações públicas, visando a criação de uma atitude favorável para com a nova proposta.

Mudança Proativa: Mudança que ocorre enquanto a força de mudança é fraca, antes de poder ser claramente identificada. A primeira grande forma de vencer dificuldades em mudanças proativas é chamar a atenção das pessoas e estabelecer a necessidade de mudança.

Mudança Rápida: Mudança inevitável, quando os administradores deixam a empresa chegar a uma situação ameaçadora. Infelizmente isso ocorre com muita frequência, até em fortes organizações. Quando a crise se instala, o tempo para a mudança é reduzido rapidamente.

Mudança Reativa: Mudança que é necessária, quando as forças de mudança começam a afetar o desempenho. Mas, não tão severamente a ponto de ameaçar a sobrevivência ou a possibilidade de explorar uma nova oportunidade. Em organizações muito fechadas, às vezes, é necessário um tratamento de choque para conseguir maior abertura.

Mudança Sistêmica: Mudança que surge de pressões externas, como quando o governo reordena a política industrial, por exemplo. Também pode surgir de pressões de sindicatos.

Mudança Tecnológica: Mudança que pode implicar na maneira de agir das pessoas e das empresas. Assim, não basta mais oferecer um bom produto, é preciso que ele apresente modificações tecnológicas. A História sugere que a tecnologia não pode ser detida mesmo que isso seja desejável. Atualmente, a tecnologia é de difícil controle. Uma mudança tecnológica pode afetar, negativamente, a empresa com operação em grande escala, se as instalações projetadas para obter economias de escala são também mais especializadas e menos flexíveis para serem adaptadas às novas tecnologias.

Mudar: Ação que provoca mudança. Mudar é arriscar, romper, transformar, interromper, sair da rotina, trabalhar mais, ter novos problemas, criar conflitos pessoais e organizacionais, adaptar, renovar, revitalizar.

Multiestrutura: Conjunto de unidades capitaneadas por uma empresa holding, que possui participações acionárias em diversas empresas e não exerce controle direto algum sobre a forma pela qual a subsidiária é estruturada. A multiestrutura, também chamada de conglomerado, surgiu na década de 1950. A abordagem multiestrutural da organização será cada vez mais utilizada no futuro, tendo em vista, principalmente, a turbulência ambiental e o avanço da tecnologia digital da informação.

Multimarca: Diversas marcas para uma mesma categoria de produto.

Multimodalidade: Distribuição física de uma carga, utilizando diversos modais.

Múltiplo Decimal: Conjunto de múltiplos e submúltiplos decimais. A seguir, exemplos:
10^{24} = yotta (Y); 10^{21} = zetta (Z); 10^{18} = exa (E); 10^{15} = peta(P); 10^{12} = tera (T); 10^{9} = giga (G);
10^{6} = mega (M); 10^{5} = hectoquilo (hK); 10^{4} = míria (ma); 10^{3} = quilo (K); 10^{2} = hecto (h);
10 = deca (da); 10^{-1} = deci (d); 10^{-2} = centi (c); 10^{-3} = mili (m); 10^{-4} =decimili(dm); 10^{-5} = centimili (cm)
10^{-6} = micro (µ); 10^{-7} = decimicro (dµ); 10^{-8} = centimicro (cµ); 10^{-9} = nano (n); 10^{-10} = angstron (A)
10^{-12} = pico (p); 10^{-15} = femto (f); 10^{-18} = atto (a); 10^{-21} = zetpto (z); 10^{-24} = yocto (y)

Multitarefa: Conjunto de tarefas executadas ao mesmo tempo. Esta atividade é própria de computadores.

Mundo dos Negócios: Ambiente competitivo, onde as empresas tentam prever os passos dos concorrentes e se antecipar às suas ações. O fato é que a maioria tende a enfatizar muito mais o paradigma da guerra do que o da cooperação. Hoje é preciso que o empreendedor decida se vai atuar no mercado virtual, real ou ambos. Também é necessário lembrar que, para concorrer no mercado, terá de verificar se há recursos disponíveis para ter uma capacidade instalada que permita negociar com lucro, mesmo que seja mínimo.

Mutabilidade: Ação relacionada às variáveis que afetam as atividades. Não há como afastar o problema da mutabilidade, porque cada vez mais os cenários serão mutáveis e cambiantes, levando a sociedade para o conflito. Infelizmente, não há como fugir.

N

Narração: Relato organizado de acontecimentos reais ou possíveis. A narração envolve: personagens, atos, enredos, épocas, lugares, acontecimentos. Na narração deve-se evitar que os acontecimentos se amontoem, sem nenhum significado. É forçoso selecionar aquilo que é relevante e significativo.

Natureza da Atividade: Ver atividade.

Natureza do Problema: Espécie de problema. A natureza do problema pode determinar o seu grau de complexidade.

Necessidade: Referência àquilo que é realmente de valor para um indivíduo e, principalmente, para a sua sobrevivência. Toda necessidade está relacionada com o estado de satisfação ou de insatisfação de outras necessidades. Uma vez satisfeitas as necessidades básicas, o homem passa a querer reconhecimento, respeito, independência, competência, realização, liberdade e modos, cada vez mais elevados, de ajustamento e adaptação à sociedade.

Necessidade de Afiliação: Necessidade que tem o ser humano de se juntar a outras pessoas para ganhar velocidade de resposta para objetivos comuns. Sinais: ingenuidade, curiosidade, agregação, sensibilidade, indecisão, lealdade. Comportamentos: gosta de trabalhar em grupo, é capaz de fazer e receber críticas construtivas, tem personalidade democrática, é muito boa a sua atuação em reuniões e dinâmicas de grupo, usa o seu esforço pessoal para unir o grupo.

Necessidade de Atuação: Necessidade que tem o ser humano de ser visto como necessário ao grupo. Sinais: profissionalismo, perseverança, oratória, habilidade, carisma. Comportamentos: é orientado para a tarefa, mantém conversas inteligentes e lógicas, gosta de opinar em situações de conflito, não usa seus conhecimentos como arma, tem grande necessidade de adquirir conhecimentos.

Necessidade de Estima: Necessidade voltada para o reconhecimento e respeito do grupo. Sinais: egoísmo, ostentação, exagero, otimismo. Comportamentos: defende obstinadamente as próprias opiniões, prefere lidar com pessoas influentes, tem forte desejo de vencer, é hábil na construção da sua imagem, raramente assume a culpa pelo fracasso.

Necessidade de Independência: Necessidade voltada para a autonomia do indivíduo diante de seu grupo. A independência só será completa quando o ser humano não depender financeiramente do outro ou do grupo. Sinais: argumentação, rispidez, radicalismo, inflexibilidade, controle, independência, liberdade. Comportamentos: resiste em aceitar as ideias alheias, demonstra autoconfiança, discute por minúcias, não gosta de supervisão, é sarcástico e teimoso.

Necessidade de Informação: Necessidade cujas principais variáveis são: processo, aplicação, função, objetivo, propósito, desafio, meta, especificação, técnica e método. Portanto, não se deve perguntar a um dirigente quais as informações que ele precisa, mas sim, solicitar deste, qual é o processo utilizado na tomada de decisão, na resolução de um problema ou na formulação de uma estratégia, por exemplo.

Necessidade de Poder: Necessidade que têm algumas pessoas de manipular outras, através do dinheiro, cargo ou status. Sinais: arrogância, prepotência, ostentação, liderança. Comportamentos: monopoliza a conversa, extremamente competitivo, tem pouco contato social, quer sempre controlar o grupo, mostra espírito beligerante, habilidade socrática para discutir.

Necessidade de Produção: Necessidade de materiais e insumos para suprir a produção programada. Sinais: estoque baixo para determinado produto, maior nível de previsão de vendas. Comportamentos: exclui tolerância para sucatas e refugos, coloca o controle acima das demais funções administrativas.

Necessidade de Realização: Necessidade que tem o ser humano de se realizar como pessoa, desenvolvendo seu potencial criativo. Esta necessidade, aparentemente, não tem fim. Sinais: investigação, desafio, pesquisa, estudo, aventura, empreendimento. Comportamentos: mostra preferência pela novidade, faz avaliações diretas, francas e honestas, é altamente criativo em qualquer projeto, tem grande habilidade para: ler, falar e ouvir, corre risco calculado, mostra tendência a ensinar e compartilhar conhecimento, tem sólida base filosófica.

Necessidade de Segurança: Necessidade voltada para o abrigo e a proteção. Sinais: cautela, prudência, neutralidade, solidão, pessimismo, quietude. Comportamentos: não se envolve em disputas e em projetos de metas elevadas, reprime atitudes ousadas para se proteger, acredita na rotina e em situações estruturadas, não mostra impulso para a liderança.

Necessidade de Treinamento: Ver treinamento.

Necessidade Fisiológica: Necessidade voltada para a sobrevivência. Sinais: carência, dependência. Comportamentos: atuação constante sobre o ambiente em que vive, luta pelo dia a dia com mais qualidade.

Necessidade Humana: Força consciente ou inconsciente que leva uma pessoa a um determinado comportamento. Esta força (motivo) pode ser fisiológica, psicológica ou social. Abraham Maslow tentou explicar porque as pessoas são dirigidas por certas necessidades em ocasiões específicas. Ele considera que as necessidades humanas são hierarquizadas, partindo das mais urgentes às mais sofisticadas. As necessidades são classificadas em: fisiológicas, de segurança, sociais, de estima e de autorrealização.

Necessidade Psicológica: Necessidade que se refere a: segurança íntima, autoconfiança e afeição.

Necessidade Social: Necessidade voltada para o afeto que o indivíduo precisa ter do grupo ao qual pertence. Sinais: cordialidade, concordância, cooperação, indecisão, integração. Comportamentos: faz os demais se sentirem à vontade, não toma decisão impopular, trabalha em equipe de maneira amigável e dedicada, aborrece-se com detalhes, age por ouvir dizer.

Negentropia: Entropia negativa.

Negociação: Interação verbal e gestual, em que as partes propõem, contrapõem e argumentam sobre algum objeto de acordo, nas situações em que existem interesses comuns, complementares e opostos, isto é, conflitos, divergências, antagonismos, ideias e posições; Processo em que as partes envolvidas se deslocam de suas posições originais, inicialmente divergentes, para um ponto no qual a convergência possa ser realizada. As pessoas discutem negócios diariamente e chegam a acordos sem negociar. Discussão, comunicação, reunião e entrevista não representam o mesmo que negociação; Tipo de interação humana em que as partes buscam resolver diferenças através da obtenção de um acordo, troca, partilha, barganha, doação.

Negociador: Pessoa hábil em negociar.

Negociador Experiente: Pessoa que deve saber ouvir e não tomar a iniciativa de formular propostas e também deixar que elas sejam construídas ao longo da negociação. De um negociador experiente espera-se que não cometa erros banais, a fim de evitar obstáculos que não possam ser trabalhados.

Negociar: Função administrativa em que as partes envolvidas efetuam acordos dos mais diversos tipos.

Negociar em Equipe: Maneira de negociar que está se tornando uma necessidade imprescindível, sobretudo para os casos mais complexos, em que é impossível a uma única pessoa dominar todos os aspectos relevantes ao caso. Isto porque o montante de conhecimentos e informações técnicas, jurídicas, econômicas e financeiras necessárias é extremamente significativo. Para negociar bem em equipe é indispensável uma boa preparação e uma definição precisa de papéis, procedimentos, atitudes e canais de comunicação. Negociar em equipe tem uma série de vantagens, mas a maior é o efeito sinergético.

Negócio: Atividade econômica rentável. Um negócio pode ser conduzido por uma ou mais pessoas, proprietários ou não, bem como ser operacionalizado de maneiras diversas. Um negócio se apresenta como o único caminho possível para vencer o desemprego ou se esquivar de baixos salários. Para alguns, é o projeto de toda uma vida.

Negócio de Família: Ver empresa familiar.

Negócio de Franquia: Ver franquia.

Negócio de Oportunidade: Ver oportunidade.

Negócio do Projeto: Ver negócio.

Negócio Especial: Negócio que leva em consideração a época do consumo e a personalidade do consumidor.

Neoliberalismo: Ver liberalismo.

Nicho de Mercado: Nome dado a uma grande fatia de um mercado menor, como pode ser uma oportunidade não vista no mercado, que descoberta pode dar bons frutos (lucros) aos seus descobridores. Para se descobrir um nicho de mercado o empreendedor deve ter: perspicácia na manipulação de tecnologia, habilidade em fixar preços, conhecimento de segmentação do mercado, disposição para resolver problemas, capital para descobrir novos problemas, capacidade inovadora, criatividade que ajude a vender.

Nível: Medida da capacidade de produção relativa a um padrão desejado.

Nível Aceitável de Qualidade: Nível predeterminado de produtos defeituosos que uma empresa permite que sejam vendidos.

Nível de Desconto de Duplicatas: Nível dado pela fórmula: Nível de Desconto de Duplicatas = Duplicatas Descontadas no Período / Receitas com Vendas

Exemplo: Duplicatas Descontadas no Período = $ 6.000,00; Receita com Vendas = $ 12.000,00; Nível de Desconto de Duplicatas = 6.000 / 12.000 = 0,5 = 50%

Análise: Um nível elevado de descontos de duplicatas indica, normalmente, que a administração financeira da empresa se defronta com problemas de capital de giro.

Nível de Diretoria: Lugar da empresa responsável por definir os rumos gerais dos negócios da organização, a política geral, o índice de retorno desejado dos investimentos, as áreas (mercados) onde irá atuar.

Nível de Estoque: Quantidade que garanta o fluxo de vendas de forma contínua, sem interrupções e que minimize os custos de manutenção desse estoque.

Nível de Expectação: Nível esperado de desempenho e desenvolvimento de uma pessoa.

Nível de Expectativa: Ver expectativa.

Nível de Gerência: Lugar da empresa responsável por detectar alterações de mercado. As mais comuns responsabilidades da gerência estão voltadas a dimensionar custos, otimizar recursos, acompanhar resultados, propor mudanças e correções.

Nível de Inovação: Fator muito importante no desenvolvimento de novos produtos, isto é, introduzir alguma coisa que tenha um grau ótimo de diferenciação.

Nível de Percepção: Ver percepção.

Nível de Preço: Preço adequado para uma empresa buscar um equilíbrio do seu preço de venda com a média do mercado.

Nível de Previsão: Nível ótimo, cujo custo de execução de um método de previsão compensa exatamente o custo de operação, decorrente de se trabalhar com uma previsão inferior ou inadequada.

Nível de Produção: Nível dado pela fórmula:

Nível de Produção = Produção da Empresa / Produção Nacional

Exemplo: Produção da Empresa = 5.000 t; Produção Nacional = 500.000 t; Nível de Produção = 5.000 / 500.000 = 0,002 = 0,2%

Análise: O nível de produção identifica qual a fatia de mercado a empresa possui de um determinado produto, no contexto nacional. Tal contexto pode ser considerado internacional, tendo em vista o mercado globalizado.

Nível de Qualidade: Nível que a empresa deve estar atenta ao mercado que vai atuar (público-alvo) para saber se o produto deve ter um nível de qualidade que seja compatível com a renda do consumidor.

Nível de Serviço: Nível que representa a melhor combinação de custo total mínimo com o máximo de lucro.

Nível de Supervisão: Lugar da empresa responsável em acompanhar os funcionários que trabalham nas operações da empresa, alocar recursos e dar suporte ao nível gerencial, controlando a qualidade dos produtos e a qualidade da mão de obra.

Nível de Trabalho: Nível que caracteriza determinado trabalho. Assim, por exemplo, uma organização está dividida nos seguintes níveis de trabalho: Nível 01: Objetivos e Estratégias; Nível 02: Decisões, Políticas e Táticas; Nível 03: Funções e Atribuições; Nível 04: Atividades; Nível 05: Operações; Nível 06: Tarefas; Nível 07: Movimentos. Não se deve confundir níveis de trabalho com níveis hierárquicos, que dizem respeito à estrutura da organização. Um nível hierárquico pode abrigar mais de um nível de trabalho.

Nível de Tributação: Nível dado pela fórmula:

Nível de Tributação = Tributos Pagos / Total do Faturamento

Onde: Tributos Pagos = Soma dos tributos que incidem nos produtos (bens e serviços) vendidos num determinado período

Exemplo: Tributos Pagos = \$ 500,00; Total do Faturamento = \$ 3.000,00; Nível de Tributação = 500,00 / 3.000,00 = 0,166 ≈ 17%

Análise: O nível de tributação elevado inviabiliza qualquer negócio, levando a empresa a trabalhar na informalidade.

Nível do Funcionário: Lugar na estrutura organizacional da empresa onde o funcionário trabalha.

Nível Econômico: Nível de renda em que os consumidores são classificados, isto é, baixa, média ou alta renda.

Nível Esperado de Atividade: Expectativa que uma empresa tem para o próximo período.

Nível Estratégico: Ver nível de diretoria.

Nível Hierárquico: Posição na estrutura da empresa, pois qualquer que for o sistema há sempre uma hierarquia entre os subsistemas e um deles comandará os demais. Tal comando se distribui entre os diversos níveis de: autoridade, poder e conhecimento. Esta hierarquia divide a organização nos níveis de autoridade chamados: institucional (estratégico), intermediário (gerencial) e operacional (técnico).

Nível Mental: Nível representado pela atitude que uma pessoa tem em relação a um problema.

Nível Normal de Atividade: Nível que representa a média das atividades.

Nível Prático de Atividade: Nível que é atingido quando a empresa se torna eficiente.

Nível Teórico de Atividade: Nível que é atingido quando a empresa se torna efetiva.

Noção: Ver ideia.

Nome de Marca: Ver marca.

Nome do Produto: Nome que deve ajudar a percepção e memorização do produto. O nome, geralmente, está associado a sua finalidade.

Nomenclatura: Ver terminologia.

Norma: Conjunto de comandos diretos e cursos de ação que devem ser seguidos fielmente. A norma também é conhecida por regra que envolve um procedimento. A norma especifica aquilo que uma pessoa deve e/ou pode fazer.

Norma de Controle do Tempo: Norma que ajuda administrar o tempo.

Norma de Convívio Social: Norma que mostra limites de comportamento, isto é, ensina que na vida certos comportamentos serão tolerados, condenados ou punidos.

Norma de Supervisão: Norma que define o que quer e o que esperar do subordinado.

Normalização: Conjunto de regras para abordar uma atividade específica: Ver padronização.

Normalização Textual: Normalização que conduz à simplicidade da comunicação escrita, porque especifica, uniformiza e reduz o tempo de entendimento, na medida em que diminui a variabilidade e o desvio. Se não houvesse normas para se escrever, seria um caos maior do que já existe, tendo em vista as diversas línguas e dialetos.

Normativo: Sistema baseado em crenças, convicções e ideologias, independentemente de comprovação.

Nota: Documento que dá detalhes de uma atividade.

Nota de Recebimento: Documento que registra detalhes do recebimento de produtos em consignação, quando estes chegam à fábrica.

Nota de Rejeição: Documento emitido por inspetor, quando rejeita materiais fora de suas especificações de qualidade.

Nota de Remessa: Documento emitido por um fornecedor avisando o envio de determinado material.

Nota Fiscal: Comprovante de aquisição de um determinado bem ou serviço.

Nota Fiscal Eletrônica: Nota fiscal que para ter validade jurídica é preciso que tenha uma certificação digital, conseguido pelos sites da Fazenda Estadual e/ou Federal.

Nota Promissória: Ver promissória.

Notação Binária: Sistema no qual são usados somente dois dígitos (zero e um).

Notação Decimal: Sistema decimal que utiliza dez dígitos (0, 1, 2, 3, 4, 5, 6, 7, 8, 9).

Notebook: Microcomputador lançado em 1981, pela Osborne Computers. Na realidade é um laptop com mais capacidade de memória e velocidade de processamento. Diminuindo ainda de tamanho encontram-se os handbook, palmtop e outros, cujas dimensões os tornam passíveis de ser utilizados sobre a palma da mão. São muito potentes para o tamanho com que são construídos.

Nova Economia: Economia interligada em uma rede, criando um espaço universal novo para o compartilhamento de produtos, mercados e consumidores. A explosão da conectividade levou a uma onda de fusões e aquisições de empresas, resultando menores custos, melhores resultados e mais desemprego.

Nova ideia: Ver inovação.

Nova Marca: Ver marca.

Nova Tecnologia: Tecnologia que proporciona valor superior na satisfação de necessidades, além de estimular investimentos. Novas tecnologias exigem um tipo especial de planejamento estratégico.

Novo Produto: Classificação que engloba produtos originais, modificações importantes em produtos existentes, similares dos produtos concorrentes e aquisição de linha de produtos. Todos envolvem a incorporação de algo novo. Um novo produto envolve uma série de complexas operações, muitas horas de trabalho e uma grande aplicação de dinheiro, além de representar uma decisão estratégica da maior relevância.

Novo Vendedor: Vendedor recém-contratado.

Núcleo de Negócio: Parte da organização que tem administração própria, para eliminar a burocracia e agilizar a tomada de decisão.

Número de Empregados: Quantidade de funcionários sob uma mesma chefia.

Número de Interfaces: Ver interfaces do sistema.

Número de Vendedores por Turnover: Número dado pela fórmula: $N = (V / P)(1 + T)$

Onde: N = Número de vendedores; V = Volume de vendas previsto; P = Média de vendas por vendedor; T = Taxa de turnover de vendedores

Exemplo: Volume de Vendas Previsto = $ 1.000,00; Produtividade Média / Vendedor = $ 100,00; Taxa de Turnover = 40%. Então: N = (1.000 ÷ 100) (1 + 0,40) = 10 × 1,40 = 14

Análise: A taxa de turnover determinará a quantidade de vendedores para atender as metas de venda da empresa. Se a taxa de turnover de vendedores for elevada, será necessário reunir a equipe para saber se o problema está no: produto, preço, mercado, empresa, distribuidor, consumidor e/ou vendedores.

Número de Vendedores por Visita: Número dado pela fórmula: N = (T × V) / P

Onde: N = Número de vendedores; T = Total de clientes; V = Número de visitas ao cliente por ano; p = Número de visitas por ano por vendedor

Exemplo: Número de clientes = 1.000; Número de visitas anuais por cliente = 6; Número de visitas/ano por vendedor = 200. Então: N = (1.000 × 6) / 200 = 30

Análise: A empresa deve manter uma média de 30 vendedores, durante o ano, para atingir seus objetivos de venda, levando em consideração o número de visitas traçado pela estratégia de relacionamento com o cliente (CRM). Não esquecer que um novo vendedor não trará, de antemão, mais vendas.

O

Objeção: Ação que mostra uma incongruência entre o produto desejável e o oferecido. Ninguém gosta que lhe contradigam diretamente e, por isso, uma negativa direta da objeção é tipicamente evitada. As objeções proporcionam uma oportunidade para o vendedor mostrar-se capaz diante do comprador.

Objetividade: Característica muito rara, sendo considerada a capacidade que têm certas pessoas de não se perderem em meandros e ir ao âmago da questão, de maneira rápida, concisa e precisa.

Objetivo: Situação, resultado que se pretende atingir. Ele determina a direção e o sentido para onde se deve concentrar esforços e recursos de toda a sorte. Os objetivos indicam a missão precípua da organização, isto é, aquilo para a qual foi criada e, na verdade, até sua existência. Também servem como padrões, através dos quais os membros de uma organização podem avaliá-la.

Objetivo Administrativo: Objetivo que dá vida e poder para que a organização funcione, além de justificar sua existência e sua autoridade, diante da sociedade, pelos resultados positivos que alcança.

Objetivo da Administração de Salários: Objetivo que visa, por exemplo, remunerar cada empregado de acordo com o valor do cargo que ocupa, remunerar a pessoa pelo seu desempenho, dedicação e conhecimento.

Objetivo da Análise: Objetivo que visa apontar: falhas estruturais, métodos, técnicas e procedimentos mal definidos, desperdícios, controles insuficientes, carga de trabalho mal distribuída, inadequabilidade de meios e recursos, rotinas ineficientes, estratégias mal formuladas, falta de conhecimento adequado.

Objetivo da Empresa: Ver objetivo.

Objetivo da Avaliação: Objetivo que visa comparar resultados obtidos com padrões desejados.

Objetivo da Comunicação: Objetivo cuja finalidade é fazer com que as partes tenham a mesma linguagem, com entendimento.

Objetivo da Decisão: Objetivo que busca a mais inteligente decisão possível.

Objetivo da Direção: Objetivo de executar aquilo que foi planejado.

Objetivo da Estratégia: Objetivo que visa adequar recursos, estruturar a organização e agir para alcançar resultados positivos e permanentes, no longo prazo.

Objetivo da Franquia: Objetivo voltado a otimizar a distribuição de produtos.

Objetivo da Hipótese: Objetivo que estabelece critérios para avaliar a qualidade da solução da situação (problema). Ver hipótese.

Objetivo da Inovação: Objetivo que apresenta algo novo para o mercado.

Objetivo da Logística: Otimizar os recursos dos canais de distribuição, reduzindo custos sempre que possível.

Objetivo da Pesquisa: Objetivo que visa descobrir respostas para perguntas, por meio do emprego de questionários e formulários.

Objetivo da Produtividade: Objetivo que visa otimizar o uso do recurso.

Objetivo das Relações Humanas: Objetivo que visa à motivação e o interesse pelo trabalho, para que o mesmo seja o melhor possível.

Objetivo de Crescimento: Objetivo que se caracteriza pela superação das dificuldades internas e externas pode ser difícil e oneroso para a organização na medida em que envolve investimentos e mudanças estruturais.

Objetivo de Curto Prazo: Objetivo para ser atingido no máximo em um ano.

Objetivo de Finanças: Objetivo voltado para a liquidez da organização e retorno do investimento.

Objetivo de Longo Prazo: Objetivo para ser atingido no mínimo em um ano.

Objetivo de Marketing: Objetivo voltado para criar e manter consumidores.

Objetivo de Produção: Objetivo do setor produtivo da organização, tendo como preocupação o atendimento da carteira de pedidos.

Objetivo de Vendas: Buscar o máximo de faturamento, fidelizando a clientela.

Objetivo Departamental: Objetivo que ajuda a mostrar o melhor aproveitamento dos recursos existentes, também apontando quais recursos precisam ser adquiridos.

Objetivo Derivado: Objetivo, como o nome diz, estabelecido em função de um outro, geralmente, superior. Assim, objetivos de marketing implicam objetivos de vendas.

Objetivo do Arranjo Físico: Objetivo que visa atender ao fluxo ou rotina do trabalho, de modo que haja uma circulação normal, permitindo caminhos curtos e seguros, facilitando a movimentação dos recursos físicos e materiais.

Objetivo do Controle: Objetivo que visa identificar e localizar problemas, falhas, erros, desvios, distúrbios, desperdícios, promovendo ao mesmo tempo a uniformidade e a correção, ao registrarem-se as operações.

Objetivo do Desempenho: Objetivo que serve para: medir a eficiência atual do trabalho, identificar o potencial para seu aperfeiçoamento, indicar o que se necessita para obter maior desenvolvimento.

Objetivo do Desenvolvimento Organizacional: Objetivo que visa aplicar o conhecimento da ciência do comportamento à moldagem dos processos de formação de grupos e das relações intergrupais, a fim de assegurar a eficácia organizacional.

Objetivo do Formulário: Objetivo que estabelece quais os dados e informações devem ser registrados e processados na tarefa (atividade) considerada.

Objetivo do Gráfico: Objetivo que visa apresentar dados numéricos em forma visualmente simples, legível e interessante.

Objetivo do Modelo: Objetivo que visa representar uma situação numa linguagem simbólica.

Objetivo do Negócio: Objetivo orientado a mostrar a empresa como uma organização, que cria e entrega bens, serviços e ideias e que deve satisfazer a clientela, para poder sobreviver no mercado.

Objetivo do Planejamento: Objetivo que visa ajudar a definir objetivos realizáveis, com prazos factíveis, por meio do conhecimento dos pontos fortes e fracos da organização.

Objetivo do Projeto: Objetivo para atender as solicitações de consumidores e usuários.

Objetivo do Sistema de Informação: Objetivo que visa fornecer informações adequadas e oportunas a fim de que cada um possa desempenhar suas funções.

Objetivo do Treinamento: Objetivo que prepara mão de obra para determinada atividade.

Objetivo Econômico: Objetivo voltado para crescimento, rentabilidade, produtividade, desenvolvimento de produto, custo, aplicação de tecnologia, atendimento do mercado.

Objetivo Empresarial: Objetivo que satisfaz às necessidades da sociedade.

Objetivo Estratégico: Objetivo global e amplo da organização (nível institucional) com expectativa de longo prazo.

Objetivo Funcional: Objetivo intermediário que atende as áreas funcionais da organização.

Objetivo Múltiplo: Objetivo que atende a várias empresas de um conglomerado ou, ainda, aquele de uma empresa, mas que vale para os seus diversos departamentos, isto é, se aplica em grupos diferentes, que têm propósitos comuns.

Objetivo Oficial: Objetivo documentado e aceito pelos membros da organização.

Objetivo Operacional: Objetivo específico e imediato, relacionado às tarefas e operações, com expectativa de curto prazo.

Objetivo Organizacional: Objetivo que assegura a sobrevivência da organização.

Objetivo Pessoal: Objetivo que retrata as expectativas e necessidades dos que trabalham na organização.

Objetivo Principal do Projeto: Ver diretriz.

Objetivo Proclamado: Objetivo que se diz nominalmente o que atingir, quando na realidade a intenção é outra. Prática muito comum entre governantes.

Objetivo Proposto: Objetivo que ainda depende de decisão para ser proclamado.

Objetivo Real: Objetivo que concretamente se pretende chegar ou realizar.

Objetivo Social: Objetivo voltado para a qualidade de vida das pessoas da organização, amparo à comunidade onde a organização habita e qualidade do serviço prestado à sociedade.

Objetivo Tático: Objetivo relacionado às funções operacionais com expectativa de médio prazo.

Objeto: Elemento que se apresenta sob a forma de matéria ou abstração para estudo, análise, avaliação, por exemplo. O objeto do contrato, por exemplo, é o fato gerador das cláusulas contratuais.

Objeto de Estudo: Tudo aquilo que um indivíduo pode ter, sob seu conhecimento específico. A seguir, para um entendimento mais apurado sobre o que seja objeto de estudo.

Assunto	Objeto de Estudo	Assunto	Objeto de Estudo
Administração	Organização da Empresa	Contrato de Locação	Imóvel
Racionalização	Desperdício	Tempo	Uso e Utilização
Análise	Viabilidade	Planejamento	Tangibilidade
Gestão	Recursos	Trabalho	Rendimento
Posto de Trabalho	Tempos e Movimentos	Delegação	Comando

Obrigação: Encargo, dever, compromisso para com fornecedores, empregados, governos e sociedades.

Obrigação Fiscal: Obrigação compulsória do governo que leva muitos investidores a desistir de montar um negócio. São tantas taxas, contribuições e impostos que levam a empresa a dedicar grande parte de seus recursos para dar conta de tanta burocracia.

Observação: Procedimento de natureza sensorial, como produto do processo em que se empenha o pesquisador no mundo dos fenômenos empíricos. A observação, uma das atividades mais comuns do dia a dia, não deve ser confundida com a observação como método. A observação deve ser sempre uma atividade humana para um aprendizado ativo, com uma postura dirigida para um determinado fato.

Observação da Atividade: Observação que é feita, por meio das chamadas folhas de observação. A seguir, dois exemplos:

Folha de Observações Diretas:

Nome:
Departamento:
Seção:
Data:

Hora	Tempo de Atividade (min)	Tempo de Inatividade (min)	Motivos da Inatividade
08:00 – 09:00	40	20	Telefone
09:00 – 10:00	55	5	Interrupção
10:00 – 11:00	30	30	Banheiro
11:00 – 12:00	45	15	Diversos
12:00 – 13:00	0	60	Almoço
13:00 – 14:00	40	20	Instruções
14:00 – 15:00	60	0	
15:00 – 16:00	50	10	Telefone
16:00 – 17:00	45	15	Ajuda
17:00 – 18:00	55	5	Interrupção
Total	420	180	
%	70%	30%	

Problema: Determinar o número de observações para que o trabalho seja confiável. A fórmula abaixo expressa o número de observações: $n = 4 (1 - p) / (p \times e^2)$

Onde: n = número de observações; p = percentual de atividade; e = erro = 100% - NC; NC = nível de confiança.

Geralmente tomam-se os seguintes valores: p = 70% a 80%; NC = 85% a 95%

Exemplo: Se p = 70% e NC = 90%, o número de observações será: $n = 4 (1 - 0,7) / 0,7 \times (0,10)^2 = (4 \times 0,3) / (0,7 \times 0,01) = 1,2 / 0,0007 = 171$ (aproximadamente)

Análise: Terão de ser feitas 170 observações, aproximadamente, para as condições acima. Dez observações é muito pouco.

Folha de Observações Instantâneas:

n	Hora	Atividade	Inatividade	Motivo
01	08:29	X		
02	09:10	X		
03	10:30		X	
04	11:12		X	
05	12:25		X	
06	13:14	X		
07	14:35	X		
08	15:17		X	
09	16:45	X		
10	17:18	X		
	Total	6	4	
	%	60%	40%	

Análise: O quadro acima mostra um nível de atividade baixo (60%), embora o número de observações seja muito pequeno. Assim, quanto mais observações forem feitas mais se chegará ao valor real. Mas também é possível utilizar a fórmula do número de observações, mostrada anteriormente.

Obsolescência: Ação decorrente do aparecimento de novas tecnologias, métodos e processos mais econômicos, reduzindo o valor do produto.

Obsolescência Adiada: Obsolescência que retrata uma situação em que há novas disponibilidades tecnológicas, mas que não são introduzidas enquanto a demanda não declinar e os estoques não se esgotarem.

Obsolescência de Estilo: Obsolescência que ocorre quando a aparência física de um produto é modificada para fazer com que os existentes pareçam desatualizados.

Obsolescência do Produto: Ver obsolescência.

Obsolescência Física: Obsolescência que ocorre quando os produtos apresentam desgaste, em função da fadiga do material.

Obsolescência Programada: Obsolescência planejada; Obsolescência que ocorre quando os produtos são feitos para durar apenas um tempo limitado, como é o caso de baterias de automóvel.

Obsolescência Técnica: Obsolescência que resulta quando se fabrica num determinado processo já ultrapassado por questão de custo.

Obsoleto: Coisa que não tem mais uso ou está fora de moda.

Obstáculo: Dificuldade ou impedimento para a realização de um procedimento, solução ou tomada de decisão.

Obstáculo à Análise: Obstáculo que impede que a análise seja concluída, tais como: grau de profundidade do estudo, tempo de duração, custo da atividade, canais de comunicação confusos, sistema operacional deficiente, recursos e ferramentas inadequadas, metodologia empregada complicada, má distribuição do trabalho, pressa excessiva, muitas alternativas de escolha, informações e dados irrelevantes, metas utópicas, documentação insuficiente, falta de objetividade e liderança, cronogramas apertados.

Obstáculo à Comunicação: Obstáculo caracterizado por restrições e limitações que ocorrem dentro ou entre as etapas do processo de comunicação, fazendo com que nem todo sinal emitido pela fonte percorra o processo de modo a chegar ao destinatário.

OCDE: Organização para o Comércio e o Desenvolvimento Econômico.

Oferta: Quantidade de determinado produto que é colocada à venda, num período de tempo. É fundamental distinguir entre a quantidade de um produto que se oferece a certo preço e as condições gerais de mercado.

Oferta de Dinheiro: Soma de depósitos em instituições financeiras mais a posse de dinheiro pelo público.

Oferta Pública: Títulos de dívida colocados à venda ao público em geral.

Oficina: Pequena empresa que presta serviços de manutenção ou fabrica, em pequenas quantidades, lotes de produtos para clientes específicos.

Ofício: Comunicação entre órgãos internos de uma mesma entidade governamental ou desta para outra que não pertença à mesma organização.

OIT: Organização Internacional do Trabalho.

Oligopólio: Estrutura de mercado com pequeno número de fornecedores que dominam o mercado. O oligopólio acontece quando a competição tem por base, não a variação dos preços, mas a propaganda, qualidade do produto e diferenciação quantitativa para descontos.

Oligopsônio: Situação que acontece quando poucos compradores se defrontam com muitos vendedores.

OMC: Organização Mundial do Comércio.

ONG: Organização Não Governamental.

Opção: Contrato que dá o direito de comprar ou vender um ativo a um preço específico e, geralmente, em condições especiais.

Open Market: Mercado aberto; Mercado de compra e venda de títulos públicos.

Operação: Tarefa específica visando um objetivo imediato no curto prazo; Parte indivisível da execução de uma tarefa, podendo ser executada manualmente ou não.

Operação Automatizada: Ver automação.

Operação Combinada: Operação na qual dois ou mais fluxos de materiais se combinam em um só fluxo.

Operação de Divisão: Operação na qual o fluxo de materiais é dividido em diversos fluxos menores.

Operação de Fluxo: Ver fluxo de produção.

Operação de Montagem: Operação relacionada com a reunião de um ou mais componentes para formar um novo conjunto.

Operação Manual: Ver manufatura.

Operador: Aquele que executa o programa.

Operador de Telemarketing: Vendedor que usa o telefone para identificar, qualificar e vender para novos clientes que ainda não compraram na empresa.

Operador Logístico: Empresa cuja missão é armazenar e transportar toda variedade de carga para destinos contratados.

Opinião: Afirmação de qualquer coisa apoiada em razões pessoais. É um modo de ver que não se baseia, muitas vezes, na fundamentação certa. É subjetiva e nem sempre merecedora de crédito. Caracteriza-se por uma convicção provisória, sujeita a erro. As opiniões nada mais são do que hipóteses não comprovadas e, como tais, são inúteis, a não ser que sejam testadas no mundo real. As pessoas começam com uma opinião e depois buscam fatos que se encaixam com a conclusão a que elas já chegaram.

Opinião do Consumidor: Opinião cada vez mais levada a sério, pois o consumidor participa com dados para as estratégias empresariais.

Oportunidade: Acontecimento que favorece a ação organizacional. A oportunidade é uma espécie de força incontrolável que pode ajudar na consecução dos objetivos. A oportunidade é vista como algo que consolida condições que darão à empresa uma vantagem concreta. Como a oportunidade é um acontecimento que favorece a ação estratégica, o problema está em identificar aquilo que seja uma oportunidade, bem o que seja uma ameaça.

Oportunidade de Inovação: Oportunidade de criar algo realmente novo. Uma oportunidade de inovação, por exemplo, requer grandes esforços e recursos em planejamento e desenvolvimento, apresentando grande risco para a empresa.

Oportunidade de Negócio: Oportunidade vista pelo empreendedor. Geralmente, a oportunidade está disfarçada no próprio conhecimento (percepção, visão, intuição) do empresário.

Oratória: Retórica; Base de toda a formação cultural humana. Seu ensino era ministrado em quatro fases distintas: leituras públicas; sermões de improviso; críticas dos poetas; sessões de debates. Uma pessoa, para ser um bom orador, precisará ter ênfase, entonação, pronúncia, ritmo, dicção, tom, timbre, intensidade, articulação, pose, fluência, movimentação, confiança, recursos.

Orçamento: Plano que especifica as receitas e os gastos, antecipadamente, em um dado período. Também pode ser considerado como um documento que discrimina a origem e a aplicação dos recursos que serão utilizados para um determinado fim, ou ainda, como um mecanismo de controle, à medida que o plano estabelece medidas para a consecução dos objetivos a serem atingidos por cada um dos responsáveis. O orçamento tratará basicamente do custo de implementação do plano, da alocação dos recursos financeiros, da receita (origens e fontes) e da justificativa dos gastos (aplicações).

Orçamento Alternativo: Orçamento que está em função de cenários alternativos, para atender diferentes condições de operação.

Orçamento com Base Zero: Orçamento cujo princípio é não levar em conta o orçamento anterior.**Orçamento Contínuo:** Orçamento móvel dos últimos doze meses, independente do ano do exercício em curso.

Orçamento de Caixa: Orçamento que delineia todas as origens e as aplicações de caixa (receitas e despesas). Ele fornece a previsão das cobranças e dos desembolsos de dinheiro e, por conseguinte, a avaliação de cada necessidade futura.

Orçamento de Capital: Orçamento voltado às decisões sobre investimentos. Considera as utilizações de fundos em ativos imobilizados. Uma vez que o ciclo financeiro de tais ativos se completa a médio e a longo prazos, através de mecanismos de amortização. O valor correspondente investido é considerado como imobilizado.

Orçamento de Compras: Orçamento resultante da soma dos orçamentos da compra de recursos, produtos acabados, produtos semiacabados ou peças de reposição.

Orçamento de Compra de Materiais Diretos: Orçamento que delineia o consumo esperado de materiais para a produção.

Orçamento de Despesas Administrativas: Orçamento de despesas que garante não só a operação da organização, como também de sua sobrevivência. Estas despesas são, frequentemente, do tipo constante, com exceção das gratificações e comissões, em função da produtividade e do lucro, por exemplo.

Orçamento de Despesas de Distribuição: Orçamento relativo às despesas de transporte, armazenagem, entrega e cobrança. São todas as despesas dos canais de distribuição.

Orçamento de Despesas de Operação: Orçamento relativo às despesas de manutenção da estrutura organizacional em funcionamento, tais como: mão de obra direta, material, supervisão, funcionários, aluguel, aquecimento, força e luz, refrigeração, combustível, viagens, representação, material de escritório, suprimentos de fábrica.

Orçamento de Despesas de Pesquisa: Orçamento para despesas planejadas com pesquisa e desenvolvimento de produtos, processos, técnicas e métodos.

Orçamento de Estoque: Orçamento que determina o nível de estoque de produtos acabados em unidades físicas e monetárias. Este orçamento precisa equilibrar os objetivos: estabilização da produção e minimização do nível de estoque.

Orçamento de Investimento: Ver orçamento de capital.

Orçamento de Lucros e Perdas: Orçamento relativo ao resultado final do exercício.

Orçamento de Mão de Obra: Orçamento que mostra o total de horas de mão de obra necessário e o custo associado, para a quantidade de unidades no orçamento de produção.

Orçamento de Marketing: Orçamento resultante da soma dos orçamentos relativos à função organizacional marketing. É um orçamento que apresenta as despesas administrativas de marketing.

Orçamento de Produção: Orçamento que mostra quantas unidades serão produzidas para satisfazer as necessidades de vendas e de estoque final.

Orçamento de Promoção: Orçamento que estabelece como dispor: dos recursos, da percentagem sobre o faturamento, da paridade com os competidores, do objetivo da promoção e da tarefa a ser desenvolvida. Tal orçamento pode ser desenvolvido a partir do pessoal de campo e de seu custo.

Orçamento de Vendas: Orçamento que descreve as vendas esperadas em unidades físicas e monetárias para o período vindouro, isto é, uma estimativa conservadora do volume esperado de vendas, sendo usado, principalmente, para tomada de decisões de compra, produção, fluxo de capital e investimento. O orçamento de vendas é determinado por uma consideração conjunta da previsão de vendas e da necessidade de se evitar investimento excessivo no caso de a previsão não se realizar. Esta última consideração, geralmente, leva a se estabelecer um orçamento de vendas ligeiramente menor do que a previsão da empresa. Este orçamento constitui o ponto de partida de todo o sistema orçamentário. A seguir, um exemplo:

Itens Orçados / Trimestres	1º Trim.	2º Trim	3º Trim,	4º Trim.	Ano Seguinte
1 – Unidades	2.000	6.000	6.000	2.000	16.000
2 – Preço de venda por unidade	0,70	0,70	0,80	0,80	0,75
3 – Total de vendas (1 x 2)	1.400	4.200	4.800	1.600	12.000

Orçamento do Custo Indireto de Fabricação: Orçamento que revela as despesas planejadas para todos os itens indiretos de manufatura.

Orçamento Estático: Ver orçamento fixo.

Orçamento Financeiro: Orçamento mestre que inclui o orçamento de caixa, o balanço patrimonial orçado, a demonstração do fluxo de caixa e o orçamento de capital.

Orçamento Fixo: Orçamento para um nível específico de atividade. Em geral, aquele considerado mais possível de realização.

Orçamento Flexível: Orçamento que pode especificar custos para uma amplitude de atividade. Os orçamentos flexíveis são baseados em uma ampla avaliação dos custos, para diversos volumes de produção, e isto, exatamente, para permitir um rápido e correto controle das despesas efetivas, tendo em conta o nível de produção alcançado. Em seu aspecto mais simples, os orçamentos flexíveis nada mais são do que um meio de interpolação entre dois orçamentos alternativos.

Orçamento Incremental: Prática de tomar o orçamento do ano anterior e ajustá-lo para cima, ou para baixo, para determinar o orçamento do ano seguinte. Quando se estabelece um orçamento incremental, os dados do ano anterior são tomados como base e, então, ajustados de acordo com mudanças esperadas nos preços, custos e níveis de atividade. Uma crítica frequente a essa abordagem é que ela não incentiva o pensamento renovador e pode perpetuar ineficiências existentes.

Orçamento Integrado: Ver modelo de orçamento integrado.

Orçamento Mestre: Coleção de todos os orçamentos de áreas e atividades que representa um plano de ação abrangente da empresa.

Orçamento Operacional: Orçamento associado com as atividades produtoras de renda de uma organização.

Orçamento Participativo: Orçamento que permite aos gestores, responsáveis pelo desempenho do orçamento, participar no seu desenvolvimento.

Orçamento Patrimonial: Orçamento mais conhecido como Balanço Patrimonial, objetiva o conhecimento do resultado do exercício. Comparando os investimentos com os lucros previstos, é possível determinar o retorno do capital, bem como sua remuneração.

Orçamento Prévio: Documento que estabelece os materiais, serviços, preços, condições de pagamento e prazos de entrega. A seguir, um exemplo:

<table>
<tr><td colspan="3">Empresa ABC</td></tr>
<tr><td colspan="3">Orçamento Prévio de Serviço</td></tr>
<tr><td>Nº:</td><td>Data:</td><td>Vias:</td></tr>
<tr><td colspan="3">Solicitante:</td></tr>
</table>

Nome/Razão Social:		
Endereço:		
Bairro:	Cidade:	Estado:
Telefones e e-mails:		
CPF/CNPJ:		
Atendente:		
Materiais	Descrição	Preço
Total:		
Forma de Pagamento:		
Garantia:		
Prazo Previsto para Entrega:		
Observações:		

Ordem: Instrução verbal ou escrita para um subordinado, pedindo que seja executado determinado trabalho. É entendida como um mandado, por parte do superior, exigindo do subordinado comportamento, em função de circunstâncias; Ação que inicia, modifica ou faz cessar uma atividade. Assim, é importante que o gestor compreenda seu significado, utilidade e limitação.

Ordem de Compra: Documento emitido por um comprador para um fornecedor, autorizando a compra de determinado item, especificando quantidade e preço a pagar.

Ordem de Fabricação: Ordem para fazer determinado produto.

Ordem de Mercado: Ordem para comprar um ativo ao preço de mercado.

Ordem de Serviço: Atendimento complementar ao orçamento prévio. A seguir, um exemplo:

Empresa ABC		
Ordem de Serviço		
Nº	Data de Abertura do Serviço:	N º de Vias:
Nº do Orçamento Prévio:		
Cliente:		

Data de Início:	Data de Término:
Período de Teste:	
Resultado:	
Material/ Serviço	**Preço**
Material	500,00
Mão de Obra	400,00
Despesas de Transporte	100,00
Despesas Extras	50,00
Total	1.050,00
Executor:	
Data de Entrega:	
Assinatura do Cliente:	

Organismo: Sistema cujo propósito não é claramente definido, a não ser sobreviver; Organização que reúne entidades com o mesmo propósito.

Organismo de Garantia da Qualidade: Entidade que dá garantia de qualidade de fabricação, distribuição, armazenagem, consumo, uso e emprego. Os mais conhecidos organismos da qualidade são: Internacional System Organization (ISO); Associação Brasileira de Normas Técnicas (ABNT); American Standards Association (ASA); Instituto Nacional de Metrologia (IMETRO); Instituto Oswaldo Cruz; Vigilância Sanitária; Instituto Vital Brasil.

Organismo de Padronização: Organismo voltado a criar padrões de qualidade.

Organização: Conjunto intencional, interativo e cooperativo de: recursos, funções, políticas, procedimentos, atividades, tarefas e responsabilidades, regidos por pessoas para alcançar objetivos predeterminados e congruentes com a missão para a qual a organização foi criada. O mundo de hoje é uma sociedade composta de organizações. As pessoas nascem, crescem, vivem, trabalham, recebem tratamento de saúde, estudam, se divertem e são enterradas em organizações, que exercem um papel, cada vez maior, na vida moderna. A organização procura dispor de recursos de tal forma que o conjunto, assim empregado, seja capaz de realizar uma atividade econômica ou um trabalho, com um mínimo de risco, esforço, custo e tempo. Uma empresa é uma organização de finalidade econômica. Utiliza e elabora recursos para facilitar o seu desenvolvimento e o seu rendimento, assegurando-lhe as melhores condições operacionais; Ver função administrativa organizar.

Organização Adhocrática: Ver adhocracia; Organização que é o inverso da burocrática.

Organização Burocrática: Ver burocracia. A organização burocratizada leva o indivíduo a se concentrar no imediatismo, fato profundamente lamentável.

Organização Coercitiva: Organização que funciona à base de prêmios e punições.

Organização Comercial: Organização que é o ponto de interseção entre o mercado, o fornecedor e o comprador; Ver comércio.

Organização como Sistema: Organização que busca criar um sistema cooperativo e coordenado de trabalho, em função dos objetivos gerais. As relações entre sistemas e organizações estão eternamente em conflito.

Organização Complexa: Nome dado à grande organização. Embora toda organização seja complexa, quanto maior mais complexidade para lidar.

Organização de Aprendizagem: Organização que incentiva e encoraja a aprendizagem, por meio do trabalho em equipe e forte interação social.

Organização de Dados: Ação, após a consolidação ou apuração, que se faz necessária para um melhor entendimento dos dados.

Organização de Manutenção: Organização dedicada à socialização das pessoas, como igrejas e escolas. Estas organizações derivaram da organização familiar.

Organização Democrática: Organização em que a fonte do poder é resultado da vontade da maioria. Mesmo assim, as pessoas obedecem aos estatutos e regulamentos. Este modelo de organização tem seu foco na distribuição do poder.

Organização Diversificada: Organização que é uma grande corporação, com muitas unidades de negócios. Tal organização pode apresentar certa tendência ao feudalismo, quando as unidades de negócio têm autonomia para agir.

Organização do Trabalho: Ação voltada a fazer com que o trabalho seja mais leve, criativo e prazeroso.

Organização Econômica: Organização que se dedica à criação de riqueza. Pode ser dividida em primária (agricultura), secundária (manufatura) e terciária (serviço). Elas estão voltadas a atender às necessidades dos seres humanos, bem como manter a ordem coletiva.

Organização em Linha: Organização linear; Organização em que as decisões são tomadas sem aconselhamento de pessoal de staff.

Organização Empresarial: Organização que produz bens, serviços e ideias, só existindo por concessão da sociedade, tendo como objetivo principal sua sobrevivência, para remunerar o capital investido, bem como seus proprietários, dirigentes e funcionários.

Organização Fabril: Organização voltada a produzir bens de consumo.

Organização Formal: Organização baseada nos seguintes elementos: obediência à estrutura, às regras, às políticas e aos padrões estabelecidos. Nestas organizações: as atividades são definidas por escrito (rotina e procedimento); cada participante tem um cargo, ou posição, definido com esfera específica de competência; cada funcionário é submetido a ordens impessoais que guiam suas ações de modo a assegurar sua obediência; o funcionário deve desempenhar com impessoalidade seu relacionamento com outros colegas de trabalho; a seleção e a escolha dos participantes são baseadas na competência técnica; a qualificação profissional dos candidatos é política organizacional.

Organização Familiar: Organização que é o tipo mais simples de organização, fortemente centralizada na figura do executivo principal ou de um empreendedor que fundou e a dirige. A equipe de especialistas funcionais é mínima, assim como a hierarquia. A organização desse tipo tem pouca atividade de planejamento ou treinamento.

Organização Funcional: Organização criada para atender determinada função, que quando atingida é extinta.

Organização Global: Organização que faz parte da cadeia produtiva de forma mundial.

Organização Hierárquica: Organização baseada numa estrutura de níveis de poder.

Organização Horizontal: Organização na qual a estrutura é baseada em diferentes processos de produção.

Organização Hospitalar: Organização de conhecimento complexo, cujos elementos são: médicos, enfermeiros, nutricionistas, terapeutas, técnicos e imagem, engenheiros, farmacologistas, psicólogos, assistentes sociais, paramédicos, patologistas, auxiliares e outros profissionais que precisam trabalhar com o mesmo paciente, com um mínimo de comando consciente e supervisão de alguém.

Organização Individual: Qualidade de uma pessoa objetiva. A chave para ser organizado não está nas anotações, mas na autodisciplina.

Organização Informal: Organização que se constitui a partir das relações de amizade e do surgimento de grupos informais que não aparecem no organograma ou em qualquer outro documento. Ela se forma das interações e relacionamentos sociais entre as pessoas que não têm liberdade para se expressarem na organização formal.

Organização Inovadora: Organização cujo departamento mais importante é o de Pesquisa & Desenvolvimento. Diferentemente da organização profissional, que busca a aplicação padronizada do conhecimento. A organização inovadora busca encontrar novidades para criar novos nichos de mercado.

Organização Máquina: Organização que tem caráter repetitivo, que favorece a uniformidade dos procedimentos, políticas e padronizações. Na organização máquina, a parte mais importante é a tecnoestrutura, que compreende os especialistas e dirigentes de áreas como planejamento, finanças, treinamento, pesquisa operacional ou produção. Esta organização é altamente centralizada, embora menos que a organização familiar, porque o poder está dividido. Tal tipo de organização enfatiza a estrutura e a hierarquia, procurando deixar bem claro quais são as responsabilidades e quem tem autoridade sobre quem. Seu ponto fraco é a desumanização do trabalho.

Organização Matricial: Ver estrutura matricial.

Organização Militar: Organização que recebe recursos financeiros, conseguidos por impostos, e recursos humanos por meio de recrutamento de voluntários. As organizações são regidas por regulamentos internos e prestam contas ao governo de seus gastos. Sua missão principal é manter a ordem interna do país e sua soberania.

Organização Missionária: Organização que é orientada por um sistema de crenças e valores. Respeito às tradições é o ingrediente que reforça tal tipo de organização e até motiva as pessoas a cooperarem entre si.

Organização Normativa: Ver normativo.

Organização Profissional: Organização que se baseia na gestão do conhecimento e sua principal parte é a operação. Assim, num hospital são os médicos e os enfermeiros, como na escola são os professores. Na indústria são os operadores de máquinas e equipamentos, além dos profissionais que tocam a organização. Nesta organização o conhecimento técnico dá o poder aos seus dirigentes.

Organização Racional do Trabalho: Movimento do final do Século XIX, para substituir métodos empíricos e rudimentares pelos métodos científicos em todos os ofícios. A organização racional do trabalho estuda basicamente: simplificação, divisão, programação e posto de trabalho.

Organização Sem Fins Lucrativos: Organização cuja missão principal é ajudar as pessoas socialmente. Não produzem bens, mas produzem serviços e ideias para mudar o comportamento do ser humano. Antigamente eram consideradas organizações humanitárias. Hoje, todas estão no chamado Terceiro Setor, isto é, organizações não governamentais (Ongs). Também estão nesse time: clubes, igrejas, partidos políticos, hospitais públicos, fundações, associações patronais, sindicatos.

Organização Social: Organização baseada em pessoas. As empresas constituem organizações sociais inventadas pelo homem para se adaptarem às circunstâncias ambientais, a fim de alcançarem determinados objetivos. Se essa adaptação é conseguida e os objetivos alcançados, então a empresa terá condições de sobrevivência e de crescimento.

Organização Societária: Ver sociedade.

Organização Utilitária: Organização de caráter econômico, utilizando a remuneração como principal guia de motivação para o trabalho.

Organização Varejista: Ver varejo.

Organização Vertical: Organização cuja estrutura é baseada nos produtos que fabrica.

Organização Virtual: Organização que atua no espaço virtual.

Organizar: Função administrativa que emprega eficientemente todos os recursos disponíveis, a fim de alcançar determinados objetivos. No sentido mais simples, organizar é preparar uma empresa (organização) para funcionar.

Organograma: Desenho organizacional que retrata a configuração estrutural da organização e o seu funcionamento. É um modelo representativo da divisão do trabalho desenvolvido pela organização. O organograma oferece uma visão verticalizada das atividades.

Orgulho: Sentimento exagerado de dignidade pessoal.

Orientação do Trabalho: Orientação e sentido que o dirigente dá ao trabalho, podendo não ser a do verdadeiro administrador e sim de um executor.

Originalidade: Qualidade de quem é original. A originalidade revela a maneira peculiar de dizer e exprimir ideias. Ser original é ser sincero, é ser objetivo, é manifestar o que pensa, fugir aos clichês, às expressões planas e banais. Para ser original exige-se que se fuja ao que é comum, àquilo que todos diriam, à mesmice. A originalidade está muito mais para a forma do que para o conteúdo.

Ortografia: Maneira de representar a palavra por meio da escrita. É apoiada em um conjunto de regras que estabelecem a grafia correta das palavras.

Otimismo: Característica daquele que costuma tomar decisões baseadas mais em otimismo lúdico do que pensando racionalmente a possibilidade de ganhos e perdas. Superestima os benefícios, subestima os custos e monta cenários de sucesso, deixando de lado o potencial de erros. Como resultado, tais pessoas adotam iniciativas que dificilmente cumprirão, como também investimentos que nunca darão retorno. Os otimistas tendem a viver num mundo de ilusões. Eles, frequentemente, atribuem seus sucessos à própria habilidade e os fracassos à falta de sorte. Os prudentes, de temperamento angustiado, costumam começar seus projetos, imaginando que tudo vá dar errado. Por isso, trabalham, diligentemente, sobre todos os detalhes e acabam se saindo bem.

Otimista: Pessoa que vê tudo com otimismo.

Otimização: Ação relacionada à utilização dos recursos disponíveis da melhor maneira possível. Mas, muitos autores confundem o conceito de otimização com eficiência e até com eficácia.

Otimização da Produção: Otimização mais adequada da utilização de matéria-prima e insumo. No cálculo da quantidade ótima a produzir, observar que alguns produtos, em função do processo de fabricação, custam mais caros que outros. Logo, numa matriz de produção, as equações são estabelecidas para lucro máximo ou custo mínimo.

Otimização de Recursos: Ver otimização.

Otimização do Lucro: Ação para se obter lucro máximo. A maximização dos lucros envolve simultaneamente o aumento das receitas e a diminuição dos custos. Assim, logicamente, qualquer decisão empresarial capaz de baixar os custos sem baixar as receitas ou aumentar as receitas sem aumentar os custos produzirá um aumento dos lucros. O valor máximo do lucro ocorre, quando a receita marginal se iguala ao custo marginal da última unidade produzida. A seguir, são colocados dois exemplos de estudo de otimização do lucro em um modelo matemático, onde são escolhidos fatores vinculantes, como: produção/hora e matéria-prima.

Exemplo para o fator Volume de Produção:

Nº	Itens	Produto A	Produto B
1	Preço de venda	70,00	56,00
2	Custo variável unitário	52,00	42,00
3	Margem de contribuição (1 - 2)	18,00	14,00
4	Custo fixo unitário	10,00	7,00
5	Lucro unitário (3 - 4)	8,00	7,00
6	Valor da produção/hora	20,00	30,00

7	Lucro/hora (5 x 6)	160,00	210,00
8	Contribuição marginal/hora (3 x 6)	360,00	420,00

Análise: Embora o produto A tenha uma margem de contribuição maior, a contribuição do produto B, em função da produção/hora, é maior. Logo, o produto B deverá ter prioridade em produção e venda.

Exemplo para o fator Matéria-Prima:

Produtos	Pv	Cvu	MC	MP (kg)	Contribuição da MP	%
A	4,00	2,00	2,00	1,00	2,00	18
B	5,00	3,00	2,00	0,60	3,33	30
C	8,00	5,00	3,00	1,00	3,00	27
D	6,00	2,00	4,00	3,00	1,33	12
E	10,00	5,00	5,00	4,00	1,25	13
					10,91	100

Onde:

Pv = Preço de venda

Cvu = Custo variável unitário

MC = Margem de contribuição = Pv - Cvu

MP = Matéria-prima

Contribuição da MP = MC / MP (kg)

Análise: Embora o produto E tenha a maior margem de contribuição, a contribuição do produto B, em função da matéria-prima, é maior. Logo, a prioridade em produzir e vender é do produto B.

Otimização do Serviço: Otimização realizada por atendentes muito bem treinados, cuja comunicação deve fluir com facilidade, porque é necessário não só criar, mas, também, manter os consumidores. Os vendedores precisam dominar as informações sobre os produtos que vendem. Além de controlar e avaliar, a empresa deve recompensar os bons funcionários.

Otimizar: Usar os recursos da melhor maneira possível, em função das contingências do momento, do ambiente e do mercado. Um produto pode apresentar uma boa margem de lucro, mas um estudo mais acurado de otimização pode mostrar que não é viável economicamente produzi-lo em grande quantidade, em detrimento dos demais produtos. A falta de uma visão estratégica leva o dirigente, inevitavelmente, a incapacidade de otimizar recursos.

Ousadia: Característica do empreendedor que ousa fazer aquilo que para a maioria é impensável.

Ouvir: Ver habilidade de ouvir. Um bom comunicador pressupõe um bom ouvinte e ouvir não é algo passivo, mas sim uma ação consciente para captar o que diz o outro. Bom ouvinte é todo aquele capaz de prestar atenção naquilo que uma outra pessoa diz. Ouvir o ambiente também é muito importante.

P

Pacote: Programa desenvolvido para determinada aplicação que possibilita grande economia de tempo, desde que seja aplicável ao problema que o usuário pretende resolver. As vantagens da utilização de pacotes consistem no custo de aquisição, normalmente, mais baixo do que o custo de desenvolvimento, no prazo menor de implantação e na segurança de usar alguma coisa já testada.

Padrão: Unidade de medida (ou modelo) adotada e aceita comumente como critério para avaliação de desempenho. Os padrões representam o desempenho desejado e estão sempre relacionados com o resultado que se deseja alcançar.

Padrão Atingível: Padrão cujo critério de desempenho reconhece ineficiências operacionais, que, provavelmente, resultarão de fatores como: tempo subutilizado, dano, desperdício e perda de materiais.

Padrão de Atendimento: Padrão que é, substancialmente, autoaplicado, autocontrolado e automonitorado.

Padrão de Atuação: Padrão que serve para identificar as coisas certas, aquelas que, possivelmente, darão resultado significativo, isto é, que tenham eficiência e eficácia.

Padrão de Comportamento: Padrão que acontece fruto da motivação que move cada ser humano. Somos produto do meio, sensíveis e reativos às recompensas e punições, mas somos também fortemente impulsionados por motores internos, chamados de automotivação. Agimos como se as crenças expressas fossem importantes, mas as ações falam mais alto que as palavras.

Padrão de Compra: Ver modelo de compra.

Padrão de Consumo: Nível de consumo de cada país. O padrão americano de consumo, por exemplo, além de ser absurdo é um problema que precisa ser resolvido, pois se todos os países atingissem o mesmo nível de consumo, seria preciso três planetas como o nosso, para dar conta de tanto desperdício.

Padrão de Crédito: Conjunto de requisitos mínimos para alguém ter crédito

Padrão de Custo: Padrão estabelecido em laboratório; Valores monetários aos custos de operação, tais como: mão de obra por unidade produzida, matéria-prima por unidade produzida, estocagem, máquina/hora, processamento do pedido, requisição de material, custo fixo, custo variável, custo de produção.

Padrão de Desempenho: Ver desempenho.

Padrão de Desempenho da Empresa: Padrão baseado em: indicadores, índices, registros, táticas, métodos, processos, técnicas, metodologias, planos, programas, projetos, modelos, políticas, procedimentos, estratégias, decisões, soluções.

Padrão de Desempenho da Pessoa: Padrão baseado em: nível intelectual, habilidades de toda sorte, nível cultural, força de trabalho, empenho, dedicação, lealdade, nível de qualidade do trabalho executado, comportamento diante do grupo, ambição, conhecimento.

Padrão de Estrutura: Padrão que, geralmente, segue a estratégia a ser adotada pela empresa. Uma boa estrutura dependerá de tempo, unidade de comando e uma imensa capacidade para organizar recursos. Administradores precisam aprender que a estrutura desenhada precisa ser congruente ao desempenho humano, porque este é o seu desafio e a sua prova.

Padrão de Qualidade: Referencial baseado em metas de qualidade, a fim de atender ao uso que lhe é destinado. O padrão de qualidade é estabelecido, normalmente, com base nos resultados obtidos pela pesquisa de mercado, com relação às especificações do projeto, bem como: forma, material, durabilidade, custo e demais características do produto.

Padrão de Quantidade: Quantidade de entrada permitida por unidade de saída.

Padrão de Tempo: Padrão que atribui valores para: tempo gasto na execução de uma tarefa, fabricação de um produto, prestação de um serviço, estocagem, atendimento, permanência do empregado no cargo, processamento do pedido, reposição de material.

Padrão de Valor: Valor que uma empresa espera pagar por uma unidade de recurso.

Padrão Histórico: Padrão para elaborar, desenvolver, implementar e alavancar um novo projeto numa empresa. Precisa ser capaz de avaliar a situação atual e seu passado, assim como um médico necessita conhecer as condições de seu paciente antes de prescrever-lhe o tratamento. Saber o que aconteceu no passado dará ao dirigente da empresa condições de projetar o futuro. Mas, se a empresa não possui registros históricos devidamente arquivados e facilmente acessíveis, é pouco provável que o gestor da organização faça milagres.

Padrão Ideal: Padrão que reflete eficiência máxima da organização.

Padrão Kaizen: Padrão provisório que reflete a melhoria planejada para um período vindouro.

Padronização: Aplicação de padrões com a finalidade de uma uniformização e redução de custo. Ela conduz à simplificação dos processos, à medida que a uniformidade reduz a variabilidade e o desvio. A padronização ajuda a resolver problemas quanto à quantidade, qualidade e composição do produto; facilita, ou até mesmo permite a produção em massa, pela repetição de operações com os mesmos materiais e mesmas ferramentas; proporciona economia de materiais, equipamentos, energia e espaço; permite o intercâmbio de peças e órgãos de máquinas de um lugar para outro; diminui a variedade de coisas que têm a mesma utilidade ou finalidade e facilita o treinamento; facilita a otimização do tempo; Ver normalização.

Padronização da Atuação: Ver padrão de atuação.

Padronização da Comercialização: Padronização voltada a minimizar custos de comercialização.

Padronização da Estrutura: Ver padrão de estrutura.

Padronização de Custo: Ver custo padrão; Padronização que exigirá preliminarmente: a determinação das características de cada matéria-prima a ser empregada; o estudo dos tempos e movimentos de cada operação; a determinação das máquinas, instalações e equipamentos a serem utilizados; um acurado plano de produção, fundamentado nas observações e experiências passadas e do desenvolvimento de experimentações.

Padronização do Produto: Padronização que objetiva determinar limites (especificações) para os produtos com o intuito de atender melhor o mercado. A padronização visa dois aspectos básicos: aspecto quantitativo (tamanho, peso, portabilidade, temperatura, pressão, resistência do material) e aspecto qualitativo (cor, cheiro, gosto, sabor, aparência, validade, grau de amadurecimento).

Padronização do Tempo: Ver padrão de tempo.

Padronização do Trabalho: Padronização que se baseia em um método predeterminado para realização de um trabalho, dentro do que foi especificado fazer.

Padronizar: Função administrativa que estabelece padrões (resultados desejados). Os padrões podem ser expressos em tempo, dinheiro, qualidade, custo, quantidade, índice, indicador. Podem ser tangíveis, intangíveis, vagos, específicos, explícitos e implícitos.

Pagamento: Reembolso (restituição) da quantia devida; Aquilo que se dá em troca de um serviço; Remuneração.

Pagamento Contingenciado: Incentivo monetário, visando alguma facilidade (reembolso) futura.

Página na Internet: Vitrine eletrônica que deve ter algumas características, tais como: oferecer um menu com opções de busca; mostrar os produtos através de textos e gravuras; dar condições de: detalhamento, disponibilidade e preços dos produtos; informar sobre novos produtos, relatórios, eventos, treinamento, emprego; facilitar a comunicação com os clientes; facilitar a viabilização do pedido; agilizar o processo de navegação.

Palavra: Expressão de um fato, juízo, ideia, opinião, valor, fenômeno, lei, teoria, por exemplo.

Palestra: Reunião que aborda um tema específico, na qual o palestrante deve ter um comportamento sistemático e metodológico, partindo do simples para o complexo, sempre dando exemplos e fazendo comparações com a situação atual.

Palestrante: Aquele que dá a palestra. O palestrante deve sempre buscar a interação com o público-alvo, através de perguntas e de assuntos de interesse de todos. Por isso, é necessário saber quem são os participantes para utilizar técnicas de motivação ao assunto a ser abordado.

Papel: Conjunto de atividades solicitadas a uma pessoa, em função do cargo que ocupa.

Papel da Administração: Conduzir a organização para que ela atenda as expectativas, criar um desenvolvimento sustentável, educar as pessoas que trabalham na organização, melhorar a qualidade de vida, fazer uma justa distribuição do lucro, elaborar mecanismos sociais para a segurança, saúde, transporte, habitação e alimentação.

Papel da Comercialização: Encontrar um caminho que nos permita aproximar a meta teórica da eficiência perfeita com os métodos de comercialização.

Papel do Consumidor: Desempenhar o papel de consultor das reações de mercado para determinados produtos.

Papel do Marketing: Ver marketing.

Parada para Manutenção: Período de tempo obrigatório para a manutenção de equipamentos.

Paradigma: Ver modelo.

Paradigma Industrial: Ver indústria.

Paradigma Tecnológico: Paradigma que propõe uma sociedade automatizada e informatizada, com fundamento nos avanços da microeletrônica, robótica, laser, fibras óticas, meios densos.

Parâmetro: Quantidade a qual o operador pode atribuir valores arbitrários ou constantes, distintamente de uma variável, que pode assumir somente valores em função de uma série histórica.

Parâmetro de Qualidade: Ver nível de qualidade.

Parceria: Reunião de interesses de empresas que começam a perceber que já não é possível ser competitivo atuando isoladamente, isto é, verticalizando todas as etapas de operação do negócio. A competitividade e a sobrevivência das empresas dependerão, cada vez mais, da sua capacidade em estabelecer e manter relações de parceria com outras empresas, que complementem as suas atividades ou com as quais compartilhem investimentos em tecnologia, infraestrutura de produção e/ou de distribuição, ou em outras operações conjuntas relacionadas ao âmbito do negócio de ambas as parcerias. Quando compradores e vendedores concordam em trabalhar juntos, podem obter notáveis ganhos de produtividade.

Parceria em Rede: Parceria facilitada pela tecnologia digital da informação que possibilita mais bem servir os consumidores. É possível criar uma empresa virtual onde se integrem empresas de comércio, administração, marketing e sistemas operacionais de informação e comunicação.

Parceria Público-Privada: Parceria entre o público e o privado (PPP), visando um melhor controle dos orçamentos projetados pelo governo. Estas parcerias são tidas como grande alternativa à incapacidade financeira do Estado de investir em infraestrutura. Os problemas deste tipo de associação referem-se à divisão dos riscos de maneira eficiente e ao cumprimento fiel dos prazos. Portanto, conhecer a experiência internacional ajuda a evitar erros.

Participação: Ação de fazer parte de algo, tomar parte em algo ou ter parte em alguma coisa. Fazer parte refere-se a uma posição adquirida, às vezes involuntariamente. Tomar parte indica que a pessoa executa uma ação específica dentro de uma coletividade. Ter parte refere-se a um comprometimento.

Participação no Mercado: Participação percentual que tem uma empresa no mercado que atua. A participação no mercado não se caracteriza apenas pelo volume de vendas, mas também pela lembrança da marca, preferência pela qualidade, cobertura regional e presença na mídia, por exemplo.

Participação nos Ganhos: Percentual dado aos funcionários da empresa, em função de lucros, qualidade de desempenho e índices de produtividade crescentes, por exemplo.

Participante: Toda pessoa que participa do projeto, como: patrocinador, colaborador, idealizador, operador, por exemplo.

Partida Dobrada: Sistema contábil aponta que sempre que há um débito, há um crédito, e vice-versa. As contas utilizadas na empresa nada mais são do que valores de lançamento, função das operações que nela se realizam. Assim, quando vendemos mercadorias à vista movimentamos duas contas: caixa (entrada) e estoque (saída).

Passivo: Somatório do passivo circulante, exigível no longo prazo, resultados de exercícios futuros e patrimônio líquido.

Passivo Circulante: Somatório de títulos a pagar, duplicatas a pagar, contas a pagar, fornecedores a pagar, comissões a pagar, despesas gerais a pagar, hipotecas, penhor mercantil, salários administrativos, impostos a pagar, participações de empresas e dividendos a pagar.

Passivo Nominal: Soma do passivo circulante, capital próprio e provisões.

Passivo Real: Soma de passivo circulante mais exigível no longo prazo.

Passivo Total: Valor atribuído ao passivo de uma empresa.

Passo: Movimento elementar de um processo. Dificilmente se encontra trabalho de apenas um passo.

Passo Crítico: Passo de uma sequência de eventos de um projeto que está inserido no caminho mais longo para sua conclusão.

Patente: Documento que confere a seu titular o direito exclusivo da sua exploração por prazo determinado, sendo um monopólio legalmente protegido.

Patologia da Estrutura: Conjunto de doenças que sofre uma estrutura organizacional. Esta pode sofrer de esclerose, infantilismo, senilidade, paralisia. Ela pode ser desequilibrada. Algumas vezes as estruturas já nascem com doenças, outras vezes adquirem-nas através de constantes mudanças.

Patrimônio: Conjunto de bens e valores culturais e naturais devidamente reconhecidos.

Patrimônio Líquido: Somatório do capital social, reservas e lucros ou prejuízos acumulados.

Patrocinador do Projeto: Financiador que está interessado em saber: a consistência da proposta, a necessidade da negociação, o nível de risco; a viabilidade do projeto, a confiabilidade dos dados, as informações relevantes, os recursos, o cronograma de execução, as autorizações, os contratos, os orçamentos, os custos, os concorrentes, a regulamentação governamental, a documentação, os gráficos e muitos outros aspectos, em função do próprio projeto.

Patrocínio: Ação de financiar um projeto.

Pay Back: Intervalo de tempo necessário para que o investimento proporcione, em entradas líquidas de caixa, um montante igual ao total investido. Sua fórmula é:

Pay back = Ativo Total / Resultado Final do Exercício = Investimento / Lucro Líquido

Onde: Ativo Total = Investimento; Resultado do Exercício = Lucro Líquido; Lucro Líquido = Lucro - (Imposto de Renda + Depreciação)

Exemplo: Investimento = 100.000,00; Valor Residual = 10.000,00; Vida Útil = 9 anos; Lucro = 20.000,00; Imposto de Renda (IR) = 50% do lucro

Solução: Investimento Líquido = 100.000 - 10.000 = 90.000; Depreciação = (100.000 - 10.000) / 9 = 10.000

Pay Back = (100.000 - 10.000) / (20.000 - 10.000 + 10.000) = 90.000 / 20.000 = 4,5 anos

Peça: Item único, indivisível, sem dano e que faz parte de um produto.

Peça Comum: Peça comum a dois ou mais processos de fabricação.

Peça de Linha: Peça em fabricação para futura aplicação.

Peça de Reposição: Peça estocada para futura utilização.

Pedido: Ver carteira de pedidos.

Pedido de Compra: Formulário preenchido pelo órgão de compras e que formaliza o ato de comprar junto ao fornecedor escolhido.

Pedido de Produto: Ver carteira de pedidos.

Pedido de Retorno: Formulário utilizado pelo setor de recepção da empresa para a devolução de materiais que não estão de acordo com o pedido original.

Pedido Especial: Pedido que atende um cliente especial em função da quantidade ou do preço dos produtos solicitados.

Penalidade: Ação que impõe multas pelo não cumprimento de eventos e responsabilidades, segundo um acordo mútuo. O valor da penalidade é um percentual da parcela de pagamento pendente para um determinado valor que, geralmente, é cobrado diariamente e também corrigido monetariamente.

Penetração de Mercado: Ver estratégia de penetração.

Penhor: Direito real que vincula coisa móvel (ou mobilizável), geralmente, entregue ao credor, a uma dívida, como garantia de pagamento desta.

Pensamento Criativo: Pensamento desenvolvido por um indivíduo verdadeiramente engenhoso que consegue confrontar de forma positiva o meio circundante, encontrando espaço para dar vazão à criatividade e influenciar o entorno. A fagulha da criatividade é inseparável do antagonismo, devendo, portanto, ser moderada para não explodir em conflitos que não possam ser administrados.

Pensamento Estratégico: Pensamento que representa toda a sustentação básica para o adequado resultado de uma empresa, porque nenhum planejamento estratégico dará certo se seus executivos não tiverem uma visão estratégica. A base de sustentação do pensamento estratégico é o raciocínio lógico e uma visão aberta e abrangente da empresa e seu ambiente.

Pensamento Seletivo: Pensamento voltado a selecionar aquilo que interessa no momento e em ordem de prioridade.

Pensamento Sistêmico: Ver enfoque sistêmico.

PEPS: Primeiro que entra, primeiro que sai.

Pequena Empresa: Ver empresa pequena.

Percentual: Parte proporcional calculada sobre uma quantidade de 100 unidades.

Percepção: Conhecimento que um ser vivo possui sobre o ambiente em que vive. A percepção é a soma da experiência e do conhecimento acumulados.

Percepção Consciente: Percepção falha, porque olhamos e acreditamos nas emoções dos rostos na televisão, no sorriso treinado da aeromoça, na expressão contrita da falsa mendiga.

Percepção da Marca: Percepção que o consumidor atribui diferentes qualidades à marca.

Percepção do Decisor: Ver teoria da decisão.

Percepção do Problema: Percepção que depende do grau de interesse e curiosidade do pesquisador.

Percepção Humana: Ver percepção.

Percepção Inconsciente: Ver intuição.

Percepção na Comunicação: Ver feedback na comunicação.

Percepção na Decisão: Percepção que ajuda na decisão, baseada em modelos, técnicas, métodos, inferências estatísticas, estudos de amostras e cálculo de probabilidade. Quanto maior for o desnível de percepção entre as pessoas de um grupo de trabalho mais tempo será preciso até que as coisas funcionem a contento.

Percepção Seletiva: Ver pensamento seletivo.

Perda: Parte intangível não aproveitada do produto gerado por um projeto. Perdas fazem parte do processo de fabricação, podendo-se minimizá-las, mas não evitá-las. Portanto, é necessário que a quantidade disponibilizada para a produção seja a mais exata possível, porque o custo pela perda será incorporado ao custo do produto.

Perda Anormal: Perda não prevista.

Perda Cambial: Perda na conversão de uma moeda por outra.

Perda de Capital: Perda de dinheiro em um investimento, durante determinado período de tempo.

Perda do Consumidor: Diminuição da carteira de consumidores cativos. As empresas precisam prestar muita atenção na sua taxa de consumidores perdidos e tomar providências para reduzir tal taxa a um mínimo aceitável. Por mais que a empresa se esforce, sempre haverá perda de consumidores; Ver consumidor perdido.

Perda na Produção: Perda por falta de planejamento e controle da produção.

Perda Normal: Perda quantificada, quando da realização do protótipo do produto.

Perda por Espera: Perda de uma linha mal balanceada em que produtos aguardam serem processados para passar ao estágio seguinte, ou um funcionário esperando que lhe chegue material para trabalhar ou ainda que o equipamento se torne inoperante.

Perda por Excesso de Produção: Perda que nunca vai deixar de aparecer claramente o problema da qualidade, porque uma seleção sempre pode conseguir produtos razoáveis, do mesmo modo que vai encobrir o tempo perdido em espera ou o desbalanceamento dos postos de trabalho.

Perda por Inventário: Perda caracterizada por um excessivo estoque, indicando um valor de capital de giro parado sem gerar rentabilidade. Um grande estoque, além do espaço que ocupa, causa problemas de deterioração e obsolescência.

Perda por Movimento: Perda por movimentação inadequada de uma tarefa, podendo causar perda de tempo, como acelerar a fadiga ou ambos.

Perda por Processo: Perda causada por um processo demasiadamente complicado.

Perda por Rejeição: Perda provocada pela rejeição do controle de qualidade ou retrabalho para a recuperação.

Perda por Transporte: Perda devido à movimentação exagerada de funcionários e materiais entre as várias estações de produção.

Perda Unitária: Perda por unidade de fabricação.

Perecibilidade: Referência à vida útil de um bem ou serviço. A perecibilidade dos serviços não é problema quando a demanda é estável, porque é fácil antecipar sua prestação. Quando a demanda é flutuante, as empresas de serviços enfrentam dificuldades.

Perfeccionismo: Processo de autossabotagem que impede o alcance dos objetivos; Forma sutil de pessimismo, pois focaliza os aspectos negativos dos acontecimentos e fatos, dificultando a gratificação pessoal com os resultados que na visão do perfeccionista poderia ser melhor.

Perfeccionismo Industrial: Perfeccionismo que se manifesta em projetar o produto para condições críticas, onde são tomadas todas as precauções para se antecipar a pior combinação de falhas, mesmo que a probabilidade de tal ocorrência seja muito baixa.

Perfeccionista: Pessoa em busca da perfeição; Aquele que busca detalhes de eficiência em detrimento da eficácia.

Perfeição: Objetivo daquele que é perfeccionista. A perfeição é um conceito subjetivo e suas raízes estão ligadas a um alto grau de exigência consigo mesmo e, por extensão, com os outros, levando as pessoas a um estado de insatisfação latente. Aquele que se propõe ser perfeito encontrará dificuldades, pois sua tendência será procurar defeitos em si e nos outros, como também dar importância inadequada a detalhes irrelevantes que redundarão num relacionamento conflituoso, provocando temor por parte de seus colaboradores.

Perfeição Industrial: Perfeição que leva as fábricas a consumirem recursos, sem somar, efetivamente, um valor ao uso, ao resultado, ao desenho, ao custo e ao visual.

Perfil: Descrição rápida de algo.

Perfil do Consumidor: Cadastro do consumidor (banco de dados) que contém: nome, endereço real, endereço virtual, telefones, identificação, qualificação, classificação do consumidor, média mensal de compras, limite de crédito.

Perfil do Vendedor: Controle para os seguintes elementos: vendas efetuadas (valor e volume), vendas canceladas, vendas acumuladas, clientes visitados, novos clientes. O controle de vendas por vendedor mostra e compara o resultado mensal de cada vendedor com a média do grupo.

Performance: Atuação; Desempenho.

Performance do Emissor na Comunicação: Performance que ocorre quando o emissor da mensagem demonstra um sentimento de igualdade para com o receptor, mesmo que o emissor tenha mais status.

Performance do Receptor na Comunicação: Performance que ocorre quando o receptor da mensagem sente que é respeitado, confiável e valioso para o emissor.

Periférico: Nome dado a equipamentos que gravitam em torno da unidade central do computador, como: mouse, teclado, monitor, alto-falante, impressora, por exemplo. Os periféricos podem ser de entrada, saída ou entrada/saída. Sem os equipamentos periféricos não seria possível a interface homem/máquina.

Periódico: Publicação que se repete em intervalos regulares.

Período: Período de tempo; Intervalo de tempo definido.

Período a Descoberto: Período que corresponde a diferença entre o início do pagamento a fornecedores e o início do recebimento das duplicatas. Tal período deve ser o menor possível e de preferência negativo, quando é utilizado capital de terceiros.

Período Base: Período utilizado como referencial para medir fatores de qualidade.

Período de Espera: Período entre o planejamento de um projeto e a sua implementação.

Período de Recuperação: Ver pay back.

Período de Reembolso: Período em que o capital investido volta ao investidor.

Período Médio de Cobrança: Número médio de dias para cobrar contas a receber.

Período Médio de Pagamento: Número médio de dias em que a empresa liquida suas dívidas.

Permeabilidade: Situação em que o sistema torna mais permeável suas fronteiras com o ambiente.

Perpetuidade: Nome dado a pagamentos/recebimentos, iguais e periódicos, de forma contínua.

Perseverança: Ação do empreendedor de não desistir do seu projeto.

Personalidade: Padrão constante de respostas de uma pessoa às diversas situações. Por causa dessa constância de comportamento, é possível categorizar as pessoas como: egoístas, arrogantes, prepotentes, humanistas, amigas, pensadoras, ambiciosas, esquizofrênicas, paranoicas, depressivas, pessimistas, otimistas.

Personalidade do Empreendedor: Conjunto de princípios e premissas que moldam a personalidade de um homem de negócios.

Perspectiva: Leitura que se faz do futuro da organização; Ver cenário.

Persuasão: Ação de induzir alguém a crer ou aceitar alguma coisa; Ver indução. Para obter um grau maior de persuasão é recomendado aplicar as quatro leis descritas por Bousquié: Lei do Agrado ("Quanto maior for a satisfação mais eficaz será a persuasão"); Lei da Compenetração ("Quanto mais completa for a compenetração mais forte a persuasão"); Lei da Identificação ("Quanto maior for a identificação maior será o grau de persuasão"); Lei da Representação ("Quanto mais nítida for a representação maior será a força de persuasão").

PERT: Program Evaluation Review Technique; Técnica de Avaliação e Revisão de Programas. O PERT é sumamente simples e de extraordinária flexibilidade. É baseado no mais elementar processo gráfico que permite representação da ordenação e do entrosamento das operações ou atividades a serem representadas. É um instrumento gráfico que permite prever e consignar não apenas as operações e seus estágios, mas, também, suas variáveis e alternativas. Além disso, garante o controle seguro e sistemático dos acontecimentos, com a devida antecipação, estabelecendo a interdependência das operações e a solução a seguir.

Pertinência: Relacionamento de causa e efeito.

Peso Bruto: Peso medido da matéria-prima, quando recebido do fornecedor.

Peso Final do Produto: Quantidade que efetivamente se utiliza na fabricação de um bem.

Peso Líquido: Peso medido do material, depois de limpo e pronto para ser utilizado.

Pesquisa: Função administrativa voltada ao desenvolvimento de uma busca reflexiva, sistemática, controlada e crítica que permite descobrir causas, novos fatos (ou dados), realidades, relações, leis, regras, princípios e procedimentos para adequar a organização e/ou a pessoa a uma mudança de estado. Como a mudança é constante, a necessidade da pesquisa é eterna.

Pesquisa Bibliográfica: Pesquisa associada com a procura de dados significativos e interpretações do passado.

Pesquisa Causal: Pesquisa que procura determinar, ou testar, uma relação de causa e efeito, isto é, procura estabelecer uma relação entre as variáveis de forma prática.

Pesquisa Conclusiva: Pesquisa que é caracterizada por objetivos bem definidos, procedimentos formais bem estruturados e dirigidos para a solução de problemas ou avaliação de alternativas de cursos de ação. O pesquisador precisa saber exatamente o que quer medir, quando, onde e por que o fará.

Pesquisa de Campo: Pesquisa cujas informações são coletadas obtendo-se respostas para um conjunto de perguntas de uma série bem articulada. A pesquisa de campo pode ser executada pessoalmente, ou não. Pode ser executada por seu próprio pessoal ou por uma empresa de fora. Como esta pesquisa é dispendiosa, ela é usada na obtenção de informações específicas. Os métodos, geralmente, utilizados na pesquisa de campo são questionários, entrevistas, observações e experiências.

Pesquisa de Consumo: Pesquisa que questiona: Quais fontes de informação o consumidor utiliza como referência para comprar? Qual a frequência que consome o produto? Como prefere consumir o produto? Qual a finalidade de uso do produto?

Pesquisa de Gabinete: Pesquisa que envolve a coleta de dados de fontes, geralmente, virtuais. A pesquisa de gabinete, muitas vezes, é considerada como sendo barata, uma vez que os principais custos envolvidos são: o tempo do pesquisador, telefone, computador e assinaturas de publicações. A pesquisa de gabinete precisa ser feita por pessoal experimentado e gabaritado, senão é perda de tempo, esforço e dinheiro, pois saber ler o que é relevante para inferir e cruzar dados não é para qualquer um.

Pesquisa de Imagem: Ver imagem.

Pesquisa de Marketing: Processo sistemático de coleta e análise das questões de marketing enfrentadas pela empresa. O principal propósito dessa pesquisa é obter dados, num curto espaço de tempo, para reduzir os riscos da tomada de decisão; Investigação sistemática, controlada, empírica e crítica de dados com o objetivo de descobrir e/ou descrever fatos e também verificar a existência de relações presumidas entre as variáveis que caracterizam os produtos.

Pesquisa de Mercado: Pesquisa que trata de descobrir que bens e serviços o consumidor deseja, como podem ser vendidos, e procura medir a aceitação deles junto ao público consumidor; Coleta, qualificação e análise de todas as informações sobre problemas relacionados com a transferência e venda de bens e serviços do produtor para o consumidor. Ela pode atuar em todas as fases do processo mercadológico, desde a fase de criação até o destino final da embalagem.

Pesquisa Descritiva: Pesquisa em que os problemas a serem investigados estão bem definidos e, em geral, procura-se obter resultados quantitativos sobre aspectos do comportamento humano ou sobre o perfil dos consumidores. A pesquisa descritiva observa, registra, analisa e correlaciona fatos (variáveis) sem manipulá-los. Ela pode ser pesquisa de opinião, de motivação, de preço, de produto, documental, de negócio, de mercado, de audiência e de propaganda, por exemplo. A pesquisa de mercado é do tipo descritivo.

Pesquisa do Clima Organizacional: Ver clima organizacional.

Pesquisa do Produto: Pesquisa para mostrar o nível de aceitação do produto pelo mercado. Assim, a pesquisa do produto deve, principalmente, questionar: Quais serão os clientes adotantes (consumidores, usuários) do produto? Qual a faixa etária? São consumidores fáceis de serem alcançados? Onde preferem comprar? Quando compram? Quais os fatores que levam o consumidor a comprar? Qual a forma de aquisição? A empresa tem capacidade instalada para atender o mercado com preço competitivo?

Pesquisa Evolutiva: Pesquisa baseada na coleta e análise periódica das mesmas variáveis de forma a permitir seus acompanhamentos evolutivos no tempo. A população pesquisada deverá sempre ser a mesma, mas a amostra, a cada medição, poderá, ou não, ser a mesma. Se a amostra pesquisada for sempre a mesma, ela se chama pesquisa de painel. A pesquisa de painel elimina desvios.

Pesquisa Experimental: Pesquisa cujo propósito é detectar relacionamentos de causa e efeito, ao eliminar explicações divergentes de constatações observadas. Nesta pesquisa, um ou mais fatores são manipulados, enquanto os outros são mantidos constantes. É a pesquisa mais válida cientificamente.

Pesquisa Exploratória: Pesquisa que procura gerar hipóteses ou explicações prováveis e identificar áreas para um estudo mais aprofundado. Os estudos exploratórios têm como principal característica a informalidade, a flexibilidade e a criatividade, onde se procura obter um primeiro contato com a situação a ser pesquisada ou um melhor conhecimento sobre o objeto em estudo. Por isso, são desenvolvidas hipóteses para os fatos e fenômenos a serem estudados.

Pesquisa Natural: Pesquisa conhecida como pesquisa de ciência da vida.

Pesquisa Ocasional: Pesquisa caracterizada pelo uso de uma amostra de elementos da população, em que os elementos são medidos uma única vez no tempo, visando atender um objetivo específico.

Pesquisa On-Line: Pesquisa realizada pela internet.

Pesquisa Operacional: Teoria da decisão aplicada; Pesquisa caracterizada como a aplicação de métodos, técnicas e instrumentos científicos aos problemas que envolvem operações de sistemas, de modo a municiar os executivos de técnicas, de soluções ótimas para os problemas. Este tipo de pesquisa levará em conta os seguintes aspectos: visão sistêmica, método científico, estatística, probabilidade e matemática.

Pesquisa pelo Correio: Pesquisa em que o respondente recebe e retorna o questionário pelo correio. Tem como vantagem ser impessoal, de grande alcance e com custo, geralmente, baixo, pois não necessita de entrevistadores especializados. A principal desvantagem é a sua baixa taxa de retorno, criando um desvio na pesquisa.

Pesquisa Prévia: Pesquisa preliminar para medir o grau de aceitação da mesma.

Pesquisa Qualitativa: Pesquisa que pode ser uma metodologia não estruturada, baseada em pequenas amostras, a fim de proporcionar insights e uma compreensão do contexto do problema. É a pesquisa utilizada para avaliar comportamento humano, bem como inteligência, criatividade, percepção, atitude, julgamento.

Pesquisa Quantitativa: Pesquisa feita para reunir dados de amostras representativas. Para garantir margens de desvio pequenas, a pesquisa quantitativa costuma ser feita com centenas e às vezes milhares de pesquisados.

Também é conhecida como pesquisa de levantamento de dados.

Pesquisa Salarial: Pesquisa que leva em conta os cargos pesquisados, as empresas participantes, a época da pesquisa e quais empresas farão parte da pesquisa.

Pesquisa Social: Pesquisa voltada a um estudo da humanidade no seu ambiente social.

Pesquisa Tecnológica: Pesquisa para verificar se há a necessidade de novos recursos tecnológicos e que implicações a nova tecnologia impactará na produtividade e custo operacional da empresa.

Pesquisa Telefônica: Pesquisa que exige um alto jogo de cintura do entrevistador para obter dados de um consumidor, por exemplo.

Pesquisador: Pessoa credenciada para fazer pesquisas. O pesquisador precisa ter conhecimentos de estatística.

Pesquisar: Ação de fazer pesquisa.

Pessimismo: Pensamento negativo concreto e detalhista que pode ajudar o executivo a antecipar cenários erráticos e, assim, mais bem planejar para evitar resultados ruins.

Pessimista: Pessoa que começa um projeto, imaginando que tudo vai dar errado. Por isso, trabalha diligentemente sobre todos os detalhes e acaba se saindo bem.

Pessoa: Recurso humano; Pessoa física.

Pessoa Criativa: Pessoa que passa mais tempo do que as outras pessoas explorando e formulando problemas; Pessoa inovadora.

Pessoa Culta: Pessoa que tem conhecimento bastante abrangente.

Pessoa Instruída: Pessoa que é capaz de usar seu conhecimento como suporte do presente para decidir o futuro.

Pessoa Jurídica: Nome dado a uma empresa como se fosse uma pessoa física que existe por vontade da sociedade.

Pessoa Organizada: Pessoa que utiliza todas as ferramentas administrativas para pautar a sua vida; Pessoa disciplinada.

Pessoal de Vendas: Ver força de vendas. O pessoal de vendas executa funções importantes, ajudando a empresa a sobreviver. Reconhece suas necessidades, provendo informações a respeito de produtos e de mercados.

Petição: Requerimento com o qual a pessoa que se julga vítima de um fato contrário à Lei, se dirige a uma autoridade judicial, geralmente, por intermédio de um advogado, pedindo justiça.

PIB: Produto Interno Bruto.

Piloto: Versão de um produto que está sendo testada para colher e avaliar resultados e informações de mercado.

Pintura: Ação de dar cor a ambientes e equipamentos.

Pintura de Forro: Pintura cuja cor deve proporcionar alegria, tranquilidade e visibilidade.

Pintura de Máquina: Pintura que deve separar a parte operante da parte não operante. Para a parte operante deve ser escolhida uma cor que atraia a vista rapidamente, uma cor que sobressaia, num contraste forte com a parte não operante. Isso é conhecido como cor focal. Ela concentra a atenção do operador, descansa os olhos e reduz o trabalho desnecessário. Enquanto as partes operantes devem ser salientadas, as partes não operantes devem ficar em segundo plano. Ao selecionar a cor, é necessário lembrar que, ela faz contraste com o material trabalhado.

Pintura de Parede: Ver pintura de forro.

Pintura de Piso: Pintura voltada a demarcar as passagens, bem como equipamentos móveis. Nas fábricas, as faixas de tráfego são uma real ameaça para os descuidados. Não somente devem os funcionários ficar protegidos contra a sua falta de cuidado, como também os motoristas dos carros não devem estar preocupados com as possíveis colisões. Toda passagem e faixa de tráfego devem ser marcadas, isto é, deve-se pintar toda a largura da passagem numa cor contrastante com a cor geral do piso ou deixando-se faixas espessas de uma cor viva, para servir de limite. Isso atuará como um aviso ao trabalhador de que ele está na corrente do trânsito e deve estar atento para evitar acidentes. Caixotes usados para coletar ou distribuir material, devem ser pintados com cores que chamem a atenção. Internamente, a pintura deve ter uma cor que facilite verificar a quantidade de material que foi colocado, dentro da caixa.

Pirataria: Ação de produzir e colocar no mercado produtos falsificados.

Piso Salarial: Valor mínimo, estabelecido pelo governo em acordo coletivo, ou ainda de livre negociação, que se deve pagar a um trabalhador em função da sua categoria.

Planejador: Pessoa que faz o planejamento. O planejador deve: avaliar as causas de resultados insatisfatórios; visualizar amplitude, abrangência e limites do planejamento; saber liderar a equipe; possuir certa dose de pessimismo. Não deve esquecer que os outros membros da equipe também pensam.

Planejamento: Função administrativa que capacita a empresa a decidir qual é o melhor uso de seus recursos para atingir objetivos propostos. Se os recursos empresariais são insuficientes, cabe ao administrador planejar e apontar as necessidades. É a primeira e a mais importante função administrativa por ser ela a base para as demais funções.

Planejamento Administrativo: Planejamento que é, necessariamente, baseado em previsões e estimativas de vendas. Portanto, é, às vezes, necessário raciocinar em termos de probabilidade ou risco calculado.

Planejamento da Franquia: Planejamento entre franqueado e franqueador que leva em conta: mercado, conhecimento, consumidor, custo, operação e lucro.

Planejamento da Mudança: Ver mudança planejada.

Planejamento da Pesquisa: Planejamento que compreende a definição dos objetivos da pesquisa e de toda sua operacionalização, tais como: determinação das fontes de dados, escolha dos métodos, da definição dos procedimentos, da elaboração do plano de processamento e análise, da definição dos recursos necessários, da estrutura da equipe, do estabelecimento de um cronograma.

Planejamento da Produção: Planejamento voltado para processos, custos, qualidade, produtividade, instalações e tecnologia de produção.

Planejamento da Qualidade: Planejamento que desenvolve instrumentos de treinamento para responsabilidades, processos, metodologias, estruturas, desvios, acidentes e avaliações, por exemplo.

Planejamento da Reunião: Planejamento voltado a buscar a eficácia da reunião.

Planejamento de Curto Prazo: Planejamento para um período de um ano.

Planejamento de Custo: Planejamento voltado para encontrar elementos que minimizem o custo de um produto.

Planejamento de Longo Prazo: Planejamento que visa avaliar as tendências econômicas e de negócios para o futuro.

Planejamento de Marketing: Planejamento voltado a criar, manter e satisfazer o cliente consumidor.

Planejamento de Recursos: Planejamento voltado a desenvolver e conseguir recursos físicos, financeiros, materiais, tecnológicos, administrativos, humanos e mercadológicos para atingir os objetivos propostos.

Planejamento de Rede: Planejamento onde as atividades a serem realizadas são desenhadas através de uma rede de símbolos e figuras. Estes desenhos atuam mais como uma ferramenta do que como um planejamento.

Planejamento de Vendas: Planejamento que responde basicamente às seguintes perguntas: O que, a quem, quanto, quando, como, por que, a que preço vender?

Planejamento Diário: Ver agenda.

Planejamento do Atendimento: Planejamento que deve conter uma metodologia que possibilite uma boa atuação junto ao cliente.

Planejamento do Caixa: Planejamento que envolve todos os elementos do controle e a projeção do fluxo do dinheiro que circula na empresa.

Planejamento do Negócio: Planejamento que o empreendedor se candidata a um financiamento.

Planejamento do Plano: Planejamento onde se processa o detalhamento do plano. O planejamento do plano nada mais é do que um conjunto de etapas preparatórias para viabilizar um plano.

Planejamento do Produto: Conjunto de esforços voltados a criar, desenvolver, viabilizar e lançar um produto.

Planejamento do Recrutamento: Planejamento que determina as necessidades de recursos humanos da empresa, presentes e futuras.

Planejamento Empresarial: Planejamento que se baseia, em grande parte, em conhecimentos inéditos, oriundos de visões imaginativas a respeito de fenômenos sobre os quais inexistem dados, e que são estruturados em forma de cenários ou futuros alternativos.

Planejamento Estratégico: Planejamento em que os objetivos da organização são mudados em função do novo rumo que a empresa seguirá para se adequar às variações ambientais. Tal planejamento é de responsabilidade do nível mais alto da empresa. O planejamento estratégico é sempre de longo prazo.

Planejamento Financeiro: Planejamento que envolve previsões do panorama econômico. Se houver uma expectativa do aumento do nível das atividades econômicas, isto pode significar que também crescerão nossas necessidades de ativo, bem como de fundos com os quais possamos financiar estas aquisições.

Planejamento Industrial: Ver planejamento da produção.

Planejamento Integrado: Planejamento voltado a estudar e compatibilizar os interesses pessoais, profissionais, organizacionais e sociais, harmonizando e sincronizando os diferentes processos administrativos.

Planejamento Operacional: Conjunto de tarefas, atividades e métodos que ajudam a empresa a funcionar.

Planejamento Organizacional: Planejamento relativo à estrutura organizacional da empresa, que, em função da complexidade, tem como principal desafio gerencial a manutenção da ordem em meio ao caos circundante.

Planejamento Tático: Planejamento que visa corrigir desvios de resultados não determinados pelo planejamento estratégico.

Planejamento Tradicional: Planejamento em que todas as informações pertinentes estejam disponíveis no início do processo. O planejamento tradicional pode ser de curto prazo.

Planejamento Tributário: Planejamento das apurações das contribuições por profissionais especializados, envolvendo o período dos últimos cinco anos, evitando penalidades por parte da Receita Federal. Este planejamento serve para a recuperação de créditos, possibilitando a redução da carga tributária.

Planejamento Urbano: Planejamento governamental, cujo conhecimento é de vital importância para um novo empreendimento. A criação, por exemplo, de uma rua de pedestres pode ser uma bênção para alguns e uma desgraça para outros.

Planejamento Viário: Planejamento do governo que precisa ser do conhecimento do empreendedor antes de começar um negócio. O desconhecimento do projeto de construção de um anel viário, da inversão de mão de tráfego, da implantação de vias expressas ou corredores de ônibus pode inviabilizar um negócio.

Planejar: Função administrativa que capacita a pessoa a decidir qual é o melhor uso de seus recursos para atingir objetivos propostos. Se os recursos empresariais são insuficientes, cabe ao gerente planejador apontar as necessidades. Planejar uma empresa ou qualquer negócio é muitas vezes negligenciado por pessoas, porque acreditam que não adianta planejar, pois a sorte é quem manda.

Planilha: Página em uma pasta (arquivo), onde se pode entrar e armazenar dados, realizar cálculos, organizar informações e executar diversas tarefas de cálculo.

Planilha de Custo: Ver custo do produto.

Planilha Eletrônica: Planilha executada em computador, contendo 65.536 linhas por 256 colunas. A área de trabalho somente mostra, de forma visível, 12 colunas por 20 linhas. É composta de células e cada uma é identificada por um endereço. Os dados digitados em uma célula são divididos em duas categorias principais:

valores constantes ou fórmulas. Um valor constante é um dado que é digitado diretamente na célula e que não é alterado. Uma fórmula, por sua vez, pode ser constituída por valores, referenciais de outras células, operadores matemáticos e funções. O valor que aparece como consequência de fórmula varia dependendo das alterações feitas nas células ou funções que compõem a fórmula.

Plano: Curso de ação, onde se estabelece quem fará o que, onde, como e por que para atingir objetivos. Todo e qualquer plano é retratado formalmente através de um documento. Se não for escrito não é plano. Um plano é como um mapa, ele mostra à empresa, por exemplo, como ela deve se conduzir, aonde ela deve ir e como chegar lá.

Plano Componente: Plano detalhado, colocado em anexo ao plano principal.

Plano de Ação: Plano onde é mostrado e questionado: o que, por que, quanto, quando, quem, onde e como fazer.

Plano de Aula: Documento que, preparado com cuidado, ajuda o professor a orientar e mensurar a qualidade do encontro.

Plano de Curso: Plano onde se estabelece, numa certa cronologia, aquilo que se tem de fazer, como resposta ao seguinte questionamento: Onde você está agora? Aonde você quer chegar? O que é preciso fazer? Quem fará o quê? Quem informará? Quem controlará? Que método usar?

Plano de Distribuição: Plano que buscará um canal para atingir um mercado por mais difícil que ele seja. Um plano de distribuição sempre fará parte do plano de marketing, mas, em muitas empresas, a distribuição é tão importante que há também um plano de distribuição, anexo ao plano corporativo.

Plano de Divulgação do Produto: Plano componente de um maior, chamado plano do produto. Na realidade, é conhecido como Plano de Comunicação do Produto, isto é, o instrumento que vai fazer a sua divulgação.

Plano de Incentivo: Plano sistemático de remuneração, em função de: metas alcançadas, lucratividade, produtividade, performances de processos, por exemplo.

Plano de Investimento: Ferramenta que ajudará a coordenar, controlar e constatar a conveniência de investir capital financeiro a fim de cobrir todas as despesas de operação e de imobilização para viabilizar o projeto. Tal plano deve ser submetido a revisões periódicas, para assegurar a sua adequação às situações variáveis da empresa.

Plano de Mudança: Plano que busca uma mudança comportamental e/ou estrutural. Sempre haverá um plano para mudar os rumos da empresa. A mudança é problemática, mas necessária.

Plano de Negócio: Ponto de partida do empreendedor que busca financiamento. Ele é o cartão de visitas para apresentar o empreendedor e o empreendimento.

Plano de Pesquisa: Ver planejamento da pesquisa.

Plano de Produção: Plano que deve mostrar a sequência lógica das etapas que o produto passa desde a sua idealização até o momento em que é consumido, num determinado período.

Plano de Propaganda: Plano que representa a ação estratégica a ser desenvolvida com a finalidade de comunicar, ao provável consumidor, uma mensagem de venda com os pontos positivos de um produto. O plano de propaganda deve ser um documento escrito para que as partes (empresa, anunciante e agência) saibam exatamente quais as diversas etapas que serão cumpridas, qual a estratégia que vai ser adotada e que recursos serão utilizados.

Plano de Teste: Plano que contém as seguintes informações: objetivo do teste, local do teste, cronograma do teste, descrição do teste, procedimentos no teste. Deve haver um plano de teste para cada versão do sistema.

Plano de Trabalho: Instrumento que possibilita a obtenção de uma visão global do sistema.

Plano de Treinamento: Ver treinamento.

Plano de Vendas: Ver planejamento de vendas.

Plano Detalhado: Plano que dá detalhes sobre decisões, conflitos, problemas, mudanças, estratégias, táticas, acordos e negociações, por exemplo. Este plano não é incluído no corpo principal do plano corporativo, porque é colocado em anexo ao mesmo.

Plano Diário: Plano que detalha o que fazer numa jornada de trabalho.

Plano Diretor: Plano que é representado por um conjunto de decisões para determinado período futuro, coordenado com o planejamento geral da empresa, e define: missão, filosofia, objetivos, sistemas, recursos, custos, estratégias, estruturas, padrões. A concepção de um plano diretor que aborda e guarda todas as partes da organização é uma maravilhosa ideia, porém irrealista.

Plano do Produto: Ver planejamento do produto.

Plano Empresarial: Plano que disciplina o empresário naquilo que é essencial para a sobrevivência da empresa. Quando pretendemos montar um plano empresarial, devemos questionar sobre as variáveis básicas, tais como: ambiente, mercado, produto, recurso, produção, orçamento, consumidor, custo, atitude, motivação, percepção, lucro, cooperação, interação, conflito, integração, personalidade, autoridade, liderança, poder, valor, padrão, política, processo, restrição, oportunidade, patrimônio, investimento, interesse, rentabilidade e referencial de qualidade, por exemplo.

Plano Específico: Plano que estabelece uma linha de conduta que se enquadra em uma situação particular e estará superado quando os objetivos (metas) forem alcançados. Com um plano específico é possível evitar a maior parte dos atrasos, destacar recursos com antecedência e traçar planos relativos à parada de máquinas, por exemplo. É um plano para analisar um determinado setor da empresa, um novo produto, um projeto, a implantação de uma nova estratégia, um novo processo, por exemplo.

Plano Estratégico: Plano em que os objetivos da organização são mudados. Onde também são determinados os recursos que serão necessários para atingir novos objetivos e que traçam políticas para a aquisição e uso desses novos recursos. Um plano estratégico relaciona partes da organização como se fosse um todo.

Plano Financeiro: Ver planejamento financeiro.

Plano Funcional: Plano relativo às funções organizacionais, tais como: produção, marketing, vendas, finanças, contabilidade, distribuição, armazenamento, comunicação, treinamento.

Plano Geral: Plano que considera a empresa em um determinado ambiente, fazendo considerações sobre tendências macroeconômicas.

Plano Inadequado: Plano fora do contexto que não ajuda e, sim, atrapalha.

Plano Metodológico: Plano para desenvolver e criar métodos, análises, processos, procedimentos, padrões, normas.

Plano Operacional: Plano que dá detalhes, sem os quais a visão geral (plano corporativo) não passaria de uma moldura vazia. O plano operacional está voltado para o "chão" da empresa, sendo elaborado por sua própria unidade de operação.

Plano Orçamentário: Plano que é o próprio orçamento.

Plano Permanente: Plano que será utilizado repetidas vezes, porque o tempo e o esforço necessários para planejar bem poderiam exceder aqueles dedicados à execução dos planos, o que só seria justificado em condições excepcionais. A característica distintiva do plano permanente é que a mesma decisão é adotada várias vezes para orientar a ação. Tais planos simplificam a tarefa do administrador.

Plano Provisório: Plano que expressa mais reflexão do que plano propriamente dito. É uma espécie de rascunho para aquilo que será considerado pronto.

Plano Regulatório: Plano para pesquisar e desenvolver regulamentos, manuais, diretrizes, políticas.

Plano Tático: Plano em nível operacional para corrigir desvios quanto aos resultados previstos pelo plano estratégico. O plano tático mobiliza recursos para reagir aos imprevistos.

Planta Baixa: Desenho que deverá ser planejado, seguindo uma linha de construção mais racional possível. Suas unidades operacionais deverão obedecer a um fluxo coerente, evitando cruzamento e retrocessos, que tanto comprometem a produção. A planta deve mostrar todas as características físicas da instalação. Ao se estudar a distribuição dos móveis e equipamentos, na planta, escreve-se em cada miniatura o nome do seu ocupante.

Poder: Capacidade de agir e de produzir efeitos sobre indivíduos ou grupos. Portanto, não é um ser, mas uma relação que se estabelece pela comunicação. Quanto maior o poder (formal ou informal), maior a influência na comunicação; Conjunto de relações, por meio das quais os indivíduos e/ou grupos interferem nas atividades de outros; Capacidade de impor mudanças no comportamento de terceiros.

Poder Aquisitivo: Poder dado ao consumidor, representando aquilo que o mesmo pode comprar para satisfazer suas necessidades básicas e não seus desejos. Este poder está associado ao progresso de uma pessoa numa sociedade, pois quanto mais poder aquisitivo ela tem mais status possui. Toda empresa se preocupa com o poder aquisitivo de seus consumidores, a fim de se adaptar ao "sobe e desce" da economia e do mercado.

Poder Coercitivo: Poder exercido pela força da punição.

Poder Compensatório: Poder exercido à custa de recompensas e incentivos.

Poder da Automação: Ver automação. A automação leva necessariamente ao equilíbrio entre o custo da automação (eficiência), os resultados (eficácia) e a velocidade de resposta (efetividade).

Poder da Informação: Poder que confere a uma pessoa resolver problemas com maior rapidez, devido a grande base de dados que possui.

Poder da Liderança: Ver liderança.

Poder da Marca: Ver marca.

Poder de Compra: Ver poder aquisitivo.

Poder de Comunicação: Poder de desenvolver e manter uma rede de relacionamento, como seu estilo de vida. Aquele que tem esse poder está sempre vendendo um produto (bem, serviço, ideia).

Poder de Monopólio: Ver monopólio. Poder de monopólio é dado às empresas que atuam em um mercado sem competitividade.

Poder do Administrador: Poder de conduzir uma organização.

Poder do Varejo: Poder de barganha com fornecedores.

Poder Executivo: Ver autoridade.

Poder Informal: Poder que é caracterizado pela capacidade de controlar outras pessoas, sem ter autoridade para isso.

Poder Legítimo: Poder recebido em função do cargo.

Poder Normativo: Poder fundamentado no conhecimento das normas, políticas e procedimentos da organização.

Poder Organizacional: Poder que passa a ser cobiçado quase da mesma forma que o poder político. Nessa perspectiva, o poder organizacional constitui um fim em si mesmo, como uma visão de poder político inaugurada por Maquiavel.

Poder Pessoal: Poder que é sempre baseado no controle de símbolos e pode favorecer o aparecimento do compromisso com a pessoa que o possui. Um indivíduo, cujo poder deriva, principalmente, de sua posição na organização é denominado poder formal.

Poder Público: Poder coercitivo de que são dotadas as autoridades governamentais, permite ao setor público servir aos fins que o caracterizam, empregando meios que lhe são peculiares (impostos, regulamentos, leis). O poder público é onipresente no sistema de governo. Entretanto, este pode atuar como produtor e/ou orientador do fluxo de recursos.

Poder Referente: Poder baseado em resultados positivos.

Poder Remunerativo: Poder exercido pela política salarial da organização.

Poder Superior: Poder formal de controlar subordinados. Os superiores podem, obviamente, tirar vantagens da situação e invocar normas que não se relacionam com as necessidades da instituição. Não se pode evitar tendências a esse tipo de comportamento na medida em que as empresas são formadas por funcionários, já que alguns aspectos da relação superior/subordinado envolvem atribuições que se relacionam antes com objetivos pessoais do que com objetivos organizacionais. Mas, o uso exagerado do poder para servir aos caprichos e fantasias de um superior pode perturbar o trabalho em equipe e ter consequências motivacionais desastrosas.

Poder Técnico: Poder adquirido pelos conhecimentos e habilidades tecnológicas.

Política: Padrão de ação que facilita a tomada de decisão para situações parecidas, aumentando o poder de comparação e avaliação do gerente. Uma política bem traçada ajuda a se cometer menos erros; Conduta preestabelecida para problemas recorrentes. Uma política rege o trabalho a ser feito. Seu propósito é guiar a ação para os objetivos pretendidos, mas não são objetivos em si mesmo.

Política Administrativa: Política desenvolvida no nível intermediário que se relaciona com os aspectos internos da empresa. É o caso das políticas: de produção, mercadológica, financeira, de manutenção.

Política Ambiental: Política que preserva o ecossistema.

Política Cambial: Política governamental de compra e venda de moeda estrangeira, para regular a taxa de câmbio.

Política Comercial: Política que ajuda a empresa a decidir sobre que estratégia ou tática adotar, caso não haja venda de um determinado produto e como enfrentar a concorrência. Uma boa política comercial ajuda a determinar qual o capital de giro necessário para levar a empresa a atender o mercado, da melhor maneira possível.

Política Corporativa: Política voltada a manter boas práticas de relacionamento entre sócios, acionistas, diretores, funcionários, conselheiros e agentes do governo.

Política de Abastecimento: Política voltada à aquisição de itens de produção.

Política de Aquisição: Política voltada à aquisição de recursos (toda espécie) para fazer a empresa funcionar. Tal aquisição deve ser necessária e suficiente. Nunca comprar mais do que o necessário.

Política de Armazenamento: Política voltada a minimizar o tempo de espera e guarda, até que o produto seja movimentado para seu destino.

Política de Atendimento do Pedido: Ver carteira de pedidos.

Política de Avaliação: Política que estuda como os consumidores avaliam uma organização, sob diversos aspectos.

Política de Comercialização: Ver comercialização.

Política de Competitividade: Política voltada a uma espécie de adequação do empreendimento ao seu microambiente consiste no bom atendimento das necessidades dos clientes, na diferenciação desse atendimento em relação aos concorrentes, no bom relacionamento com os fornecedores e também na existência de barreiras à entrada de novos concorrentes no setor.

Política de Comunicação: Política que divulga a empresa, seus produtos e marcas, através de publicidade, propaganda, promoção e relações públicas.

Política de Consumo: Política voltada a criar e manter consumidores.

Política de Desconto: Política que dá desconto em relação ao preço de lista, sob a forma de moeda corrente ou alguma outra coisa de valor, podendo ser até produto.

Política de Distribuição: Política voltada para a melhoria dos meios de transporte e dos intermediários da distribuição.

Política de Dividendos: Política voltada à distribuição do lucro, sob a forma de dividendos. Historicamente, os dividendos foram a remuneração dos acionistas.

Política de Estoque: Política que é encarada como um instrumento nos processos de criação e satisfação da demanda. Entretanto, não é realista do ponto de vista do custo que a empresa mantenha um estoque que, virtualmente, garanta a possibilidade de executar todos os pedidos imediatamente. Uma razão importante é que o custo de estoque aumenta a uma taxa crescente, à medida que o nível de serviço ao cliente se aproxima do ideal.

Política de Exportação: Política voltada a atender as exigências do comércio internacional que é exigente, dinâmico e muito competitivo. Custo, qualidade e entrega é o chamado trinômio da competência internacional.

Política de Fabricação: Política como processo ordenado em função da estratégia global da empresa. O processo de determinação desta política é justamente o meio que a alta administração tem à sua disposição para realmente dirigir a produção.

Política de Gastos Públicos: Política de despesas do governo para o bem da sociedade, isto é, tem aspecto social.

Política de Marketing: Política voltada a atender as necessidades dos consumidores.

Política de Motivação: Política voltada, principalmente, para remuneração, incentivo e motivação das pessoas. Também se refere ao nível de expectativa e de expectação dos funcionários.

Política de Negociação: Política que visa preparar o processo de negociação, trabalhando suas fases que são: preparação, planejamento, iniciação, avaliação, movimentação, desfecho e análise do resultado.

Política de Negócio: Política voltada a comparar os resultados econômicos com os custos da manutenção de um negócio.

Política de Padronização: Ver padronização.

Política de Penetração: Política voltada para preços baixos e grande volume negociado. Aqueles que estabelecem preços baixos acreditam que haja uma correlação entre preço e volume comprado, dessa forma, gerando uma maior demanda. Tal política é adequada a novos produtos.

Política de Pessoal: Política voltada, principalmente, para remuneração, incentivo e motivação das pessoas (recursos humanos). Também se refere a avaliar o nível de expectativa e de expectação dos funcionários.

Política de Portfólio: Política voltada para o desenvolvimento e criação de meios inovadores de divulgação, visando reforçar a imagem do mostruário (catálogo).

Política de Preço: Política voltada a administrar o conflito entre desconto e fixação de preço.

Política de Preço Fixo: Política que atribui um único preço ao produto e o oferece a todos os consumidores que comprem a mesma quantidade sob as mesmas condições. Tal política dá um tratamento igual a todos os consumidores e elimina o tratamento diferenciado, que provoca descontentamento.

Política de Preço Flexível: Política em que os mesmos produtos e quantidades são oferecidos a preços diferentes (preços negociáveis). Tais preços oscilam em função do potencial de compra do consumidor.

Política de Preço Nivelado: Política que procura manter os preços ao nível da concorrência, lastreando a ação de vendas em promoção, liquidação e queima de estoques.

Política de Prevenção de Acidentes: Política que começa pela conscientização do que seja um acidente, seus efeitos e os problemas que causa. O custo direto do acidente é o total das despesas decorrentes das obrigações para com os empregados expostos aos riscos inerentes ao exercício do trabalho, como as despesas com assistência médica e hospitalar aos acidentados e suas respectivas indenizações, sejam estas diárias ou por incapacidade permanente. Em geral, estas despesas são cobertas pelas companhias de seguro. O custo indireto do acidente do trabalho envolve todas as despesas de fabricação, despesas gerais, lucros cessantes e demais fatores cuja incidência varia conforme a indústria. O custo indireto representa quatro vezes o custo direto do acidente no trabalho.

A seguir, examinaremos dois coeficientes importantes no estudo da estatística do trabalho: Coeficiente de Frequência (CF) = Acidentes com Afastamento × 1.000.000 / homens-hora trabalhada; Coeficiente de Gravidade (CG) = Dias Perdidos × 1.000.000 / homens-hora trabalhada.

Exercício: Sabendo-se que a empresa ABC tem 1.000 (mil) funcionários, a jornada de trabalho é de 8 horas com 22 dias trabalhados por mês, perguntam-se quais são os coeficientes de frequência e de gravidade, quando houve 56 casos de acidentes com afastamento e os dias parados foram de 112 dias, no ano.

Cálculo de homens-horas trabalhado por ano (H / h):

H / h = (8 × 22 × 12) × 1.000 = 2.112.000

CF = 56 × 1.000.000 / 2.112.000 = 26,51

CG = 112 × 1.000.000 / 2.112.000 = 53

Análise: Após o registro de uma série histórica, a empresa poderá estabelecer índices de performance.

Política de Prevenção de Incêndio: Política que pode ser praticada desde que as pessoas saibam o que provoca o incêndio e como fazer para a sua extinção. O fogo que provoca um incêndio é uma reação química onde os seguintes elementos devem estar presentes: combustível (sólido, líquido ou gasoso), comburente (geralmente o oxigênio da atmosfera) e catalizador (a temperatura). A extinção de um incêndio pode ser feita por meio dos seguintes princípios: remoção ou isolamento (neutralização do combustível), abafamento (neutralização do comburente) e resfriamento (neutralização da temperatura).

Política de Prevenção de Roubos: Política que inclui: controle de entrada e saída de pessoal, controle de entrada e saída de veículos, estacionamento fora da área da empresa, ronda pelos terrenos da mesma e pelo seu interior, registro de máquinas, equipamentos e ferramentas, controle contábil.

Política de Produção: Política voltada a otimizar recursos, visando o lucro máximo ou custo mínimo.

Política de Produto: Política voltada a manter vivo o produto, a marca e a imagem da empresa, através de um reestudo da embalagem, do desenho, das especificações, das características e do composto mercadológico do produto. Em relação ao tipo de produto, as políticas podem ser de: simplificação (fabrica uma variedade reduzida de produtos) e diversificação (fornece ao mercado uma linha bastante variada de produtos).

Política de Promoção: Política que leva o produto ao consumidor, procurando tornar o mesmo mais interessante e atrativo depois que o consumidor o vê (influência direta). A promoção de vendas é o lugar comum dos diversos instrumentos que estão classificados como propaganda, venda pessoal e publicidade.

Política de Público-Alvo: Política voltada a definir que produtos devem ser oferecidos a determinado público-alvo, bem como que preços negociar e que recursos utilizar. Ajuda a empresa a decidir sobre que estratégia ou tática adotar, caso não haja venda de um determinado produto, e também como enfrentar a concorrência, determinar qual o capital de giro necessário para levar a empresa a atender o mercado, fazendo com que os recursos humanos da organização tenham uma atitude proativa em relação ao cliente consumidor, atendendo-o da melhor maneira possível.

Política de Qualidade: Política voltada à conscientização da necessidade da qualidade em tudo que se faz na empresa.

Política de Recrutamento: Política voltada a buscar as pessoas para o preenchimento dos cargos e funções da empresa.

Política de Recursos: Política voltada a atualizar informações do mercado de recursos.

Política de Recursos Humanos: Política que procura condicionar o alcance dos objetivos e o desempenho das funções pessoais. Serve para prover respostas às questões ou aos problemas que podem ocorrer com certa frequência, fazendo com que os subordinados procurem, desnecessariamente, seus supervisores para esclarecimento ou solução. A rigor, tal política deve abranger as seguintes subpolíticas: A política de suprimento (fontes de recrutamento, critérios de seleção, admissão e integração de novos empregados, promoção e dispensa de funcionários); A política de aplicação (requisitos básicos da força de trabalho, alocação e movimentação interna, critérios de avaliação e adequação, horário de trabalho, férias, condições ambientais); A política de manutenção (critérios de remuneração, comparação com os níveis do mercado, faixas salariais, incentivos, benefícios, mecanismos de motivação, plano de carreira, integridade do funcionário); A política de desenvolvimento (treinamento, educação, reciclagem, performance, atribuições, responsabilidade social): A política de assistência (atividades sociais, recreação, seguro de vida, saúde, higiene e limpeza, pensão, segurança, acidentes); A política de controle (banco de dados de candidatos, critérios de avaliação de desempenho, auditoria); A política de relações (contrato de trabalho, queixas, arbitragem, cooperativa, clube, colônia de férias, relação com sindicatos); A política de demissão (conjunto de regras).

Política de Regulamentação Governamental: Ver regulamentação governamental.

Política de Relacionamento: Política que ajuda a manter um bom relacionamento com consumidores, funcionários, auditores, fornecedores, colaboradores, pacientes, concorrentes, agentes do governo, empresas, universidades, institutos de pesquisa, sindicatos.

Política de Renda: Política que acompanha o nível de renda dos consumidores, o valor do PIB, o número de empregos, o valor da massa salarial, as desigualdades regionais, a recessão mundial.

Política de Risco: Política voltada a minimizar o risco de uma decisão, buscando um tratamento que seja o melhor possível para a ocasião.

Política de Segmentação: Política que objetiva tratar cada consumidor, ou grupo de consumidores, de acordo com as suas características. Para isso, é fundamental: conhecer o consumidor e suas necessidades; conhecer a imagem que o consumidor faz da empresa.

Política de Segurança Condominial: Política que está fundamentada nos seguintes elementos: síndico, porteiro, condômino, infraestrutura e estranhos ao edifício.

Política de Segurança no Trabalho: Ver segurança no trabalho.

Política de Seleção de Pessoas: Ver seleção de pessoal.

Política de Treinamento: Política voltada a desenvolver, treinar e educar funcionários.

Política de Vendas: Política voltada a definir quais produtos devem ser ofertados a determinado público-alvo, bem como que preço negociar.

Política do Conhecimento: Política voltada a reconhecer o conhecimento como peça fundamental para a empresa, pois maior será a importância da diversidade, da flexibilização e da competição. Esse fato também suscitará questões significativas sobre o conhecimento e fará com que alternativas para a política do conhecimento se façam, cada vez mais, necessárias. Está ficando cada vez mais claro que o conhecimento não é um bem absoluto em si mesmo do que qualquer outra coisa. Este pode ser neutro, mas a neutralidade não se aplica de modo algum ao que fazemos com ele.

Política Específica: Política utilizada em um determinado setor da empresa.

Política Estabelecida: Política implantada pela alta administração.

Política Explícita: Política expressa em afirmações escritas ou orais. Normalmente estas políticas são apresentadas de maneira formal (escrita), para quem toma decisões, de modo a ajudá-lo a saber como escolher entre alternativas.

Política Financeira: Política voltada para o emprego, captação, proteção do capital e distribuição dos lucros.

Política Fiscal: Política voltada a conciliar a necessidade de manter o alto nível de despesas governamentais e os requisitos da sociedade, cabendo às empresas agirem com base no interesse público.

Política Geral: Política fundamentada na filosofia da organização, que desenvolvida no nível institucional, relaciona-se com aspectos globais da empresa. Todas as demais políticas deverão conformar-se com esta.

Política Heterodoxa: Política que se apresenta como uma das causas da inflação, por utilizar mecanismos de indexação.

Política Implícita: Política não falada que é baseada na observação de pessoas mais experimentadas e preparadas; Política que não é expressa por escrito, porque muitas vezes reflete ilegalidade ou uma ética questionável.

Política Imposta: Política, normalmente, determinada pelo governo e amparada na lei.

Política Industrial: Política voltada a adequar a empresa (organização) ao imperativo tecnológico;

Política Monetária: Política voltada a observar: a taxa de inflação, a base monetária (quantidade de moeda em circulação), a cotação do dólar, a dívida externa, o déficit público, a dívida interna, o depósito compulsório dos bancos, a balança de pagamentos.

Política Operacional: Política desenvolvida para os aspectos específicos da atividade empresarial, como: de redução de custos, de compras por lote econômico, de salários equitativos, de controle de qualidade, de otimização de recursos, por exemplo.

Política Organizacional: Política voltada a reconhecer que as economias de mercado geram desequilíbrios graves entre a capacidade produtiva e a demanda, cuja correção passa por períodos depressivos. Então, se faz necessária a intervenção do estado, porque tal tipo de economia tem concentrado a riqueza na mão de poucos, agravando a desigualdade entre as pessoas. Quando o governo passa a ser fator preponderante na distribuição da renda, na tributação e no investimento, praticamente todo administrador deve levar em conta a política fiscal do governo no planejamento estratégico de sua empresa. O papel importante desempenhado por esta política tem significativo impacto em todas as organizações.

Política Protecionista: Política voltada a observar as atitudes do governo quanto a medidas antidumping, barreiras fitosanitárias, alíquotas de importação, nem sempre dentro dos princípios do livre comércio.

Política Pública: Uma boa política pública pode estar pautada em: déficit zero, redução do custeio do Estado, redução do número de cargos de confiança, redução da estrutura organizacional, melhor remuneração do servidor, transparência, auditoria externa, conselhos de ética, recuperação das malhas rodoferroviárias, racionalidade da matriz energética e revolução da educação ambiental, por exemplo.

Política Salarial: Política voltada para o cargo, o salário e a promoção.

Política Social: Política voltada a criar e manter um bom clima organizacional.

Política Solicitada: Política, geralmente, encaminhada por subordinados.

Política Tecnológica: Ver tecnologia.

Política Tributária: Política voltada a observar as atitudes do governo quanto a: arrocho fiscal, juros altos, alíquotas do imposto de renda.

Política Verde: Política de tratamento dos despejos, efluentes de toda espécie, materiais de embalagem e policiamento às agressões aos rios, mares, lagos, lagoas, matas, florestas e oceanos.

Politicamente Correto: Administrador que deve: usar de cautela ao aceitar conselhos, evitar relação entre superior e subordinado muito íntima, manter jogo de cintura e usar resistência passiva quando necessária, não hesitar em ser implacável quando conveniente, limitar o que deve ser comunicado, reconhecer que raramente são guardados segredos na organização, aprender a não depender muito de um subordinado, a menos que veja nele lealdade, estar disposto a transigir em pequenas coisas, ser hábil em dramatização e ser um negociador persuasivo, irradiar autoconfiança, dando demonstração de sucesso material, evitar a rigidez burocrática, lembrar de elogiar em público e censurar isoladamente, ser compreensivo e receptivo em relação às opiniões que difiram das suas.

Polo Comercial: Associação de varejistas para incrementar o comércio de uma determinada localidade. O polo comercial para sobreviver precisa ser atraente.

Polo de Negócios: Lugar comum onde são praticados atos de negócio; Ver negócio.

Poluição: Ver política ambiental.

Ponto Comercial: Local que será utilizado para comercialização.

Ponto de Equilíbrio: Quantidade de equilíbrio; Ver gráfico do ponto de equilíbrio.

O ponto de equilíbrio é dado pela fórmula: Ponto de Equilíbrio = Custo Fixo / Margem de Contribuição

Onde: Custo Fixo = Custo que existe independente de haver ou não produção; Margem de Contribuição = Diferença entre o preço de venda e o custo variável unitário do produto; Custo Variável = Custo que oscila diretamente com o volume de bens e serviços produzidos

Exemplo: Custo Fixo = $ 100.000,00; Preço de Venda do Produto (Pv) = $ 50,00; Custo Variável Unitário do Produto (Cv) = $ 30,00; Margem de Contribuição = (Pv - Cv) = 50,00 - 30,00 = $ 20,00; Ponto de Equilíbrio = 100.000 / 20 = 5.000

Análise: No ponto de equilíbrio não há lucro nem prejuízo. No exemplo acima, a empresa precisa produzir a quantidade de 5.000 produtos para chegar ao ponto de equilíbrio. Quanto maior a margem de contribuição, menor é a quantidade a produzir para se chegar ao equilíbrio, e vice-versa. O fator que mais pesa no cálculo do ponto de equilíbrio é o custo fixo.

Ponto de Estocagem: Lugar onde se faz estocagem; Armazém; Depósito.

Ponto de Inflexão: Ponto em que a curva muda de direção.

Ponto de Inspeção: Ponto em que se verifica a qualidade do produto.

Ponto de Pedido: Ponto em que se verifica a necessidade da compra de estoque; Ponto de reabastecimento; Ponto de recompra.

Ponto de Ruptura: Ponto do caixa que é o limite de uma empresa antes de quebrar. Quando se retira, do custo fixo, determinadas despesas, como: honorários, impostos, taxas, recolhimentos obrigatórios (FGTS, encargos sociais, INSS), provisões e fundos, o custo fixo passa a ser menor. O ponto de ruptura (PR) é dado pela fórmula: PR = (CF - d) / (Pv - Cv). Onde: CF = Custo fixo; d = Diferença relativa a despesas não pagas; Pv = Preço de venda; Cv = Custo variável unitário; Ver gráfico do ponto de ruptura.

Ponto de Tangência: Ponto da curva, cuja tangente determina o grau de inclinação da curva em relação ao eixo das ordenadas.

Ponto Forte: Elemento que ajuda no planejamento estratégico da empresa.

Ponto Fraco: Elemento que atrapalha no planejamento estratégico da empresa.

Pontualidade: Característica de cumprir horário. A falta de pontualidade demonstra a incapacidade de bem administrar o tempo.

População: Conjunto de indivíduos da mesma espécie, localizado num determinado espaço e tempo, contendo certos atributos de um universo.

População Alvo: Expressão que se refere a um grupo de pessoas, no qual deve ser recolhida a amostra relativa à pesquisa.

Portabilidade: Facilidade de transporte de um local para outro.

Portfólio: Material diverso, como: desenhos, estampas, gravuras, fotos, que mostram os produtos que um vendedor apresenta a um potencial comprador.

Posição de Assessoria: Ver assessoria.

Posição de Linha: Ver linha.

Posição de Mercado: Posição que uma empresa tem no mercado, em relação ao volume de vendas.

Posição Estratégica: Ver estratégia.

Posicionamento: Ato de desenvolver a oferta e a imagem da empresa, de maneira que ocupem uma posição competitiva distinta e significativa nas mentes dos consumidores que se quer atingir; Ver estratégia de posicionamento.

Posicionamento da Marca: Ver índice de marca.

Postergação: Tendência a deixar as tarefas para mais tarde, desperdiçando tempo com isso. Existem diversas razões para que as pessoas posterguem suas tarefas, deveres e responsabilidades na vida profissional e na vida pessoal.

Posto: Posição hierárquica de um determinado cargo na estrutura organizacional.

Posto de Trabalho: Local onde uma pessoa executa um trabalho. A organização do posto de trabalho consiste em determinar um lugar para cada coisa, de modo que a tarefa seja mais eficiente.

Postura Estratégica: Atitude proativa para aceitar a administração estratégica como a melhor forma de resolver problemas empresariais.

Pós-Venda: Ver serviço pós-venda. É comum o consumidor (usuário ou paciente) necessitar de instruções adicionais para uso do produto, tendo em vista que os manuais nem sempre são, suficientemente, claros.

Potencial: Conjunto de qualidades que alguém possa desenvolver.

Potencial Criativo: Potencial que pode ser desenvolvido ou transformado em novas habilidades.

Potencial de Mercado: Limite que tende à demanda de mercado, à medida que o esforço da empresa tende ao infinito, para determinado ambiente, isto é, a receita máxima com vendas que a empresa, de um determinado setor, pode conseguir num período de tempo.

Potencial Empresarial: Potencial que está voltado a responder rapidamente às transformações externas, que são as principais responsáveis pelos problemas internos da empresa.

Poupança: Valor da renda nacional não consumida em um determinado período.

Poupança Externa: Saldo da balança de pagamentos (transações correntes), com sinal trocado.

Pragmatismo: Corrente filosófica que enfatiza aspectos práticos.

Prática: Maneira de agir que evolui à medida que mais trabalhamos o objeto de estudo. O motivo de ser prático é que gera resultados imediatos.

Prazo: Tempo determinado; Espaço de tempo durante o qual se deve realizar algum evento, processo, atividade, pagamento, tarefa, alguma coisa.

Prazo de Entrega: Prazo dado pelo fornecedor para entrega de determinado material.

Prazo de Garantia: Ver garantia.

Prazo de Validade: Período de tempo de armazenamento no qual o produto é conservado de modo a manter suas características físico-químicas para consumo. Neste sentido, é importante ressaltar que a partir do momento em que ocorre a abertura do lavre original, perde-se imediatamente o prazo de validade informado pelo fabricante.

Prazo do Projeto: Prazo estabelecido com antecedência para cada etapa do projeto, através de cronogramas, mesmo que tenham de ser reformulados, posteriormente. A utilização de estimativas se faz necessária, quando o projeto é sobre um problema em que nosso conhecimento é pouco preciso, devido a um embasamento de relativa qualidade.

Prazo Efetivo: Prazo que deve ser eficiente e eficaz ao mesmo tempo.

Prazo Médio: Prazo de todo e qualquer projeto apurado no mercado a que se propõe.

Prazo Médio de Compras: Prazo dado pela fórmula:

Prazo Médio de Compras = Somatório Ponderado das Compras em Dias / Total de Compras

Exemplo:

Prazos	Valor de Compras	Fator da Ponderação	Total
À Vista	2.600,00	0	0,00
30 Dias	5.300,00	30	159.000,00
45 Dias	4.800,00	45	288.000,00
90 Dias	4.800,00	90	432.000,00
Total	17.500,00	-	879.000,00

Resposta: Prazo médio de Compras = 879.000,00 / 17.500,00 = 50 dias

Análise: Um prazo médio de compras da ordem de 50 dias é razoável, pois indica que o capital imobilizado em matérias-primas e insumos é de curto prazo.

Prazo Médio de Pagamento: Prazo dado pela fórmula:

Prazo Médio de Pagamento = (Valores a Pagar × 360 dias) / Compras Efetuadas

Onde: Valores a Pagar = Contas a Pagar = Levantamento que se faz, numa data qualquer, para determinar quanto, em dinheiro, a empresa terá de pagar aos seus credores e fornecedores

Exemplo: Valores a Pagar = $ 2.000,00; Compras Efetuadas = $ 8.000,00; Prazo Médio de Pagamento = (2.000 × 360 dias) / 8.000 = 0,25 × 360 dias = 90 dias

Análise: Este indicador objetiva mostrar o período médio que a empresa leva para saldar seus compromissos com fornecedores. Esta medida, para efeito de análise, tem importância se comparada com o prazo médio de recebimento. Se prazo médio de pagamento é menor que prazo médio de recebimento, a situação financeira, normalmente apertada, exige maior quantidade de capital de giro próprio. Se prazo médio de pagamento é maior que prazo médio de recebimento, a situação financeira é mais tranquila, haja vista que se está trabalhando com capital de terceiros.

Prazo Médio de Recebimento: Prazo dado pela fórmula:

Prazo Médio de Recebimento = (Valores a Receber × 360 dias) / Receita Bruta

Onde: Valores a Receber = Recebíveis; Receita Bruta = Total nominal das vendas, onde não são consideradas as deduções (descontos, impostos e devolução).

Exemplo: Valores a Receber = $ 1.000,00; Receita Bruta = $ 12.000,00; Prazo Médio de Recebimento = (1.000 × 360 dias) / 12.000 = 0,083 × 360 dias = ± 30 dias

Análise: O prazo médio de recebimento indica o número médio de dias necessário para a cobrança de uma conta. Comparando-se o prazo normalmente concedido pela empresa com os eventuais prazos de recebimento, teremos indícios de problemas (ou não) na cobrança. A liquidez dos valores a receber dependerá da sua velocidade de cobrança.

Prazo Médio de Vendas: Prazo dado pela fórmula:

Prazo Médio de Vendas = Somatório Ponderado das Vendas em Dias / Total de Vendas

Exemplo:

Prazos	Valor de Vendas	Fator da Ponderação	Total
À Vista	5.200,00	0	0,00
30 Dias	7.400,00	30	222.000,00
45 Dias	6.200,00	45	279.000,00
60 Dias	2.100,00	60	126.000,00
Total	20.900,00	-	627.000,00

Resposta: Prazo médio de Vendas = 627.000,00 / 20.900,00 = 30 dias

Análise: Um prazo médio de vendas de 30 dias é muito bom, indicando que os produtos da empresa têm alta liquidez no mercado.

Precedência: Ação de presteza para com todo e qualquer consumidor cativo. Este consumidor deve ter tratamento especial.

Precificação: Metodologia de dar preço a um produto.

Precisão: Qualidade de ser preciso. A precisão é muito utilizada na escolha da palavra certa para a ideia que se quer exprimir. A impropriedade dos termos torna a linguagem obscura. Para cada ideia é preciso dispor de um vocábulo exato, caso contrário, as impressões serão vagas.

Precisão da Comunicação: Precisão que não se refere tanto ao uso de vocabulário rico, mas ao emprego de termos necessários e suficientes à elucidação daquilo que se quer transmitir.

Preço: Razão de troca entre o objeto que se negocia e qualquer outro. Em geral, uma unidade monetária determina o preço. Então, um bem ou serviço pode ser avaliado como caro ou barato, em função do mercado, da necessidade do comprador, da persuasão do vendedor, da escassez, da fartura, do governo.

Preço Absoluto: Preço específico de determinado bem ou serviço. Não há como comparar tal preço com outro.

Preço Abusivo: Preço que tem um valor elevado, porque o produto não tem concorrência.

Preço Baixo: Preço oferecido para fazer frente à concorrência, causando, geralmente, perda de qualidade. O que está ocorrendo é uma evidente transferência de renda da indústria para o varejo, que faz valer seu poder de fogo nas negociações com fornecedores.

Preço com Desconto: Preço correspondente à diferença entre o valor de face (nominal) e o desconto concedido; Ver desconto.

Preço Composto: Preço que é somatório de taxa fixa mais uma taxa variável de uso, cobrada à parte.

Preço Concorrente: Preço que ajuda a empresa a estabelecer sua política de preço. Desde que esta esteja consciente dos preços dos concorrentes, ela pode usá-los como ponto de referência para seu próprio preço.

Preço de Equilíbrio: Preço que faz igualarem-se a procura e a oferta. É importante observar que existem vários fatores que provocam deslocamentos das curvas de oferta e procura, com evidentes mudanças no preço de equilíbrio.

Preço de Exercício: Preço estabelecido para um período de um ano.

Preço de Imagem: Preço do mesmo produto em dois níveis diferentes, baseados nas diferenças de imagem.

Preço de Licitação: Preço orientado para a concorrência pública, quando as empresas participam de licitações. Elas estabelecem seus preços baseadas na expectativa de como os concorrentes agirão, não levando em consideração seus custos ou suas demandas.

Preço de Linha de Produtos: Preço estabelecido em função da qualidade percebida que justifique a diferença de preço.

Preço de Lista: Preço base; Preço que é determinado como ponto de partida para o valor de um novo produto. Em outras palavras, o preço de lista é o preço que, normalmente, os compradores são solicitados a pagar.

Preço de Markup: Preço que é igual ao custo mais uma margem de contribuição. O preço de markup funciona apenas se a empresa obtiver realmente o volume de vendas esperado.

Preço de Mercado: Preço que o mercado pode pagar; Preço que se pauta por uma ordem de justiça proveniente do inconsciente da sociedade. Quando os custos são de difícil mensuração ou a resposta dos concorrentes é incerta, as empresas percebem que o preço de mercado representa uma boa solução.

Preço de Ocasião: Preço especial que em certas épocas é promovido para atrair mais consumidores.

Preço de Penetração: Preço baixo na esperança de que o volume vendido seja grande.

Preço de Prestígio: Preço para transmitir uma imagem de alta qualidade e alto status. Alguns consumidores veem as características tangíveis de um produto como de importância distinta na escolha entre os produtos disponíveis.

Preço de Referência: Preço tomado como referência para ser comparado com o preço cobrado por um concorrente.

Preço de Rendimento: Preço, frequentemente, usado por hotéis e linhas aéreas para assegurar alto nível de ocupação.

Preço de Resgate: Valor pago antes do vencimento de um título.

Preço de Sobrevivência: Preço para garantir a permanência no mercado (valor no ponto de equilíbrio). Embora algumas empresas sejam, suficientemente, fortes para tentar preços que eliminam os concorrentes do negócio, outras usam uma política de preço que visa simplesmente a sua permanência no mercado. Frente a lucros declinantes, certas empresas usam preços flutuantes até passar a crise.

Preço de Transferência: Preço praticado dentro da organização (unidades, subsidiárias) igual aquele praticado pelo mercado; Preço que induzirá todo mundo, dentro da organização, a tomar as decisões certas, ou seja, as decisões que aumentam o lucro.

Preço de Valor: Preço que parte do pressuposto de que o preço deve representar uma oferta de alto valor para os consumidores.

Preço de Valor Percebido: Preço baseado no valor percebido pelos consumidores. Tal preço ajusta-se bem à ideia de posicionamento do produto.

Preço de Venda: Preço resultante da soma do custo total de fabricação do produto mais uma margem de lucro.

Preço Diferenciado: Preço discriminatório que ocorre quando uma empresa vende um produto com dois ou mais preços que não refletem diferença proporcional ao custo. Exemplos muito comuns são preços com descontos para dias de fraco movimento.

Preço Duplo: Preço que é determinado por dois métodos diferentes.

Preço do Produto: Ver preço de venda.

Preço Geográfico: Preço para consumidores localizados em diferentes lugares. O problema é se a empresa deve cobrar preços maiores para consumidores mais distantes e como enviar e receber a fatura.

Preço Internet: Preço virtual dado por um site, permitindo que os compradores comparem produtos e preços de maneira rápida e fácil, tendo uma melhor posição para barganhar.

Preço Isca: Preço de um produto abaixo do custo para atrair consumidores a comprar outros produtos bem mais caros; Preço praticado para mostrar que o varejo vende muito barato todos os seus produtos.

Preço Justo: Valor subjetivo, em função do público-alvo a quem o produto é ofertado. O preço justo era assim prescrito como uma obrigação religiosa, não cumpri-la tornava o perpetrante sujeito não só à condenação moral da comunidade, mas também às sanções religiosas cabíveis, se não neste mundo, então no vindouro.

Preço Lucro por Ação: Preço dado pela fórmula: Preço Lucro por Ação = Lucro por Ação / Preço de Mercado

Onde: Preço de Mercado = Preço que o mercado pode pagar

Exemplo: Lucro por Ação = $ 0,20; Preço de Mercado = $ 2,00; Preço Lucro por Ação = 0,20 / 2,00 = 0,10

Análise: O preço lucro por ação é um importante parâmetro utilizado no mercado de ações. O preço lucro por ação (PLA) revela ao investidor que, naquele momento, ele está comprando uma ação que, através do lucro por exercício, levará 10 anos para lhe devolver o dinheiro investido, como mostrado no exemplo.

Preço Meta: Preço estimado de um produto que os consumidores potenciais estarão dispostos a pagar.

Preço Pacote: Preço estabelecido para um conjunto de produtos. A economia decorrente da compra do pacote deve ser substancial para induzir o consumidor a comprá-lo; Ver pacote.

Preço Padrão: Preço cuidadosamente determinado que uma empresa espera receber por uma unidade de produto.

Preço Piso: Preço mais baixo que pode ser escolhido, geralmente, pelo fabricante.

Preço por Localização: Preço diferente em vários locais, embora o custo da oferta seja o mesmo.

Preço por Período: Preço cobrado em função das estações climáticas, como também para mês, dia ou hora.

Preço por Segmento: Preço desigual a diferentes grupos de consumidores pelo mesmo produto.

Preço Predatório: Preço praticado abaixo do custo para solapar a concorrência.

Preço Promocional: Preço baixo, cuja função é atrair consumidores.

Preço Psicológico: Preço que considera os aspectos psicológicos e não somente os aspectos econômicos. Embora a ideia que ampara o preço psicológico é a de fazer com que ele pareça mais baixo, como também para enfatizar o relacionamento entre preço e qualidade.

Preço Qualidade: Preço que é considerado quando a qualidade do produto é exclusiva e única.

Preço Relativo: Ver preço de referência.

Preço Teto: Preço mais alto que pode ser atribuído a um produto, em função dos consumidores que o classificam como de grande valor.

Preconceito: Juízo previamente formulado.

Predição: Previsão baseada numa expectativa, isto é, situação em que o futuro tende a ser diferente do passado, mas a empresa não tem nenhum controle sobre o seu processo e desenvolvimento.

Predisposição: Característica que uma pessoa demonstra ter toda habilidade para fazer determinada atividade.

Preferência: Vantagem assegurada por lei ou pelo costume a determinado direito; Atendimento prioritário do cliente.

Preferência do Consumidor: Preferência voltada para um determinado produto/marca demonstrada por um consumidor. Os consumidores simplesmente diferem bastante no que desejam com relação aos produtos. Se houver várias marcas no mercado é provável que demonstrem preferências diferenciadas.

Prejuízo: Resultado negativo; Aquilo que é contrário de lucro.

Preleção: Reunião em que uma pessoa tenta persuadir outras a aceitar uma ideia. O tom da preleção não pode ser o do discurso. As ideias não podem ser vagas ou abstratas, ao contrário, elas têm que ser substanciais e concretas.

Prêmio: Remuneração indireta com a intenção de motivar o funcionário a buscar, constantemente, maior desenvolvimento. Os prêmios podem ser materiais (dinheiro, carro, viagem) e morais (diploma, placa, distintivo e taça).

Prêmio de Qualidade: Prêmio conferido às empresas que se destacaram no controle de qualidade de seus produtos. Tal prêmio é fundamentado na premissa de que qualidade e administração andam de braços dados.

Premissa: Conclusão lógica e antecipada, fruto de estudos e experiências anteriores. As premissas servem de base para mostrar coisas evidentes, difíceis de serem contrariadas. O conhecimento de premissas é de extrema valia para a solução de problemas.

Preparação: Fase de um processo em que o indivíduo obtém informações, habilidades, ferramentas e técnicas que o ajudarão a iniciar um determinado trabalho.

Preparação do Orçamento: Função complexa que exige uma atividade contínua de preparação e de análise, em estreita colaboração entre os vários setores empresariais. Mas se forem bem preparados, constituem mais do que meras estimativas.

Prepotência: Característica inata de um líder ou empreendedor. Despojada de seu sentido pejorativo é considerada uma qualidade inata, pessoal, praticamente fisiológica.

Pré-Seleção: Fase que antecede a seleção propriamente dita e vem logo após o recrutamento.

Preservação Ambiental: Movimento que envolve todos de uma sociedade para o tratamento dos resíduos de embalagens e outras formas de poluição, pois constituem um problema de saúde pública.

Presidência: Cargo maior de uma organização. O sucesso da empresa depende da maneira como a presidência está organizada e como aloca o seu tempo de acordo com as diversas funções que deve exercer. As tarefas da presidência, raramente, são contínuas, mas, quando surgem, são urgentes e tomam um tempo considerável. Tudo isso, leva o presidente a ter habilidades para trabalhar incertezas, conflitos e mudanças, como também a desempenhar papéis, tais como: executivo, filósofo, político, negociador e estrategista, por exemplo.

Pré-Sintoma: Prenúncio de um sintoma.

Prestação de Serviço: Ver serviço. A prestação de serviço se caracteriza pelo alto grau de integração entre o contratante e o contratado. Na prestação de serviço o grande desafio é a diferenciação, a inovação, a criatividade e o atendimento, por exemplo, já que tudo é muito parecido.

Prestador de Serviço: Pessoa contratada para executar um serviço.

Prevenção de Acidentes: Ver política de prevenção de acidentes.

Prevenção de Incêndio: Ver política de prevenção de incêndio.

Prevenção de Roubo: Ver política de prevenção de roubo.

Pré-Venda: Fase prospectiva que antecede a venda propriamente dita.

Prever: Função administrativa para dimensionar uma situação futura (para um determinado período), a partir de dados, informações e recursos presentes e existentes.

Previsão: Tentativa de determinação de futuros eventos, que poderão ocorrer (registros de uma série probabilística) ou não. Toda previsão é, por definição, errada, porque não há um grau de certeza absoluta.

Previsão para Compras: Atividade anterior à solicitação de compras; Ver lista de compras.

Previsão de Curto Prazo: Previsão voltada especialmente para as flutuações sazonais, variação da renda do consumidor e densidade demográfica.

Previsão de Demanda: Previsão baseada nos desejos e necessidades do mercado. Portanto, prever corretamente o nível da demanda é importante para controlar o fluxo dos produtos através do sistema de logística.

Previsão de Longo Prazo: Previsão voltada para atender tendências de mercado e que são reavaliadas periodicamente.

Previsão de Mercado: Ver demanda de mercado.

Previsão de Negócio: Previsão baseada na série histórica de resultados da empresa.

Previsão de Vendas: Estimativa de situação futura, em função de um mercado conhecido de um dado produto; Previsão esperada, baseada em um plano estratégico escolhido em um ambiente pressuposto de marketing. A previsão de vendas significa a previsão de receita da empresa e se constitui, portanto, no elemento básico da orientação gerencial. As previsões de vendas mostram a demanda esperada de mercado e não a demanda de mercado mais elevada possível. A previsão de vendas é feita, por meio de modelos matemáticos.

Previsão Econômica: Previsão voltada a medir o valor econômico do mercado.

Previsão Estatística: Previsão baseada em dados históricos, onde se aplicam técnicas estatísticas para se projetar futuros cenários.

Previsão Extrapolada: Previsão fundamentada na hipótese de que o cenário futuro continuará sem grandes alterações, isto é, o mercado continuará a obedecer a sua evolução histórica, gradativamente.

Previsão Industrial: Conhecimento dos prováveis movimentos de cada concorrente e da sua capacidade de responder às mudanças tecnológicas e ambientais.

Previsão Interna: Conjunto de informações enviadas pelos departamentos da empresa sobre a necessidade de recursos para poderem atender à expectativa de demanda.

Previsibilidade: Grau de precisão com o qual um evento pode ser descrito, quando uma empresa é obrigada a iniciar certa resposta, caso a mesma deva ser completada à época da chegada do evento. Deve-se lembrar que a previsibilidade é uma medida de quão completa e inequívoca é a informação disponível à empresa no momento em que deve reagir, para que sua resposta seja oportuna. Previsibilidade elevada quer dizer que a informação é adequada, para definir e avaliar alternativas específicas. Uma previsibilidade reduzida é encontrada na situação em que a informação é parcial, as alternativas de ação ainda não estão claras e, tampouco, suas consequências.

Primeira Revolução Industrial: Revolução do carvão e do ferro. Caracterizou-se pela mecanização da indústria e da agricultura, aplicação da força motriz à indústria, desenvolvimento do sistema fabril e espetacular aceleração dos transportes e das comunicações. Também conhecida como a revolução inglesa, esse período foi impulsionado pela indústria têxtil, a mecanização da agricultura, a aplicação da força motriz e a aceleração dos transportes e das comunicações.

Principal: Representa o valor inicial da dívida; Capital recebido como empréstimo.

Princípio: Verdade genérica, que serve de base às normas (regras). Princípios de administração são, portanto, regras básicas para o trabalho e conduta do administrador.

Princípio da Anualidade: Princípio legal pelo qual todo tributo só pode ser cobrado no ano seguinte à sua criação.

Princípio da Capacidade de Pagamento: As famílias e as empresas devem contribuir com impostos em função de sua capacidade de pagamento.

Princípio da Comunicação: O comunicador deve fazer todo esforço para que a comunicação seja realizada da melhor maneira possível.

Princípio da Demanda: Ver lei de Say.

Princípio da Economia de Movimento: Um arranjo físico (layout) ótimo tende a encurtar a distância entre os funcionários e as ferramentas (equipamentos e máquinas) nas diversas operações de produção de bens e serviços.

Princípio da Exceção: O administrador deve receber relatórios condensados, resumidos, relevantes e sempre comparativos, devendo se preocupar com os desvios.

Princípio da Exclusivibilidade: Um documento para ser efetivo não deve apresentar elementos que nada têm com o objeto de estudo.

Princípio da Fixação de Objetivos: Ver estabelecimento de objetivos.

Princípio da Flexibilidade: Ver flexibilidade.

Princípio da Integração: Ver integração.

Princípio da Estética: Princípio que combina as exigências técnicas com as estéticas, de modo que o ambiente tenha uma disposição harmônica e agradável.

Princípio da Localização: Quanto mais bem definido for o local de ferramentas, máquinas e materiais, melhor será a sequência de movimentos e a utilização de controles.

Princípio da Organização: Ver função administrativa organizar.

Princípio da Orientação: Um bom arranjo físico deve escolher um lugar para o equipamento, de modo que a sua localização seja orientada para facilitar o processo produtivo.

Princípio da Percepção Visual: A boa iluminação é o primeiro requisito para a percepção visual satisfatória. A altura do local de trabalho deve proporcionar a visão de todo o processo, quer esteja o funcionário em pé ou sentado.

Princípio da Racionalidade: Princípio que afirma que toda atividade organizacional deve ser executada com inteligência e lógica.

Princípio da Separação do Controle: As atividades de controle devem ser autônomas, independentes e separadas das atividades que estão sendo controladas.

Princípio da Supressão da Concorrência: Estabelece a necessidade de eliminar a concorrência entre departamentos, agrupando atividades correlatas em um único departamento.

Princípio da Unidade de Comando: Um funcionário deve responder apenas a um chefe.

Princípio do Arranjo Físico: Ver área de trabalho.

Princípio do Benefício: O benefício deve trazer contribuição para a empresa, pelo menos de maneira a ser igual aos seus custos.

Princípio do Controle: Ver função administrativa controlar.

Princípio do Fluxo Progressivo: Quanto mais contínuo for o movimento entre uma operação e a subsequente, sem paradas, voltas ou cruzamentos, tanto para homens quanto para equipamentos, mais correto estará o arranjo físico.

Princípio do Maior Interesse: O departamento que mais interesse tiver por uma atividade deve ter o poder de sua supervisão.

Princípio do Maior Uso: O departamento que mais uso fizer de uma atividade deve ter a mesma sob seu controle.

Princípio do Planejamento: Princípio que vai de encontro à improvisação, ao empirismo, ao procedimento de cambulhada e apologia da prática. Este princípio se baseia em métodos científicos.

Princípio do Preparo: Ver preparação.

Princípio Funcional: Princípio aplicado quando na montagem de uma estrutura organizacional. O princípio funcional, por exemplo, tem grande clareza e alta economia, torna fácil a cada um compreender sua própria tarefa, tem alta estabilidade, mas pouca adaptabilidade. Perpetua e desenvolve aptidões técnicas e funcionais, mas resiste a novas ideias e inibe o desenvolvimento e a visão da alta administração.

Princípio Orçamentário: Todo orçamento tem por obrigação mostrar onde o dinheiro é aplicado e quais são suas fontes de recursos.

Prioridade: Nível de valores relativos, em função de nossas necessidades e objetivos a alcançar.

Privacidade: Necessidade de não revelar informações para o benefício de alguns e a necessidade de garantir a privacidade de outros.

Probabilidade: Chance de um evento ocorrer. A probabilidade de um evento é um número compreendido entre 0 e 1. Se o evento não pode ocorrer, sua probabilidade é zero. Mas, se sua ocorrência é certa, sua probabilidade é um.

Problema: Situação que exige solução. Esta solução (resposta) pode alterar um processo, uma decisão, uma realidade, um objetivo, uma estratégia, uma política, um procedimento, um plano e um projeto, por exemplo; Algo não resolvido, que pode causar discussão, constrangimento, conflito, hesitação, perplexidade, por ser difícil de explicar ou de solucionar, em qualquer campo do conhecimento, e que merece um estudo aprofundado.

Problema a Resolver: Problema cuja resolução dependerá de uma decisão.

Problema Ambiental: Problema trazido do meio externo que compromete a organização.

Problema com Arquivos: Problema relativo a meios e acessos aos documentos arquivados. Uma observação que se deve fazer é que todos os arquivos têm um caráter provisório já que podem mudar de meio, isto é, serem construídos com nova tecnologia.

Problema com Consumidores: Problema com produtos de qualidade inferior, reclamações contra fraudes, ineficiente serviço pós-venda, baixo nível de qualidade no atendimento, campanhas publicitárias malfeitas, falta de calor humano devido ao alto grau de automação, produtos não disponíveis.

Problema com Credores: Problema relativo a prazos de pagamento, juros extorsivos, prazos de entrega, canal de distribuição, contratos leoninos.

Problema com Documentos: Problema em identificar se o documento é devidamente estruturado e se é pertinente ao objeto de estudo.

Problema com Executivos: Problema com métodos de execução que entram em conflito com os empresários.

Problema com Fornecedores: Ver problema com credores.

Problema com Governo: Problema relativo à tributação exagerada, poluição ambiental, juros de crédito elevados, burocracia legal, tratamento fiscal igual para grande e pequeno, insegurança.

Problema com Gráfico: Problema com clareza, racionalidade e concisão.

Problema com Indicadores de Gestão: Problema que está por conta da fórmula errada e também por conta de quem faz a análise, a avaliação, a utilização e a conceituação.

Problema com Índice: Problema em função da série histórica mal construída e de difícil acesso.

Problema com Marca: Problema da utilização da marca própria ou a marca do distribuidor.

Problema com Modelo: Ver problema com gráfico.

Problema com Objetivo: Problema derivado de sua má definição que causa confusão, desperdício de dinheiro, horas de trabalho e recursos diversos.

Problema com Parentes: Problema derivado das rivalidades entre familiares e outros parentes, que tem um efeito cronicamente abrasivo nos diretores da empresa. Esses membros da família precisam enfrentar o impacto causado por tais relações e precisam aprender a conduzi-las não somente em benefício de sua própria saúde emocional, mas, para o bem do negócio.

Problema com Pessoas: Problema derivado dos conflitos internos da organização acrescidos dos problemas vindos de fora, tais como: dívidas, crise conjugal, doenças na família, doenças pessoais.

Problema com Recursos: Problema com qualidade e quantidade necessárias para dar prosseguimento ao projeto.

Problema com Sócio: Problema relativo à distribuição de lucros, dividendos (acionistas), política de reinvestimento, propriedade dissociada do controle, a direção se relaciona mal com os sócios, falta de transparência, desconsideração, por exemplo.

Problema com Subordinado: Problema traduzido por: reivindicações sindicais, não cumprimento de promessas de melhoria salarial, reclamações sobre qualidade de vida e segurança nas operações.

Problema Comportamental: Problema relativo à interação e integração das pessoas e seus conflitos.

Problema Contingencial: Ver contingência.

Problema Corporativo: Ver problema empresarial.

Problema da Ação Governamental: Problema que trata das regulamentações e intervenções do Estado.

Problema da Escrita: Problema que acontece devido à falta de: naturalidade, conhecimento da língua, capacidade de pensar, dificuldade de escrever para o leitor e não para si, acuidade para detalhes e capacidade de observação.

Problema da Estrutura: Ver patologia da estrutura organizacional.

Problema da Fala: Problema que acontece devido à falta de: ênfase, entonação, pronúncia, ritmo, dicção, tom, timbre, intensidade, articulação, pose, fluência, movimentação, confiança, recursos.

Problema da Globalização: Problema que não é tanto econômico, como pensa a maioria das pessoas, mas sim cultural.

Problema da Leitura: Problema que advém da falta do hábito de ler e pela incapacidade de descobrir as palavras-chaves, a frase mestra, os parágrafos que embalam o pensamento e os capítulos que resumem o conteúdo.

Problema da Pesquisa: Problema cuja origem principal é o próprio pesquisador.

Problema da Qualidade: Problema que parte de dois pressupostos: qualidade tem um preço e qualidade é apenas uma questão de fazer melhor, cortar defeitos ou se esforçar mais.

Problema da Responsabilidade: Impor a alguém responsabilidades que estão além da sua capacidade individual de realização.

Problema de Segurança: Ver políticas de prevenção.

Problema de Administração: Problema que a organização enfrenta em função das diversas mudanças que o ambiente sofre, afetando o seu desempenho.

Problema de Análise: Ver função administrativa analisar.

Problema de Avaliação: Ver função administrativa avaliar.

Problema de Caixa: Problema relativo a sobras de caixa, liquidez, solvência, endividamento, fluxo de caixa.

Problema de Capacitação Gerencial: Ver capacidade gerencial.

Problema de Comando: Ver função administrativa comandar.

Problema de Comunicação: Problema, em grande parte, relativo ao canal (meio) em que a comunicação é realizada, envolvendo os níveis de percepção do receptor e do transmissor, bem como os recursos tecnológicos aplicados.

Problema de Consumo: Problema que é um desafio constante, mas, infelizmente, não muito consciente nas pessoas que precisam ser responsáveis pelo uso dos recursos, quer naturais ou não, e pelo consumo de bens e serviços.

Problema de Contratação: Problema que deriva do excesso de regulamentação, desemprego; informalidade, demissão.

Problema de Controle: Problema relativo a desvio, feedback, padrão, grau conveniente de controle; Ver função administrativa controlar.

Problema de Decisão: Ver função administrativa decidir.

Problema de Demanda: Problema voltado para: a elasticidade (acréscimo e/ou decréscimo) do preço, a quantidade negociada, a qualidade do produto, o serviço pós-venda, a marca, a imagem da empresa e a aceitação do produto.

Problema de Demissão: Ver demissão.

Problema de Desempenho: Problema que está entre o desempenho esperado e o desempenho obtido; Ver desempenho.

Problema de Desenvolvimento: Problema relativo à: criatividade, inteligência, conhecimento, percepção, educação, aprendizagem, treinamento, instrução, inovação, observação, leitura, dinâmica de grupo, perfeccionismo, atividade intelectual, personalidade, especialização, feedback, progresso, cultura.

Problema de Desperdício: Ver desperdício.

Problema de Direção: Problema relativo à: delegação, coordenação, liderança, relação com subordinados, comando, tomada de decisão, resolução de problema; Ver função administrativa dirigir.

Problema de Embalagem: Problema que aparece depois de seu uso; Ver embalagem.

Problema de Estoque: Problema relativo a excesso de matéria-prima e insumos, falta de matéria-prima, controle de estoque ineficiente, baixa rotação de produtos, falta de produtos de venda rápida, fornecedores inadequados, sistema de informação inoperante.

Problema de Estratégia: Problema caracterizado pela distância entre a estratégia e a operação. O preço deste distanciamento aparece na desmotivação dos funcionários, nas queixas de clientes, na relação com consumidores, na reputação da empresa e na cultura organizacional, por exemplo.

Problema de Exportação: Problema que não contempla burocracia, mas, sim, flexibilidade, responsabilidade, ética, transparência e honestidade que são as alavancas da competitividade, da redução de custos, da melhoria continuada, da qualidade no atendimento.

Problema de Gestão: Problema relativo aos processos de gerenciamento e otimização dos recursos da organização.

Problema de Imagem: Ver imagem.

Problema de Implementação: Problema derivado da falta de habilidade em diagnosticar problemas, capacidade de liderança, metodologia adequada, correta avaliação do risco, competência para delegar, habilidade para administrar conflitos e resistência à mudança.

Problema de Informação: Problema que questiona a finalidade e relevância da informação.

Problema de Informática: Problema relativo à utilização, finalidade, filtro, distorção, tratamento, segurança, valor, fonte, uso, engenharia, qualidade, usuário, administração, fluxo e necessidade da informação.

Problema de Integração: Problema que está em função da eficiência, eficácia e efetividade do grupo de trabalho.

Problema de Linguagem: Ver linguagem.

Problema de Logística: Problema relativo à distribuição física de produtos, movimentação e fracionamento de cargas, meios (canais) de transporte e embarque.

Problema de Lucro: Problema com que se defronta o empreendedor entre a responsabilidade social e o lucro da empresa.

Problema de Manutenção: Problema relativo a rendimento, produtividade, falha, quebra, deficiência, correção, desvio, custo, ruído, interrupção, reposição de máquinas, equipamentos e instalações.

Problema de Marketing: Ver marketing.

Problema de Material: Problema relativo à: movimentação, armazenamento, distribuição, conservação, contabilidade, compra, suprimento, transporte, inventário.

Problema de Mercado: Problema que aborda preços, produtos, inovações, concorrentes, recursos e quantidades negociadas. Os problemas de mercado são divididos em problemas de conhecimento de demanda e de potencial de mercado.

Problema de Mudança: Problema relativo à inflexibilidade psicológica (gerentes e empregados podem desenvolver padrões de: pensamento e comportamento difíceis de mudar) e a inflexibilidade para procedimentos (uma vez estabelecidos, passam a integrar a maneira de dirigir a empresa).

Problema de Negociação: Problema que é encontrar os meios para alterar ou dirigir o comportamento da outra parte. Ver negociação.

Problema de Organização: Ver função administrativa organizar.

Problema de Pesquisa: Problema da representatividade da amostra e do universo estudado. Ver função administrativa pesquisar.

Problema de Planejamento: Ver função administrativa planejar.

Problema de Preço: Ver precificação.

Problema de Produção: Problema relativo a custo, produtividade, compra de matérias-primas e insumos, movimentação de materiais e produtos, distribuição, armazenagem, refugos, prevenção de acidentes, ambientes de produção, controle de estoques.

Problema de Produto: Ver composto mercadológico do produto.

Problema de Projeto: Problema que ocorre devido a uma metodologia mal construída.

Problema de Racionalização: Problema que acontece devido à diferenciação entre meios e objetivos.

Problema de Retroalimentação: Ver feedback.

Problema de Reunião: Problema relativo a planejamento, eficácia, condução, metodologia e ata da reunião.

Problema de Segurança: Problema relativo à prevenção de acidentes, roubos e incêndios.

Problema de Serviço: Problema da insatisfação do consumidor. É importante, de imediato, determinar sintomas que poderão vir a ajudar na prevenção dos problemas de serviço.

Problema de Sistema: Problema relativo à complexidade, abordagem, entropia, limites, atuação, interfaces, adaptação, ambiente.

Problema de Solução: Problema de uso adequado da ferramenta de solução.

Problema de Sucessão: Ver sucessão.

Problema de Tecnologia: Problema relativo à: treinamento, usuário, produção, compra, implantação, aplicação, desenvolvimento, atualização, investimento.

Problema de Tempo: Problema relativo à sua utilização.

Problema de Turnover: Problema derivado de uma taxa de turnover elevada que pode significar má administração da empresa ou um mercado de atuação desfavorável, onde os recursos humanos são difíceis e instáveis.

Problema de Venda: Problema relativo a preço, carteira de pedidos, devoluções, cancelamentos, turnover de vendedores.

Problema do Ciclo de Vida: Problema em determinar em que estágio de vida se encontra um produto (introdução, crescimento, maturidade e declínio) ou uma organização (crescimento, desenvolvimento, novo crescimento, sobrevivência e declínio). Esta questão é muito difícil de ser respondida, tendo em vista as mutações do mercado.

Problema do Empreendedor: Problema relativo ao desconhecimento de princípios e premissas que regem um empreendimento.

Problema do Fluxo de Dinheiro: Problema derivado da falta de um controle adequado para prever variações e tendências de mercado e do ambiente.

Problema do Relatório: Problema derivado do autor que deve lembrar que o relatório está sendo escrito para o leitor e não para si mesmo ou para especialistas.

Problema Empresarial: Problema que envolve a missão, os objetivos e os resultados da empresa, visando a sua sobrevivência.

Problema Específico: Problema onde os limites são definidos.

Problema Estruturado: Problema que é claramente definido, tendo suas variáveis conhecidas.

Problema Familiar: Problema onde são tratadas as relações entre parentes, herdeiros e sucessores, que trabalham ou não na organização, com os dirigentes da mesma, donos ou não. Uma empresa da qual participam numerosos membros de uma família, com variadas idades e relações entre si, muitas vezes, se desintegra por questões de domínio e sucessão. Os problemas familiares mais importantes de serem abordados são os relativos à sucessão, isto é, quem comandará o "barco", quando o fundador morrer.

Problema Financeiro: Problema relativo ao capital próprio, liquidez, capital de giro, orçamento, credor, caixa, câmbio, financiamento, contabilidade.

Problema Geral: Problema onde os limites não são claros.

Problema Importante: Problema que precisa ser solucionado de forma mediata.

Problema Legal: Problema relativo a contenciosos entre a empresa e os funcionários, a diretoria, o governo e outras empresas.

Problema Não Estruturado: Problema que não é claramente definido, onde não há variáveis, ou, ainda, se existem e se são pouco confiáveis.

Problema no Trabalho: Ver grupo de trabalho.

Problema Orçamentário: Problema relativo ao processo de criação, pois um orçamento não significa apenas traçar um plano, mas também executá-lo e fazer acompanhamentos, o que se traduz em dispêndio de recursos.

Problema Organizacional: Problema relativo a processos de melhoria do desenvolvimento e progresso da organização. Os problemas que mais atormentam uma organização estão ligados a: objetivo, recurso, recrutamento, seleção, estrutura, comportamento, empregado, remuneração, imagem, contratação, parceria, responsabilidade, segurança, desempenho, burocracia, concorrência, família, sistema.

Problema Social: Problema relativo à responsabilidade da organização para com o ambiente, sociedade, empregados, consumidores, usuários, pacientes, fornecedores, parceiros, setores da economia, mercados, governos.

Problema Técnico: Problema que aparece sempre quando a solução criada para a atividade exige elementos avançados que a tecnologia utilizada no momento não pode fornecer.

Problema Urgente: Problema que requer uma solução imediata.

Problemática: Conjunto de problemas relativos a um mesmo assunto.

Procedimento: Uma série de passos lógicos, através dos quais todas as ações repetitivas numa empresa são iniciadas, executadas, controladas e finalizadas; Conjunto de rotinas padronizadas para permitir a perfeita e ordenada execução de uma operação. Um procedimento define que ação é requerida, quem a executa (pessoa ou máquina), quando a ação deve ter lugar (cronologia e implementação) e como é executada (método).

Procedimento de Armazenagem: Procedimento que visa a preservação da qualidade do material estocado, a disposição adequada dos produtos e o controle da sua movimentação e da sua utilização.

Procedimento de Expedição: Ver expedição.

Procedimento de Recepção: Procedimento que visa conferir documentos relativos ao pedido, como: nota fiscal, fatura, nota de fornecimento, além da quantidade, qualidade e estado físico-químico do material. Qualquer queixa sobre as especificações devem ser relatadas aos setores interessados no controle de estoque.

Procedimento do Vendedor: Conjunto de técnicas de abordagem de como o vendedor deve se aproximar do cliente consumidor.

Processamento da Informação: Processamento relativo ao trabalho de coleta, recuperação, distribuição e transmissão da informação, levando-se em conta a veracidade da informação.

Processamento de Dados: Processamento relativo a transcrever, copiar, arquivar, recuperar, localizar, calcular e transferir dados num sistema de informação com base no computador. Combinando diversas dessas operações é possível construir todos os tipos de informação que se deseja.

Processamento do Pedido: Ver pedido do produto.

Processamento em Lote: Processamento cíclico dos dados de entrada na forma de lotes. Como a maior parte do volume de manuseio de dados e informações numa empresa corresponde a esse tipo de processamento, é provável que esses sistemas de informações sejam aqueles que de fato oferecem as maiores possibilidades de redução, ao longo do tempo, dos custos de manuseio do sistema.

Processamento em Tempo Real: Processamento cujas aplicações valem-se da capacidade de acesso direto e instantâneo oferecida por uma determinada rede, o que possibilita diálogo entre usuários. Quase todas as aplicações atuais em tempo real não são nada mais do que versões on-line de sistemas anteriores.

Processamento no Sistema: Nome dado à transformação de um insumo em um produto. O processamento pode ser manual, mecânico ou eletrônico.

Processamento On-Line: Processamento onde as consultas são feitas, por meio de terminais e o tempo de resposta se torna crítico.

Processo: Conjunto de etapas sequenciais que apresenta mudança ao longo do tempo, tendo certa continuidade. É dinâmico, cíclico e sistêmico (cada etapa afeta as demais); Detalhamento de como fazer. Praticamente, todo e qualquer trabalho é visto como um processo.

Processo Administrativo: Processo voltado para a ação empresarial para atingir objetivos (resultados); Ver modelo do processo administrativo.

Processo Criativo: Ver criatividade.

Processo de Delegação: Ver delegação.

Processo de Previsão: Processo que considera fatos importantes, fatores sazonais, ciclos de demanda, tendências e métodos possíveis para realizar a pesquisa.

Processo de Venda: Processo onde se faz necessário analisar dois principais aspectos: as fases da venda e os elementos componentes; Ver vendas.

Processo Histórico: Ver história.

Procura: Demanda; Quantidade buscada no mercado pelos consumidores para bens e serviços e num dado período de tempo.

Procuração: Documento declaratório em que uma pessoa (física ou jurídica) confere a outrem para, em seu nome, representá-la para uma determinada negociação. As procurações podem ser: Procuração por instrumento particular que é a procuração redigida pelo próprio outorgante; Procuração por instrumento público que é lavrada por tabelionato de notas; Procuração "apud alta" que é a procuração que o réu outorga ao seu defensor, apenas com uma indicação verbal, perante o juiz que irá julgá-lo; Procuração "ad judicia" que confere ao outorgado amplos poderes para as questões as quais o outorgante constituinte deve comparecer.

Produção: Conjunto de atividades, procedimentos, operações e movimentos, usados para transformar a natureza em produtos; Combinação da engenharia de desenvolvimento do produto com racionalização de espaço, custo e operação.

Produção Celular: Sistema de produção organizado em minifábricas que agrupam equipamentos e recursos para a fabricação de um determinado produto; Ver célula de produção.

Produção Artesanal: Regime de produção individual ou grupal, com divisão do trabalho elementar, no qual o artesão executa todas as etapas da produção, em que o trabalhador é dono dos meios de produção (geralmente instrumentos rudimentares) e do produto do seu trabalho.

Produção Contínua: Produção em série de operações, com cada item seguindo para uma operação subsequente, tão logo esteja disponível.

Produção em Linha: Produção em que é usado o arranjo físico em linha dos equipamentos e há um fluxo contínuo de materiais ao longo da linha dos centros de produção.

Produção em Lotes: Produção na qual os produtos e/ou partes dos mesmos são fabricados, intermitentemente, em uma série de lotes.

Produção em Massa: Produção, que utiliza, por meio de linhas de montagem e métodos padronizados, para fabricar grandes quantidades de bens. As responsabilidades da administração da produção incluem a reunião dos insumos em um plano de produção aceitável que realmente utilize os materiais, a capacidade e o conhecimento disponíveis nas instalações de produção. Dada uma determinada demanda no sistema, o trabalho é programado e controlado para produzir os bens e serviços exigidos. Entretanto, deve ser exercido um controle sobre o estoque, a qualidade e o custo.

Produção Enxuta: Produção voltada a evitar desperdício de todas as formas.

Produção Just-in-Time: Ver just-in time.

Produção Padrão: Produção em que o volume produzido deriva do custo inicial previsto.

Produção Sazonal: Tipo de produção em que a taxa de produção tende a aumentar ou cair em determinados meses ou estações do ano.

Produção sob Encomenda: Tipo de produção na qual a quantidade necessária é finita, não repetitiva e geralmente pequena. Toda a quantidade é feita em um só lote, para um período determinado.

Produtividade: Relação mensurável entre produtos e fatores de produção, ou seja, entre resultados obtidos e esforços para obtê-los; Cociente do produzido por um fator de produção (terra, mão de obra, capital); Relação entre o volume produzido e o volume total dos fatores empregados no ciclo de produção. Assim, fala-se de produtividade para investimento, hectare, máquina, funcionário. É, portanto, medida através da relação entre quantidades físicas. A produtividade é dada pela fórmula:

Produtividade = Unidade de Produto / Unidade de Gasto

Onde: Unidade de Gasto pode ser: matéria-prima, mão de obra, tempo de produção, número de máquinas, capital investido, área ocupada, recursos aplicados, gasto de produção.

Exemplo: Uma fábrica produz 200 peças / dia, a um custo de $ 25,00 / peça; Gasto Total de Produção = 200 × 25,00 = $ 5.000,00; Número de empregados = 200; Produtividade em função da produção = 200 / 5.000 = 0,04; Produtividade em função do número de empregados = 200 / 100 = 2

Análise: Cada operador produz 2 peças por dia, e que cada peça corresponde a 4% do gasto de produção. A produtividade é uma constante, desde que não comprometa a qualidade. A produtividade será maior quando a unidade de gasto é menor. É muito comum se observar, através de séries históricas, as variações da produtividade para se constatar se o aumento de recursos correspondeu ao mesmo aumento da produtividade, o que nem sempre acontece. Não é produzindo mais que se tem um indicador de produtividade maior. Existem diversas variáveis a serem consideradas, e uma delas, por exemplo, é o custo.

Produtividade Parcial: Relação da quantidade produzida com a quantidade de recursos empregados para um único insumo.

Produto: Bem, serviço ou ideia; Aquilo que vende; Tudo aquilo que, oferecido ao mercado, seja capaz de satisfazer a um desejo ou uma necessidade; Algo que as pessoas compram. O mais importante de um produto é o serviço que ele presta. O produto não é somente o que o vendedor diz dele, mas, também, o que está implicado por sua concepção, embalagem, distribuição, preço, qualidade, garantia. Um produto é a síntese do que o vendedor pretende que o consumidor perceba.

Produto Acabado: Produto completado pelo processo de fabricação, mas ainda não estocado para venda.

Produto Agrupado: Pacote de dois ou mais produtos que é vendido por um preço único, mas cujos componentes individuais também podem ser vendidos como separados pelos seus próprios preços.

Produto Ampliado: Produto também conhecido como aumentado, é aquele que descreve em sua embalagem, ou catálogo, aquilo que é favorável ao consumidor, como valores que devem ser percebidos. O produto ampliado é a totalidade dos benefícios que a pessoa recebe, ou experimenta, na obtenção de um produto tangível.

Produto Aperfeiçoado: Produto que, embora não seja radicalmente diferente dos demais, é claramente superior, principalmente, em desempenho e preço.

Produto Aumentado: Produto cujo valor é mais do que aquilo produzido na fábrica. Esta distinção é muito significativa, quando se quer lançar no mercado um novo produto. Para competir neste mundo, não basta ter uma fábrica grande e eficiente, muito capital de giro e exércitos de vendedores.

Produto Básico: Produto fundamentado no benefício mais importante para o consumidor.

Produto Competitivo: Produto que apresenta qualquer vantagem definida em relação aos demais produtos. A vantagem pode ser: preço, qualidade, acessibilidade.

Produto Complementar: Produto cuja venda promove a venda de outro. Quando há uma relação inversa entre o preço de um produto e a demanda de outro, eles são chamados de produtos complementares.

O conceito de complementaridade não leva em conta a renda do consumidor, porque não é pela queda do preço do produto que o consumidor deixará de comprar o produto complementar.

Produto Conjunto: Conjunto de dois ou mais produtos com valores de venda altos, comparados aos valores de vendas de outros produtos obtidos por um processo de produção comum. Os diversos itens obtidos de um processo comum estão divididos em duas categorias: aqueles que são os objetivos primários do processo, chamados de produtos conjuntos (ou coprodutos) e os produtos secundários com, relativamente, pouco valor, chamados de subprodutos.

Produto de Emergência: Produto que satisfaça necessidades imediatas do consumidor.

Produto de Escolha: Produto exposto no varejo (real ou virtual) para que o consumidor faça suas comparações. O produto que o consumidor comprar não será aquele que está em exposição.

Produto de Limpeza: Produto que depois de dissolvido ajuda a remover gorduras e outros resíduos de equipamentos, utensílios e outros objetos. Ele é utilizado com materiais e equipamentos próprios, tendo como veículo diluente, geralmente, a água. Os produtos de limpeza são composições químicas industrializadas, e muitas vezes corrosivos e venenosos.

Produto de Luxo: Produto que atende segmentos de mercado sofisticados com alto poder aquisitivo.

Produto de Marca: Produto que é procurado pela marca do fabricante. As pessoas, por exemplo, compram lâminas de barbear pela marca.

Produto de Nicho: Produto que atende a uma massa crítica de consumidores com sucesso de alcance mundial.

Produto de Qualidade: Produto considerado superior aos demais por todos aqueles que o compram.

Produto Defeituoso: Produto que não está em conformidade com as especificações.

Produto Digital: Produto cuja composição possui tecnologia digital da informação.

Produto em Processamento: Unidade parcialmente completada, encontrada em produção, num dado momento. Não é o mesmo que produto semiacabado.

Produto Encomendado: Produto, fabricado em massa, capaz de atender diversos distribuidores (intermediários, atacadistas, varejistas).

Produto Equivalente: Produto de mesma função construído com recursos tecnológicos diferentes.

Produto Esperado: Produto cercado de um conjunto de atributos e condições que os compradores, normalmente, esperam e concordam quando compram esse produto.

Produto Genérico: Produto sem marca que utiliza embalagem simples, sendo versões mais baratas do que os mesmos produtos de marca e nomes sofisticados. O exemplo mais patente é o dos remédios.

Produto Heterogêneo: Produto diferente do produto homogêneo, com uma característica importante. O preço não tem tanta influência.

Produto Homogêneo: Produto essencialmente similar a outro, do mesmo fabricante, ou não. Os produtos homogêneos apresentam problemas para os comerciantes, porque são similares e se faz necessário apontar diferenças entre eles, para os consumidores.

Produto Imitativo: Produto novo para o intermediário, mas não para o mercado.

Produto Industrial: Bem ou serviço utilizado na fabricação de outros produtos.

Produto Industrializado: Produto alimentício apresentado em embalagem atraente para facilitar a sua aquisição. O processamento desses alimentos retira alguns dos valores nutritivos e, em alguns casos, fibras alimentares, além de receberem corantes de maneira a aumentar o apelo visual e gustativo.

Produto Intermediário: Produto transferido de uma para outra subunidade de uma organização. Ele pode ser trabalhado, adicionalmente, pela subunidade de recebimento ou vendido para um cliente.

Produto Internacional: Produto que atende a um padrão internacional de qualidade, sendo comercializado em muitos países. Este produto possui características de globalização.

Produto Interno Bruto: Soma de tudo o que é produzido por um país, durante um ano. Não leva em conta a desigualdade, a economia informal, a qualidade da produção e a sustentabilidade do crescimento.

Produto Nacional Bruto: Somatório do produto interno bruto mais a diferença entre a renda recebida do exterior menos a renda enviada para fora do país.

Produto Nacional Líquido: Diferença entre produto nacional bruto e a depreciação.

Produto Potencial: Produto que envolve todas as ampliações e transformações que deve sofrer no futuro. O produto potencial aponta para sua possível evolução.

Produto Principal: Produto de um processo de produção conjunta, comparado com os valores de venda de todos os outros produtos.

Produto Semiacabado: Produto ainda em fase de fabricação, aguardando em estoque para receber insumos, configurações, especificações, embalagem e codificação.

Produto Sistêmico: Produto que atende às normas internacionais de padronização.

Produto Subcusteado: Produto que é custeado com um valor abaixo do seu padrão de custeio.

Produto Substituto: Produto também chamado de sucedâneo. Um aumento do preço da manteiga pode levar o consumidor a preferir a margarina, fazendo com que sua demanda caia. Estes produtos impõem limites de preço e de lucro, porque a tecnologia do concorrente pode provocar queda do preço no mercado.

Produto Supercusteado: Inverso do produto subcusteado.

Produto Total: Produto caracterizado pelo valor total de benefícios tangíveis e intangíveis que o comprador recebe.

Professor: Pessoa que tem alunos.

Profissão: Atividade especializada.

Profissional: Especialista em determinado tipo de trabalho.

Profissional de Administração: Ver administrador.

Profissionalismo: Qualidade adquirida por alguém que evolui numa determinada profissão; Pessoa que age da melhor maneira possível para exercer uma profissão.

Profissionalização: Ver treinamento.

Prognóstico: Conjectura sobre o desenvolvimento de um cenário de uma situação futura.

Programa: Lista de atividades sequenciais limitadas no tempo, de preferência em ordem de prioridade e de cronologia, para atingir objetivos; Documento que ajuda a orientar e coordenar as atividades; Reunião de projetos homogêneos, isto é, projetos que tenham objetivos congruentes. A ordem de prioridade dos itens de um programa não precisa, a priori, estar rigorosamente em ordem cronológica, porque à medida que o programa avança muitos itens são excluídos, mudam de posição e outros são inseridos.

Programa Administrativo: Programa que compreende, normalmente, atividades preliminares que são empregadas para identificar soluções para um problema corporativo.

Programa Complexo: Programa que exige técnicas matemáticas avançadas, através de processamento em computador (processamento de dados), para analisar e definir intrincadas interdependências entre variáveis que têm um comportamento não padronizado.

Programa de Computador: Programa que estabelece um caminho rígido de procedimentos a serem seguidos, isto é, uma série de instruções que fazem com que o computador execute o trabalho (rotina) pretendido.

Programa de Desempenho: Programa em que o desempenho é considerado como um ato de crescer, aumentar, construir e progredir; Programa considerado como um caminho para criar/aplicar métodos, técnicas, metodologias e regras, melhorando: práticas administrativas, práticas sociais, atividades, processos, políticas, soluções, estratégias, táticas, atuações, ações, planos, projetos, modelos, decisões, análises, pesquisas, avaliações.

Programa de Entregas: Lista de materiais, peças ou produtos que mostra as quantidades e suas datas de entrega.

Programa de Lançamento de Novo Produto: Programa cujos passos são: listar as razões que justificam o lançamento do produto, buscar consenso entre os polos de decisão da empresa, escolher o canal de comunicação mais conveniente, escolher a data do lançamento, observando sazonalidade, fins de semana, hora, data festiva, feriados, férias escolares, controlar e avaliar resultados.

Programa de Materiais: Lista que mostra todos os materiais necessários para a fabricação de um produto, incluindo todas as tolerâncias necessárias para compensar perdas e modificações durante o processo.

Programa de Produção: Programa que tem a responsabilidade básica de planejar e controlar a produção.

Programa de Serviço: Programa capaz de envolver as pessoas que controlarão os meios, definindo claramente, com simplicidade, os objetivos do serviço voltado a atrair consumidores. Tal programa é fundamentado no espírito de equipe.

Programa de Televisão: Programa estruturado em blocos, separados pela apresentação da propaganda, fazendo com que o espectador faça a ligação entre eles.

Programa Empreendedor: Programa que listará as diversas atividades necessárias à viabilização ou não de um negócio.

Programa Principal: Programa que mostra as fases mais importantes que devem ser empreendidas, com uma estimativa dos respectivos prazos, para se atingir um objetivo.

Programa Simples: Programa em que se pode utilizar um simples calendário para programar as atividades.

Programa Zero Defeito: Programa, cujas características são as seguintes: o objetivo é obter um nível de defeitos igual a zero, a responsabilidade pela eliminação de defeitos é a atribuição de que todo o programa deve receber intenso apoio da alta administração, para não fracassar.

Programação: Técnica que deve ter uma hierarquização, partindo das operações primárias e simples, logo implantáveis, para aquelas mais elevadas e complexas. Devem ter um seguimento lógico e um entrosamento técnico-administrativo. Assim, a programação deve ser feita de forma meticulosa, prevendo os meios tangíveis e os intangíveis, bem como todos os recursos. Os prazos para a execução devem ser previamente fixados, em cronogramas, incluindo-se todas as tarefas ou fases de implantação e seus respectivos desdobramentos.

Programação da Distribuição: Técnica de relacionamento entre fornecedor e distribuidor, cuja finalidade é incorporar as necessidades de ambos.

Programação da Produção: Técnica que permite aos gerentes de produtos e marcas estabelecerem um calendário para as promoções do varejo.

Programação Dinâmica: Técnica da pesquisa operacional aplicada na solução de problemas de decisão. Assim, esta técnica é aplicada a problemas que possuem várias partes inter-relacionadas, sem, porém, perder de vista o objetivo último. Somente quando o efeito de cada decisão for determinado é que poderá ser efetuada a escolha final. Um exemplo de aplicação pode ser descrito: Um motorista que deseja ir de um ponto a outro, devendo ainda interromper a viagem para almoçar, normalmente, soluciona o problema por fases. Primeiro, seleciona locais de refeição. Segundo, determina o trajeto ótimo (menor caminho). Terceiro, onde vai almoçar, em função do trajeto anteriormente traçado.

Programação do Caminho Crítico: Técnica que envolve o desenvolvimento de um gráfico mostrando as atividades simultâneas e sequenciais que devem ocorrer em um projeto. Ao estimar o tempo envolvido em cada atividade, os planejadores têm condições de calcular o tempo total para a conclusão do projeto. Qualquer atraso em alguma atividade do caminho crítico retardará o trabalho. Se houver necessidade de encurtar o tempo é preciso trabalhar a performance do caminho crítico; Ver caminho crítico.

Programação do Serviço: Técnica que descreve os eventos e processos envolvidos no serviço, com o objetivo de reconhecer a satisfação do consumidor.

Programação do Trabalho: Programação que terá de levar em conta o estudo dos ritmos e métodos de trabalho com a finalidade de adaptação do homem ao processo de produção. Este estudo é feito pela Ergonomia, ou seja, a ciência da engenharia humana.

Programação Eletrônica: Programação de máquina; Programação que compreende as fases: análise de uma tarefa, elaboração do fluxograma correspondente ao serviço a ser executado, codificação deste fluxograma em instruções e depuração destas instruções.

Programação Estruturada: Técnica para desenvolver lógica de codificação passível de correção, pois os dados trabalhados são todos conhecidos com antecedência.

Programação Linear: Técnica da pesquisa operacional que visa encontrar soluções que otimizem os resultados, minimizando os custos decorrentes. É a mais bem sucedida aplicação da pesquisa operacional. Ela é baseada na pressuposição de que existe uma relação linear entre variáveis e que os limites de variação podem ser bem determinados. O principal objetivo da programação linear é obter soluções ótimas para relações lineares, isto é, sistemas de equações de primeiro grau. A programação linear, de forma geral, trata de problemas que tenham as seguintes características: desigualdades entre as variáveis, restrições quanto a valores, possibilidade de que o número de variáveis possa exceder ao de equações, maximizar ou minimizar algo, necessidade de um encaminhamento direto, de forma que a mudança de uma variável altere o resultado.

Programação Matemática: Técnica que possibilita determinar os valores que otimizam alguma função, que está sujeita a um conjunto de restrições. A programação matemática destina-se a ponderar e equilibrar os numerosos fatores de margens de lucro e de produção em potencial nos seus efeitos sobre as operações administrativas totais. Ela ajuda a administração da produção a determinar a combinação ótima de produtos, modelos e estilos em quantidades tais que maximizem o lucro total. Não podemos, é claro, atingir este ótimo teórico em operações reais. Por outro lado, podemos aplicar métodos que nos conduza a uma situação bastante folgada de produção.

Programação por Contrato: Programação para produtos especiais, via contrato, como: construções de barragens, ferrovias, rodovias, centrais telefônicas, usinas hidroelétricas.

Programador: Pessoa que elabora o fluxograma do sistema, isto é, o fluxo das informações através do novo sistema.

Progresso: Conjunto de mudanças ocorridas no curso de um processo, por exemplo, avanço, melhoria, evolução.

Projeção: Previsão perfeitamente calculável.

Projetista: Pessoa que desenvolve, coordena, implementa, implanta, controla um projeto, emitindo um relatório preliminar sobre o resultado.

Projeto: Uma organização de recursos, sistemática, transitória e racionalmente ordenada, que compreende uma sequência de atividades dirigidas à geração de um produto singular e único, em um período de tempo dado, permitindo estimar os custos e os benefícios de tal geração. Um projeto pode conter programas e planos e vice-versa, mas não são sinônimos.

Projeto de Investimento: Projeto que aborda, principalmente, a seleção do ativo a ser investido, da taxa de retorno do investimento e dos riscos da inversão de recursos.

Projeto de Pesquisa: Projeto que é uma construção lógica e racional, com base nos postulados da metodologia científica, de uma série de etapas que facilitem a construção do questionário.

Projeto de Produto: Projeto que envolverá muitos fatores, dos quais destacamos: relação custo/preço/qualidade/lucro, ponto de equilíbrio, política de fabricação, política de qualidade, custeio, preço de venda, capacidade instalada, influência sobre os demais produtos, influência sobre o faturamento, embalagens (utilização, aproveitamento, descarte), variedade (leque) de produtos por linha de produção, classe do consumidor, padronização.

Projeto de Questionário: Projeto que deve ser cuidadosamente planejado, a fim de que as perguntas sejam redigidas com a máxima clareza, sem ambiguidades.

Projeto de Sistema: Projeto que estabelece as linhas mestras para o mesmo, consubstanciado na filosofia da organização.

Projeto Estratégico: Projeto de longo prazo que envolve mudanças estruturais, pesquisas, novos produtos e descentralização incremental, por exemplo.

Projeto Estruturado: Projeto que permite uma abordagem disciplinada de seus elementos. No projeto estruturado os dados são conhecidos.

Projeto Físico: Projeto que determina o caminho de acesso aos dados requeridos, para a implementação do projeto. Os caminhos físicos são derivados dos caminhos lógicos, que são descobertos durante a análise. O projeto físico, por exemplo, de arquivos deve ser realizado por alguém que possua conhecimento técnico atualizado, baseado no entendimento de todos os requisitos lógicos da construção de um projeto.

Projeto Integrado: Projeto que faz parte de um sequencial de projetos, havendo interdependência entre eles, embora sejam diferentes uns dos outros.

Projeto Piloto: Projeto necessário para medir os recursos necessários à sua consecução, para que se evitem custos super ou subestimados.

Projeto Recorrente: Projeto derivado de um outro projeto semelhante, tomado como modelo, isto é, pode ser utilizado com pequenas mudanças não significativas.

Projeto Top-Down: Projeto baseado na estratégia de fracionar um projeto maior em outros menores, sendo que esse fracionamento é feito de cima para baixo.

Pró-Labore: Remuneração do sócio que trabalha. Seu pagamento será, em função do cargo que ocupa, estimado pela média do mercado.

Promissória: Título de crédito derivado de um empréstimo pelo qual o tomador se obriga a pagar num certo prazo o valor de face do título.

Promoção: Conjunto de atividades que suplementam a propaganda, ajudando-a com o uso de mostruários, amostras, exposições, experiências e demonstrações. Promoção leva o produto ao consumidor, procurando tornar o mesmo mais interessante e atrativo depois que o consumidor o vê (influência direta). A promoção serve para alavancar as vendas, em momento de baixas receitas.

Promoção de Eventos: Atividade de comunicação, por meio de feiras, exposições, congressos, palestras, seminários, espetáculos, concursos e torneios que visam ajudar a divulgar e criar uma boa imagem para os produtos.

Promoção de Vendas: Promoção que se situa entre a propaganda e a venda. A maioria das atividades desse processo é levada a efeito no ponto de venda e, geralmente, é de curto prazo. A promoção de vendas é executada pela gerência de vendas com apoio da força de vendas.

Promoção Pessoal: Promoção que acontece por tempo de permanência no cargo ou por merecimento. A promoção nem sempre significa aumento salarial, pois uma pessoa pode ser promovida de gerente a diretor e permanecer, por algum tempo, com o mesmo salário. Hoje, as empresas promovem as pessoas, em função de um sistema meritocrático, isto é, ganha mais quem sabe mais ou resolve problemas com rapidez.

Promoção Salarial: Promoção cuja remuneração está em função da produtividade de um indivíduo ou grupo; Espécie de prêmio ou bônus em dinheiro.

Prontidão: Habilidade da pessoa que realmente demonstra o desejo de se comunicar com outra. Não basta querer, pois é necessário possuir capacidade para tal; Habilidade de estar sempre pronto a enfrentar desafios.

Propaganda: Toda e qualquer forma paga de apresentação e promoção de ideias, bens ou serviços, levada a efeito por um patrocinador identificado. É a característica mais visível do marketing e um auxiliar muito eficiente do trabalho preliminar de vendas. A propaganda torna conhecida a marca e dá prestígio à empresa que a produz. Ela leva o consumidor ao produto, procurando criar a demanda mesmo antes de o consumidor entrar em contato direto com o mesmo. Muita gente confunde propaganda com marketing, infelizmente. A propaganda é apenas um item de estudo do marketing.

Propósito: Objetivo mais esclarecedor, geralmente, de aspecto setorial e de finalidade bem específica; Ação dirigida com uma determinada finalidade.

Proposta: Documento onde se pretende estabelecer uma negociação futura sobre a venda de um produto (bem, serviço, ideia). A proposta estabelece: objeto da proposta, especificações, métodos, prazos de execução, preços, condições de pagamento, prazo de validade da proposta, prazo de garantia, orçamento, encargos, responsabilidades, currículo do proponente, referências, certidões negativas, atestados de capacitação, certificados de qualidade.

Proposta Comercial: Proposta que se diferencia das demais propostas, porque ela é expressa por escrito. Se não for escrita, podemos considerar que há uma proposição, ato de propor, mas não uma proposta comercial. Na apresentação da proposta comercial o autor deve esclarecer, de maneira lógica, os objetivos do projeto e justificar por que o mesmo atende ao mercado e quais benefícios o proponente oferece ao cliente.

Propriedade Intelectual: Reserva de direito em torno de patentes, direitos autorais, marcas registradas e segredos comerciais.

Proprietário: Aquele que possui e dirige um negócio.

Prospecto: Pequeno impresso de propaganda com ilustrações, geralmente, distribuído de porta em porta e nos semáforos das ruas, ou, ainda, pelos Correios. É barato, mas poucas pessoas lêem.

Prosperidade: Nome dado a uma era onde a economia do país é bem sucedida e as pessoas passam a consumir mais e melhor.

Prossumidor: Consumidor que é crítico em relação a todas as fases do processo de produção e venda de um produto.

Protecionismo: Barreiras impostas pelos países para não importar. As barreiras são de todos os tipos, mas a mais comum é a barreira fitossanitária. O protecionismo é uma medida que muitas vezes é contestada na Organização

Mundial do Comércio (OMC).

Protocolo: Conjunto específico de regras, procedimentos ou convenções relacionadas com o formato e o tempo de transmissão de dados entre dois pontos. Os protocolos pessoais mais famosos são: o protocolo do Vaticano e o das forças armadas.

Protótipo: Versão funcional de um determinado produto que não dispõe ainda de todas as características que estarão presentes na versão final. O protótipo é de extrema valia para testar a qualidade funcional de um novo produto.

Provisão: Reserva em dinheiro ou em valores para suprir dificuldades futuras. É muito comum se falar de provisão para devedores duvidosos, devido ao grau de inadimplência dos clientes.

Psicologia: Ciência que costuma reduzir fatos mentais e comportamentais a um feixe de sensações, impulsos, reações (inatas, aprendidas) ou qualquer outra espécie de elemento que seja, teoricamente, uma orientação holística.

Psicologia Comportamental: Escola de psicologia que tenta explicar por observação por que as pessoas têm determinados comportamentos.

Psicologia Experimental: Nome dado ao estudo que descobriu que raciocinamos com o nosso lado intuitivo tanto quanto o fazemos com nosso lado lógico, e talvez mais ainda. Há realmente uma propensão para o intuitivo. Em poucas palavras, somos mais influenciados por histórias que pelos dados.

Psicologia Humanista: Estudo que tentou estabelecer uma ligação entre a teoria social e a ação social. A psicologia humanista trouxe para dentro da administração uma abordagem mais humana e não diretiva.

Psicologia Industrial: Psicologia que deu origem à pesquisa de mercado e é a razão das padronizações de uma grande quantidade de bens. Para ser empreendedor e para competir no mercado é preciso ter: qualidade, recurso, tecnologia, embalagem, design, time, comunicação, método, estratégia, plano, política, conhecimento, preço e muita pesquisa.

Psicologia Moderna: Psicologia que colocou em dúvida a hereditariedade como fator decisivo na inclinação individual por determinada profissão. Essa crença não foi partilhada pela psicologia moderna, mais propensa a acreditar no aprendizado. Assim, qualquer homem tem o potencial necessário ao exercício de qualquer atividade, pois possui um fator decisivo na adaptação do indivíduo ao trabalho e ao ambiente.

Psicologia Organizacional: Psicologia comportamental restrita a uma organização, qualquer que ela seja.

Psicopatia: Instabilidade emocional que torna o indivíduo incapaz de restringir ou mesmo controlar certos impulsos antissociais.

Psicose: Grave distúrbio mental caracterizado por desorganização dos processos de pensamento; Desorientação quanto ao tempo, espaço e pessoa.

Publicação Eletrônica: Publicação que oferece um modelo econômico incrivelmente eficiente, praticamente isento de custos de manufatura, embalagem ou distribuição. Suas variações são infinitas assim como as oportunidades.

Publicação Periódica: Publicação impressa em qualquer meio, onde suas partes são numeradas, com o propósito de dar continuidade ao assunto abordado.

Publicidade: Divulgação de informações sobre as atividades da empresa e seus produtos por intermédio da mídia, para o público-alvo, sem custo adicional; Ação para tornar pública alguma coisa. É um instrumento para educar as massas, difundir conhecimento e cultura, propagar campanhas e divulgar um produto. A empresa se projetará através da publicidade, isto é, se aplicará em tópicos noticiosos e comentários de natureza comercial, divulgados gratuitamente. A publicidade terá condições de exercer, de forma responsável, o seu papel de agente de comunicação, de informação e de diálogo entre produtores, distribuidores, parceiros, consumidores e autoridades governamentais, executando uma tarefa de sentido social. É, portanto, uma atividade típica de relações públicas.

Público-Alvo: Público em que a empresa direciona suas estratégias e táticas de venda. Por tal, é preciso conhecer o público a ser atendido, bem como: aspectos demográficos, perfis de consumo (renda, idade, hábito), padrões de comportamento do consumidor. Público-alvo não é o mesmo que público consumidor.

Punição: Castigo ou penalidade, real ou potencial, para coibir certos tipos de comportamento. Assim, é preciso saber quanto uma punição é eficiente. Por isso, é necessário lembrar: a ameaça de dispensa é menos eficaz, se muitos subordinados estão a ponto de sair, a autoridade não se consegue através de punições. O uso de punições indica um colapso da autoridade.

Q

Quadro: Superfície plana, mais ou menos delimitada, onde são apresentados dados de interesse comum aos funcionários da empresa e agentes do governo.

Quadro de Carga: Ver gráfico de Gantt.

Quadro de Distribuição de Tarefas: Quadro que faz a distribuição do trabalho, estabelece a situação ideal, racionaliza a distribuição e orienta as pessoas para aquilo que tenham que fazer. A seguir, um quadro relativo à força de vendas:

Empresa ABC				
Quadro de Distribuição de Tarefas				
Trabalhos	**Nomes**			
Projeções e Metas				
Planejamento				
Supervisão				
Vendas e Pesquisa Rota 1				
Vendas e Pesquisa Rota 2				
Vendas e Pesquisa Rota 3				
Vendas e Pesquisa Rota 4				
Novos Clientes				
Controles				
Carteira de Pedidos				
Relatórios				

Quadro Sinótico: Quadro auxiliar na fixação da aprendizagem. O abuso no seu uso pode levar o usuário a não poder pensar fora do quadro. Ele não deve ser longo, nem minucioso demais. Deve, sim, encerrar, em linhas gerais, o essencial do assunto tratado.

Qualidade: Aquilo que vá de encontro às necessidades de alguém, proporcionando satisfação; Atendimento das exigências do consumidor, usuário, paciente. Qualidade é uma opção racional de quem reconhece no cliente a importância da função e do negócio. Também é entendida como a adequação à finalidade ou uso.

Qualidade Ambiental: Qualidade que diz respeito ao ambiente físico onde se trabalha, pois em condições adversas, o ser humano tem um rendimento muito baixo, se irritando com facilidade, exacerbando conflitos e baixando a produtividade. A iluminação, a temperatura, o ar, o ruído e a pintura (cores) são os maiores causadores de problemas da qualidade ambiental.

Qualidade Assegurada: Qualidade baseada em um sistema que estabelece e mantém o padrão especificado da qualidade do produto. Neste tipo de qualidade é comum esbarrar em dois obstáculos: o primeiro, é o despreparo da mão de obra para utilizar métodos estatísticos; o segundo, é o da qualidade das peças, componentes, matérias-

-primas, insumos e produtos semiacabados de fornecedores e parceiros.

Qualidade da Decisão: Qualidade que aumenta em função da interação de grupos detentores do conhecimento.

Qualidade da Informação: Qualidade que está fundamentada nos seguintes elementos: forma, idade, frequência, significado e distribuição.

Qualidade de Concepção: Qualidade que mede a adequação de se produzir um bem ou serviço, sem que apareçam defeitos, não observados pela equipe de pesquisa e desenvolvimento.

Qualidade de Conformidade: Qualidade que se refere a todas as unidades produzidas é idêntica e atendem às especificações.

Qualidade de Desempenho: Qualidade que se refere aos níveis pelos quais as características básicas do produto operam. A maioria dos produtos é estabelecida, inicialmente, para oferecer um entre quatro níveis de desempenho: baixo, médio, alto, superior. O vínculo da qualidade à rentabilidade não significa que a empresa deve sempre desenvolver o nível de desempenho mais elevado possível e, sim, um nível apropriado ao mercado alvo, equiparado aos níveis de desempenho dos concorrentes.

Qualidade de Vida: Grau relativo das condições ambientais em que se vive.

Qualidade de Vida no Trabalho: Filosofia da empresa que busca assegurar a saúde de seus funcionários; Ver saúde.

Qualidade do Administrador: Qualidade caracterizada pela solução de problemas organizacionais, com eficiência, eficácia e efetividade.

Qualidade do Alimento: Qualidade que um alimento apresente na: textura, cor, sabor, higiene, limpeza e durabilidade.

Qualidade do Atendimento: Qualidade baseada no bom relacionamento humano. Se o atendente não estiver preparado pode causar grandes estragos. O bom atendimento começa com palavras de cortesia, de forma calorosa e empática, dando atenção a quem procura atender às suas necessidades.

Qualidade do Líder: Ver liderança.

Qualidade do Planejador: Ver planejador.

Qualidade do Produto: Qualidade que pode ser definida como o grau até que um produto satisfaz os requisitos descritos na sua concepção a todos os clientes de um mercado específico. Pois, a insatisfação entre os consumidores que não reclamam é uma ameaça a qualquer empresa.

Qualidade do Projeto: Qualidade que compreende as características que atendam às necessidades ou aos interesses da clientela. Quanto mais o projeto for capaz de cumprir a finalidade para a qual o consumidor pretende utilizá-lo, mais elevada é a sua qualidade, caracterizada por: satisfação, competitividade e desempenho.

Qualidade do Resultado: Qualidade quando o resultado atende aquilo que foi planejado.

Qualidade do Serviço: Qualidade do bem-servir. Os serviços exigem, geralmente, experiências e credenciais altas.

Qualidade do Sistema de Informações: Qualidade que pode ser medida pelas seguintes propriedades: utilidade, necessidade, confiabilidade, oportunidade, facilidade de operação, aprendizado, ergonomia, portabilidade, dinâmica, flexibilidade, compatibilidade, rentabilidade, segurança, continuidade e robustez. A primeira preocupação que se deve ter na construção de um sistema de informações é com relação às necessidades de cada usuário.

Qualidade do Vendedor: Qualidade que se traduz por: personalidade, inteligência, aparência, simpatia, empatia, persuasão e, principalmente, habilidade de relacionamento.

Qualidade Executiva: Ver executivo.

Qualidade Humana: Qualidade caracterizada por: atitude, comprometimento, atenção, atendimento, lealdade, cooperação.

Qualidade Industrial: Qualidade que se traduz pela investigação das causas, efeitos e reações do mercado. É o estudo dos métodos e especificações de qualidade para a produção em níveis mais econômicos, que garantam a satisfação do público-alvo. Qualidade industrial é sinônimo de: limpeza, higiene, beleza, embalagem, etiquetagem, codificação, rotulagem, arranjo físico, racionalidade, por exemplo. A qualidade industrial não é avaliada por quem faz o produto, mas por quem o consome.

Qualidade Organizacional: Qualidade que se entende como a resultante de três vetores: eficiência, eficácia e efetividade; Qualidade definida pelo grau até o qual seu desempenho global pode satisfazer às exigências e expectativas do mercado.

Qualidade Pessoal: Qualidade que é a base de todas as outras qualidades. Você será um patrimônio para a sua organização, quando realizar produtos com qualidade.

Qualidade Técnica: Qualidade caracterizada por: durabilidade, segurança, credibilidade, garantia, funcionalidade, baixo índice de defeitos.

Qualidade Tecnológica: Qualidade que ajuda a minimizar o desperdício, acabar com tempos mortos, diminuir os índices de sucata e refugo a um nível quase zero, não mais justificar as deficiências do planejamento estratégico são, por exemplo, alguns pontos a serem considerados. Mas, não custa lembrar que não adianta ter a mais avançada tecnologia do mundo, se seus recursos humanos ainda estão na idade da pedra.

Qualidade Total: Processo que envolve todas as pessoas da organização para assegurar que cada atribuição relacionada com a produção de bens e serviços tenha um mínimo de comprometimento para atender às necessidades da clientela. O foco da qualidade total está nas pessoas, cujo desempenho determina o alcance de altos padrões de desempenho; Um sistema administrativo para conseguir, em primeiro lugar, a satisfação do cliente, por meio da participação de todas as áreas da organização.

Qualificação da Pessoa: Ação que se faz por: nome completo; naturalidade, nacionalidade, estado civil, profissão, documento de identidade, data de expedição, CPF (CNPJ), endereços completos para residência e domicílio da pessoa física ou jurídica.

Quantidade Autorizada: Ver ordem de compra.

Quantidade de Equilíbrio: Ver ponto de equilíbrio; Ver gráfico do ponto de equilíbrio.

Quantidade de Vendedores: Ver número de vendedores.

Quantidade Demandada: Ver demanda.

Quantidade Disponível: Somatório do estoque de um item mais toda a quantidade a ser produzida para a qual já existe uma ordem de fabricação.

Quantidade Econômica de Pedido: Modelo de decisão que calcula a quantidade ótima a comprar ou a produzir. Como existem importantes diferenças de custo entre as várias dimensões de lote de produção, uma análise deverá ser levada em conta, cujo propósito é de determinar aquela dimensão que minimiza o custo total. Esta é a dimensão ótima a produzir. Existem muitas fórmulas de lote econômico. Consequentemente, é importante compreender as razões dessas diferenças. É comum a aplicação sistemática de um modelo matemático, com a finalidade de encontrar a quantidade por lote para cada tipo de item a produzir, para o qual se quer ter custo mínimo. A seguir, um exemplo do cálculo do lote econômico a produzir para um pequeno conjunto de valores viáveis, por exemplo, as seguintes quantidades (Q): 100, 200, 400, 600, 800, 1.200. A dimensão econômica do lote deverá ser determinada a partir dos seguintes dados:

D = Dimensão por ano = 2.400 unidades; A = Custo por ordem de serviço = 12,00; C = Custo por unidade produzida = 1,00; d = Demanda mínima = 10 unidades/dia; m = Demanda máxima = 50 unidades/dia; I = Percentual de encargos financeiros que gravam o estoque (seguro, armazenagem, custo do capital, obsolescência, deterioração) = 20%/ano. A seguir, a solução por meio de método tabular (planilha):

Fatores de Custo		Fórmula	Q	Q	Q	Q	Q	Q
			100	200	400	600	800	1.200
Número de Ordens por Ano	N	D/Q	24	12	6	4	3	2
Custo Total de Preparação	CTP	N x A(1)	288	144	72	48	36	12
Custo Direto Total	CDT	C x N x Q (2)	2.400	2.400	2.400	2.400	2.400	2.400
Custo Total de Manutenção de Estoque	CTME	(Q/2) (1 - d/m) CI (3)	8	16	32	48	64	192
Custo Total	CT	(1) + (2) + (3)	2.696	2.560	2.504	2.496	2.500	2.604
Custo Unitário	Cu	CT / CDT	1,123	1,067	1,043	1,040	1,042	1,085

Para maior esclarecimento, está sendo feito o cálculo para CTME (custo total de manutenção de estoque) para uma quantidade igual a 100 unidades:

CTME = 100/2 (1 - 10/50) 1 x 0,20 = 50 (1 - 1/5) 0,20

CTME = 50 (4/5) 0,20 = 40 x 0,20 = 8

Análise: A linha de custo direto total é de 2.400,00 para todos os valores de Q (quantidade); Dada a hipótese de que os custos diretos são constantes, por unidade, esse custo é independente do tamanho do lote e, portanto, não possui influência nos diferenciais de custo entre alternativas; O custo total mínimo é de 2.496,00 para uma quantidade de 600 unidades (Lote Econômico); Para a quantidade de 600 unidades, o custo total de preparação (CTP) é igual ao custo total de manutenção de estoque (CTME).

Quantidade Ofertada: Ver oferta.

Quantidade Ótima a Produzir: Matriz de produção onde as equações são estabelecidas para lucro máximo ou custo mínimo. A seguir, uma representação gráfica:

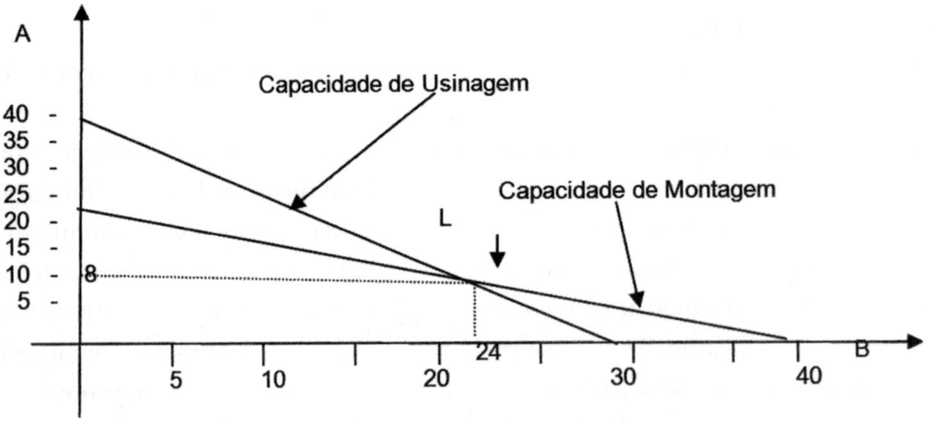

Produto A (eixo Y): Capacidade de usinagem = 40 unidades; Capacidade de montagem = 20 unidades; Lucro por unidade = 10,00

Produto B (eixo X): Capacidade de usinagem = 30 unidades; Capacidade de montagem = 40 unidades; Lucro por unidade = 8,00

Resposta: O lucro máximo é dado pelo ponto L, isto é: 24 unidades de B = 192,00 (24 x 8,00); 8 unidades de A = 80,00 (8 x 10,00); Lucro máximo = 272,00 (192,00 + 80,00)

Quarta Revolução Industrial: Revolução da inteligência artificial que está acontecendo com o avanço dos estudos cibernéticos, biotecnologia e robótica. Já é comum, em feiras e exposições, encontrarmos robôs sendo utilizados como atendentes e serviçais.

Quartil: Aquilo que separa uma série de dados em quatro partes iguais; Ver separatriz.

Queixa do Consumidor: Informação valiosa feita pelo consumidor, como: produto de qualidade inferior; ineficiente serviço pós-venda; baixo nível de qualidade no atendimento; campanhas publicitárias malfeitas; falta de calor humano, devido ao alto grau de automação; produtos não disponíveis, apesar da propaganda; preços elevados; vendas impessoais; peso adulterado; propaganda enganosa; exploração de crianças; falsificação do produto; embalagem pouco informativa; falta de dados sobre o produto; produtos inseguros; produtos que nada valem; maus serviços; realce na quantidade e não na qualidade; complexidade tecnológica; obsolescência programada; recusa em devolver o dinheiro; altos juros no crediário; falta de concorrência; fraude contra os pobres; falta de canais diretos de comunicação.

Questionamento: Conjunto de questões que o projetista faz antes de montar o seu plano de negócio.

Questionário: Método comum para se coletar dados, porque utiliza uma técnica flexível que não é, necessariamente, tão dispendiosa. Os dados coletados podem ser estruturados para permitir análises estatísticas. Ainda que as exigências nos setores industriais, de serviço e de consumo sejam diferentes, há muitos fatores no planejamento do questionário que são universais, pois ele pode ser utilizado como ferramenta de trabalho, de consulta, de coleta de dados e de referência. Pesquisadores necessitam de dados e, para tal, se valem da abordagem do questionário. Projetar um questionário está longe de ser uma ciência. Muitas vezes, há o envolvimento da criatividade dos pesquisadores. Basicamente, eles desejam obter a informação de que necessitam e a querem exata. O conteúdo e a ordem das perguntas variam em função do objetivo.

Questionário de Pesquisa: Questionário para obter dados relevantes para a performance de uma avaliação. A seguir, um exemplo de um questionário de avaliação da imagem de uma loja:

1 – Como você chegou até a loja?
Indicação TV Jornal o Rádio Revista o Prospecto Por acaso

2 – Que acha da aparência da loja?
Suja Desarrumada Bonita Feia Bem organizada

3 – Como foi o seu atendimento?
Bom RegularÓtimo Frio Calculado Insuficiente

4 – O vendedor mostrou interesse em ajudá-lo?
Sim Não Mais ou menos

5 – O vendedor mostrou conhecer o produto que vende?
Sim Não Mais ou menos Não sabe dizer

6 – A loja é visitada por você com frequência?
Sempre Às vezes Primeira vez

7 – O que mais chama a sua atenção na loja?

CortesiaGrande variedade Embalagens Vendedores bem treinados

Grande tecnologia Visual Decoração

8 – Qual a maior reclamação da loja?

Troca de mercadorias Garantia dos produtos Preços altos Falta de atenção

Vendedor parece uma máquina Qualidade dos bens e serviços Segurança

Serviço de entrega

R

Raciocinar: Ação de encadear juízos com o fim de concluir alguma coisa.

Raciocínio: Operação pela qual o indivíduo de uma relação, ou de várias relações conhecidas, extrai uma outra. Há duas espécies de raciocínio. Um que vai do particular para o geral, chamado indutivo e outro que vai do geral para o particular, chamado dedutivo.

Racionalidade: Ideia de que uma organização existe e se justifica para atingir objetivos, metas, propósitos e desafios. O ideal racional presume a impossibilidade de existir o "urgente" e a possibilidade de dizer "não".

Racionalidade Analítica: Racionalidade que se fundamentou em modelos matemáticos e no avanço da tecnologia da informação, porque considerar e analisar as alternativas de decisão ficou muito mais fácil com o computador.

Racionalidade do Tempo: Técnica de utilização do tempo de maneira racional. Assim, é preciso fixar prioridades, antecipar as necessidades e controlar a pressa.

Racionalidade Limitada: Racionalidade que tem limites pela impossibilidade humana de lidar com a totalidade de informações disponíveis.

Racionalidade na Decisão: Racionalidade orientada para atingir objetivo. Não existem decisões perfeitas, pois o tomador de decisões precisaria, para proceder de maneira racional, escolher uma dentre várias alternativas que se diferenciam entre si pelas suas consequências futuras.

Racionalismo: Adequação dos meios aos fins, baseada na razão e na lógica.

Racionalismo Econômico: Hipótese de que os consumidores buscam a máxima satisfação ao gastar seu dinheiro, bem como os empresários procuram o lucro máximo.

Racionalização: Esforço que se faz no sentido de dar um tratamento científico a uma determinada tarefa; Processo mental básico, presente em todas as fases da organização, constituindo o seu principal instrumento; Organização científica do trabalho.

Rapidez: Velocidade de atendimento. Mas, ser rápido não significa ser eficiente e eficaz.

Rastreabilidade: Capacidade de localizar um desvio.

Rateio: Acréscimo que se soma ao custo unitário do produto em função dos diversos custos indiretos (custo fixo), segundo critérios diferenciados, isto é, baseados em: matéria-prima, aluguel, produção, horas, mão de obra, imposto e área ocupada, por exemplo. Todos os custos indiretos só podem ser apropriados, por sua própria definição de forma indireta aos produtos, isto é, mediante estimativas, critérios de rateio e previsão de comportamento de custos. Todas essas formas de distribuição contêm, em menor ou maior grau, certo subjetivismo. Portanto, a arbitrariedade sempre vai existir, sendo que, às vezes, é bem aceitável e outras por não haver alternativas melhores. É bastante fácil de se perceber que a alteração de um critério poderá provocar mudanças no valor apontado como custo de um produto, sempre que, de fato, nenhuma outra modificação tenha ocorrido no processo de produção: Ver base de rateio.

Razão: Relação entre grandezas da mesma espécie (equação homogênea); Emprego da inteligência humana orientada por conhecimentos técnicos, obtidos através de pesquisas e análises.

Reação: Ação suficiente que acontece em função de outra ação (evento) no ambiente onde a ação acontece.

Realidade: Ambiente que nos circunda e que serve de núcleo, objeto de pensamento e reflexão, ao mesmo tempo. Existem pessoas pensando sobre a mesma realidade, comunicando seus pensamentos, de modo oral, escrito ou gestorial. Nada se apresenta como definitivamente pronto, sem que antes tenha sido produzida uma compreensão de todos os envolvidos (realidade comum).

Realimentação: Ver feedback.

Realizável: Somatório de aplicações, créditos, valores e títulos; Aquilo que pode ser transformado em dinheiro.

Realizável de Curto Prazo: Valor dado pela fórmula: Realizável de Curto Prazo = Estoques de Matéria-Prima + Produtos Acabados + Contas a Receber

Reavaliação: Ação de conferir um novo valor, em função do mercado, da política de governo ou da inflação.

Recebimento: Ato de aceitar pagamento de uma dívida relativa a um bem ou serviço vendido.

Recebível: Soma de valores a receber.

Receita: Resultado das vendas dos produtos de uma empresa; Resultado dos preços de venda multiplicados pelas respectivas quantidades vendidas.

Receita Bruta: Total nominal das vendas, onde não são consideradas as deduções (descontos, impostos e devoluções).

Receita com Vendas: Somatório de todos os pedidos de venda faturados e entregues.

Receita Complementar: Receita não esperada.

Receita de Tributação: Receita arrecadada pelo governo que a utiliza em benefício da população.

Receita Líquida: Diferença entre a receita bruta com vendas e as deduções (descontos + impostos + devoluções); Receita operacional líquida.

Receita Marginal: Acréscimo de receita, quando se vende uma unidade adicional do produto.

Receita Não Operacional: Receita que não se relaciona à natureza do negócio.

Receita Operacional: Receita ligada diretamente ao objeto do negócio.

Receita Relevante: Receita que mudará o curso do negócio.

Receita Social: Receita cujo propósito é o bem-estar dos funcionários da organização.

Recepção: Setor da empresa que tem uma função muito importante, pois, uma vez recebidos os materiais, os riscos correm por conta de quem os recebeu. Portanto, é necessário examinar: pedido, nota fiscal, fatura, nota de fornecimento, quantidade, qualidade, estado físico-químico, por exemplo. Qualquer queixa sobre as especificações devem ser relatadas. Esta seção de recebimento e conferência é um setor pertencente ao almoxarifado central. Este setor deve ser estruturado de forma que os materiais não fiquem mofando em suas prateleiras. Tão logo o material comprado chegue, devem ser tomadas as seguintes providências: baixa do pedido e respectiva comunicação ao Departamento de Compras, inspeção do produto, comunicação da chegada do produto à seção requisitante, aviso à Contabilidade.

Receptor: Aquele que recebe a mensagem.

Recessão: Declínio significativo na demanda por produtos e queda do PIB a pelo menos três meses seguidos.

Recibo: Documento onde o contratado declara ter recebido algum valor do contratante, geralmente, expresso em unidades monetárias; Recibo de pagamento de dívida.

Reciprocidade: Acordo entre compradores industriais e fornecedores para que também estes comprem produtos daqueles. Um exemplo seria o fabricante de papel que compra produtos químicos de uma empresa que compra considerável quantidade de papel.

Reclamação: Ato escrito, ou verbal, que uma pessoa faz de alguém, de um grupo ou de uma organização, geralmente, amparado na lei, para reivindicar algo não atendido. O número de reclamações mostra a imagem que um produto tem diante de seus consumidores e intermediários; Ver taxa de reclamação.

Recompensa: Estímulo para determinado comportamento. As recompensas são classificadas em intrínsecas e extrínsecas; Ver incentivos.

Recompensa Extrínseca: Recompensa que não está diretamente ligada ao cargo. A promoção por tempo de serviço ou mérito, o aumento salarial por desempenho excepcional e os símbolos de status são exemplos de tais recompensas.

Recompensa Intrínseca: Recompensa que está vinculada à própria realização da tarefa (trabalho). As recompensas intrínsecas podem ser: realização de objetivos, resultados positivos, satisfação psicológica, sentimento de segurança, fatores de estima, realização e participação social.

Reconhecimento: Fase de um projeto onde se analisa e avalia se há uma verdadeira necessidade do mesmo, fundamentado nos meios que possui para seu desenvolvimento.

Recrutamento: Conjunto de procedimentos para determinar quais os indivíduos estão qualificados a ocupar cargos na organização, isto é, a organização divulga e oferece, ao mercado de recursos humanos, oportunidades de emprego. Para ser eficaz, o recrutamento deve atrair candidatos de maneira a suprir o setor de seleção a colocar, em seus bancos de dados, as pessoas, potencialmente, aptas a preencherem as necessidades de mão de obra da organização.

Recrutamento Externo: Recrutamento que é feito quando aborda candidatos reais ou potenciais, disponíveis ou aplicados em outras empresas. O recrutamento externo possibilita a renovação de ideias, com perspectivas de mudanças na busca de melhores resultados do que os anteriores.

Recrutamento Interno: Recrutamento que aproveita o seu próprio pessoal. Uma das vantagens do recrutamento interno é o estabelecimento de um clima de valorização da prata da casa, elevando o moral e a motivação. Por outro lado, a empresa tem gastos menores em dinheiro e tempo.

Recrutar: Função administrativa que determina quais os candidatos estão qualificados a ocupar um determinado cargo.

Recurso: Meio auxiliar que permite à organização a consecução de seus objetivos. Os recursos podem ser físicos, materiais, financeiros, humanos, administrativos, mercadológicos, tecnológicos, sistêmicos de informação e de comunicação.

Recurso Administrativo: Recurso que diz respeito a: funções administrativas, funções organizacionais, práticas, técnicas, procedimentos, rotinas, políticas, planos, programas, métodos, metodologias, documentos, manuais.

Recurso de Apoio: Recurso de infraestrutura, tais como: serviços públicos, energia elétrica, telefonia, água encanada e potável, esgotamento sanitário, gás, hospital, escola, correio, banco, policiamento, transporte, segurança.

Recurso de Computação: Elemento específico de hardware capaz de executar uma tarefa muito específica.

Recurso de Comunicação: Recurso que ajuda uma pessoa a ter uma capacidade de comunicação melhorada, tais como: uma redação correta, objetiva, clara e concisa para expressar o pensamento em ordens, planos, programas, políticas, decisões, estratégias, táticas e relatórios; a palavra fluente, a dicção impostada, o estilo sem requintes para se expressar; a cortesia, a educação e a perspectiva na condução dos debates e negociações; Conjunto de recursos audiovisuais e de outras naturezas que possam expressar melhor o seu pensamento.

Recurso Empresarial: Recurso que faz com que uma organização funcione. Todas as organizações são constituídas de recursos, que podem ser contratados, comprados e incorporados à empresa ou adquiridos, sob a forma de: empréstimo, aluguel, arrendamento ou leasing.

Recurso Estratégico: Recurso usado na formulação de estratégias para produtos e mercados.

Recurso Financeiro: Recurso que diz respeito a: capital próprio, crédito, financiamento, receita com vendas, investimento de terceiros, empréstimo.

Recurso Físico: Recurso que diz respeito a: imóveis, viaturas, instalações, máquinas e equipamentos.

Recurso Humano: Recurso que diz respeito a: mão de obra direta e indireta.

Recurso Instrucional: Recurso utilizado no treinamento e educação dos recursos humanos de uma organização. Os recursos instrucionais mais usados são: livros, apostilhas, manuais, filmes, regulamentos, simulações, estudos de caso, teleconferências, testes, palestras, modelos, esquemas, gráficos, exposição oral, quadros de esboço, slides, projeções, transparências, dramatizações, demonstrações, simulações, dinâmicas de grupo.

Recurso Material: Recurso que diz respeito a: matérias-primas, insumos, móveis, utensílios, ferramentas.

Recurso Mercadológico: Recurso que diz respeito a: perfil do consumidor, pesquisa de mercado, inovação, produto, marca, comunicação do produto, previsão de vendas, relação com consumidores, fornecedores e concorrentes, estratégias, táticas, negociação, distribuição.

Recurso Natural: Recurso que diz respeito a: água, luz, ventilação, umidade, vegetação, tipo de solo.

Recurso Necessário: Ver recurso empresarial.

Recurso Sistêmico: Recurso que diz respeito a: sistemas de informação, sistemas de comunicação, sistemas de suporte à decisão, sistemas simulatórios, sistemas de banco de dados.

Recurso Tecnológico: Recurso que diz respeito a: tecnologia da produção, tecnologia da informação e tecnologia do conhecimento.

Recurso Tempo: Recurso escasso, inelástico, não estocável. O efeito que seu uso provoca em nós também é fundamental. Pressa, ansiedade e frustração provocam má qualidade de produtos, relações e resultados. De todos os recursos ao alcance de um indivíduo, o tempo é o mais pessoal e o mais comumente desperdiçado. Aquele que se propõe a usá-lo de forma efetiva e inteligente terá de conhecer profundamente as funções administrativas. Tempo é recurso, cujo significado é intrínseco a cada indivíduo.

Redação: Ação de redigir; Arte de escrever um texto com técnicas apropriadas a um grupo de leitores. A redação varia de acordo com o tipo de trabalho que se deseja apresentar, pois um trabalho escrito supõe o domínio, por parte do autor, do idioma que utiliza para transmitir seus conhecimentos, bem como regras de ortografia, acentuação gráfica e gramática.

Redação Administrativa: Redação que requer o uso de palavras adequadas, precisas e relevantes, evitando-se ultrapassar trinta palavras em cada oração. A forma de abordar o assunto deve evitar a prolixidade e a concisão excessiva para não diminuir a força expressiva do texto.

Rede: Conjunto de atividades interligadas; Malha.

Rede Aberta: Rede que não necessariamente precisa voltar à origem.

Rede Corporativa: Nome dado a dois ou mais estabelecimentos de propriedade comum e controle centralizado que empregam centrais de compras e vendem linhas de produtos similares. Pelo seu tamanho podem barganhar preços. Muitas redes corporativas estão pressionando os fornecedores a se enquadrarem em suas políticas de negócios.

Rede de Computadores: Rede que emprega computadores para ajudar a fornecer dados relevantes, oportunos e precisos, para fins de tomada de decisão e resolução de problema; Ver SIG.

Rede de Comunicação: Rede que estabelece a direção e o sentido do fluxo de informações que circula na organização. Ela possibilita o suporte necessário de dados para os polos de decisão que processam e filtram as informações.

Rede de Distribuição: Conjunto de canais de distribuição; Ver canal de distribuição.

Rede de Informações: Ver sistema de informações.

Rede de Relacionamento: Rede que ajudará a melhor gerir a empresa. O contato com pessoas que têm vivências diferentes dá acesso a novas visões e posicionamentos. Não ter uma rede de relacionamento pode ser muito prejudicial à empresa. A rede é a principal fonte de informações relevantes.

Rede de Varejo: Grupo de varejistas independentes, patrocinado por um grande atacadista, engajado em comprar grandes lotes de bens e compartilhar o serviço de merchandising.

Rede Formal de Comunicação: Rede que para acontecer precisa de: definição do espaço coberto pela rede, natureza do transmissor, natureza do receptor, construção da mensagem pouco flexível, ênfase na eficiência do canal.

Rede Informal de Comunicação: Rede que facilita conhecer: sentimentos, boatos, verdades, fofocas, personalidades, distorções, idiossincrasias. Serve para contornar obstáculos da rede formal, ajuda a identificar líderes, mas tem dificuldades de reconhecimento. Sua justificativa de uso se baseia na eficácia.

Rede Informatizada de Comunicação: Rede que promove maior grau de competitividade, melhor eficiência administrativa, redução do tempo de processamento e maior visão mercadológica da qualidade.

Rede Local: Ver intranet.

Rede PERT/CPM: Rede de planejamento com uma estrutura lógica das atividades a serem executadas, suas interdependências e durações normais de tempo, possibilitando saber qual a duração mínima da execução total planejada e, com relação a cada atividade, qual a data mais cedo para iniciá-la e terminá-la, assim como a data mais tarde de início e fim. A seguir, um exemplo de uma rede PERT/CPM.

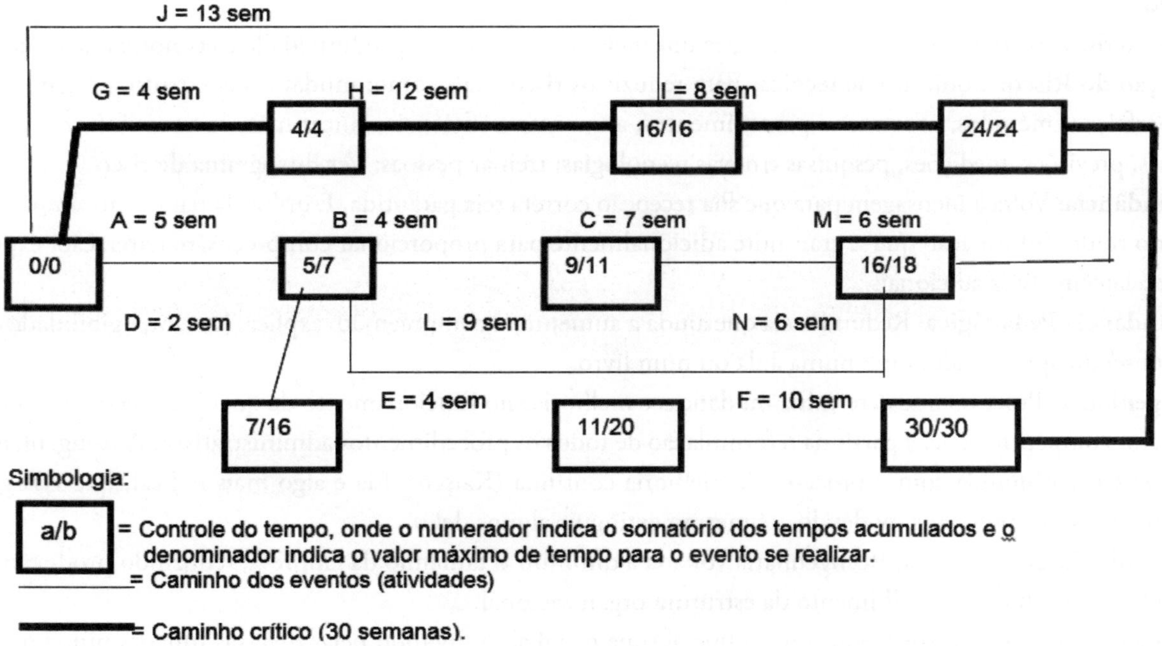

Nota: A diferença entre o denominador e o numerador indica a folga de tempo. Depois de feito o caminho crítico os valores do denominador são calculados de trás para frente. Se a fração for de 5/7, isto indica que há uma folga de duas semanas.

Definições:

A = Organizar o escritório de vendas/recrutar gerente (5 semanas).

B = Recrutar vendedores (4 semanas).

C = Treinar vendedores (7 semanas).

D = Escolher agência de propaganda (2 semanas).

E = Planejar campanha publicitária (4 semanas).

F = Executar campanha publicitária (10 semanas).
G = Desenhar embalagem (4 semanas).
H = Montar seção de embalagem (12 semanas).
I = Embalar estoques iniciais (8 semanas).
J = Encomendar estoques iniciais do fabricante (13 semanas).
L = Escolher atacadistas (9 semanas).
M = Vender aos atacadistas (6 semanas).
N = Expedir pedidos iniciais (6 semanas).

Rede Social: Rede onde as pessoas relacionam-se em torno de um objetivo comum. Expressam seus gostos, qualificações e informações que queiram compartilhar, seja com amigos, parentes, profissionais ou a quem quer que desejem maior interação. As redes sociais multiplicaram-se de forma bem abrangente e sem fronteiras. Uma rede social exige dedicação, alimentação de dados, uso em tempo real, investimento em melhorias e inovações.

Redesconto: Empréstimo do Banco Central aos bancos comerciais, quando há déficit na conta de compensação de cheques.

Redigir: Técnica de escrever que implica domínio de capacidade linguística.

Rédito: Valor dado pela diferença entre receita e despesa.

Redução do Custo: Redução que se consegue por meio de dois fatores: produtividade e economia de escala.

Redução do Risco: Conjunto de técnicas para reduzir os riscos, tais como: mudar a sua estrutura organizacional; aperfeiçoar métodos, processos e procedimentos; aumentar a eficiência; lançar mão de novas informações, análises, previsões, medições, pesquisas e novas tecnologias; treinar pessoas; Ver fluxograma de risco.

Redundância: Volta à mensagem para que sua recepção correta seja garantida. É utilizada para neutralizar ou reduzir o ruído; Informação que se transmite adicionalmente para proporcionar compreensão, reiteração, explicação e esclarecimentos adicionais.

Redundância Pedagógica: Redundância que ajuda a aumentar a compreensão, explicação e inteligibilidade do que está sendo apresentado, quer numa aula ou num livro.

Reengenharia: Processo que determina mudanças e melhorias no funcionamento de qualquer negócio, garantindo maior competitividade, a partir da reformulação de todos os procedimentos administrativos. A reengenharia não deve ser confundida com o processo de melhoria contínua (Kaisen). Ela é algo mais radical, que visa grandes mudanças nos processos, podendo até mesmo extinguir alguns deles.

Reengenharia de Estrutura: Reengenharia voltada a diminuir o tamanho da empresa, reduzindo produção, variedades de produtos e encolhimento da estrutura organizacional.

Reengenharia de Processo: Reengenharia que agrupa o trabalho dividido pelas diversas funções numa pessoa ou numa equipe.

Reestruturação: Mudança da estrutura hierárquica, bem como da estrutura organizacional, de tempos em tempos, como engajada num moto-contínuo de inovações e mudanças. Porém, é importante que mudanças estruturais sejam feitas com certo grau de racionalidade e parcimônia, para não virar uma confusão só, levando muito tempo para consertar. Mesmo as empresas grandes e maduras sofrem uma reestruturação a cada dois anos pelo menos.

Referência: Conjunto de informações, sobre uma pessoa, que podem ser comprovadas.

Referência Bibliográfica: Lista de obras consultadas para embasar um livro, revista, relatório.

Referencial Cartesiano: Diagrama representado por um espaço bidirecional, onde os eixos ortogonais x e y são chamados, respectivamente, eixo das abscissas e eixo das ordenadas.

Reforço: Ação que leva um indivíduo a aumentar a vontade de repetir determinado comportamento; Ver feedback positivo.

Reflexão: Capacidade crítica a respeito de: problemas, cenários, ambientes, raciocínios, buscando interpretar e descobrir as causas e efeitos. O fracasso na resolução de um problema vai revelar quais pontos se acham as dificuldades e as condições mínimas que uma solução deve satisfazer. Assim, não é tão importante resolver os problemas e sim refletir sobre eles.

Refugo: Recursos tangíveis rejeitados durante o processo de produção. Se a taxa de refugo for alta, mostra que, na empresa, podem estar acontecendo: erros de projeto do produto; falhas no controle de qualidade; falhas no controle de produção; baixo nível de educação; mau uso das funções administrativas, principalmente, a função organização; armazenagem incorreta; falta de treinamento; Ver taxa de refugo.

Regimento Interno: Documento que regula o funcionamento e o serviço interno de uma organização pública ou privada. Normalmente, este documento é dividido em partes, mas não necessariamente. Ainda, se for o caso, o regimento interno pode comportar anexos, como: organogramas, quadros, mapas, tabelas, gráficos, diagramas, planilhas. Em geral, a empresa está para o regulamento, assim como o regimento está para o departamento.

Registro: Justaposição de dados selecionados a um mesmo fato, fenômeno, objeto, procedimento, método.

Registro de Dados: Arquivo e classificação de dados

Registro de Horas: Ver observação.

Registro de Marca: Registro que confere a propriedade da marca; Ver marca registrada.

Registro de Patente: Registro que confere propriedade a uma inovação.

Registro do Encontro: Ver ata de reunião.

Registro Físico: Registro feito em um determinado meio físico, como: papel ou meio denso (fita, disco).

Registro Histórico: Registro relativo a uma série histórica de dados numéricos, agrupados de forma organizada (tabelas, gráficos, planilhas, quadros, formulários).

Registro Lógico: Registro que caracteriza um valor (moeda, peso, quantidade) do registro físico.

Regra: Verdade específica ou restrita, possuindo, geralmente, exceções.

Regressão: Método utilizado na previsão de vendas que utiliza uma matriz, contendo variáveis dependentes e independentes.

Regulamentação: Ação de iniciativa dos governos sobre as empresas, os mercados, os consumidores, os usuários, as sociedades, os distribuidores, os industriais, os fornecedores.

Regulamentação da Indústria: Regulamentação que objetiva segurança no trabalho, insalubridade, condições ambientais de trabalho, perigo de contaminação, melhoria ambiental, poluição, degradação ambiental, higiene, limpeza, embalagem, qualidade do produto, validade de duração, garantia, qualidade de vida do empregado.

Regulamentação das Bolsas: Regulamentação que objetiva normalizar as operações nas bolsas de mercadorias e de ações.

Regulamentação das Comunicações: Regulamentação que objetiva controlar o abuso da mídia e da transmissão de dados.

Regulamentação do Armazenamento: Regulamentação que objetiva higiene, qualidade ambiental, normas de segurança, limpeza, validade do produto, prazo de armazenagem.

Regulamentação do Comércio: Regulamentação que afeta tanto a compra quanto a venda, já que se trata simplesmente de dois aspectos do mesmo processo. Esta regulamentação objetiva a defesa do consumidor, da verdade na propaganda de um produto, do uso de marcas registradas, bem como mostrar restrições legais de instalações comerciais. Também cuida das barreiras fitossanitárias para produtos importados e das alíquotas de importação. A regulamentação comercial restringe as horas de trabalho dos empregados e limita, por exemplo, o horário dos estabelecimentos comerciais. Assim, para que a regulamentação do comércio seja válida é recomendado que se estude, devidamente, o equilíbrio a estabelecer entre as concessões legítimas a fazer aos empregados e as necessidades, não menos legítimas, da produção e do consumo.

Regulamentação do Preço: Regulamentação que objetiva não permitir desabastecimento, vigiar a evolução dos preços, questionar os motivos de alta de preços, evitar congelamento dos preços, dar bom exemplo quando do aumento das tarifas públicas, interferir em aumentos abusivos.

Regulamentação do Seguro: Regulamentação que objetiva controlar os repasses, controlar a relação preço/valor, controlar o cumprimento dos contratos (forma legal).

Regulamentação do Transporte: Regulamentação do transporte objetiva estabelecer controles de tarifas, posse e operação do meio de transporte (duto, fluvial, marítimo, esteira, terrestre, aéreo).

Regulamentação Econômica: Regulamentação que objetiva manter a concorrência num nível civilizado, repelir monopólios e oligopólios, estimular interesses especiais, regulamentar as atividades industriais, comerciais e de serviços, cuidar para que a população tenha maior poder de compra, apresentar medidas antidumping.

Regulamentação Governamental: Ver regulamentação.

Regulamentação Monetária: Regulamentação que objetiva controlar a inflação, a base monetária, a cotação do dólar, a dívida externa, o déficit público, o depósito compulsório dos bancos, a dívida interna, a balança de pagamentos, os títulos negociados pelo governo, as condições de crédito.

Regulamentação Tributária: Regulamentação que objetiva o arrocho (controle) fiscal, taxa de juros, alíquota do imposto de renda. Cuida, ainda, das contribuições e impostos sobre produtos, empresas e pessoas físicas.

Regulamento: Conjunto de regras (normas) que dizem como e quem pode fazer. Assim, um funcionário pode ser avaliado se aquilo que faz é congruente ou não com o regulamento. Ele pode estar aquém ou além das expectativas da direção da empresa; Documento normativo que reúne comandos diretos e cursos de ação que devem ser seguidos fielmente; Ato normativo que amplia a ação administrativa, explicitada no Estatuto, para caracterizar a organização nos seus aspectos fundamentais, tais como as diretrizes operacionais. No regulamento, encara-se a dinâmica do ponto de vista genérico, deixando para o texto do regimento o detalhamento específico de cada órgão definido na estrutura.

Rejeição: Atitude de anular a presença física e/ou psíquica de outra pessoa.

Rejuvenescimento do Produto: Todo esforço feito para manter a competitividade do produto no mercado.

Relação: Comparação entre duas quantidades (grandezas) mensuráveis; Ver razão.

Relação Causal de Variáveis: Relação que parte do pressuposto de que existe uma causa que influencia o resultado (efeito), quando duas ou mais variáveis são confrontadas, em função de uma cronologia e/ou atuação.

Relação com Consumidores: Relação da empresa com seus consumidores. Empresas de diversos setores passaram a gastar fortunas para aprimorar a gestão do relacionamento com o cliente (CRM). Para tal, as respostas, em geral, foram: telemarketing, serviço de atendimento a clientes, processo integrado de dados dos consumidores, por exemplo.

Relação com Proprietários: Relação de executivos com os proprietários, porque a empresa pertence aos proprietários, mas os seus bens são geridos por executivos (diretores e gerentes), que nem sempre são os donos do negócio.

Relação Cruzada: Relação dada pela fórmula: $n = N\,(2^N / 2 + N - 1)$

Onde: n = número de relações e N = número de subordinados:

Exemplo: Se n = 5, vem: $n = 5\,(32 /2 + 5 - 1) = 5\,(16 + 5 - 1) = 100$

Relação Direta de Grupo: Relação dada pela fórmula: $n = N\,(2^N/2 - 1)$

Exemplo: $n = 5\,(2^5/2 - 1) = 5\,(32/2 - 1) = 5\,(16 -1)$

$n = 5 \times 15 = 75$

Relação entre Variáveis: Ver relação.

Relação Funcional: Medida da eficiência e eficácia entre pessoas que exercem funções semelhantes.

Relação Humana: Relação que busca a interação social das pessoas numa organização, através de ações e atitudes. O sucesso em relações humanas é grandemente determinado pela espécie de pessoa com a qual se tem de lidar. Uma vez que tenham sido contratados empregados com boas características de relações humanas, o passo seguinte é desenvolver as mesmas ao seu potencial máximo.

Relação Humana no Trabalho: Relação cujo objetivo é a motivação e o interesse pelo trabalho, para que este seja o melhor possível, tanto para as pessoas quanto para as organizações. No trabalho surgem muitas dificuldades e, portanto, muitos problemas. Uns são de natureza técnica, outros de natureza financeira e outros, ainda, de natureza humana.

Relação Individual Direta: Relação dada pela fórmula: n = N

Relação Indivíduo/Equipe: Comportamento que o indivíduo tem para com sua equipe de trabalho; Ver comportamento.

Relação Indivíduo/Grupo: Comportamento que leva um indivíduo a pertencer a um grupo por: necessidade de se manter ativo como uma fórmula para descarregar tensões; necessidade de sobreviver; necessidade de afirmação pessoal; necessidade de exibição; necessidade de competição; necessidade gregária; necessidade expiatória; necessidade de encobrir outras atividades.

Relação Indivíduo/Organização: Comportamento em que a organização espera do empregado obediência à sua autoridade, e, por seu turno, o empregado espera que a organização se comporte corretamente com ele e opere com justiça. Embora não exista acordo formal ou coisa claramente dita, o contrato psicológico é um entendimento tácito entre indivíduo e organização, no sentido de que uma vasta gama de direitos, privilégios e obrigações, consagrados pelo uso, será respeitada e observada pelas partes.

Relação Percebida: Relação entre o esforço necessário para aceitar e aplicar algo (mensagem, recompensa, gratificação).

Relação Pessoal: Relação necessária para escolher os indivíduos, quando o trabalho de um depende do outro. Se colocarmos, para trabalhar juntas, pessoas de mútua antipatia, estaremos preparando terreno para atritos, desentendimentos e dilemas. A indiferença, a rejeição, a submissão, a rivalidade e o domínio são atitudes frequentes dentro de uma empresa, muito embora sejam desaprovadas pela boa moral. A única atitude capaz de criar um ambiente social positivo, de confiança e de segurança é a da colaboração.

Relação Pública: Conjunto de atividades de comunicação com públicos, direta ou indiretamente, interessados nas atividades da organização, tais como: governos, concorrentes, organismos de representação social, associações patronais, associações de classe, fornecedores, funcionários, colaboradores, líderes de opinião pública, bancos, institutos de pesquisa, universidades, artistas, líderes comunitários, visando criar uma imagem favorável às marcas, aos produtos e às suas atividades junto à comunidade.

Relação Recíproca de Variáveis: Relação que parte do pressuposto de que é difícil, de imediato, descobrir qual é a variável dependente e qual é a variável independente.

Relação Simétrica de Variáveis: Relação que parte do pressuposto de que nenhuma das variáveis exerce ação sobre a outra. Pressupõe que uma variável é essencialmente responsável pela outra, e vice e versa.

Relação Superior/Subordinado: Relação que objetiva que o superior trate o subordinado de forma adequada, isto é, um ambiente próprio ao bom trabalho.

Relação Temperatura/Umidade: Relação que mostra a influência sobre o trabalhador em função da temperatura e da umidade relativa do ar. Para se obter condições de conforto, é preciso combinar a temperatura com o grau de umidade. O Quadro, a seguir, relaciona a temperatura, umidade relativa do ar e situação do trabalho:

Temperatura	Umidade Relativa do Ar	Situação do Trabalho
20 a 25	40%	Conforto
26 a 31	20%	Conforto
26 a 31	65%	Mal Estar
26 a 31	80%	Necessidade de Repouso
26 a 31	85%	Conforto em Repouso Fadiga no Trabalho
32 a mais	65%	Impossível Trabalho Pesado
32 a mais	80%	Limite de Tolerância Mesmo em Repouso

Relacionamento: Habilidade em saber lidar com as pessoas para motivar, persuadir, liderar, interagir e saber se comportar de acordo com o momento e/ou situação. Em toda organização bem-sucedida existe um chefe que não gosta, não ajuda e não se relaciona com ninguém. Frio, desagradável e exigente, ele, geralmente, ensina e desenvolve mais pessoas que todos os outros. Inspira mais respeito que qualquer chefe simpático.

Relato: Descrição, geralmente oral, de um acontecimento, fato ou fenômeno.

Relator: Aquele que escreve o relatório.

Relatório: Apresentação escrita ou oral, para transmitir informações a um leitor determinado, numa forma completamente imparcial e sob o aspecto mais útil ao leitor, com o propósito de resolver um problema específico; Uma narração descritiva qualitativa e/ou quantitativa de uma determinada situação; Uma exposição escrita de fatos verificados ou um relato das atividades desenvolvidas, ou ainda, uma súmula de um programa realizado com referência a serviços prestados; Ver modelo de relatório.

Relatório Administrativo: Relatório que são comunicações produzidas pelos membros de uma organização, desde que requeridas ou utilizadas pelos dirigentes.

Relatório Científico: Relatório que é um instrumento orientador da investigação e que, por esta razão, pode derivar outros relatórios. Ele é um traço característico da ciência aplicada. A principal vantagem desse relatório é sua fundamentação em observações e medidas experimentais.

Relatório Contábil: Relatório que é o registro (controle) de todas as transações monetárias de uma organização, que possam ser expressas em unidades monetárias e que também reflitam a situação econômico-financeira da mesma, caracterizada pelo seu progresso, estagnação ou retrocesso.

Relatório da Reunião: Relatório que é a própria ata, que é um registro escrito no qual se relata o que se passou numa reunião, assembléia ou encontro, por exemplo.

Relatório de Análise: Relatório que busca a melhor solução ou resposta para uma questão colocada em estudo ou dúvida. Ele, em geral, busca apontar: falhas estruturais; objetivos, propósitos e metas mal definidos; desperdícios e controles insuficientes; carga de trabalho mal distribuída; inadequabilidade de meios e recursos; rotinas ineficientes; estratégias mal formuladas; falta de conhecimento adequado.

Relatório de Aprendizagem: Relatório que está intimamente ligado à percepção, que se processa, em função das mudanças comportamentais que resultam de nossas experiências, novos conhecimentos, habilidades, capacitações e práticas. É uma mudança na relação estável entre um estímulo, que o organismo individual percebe, e a resposta que apresenta.

Relatório de Avaliação: Relatório que é um meio de controle onde se compara resultados obtidos com os padrões predeterminados. A falta de padrões objetivos e concretos dá àquele que avalia campo para dar vazão a seus preconceitos e tendenciosidades. Entretanto, o administrador sagaz, que tem os olhos no futuro, pode, às vezes, predizer desvios do padrão.

Relatório de Controle: Relatório que só tem valor se fornecer fatos e dados, de forma rápida e compreensiva, comparando se o resultado melhorou ou piorou. Este relatório compara os resultados alcançados com aquilo que foi estabelecido no planejamento (resultados esperados). Assim, é possível determinar se os objetivos foram superestimados ou subestimados.

Relatório de Desempenho: Relatório que busca localizar os erros ou desvios, sobretudo para permitir a predição de outros resultados futuros.

Relatório de Direção: Relatório que tem como função básica interpretar aquilo que foi planejado, analisando sua coerência e possibilidade de consecução, através de ordens, instruções, mecanismos de motivação e técnicas de encorajamento dos subordinados para conseguir resultados efetivos (eficientes, eficazes e rápidos).

Relatório de Ensino: Relatório comprometido com a otimização da maneira de aprender dos alunos. Este relatório deve propiciar as melhores práticas de ensino aos educandos, que se pode utilizar e mostrar, fundamentadas na psicologia da aprendizagem, nos métodos e nas técnicas adequadas ao público-alvo.

Relatório de Marketing: Relatório que é uma visão consolidada de todas as atividades empresariais dirigida à satisfação das necessidades e desejos dos consumidores (mercado alvo) de forma efetiva.

Relatório de Organização: Relatório que tem como função precípua a introdução de novos métodos e processos que reduzam os custos sem impor um esforço insuportável ou causar danos reais à estrutura social da organização. Neste relatório é preciso: identificar, ordenar e grupar, logicamente, as atividades; estabelecer uma estrutura; delinear e escalonar as linhas de relações de trabalho; preencher cargos, estabelecendo qualificações; reunir recursos necessários e/ou disponíveis para obter resultados (alcançar objetivos) predeterminados pelo planejamento.

Relatório de Pesquisa: Relatório que é o passo final da pesquisa propriamente dita. É importante que os pesquisadores expliquem seus processos de pesquisa e documentem o que ficaram sabendo, de maneira simples e direta. A primeira parte do relatório deve apresentar um sumário de seus pontos altos, para que os destinatários possam ver rapidamente que conclusões foram alcançadas. O relatório também deve mencionar quaisquer limitações que o estudo possa ter e quaisquer problemas que tenham sido identificados quando da coleta de dados.

Relatório de Planejamento: Relatório que disciplina a pessoa a colocar suas ideias, recursos, métodos e decisões de uma maneira lógica, racional e inteligente, levando a mesma a não perder tempo e a minimizar problemas futuros. Como o planejamento é função administrativa que determina tudo, ou quase tudo, o relatório de planejamento terá sempre uma visão holística da organização.

Relatório de Produção: Relatório que aborda todas as atividades, procedimentos, operações, movimentos e problemas, para transformar a natureza em produtos a serem consumidos pela sociedade.

Relatório de Resultado: Relatório que é o retrato da saída de um sistema, um processo, uma atividade, uma operação, uma ação, uma tarefa. Tal resultado que pode ser medido de forma qualitativa e/ou quantitativa é aquele que leva a organização a continuar, ou não, competindo no mercado.

Relatório de Risco: Relatório que aborda a possibilidade de alguma coisa não dar certo. Mostra como minimizar o risco pela absorção, redução, transferência ou desvio. Também analisa se o risco é pequeno, médio ou alto e, ainda, antecipa se o prejuízo pode ser causado por deterioração física, roubo, falsificação, perda, alteração na oferta e/ou procura, oscilações do nível de preços, políticas governamentais, por exemplo. Deve-se levar em conta que não existe risco zero, mas este pode ser o mais bem calculado possível.

Relatório de Venda: Relatório que tem como foco as vendas, propriamente ditas, da empresa. Neste relatório serão abordados os elementos que mais contribuíram para as receitas com vendas e que são: faturamento, reclamações, devolução de mercadorias, cancelamento de pedidos, eficácia de vendas, eficiência de vendas, atraso do pedido e eficiência da propaganda. Este relatório é complementar a outros, cujos títulos se referem ao vendedor, ao consumo e a determinação do preço de venda.

Relatório de Vida: Relatório mais comumente conhecido como "Curriculum-Vitae", é um documento que retrata a vida de alguém, principalmente, sob o aspecto profissional.

Relatório de Visita: Relatório que ajuda a medir o trabalho prospectivo do vendedor.

Relatório do Caso: Relatório que mostra o estudo de uma situação real ou fictícia, para ser discutida em grupo. A forma de como apresentar o caso pode consistir em descrição, narração, diálogo, dramatização, sequência fotográfica, filme, artigo, resenha, relatório. Esta técnica pode receber, também, o nome caso-seminário, discussão-resultado, resolução de problema e que consiste na apresentação de um caso para o grupo dar sugestões ou apresentar soluções, conforme o fato, enfoque ou método. Também pode ser usado com a finalidade de atingir determinados objetivos, tais como: desenvolver a capacidade analítica e espírito crítico no funcionário/aluno/leitor; buscar a motivação e integração do grupo; capacitar o participante a entender como, quando, onde e porque tomar decisões; Ver estudo de caso.

Relatório do Vendedor: Relatório que ajuda a medir a capacidade pró-ativa para a solução de problemas e os valores performáticos de atuação.

Relatório Econômico: Ver indicador econômico.

Relatório Financeiro: Relatório que é responsável pelo levantamento das necessidades de capital e como captá-lo, isto é, como conseguir recursos financeiros e distribuí-los em função dos diferentes usos e aplicações.

Relatório Técnico: Relatório que mostra o caminho, procedimento, habilidade especial para realizar (fazer) uma atividade da maneira mais eficiente possível.

Release: Texto resumido, dado a público, para divulgar algo.

Relevância: Nome dado a um assunto de importância, em função dos propósitos da organização.

Relógio Biológico: Nome dado àquilo que regula a variação dos fluxos de nossa energia no decorrer das vinte e quatro horas do dia. Apesar da convenção social, da vigília diurna e do sono noturno, nem todos os indivíduos enquadram-se nesta divisão de dia e noite, que, na realidade, é arbitrária para alguns, que esquecem a herança que recebemos dos nossos ancestrais.

Remessa: Ver expedição.

Remuneração: Pagamento a um fator de produção (terra, capital, mão de obra).

Remuneração Direta: Remuneração que paga a prestação de serviço de um funcionário, podendo ser: fixa, variável, mista e extra.

Remuneração Indireta: Remuneração voltada a dar benefícios (previstos, ou não, na lei), tais como: colônia de férias, plano de saúde coletivo, seguro em grupo, auxílio refeição, auxílio transporte, plano de complementação da aposentadoria, sala de jogos, cesta de alimentos, auxílio educação, programas culturais.

Renda: Somatório dos rendimentos auferidos por uma pessoa, em um determinado período.

Renda do Consumidor: Renda que o consumidor tem para fazer compras; Ver poder de aquisição.

Renda Familiar: Somatório das rendas dos indivíduos de uma família.

Renda Nacional: Somatório de todas as rendas auferidas por todas as pessoas de um país.

Rendimento: Expressão matemática da eficiência onde o mesmo é medido pela razão saídas/entradas, cujo limite tende para um (unidade), pois nenhum sistema tem uma saída igual à entrada, devido às perdas.

Rendimento da Máquina: Rendimento (eficiência) da máquina é dado pela fórmula: Rendimento da Máquina = Uso Real da Máquina / Capacidade da Máquina

Exemplo: Uso Real da Máquina / dia = 200 peças; Capacidade da Máquina / dia = 300 peças; Rendimento da

Máquina = 200 ÷ 300 = 0,67 = 67%

Análise: No exemplo acima a máquina apresenta uma capacidade ociosa de 33% (100 - 67). Mas, também, só se deve forçar a máquina a dar tudo que tem nos casos de picos de venda. O uso continuado da máquina causa fadiga no material. Por outro lado, é preciso levar em consideração o avanço tecnológico que é exponencial e, desta forma, a empresa não deve comprar muitas máquinas do mesmo modelo, porque logo se tornarão obsoletas.

Rentabilidade: Fator relativo àquilo que dá lucro; Qualidade daquilo que é lucrativo.

Rentabilidade do Capital Próprio: Rentabilidade dada pela fórmula: Rentabilidade do Capital Próprio = Resultado do Exercício / Patrimônio Líquido

Onde: Patrimônio Líquido = Capital Social + Reservas + Lucros - Prejuízos; Capital Social = Capital Declarado; Reservas = Somatório de todas as reservas

Exemplo: Resultado do Exercício = $ 500,00; Patrimônio Líquido = $ 5.000,00; Rentabilidade do Capital Próprio = 500 / 5.000 = 0,10 = 10%

Análise: Este indicador mede a perspectiva de retorno do investimento dos proprietários. No exemplo acima, como a rentabilidade é de 10%, significa dizer que o capital próprio levará 10 anos para voltar a seus proprietários.

Reorganização: Trabalho que envolve a determinação das causas e identificação dos fatores e circunstâncias que concorrem para a inoperância ou ineficiência da empresa. A elaboração de normas e a adoção de meios e métodos de trabalho, que propiciem a correção das falhas ou a eliminação dos desvios. A reorganização, frequentemente, só ocorre depois que a produtividade começa a cair de maneira acentuada. As organizações, muitas vezes, só decidem agir quando pressionadas pela possibilidade de um desastre iminente.

Repercussão: Consequência decorrente de alguma medida que está além daquilo previsto ou considerado normal.

Repertório: Conjunto dos elementos que possui significação; Reservatório de experiências.

Repetição: Fazer de novo uma atividade. É puro desperdício de tempo e recursos (com exceção do processo de aprendizagem e de persuasão). A repetição deve ser evitada a todo custo.

Reposição: Nome dado a um produto com modificações significativas, podendo esta reposição ser considerada como novo produto.

Representação: Exposição escrita de queixa a quem de direito; Ato ou efeito que dá o direito a alguém ser representado por outra pessoa; Ver procuração.

Representação Gráfica: Gráfico que dá à organização a visão do todo analisado. A representação gráfica facilita e fortalece a interpretação dos algarismos, fornecendo rápida e nítida ideia dos fatos estudados, pela impressão que dá das relações de grandeza e quantidade de diversos objetos. Uma simples curva, um pontilhado, a combinação de linhas coloridas ou de colunas de vários matizes tornam visível a influência numérica de certos fatos, particularizando detalhes. As representações gráficas permitem aprender num golpe de vista o conjunto e as partes. Serve para fazer uma análise rápida, embora imperfeita, dos fenômenos representados e suas relações; Ver gráfico.

Representante: Nome dado a um preposto do fabricante e tem como função apenas promover e vender produtos de uma determinada empresa.

Reprogramação: Refazer um programa quanto à cronologia dos eventos, em função de novas descobertas que podem mudar o curso do projeto.

Requerimento: Pedido por escrito que uma pessoa dirige a uma autoridade, com base na Lei, a fim de solicitar um benefício ou um direito legal.

Requisição de Compra: Formulário emitido para aquisição de item faltante no almoxarifado, depósito ou armazém. Esta requisição constitui um processo administrativo interno, além de servir de instrumento para controlar produtos dos depósitos e fornecer subsídios para avaliação do consumo. Caso sejam necessárias informações sobre o custo diário, o formulário deve conter uma coluna relativa a preços de compra.

Requisição de Materiais: Documento preparado por pessoa autorizada para remanejar materiais do almoxarifado para a linha de produção.

Requisito: Condição necessária para obtenção de algo; Característica de um objeto.

Rescisão do Contrato de Trabalho: Documento que caracteriza os termos em que o empregador dispensa um empregado.

Reserva: Valor reservado para enfrentar dificuldades futuras. As reservas complementam o capital nominal na formação do patrimônio líquido das empresas; Ver provisão.

Reserva Compulsória: Parcela dos depósitos à vista que o banco comercial é obrigado a reter no Banco Central.

Reserva de Capital: Soma da correção monetária do capital, ágio na subscrição de ações, produto da alienação de partes beneficiárias, bônus de subscrição, doação e subvenções.

Reserva de Lucro: Soma de reservas legais, reservas estatutárias, reservas de contingência, lucros a realizar e lucros retidos.

Reserva de Reavaliação: Reserva oriunda da reavaliação de componentes do ativo, não em função da correção monetária, mas com base na sua valorização.

Resíduo: Material descartado, como: garrafas quebradas, caixas de papelão amarrotadas, latas amassadas e embalagens de plástico, que pode ser reciclado. Estes resíduos são provenientes das embalagens dos produtos.

Resiliência: Capacidade que o sistema tem de responder e superar dificuldades impostas por fatores externos.

Resistência: Ato (ação) de facetas múltiplas, que provoca atrasos, custos e instabilidades inesperadas no processo de mudança. A resistência manifesta-se ao longo de toda a história de uma mudança.

Resistência à Mudança: Resistência que é proporcional ao grau de descontinuidade da cultura e/ou da estrutura de poder, introduzida pela mudança. Para dada descontinuidade, a resistência será inversamente proporcional ao intervalo de tempo dentro do qual a mudança se distribuirá. Assim, por exemplo, a resistência à implantação de uma nova estratégia advém do fato de que a convivência com a incerteza não é fácil.

Resolução de Problema: Ver solução do problema.

Responsabilidade: Obrigação que uma pessoa tem de fazer alguma coisa de maneira ética. Portanto, esta pessoa deve prestar contas a quem de direito. A essência da responsabilidade é a obrigação, e só tem significado quando aplicada a uma pessoa.

Responsabilidade Contratual: Responsabilidade comum ao contratante e ao contratado, através de cláusulas contratuais, as responsabilidades, deveres, direitos e obrigações das partes envolvidas; Ver contrato.

Responsabilidade da Administração: Responsabilidade que, de acordo com a lei, a empresa deve administrar no melhor interesse dos sócios, proprietários, cotistas, acionistas e sociedade em geral. Muitos executivos defendem que a administração deve ser responsável para com a empresa e todos os grupos interessados nela.

Responsabilidade da Diretoria: Responsabilidade em definir a fatia de participação no mercado, os objetivos de venda, os níveis de estoques, os canais de distribuição, os programas de lançamentos de novos produtos. As responsabilidades da diretoria se encontram no nível estratégico da empresa.

Responsabilidade da Empresa: Ver responsabilidade da administração.

Responsabilidade da Gerência: Responsabilidade localizada no nível tático da empresa e são voltadas a executar planos, orçamentos, programas e previsões. Cabe também à gerência a eliminação de produtos, manutenção da moral e da disciplina, bom relacionamento com os consumidores, controle dos resultados, avaliação do desempenho e a proposição de mudanças.

Responsabilidade da Supervisão: Responsabilidade de acompanhar o trabalho operacional, dimensionar custos de produção e dar suporte de informações, tanto à gerência quanto aos operadores.

Responsabilidade do Administrador: Fazer com que a organização, seja ela qual for, desempenhe a função e contribua para a causa pela qual existe. Acima de tudo, o administrador precisa saber qual é o resultado mínimo esperado do seu negócio, como precisa explicar suas decisões. Ele tem a obrigação de preservar a capacidade de desempenho da instituição que está sob seu comando.

Responsabilidade do Contratado: Ver contratado.

Responsabilidade do Contratante: Ver contratante.

Responsabilidade do Subordinado: Responsabilidade que tem o subordinado para com seu superior. Hoje, é comum que o subordinado só aceite responsabilidades se as mesmas lhe forem convenientes, pois não será um herói sem causa e nem trabalhará por puro diletantismo.

Responsabilidade do Vendedor: Responsabilidade que tem o vendedor de persuadir o consumidor a adquirir o produto que está vendendo. Como se sabe, existem milhares de tipos de produtos, centenas de tipos diferentes de negócios e milhões de diferentes consumidores.

Responsabilidade Social: Obrigação que tem uma instituição para com a sociedade em que está inserida. As responsabilidades sociais, seja de uma empresa, de um hospital ou de uma universidade, podem aparecer em duas áreas. Podem surgir dos impactos sociais causados pela instituição ou surgir como problemas da própria sociedade.

Responsabilidade Social da Empresa: Responsabilidade que tem a empresa em relação ao ambiente e bem-estar dos funcionários. Uma rápida análise do papel da empresa será suficiente para determinar um profundo exame das suas áreas de responsabilidade. Participando ativamente da comunidade, a empresa não pode se furtar de rever suas estratégias e planos de ação, tendo em vista estar inserida numa sociedade altamente mutante.

Resposta: Reação necessária e suficiente, embora nem sempre seja a solução de um determinado problema.

Resto: Material alimentício não consumido; Ver lixo.

Restrição: Ação que causa impactos muito desagradáveis às organizações e são, de toda maneira, contornados. Às vezes, as restrições podem revelar oportunidades ainda não visualizadas. Portanto, nem sempre dificuldades, restrições e ameaças devem ser vistas de maneira negativa.

Restrição Ambiental: Conjunto de restrições impostas pelo IBAMA (Instituto Brasileiro de Meio Ambiente).

Restrição Legal: Restrição imposta pelo governo que impede a localização de uma fábrica, por exemplo.

Resultado: Nome dado à saída de um sistema (um processo, uma atividade, uma operação, uma ação). Assim, o resultado de uma empresa é ter consumidores satisfeitos; de um hospital é ter pacientes curados e de uma escola é ter alunos mais bem preparados para enfrentar a vida. O resultado leva o indivíduo (a organização) a avaliar se as decisões foram apropriadas, ou não, para continuar sobrevivendo e competindo na sociedade (mercado).

Resultado do Exercício: Lucros ou prejuízos acumulados.

Resultado do Exercício Futuro: Diferença entre receitas futuras e custos mais despesas correspondentes.

Resultado Esperado: Resultado sob certeza, onde as variáveis do problema são conhecidas e a relação entre a ação e sua consequência é determinada por causa e efeito.

Resultado Financeiro: Resultado dado pela fórmula: Resultado Financeiro = Ativo Total / Patrimônio Líquido
Exemplo: Ativo Total = 150.000,00; Patrimônio Líquido = 50.000,00; Resultado Financeiro = 150.000/ 50.000 = 3
Análise: O resultado financeiro informa que a empresa conseguiu possuir em ativos o triplo do seu patrimônio líquido.

Resultado Líquido: Resultado operacional menos a soma de impostos, despesas financeiras e despesas de pesquisa e desenvolvimento.

Resultado Obtido: Resultado que aconteceu.

Resultado Operacional: Resultado antes da provisão para imposto de renda.

Resultado Operacional Bruto: Diferença entre receita operacional líquida e custo de mercadorias vendidas.

Resultado Operacional Líquido: Diferença entre resultado operacional bruto e despesas operacionais.

Resultado Possível: Resultado sob certeza, onde as variáveis são conhecidas e a relação entre a ação e sua consequência é conhecida, em termos de probabilidade.

Resultado Probabilístico: Resultado sob incerteza, onde as probabilidades para determinar as consequências de uma ação são desconhecidas ou não podem ser determinadas com algum grau de certeza.

Resultado Residual: Razão entre o resultado esperado e o resultado obtido, por unidade de investimento.

Resumo: Condensação de um estudo, mencionando as principais contribuições do trabalho para os leitores, dando uma visão rápida e clara do conteúdo e da conclusão. Todos os segmentos de maior importância devem ser incluídos, constituindo-se uma sequência de frases concisas e objetivas, e não de uma simples enumeração de tópicos.

Retirada do Produto: Tomada de decisão difícil e complexa quando da retirada de mercado de um produto. Os critérios mais comuns para retirar um produto do mercado são baseados em volume de vendas, geração de lucro, potencial de mercado, devoluções, defeitos, reclamações, encalhes, posição do produto no mercado.

Retorno: Ganho ou perda em que o proprietário de um ativo incorre durante um período de tempo.

Retorno do Investimento: Retorno que é dado pela fórmula: Retorno do Investimento = Lucro do Exercício × Giro do Ativo Total

Onde: Lucro do Exercício = Lucro Líquido; Giro do Ativo Total = Receita com Vendas / Ativo Total

Exemplo: Lucro do Exercício = 1.000,00; Giro do Ativo Total = 2; Retorno do Investimento = 1.000,00 × 2 = 2.000,00

Análise: Este indicador mostra o quanto retorna do investimento por ano. Se o capital investido foi de 10.000,00, significa que, sendo o retorno do investimento igual a 2.000,00/ano, o investimento retornará em 5 anos (10.000 ÷ 2.000).

Retorno sobre Ativo: Retorno dado pela fórmula: Retorno sobre Ativo = Lucro Líquido / Ativo Total

Exemplo: Lucro Líquido = 500,00; Ativo Total = 5.000,00; Retorno sobre Ativo = 500 / 5.000 = 0,10 = 10%

Análise: Este indicador dirá qual o valor do ativo a ser recuperado por ano (exercício). No exemplo acima, o retorno sobre ativo é de 10%, isto é, a empresa levará 10 anos para ter o valor do ativo de volta.

Retorno sobre Patrimônio Líquido: Valor dado pela razão entre lucro líquido e patrimônio Líquido.

Retrabalho: Termo aplicado a uma operação, quando é realizada com o mesmo material ou tem item a refazer mais de uma vez, para corrigir o resultado da operação realizada na primeira vez.

Retroação: Ver feedback.

Reunião: Processo dinâmico de grupo que é fluido, inexato, mutável e impossível de se reduzir a um simples conjunto de sistemas e descrições. Para muitos, reuniões são encaradas como perda de tempo, para outros uma necessidade vital. Há reuniões, porque as pessoas que realizam trabalhos diferentes têm de cooperar para fazer um trabalho específico. Reunimo-nos, porque o conhecimento e a experiência necessários, para uma situação específica, não estão disponíveis numa única cabeça, têm de ser coletados, peça por peça, da experiência e da percepção de várias pessoas. O fato das reuniões serem necessárias e muito usadas não significa que sejam sempre eficazes. Muitas são mal organizadas e pobremente conduzidas e, portanto, totalmente inúteis.

Reunião de Confrontação: Técnica de alteração comportamental na qual dois grupos antagônicos em conflito se reúnem, em sessões sucessivas, com a moderação de um coordenador para discutir, avaliar e reduzir diferenças.

Reunião de Constituição de uma Sociedade: Reunião que procede à constituição de uma sociedade, por meio de instrumento público ou particular, firmado por todos os sócios, no qual se declaram as condições básicas da entidade, inclusive nome, domicílio, capital social, cota de cada sócio, objeto social, forma de administração, prazo de existência e processo de liquidação. Esse ato constitutivo deverá ser arquivado num órgão público.

Reunião de Criatividade: Reunião cuja finalidade é buscar ideias ou novas soluções, quando se fizer necessário a imaginação. O escopo da reunião é o de produzir o maior número de ideias possíveis; Ver brainstorming.

Reunião de Crítica: Reunião de grupos de funcionários de vários níveis e especializações que se reúnem sob a coordenação de um especialista e criticam-se mutuamente. Este tipo de reunião só pode ser feito com pessoas com alto nível de desprendimento, porque, senão, pode causar constrangimentos insanáveis.

Reunião de Desenvolvimento: Reunião que visa o desenvolvimento de um conjunto de atividades sequenciais para atingir um ou mais objetivos. A maior dificuldade deste tipo de reunião é o consenso sobre a ordem de prioridade das etapas do objeto de desenvolvimento.

Reunião de Negociação: Reunião que se caracteriza como um processo em que as partes envolvidas se deslocam de suas posições originais, inicialmente divergentes, para um ponto no qual o acordo possa ser realizado; Ver negociação.

Reunião de Venda: Reunião que promove o encontro de compradores e vendedores para discutirem oportunidades, nichos de mercado, problemas de distribuição, níveis de qualidade e diferenciações de preço, por exemplo.

Reunião Instrucional: Ver aula.

Reunião para Resolução de Problema: Reunião que buscará, através da troca de alternativas, a que melhor se adapte à situação, aos recursos disponíveis, ao menor custo (esforço) e a resolução do problema.

Revendedor: Ver mercado intermediário.

Revolução da Informação: Ver revolução tecnológica da informação.

Revolução da Tecnologia da Informação: Revolução que está democratizando a informação. A explosão de conectividade foi possibilitada pelo advento da Internet. Com o desenvolvimento da tecnologia da informação, a economia está passando por transformações para as quais as empresas não estavam preparadas. Durante o Século XX, fomos inundados por uma onda de informações em crescimento contínuo. Mas só, recentemente, uma configuração total da informação, propriamente dita, transformou a economia como um todo.

Revolução Digital: Ver terceira revolução industrial.

Revolução Industrial: Nome dado a grandes transformações do mundo econômico e social, bem como a concentração da capacidade produtiva do homem, conseguindo mais recursos através do domínio da energia. Esse esforço baseou-se no aperfeiçoamento das técnicas de produtividade. Os séculos são marcados por invenções, tais como: roda, foice, roldana, alavanca, martelo, espada, bússola, luneta, caldeira, motor, aço, telefone, plástico, chip, computador de mesa, computador de mão.

Riqueza: Conjunto de ativos que podem gerar renda.

Riqueza por Empregado: Riqueza criada pela empresa dividida pelo número de empregados, não levando em consideração serviços terceirizados. É dada pela fórmula: Riqueza por Empregado = Riqueza Criada / Número de Empregados

Onde: Riqueza Criada = Somatório de todos os acréscimos de ativos; Número de Empregados = Empregados Contratados + Empregados Existentes - Empregados Demitidos

Exemplo: Riqueza Criada = 1.500.000,00; Número de Empregados = 2.000; Riqueza Criada = 1.500.000,00 / 2.000 = 750,00

Análise: Cada empregado da organização, através de seu esforço, criou 750,00 de riqueza, no exercício.

Risco: Toda e qualquer possibilidade de uma decisão, política, estratégia, plano, projeto não dar certo.

Risco Alto: Risco cuja expectativa de atraso e excesso de gasto é inaceitável; Risco de o projeto ser abortado, sendo a carreira e imagem do gerente do projeto, seriamente afetada.

Risco Baixo: Risco cujo prejuízo é baixo ou insignificante.

Risco Cambial: Risco decorrente da troca de uma moeda por outra; Ver hedge (seguro).

Risco da Decisão: Risco de decidir no escuro, mesmo que o ambiente nos forneça algum grau de certeza.

Risco da Inovação: Risco que a inovação não dê certo. As demandas por inovações são grandes, bem como seus riscos que são diferentes. Mas, se os riscos são grandes, as recompensas são maiores.

Risco de Investimento: Risco que se deve levar em conta, porque se não houver risco não é investimento, mas aplicação. Qualquer investimento tem uma expectativa de risco, mas este deve ser o mais bem calculado possível.

Risco do Negócio: Risco que expõe o negociante ao perigo de prejuízo financeiro, que pode ser causado por: deterioração física, roubo, danificação, perda, alterações de oferta e de procura e oscilações do nível de preço.

Risco do Produto: Risco como: alteração, adulteração, falsificação, sabotagem, cópia.

Risco do Projeto: Risco que acontece quando o projetista é muito otimista e sonhador. Executar projeto é diferente de executar uma rotina já consagrada, visto que se está sempre enfrentando situações inesperadas e turbulências do ambiente. Ademais, o que caracteriza o futuro é a incerteza.

Risco Econômico: Risco denominado de mercado ou de preços e é causado pelas flutuações de preços, saturação de mercado, mudanças de hábito, invenções, aperfeiçoamentos, concorrência, flutuações de demanda.

Risco Humano: Risco que decorre das falhas e incertezas humanas, tais como: desonestidade, incompetência, descuido, doença, acidente, morte, greve, falcatrua, ignorância, desinformação, guerra.

Risco Médio: Risco que se posiciona entre os riscos alto e baixo.

Risco Natural: Risco criado por fenômenos naturais que estão além do controle humano.

Risco Político: Risco que envolve múltiplas empresas e múltiplos governos. Enquanto os riscos políticos no passado pareciam ser tangenciais, uma perda em um país representava apenas uma pequena fração do mercado mundial. Os novos riscos políticos afetam diretamente o centro da competência estratégica e da competitividade em todos os recursos. O nosso mundo ligado por redes eletrônicas produziu assimetrias entre os sistemas políticos, em que a geografia é menos relevante.

Ritmo: Modo (valor) que representa o andamento de uma atividade.

Ritmo Normal: Ritmo de trabalho normalmente usado por um operador que tem supervisão capacitada, mas que não tem outros incentivos, além do salário.

Rivalidade: Conflito que cria um clima de hostilidade, desconfiança e luta pessoal, cujo resultado é sempre uma diminuição da produtividade.

Robótica: Última fase da automação cujo trabalho é feito por um robô (sistema eletromecânico), que desempenha tarefas repetitivas com altíssimo nível de eficiência, precisão e segurança.

Rol: Lista ordenada.

Rol de Dados: Amostra de valores de um referido universo (população), de forma organizada.

Rol de Distribuição: Rol que serve para se ter uma visão geral do que acontece com a empresa. A seguir, um exemplo de resultados de venda de 80 vendedores e como calcular a media aritmética da série histórica:

Intervalo	Valores de Vendas/Vendedor	Frequência	F (%)	% A C
(55 – 59)	59,59,59	3	4%	4%
(60 – 64)	60,60,60,61,61,62,62,62,63,63	10	12%	16%
(65 – 69)	65,65,65,66,67,67,68,68,68,69,69	11	14%	30%
(70 – 74)	71,71,71,72,72,73,73,73,73,73,74,74,74	12	15%	45%
(75 – 79)	75,75,75,75,75,75,75,76,76,76,76,77,77,78,78, 78,78,78,79,79	21	26%	71%

(80 – 84)	80,81,82,82,83,84	6	8%	79%
(85 – 89)	85,85,85,86,87,88,88,88,89	9	11%	90%
(90 – 94)	90,93,93,94	4	5%	95%
(95 – 99)	95,95,96,97	4	5%	100%
Soma		80	100%	

Dados para Solução:
Maior valor = 97
Menor valor = 59
Amplitude total = 97 – 59 = 38
Amplitude útil = 100 – 55 = 45
Intervalo de classe = 5 (valor arbitrado)
Número de classes = 45 / 5 = 9

Resposta: A média aritmética da distribuição está no intervalo (75 – 79) por compreender o percentual acumulado (AC) de 50%. A distribuição apresenta uma curva do tipo quase normal, porque a maioria dos vendedores está dentro da classe de maior frequência (21). Por outro lado, 45% correspondem a 75.
O valor médio (50%) é encontrado da seguinte maneira: 50% (valor médio) = 45% + 5% =76
O valor de 5% acrescido é igual aos 26% divididos pelo intervalo de classe, ou seja, 26% / 5 (5% aproximadamente), isto é, a cada ponto a mais, no intervalo de classe, significa um acréscimo de 5%.

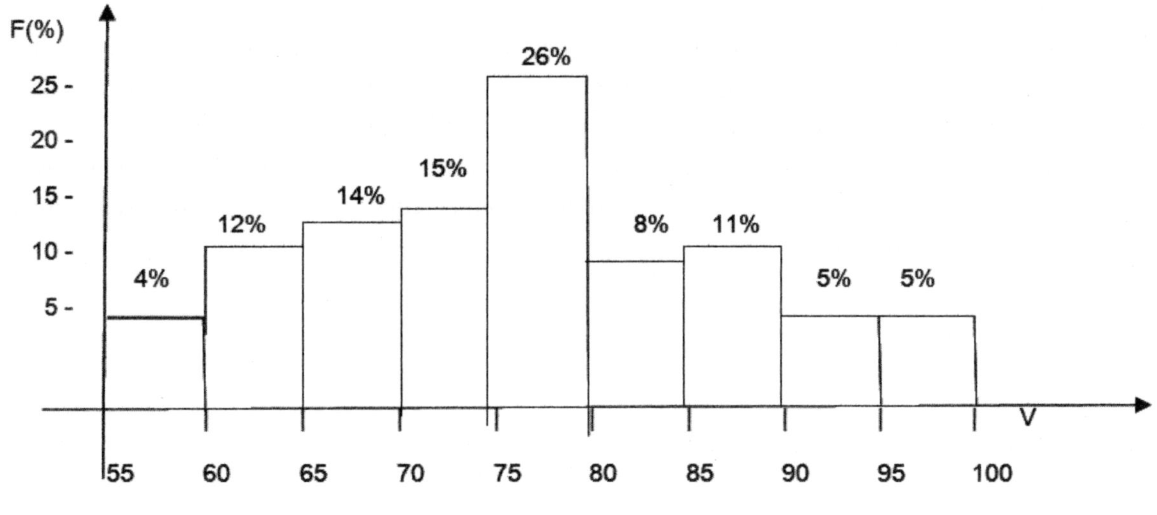

Onde: F = Frequência; V = Vendas
Análise: O histograma mostra claramente que há uma assimetria, cujo desvio, daquilo considerado normal, é para a direita. Isto quer dizer que alguns vendedores estão abaixo da média.
Rotação: Soma do ativo circulante mais receitas com vendas realizadas no período; Giro total; Ver giro do ativo.

Rotação de Cargo: Rotação feita de forma sistemática pode diminuir a monotonia e aumentar o conhecimento de um indivíduo quanto à organização, desde que esta rotação não seja exagerada.

Rotação de Pessoal: Turnover de pessoas de uma organização ou de seus departamentos; Ver taxa de turnover.

Rotação de Estoque: Fluxo de entrada e saída (giro) de um determinado item, seja no almoxarifado ou no depósito; Ver giro de estoque.

Rotina: Descrição dos passos dados para a realização de uma atividade (operações), envolvendo, geralmente, mais de um agente; Uma sequência de atos, fases, passos, etapas ou procedimentos que se faz, em função de, por exemplo, um hábito, uma observação, um método, uma metodologia, um estudo, isto é, a rotina tem como finalidade descrever os fluxos de trabalho ou estabelecer uma sequência de procedimentos na área a que pertence. As rotinas escritas também evitam improvisações, na medida em que definem com antecedência os agentes que serão envolvidos, propiciando-lhes treinar as suas ações, desta forma eliminando ou minimizando os erros. A análise da rotina objetiva a sua simplificação.

Rotulagem: Ação de colocar rótulos nos produtos. A rotulagem se aplica aos alimentos e bebidas produzidas, comercializadas e embaladas na ausência do cliente, ficando prontos para serem consumidos. De acordo com a legislação geral e específica vigente, a rotulagem deve conter: denominação de venda do alimento, lista de ingredientes, conteúdo líquido, identificação do fabricante, identificação da origem para importados, datas de fabricação e de validade, instruções para o preparo e uso e demais informações relevantes.

Rótulo: Parte da embalagem que comunica informações sobre o produto ou sobre a empresa que o vende. Isto pode estar impresso como parte da embalagem ou pode estar em uma etiqueta colada ao produto. Existem três tipos básicos de rótulos: Rótulo de Gradação (rótulos, em geral, exigidos para alimentos, como: primeira qualidade; oferta especial, produção limitada); Rótulo Informativo (rótulos que avisam os consumidores a respeito do cuidado, uso ou preparação do produto, como: mantenha longe do calor ou da luz solar direta); Rótulo Descritivo (rótulos que explicam as características importantes ou os benefícios de um produto, como: baixo nível de gordura e colesterol, sem adição de açúcar).

Royalty: Importância cobrada pelo detentor de uma patente de produto, processo de produção, marca registrada, direito editorial.

Ruído: Fator que não pode ser desprezado, quando se deseja melhorar as condições do ambiente de trabalho. Ruídos provocam fenômenos de intolerância nervosa, os quais criam atritos entre os funcionários, acidentes de trabalho e baixa produtividade. Para que haja conforto acústico, algumas medidas devem ser tomadas: eliminação ou atenuação dos ruídos na fonte, por meio de lubrificação de máquinas; reaperto de peças frouxas, amortecedores, silenciosos; isolamento da operação ruidosa, com paredes e tetos de material absorvente de som; proteção individual do trabalhador.

S

Sabedoria: Arte de conviver com as pessoas que nos ensinam a aprender a essência do convívio fraterno e do bem viver em sociedade.

SAC: Serviço de Atendimento ao Cliente. Serviço que é o complemento do atendimento ao serviço prestado. O serviço tem obrigatoriamente uma forma de atendimento. Contudo, as ações do SAC, do ponto de vista da empresa, podem ser corretivas ou preventivas. Em qualquer um dos casos, a resposta deve ser rápida e ir de encontro às necessidades do consumidor.

Saída: Resultado final da operação ou processamento dentro de um sistema. Todo sistema produz uma ou várias saídas. Através da saída o sistema exporta o resultado de suas operações para o ambiente. As saídas devem ser congruentes com o objetivo do sistema, enquanto que os resultados dos subsistemas são interdependentes. Informações de saída são conduzidas aos usuários por meio de relatórios.

Salário: Remuneração do fator de produção mão de obra; Pagamento de um trabalho e uma medida de valor. O êxito da organização, muitas vezes, está ligado à forma de remuneração de seus integrantes, principalmente, como fator motivador para que haja eficiência, eficácia e efetividade. Normalmente a remuneração está ligada ao desempenho, mas isto nem sempre acontece. Assim, o salário médio pago pelo mercado para um determinado cargo serve de padrão para medir se há, ou não, uma superavaliação daquilo que está sendo gasto com uma pessoa.

Saldo: Diferença entre crédito e débito. Este saldo, como é óbvio, poderá ser nulo, positivo ou negativo; Ver conta corrente.

Sanção: Ver punição.

Sátira: Enfoque humorístico, pitoresco e irrelevante que expõe os paradoxos dentro das organizações.

Satisfação: Atendimento de uma necessidade humana. Uma satisfação crescente se reflete numa maior capacidade de trabalho e no aumento da produtividade. Mesmo em rotinas de trabalho rigidamente hierarquizadas é possível encontrar pessoas satisfeitas; Ver teoria da satisfação.

Satisfação Garantida: Ver garantia de serviço.

Satisfaciente: Decisão satisfatória em vez de uma decisão ótima.

Saturação de Vendas: Volume de vendas de uma dada área de varejo. Sua fórmula é: SV = (D/n) / S

Onde: SV = Saturação de vendas; n = Número de domicílios da área; D = Receitas com vendas para cobrir a área; S = Área de venda

Exemplo: n = 50; D = 100.000,00; S = 200 m^2; SV = (100.000/50) / 200 = 2.000/200 = 10

Análise: O máximo que se consegue por metro quadrado é 10,00. A análise de saturação nem sempre leva a resultados corretos, mas ajuda muito a fazer comparações com diversas regiões e setores da economia.

Saúde: Estado completo de bem-estar físico, mental e social e que não consiste somente na ausência de doença ou de enfermidade (Organização Mundial da Saúde). A má vontade que tem o ser humano de ir ao médico e fazer exames preventivos de saúde é muito grande. Nós só damos valor à saúde quando a perdemos.

Scanner: Periférico que permite a digitalização (colocada na tela do monitor) de uma imagem pré-impressa. É possível se usar uma caneta ótica com as mesmas funções.

Segmentação: Ato de segmentar.

Segmentação de Mercado: Divisão do mercado em pequenos segmentos homogêneos (mercados menores). Os elementos destes segmentos são mais parecidos, em termos de desejos, necessidades ou comportamentos do que o mercado total. A segmentação visa atender sempre mais e melhor a clientela.

Segmentar: Tratar cada consumidor, ou grupo de consumidores, de acordo com as suas características. Para isso, é fundamental: conhecer o consumidor e suas necessidades; conhecer a imagem que o consumidor faz da empresa; conhecer o que a empresa é. Segmentar, por exemplo, não significa elitizar a clientela nem fazer certo tipo de propaganda ou ainda sofisticar o atendimento através de formas de comunicação. Um equívoco é achar que o processo conduz necessariamente à exclusão de consumidores indesejáveis.

Segmento: Divisão que pode ser identificada separadamente para fins de análise e avaliação.

Segunda Revolução Industrial: Revolução do aço e da eletricidade, com aperfeiçoamento do dínamo e invenção do motor de combustão interna. As principais características são: a substituição do ferro pelo aço, a substituição do vapor pela eletricidade e pelo petróleo, alto grau de especialização, transformação radical nos meios de transporte e de comunicação, desenvolvimento de novas formas de organização capitalista.

Segurança: Estado, ou condição daquele ou daquilo, que se pode confiar. É impossível aos cidadãos, ou a qualquer segmento da coletividade, viverem dentro do alto índice de violência (insegurança), estampado diariamente pela mídia.

Segurança Alimentar: Segurança apresentada sob três aspectos fundamentais e que são: Preservação de alimentos do ataque dos microrganismos; Preparação de alimentos, por meio de microorganismos; Detecção e prevenção de infecções e intoxicações decorrentes da ação de microrganismos patogênicos nos alimentos.

Segurança Condominial: Segurança exercida pelos porteiros e faxineiros do condomínio que devem tomar cuidado com: funcionários de concessionárias de serviço público, banhista, pessoa bem vestida, aquele que se diz conhecido de algum condômino, falso policial, funcionário de instituição de caridade, corretor de imóvel e entregador de encomenda.

Segurança da Informação: Segurança na forma de bits, uma espécie de ativo digital que reúne registros de transações, projetos de novos produtos, cadastros de clientes, relatórios financeiros e outras informações sigilosas. Na maioria das empresas, a segurança da informação fica por conta das divisões de informática e tecnologia. Mas há uma tendência, iniciada em bancos e instituições financeiras, de criar equipes especializadas na proteção e vigilância eletrônica dos sistemas de toda a empresa.

Segurança de Pagamento: Segurança de recebimento de dívidas contraídas pelos consumidores fez com que fosse criado o Serviço de Proteção ao Crédito (SPC).

Segurança no Trabalho: Conjunto de medidas técnicas, educacionais, instrucionais, médicas e psicológicas empregadas para prevenir acidentes, roubos e incêndios. As normas de segurança são colocadas na cabeça das pessoas através de treinamento (cursos, palestras, seminários).

Segurança Patrimonial: Segurança que diz respeito a roubos, furtos, incêndios de valores patrimoniais.

Seleção: Atividade que vem em seguida ao recrutamento. Todo trabalho exige de quem o executa, certos conhecimentos e certas habilidades. Ao admitir um empregado para ocupar determinado cargo, a empresa precisa certificar-se de que ele possui as habilidades e os conhecimentos necessários ao desempenho das funções daquele cargo, ou, se não os possui, se tem condições de adquiri-los de forma satisfatória em tempo hábil. Muitas vezes, a empresa nem deseja mesmo que os candidatos possuam os conhecimentos e habilidades, preferindo que apenas possuam as condições necessárias para adquiri-los, pois ela fará o treinamento conveniente, pois tem medo de importar vícios e desvios de conduta.

Seleção de Pessoal: Seleção cujos objetivos são: Escolher para cada vaga o candidato que oferece os melhores requisitos; Escolher a pessoa certa para o lugar certo; Aproveitar melhor as aptidões e as habilidades do candidato.

Selecionar: Função administrativa que complementa o recrutamento, pois ajuda a escolher a pessoa certa para o lugar certo.

Seminário: Espécie de convenção, onde há restrições quanto ao propósito, isto é, serve para treinar, aperfeiçoar, diagnosticar, reciclar e promover reflexão; Técnica de estudo que inclui pesquisa, discussão, debate, ensino e solução. A técnica de seminário desenvolve não só a capacidade de pesquisa e de análise sistemática dos fatos, mas também o hábito do raciocínio e da reflexão, possibilitando a elaboração clara e objetiva de trabalhos científicos.

Senso Comum: Erradamente confundido com bom senso, é uma característica inata ou adquirida na vida profissional de um administrador. Entretanto, a complexidade dos sistemas organizacionais atuais ultrapassa em muito as habilidades aprendidas pelo senso comum e pela experiência, no dia a dia. É necessário que o administrador tenha habilidades que o qualifiquem a enfrentar ameaças cada vez mais adversas.

Senso Crítico: Senso indispensável para que o administrador faça a sua própria avaliação (autocrítica). Para adquirir senso crítico deve questionar sobre: melhores resultados, frequentes emergências, controles excessivos, objetivos, metas, arquivos de séries históricas (informações passadas), dificuldade de encontrar as pessoas certas, capacidade dos subordinados, conhecimento atualizado e falta de determinadas habilidades.

Sensoriamento Remoto: Sistema de imagens que permite a tomada de decisão para situações em um dado momento. A aerofotogametria ajuda a confeccionar mapas temáticos.

Sentido: Direção orientada que busca a melhor solução para tudo.

Sentido Conotativo: Relação entre um sinal, um objeto e uma pessoa. O sentido conotativo não diz respeito à realidade física ou formal, mas à realidade social.

Sentido Contextual: Sentido que mostra o ambiente onde um evento, por exemplo, acontece.

Sentido Estrutural: Sentido encontrado na relação entre lugares e objetos.

Sentido Indicativo: Sentido que mostra alguma coisa do mundo físico.

Sentimento: Refere-se a fatores subjetivos da experiência que não são exatamente os mesmos para dois indivíduos quaisquer.

Separatriz: Valor que ocupa posição especial em uma série estatística. As separatrizes dividem a série em partes iguais. As separatrizes mais utilizadas são os quartis. Os quartis separam a distribuição em quatro partes iguais e são em número de três. Primeiro Quartil (valor que abaixo dele existem 25% da distribuição); Segundo Quartil (valor que abaixo dele existem 50% da distribuição, isto é, a própria mediana); Terceiro Quartil (valor que abaixo dele existem 75% da distribuição).

Série Histórica: Conjunto de registros feitos no passado, constituídos de valores que servirão de base para comparação da situação atual. Tal aferição determinará a necessidade de decidir sobre: mudanças, estratégias, métodos, técnicas, políticas, programas, planos, procedimentos e táticas, por exemplo.

Série Temporal: Conjunto de observações tomadas em tempos determinados, comumente em intervalos iguais. É interessante imaginar que o gráfico de uma série temporal é descrito por um ponto que se move com o decorrer do tempo, sob a influência de forças físicas, econômicas, sociais, psicológicas, políticas, ambientais, mercadológicas, administrativas e estratégicas, por exemplo.

Serviço: Qualquer ato ou desempenho que uma parte possa oferecer a outra e que seja essencialmente intangível e não resulte na propriedade de nada. A abordagem que o proponente faz do serviço, como algo feito por indivíduos e não por máquinas, pode apresentar distorções conceituais. O serviço será considerado como algo residual e será tratado como tarefa puramente humana. Já no serviço mecanizado o ser humano deve se comportar como extensão da máquina.

Serviço Automatizado: Serviço, cada vez mais atuante na sociedade, vem substituir o trabalho humano. Um exemplo muito comum é a utilização de cartões de débito para substituir alguém que tenha de dar troco e os cartões de crédito para substituir os serviços de financiamento ou empréstimo, geralmente, de custo elevado e emprego intensivo de mão de obra.

Serviço Auxiliar: Serviço, tais como: bancos, câmaras de compensação, bolsas, seguradoras, transportadoras, armazéns, exposições, feiras, importadoras, exportadoras, câmaras de comércio, associações patronais, sindicatos, consulados, por exemplo.

Serviço Bancário: Serviço auxiliar do sistema financeiro que faz a custódia de valores, bem como capitar dinheiro, a fim de emprestar a clientes selecionados. Este serviço também ajuda a pagar: duplicatas, faturas, dando liquidez ao mercado, isto é, tem sido o canal de transações financeiras.

Serviço Combinado: Serviço que, além de vender um bem, realiza um trabalho de implementação (instalação) e treinamento ao usuário.

Serviço Compartilhado: Serviço que centraliza, num único espaço, atividades desempenhadas pelas diversas unidades de uma empresa. É um movimento que concorre com o serviço de terceirização, para suprir lacunas e falhas deste último.

Serviço Convencional: Serviço que apresenta um resultado dentro da média do mercado. Mas, se a maioria da clientela enxergar uma empresa como estando somente na média, e não puderem ver as importantes diferenças entre as empresas, então isso pode não ser boa notícia. Por outro lado, por que escolher um outro lugar, se não existe nada diferente?

Serviço de Apoio: Serviço que ajuda pessoas a mais bem desempenhar aquilo que estão fazendo. É consenso de que numa empresa só há duas funções organizacionais: Marketing e Produção. As outras são funções secundárias, isto é, de apoio. A preparação da folha de pagamento, recrutamento e seleção, a manutenção de máquinas, a manutenção das instalações, o serviço de higiene e limpeza, o serviço médico, por exemplo, são serviços de apoio.

Serviço de Armazenagem: Ver armazenagem.

Serviço de Atendimento: Ver atendimento.

Serviço de Auditoria: Ver auditoria.

Serviço de Comercialização: Serviço que pode proporcionar confiabilidade, rapidez, segurança, atenção, beleza, eficiência e informação. Cabe também à empresa avaliar o impacto sobre preços, expectativas do consumidor e se há necessidade de criar novidades. Todos os funcionários devem se esforçar para que, já no primeiro contato, o serviço apresente qualidade de atendimento. Para otimizar o serviço na comercialização, os atendentes devem ser muito bem treinados, a comunicação deve fluir com facilidade, porque é necessário não só criar, mas, também, manter os consumidores. Os vendedores precisam dominar as informações sobre os produtos que vendem.

Serviço de Compra: Ver compra.

Serviço de Consultoria: Serviço, que além de fazer um diagnóstico (relatório) dos problemas do cliente, elabora um plano (programa, projeto) de ação para superá-los. Também participa do processo de criação das condições necessárias à implementação das medidas propostas. Se a empresa não estiver preparada, a contratação da consultoria será puro dinheiro jogado fora.

Serviço de Delivery: Ver delivery.

Serviço de Distribuição: Serviço cujas características são: rapidez no atendimento dos pedidos; disposição do fornecedor para atender às necessidades urgentes; cuidado com a entrega da mercadoria; compromisso de trazer de volta bens defeituosos e repô-los imediatamente; várias alternativas de embarque. O serviço de distribuição pode ser feito pelo produtor ou entregue a uma empresa intermediária.

Serviço de Engenharia: Serviço voltado a inovações, mudanças de processos, desenvolvimento de novos produtos, medidas de desempenho, testes de laboratório e criação de padrões, por exemplo.

Serviço de Entrega: Serviço prestado ao cliente com rapidez, pontualidade, precisão, confiabilidade e cuidado na entrega de um objeto (bem, documento).

Serviço de Entretenimento: Serviço que requer um público específico, isto é, não é de caráter geral como alimentação e saúde, por exemplo. Muitas vezes é um serviço caro, pois demanda pesquisa de conteúdo, preço, programação, acessibilidade e transporte. Uma excursão marítima precisa de um planejamento meticuloso e uma coordenação maior, porque congrega muitos serviços a bordo.

Serviço de Imagem: Serviço que busca saber como a clientela conceitua a imagem da empresa, suas marcas e seus produtos. Por meio de questionário de pesquisa este serviço consegue, de forma contínua, melhorar a imagem da organização, não só para o mercado, como também para seus funcionários.

Serviço de Informação: Serviço que trata da utilização, finalidade, filtragem, distorção, segurança, uso, valor, fonte, engenharia, qualidade, administração, fluxo e necessidade da informação. Serviço que permite apoiar e orientar uma ação com segurança, minimizando a margem de erro. Numa economia de rede a informação passou a ser um produto negociável e muito procurado, surgindo, assim, os intermediários da informação.

Serviço de Instalação: Serviço relativo à instalação de máquinas e equipamentos, associando ao treinamento do usuário na manutenção e conservação dessas instalações. Pode incluir, também, projetos de: exaustão, climatização, força e luz, esgotamento sanitário, hidráulica, decoração e embelezamento, gás, sistemas de comunicação e informação, informática.

Serviço de Propaganda: Ver propaganda.

Serviço de Proteção ao Crédito: Ver segurança de pagamento.

Serviço de Qualidade: Ver qualidade.

Serviço de Segurança: Serviço voltado a resguardar a integridade física das pessoas, dos produtos, dos recursos. Este serviço controla, estatisticamente, doenças, acidentes, roubos, incêndios, violências, assaltos, riscos de armazenagem, por exemplo.

Serviço de Terceirização: Ver terceirização.

Serviço de Transporte: Ver meio de transporte.

Serviço em Casa: Serviço cujas fronteiras da casa e do local de trabalho estão se tornando, rapidamente, indistintas. Cada vez mais pessoas trabalham, pelo menos, meio período onde habitam. Assim, como um número crescente de pessoas leva algum tipo de tarefa pessoal de casa para o escritório, e vice-versa. Mas o perigo de trabalhar somente em casa é a alienação e a obsolescência tecnológica. Não dá para você sozinho ter acesso a todos os canais de comunicação. Por outro lado, nada substitui o efeito sinergético quando trabalhamos em grupo, sem falar da desatualização do vocabulário especializado.

Serviço Especializado: Serviço executado por mão de obra especializada, onde primam o conhecimento, a informação e a comunicação.

Serviço Externo: Serviço prestado fora da organização.

Serviço Financeiro: Serviço executado por intermediários financeiros quanto à movimentação de saldos de aplicações para pontos onde se manifestem déficits orçamentários. Convém acentuar que os recursos sobre os quais operam os intermediários financeiros diferem daqueles com que trabalham os bancos comerciais. Isto porque os bancos comerciais recebem das famílias e empresas tão somente uma fração de seus capitais, do que se pode chamar de reservas monetárias, para saldar compromissos correntes. Os serviços financeiros estão concentrados em grandes centros urbanos, exigindo uma força de trabalho altamente especializada.

Serviço Inferior: Serviço considerado de qualidade inferior à média do mercado. O empregado pode ser o aspecto mais visível em serviços com qualidade inferior, mas o sistema no qual o empregado desempenha suas funções é o principal culpado. Sob as mesmas condições de trabalho, a maioria de nós comportar-se-ia da mesma maneira.

Serviço Intermediário: Ver intermediário.

Serviço Interno: Serviço voltado ao desenvolvimento de rotinas e processos, bem como a otimização de recursos. Assim como a produção de um filme requer atores para representar, também precisa de pessoal atrás das câmeras. Se não houver alguém para montar os cenários, fazer o vestuário, instalar sistemas de iluminação e comunicação, por exemplo, o projeto não sairá do papel. O serviço interno objetiva ampliar a visão sobre o que, por que e como se faz um trabalho. Esta linha de raciocínio pode levar a algumas maneiras novas e muito construtivas de encarar o serviço interno.

Serviço Pós-Venda: Serviço que, conforme o nome diz, ocorre após a venda do produto. O mais importante é que as empresas devem decidir como pretendem oferecer serviços pós-venda aos consumidores e usuários. É muito comum que estes serviços sejam feitos por empresas terceirizadas. Neste caso o serviço de atendimento ao consumidor feito pelo fornecedor é o de apenas agendar e transferir o que fazer para uma empresa terceirizada, acompanhando por telefone a execução do serviço.

Serviço Público: Serviço voltado a atender à sociedade, que pode ser feito pelo governo ou pela iniciativa privada. Muitas pessoas que trabalham em órgãos públicos, consciente ou inconscientemente, julgam estar em posição de mando em relação ao público e não à disposição do público, como deve ser a norma. Também é senso comum que os serviços públicos, por trabalharem com margens muito pequenas, são negligenciados, por seus governos.

Serviço Responsável: Serviço que garante a satisfação requerida pelo consumidor. Garantir satisfação exige mais dos fornecedores de serviços, mas também prova a sinceridade de um fornecedor em cumprir sua palavra. Isso pode exigir mais de uma organização, mas o esforço será recompensado com a lealdade do consumidor. Muitos serviços, embora sejam bons, chegam tarde, isto é, não são efetivos.

Serviço Superior: Serviço considerado de qualidade superior à média do mercado e que os concorrentes não podem acompanhar. Serviço de qualidade superior começa no topo, porque a qualidade está nas pessoas.

Serviço Terceirizado: Ver terceirização.

Servidor: Ver computador servidor.

Setor Comercial: Conjunto de empresas que fornecem produtos tangíveis nas mesmas condições físicas em que foram adquiridos. A mercadoria comprada de fornecedores e não vendida até o final do exercício contábil é considerada estoque. O setor comercial inclui as empresas de venda a varejo, distribuição e atacado.

Setor da Economia: Setor em que se enquadra uma empresa, em função das suas atividades, por exemplo: Alimentos; Atacado e Comércio Exterior; Automotivo; Bebidas; Comércio Varejista; Comunicações; Confecções e Têxteis; Construção; Eletroeletrônico; Farmacêutico; Fumo; Higiene, Limpeza e Cosméticos; Material de Construção; Mecânica; Mineração; Papel e Celulose; Plásticos e Borracha; Química e Petroquímica; Serviços de Transporte; Serviços Diversos; Serviços Públicos; Siderurgia e Metalurgia; Tecnologia e Computação; Telecomunicações.

Setor da Empresa: Ver setor da economia.

Setor de Serviço: Setor que não compreende apenas as chamadas empresas de serviços, tais como: bancos, transportadoras e seguradoras. Inclui, isto sim, toda a abundância de serviços ligados aos bens fornecidos pelas indústrias e os serviços ligados à venda fornecidos pelos varejistas. Noções contraditórias referentes a serviços podem ter consequências ruins para as empresas.

Setor Industrial: Setor que fornece bens tangíveis, resultantes de diversos processos de transformação, diferentes daqueles adquiridos dos fornecedores (materiais processados, matérias-primas, insumos, produtos semiacabados). Os setores industriais são classificados conforme o número de vendedores, o grau de diferenciação dos produtos, a presença ou ausência de barreiras à entrada no mercado, à mobilidade e à saída do mercado, ao grau de integração e ao grau de globalização, por exemplo.

Setor Público: Setor que exerce atividades de interesse da sociedade, independente de sua configuração política. Assim, o governo deve, fundamentalmente, velar pela segurança e defesa dos cidadãos e de seus direitos de propriedade, garantindo condições para que as atividades, propriamente ditas econômicas, se organizem ao sabor dos interesses privados. Isto é, o governo fornece o arcabouço jurídico-institucional, bem como: segurança, infraestrutura e desenvolvimento econômico.

Setor Varejista: Ver varejo.

Shopping Center: Um grupo planejado de negócios varejistas, desenvolvido, promovido e gerenciado como uma única unidade. Além de apresentar uma grande influência comercial, o seu mix de lojas (bens e serviços) deve ser adequado às necessidades dos consumidores localizados na região. Os shoppings centers são grandes áreas de compra localizadas nos subúrbios das cidades, contendo até 100 lojas, em um raio de 8 até 15 km do centro da cidade. Normalmente, apresentam uma ou duas lojas âncoras reconhecidas nacionalmente por sua marca e imagem. Contêm um conjunto de lojas que atendem às necessidades normais da vizinhança. A partir dos anos de 1950, quando teve início a mudança das pessoas do centro para bairros distantes, criou-se a necessidade de lojas mais próximas de suas casas. O primeiro shopping center no Brasil foi o Shopping Iguatemi, na cidade de São Paulo. No início do Século XXI, estes empreendimentos passaram a movimentar U$ 20 bilhões, gerando mais de 300 mil empregos e desempregando em outros lugares.

Showrooms: Tipo de varejo que oferece novidades em bens e serviços. Os consumidores escolhem os produtos em catálogos virtuais para depois serem retirados na área de expedição. Sua filosofia é ter retorno rápido do investimento, para cobrir custos elevados do aluguel e instalação.

SIG: Sistema de Informações Gerenciais.

Sigla: Representação de um nome por suas próprias iniciais, como: ONU (Organização das Nações Unidas); FGTS (Fundo de Garantia do Tempo de Serviço).

Significado: Imagem mental do signo.

Significado do Tempo: Consciência do valor do tempo, sendo próprio de cada indivíduo.

Significante: Apresentação física do significado.

Signo: Representação de qualquer coisa, afirmando que são eles que intermedeiam a comunicação entre sistemas.

Silogismo: Raciocínio formado de três proposições.

Símbolo: Representação observável de uma ideia (tangível ou intangível).

Símbolo da Unidade: Símbolo das unidades de medida. A seguir, estão relacionadas as unidades fundamentais do Sistema Internacional de Unidades, seus respectivos nomes e símbolos: Comprimento: Metro (m); Massa: Quilograma (Kg); Intervalo de Tempo: Segundo (s); Intervalo de Temperatura: Kelvin (K); Intensidade da Corrente Elétrica: Ampére (A); Intensidade Luminosa: Candela (cd); Área: Metro Quadrado (m^2); Ângulo Plano: Radiano (rd); Ângulo Sólido: Esfero radiano (sr); Volume: Metro cúbico (m^3); Frequência: Hertz (Hz); Massa Específica: Quilograma por metro cúbico (Kg/m^3); Velocidade: Metro por segundo (m/s); Velocidade Angular: Radiano por segundo (rd/s); Aceleração: Metro por segundo ao quadrado (m/s^2); Força: Newton (N); Peso Específico: Newton por metro cúbico (N/m^3); Pressão: Newton por metro quadrado (N/m^2); Trabalho: Joule (J); Energia: Joule (J); Potência: Watt (W); Carga Elétrica: Coulomb (C); Tensão Elétrica e Força Eletromotriz: Volt (V); Resistência Elétrica: Ohm (⊠); Capacidade Elétrica: Farad (F); Indução Magnética: Tesla (T); Fluxo Magnético: Weber (Web); Indutância: Henry (H); Fluxo Luminoso: Lúmen (Lm); Iluminamento: Lux (lux)

Simples Nacional: Imposto que tem tratamento tributário diferenciado a ser dispensado às microempresas (ME) e as empresas de pequeno porte (EPP), no âmbito da Federação, Estado e Município, mediante regime único de arrecadação, inclusive para obrigações acessórias. As ME e EPP são cobertas pela Lei 10.406, Art. 966, de 10 de janeiro de 2002, do Código Civil. O Simples Nacional implica o recolhimento mensal, mediante Documento Único de Arrecadação (DAS) do: IRPJ, IPI, CSLL, COFINS, PIS, INSS. ICMS e ISS. Entretanto, em alguns desses tributos há exceções, pois o recolhimento será realizado de forma distinta, conforme a atividade empresarial.

Simplicidade: Qualidade de quem é simples; que não apresenta dificuldades para realizar uma tarefa.

Simplificação: Ação que se caracteriza por: reduzir a variedade ou diversidade, tanto de bens quanto de materiais ou serviços e, também, para processos, tarefas e movimentos.

Simplificação da Rotina: Ver simplificação do trabalho.

Simplificação do Trabalho: Simplificação definida como a análise sistemática de todos os fatores que afetam ou afetarão o trabalho, a fim de economizar recurso, esforço e tempo. Procurar uma maneira mais simples de fazer o trabalho, tornando-o mais rápido, menos cansativo, menos dispendioso e, consequentemente, mais produtivo.

Simulação: Método (ferramenta) que descreve e/ou prediz as características que deve ter o modelo (sistema), facilitando a seleção das alternativas. A simulação tem várias significações dependendo da área de conhecimento que se irá trabalhar. Tal método deve aproximar-se tanto da situação concreta quanto possível ou no mínimo previsível. Os fatores matemáticos do método de simulação devem ser relacionados de tal maneira que os resultados possam ser interpretados significativamente.

Simulação com Certeza: Método de simulação em que todas as alternativas são conhecidas e a gerência deseja determinar o resultado de acordo com diferentes combinações de alternativas.

Simulação com Incerteza: Método de simulação em que nem todas as alternativas são conhecidas e a gerência não está bem certa dos resultados que deseja.

Simulação com Risco: Método de simulação que não pode ser precisamente especificada cada alternativa, porque apenas os limites da distribuição de frequência são conhecidos.

Sinal: Representação de alguma coisa que provoca reação segundo um contexto.

Sinal e Princípio de Pagamento: Recibo mais bem elaborado para comprovar pagamento de um sinal da compra de algo.

Sinalização: Disposição de sinais. A sinalização bem estruturada facilita bastante o nosso dia a dia e pode até nos tornar mais prósperos à medida que, rapidamente, identificamos um banco pelo seu letreiro, sua cor característica, seu logotipo ou logomarca. Nas empresas mal sinalizadas a sua "boa" imagem institucional se perde com visitantes confusos.

Sinalização de Segurança: Sinalização que evita danos às pessoas e ao patrimônio.

Sinalizar: Ação de colocar sinais.

Sinceridade: Qualidade da pessoa que utiliza de franqueza, sem malícia.

Sindicalismo: Conjunto de doutrinas sobre a atuação e organização do movimento sindical.

Sinergia: Esforço no sentido de que a soma das partes seja maior do que o todo. A sinergia, vista como efeito, é a melhor compatibilidade entre as partes componentes do sistema.

Sinopse: Apresentação concisa dos pontos básicos de um projeto, redigido pelo autor ou relator para um determinado leitor, com a finalidade de permitir que este decida se convém, ou não, fazer a leitura integral de todo o projeto.

Sintoma: Desvio do comportamento de um sistema àquilo que se considera normal. Custos mais baixos do que os normais são um sintoma e não algo errado, eles indicam uma mudança no sistema.

Sintoma de Mudança: Sintoma que se nota pela comparação do atual com o passado, como também pela comparação com sistemas semelhantes, por exemplo, o concorrente. Aplicando-se técnicas estatísticas, pode-se detectar o sintoma.

Sistema: Sistema é um conjunto (todo organizado) de elementos (partes) que interagem, visando atingir um objetivo (ou uma função) comum, como um todo unitário e complexo. O termo sistema é de uso comum, pois existe: sistema educacional, sistema de computador, sistema solar, sistema nervoso e outros. À luz da etimologia, a palavra sistema originou-se do prefixo "sun" e do radical "thema" (ambos gregos), isto é, um conjunto coerente de coisas que se interagem, se inter-relacionam e se integram.

Sistema Aberto: Sistema que troca matéria e energia regularmente com o ambiente. fundamentalmente adaptativos, pois para sobreviver precisam reajustar-se continuamente às condições mutáveis do meio em que vivem.

Sistema Abstrato: Sistema composto de conceitos, planos, hipóteses e ideias, que muitas vezes só existem na cabeça de uma pessoa.

Sistema Administrativo: Ver administração.

Sistema Automático: Ver automação.

Sistema Complexo: Sistema que não pode ser descrito de maneira precisa e detalhada.

Sistema Concreto: Sistema Físico; Sistema composto de equipamentos, objetos e coisas reais. Podem ser descritos em termos quantitativos de desempenho.

Sistema de Análise: Ver análise.

Sistema de Análise de Dados: Sistema que permite a manipulação de dados para ajudar nas tarefas, operações, atividades.

Sistema de Análise de Informações: Sistema que permite acessar uma série de dados, informações e modelos. Uma das mais importantes características deste sistema é a que ele se adapta às necessidades dos gerentes.

Sistema de Apoio: Sistema voltado a processar transações que envolvam com frequência alguma tomada de decisão simples, tal como a decisão sobre crédito num sistema de processamento de pedidos. Este sistema pode ser um simples arquivo de gaveta ou um sistema eletrônico bastante complexo. Ele está geralmente ligado à eficácia da organização.

Sistema de Captação de Recursos Financeiros: Subsistema utilizado para descrever: títulos, ações, empréstimos, financiamentos e contratos.

Sistema de Comunicação: Sistema representado pelo fluxo de informações (mensagens) que passa através de canais compostos de pessoas e máquinas que atuam como centros de retenção, filtragem, passagem e geração de dados e informações.

Sistema de Comunicação da Ação: Sistema que faz a ponte entre os comportamentos, as funções e os recursos até a ação. Nem sempre a ação é um ato isolado de uma pessoa, e que, mesmo sendo, precisará se comunicar com outra pessoa ou grupo.

Sistema de Contabilidade: Ver contabilidade.

Sistema de Contas Nacionais: Sistema que reúne as contas correntes da administração pública.

Sistema de Controladoria: Subsistema utilizado para descrever: liquidações de sinistros, apólices, contratação de seguradora, mercado de recursos, contabilidade fiscal, contabilidade patrimonial, contabilidade de custos, contabilidade gerencial, contabilidade geral e relatórios.

Sistema de Controle: Sistema com as seguintes características: contribuir para a realização dos objetivos; possuir um sensível sistema de mensuração; dispor de um conjunto de valores (padrões), com os quais compara os valores mensurados; ser capaz de desenvolver uma análise das variações (desvios) entre valores buscados e valores encontrados; ser capaz de determinar correções adequadas na entrada do sistema, de modo a eliminar as causas dos desvios; ser capaz de reforçar o desempenho para assegurar resultados satisfatórios ou superiores aos esperados.

Sistema de Controle de Estoque: Subsistema utilizado para descrever: inspeção, recebimento, movimentação, alienação de ativos, inventário, distribuição, armazenagem, matéria-prima, insumo, produto semiacabado e produto acabado.

Sistema de Controle de Vendas por Produto: Subsistema que mostra qual produto está vendendo mais e qual está vendendo menos.

Sistema de Controle de Vendas por Vendedor: Subsistema que mostra e compara o resultado mensal de cada vendedor com a média do grupo de vendas.

Sistema de Controle do Faturamento: Subsistema utilizado para medir o desvio do faturamento e saber se as metas de vendas estão sendo cumpridas.

Sistema de Crédito e Cobrança: Subsistema utilizado para informar: valores de financiamento, prazos de pagamento, processos de crédito e cobrança, inadimplência.

Sistema de Custeio: Ver custeio.

Sistema de Custeio Híbrido: Sistema que reúne sistemas de custeio por ordem de produção e por processo.

Sistema de Custeio por Absorção: Ver custeio por absorção.

Sistema de Custeio por Apropriação: Ver custeio por apropriação.

Sistema de Custeio por Ordem de Serviço: Ver custeio por ordem de serviço.

Sistema de Custeio por Processo: Ver custeio por processo.

Sistema de Desenvolvimento: Subsistema utilizado para descrever: relações humanas, avaliação de desempenho, acompanhamento e treinamento.

Sistema de Distribuição Física: Ver distribuição física.

Sistema de Economia Mista: Economia de mercado com ingerência do Estado em áreas em que a livre iniciativa não tem condições de resolver.

Sistema de Engenharia: Subsistema para descrever processos, métodos, produtos, metodologias, projetos, controles e testes.

Sistema de Fabricação: Subsistema utilizado para descrever processamento, tratamento, linhas, acabamento, almoxarifado, inspeção, controle; Ver fabricação.

Sistema de Gestão: Ver gestão.

Sistema de Higiene e Segurança: Subsistema utilizado para descrever: medicina do trabalho, educação sanitária, hábitos de higiene, segurança no trabalho, segurança patrimonial, segurança industrial (espionagem), segurança física.

Sistema de Identificação: Ver codificação.

Sistema de Informação: Subsistema voltado a transformar dados em informações úteis. Uma empresa, pequena ou grande, terá necessidade de um sistema de informação que será tanto mais sofisticado quanto mais complexas forem as operações da empresa.

Sistema de Informações Administrativas: Sistema que possui informações que ajudam a administrar uma organização; Ver informações gerenciais.

Sistema de Informações de Marketing: Sistema projetado para gerar um fluxo ordenado de informações pertinentes, coletadas tanto de fontes internas como externas da empresa. A informação de marketing é a mais importante da empresa, pois é dela que derivam os negócios.

Sistema de Informações de Materiais: Sistema que se fundamenta nos seguintes subsistemas: controle de estoque, transporte, aquisição e planejamento de compras.

Sistema de Informações de Produção: Sistema que diz respeito ao fluxo de materiais e à produção de bens e serviços. Ele cobre cada atividade de planejamento e controle da produção, controle de inventário, compras, distribuição e transporte. Num sistema de informações de produção, muitos fluxos de informações podem ser especificamente excluídos, porque muitas questões são rotineiras e programadas e, portanto, já possuem um tratamento automático.

Sistema de Informações de Recursos Humanos: Sistema que utiliza, como fontes de dados: recrutamento e seleção; treinamento e desenvolvimento; avaliação e desempenho; administração de salários, registros e controles de pessoal; estatísticas sobre acidentes; higiene e segurança.

Sistema de Informações do Projeto: Sistema que apresenta as informações básicas para poder desenvolver as funções organizacionais do novo empreendimento.

Sistema de Informações Financeiras: Sistema baseado no fluxo de dinheiro que corre através da empresa. Este sistema envolve uma quantidade muito grande de dados históricos e internos para o planejamento financeiro da organização. O sistema financeiro é, provavelmente, o mais importante sistema de informação gerencial. Na maioria das empresas este sistema é o mais velho e mais bem desenvolvido de todos os outros sistemas porque lida com dinheiro.

Sistema de Informações Geográficas: GIS; Sistema baseado no mapeamento de dados por um sistema de coordenadas.

Sistema de Informações Gerenciais: Subsistema do sistema empresa, cuja finalidade é operar um conjunto de lógicas voltadas para a produção de informações destinadas a apoiar o processo decisório nas funções administrativas. Os sistemas de informações gerenciais, quando devidamente construídos, afetarão as variáveis empresariais: custo, qualidade do produto (bem e serviço), produtividade, velocidade de resposta, previsão, projeção, estrutura, funções administrativas, qualidade do recurso, funções organizacionais, comportamento, objetivo, estratégia, política, risco, tática.

Sistema de Leasing: Ver leasing.

Sistema de Livre Empresa: Sistema econômico em que há propriedade privada e a empresa funcionam com um mínimo de interferência do Estado.

Sistema de Manuseio de Materiais: Sistema cujo propósito é compatibilizar o meio de transporte, a embalagem, o custo da distribuição.

Sistema de Manutenção: Ver manutenção.

Sistema de Otimização: Ver otimização.

Sistema de Padronização: Ver padronização.

Sistema de Pagamentos: Subsistema utilizado para descrever: salários, encargos sociais, rescisões contratuais e auxílio (doença, alimentação e transporte).

Sistema de Pessoal: Subsistema utilizado para descrever cadastro, recrutamento, seleção, registro, terceirização, movimentação, cargo, salário.

Sistema de Planejamento: Ver planejamento.

Sistema de Planejamento de Materiais: Subsistema utilizado para descrever orçamento, padronização, análise, programação de materiais.

Sistema de Planejamento de Recursos Humanos: Subsistema utilizado para descrever pesquisa, orçamento, mercado de trabalho, programação de pessoal.

Sistema de Posicionamento Global: GPS; Sistema que determina a posição do ponto em relação à latitude, altura e longitude.

Sistema de Previsão de Vendas: Subsistema que espelha a possível receita com vendas da empresa, informação a ser utilizada no planejamento estratégico da organização.

Sistema de Processamento de Dados: Ver processamento de dados.

Sistema de Produção: Ver produção.

Sistema de Referência: Ver modelo.

Sistema de Saúde: Sistema que diz respeito à gestão da saúde na empresa e quais resultados são obtidos, para as devidas correções.

Sistema de Simulação: Ver modelo de simulação.

Sistema de Sugestão: Ver modelo de sugestão.

Sistema de Suporte à Decisão: Sistema que possui as seguintes características: incorpora dados e modelos; ajuda o julgamento gerencial; é voltado para a eficiência; responde rápido à mudança ambiental; tenta várias estratégias diferentes para diferentes configurações, com rapidez e objetividade; aumenta os níveis de conhecimento e percepção do gerente; ajuda o gerente a exercer suas funções administrativas; melhora o controle, reduzindo custos; melhora a qualidade da análise.

Sistema de Tesouraria: Subsistema utilizado para controlar a programação de investimentos, bancos, caixa, contas a pagar, contas a receber, orçamentos, câmbio.

Sistema de Transporte: Subsistema utilizado para descrever o controle e a manutenção de modais de transporte.

Sistema de Tratamento da Mensagem: Sistema que se localiza extrarrede de comunicações e que tem a capacidade de armazenar mensagens, para posterior utilização ou retransmissão.

Sistema de Tributação: Ver tributação.

Sistema de Variação do Custo: Subsistema utilizado para o estudo das variações entre custos efetivos (realizados) e custos padrões.

Sistema Determinado: Sistema em que as partes interagem de uma forma perfeitamente previsível, não dando lugar a dúvidas.

Sistema Digital de Informações: Ver informação digital.

Sistema Econômico: Sistema definido como sendo a forma política, social e econômica pela qual está organizada uma sociedade. É um particular sistema de organização da produção, distribuição e consumo de todos os bens e serviços que as pessoas utilizam, buscando uma melhoria no padrão de vida e bem-estar.

Sistema em Tempo Real: Sistema que pode mostrar: recebimentos, processamentos e resultados, com a rapidez suficientemente necessária.

Sistema Empresa: Ver empresa.

Sistema Especializado: Sistema cujo nível de performance é comparável ou mesmo maior do que a especialidade humana numa determinada área do conhecimento. Este sistema é uma espécie de ramo da inteligência artificial aplicada. A ideia básica que norteia a criação de um sistema especializado deve ser a simplicidade; Ver pacote.

Sistema Fabril: Fábrica; Sistema de produção que rompeu com a forma artesanal de fazer as coisas, pois aplicou os avanços científico e tecnológico, rompeu as estruturas corporativas da época, ampliou os mercados existentes, descobrindo novos nichos de mercado.

Sistema Fechado: Sistema que não apresenta intercâmbio (não realizam trocas) com o ambiente. Ele é totalmente determinado e programado.

Sistema Gráfico: Ver gráfico.

Sistema Homeostático: Sistema que é estático em relação aos seus elementos e dinâmico em relação ao ambiente.

Sistema Integrado de Gestão: Sistema constituído pela harmonização dos métodos de gestão e de organização, graças ao emprego da tecnologia digital da informação.

Sistema Internacional de Unidades: Ver símbolo da unidade.

Sistema Kanban: Sistema que utiliza um cartaz, manual ou eletrônico, para monitorar a necessidade de material na linha de produção.

Sistema Lógico: Ver sistema abstrato.

Sistema Meritocrático: Sistema de avaliação por mérito. A necessidade de reconhecimento público dos méritos é intrínseca ao ser humano, que sempre buscou criar símbolos para qualificar a diferença das pessoas dentro do mesmo contexto social.

Sistema Motivacional: Sistema que deve satisfazer muitos diferentes motivos humanos; Ver motivação.

Sistema On-Line: Sistema que recebe entradas diretamente do local onde ele foi criado e cujas saídas, ou os resultados do processamento, são dirigidas diretamente para onde sejam necessárias.

Sistema Orçamentário: Ver orçamento.

Sistema Probabilístico: Sistema que não se pode ter uma previsão detalhada, em determinadas circunstâncias. Este sistema pode ser descrito como tendo um comportamento provável, mas tendo também certo grau de erro. Um sistema de inventário é um exemplo de um sistema probabilístico. A média da demanda e a média do tempo de reposição podem ser definidas, mas não seus valores exatos.

Sistema Regulador: Ver realimentação.

Sistema Viário: Sistema que mostra as redes de tráfego para as curta e média distâncias.

Sistematização: Esforço que se faz para se ter uma visão sistêmica de todas as ideias, objetos, elementos, teorias, hipóteses, por exemplo.

Site: Nome que se dá ao endereço eletrônico (ou página) da Internet. A criação de uma página na Internet não é um esforço isolado, pois a atual velocidade da inovação tecnológica no desenho e a crescente competitividade do meio exigem que os profissionais de marketing avaliem continuamente o valor percebido da página eletrônica.

Site de Relacionamento: Ver rede de relacionamento.

Situação: Posição ou localização de um objeto em relação ao ambiente. A fórmula do conhecimento da situação é dada por: Conhecimento da Situação = Análise do Mercado + Análise das Fontes de Recursos + Análise da Influência Governamental + Análise das Inovações do Mercado + Análise das Condições Ambientais + Análise das Séries Históricas; Ver cenário.

Sobra: Material excedente da fabricação mal calculada de um lote de produtos.

Socialismo: Doutrina que coloca os interesses da sociedade acima do interesse do indivíduo; Sociedade em que os meios de produção são propriedades do Estado.

Socialista: Pessoa que prega o socialismo.

Socialização: Função voltada a apresentar o novo funcionário à sua equipe de trabalho, com a finalidade de mostrar ao mesmo a cultura organizacional da empresa, regras, procedimentos e políticas.

Sociedade: Organização dinâmica de indivíduos autoconscientes que compartilham objetivos comuns e são capazes de ação conjugada. Definir uma sociedade é tão difícil quanto definir a vida, pois as características simples e básicas desaparecem sob uma massa complexa e atordoante de detalhes.

Sociedade Anônima: Sociedade na qual o capital social é dividido em ações de um mesmo valor nominal e constituído através de subscrições. Ou seja, cada pessoa adquire (subscreve) o número de ações que lhe convier, tornando-se acionista desta sociedade. A pessoa, ou grupo, que tiver o maior número de ações pode eleger os dirigentes da sociedade.

Sociedade Burocrática: Sociedade fundamentada na racionalização ou em normas impessoais, cuja autoridade acontece por conhecimento técnico, mérito, dedicação ou habilidade especial.

Sociedade Carismática: Sociedade que pode ser mística, arbitrária ou personalística, cuja autoridade acontece por influência pessoal ou poder extraordinário.

Sociedade Comercial: Sociedade voltada para o comércio; Ver comercialização.

Sociedade Cooperativada: Sociedade voltada exclusivamente para suprir necessidades e interesses dos associados. O objetivo desta sociedade é amparar os associados por meio da cooperação. O capital é formado por cotas--partes que não podem ser transferidas a terceiros alheios à sociedade. As decisões são tomadas em assembleia por meio de voto.

Sociedade de Capital e Indústria: Sociedade de dois tipos de sócios. Os sócios capitalistas, que respondem, solidariamente e ilimitadamente, pelas obrigações da sociedade, pois contribuem com o capital. Os sócios industriais contribuem com mão de obra especializada, não respondendo pelo capital social, mas podem responder pela administração da empresa.

Sociedade de Economia Mista: Sociedade de capital privado e público, em forma de sociedade anônima. O estado subscreve 51% do capital e canaliza o restante (49%) do capital, por meio da participação privada. Desta forma o controle é exercido pelo governo e sua constituição depende de autorização do Congresso. São conhecidas como empresas estatais.

Sociedade de Organizações: Sociedade que é constituída de organizações, das quais as pessoas passam a depender para nascer, viver e morrer.

Sociedade do Conhecimento: Sociedade pós-capitalista que se baseia tanto na sociedade do conhecimento quanto na sociedade de organizações, pois uma depende da outra e, no entanto, uma é bem diferente em seus conceitos, visões e valores. Para Peter Drucker, a maioria das pessoas instruídas, senão todas, praticará seu conhecimento como membro de uma organização.

Sociedade em Comandita por Ações: Assemelha-se à sociedade anônima com a diferença de que a direção é exercida pelos sócios ou acionistas.

Sociedade em Comandita Simples: Sociedade na qual o capital social é formado pelas contribuições de duas classes de sócios: os sócios comanditários ou capitalistas que respondem limitadamente ao capital subscrito, e os sócios comanditados que respondem solidária e ilimitadamente pelas obrigações sociais, empenham seu patrimônio, seu trabalho e são os sócios comerciantes da sociedade. Esta sociedade é uma forma jurídica através da qual o empresário obtém capital, vinculando os investidores ao limite proporcional à importância por eles aplicada.

Sociedade Humana: Conjunto de pessoas que vivem em certa faixa de tempo e de espaço, seguindo normas comuns, e que são unidas pelo sentimento de consciência de grupo.

Sociedade Industrial: Sociedade na qual o estímulo para a perfeição coincide com as necessidades tecnológicas. As máquinas precisam ser aperfeiçoadas para minimizar os perigos à segurança humana.

Sociedade Legal: Sociedade onde predominam as normas impessoais.

Sociedade por Conta de Participação: Forma jurídica que ocorre quando duas ou mais pessoas, sendo pelo menos uma delas comerciante, se reúnem, sem firma social, em uma ou duas operações comerciais previamente determinadas, com o objetivo de lucro comum, trabalhando uma, algumas ou todas elas, em seu nome individual para o fim social. Neste tipo de associação, existem dois tipos de sócios: o ostensivo que é o único que se obriga com terceiros e o oculto, que fica obrigado somente com o outro sócio pelos resultados das transações e obrigações sociais, nos termos daquilo que ficou acordado. Esta sociedade não está sujeita às formalidades legais prescritas para a formação das demais sociedades.

Sociedade por Firma: Sociedade de duas ou mais pessoas, operando sob nome ou firma comum, seja comercial ou industrial, ficando os sócios responsáveis solidariamente pelos direitos e obrigações da firma, sem qualquer limite.

Sociedade por Quotas de Responsabilidade Limitada: Sociedade onde a responsabilidade dos sócios está limitada ao valor do capital social como registrado no contrato que constituiu a sociedade. Pode funcionar com o nome de algum sócio ou adotar uma denominação social.

Sociedade Tradicional: Sociedade que pode ser patriarcal ou matriarcal, cuja autoridade acontece por direito divino, herança, dinastia ou movimento histórico.

Sócio: Aquele que participa de uma sociedade (organização) da qual espera auferir lucro (social ou financeiro), isto é, algum benefício mesmo que tenha de pagar (investir) para entrar. Os sócios recebem cotas ou ações da sociedade, que representam frações do capital social. Essas cotas passam a integrar o patrimônio do sócio.

Sociologia: Ciência que estuda as relações conscientes ou inconscientes entre pessoas.

Sociologia Industrial: Sociologia que estuda as relações no ambiente empresarial.

Sociologia Organizacional: Sociologia que vê a sociedade composta de vários subconjuntos, chamados organizações.

Sofisticação: Característica de quem é refinado, afetado ou aprimorado.

Software: Linguagem de programação que é um conjunto de regras que permite a integração computador-homem. Às vezes, se emprega o termo software em sentido amplo, incluindo os programas necessários para as aplicações específicas da empresa. Outras vezes, os termos software e programação são usados separadamente.

Software Aplicativo: Ver aplicativo. Os aplicativos mais comuns são: processadores de textos, editoração de textos, gerenciadores de banco de dados, planilhas de cálculo, gerenciamento de modelos simulatórios (estatística e probabilidade), edição de gráficos, multimídia (programa que congrega dados, imagens, sons, letras de música).

Software Básico: Programa que realiza o elo de ligação entre a máquina e o software. O software básico possui forte vínculo com o hardware. Os elementos do software básico incluem: montadores e compiladores; gerenciadores de relatórios; sistemas operacionais para controle; gerenciadores de bibliotecas de programas.

Software de Suporte: Programa capaz de administrar problemas de configuração, memórias, redes, segurança, controles, senhas, utilitários. Os softwares de suporte são os gerenciadores dos ambientes gráficos que facilitam a interface homem-máquina.

Solicitação: Ato de pedir, apelar, convidar para uma mudança de comportamento, procedimento, método, metodologia, tecnologia.

Solução: Meio ou processo de superar um problema. Nem sempre a solução apresentada permite a resolução total do problema, pois a mesma tem de ser conclusiva e demonstrável, como recomenda a ciência.

Solução Ótima: Solução encontrada com recursos próprios; Ver otimização.

Solução Viável: Solução que não encontra restrições.

Solucionar: Função administrativa que encontra um meio ou processo de superar um problema, buscando uma solução. Pode parecer fácil solucionar um problema empresarial para aqueles que administram no estilo "apaga incêndio", isto é, resolvem o problema, mas não se preocupam em evitá-lo no futuro; Ver problema a resolver.

Solvência: Qualidade de quem pode pagar suas dívidas.

Solvência Geral: Solvência dada pela fórmula: Solvência Geral = Ativo Real / Passivo Real

Onde: Ativo Real = Ativo Total - Ativo Diferido; Passivo Real = Passivo Circulante + Exigível no Longo Prazo; Passivo Circulante = Somatório de todas as contas a pagar

Exemplo: Ativo Real = $ 18.050,00; Passivo Real = $ 19.000,00; Solvência Geral = 18.050 / 19.000 = 0,95

Análise: A solvência geral é um indicador de grande abrangência e somente merece maior atenção, quando o grau de endividamento da empresa é elevado ou os valores registrados, no ativo diferido, têm grande participação percentual em relação ao ativo total. Geralmente, este indicador se aproxima da unidade. Abaixo, ou muito abaixo, traduz um estado de insolvência, tendo a empresa de alienar ativos, renegociar suas dívidas, repensar seus objetivos e recursos, por exemplo.

Sonegação: Ato de não pagar impostos. Sonegação é um mau negócio, além de crime, porque logo será descoberto pela Receita Federal.

Sortimento: Quantidade de bens à disposição dos possíveis compradores, que podem, assim, mais bem escolher o que lhes agrada.

SPC: Serviço de Proteção ao Crédito.

Spread: Deságio na revenda de um título.

Staff: Ver assessoria.

Stakeholder: Ver cliente.

Status: Espécie de poder mostrado e demonstrado através de títulos, símbolos, recursos e riquezas.

Subconjunto: Parte de uma unidade maior (conjunto).

Subjetivismo: Inclinação para julgar os fatos, tomando-se, como base, as emoções.

Submissão: Atitude de acatar determinações, ordens e proibições, sem contestação. A atitude de submissão anula o indivíduo, tirando-lhe toda iniciativa. Uma série de motivos leva o indivíduo a adotar uma atitude de submissão: medo das consequências da desobediência; apatia ou simples comodismo; inexperiência e desejo autêntico de ser liberado do esforço e da responsabilidade de pensar e agir por si próprio; messianismo admirativo e incondicional; prazer em rebaixar-se e autoanular-se (masoquismo); necessidade de expiação; utilidade mercenária; desejo de obter um crédito de confiança para usá-lo posteriormente.

Submúltiplo Decimal: Ver múltiplo decimal.

Subordinado: Pessoa que recebe ordens de um superior.

Subproduto: Produto de menor valor obtido no decorrer da manufatura do produto principal.

Subprojeto: Parte do projeto, visto que é comum dividir um projeto em partes menores (método cartesiano), que sejam facilmente gerenciáveis.

Subsidiária: Empresa que atua fora do país no mesmo negócio.

Subsistema: Parte identificada de forma estruturada que integra um sistema maior.

Substituição: Troca de um equipamento por outro de maior eficiência.

Sucata: Material que perdeu valor em virtude de trabalho defeituoso, obsolescência ou depreciação.

Sucata Anormal: Perda que acontece em um processo ineficiente de produção.

Sucateamento: Ação de considerar como sucata materiais que não satisfazem mais aos padrões de qualidade exigidos pelo mercado.

Sucessão: Processo de iniciação daqueles que irão comandar a empresa, depois da morte do fundador ou dirigente. A sucessão é um gatilho de mudança, pois o dirigente precisa preocupar-se com seus legados, sócios, empregados e diversos públicos. Este processo deve começar pela educação dos filhos. O momento de iniciar a discussão sucessória coincide com a fase em que os filhos começam a fazer suas opções profissionais, sendo importante que cada um busque a realização pessoal.

Sucesso: Resultante de uma série de fracassos anteriores. O sucesso pode ser conseguido quando as técnicas, os métodos e os procedimentos são eficazes.

Sucesso do Projeto: Sucesso que está associado ao nível de envolvimento dos participantes, ou seja, quanto maior seu envolvimento, maior a probabilidade de sucesso. O sucesso só é assegurado quando o projeto atinge a fase de implantação.

Sugestão: Estímulo que determina quando, onde e como a pessoa deve agir. Em um relatório de pesquisa, por exemplo, é recomendável que haja sugestões. A inclusão de sugestões pode, entretanto, ser dispensada quando isso retardar a conclusão do relatório ou quando a correção do problema estiver nitidamente fora da alçada do relator.

Sumário: Lista dos itens (partes, capítulos) abordados em um livro, projeto ou relatório, por exemplo.

Sumário do Relatório: Sumário cujos itens são: Apresentação; Introdução; Capítulos; Resultado; Conclusão; Sugestões; Referências Bibliográficas; Anexos.

Superávit: Situação em que há sobra de dinheiro em caixa, depois de cumpridas todas as obrigações financeiras do período. Quando há superávit deve-se: aumentar estoques; aumentar prazos e condições de venda; melhorar as instalações e maquinários; aplicar o saldo em fundos de renda fixa; desenvolver novos empreendimentos; rever os recursos tecnológicos em uso; contratar pessoas.

Superior: Pessoa que tem subordinados, como diretores, superintendentes, gerentes, supervisores, chefes.

Superloja: Loja que reúne todas as qualidades dos supermercados e hipermercados, agregando outros serviços, como reforma e limpeza de roupas e calçados, pagamento de contas, loterias e outros serviços.

Supermarca: Marca que parece ímã e que gera aumento de tráfico na loja e não pode faltar nas prateleiras, sob o risco do distribuidor perder a clientela. Por isso, vale a pena estudar as estratégias destas marcas, que resistem anos e anos, com crise ou sem crise. Como estão fortemente estabelecidas, as supermarcas conseguem resistir mesmo num ambiente hostil. Como a Maizena, um seleto time de marcas tem sobrevivido no mercado por décadas, com muito vigor, passando por pouca ou nenhuma transformação, enquanto a maioria dos lançamentos perde o fôlego após alguns anos de vida e depois desaparece. Por que certo artigo privilegiado mantém cativa uma vastíssima legião de consumidores? É o caso do Bombom Sonho de Valsa, da Lacta, ou do Leite Condensado Moça, da Nestlé ou ainda do Leite de Magnésia de Philips, da Sydney Ross, todas historicamente líderes de mercado.

Supermercado: Loja que alterou a comercialização, porque eliminou o balconista, o consumidor passou a decidir livremente o que comprar, o sortimento de mercadorias é muito grande, os produtos vendem-se por si mesmos, a embalagem do produto passou a ser mais atrativa, os preços, em geral, são mais baratos, maior espaço de circulação entre gôndolas, ambiente limpo e climatizado, estacionamento para automóveis, o consumidor compra produtos desnecessários, a competição é por marca e não por produto, o arranjo interno da loja é agradável. Quando se planeja um supermercado, alguns fatores são levados em consideração, como: pesquisa do perfil socioeconômico do consumidor; vizinhança; tamanho da loja; tipo de construção; local; horário de funcionamento; estrutura organizacional; estratégia promocional; uso efetivo das funções administrativas; métodos e procedimentos operacionais; tecnologia a ser implantada. O primeiro supermercado foi criado em Paris, em 1825, e se chamava "Au Bon Marché".

Superposição: Situação em que o administrador trabalha ao mesmo tempo em tarefas semelhantes.

Supervarejo: Varejo que tem uma concentração de poder de muitas bandeiras. O supervarejo, hoje, barganha com a indústria o preço e a margem de lucro. Houve época em que a indústria dava as ordens. Hoje é o contrário.

Supervisão: Direção exercida no nível operacional da organização. A supervisão é responsável pela execução do trabalho, como também pela instrução, orientação e disciplina dos subordinados; Nível hierárquico abaixo do gerencial.

Supervisor: Cargo de quem exerce a supervisão. O supervisor funciona como canal de comunicação, para informar sobre as necessidades de recursos de seu grupo (subordinados). Deve programar as coisas de modo que o trabalho flua com constância e uniformidade. Assegurar ferramentas e condições ambientais, bem como treinamento, acompanhamento e distribuição da carga de trabalho. Ser o responsável por motivar e capacitar seus subordinados para o trabalho predeterminado. Também deve estabelecer objetivos congruentes com os da organização. Precisa de autoridade e conhecimento pertinentes às suas funções.

Suposição: Hipótese fundamentada; Ver hipótese.

Suprimento: Bens de curta duração, que facilitam o desenvolvimento das atividades de operação e de manutenção de uma empresa. O controle dos suprimentos ajuda a amortecer o conflito entre controle de estoque e produção; Ver cadeia de suprimentos.

Sustentabilidade: Capacidade de manter a organização viva, isto é, operante. A sustentabilidade diz respeito à sobrevivência em um ambiente cada vez mais turbulento. Infelizmente, não há ainda um estudo completo de como estabelecer meios para mantermos uma economia sustentável.

Sustentabilidade Ambiental: Ver administração ambiental.

Swap: Acordo entre partes para trocar dinheiro por determinados ativos, títulos ou moedas, em diversas datas futuras. De uma forma ou de outra, alguns derivativos existem há muitos anos. Os mercados futuros de commodities existem desde a segunda metade do Século XIX.

T

Tabela: Matriz de duas entradas em que são registrados, de forma ordenada, valores, dados, resultados, atividades, datas, assuntos, eventos coletados durante uma pesquisa, em função das condições, dos critérios e dos recursos utilizados.

Tabela de Decisão: Representação tabular bidimensional, associado às condições e as ações, com as suas respectivas decisões. Uma tabela de decisões é criada relacionando-se todas variáveis relevantes e as ações a serem tomadas; Resumo das alternativas de uma decisão; Ver árvore de decisão.

Tabela de Limpeza dos Equipamentos: Tabela que mostra como limpar. A seguir, um exemplo para equipamentos e utensílios de cozinha de um restaurante:

Equipamentos e Utensílios	Quando Limpar	Produto Utilizado na Limpeza
Louças, Talheres, Panelas, Formas	Após o uso	Detergente Neutro; Hipoclorito de Sódio; Álcool
Exaustor	Semanal	Desencrustante; Detergente Neutro
Chapa	Diário	Desencrustante; Hipoclorito de Sódio
Fritadeira	Diário	Desencrustante; Hipoclorito de Sódio
Fogão	Diário e Semanal	Desencrustante
Forno	Diário e Semanal	Desencrustante
Placas de Corte	Após o Uso	Detergente Neutro; Hipoclorito de Sódio
Máquinas	Após o Uso	Detergente Neutro; Hipoclorito de Sódio
Máquinas de Chope	Após o Uso	Detergente Neutro; Hipoclorito de Sódio
Geladeiras, Câmaras, Refrigeradores	Diário e Semanal	Detergente Neutro; Hipoclorito de Sódio

Tabela de Preços: Lista de preços dos produtos colocados à venda. Uma tabela de preços precisa na sua construção de ser congruente com o seu portfólio, folder, prospecto e site, por exemplo.

Tabela de Probabilidade: Tabela que mostra a probabilidade de um evento em função de seu fator de probabilidade; Ver probabilidade.

Tabelamento: Intervenção do governo no sistema de preços de mercado, visando coibir abusos por parte dos distribuidores, principalmente, para os produtos da cesta básica.

Tabulação: Colocação dos dados, sob a forma de tabela, para facilitar sua leitura.

Tamanho da Área: Requisito que faz parte da construção de um projeto, pois certos empreendimentos exigem grande fachada outros podem requerer profundidade ou áreas para estacionamento. Não se pode esquecer também da possibilidade de expansões futuras; Ver área do posto de trabalho.

Tangente à Curva: Reta que determina o ângulo de inclinação da curva.

Tangibilidade: Qualidade de um bem em que este proporciona satisfação das características que podem ser fisicamente percebidas através da visão, audição, tato, gosto ou olfato.

Tarefa: Conjunto de passos (etapas) interligados segundo uma sequência lógica, cuja continuidade estará em função, principalmente, do tempo, produtividade e custo. É o detalhamento do que fazer.

Tarefa da Administração: Interpretar os objetivos propostos pela organização e transformá-los em ação, atendendo a situação existente; Ver administração.

Tarefa Importante: Tarefa que precisa ser executada no mesmo dia ou durante a semana que se segue.

Tarefa Urgente: Tarefa que exige providências imediatas, exercendo uma pressão interminável a toda hora e todo dia.

Tarifa: Imposto sobre importações. As tarifas são determinadas pelo GATT (Acordo Geral de Tarifas e Comércio), cujo objetivo básico é a busca da redução das restrições ao comércio internacional e a liberalização do comércio multilateral.

Tática: Ação para corrigir desvios da estratégia implantada. Ela consiste na arte de dispor os recursos para alcançar objetivos. A tática requer a capacidade de improvisação frente às reações imprevistas, mobilizando um conjunto de operações.

Taxa: Tributo cobrado, em função de serviços prestados ao contribuinte; Razão entre duas grandezas. Muitos índices e indicadores levam o nome de taxa pela sua resposta em valores percentuais.

Taxa da Perda de Consumidores: Taxa dada pela fórmula: Taxa de Perda de Consumidores = Consumidores Perdidos / Total de Consumidores

Onde: Consumidores Perdidos = Diferença entre o número de consumidores do ano anterior e o número de consumidores do ano em curso

Exemplo: Consumidores Perdidos = 3.000; Total de Consumidores = 60.000; Taxa da Perda de Consumidores = 3.000 / 60.000 = 0,05 = 5%

Análise: Esta taxa não é muito fácil de aferir devido à dificuldade de cadastrar todos os clientes consumidores e controlar quantas vezes eles voltaram a comprar. Para uma fábrica este controle é bastante factível, mas para um grande varejo, tal procedimento é feito pelo cadastramento do CPF. Para a perda de consumidores, vale lembrar o seguinte questionamento: A taxa da perda de consumidores varia durante o ano? A taxa varia de lugar, vendedor ou intermediário? A taxa varia em função do preço de venda? Para onde vão os consumidores perdidos? Qual a estratégia dos concorrentes para manter os consumidores?

Taxa de Absenteísmo: Taxa que corresponde à ausência do empregado no posto de trabalho. Se, por exemplo, uma fábrica tem 80 empregados e a média de ausências, por mês, é de 4 funcionários, a taxa de absenteísmo mensal é: TA = 4/80 = 5%. Cada empresa tem suas próprias características, que vão determinar a taxa mais aceitável, isto é, a taxa que não atrapalhe o seu desempenho e progresso. Essas ausências não programadas causam transtornos, a ponto de exigir mudanças nos tipos de preparações do dia, substituições de afogadilho, atrasos nas entregas. Quase sempre geram mudanças comportamentais nos demais empregados, tais como: irritabilidade, agressividade, negligência, desinteresse e injustiça.

Taxa de Acidentados: Taxa dada pela fórmula: Taxa de Acidentados = Empregados Acidentados / Total de Empregados

Exemplo: Empregados Acidentados = 15; Total de Empregados = 300; Taxa de Acidentados = 15 / 300 = 0,05 = 5%

Análise: Uma taxa de acidentados alta indica falta de preocupação da empresa em treinar seus funcionários. Para trabalhar com segurança nas máquinas, é conveniente o uso de: cartazes, reuniões, treinamento, equipamentos e acessórios. A taxa de acidentes é ótima quando é igual a zero. Acidentes frequentes podem levar ao fechamento da empresa, em função de altas indenizações em causas trabalhistas.

Taxa de Adoção: Indicador para medir a aceitação de um novo produto. A taxa de adoção de uma inovação é influenciada pelo valor de uso, compatibilidade entre usuário e produto, facilidade de compreensão, facilidade de experimentação e comunicabilidade da inovação.

Taxa de Afastamento: Taxa dada pela fórmula: Taxa de Afastamento = Empregados Afastados do Trabalho /

Número de Empregados

Onde: Empregados Afastados do Trabalho = Licenciados + Acidentados + Férias

Exemplo: Empregados Afastados do Trabalho = 80; Total de Empregados = 800; Taxa de Afastamento = 80 / 800 = 0,10 = 10%

Análise: Normalmente o acompanhamento desta taxa é desdobrado para funcionários licenciados, funcionários acidentados e funcionário em férias.

Taxa de Atividade: Taxa dada pela fórmula: Taxa de Atividade = Momentos Ativos / Número de Observações

Onde: Momentos Ativos = Número de observações onde se constatou atividade de um empregado que está sendo avaliado (observado); Número de Observações = Total das observações realizadas pelo analista.

Exemplo: Momentos Ativos = 98; Número de Observações = 150; Taxa de Atividade = 98 / 150 = 0,65 = 65%

Análise: O problema é determinar o número de observações a serem feitas para um bom nível de confiança. Quanto mais observações forem feitas, maior é o nível de confiança. É comum se utilizar uma tabela para a análise da taxa de atividade.

Taxa de Atividade	Resultado
Menor do que 50%	Ruim
Entre 50% e 70%	Regular
Entre 71% e 85%	Bom
Maior do que 85%	Ótimo

Taxa de Atratividade: Percentual mínimo de aceitação de um novo projeto.

Taxa de Câmbio: Medida de conversão da moeda nacional em moeda estrangeira (divisa). A determinação da taxa de câmbio pode ocorrer de dois modos: institucionalmente (taxas fixas de câmbio) ou por meio do mercado (taxas flutuantes). A taxa de câmbio está intimamente relacionada com os preços dos produtos exportados e importados e, consequentemente, com o resultado da balança comercial do país.

Taxa de Cancelamentos: Taxa dada pela fórmula: Taxa de Cancelamentos = Pedidos Cancelados / Total de Pedidos

Exemplo: Pedidos Cancelados = 20; Total de Pedidos = 240; Taxa de Cancelamentos = 20 / 240 = 0,083 = 8,3%

Análise: Uma taxa de cancelamentos acima de 5% deve começar a preocupar a empresa. Portanto, deve-se procurar verificar se a equipe de vendas não está dando prazos incompatíveis com a capacidade de entrega da empresa.

Taxa de Capitalização: Taxa dada pela fórmula: Taxa de Capitalização = Patrimônio Líquido / Ativo Total

Onde: Ativo Total = Soma de todos os ativos

Exemplo: Patrimônio Líquido = 4.500,00; Ativo Total = 10.000,00; Taxa de Capitalização = 4.500 / 10.000 = 0,45 = 45%

Análise: Como o patrimônio líquido retrata as origens dos recursos financeiros (capital e reservas) e o ativo é, na realidade, o total das aplicações da empresa, o valor da taxa de capitalização dirá o percentual envolvido das origens de capital na composição do ativo total.

Taxa de Clientela: Taxa dada pela fórmula: Taxa de Clientela = Saldo de Clientes / Clientes Existentes

Onde: Saldo de Clientes = Clientes Existentes + Novos Clientes - (Clientes Cancelados + Clientes Descontinuados); Clientes Existentes = Total de clientes no momento da aferição

Exemplo: Clientes Existentes = 500; Novos Clientes = 100; Clientes Cancelados = 50; Clientes Descontinuados = 30; Taxa de Clientela = [500 + 100 - (50 + 30)] / 500 = 520 / 500 = 1,04 = 104%

Análise: No exemplo acima, o valor de 104% indica que o número de clientes aumentou em 4% (104 - 100), portanto, é uma taxa positiva.

Taxa de Comando: Taxa dada pela fórmula: Taxa de Comando = Número de Chefes / Número de Subordinados

Exemplo: Uma fábrica tem 810 subordinados, sendo que o número de chefes (diretores, gerentes, supervisores) é de 45. Taxa de Comando = 45 / 810 = 0,055 = 5,5%

Análise: A taxa de comando, acima exemplificada, revela que para cada chefe existem 18 (810 / 45) subordinados. Naturalmente que este valor não é linear ao longo da estrutura organizacional, porque nos níveis superiores da organização é comum uma relação de um diretor para cada quatro gerentes, por exemplo. Deve-se evitar, a todo custo, a síndrome da chefia, uma patologia devastadora para a organização, qualquer que seja.

Taxa de Compra: Taxa dada pela fórmula: Taxa de Compra = Consumidores Compradores / Consumidores em Trânsito

Onde: Consumidores Compradores = Pessoas que passam pelo caixa da loja; Consumidores em Trânsito = Pessoas que entram e saem da loja, comprando ou não

Exemplo: Consumidores Compradores = 500; Consumidores em Trânsito = 1.500; Taxa de Compra = 500 / 1.500 = 1 / 3 = 33%

Análise: A taxa, mostrada no exemplo acima, revela que de cada três consumidores que entram na loja somente um compra. A análise só se completa quando forem cruzadas as informações sobre: tipos de mercado, perfil socioeconômico do consumidor, preços praticados, localização do negócio, qualidade dos produtos, época do ano, períodos promocionais, visual e condições ambientais da loja, por exemplo.

Taxa de Comprometimento Industrial: Taxa dada pela fórmula: TCI = Quantidade de Equilíbrio / Capacidade Instalada

Onde: Quantidade de Equilíbrio = Quantidade produzida no ponto de equilíbrio; Capacidade Instalada = Máquinas + Equipamentos + Utilidades; Utilidades = Elementos do processo produtivo

Exemplo: Quantidade de Equilíbrio = 5.000; Capacidade Instalada = 7.000; Taxa de Comprometimento Industrial = 5.000 / 7.000 = 0,72 = 72%

Análise: Esta taxa diz que a quantidade de equilíbrio da empresa está a 72% da capacidade instalada. É normal que esta taxa gire entorno de 50% a 60% da capacidade máxima instalada. Comprometer 100% da capacidade instalada, só em casos extremos. Se uma fábrica produz no máximo 5.000 produtos, diz-se que este valor corresponde a 100% da capacidade instalada.

Taxa de Cronometragem: Taxa dada pela fórmula: T = (A - B) / M

Onde: T = Taxa de variabilidade do elemento cronometrado; A = Maior dos tempos levantados na série observada; B = Menor dos tempos levantados; M = Média aritmética dos tempos observados

Exemplo: Série Observada: 10 s, 12 s, 14 s, 15 s, 13 s, 8 s, 12 s, 11 s.

M = (10 + 12 + 14 + 15 + 13 + 8 + 12 + 11) / 8 = 12 (aproximadamente)

T = (15 - 8) / 12 = 0,58 = 58%

Análise: Evidentemente que, à medida que mais se eleva T, maiores são as irregularidades. É comum estimar os seguintes valores: T = 15%: Reflete uma regularidade muito boa; T = 30%: Regularidade aceitável; T = 60%: Trabalho não organizado racionalmente. A cronometragem se torna delicada, difícil e, às vezes, impossível quando o trabalho a ser pesquisado é instável, tem duração aleatória, tem uma participação mental preponderante ou é perigoso.

Taxa de Defeitos: Taxa dada pela fórmula: Taxa de Defeitos = (Produtos Defeituosos - Produtos Recuperados) / Total de Produção

Exemplo: Produtos Defeituosos = 20; Produtos Recuperados = 5; Total de Produção = 500; Taxa de Defeitos = (20 - 5) / 500 = 0,03 = 3%

Análise: Uma empresa deseja taxas de defeito muito baixas. Para tal, precisa implantar um programa "Zero Defeito", para motivar a não fabricação de produtos defeituosos. Deve haver premiações para os empregados que apresentarem qualidade, sob todos os aspectos.

Taxa de Depreciação: Taxa dada pela fórmula: Taxa de Depreciação = Valor de Mercado / (Valor de Compra - Depreciação Acumulada)

Onde: Valor de Mercado = Valor dado em função do equilíbrio entre a oferta e a procura; Valor de Compra = Soma do preço pago, gasto com tempo e gasto de energia física e psíquica; Depreciação Acumulada = Soma das depreciações ao longo dos anos

Exemplo: Veículo comprado no ano 2.000 = 50.000,00; Depreciação/Ano = 20% do valor de compra; Período = 3 anos; Depreciação Acumulada = (0,20 × 50.000) 3 = 30.000,00; Valor de Mercado = 25.000,00; Taxa de Depreciação = 25.000 / (50.000 - 30.000) = 25.000 / 20.000 = 1,25

Análise: Embora o veículo esteja com um valor depreciado de 20.000,00 (50.000,00 - 30.000,00), é possível encontrar alguém que o compre por 25.000,00, ou seja, 25% a mais que teoricamente deveria ter. Então, se a taxa de depreciação for maior que a unidade, isso indica que o veículo foi muito bem conservado ou existe escassez do mesmo no mercado.

Taxa de Devolução: Taxa dada pela fórmula: Taxa de Devolução = Mercadorias Devolvidas / Mercadorias Vendidas

Exemplo: Mercadorias Devolvidas = 300 peças; Mercadorias Vendidas = 50.000 peças; Taxa de Devolução = 300 / 50.000 = 0,006 = 0,6%

Análise: A taxa de devolução mede o controle de qualidade da empresa. Uma taxa de devolução de 0,6% é excelente.

Taxa de Duração do Processo: Taxa dada pela fórmula: Taxa de Duração do Processo = Padrão Aferido no Laboratório / Padrão Aferido no Campo

Onde: Padrão Aferido no Laboratório = Média dos tempos medidos no laboratório; Padrão Aferido no Campo = Tempos medidos no campo / Número de medições

Exemplo: Tempo Médio de Laboratório = 2 horas; Tempo Médio de Campo = 2,2 horas; Taxa de Duração do Processo = 2 ÷ 2,2 = 0,91 = 91%

Análise: Obviamente que tempos padrões de laboratório são, geralmente, menores dos que os aferidos no campo. Mas, a tendência é que estes se tornem menores do que aqueles. Fato que é motivo para uma nova análise.

Taxa de Eficácia: Taxa dada pela fórmula: Taxa de Eficácia = Resultados Alcançados / Resultados Pretendidos

Exemplo: Faturamento Pretendido = 1.500.000,00; Faturamento Alcançado = 1.200.000,00; Taxa de Eficácia = 1.200.000 / 1.500.000 = 0,8 = 80%

Análise: Se o resultado é igual a um, então o planejamento foi correto. Se o resultado é inferior a um, então o planejamento foi deficiente ou as metas foram superestimadas para os recursos disponíveis. Se o resultado é maior do que um, então o planejamento foi muito bem feito ou as metas foram subestimadas para os recursos existentes.

Taxa de Eficiência: A taxa de eficiência de uma empresa pode ser medida por diversas relações, tais como:

Eficiência = Saída da Empresa / Entrada na Empresa

Eficiência = Produtos Resultantes (benefícios) / Recursos Aplicados (custos)

Eficiência = Receita com Vendas / Gastos Totais

Eficiência = Volume de Vendas / Número de Vendedores

Nota: O limite da eficiência de um sistema é igual a 1 (um), porque as saídas são sempre menores que as entradas, devido à entropia do sistema.

Taxa de Eficiência de Venda: Taxa dada pela fórmula: Eficiência de Venda = Despesas de Venda / Receitas de Venda

Exemplo: Receita com Vendas = 500.000,00; Despesas de Venda = 5.000,00; Eficiência de Venda = 5.000 / 500.000 = 0,01= 1%

Análise: No exemplo acima, para cada real gasto com venda a empresa fatura cem reais. Porém, todo esforço para aumentar a receita com vendas pode acabar, se as despesas também aumentarem.

Taxa de Encargos Sociais: Taxa dada pela fórmula: Taxa de Encargos Sociais = Encargos Sociais / Passivo Circulante

Onde: Encargo Social = Acréscimo à remuneração direta, por força de Lei

Exemplo: Encargos Sociais = 1.200,00; Passivo Circulante = 5.000,00; Taxa de Encargos Sociais = 1.200 / 5.000 = 0,24 = 24%

Análise: Os encargos sociais, cada vez mais, adquirem um percentual maior em relação às exigibilidades correntes, levando a empresa a cada vez menos contratar mão de obra.

Taxa de Endividamento: Taxa dada pela fórmula: Taxa de Endividamento = Passivo Real / Passivo Total

Onde: Passivo Total = Valor atribuído ao passivo de uma empresa

Exemplo: Passivo Real = 5.500,00; Passivo Total = 10.000,00; Endividamento = 5.500 / 10.000 = 0,55 = 55%

Análise: Este indicador procura mostrar até que ponto a empresa é mais de seus proprietários do que de terceiros. É interessante observar que em muitos casos, o gerente financeiro deverá verificar a participação das dívidas (empréstimos) de curto prazo, que, além de normalmente onerosas, podem ser exigidas em prazo inferior àquelas na qual a empresa é capaz de gerar dinheiro para o referido pagamento, o que acarreta novas dívidas em condições adversas.

Taxa de Imobilização: Taxa dada pela fórmula: Taxa de Imobilização = Ativo Permanente / Patrimônio Líquido

Onde: Ativo Permanente = Investimentos + Ativo Imobilizado + Ativo Diferido; Ativo Imobilizado = Soma dos imóveis, instalações, veículos, móveis, utensílios, marcas, patentes, direitos de publicação, cauções, reserva técnica de estoque; Ativo Diferido = Aplicações de recursos em despesas (gastos com desenvolvimento de novos projetos) que contribuirão para a formação do resultado de mais de um exercício social.

Exemplo: Ativo Permanente = 11.000,00; Patrimônio Líquido = 6.000,00; Taxa de Imobilização = 11.000 / 6.000 = 1,84 = 184%

Análise: A taxa de imobilização informa quanto uma empresa conseguiu imobilizar e investir com relação ao capital próprio (patrimônio líquido). No caso acima, o ativo permanente é quase o dobro do patrimônio líquido, sendo, portanto, um alto risco, porque ativos imobilizados não têm liquidez imediata. O aumento dos investimentos só se justifica se a empresa apresentar bons resultados. Mesmo assim, é necessário saber ler muito bem o cenário.

Taxa de Inadimplência: Taxa dada pela fórmula: Taxa de Inadimplência = Contas de Liquidação Duvidosa / Contas a Receber

Onde: Contas de Liquidação Duvidosa = Contas a receber, cujos valores, provavelmente, não serão liquidados; Contas a Receber = Levantamento que se faz numa data qualquer, ou aprazada, para determinar quanto, em dinheiro, a empresa tem a receber de seus devedores; Recebíveis.

Exemplo: Contas de Liquidação Duvidosa = 24.000,00; Contas a Receber = 400.000,00; Taxa de Inadimplência = 24.000 / 400.000 = 0,06 = 6%

Análise: É comum, hoje, se considerar o valor de 3% como limite máximo para a empresa começar a se preocupar. Assim, a mesma deve provisionar valores para devedores duvidosos. No exemplo acima, a taxa de 6% é um valor, relativamente, alto.

Taxa de Inatividade: Taxa dada pela fórmula: Taxa de Inatividade = (Máquinas Paradas + Máquinas Defeituosas) / Total de Máquinas

Exemplo: Máquinas Paradas = 10; Máquinas Defeituosas = 2; Total de Máquinas = 50; Taxa de Inatividade = (10 + 2) / 50 = 0,24 = 24%

Análise: Quando esta taxa permanece alta por muito tempo, isto demonstra uma ociosidade grande e que, talvez, a fábrica não precise de tantas máquinas. É aconselhável alienar algumas máquinas velhas, isto é, fazer dinheiro e aplicar o mesmo até em novos equipamentos. Uma taxa de inatividade máxima deve ser de 8%.

Taxa de Inflação: Ver inflação.

Taxa de Juros: Ver juros.

Taxa de Markup: Taxa de Marcagem; Valor tomado, percentualmente, em relação ao custo ou ao próprio preço de venda.

Em função do custo a fórmula é: Pv = Cu (1 + x)

Onde: Pv = Preço de venda do produto; Cu = Custo de fabricação do produto; x = Fator percentual de markup

Exemplo: Custo do Produto = 200,00; Markup = 50%; Pv = 200,00 (1 + 0,50) = 200 × 1,5 = 300,00

Em função do preço de venda a fórmula é: Pv = Cu / (1 - x)

Exemplo: Custo do Produto = 300,00; Markup = 30%; Pv = 300,00 / (1 - 0,30) = 300 / 0,70 = 428,00

Análise: O markup adotado será em função da política de preço da empresa e da concorrência. Conhecido o markup, é fácil montar uma tabela para os preços de venda. Usar o markup, em função do preço de venda, facilita muito o varejo quando este está promovendo descontos e dando comissões aos vendedores. O markup adotado deve cobrir tanto a taxa de inflação interna (quando a empresa faz novas compras e compara com os valores anteriores), quanto à taxa de inflação do governo, bem como o lucro possível.

Taxa de Obsolescência: Taxa dada pela fórmula: Taxa de Obsolescência = Produtos Descontinuados / Total de Produtos

Exemplo: Produtos Descontinuados = 36; Total de Produtos = 180; Taxa de Obsolescência = 36 / 180 = 0,2 = 20%

Análise: O valor acima só poderá ser analisado se confrontado com padrões do mercado para: produto, setor da economia e público-alvo; Ver obsolescência.

Taxa de Progresso: Indicador que informa se o sistema caminha no rumo certo, sendo dada pela fórmula: Taxa de Progresso = Média do Período / Média Estabelecida

Exemplo: Se uma empresa pretende alcançar uma receita com vendas de 2.000.000,00 / mês, para um período de vinte dias úteis, então: Média Estabelecida / Dia = 2.000.000,00 / 20 = 100.000,00. Se no décimo dia de vendas, a receita atingiu 800.000,00. Então, a média do período foi de:

Média do Período = 800.000,00 / 10 = 80.000,00; Taxa de Progresso = 80.000,00 / 100.000,00 = 0,8 = 80%

Análise: A taxa de progresso abaixo de 1 (um) indica a necessidade de novas táticas de vendas. A taxa igual a 1 (um) indica que a resposta é igual ao planejado. A taxa maior do que 1 (um) indica que a equipe de vendas superou sua meta. A taxa de progresso é um indicador de eficácia para períodos determinados.

Taxa de Reclamação: Taxa dada pela fórmula: TR = [(Reclamações) / (Valor Acumulado / Número de meses)] - 1

Exemplo: Reclamações = 80; Valor Acumulado = 230; Número de meses = 3

TR = [(80) / (230 / 3)] - 1 = (80 / 76,70) - 1 = 1,043 - 1 = 0,043 = 4,3% = 4% (aproximadamente).

Análise: O controle de reclamações foi feito até o mês de março, fato que precisa ser verificado. Mesmo assim, os resultados apresentados, de janeiro até março, mostraram que a empresa vem fazendo um esforço para diminuir as reclamações, cujo valor ideal é próximo de zero, o que é muito difícil de conseguir. Uma taxa de 5% já está de bom tamanho. Para maior esclarecimento, é apresentado, a seguir, um quadro que mostra o controle geral de reclamações:

Controle Geral de Reclamações					
N	Mês	Reclamações	Acumulado	Média	Taxa
1	janeiro	100	100	100	Zero
2	fevereiro	50	150	75	– 33%
3	março	80	230	77	+ 4%
4	abril	70	300	75	– 7%

Onde: N = Número de meses; Média = Valor acumulado / número de meses

Taxa de Recuperação: Taxa dada pela fórmula: Taxa de Recuperação = Total dos Investimentos / (Lucro Líquido + Amortizações)

Onde: Total dos Investimentos = Recursos aplicados em participações (empresas coligadas e/ou controladas) e em outras sociedades (direitos de qualquer natureza); Amortizações = São pagamentos de ágios e juros relativos a ações e empréstimos, respectivamente.

Exemplo: Investimentos = 50.000,00; Lucro Líquido = 15.000,00; Amortizações = 10.000,00; Taxa de Recuperação = 50.000 / (15.000 + 10.000) = 2

Análise: A taxa de recuperação informa que levará dois anos para se ter o investimento de volta.

Taxa de Refugo: Taxa dada pela fórmula: Taxa de Refugo = Material Inaproveitável / Material de Produção

Exemplo: Material Inaproveitável = 15 t; Material de Produção = 200 t; Taxa de Refugo = 15 / 200 = 0,075 = 7,5%

Análise: A taxa de refugo, se for alta, mostra que a empresa pode estar cometendo equívocos, tais como: erros de projeto do produto; falhas no controle de qualidade, falhas no controle de produção; baixo nível de educação; mau uso das funções administrativas, principalmente, a função organização; armazenagem incorreta; falta de treinamento; Ver perda e refugo.

Taxa de Remuneração: Taxa dada pela fórmula: Taxa de Remuneração = Lucro Líquido / Capital Próprio

Exemplo: Lucro Líquido = 22,4; Capital Próprio = 182; Taxa de Remuneração = 22,4 / 182 = 0,123 = 12,30%

Análise: A taxa de remuneração terá um valor, em função da mudança da estrutura de capital da empresa. Nem sempre grandes somas de capital próprio garantirão uma taxa de remuneração alta. Por outro lado, tomar dinheiro emprestado para financiar capital de giro sem ter estrutura de alavancagem é um risco que a empresa não deve correr. Existem indicadores que não são ligados diretamente à empresa, mas que afetam indiretamente a mesma, e, portanto, devem preocupar os dirigentes voltados para o planejamento econômico-financeiro da organização, tais como: Índices de Inflação; Cotação do Dólar; Taxa de Remuneração do Certificado de Depósito Bancário (CDB); Taxa (CELIC) de Juros do Governo; Déficit Público; Empréstimo Compulsório sobre os Bancos; Dívida Externa; Risco de Concessão de Crédito; Risco Brasil; Empréstimos do Governo da Poupança Privada; Resultado da Balança de Pagamentos, Compulsório Bancário, por exemplo.

Taxa de Retorno: Ver retorno.

Taxa de Risco: Ver risco.

Taxa de Turnover: Taxa dada pela fórmula: T = |Q1 - Q2| / Q1

Onde: Q1 = Quantidade inicial de empregados; Q2 = Quantidade final de empregados; |Q1 - Q2| = Valor absoluto da diferença (Q1 - Q2)

Exemplo: Q1 = 200; Q2 = 150; T = |200 – 150| / 200 = 50 / 200 = 0,25 = 25%

Análise: A taxa de turnover mostra a movimentação (entra e sai) de pessoal. Uma taxa elevada pode significar má administração ou um mercado desfavorável, onde os recursos humanos são difíceis e instáveis, como os que exigem criatividade. Por outro lado, um dos motivos de um turnover elevado é a constante contratação de pessoal de fora da empresa, não dando chance à "prata da casa".

Taxa de Variabilidade: Taxa que mede a quantidade de modificações nos produtos colocadas à disposição do mercado, de um ano para outro. O risco é diretamente proporcional à diversidade ofertada, isto é, quanto maior a variabilidade, maior é o risco de fracasso.

Taxa de Vendas por Vendedor: Taxa dada pela fórmula: Taxa de Vendas por Vendedor = Vendas do Vendedor / Total de Vendas

Exemplo: Vendas do Vendedor = 5.000,00; Total de Vendas = 80.000,00; Taxa Individual de Vendas = 5.000 / 80.000 = 0,0625 = 6,25%

Análise: Esta taxa mostra a participação do vendedor no montante de vendas e ajuda a premiar os melhores com incentivos.

Taxa Efetiva: Taxa calculada de acordo com o princípio do valor do dinheiro no tempo; Taxa de juros compostos.

Taxa Interna de Risco: Taxa correspondente ao valor mínimo de remuneração do investimento; corresponde ao que seria obtido investindo-se em taxas livres de risco mais um prêmio pelo risco (lucro); Taxa dada pela fórmula: TIR = Taxa Livre de Risco + Taxa de Risco

Para compreender melhor a situação, acompanhe o seguinte: Taxa Selic = 8% ao ano; Taxa de Inflação = 4% ao ano; Taxa de Risco País = 3% ano; Taxa de Risco do Negócio = 5% ao ano

Análise: O investidor por precaução elege a TIR = 20% ao ano, que é considerada alta profissionalmente, numa atitude bastante conservadora. Todo este estudo mostra que, se margem de lucro não for maior do que 20% ao ano é melhor deixar o dinheiro aplicado em fundos de investimento de um banco.

Taxa Nominal: Taxa de juros de mercado que inclui a taxa de inflação.

Taxa por Dentro: Taxa que relaciona o lucro com o custo de uma operação de venda.

Exemplo: Receita com Vendas = 1.000,00; Custo = 700,00; Lucro = 300,00; Taxa por Dentro = 300,00 / 700,00 = 42,86%

Taxa por Fora: Taxa que relaciona o lucro com a receita de uma operação de venda.

Exemplo: Receita com Vendas = 1.000,00; Custo = 700,00; Lucro = 300,00; Taxa por Fora = 300,00 / 1.000,00 = 30%

Taxa Selic: Taxa de juros do governo, fundamentada no Sistema Especial de Liquidação e Custódia.

Taxionomia: Classificação.

Técnica: Conjunto de procedimentos que as pessoas usam no desempenho de uma atividade; Método que foi padronizado e tem uma ampla gama de usos; Modo de realizar uma atividade de maneira mais eficiente. A utilidade de uma técnica depende diretamente do método que a mesma emprega, e vice-versa.

Técnica da Analogia Histórica: Técnica qualitativa que se baseia na análise comparativa de uma situação futura com uma outra similar, conhecida no passado. Também serve para comparar produtos semelhantes; Ver política.

Técnica da Lacuna Estratégica: Técnica amplamente usada em algumas áreas da administração, tais como marketing, para determinar onde existem áreas de insatisfação, como preço e qualidade, por exemplo. Ela busca descobrir nichos de mercado.

Técnica de Ascensão: Técnica voltada para procedimentos que conduzam ao topo da organização.

Técnica de Decisão: Ver decisão.

Técnica de Delphi: Técnica constituída de um grupo de especialistas, cujas áreas estejam relacionadas com o tipo de situação que se quer projetar; Técnica qualitativa para a definição de cenários futuros com base na opinião de diversos especialistas, mas que não permite interação entre eles, para eliminar diferenças pessoais como: liderança, persuasão e prestígio.

Técnica de Dramatização de Cenários: Técnica que procura estabelecer uma sequência lógica entre os acontecimentos de determinado cenário.

Técnica de Ensino: Técnica referente às formas de apresentação de estímulos que levem os alunos a se interessarem pelo assunto que está sendo objeto de estudo. As técnicas de ensino são muitas e podem variar de maneira extraordinária, segundo a disciplina, as circunstâncias e os objetivos que se tenha em mente. É preciso esclarecer que todas as técnicas são válidas, desde que sejam aplicadas de modo ativo, propiciando reflexão e crítica.

Técnica de Falar: Técnica que ajuda o orador a ser entendido por um determinado público. O mais importante da fala é hierarquizar as informações de acordo com seu grau de importância.

Técnica de Indução: Técnica que tenta mostrar um quadro futuro do ambiente, a partir de determinadas premissas. A validade do cenário criado a partir desta técnica depende da credibilidade que se tem nela; Ver indução.

Técnica de Painel: Técnica da leitura de cenário, baseada em especialistas no assunto. Nesta técnica, reúne-se um grupo de especialistas que interagem sem segredos, sendo estimulada a comunicação pessoal. A premissa que serve de base é: Várias pessoas podem chegar a projeções melhores que as elaboradas por uma só pessoa.

Técnica de Pesquisa: Ver pesquisa.

Técnica de Valores Contextuais: Técnica usada para descrever uma situação de descrições verbais de várias tecnologias numa base coordenada em ordem cronológica. Tal técnica é fundamentada na interação e interdisciplinaridade de diferentes áreas do conhecimento.

Técnica de Vendas: Técnica que ensina o vendedor a maneira de abordar um cliente consumidor, para a concretização de uma venda.

Técnica do Brainstorming: Técnica para estimular a criatividade. É a partir dela que se desenvolveram outras, como a lista de atributos e análise morfológica. Tais variações tiveram sempre o intuito de estruturar e sistematizar melhor o método para torná-lo mais eficiente, eficaz e efetivo; Ver brainstormig.

Técnica Estatística: Ver estatística.

Técnica Metodológica: Técnica que tenta explicar as etapas em seus mínimos detalhes.

Técnica Morfológica: Técnica sistemática para previsão de novos produtos e/ou novos processos. Consiste, essencialmente, numa lista de verificação bidimensional, conhecida como matriz morfológica.

Tecnologia: Conjunto de conhecimentos, técnicas, ferramentas e atividades utilizadas para transformar os recursos organizacionais em produtos (resultados).

Tecnologia Administrativa: Tecnologia que vem ganhando corpo como parte principal da tecnologia de sistemas de informações, isto é, uma tecnologia voltada a dar suporte às funções administrativas e organizacionais da empresa.

Tecnologia Ambiental: Ver preservação ambiental.

Tecnologia Avançada: Tecnologia que enfatiza a mecanização e automação, enquanto a tecnologia rudimentar enfatiza a manufatura e o artesanato.

Tecnologia Case: Tecnologia cujo objetivo é separar o projeto do programa aplicativo (pacote). Com a tecnologia case (engenharia de software computadorizada), sempre haverá um ponto no qual se precisa de algum nível de destreza em projetos de software para se completar um ciclo de seu desenvolvimento. Sua principal vantagem é poder se integrar aos outros pacotes de software.

Tecnologia da Informação: Tecnologia aplicada ao sistema de informação para facilitar o processamento, o armazenamento, o registro, o transporte e a recuperação de dados.

Tecnologia de Capital Intensivo: Tecnologia baseada no uso intensivo da automação.

Tecnologia de Comunicação: Ver comunicação.

Tecnologia de Distribuição: Tecnologia que utiliza as mais recentes inovações em tecnologia de distribuição, tais como: logística assistida por computador; refinamento de scanner; intercâmbio de dados; localização por satélite; atendimento automatizado dos pedidos dos distribuidores; logística de fluxo. Os benefícios são: diminuição de danos, eficiência de armazenagem, redução de compra a termo, melhor cobertura do mercado, liquidação rápida dos estoques encalhados, marketing de resposta direta.

Tecnologia de Infraestrutura: Ver infraestrutura.

Tecnologia de Mão de Obra Intensiva: Tecnologia baseada no uso intensivo das habilidades artesanais das pessoas.

Tecnologia de Ponta: Tecnologia em função da inovação espontânea, cujo objetivo é desenvolver novas ofertas. Algumas empresas têm-se adaptado para atingir oportunidades que se mostram mais atraentes.

Tecnologia de Produção: Tecnologia para dar suporte às atividades industriais. Os avanços tecnológicos na produção vão desde o desenho computadorizado até a personalização dos produtos saídos da fábrica.

Tecnologia de Produção Automatizada: Tecnologia em que a produção é feita por especialistas, monitorados por computadores. A participação humana é mínima.

Tecnologia de Produção em Massa: Tecnologia da produção feita em grandes lotes. É a produção que requer máquinas operadas pelo homem e linhas de produção, ou de montagens, padronizadas, como as empresas maquiladoras (montadoras).

Tecnologia de Produção Unitária: Tecnologia de oficina; Tecnologia que é feita por unidade (cada produto no seu tempo), sendo modificado à medida que o trabalho é realizado. O processo produtivo é menos padronizado e menos automatizado.

Tecnologia de Rede Social: Ver rede social.

Tecnologia de Serviço: Ver serviço.

Tecnologia de Varejo: Ver varejo.

Tecnologia Digital: Tecnologia que transformará os negócios, os processos e as relações, por meio da informação digital. A essência da tecnologia digital está na conectividade.

Tecnologia Digital da Informação: Tecnologia que possibilita criar uma rede de parcerias para melhor servir os consumidores. É possível criar uma empresa virtual onde se integrem empresas, administração, gestão de recursos e sistemas operacionais de informação e de comunicação.

Tecnologia Estável: Tecnologia que permanece imutável durante o ciclo de vida de um produto. Tal tecnologia, para ser considerada estável (básica), precisa apresentar uma lucratividade de longo prazo.

Tecnologia Fixa: Tecnologia que não permite sua utilização em outros produtos. Esta tecnologia pode ser: Tecnologia Fixa e Produto Abstrato (Tecnologia que, embora seja fixa, a empresa procura obter suporte do ambiente) e Tecnologia Fixa e Produto Concreto (Tecnologia cuja possibilidade de mudança é muito pequena e difícil, porque toda a tecnologia é empregada na fabricação e distribuição do produto).

Tecnologia Flexível: Tecnologia, cujos recursos, como máquinas, equipamentos, instalações, matérias-primas, conhecimentos técnicos, são utilizados para produzir bens e serviços.

Tecnologia Globalizada: Ver globalização.

Tecnologia Incorporada: Tecnologia em que todos os fatores e componentes que agregam ao produto um aumento de valor.

Tecnologia Intensiva: Tecnologia que representa a focalização e convergência de uma ampla variedade de habilidades e especializações da empresa sobre um único cliente. A empresa emprega uma variedade heterogênea de técnicas, para conseguir uma modificação em algum objeto específico. A tecnologia intensiva requer a aplicação de parte, ou de toda a disponibilidade, das aptidões potencialmente necessárias, dependendo da correta combinação, conforme sejam exigidas pelo caso ou pelo projeto individual.

Tecnologia Mediadora: Tecnologia utilizada por empresas cuja função básica reside na ligação de clientes que são ou desejam ser interdependentes ou interrelacionados. É o caso de bancos, seguradoras, agências de propaganda, companhias telefônicas e agências de recrutamento e seleção de pessoas.

Tecnologia Organizacional: Tecnologia que determina o nível e o tipo de formação profissional, as habilidades manuais e intelectuais, as capacitações, as aptidões e características de personalidade que as pessoas devem possuir para poderem ser recrutadas, selecionadas e admitidas na empresa. Nem todas as empresas contam com pessoal categorizado para desenvolver programa de capacitação tecnológica.

Tecnologia Robótica: Tecnologia em que o trabalho é feito por um robô (sistema mecatrônico) que desempenha tarefas repetitivas com altíssimo nível de eficiência, precisão e segurança. Os cientistas vêm prometendo robôs que reproduzam movimentos, comportamentos e sentidos humanos.

Tecnologia Sequência: Tecnologia baseada na interdependência serial das tarefas necessárias para completar um produto. É o caso da linha de montagem, típica da produção de massa. Esta tecnologia aproxima-se da perfeição quando a empresa produz um único tipo de produto, repetitivamente, durante um longo período de tempo e um ritmo constante de produção.

Tecnologia Web: Ver internet.

TED: Transferência eletrônica de dinheiro de um banco para outro.

Telecomunicação: Comunicação à distância.

Telefone: Equipamento de comunicação.

Telegrama: Meio de comunicação, como e-mail, para ser empregado para casos urgentes e que precisa formalizar (ser escrito) a mensagem, por uma instituição pública.

Telemarketing: Marketing direto que utiliza, principalmente, o telefone para acessar consumidores.

Telemática: Integração entre telecomunicação e informática.

Teleologia: Princípio pelo qual a causa é uma condição necessária, mas nem sempre suficiente para que surja o efeito; Estudo do comportamento de um sistema com a finalidade de alcançar objetivo.

Teleprocessamento: Sistema de processamento de dados com comunicação.

Tema: Proposição que vai ser desenvolvida num estudo; Assunto que se deseja provar ou desenvolver; Uma dificuldade, ainda sem solução, até certo ponto abrangente.

Temperamento: Comportamento específico de uma pessoa.

Temperatura: Medida de calor ambiental. Uma temperatura demasiadamente elevada deprime o trabalhador, enquanto uma excessivamente baixa provoca inibição para o trabalho.

Tempo: Recurso escasso, inelástico, não estocável, cujo significado é intrínseco a cada indivíduo; Espaço-tempo.

Tempo Ajustado: Tempo médio para levar em conta diferenças de habilidade entre pessoas e os fatores que envolvem uma operação.

Tempo Autodirigido: Tempo que representa uma alternativa construtiva para escapar da mesmice, permitindo ao dirigente organizar o seu tempo pessoal, minimizando assim uma parte da pressão que recebe do meio em que trabalha, pelo menos no que se refere à sua área de atuação específica.

Tempo Consumido: Tempo gasto num determinado trabalho.

Tempo Contínuo: Tempo sem interrupções.

Tempo de Amostragem: Tempo onde se calcula o percentual gasto em cada atividade.

Tempo de Armazenamento: Tempo necessário para que um alimento, por exemplo, mantenha suas propriedades organolépticas, sem deterioração.

Tempo de Atendimento: Ver prazo de entrega.

Tempo de Decisão: Tempo que é a essência do ato de decidir, ou seja, a capacidade de esperar e escolher o momento certo para agir.

Tempo de Entrega: Tempo que decorre da ordem de compra de material até o momento de sua entrega. É preciso observar que o material seja entregue com presteza e em perfeitas condições de utilização.

Tempo de Espera: Tempo que decorre entre o início da produção e seu término.

Tempo de Execução: Tempo necessário para que uma tarefa seja completada.

Tempo de Fabricação: Tempo gasto para completar um lote de peças; Ver tempo de processamento.

Tempo de Mercado: Período que uma empresa leva para ir da concepção do produto até a sua entrega ao consumidor final. Porém, alguns autores consideram-no como aquele que vai do lançamento do produto no mercado até a adoção pelos consumidores.

Tempo de Planejamento: Tempo gasto para se montar um plano de negócio.

Tempo de Preparação: Ver preparação.

Tempo de Processamento: Tempo de produção durante o qual há um trabalho de transformar materiais em produtos.

Tempo de Projeto: Tempo de análise do sequenciamento das várias etapas de um determinado projeto, onde são observados o caminho crítico (tempo mais curto de execução), a determinação do custo, as datas dos eventos e as janelas de oportunidade.

Tempo de Resposta: Intervalo de tempo necessário para se obter resultado de uma ação. Em alguns casos, é necessário aguardar anos para melhorar o nível de treinamento do pessoal e introduzir aumentos substanciais no volume de produção ou, enfim, obter resultados concretos por meio de uma campanha de promoção.

Tempo de Trabalho: Ver cronometragem.

Tempo do Ciclo: Tempo necessário para a execução de um ciclo operacional de uma empresa.

Tempo do Pedido: Tempo em que um pedido de produto é recebido na fábrica e o momento em que este é entregue ao comprador.

Tempo e Movimento: Subfunção da função administrativa organização, onde se determina, de maneira racional, o método de realização de um determinado trabalho, em função do tempo de execução. É creditada a Taylor a primeira determinação analítica de métodos de trabalho, sendo, inclusive, a expressão *Estudo de Tempos,* a ele atribuída. Frank e Lilian Gilbreth desenvolveram uma análise mais profunda daquilo que consideravam como elementos fundamentais do movimento. Denominaram seu trabalho de *Estudo de Movimentos.*

Tempo Estatístico: Tempo calculado em função do desvio padrão (curva de Gauss).

Tempo Evento: Ver evento.

Tempo Executivo: Tempo necessário para a alocação de recursos e espaços necessários e adequados para que uma atividade possa ter continuidade com segurança.

Tempo Flexível: Tempo para evitar coincidência de horário, superposição, saturação, congestionamento, gargalo, absenteísmo e atraso, por exemplo.

Tempo Histórico: Tempo realmente consumido na execução do trabalho, arquivado para consulta.

Tempo Imposto: Tempo contratado. Mas, nenhuma empresa, por mais rígida, controladora ou burocratizada que seja, tem condições de impor de forma absoluta aos seus funcionários a forma como eles usam o seu tempo. Em outras palavras, o tempo imposto não abrange, necessariamente, a totalidade do espaço temporal.

Tempo Máximo de Armazenamento: Prazo de validade.

Tempo Médio: Tempo que representa a média aritmética das medições de tempo de uma série, um processo ou um evento.

Tempo Médio Esperado: Tempo dado pela fórmula: TEM = (A + 4 × M + B) / 6

Onde: TEM = Tempo Médio Esperado; A = Tempo Otimista; M = Tempo Mais Provável; B = Tempo Pessimista

Exemplo: Tempo Otimista = 2 semanas; Tempo Mais Provável = 3 semanas; Tempo Pessimista = 5 semanas; Tempo Médio Esperado = (2 + 4 × 3 + 5) / 6 = 3,17 semanas = 22 dias

Análise: O tempo médio esperado é utilizado no planejamento de um projeto, programa ou processo, por exemplo, porque a variável tempo determina, preponderantemente, a efetividade da gerência. Se o tempo de recebimento de matéria-prima aumentou, está na hora de procurar outros fornecedores. Os períodos de planejamento, produção, vendas, distribuição, crédito e cobrança devem ser avaliados.

Tempo Não Operacional: Somatório do tempo de espera para reparo, diagnóstico, tratamento, reposição de recursos, tomada de decisão, ações burocráticas, aceitação de padrões.

Tempo Não Produtivo: Período de tempo em que um equipamento está fora de uso.

Tempo Normal: Tempo que constitui um ciclo operacional.

Tempo Objetivo: Tempo medido pelo relógio, podendo ser subdividido em tempo autodirigido e tempo imposto. Quanto mais o tempo objetivo é imposto menor será a qualidade do nosso tempo subjetivo, e mais intensa a sensação de opressão e a falta de liberdade de optar. Este é um sentimento comum entre as pessoas que se consideram escravas do dever e das obrigações.

Tempo Ocioso: Ver tempo não produtivo.

Tempo Otimista: Tempo correspondente ao menor tempo de realização da atividade, supondo-se que ocorram todas as condições favoráveis.

Tempo Padrão: Tempo necessário para ser executada uma operação de acordo com um método estabelecido no laboratório. O tempo padrão pode ser maior ou menor do que o tempo aferido no campo.

Tempo Parado: Tempo improdutivo causado pela falta de pedidos, quebra de máquinas, greve, falta de materiais, má programação etc.

Tempo Pessimista: Tempo correspondente ao tempo de duração da atividade, caso ocorram todas as condições desfavoráveis (exceto as de força maior).

Tempo Predeterminado: Tempo aferido em laboratório e tabelado.

Tempo Produtivo: Tempo plenamente utilizado pela produção.

Tempo Provável: Tempo que a atividade levaria, no caso de esta repetir-se diversas vezes.

Tempo Real: Tempo em que as coisas acontecem.

Tempo Residual: Diferença de tempo real e tempo previsto.

Tempo Subjetivo: Tempo visto sob a ótica da satisfação. Poucas são as pessoas que param para fazer uma análise do seu tempo subjetivo que é o determinante básico da nossa qualidade de vida.

Tempo Virtual: Tempo em que tudo está em constante mutação.

Tendência: Probabilidade de que um objeto siga uma direção, em função de determinados elementos; Espécie de previsão sem uma certeza.

Tendência da Franquia: Tendência voltada para inovações, em função das mutações ambientais e mercadológicas.

Tendência da Organização: Tendência baseada no estudo da necessidade de mudanças para poder sobreviver.

Tendência de Mercado: Tendência calcada na mudança de hábitos e volatividade dos desejos e necessidades dos consumidores, ancorados em novas tecnologias.

Tendência do Varejo: Tendência caracterizada por lucros decrescentes, busca de maior produtividade e tecnologia em ritmo alucinante.

Teorema: Proposição (hipótese) que precisa ser demonstrada de maneira exata.

Teoria: Conjunto de princípios fundamentais e válidos que se constituem em instrumento científico apropriado na procura e, principalmente, na explicação dos fatos.

Teoria Administrativa: Ver administração científica.

Teoria Clássica da Administração: Teoria onde era dada ênfase na estrutura organizacional e no estabelecimento de princípios a fim de que a organização fosse eficiente. Enquanto a administração científica preconizava a eficiência do indivíduo a teoria clássica buscava a eficiência da organização como um todo. Esta teoria, desenvolvida por Henri Fayol, faz uma abordagem anatômica e estrutural da organização.

Teoria Comportamental da Administração: Teoria que surgiu dos estudos da psicologia organizacional, do comportamento humano nas organizações e de seus instrumentos de motivação. Esta teoria se fundamentou nas contribuições de McGregor, Maslow, Herzberg e Ouchi, que atualizaram os estudos da teoria das relações humanas. Para a teoria comportamental, todo indivíduo é um tomador de decisões, baseado no sistema de informações que o envolve. A organização é vista como um sistema de decisões, daí ser encarado o indivíduo como um homem administrativo, onde a solução ótima é a melhor possível.

Teoria Contingencial da Administração: Teoria que mostra a administração como um processo de princípios relativos, isto é, dependerá da situação, do momento, do ambiente e, principalmente, dos recursos tecnológicos que a organização poderá dispor. Segundo esta teoria a organização terá de se ajustar ao imperativo tecnológico e à situação ambiental. Assim, o conhecimento do ambiente passou a ser vital para a compreensão dos mecanismos organizacionais e para a utilização de tecnologias adequadas para o enfrentamento de situações desfavoráveis.

Teoria da Administração Científica: Teoria que primeiro aplicou métodos da ciência aos problemas da administração, a fim de alcançar elevada eficiência industrial. Os principais métodos, a época, eram: observação e mensuração.

Teoria da Amostragem: Teoria em que os resultados oferecidos por um número muito grande de amostras se encaixam num modelo padrão chamado de distribuição normal. É verdadeiro que quantidades de população de muitos milhões podem ser avaliadas a partir de apenas 500 pessoas, se a amostra for adequadamente selecionada. Esta teoria é um estudo das relações existentes entre a população pesquisada e as amostras utilizadas, tanto em quantidade (tamanho), como em qualidade (confiança, precisão). Mas, nem sempre o tamanho da amostra é diretamente proporcional a sua precisão, porque é preciso considerar os critérios de seleção das amostras. A teoria da amostragem é útil para determinar se as diferenças observadas entre duas amostras são realmente devidas a uma variação casual ou não.

Teoria da Amplitude de Comando: Teoria também denominada amplitude de controle, refere-se ao número de subordinados que um chefe pode supervisionar pessoalmente, de maneira efetiva e adequada. De acordo com o conceito de unidade de comando, cada subordinado reporta-se apenas a um superior. A teoria da amplitude de comando (esfera de controle) de Alan Graicunas declara que: "À medida que o número de subordinados cresce numa progressão aritmética, as relações resultantes tendem a aumentar geometricamente". Um dos elementos de maior importância na gestão da empresa é a comunicação entre o dirigente e o subordinado.

Teoria da Aprendizagem: Teoria em que a aprendizagem implica no desenvolvimento das relações entre estímulo e resposta. Assim, uma pessoa aprenderá se for estimulada. Se não for, permanecerá na escuridão. Como a aprendizagem está intimamente ligada à percepção, podemos dizer que ela se processa, em função das mudanças comportamentais que resultam de nossas experiências, novos conhecimentos, habilidades, capacitações e práticas.

Teoria da Burocracia: Teoria em que a forma de organização se baseia na racionalidade, isto é, na adequação dos meios aos objetivos (fins) para garantir a máxima eficiência possível. Ela apareceu no Campo da Administração, a partir da década de 1940, em função da fragilidade das teorias de administração existentes, tendo em vista posições contraditórias e sem possibilidades de uma abordagem global da organização. Por outro lado, havia a necessidade de um modelo organizacional racional capaz de envolver todas as variáveis que dariam solução aos problemas da época. Entretanto, a burocracia não acompanhou a evolução da sociedade nem a das organizações, tornando-se um obstáculo ao pleno desenvolvimento e progresso atuais. Emergiu, destarte, uma outra perspectiva, popular, emocional, imprecisa, em que a burocracia é considerada como um tipo de organização caracterizada pela paixão à rotina e à não criatividade. A teoria da burocracia surgiu da necessidade de se possuir uma abordagem que não fosse mecanicista, como na teoria clássica, e nem tivesse a ingenuidade da teoria das relações humanas.

Teoria da Complexidade: Teoria que tem como princípios: a incerteza e a indeterminação. Esta teoria diz que o homem é, por natureza, subjetivo e que, portanto, poderá ser objetivo por forças das circunstâncias, mas no fundo é subjetivo, até por uma questão existencial. Para esta teoria não existe conhecimento completo.

Teoria da Contingência: Teoria considerada por alguns autores como mais uma filosofia para se fazer uma leitura do cenário, como propriamente uma teoria da administração.

Teoria da Decisão: Teoria em que as pessoas tomam decisões, em função do seu nível de percepção. É muito comum o administrador basear sua tomada de decisão em modelos, inferências estatísticas, estudos de amostras e cálculo de probabilidade. As amostras devem ser escolhidas de modo a serem representativas do universo pesquisado.

Teoria de Decisão Aplicada: Ver pesquisa operacional.

Teoria da Decisão Estatística: Teoria que permite determinar o curso de ação que produz o valor máximo esperado. Na prática, somos chamados com muita frequência a tomar decisões baseadas nas informações das amostras. É importante poder deduzir informações relativas a uma população, mediante a utilização de amostras dela extraídas.

Teoria da Departamentalização: Teoria derivada da teoria da organização, onde a departamentalização ideal é reunir na mesma unidade todos os elementos que estiverem executando o mesmo trabalho, pelo mesmo processo, para a mesma clientela, no mesmo lugar.

Teoria da Empresa: Teoria que aborda os motivos pelos quais a empresa deve ser remunerada pelo que faz.

Teoria da Equidade: Teoria que preconiza que as recompensas devem ser proporcionais ao esforço e igual para as partes. Há nesta teoria a ideia de igualdade para um mesmo esforço, o que é tremendamente subjetivo, porque dependerá de um avaliador que é humano. Por outro lado, as pessoas vivem se comparando.

Teoria da Escolha Individual: Teoria fundamentada no pressuposto de que o bem-estar da sociedade é o resultado da convergência entre quem vende e quem compra, numa transação voluntária e competitiva.

Teoria da Esfera de Controle: Ver teoria da amplitude de comando.

Teoria da Expectativa: Teoria em que as pessoas se esforçam para alcançar resultados ou recompensas, que para elas são importantes, ao mesmo tempo em que evita os resultados indesejáveis. Trata-se de uma teoria que retrata a ideia intuitiva de que o esforço depende do resultado que se quer alcançar, isto é, a motivação é função da crença de que é possível alcançar um resultado desejado. Esta teoria procura explicar a relação entre causa e efeito e todo esforço para conseguir o resultado final.

Teoria da Fixação de Objetivos: Teoria em que a realimentação, ou conhecimento dos resultados, afetará a motivação e o desempenho somente no grau em que ela influi sobre a fixação de objetivos e na sua orientação.

Teoria da Forma: Teoria em que as pessoas enxergam os objetos e fenômenos em seu conjunto. Assim, quando olham um objeto qualquer, elas enxergam como se tudo tivesse uma finalidade dentro de um conjunto (sistema) e não como elementos independentes que necessitam interpretação própria. Esta teoria é mais outra para explicar como as pessoas percebem o mundo e seus objetos.

Teoria da Hierarquia: Teoria em que, qualquer que for o sistema, há sempre uma hierarquia entre os subsistemas e um deles comandará os demais. Tal comando se distribui entre os diversos níveis de: autoridade, poder e conhecimento. É fácil entender esta teoria, porque entre duas pessoas, uma sempre estará no comando, podendo até ser de forma temporária.

Teoria da Informação: Ramo da matemática aplicada que utiliza o cálculo da probabilidade e surgiu, em definitivo, com as pesquisas de Claude E. Shannon e Warren Weaver. Esta teoria estabeleceu um importante fator de ligação entre os sistemas físicos e os sistemas de gestão. Toda empresa manipula vários fluxos de informação que afetam a sua administração.

Teoria da Intencionalidade: Teoria que parte da premissa de que a intenção do indivíduo para agir constitui a força propulsora básica de seu comportamento.

Teoria da Máquina: Teoria que considera todos de maneira mecanicista (sim ou não), onde a organização é concebida como um arranjo estático de peças, cujo funcionamento é deterministicamente previsto.

Teoria da Motivação de Freud: Teoria em que as pessoas não compreendem muito bem suas motivações. Podem estar afirmando que compram um novo carro para suas necessidades de trabalho, quando na realidade estão a fim de status.

Teoria da Probabilidade: Teoria, desenvolvida por matemáticos e estatísticos, que tem sido útil na solução de alguns problemas de decisão. Baseia-se no pressuposto de que um grande número de acontecimentos passados pode ser usado para predizer acontecimentos semelhantes no futuro. Mas esta teoria não pode determinar qual a casa que será destruída pelo incêndio ou quem irá morrer. As técnicas estatísticas fornecem uma base para previsão de ocorrências, tais como: o número de avarias de máquinas, desvios no controle de qualidade, substituição de empregados, devoluções de mercadorias.

Teoria da Representação: Teoria utilizada para descrever as escolhas formais de medidas de desempenho e recompensa.

Teoria da Satisfação: Teoria, de Frederick Herzberg, tem exercido grande influência sobre o pensamento administrativo, no que se refere à satisfação das pessoas no trabalho, como também: reconhecimento, realização, responsabilidade, crescimento, progresso, por exemplo. Herzberg deu o nome de fatores higiênicos às fontes de satisfação.

Teoria das Filas: Teoria fundamentada no estudo da otimização de arranjos de recursos em situações de espera, aglomerações, gargalos ou restrições ao processo produtivo.

Teoria das Necessidades: Teoria que leva uma pessoa a um determinado comportamento, consciente ou inconsciente, com a finalidade de satisfazê-lo. Estes comportamentos podem ser fisiológicos, psicológicos ou sociais. Abraham Maslow tentou explicar por que as pessoas são dirigidas por certas necessidades em ocasiões específicas. Ele considera que as necessidades humanas são hierarquizadas, partindo das mais urgentes às mais sofisticadas. Uma vez satisfeita a necessidade, a motivação cessa.

Teoria das Organizações: Ver organização.

Teoria das Redes: Ver rede.

Teoria das Relações Humanas: Teoria que é uma corrente administrativa iniciada com a experiência de Hawthorne e que enfatiza as pessoas, os grupos e a organização informal em contraposição aos pressupostos formais da teoria clássica. A teoria das relações humanas critica, sobremaneira, a civilização industrial, só preocupada com eficiência operacional e lucro, fazendo apologia da cooperação humana.

Teoria das Restrições: Teoria derivada da teoria das filas e que visa diagnosticar, localizar e eliminar pontos de espera e de estrangulamento (gargalos).

Teoria de Campo: Teoria, de Kurt Lewin, que estabeleceu uma ligação entre a teoria social e a ação social. A abordagem desta teoria tem sido a responsável pelo grande progresso da psicologia social nos últimos anos. Além do mais, ela possibilitou a percepção e cognição de um modo jamais alcançado pela teoria da aprendizagem. Sua principal contribuição se deu no campo da psicologia individual. Lewin observou que o comportamento de um indivíduo estará em função da própria pessoa e do ambiente que a cerca.

Teoria de Sistemas: Teoria que é uma corrente que visualiza as organizações como sistemas abertos e em constantes trocas com o ambiente. A teoria de sistemas é um ramo da Teoria Geral de Sistemas.

Teoria Dinâmica da Personalidade: Teoria que busca uma ponte entre a teoria social e a ação social, através das experiências com mudanças de hábito, liderança e comunicação: Ver dinâmica de grupo.

Teoria do Bem-Estar: Teoria que estuda como alcançar soluções socialmente eficientes para a alocação de recursos de maneira otimizada.

Teoria do Caos: Teoria que afirma que nada é definitivo e que tudo é provisório. O ambiente é dinâmico em constante mutação. Não existe, portanto, equilíbrio, mas mudança.

Teoria do Controle: Teoria que afirma que todo sistema é baseado na comunicação (transferência de informação) entre o sistema e o ambiente.

Teoria do Desenvolvimento Organizacional: Teoria que apareceu no meio acadêmico e empresarial para analisar e compreender o comportamento das pessoas e o desempenho das mesmas nas organizações, porque seu objeto de estudo é a relação entre as pessoas. Esta teoria, da década de 1960, nasceu para: instrumentalizar a mudança; considerar os métodos de pesquisa, anteriormente usados, como ultrapassados; dar ênfase ao treinamento, não esquecendo da formação eclética que deve ter o administrador.

Teoria do Equilíbrio Organizacional: Teoria em que o equilíbrio organizacional só será alcançado quando a remuneração, o incentivo e a motivação aos participantes derem um retorno igual ou maior à organização da qual fazem parte.

Teoria do Lugar Certo: Teoria que preconiza haver condições econômicas que governam as locações comerciais. Deve sempre haver um volume mínimo de negócios que dê suporte a sobrevivência de um varejo; A área comercial terá como limites as distâncias máximas que os consumidores estarão dispostos a percorrer antes de ir a outro local de compra; Pequenos varejos são encontrados em toda parte; Grandes varejos somente em grandes concentrações populacionais, ou, eventualmente, às margens de rodovias.

Teoria do Papel: Teoria que reconhece as pessoas como as próprias condutoras de suas vidas, pelo desempenho de muitos papéis. Esta teoria sustenta que, para cada posição que o indivíduo ocupe na sociedade, ele terá de ter um comportamento compatível com tal posição. Mas, também é levada em conta a personalidade de cada um; Ver teoria da expectativa.

Teoria do Preço: Ver preço.

Teoria do Valor: Teoria em que o valor de um bem surge não só pelo seu preço, como também da relação social entre as pessoas, sendo o custo de produção de menor importância. Esta teoria ajudou a diferenciar o valor de uso com o valor de troca. O valor de uso está associado à utilidade que um bem tem para o consumidor. Já o valor de troca é dado pelo mercado (oferta e procura).

Teoria dos Autômatos: Teoria que diz que todo sistema deve mostrar que qualquer processo de qualquer complexidade pode ser simulado por uma máquina, se este processo for capaz de ser expresso em um número finito de operações lógicas.

Teoria dos Compartimentos: Teoria que diz que todo sistema é composto de subunidades com certas condições de fronteiras entre as quais podem ocorrer processos de transporte.

Teoria dos Fatores Higiênicos: Ver teoria da satisfação.

Teoria dos Grafos: Teoria que é a aplicação de diagramas em rede para a otimização do tempo e do custo. A rede mais famosa, PERT/CPM, é utilizada para analisar o caminho crítico de um projeto, entendido como o mais longo de todas as etapas de sua consecução.

Teoria dos Jogos: Teoria que é a aplicação da lógica matemática ao processo de tomada de decisão, na solução de problemas com informações incompletas. Esta teoria pode ser utilizada no processo de negociação onde as partes são vistas como jogadores. Também ajuda a determinar o curso de ação que minimizará a perda máxima do tomador de decisão face à incerteza de comportamento do ambiente, por exemplo.

Teoria Econômica: Teoria cuja principal tarefa é explicar por que os bens têm preços e por que alguns deles são caros e outros baratos.

Teoria ERG: Teoria que acredita que as necessidades humanas não são um sequencial, mas acontece simultaneamente, porque, segundo ela, uma necessidade pode acontecer ao mesmo tempo em que ocorrem outras necessidades. A teoria ERG não revoga a teoria de Maslow, apenas dá certo aperfeiçoamento quanto às necessidades não atendidas. ERG quer dizer: existência, relacionamento e crescimento.

Teoria Estruturalista da Administração: Teoria que tem como base a sociologia organizacional, onde os autores procuram ver as organizações como subconjuntos da sociedade. Daí a abordagem múltipla, tanto da organização formal quanto da informal. Ela levou em conta que as organizações são diversas e diferentes, criando um estudo que se chamou tipologia das organizações; Ver estruturalismo.

Teoria Geral da Administração: Teoria que pode ser considerada como um conjunto integrado de teorias, processos, princípios, leis, conceitos e ideias para se considerar a Administração como uma ciência ou arte. Não existe, até agora, uma visão universal da administração. Tal teoria talvez seja impossível de ser concebida. O mínimo que se pode induzir é de que não existem modelos de soluções para resolver novos e complexos problemas administrativos.

Teoria Geral de Sistemas: Teoria que sucedeu as teorias behaviorista e estruturalista da organização, como um alívio às diversas limitações destas teorias. Esta teoria adveio dos estudos de organismos vivos, realizados pelo biólogo Ludwing Von Bertalanffy e fundamenta-se em três premissas básicas, a saber: os sistemas existem dentro de sistemas, os sistemas são abertos e as funções de um sistema dependem de sua estrutura e estratégia.

Teoria Gerencial: Teoria que é baseada no planejamento estratégico, na descentralização e na ação integrada das diversas unidades organizacionais.

Teoria Matemática: Teoria que utiliza a matemática para análise e solução de problemas. Muitas decisões administrativas são tomadas com base em soluções contidas em sistemas de equações matemáticas que simulam situações reais, que obedecem a leis, estudos de séries e teoremas. É muito comum que os administradores chamem pesquisa operacional de teoria matemática aplicada aos problemas gerenciais. Esta teoria ajuda a tratar o processo decisório de modo lógico e racional, por meio de uma abordagem quantitativa e determinística. Na teoria matemática, todas as situações devem ser reduzidas a números ou expressões matemáticas, o que, nem sempre, é possível. A teoria matemática aplicada à administração é, na realidade, uma abordagem matemática para problemas administrativos.

Teoria Neoclássica da Administração: Teoria que trouxe uma nova visão da teoria clássica, pois atualizou conceitos, mostrou a necessidade de o administrador ser uma pessoa eclética (conhecimentos diversos) e pragmática, dando ênfase aos resultados e objetivos.

Teoria Política: Ver administração pública.

Teoria X: Teoria em que as metas pessoais dos empregados são incompatíveis com os objetivos da empresa. Ela confia mais na utilização da autoridade como um instrumento de comando e controle. Esta teoria afirma que as pessoas têm muito a oferecer a uma empresa, se puderem ser persuadidas a aceitar seus objetivos. Ela tenta aproveitar o máximo de cada um. Supõe-se que o emprego da autoridade impede o desenvolvimento deste potencial, embora a autoridade seja necessária no caso das pessoas não cooperarem.

Teoria Y: Teoria que afirma: a colaboração humana é dosada muito mais pela sensibilidade do gerente do que pelos limites da natureza humana. Os postulados dessa teoria são congruentes com a necessidade de integração que o ser humano tem. McGregor ressalta que este enfoque reconhece que as pessoas desejam realizar trabalhos relevantes e que, se lhes forem dadas oportunidades, atuarão com responsabilidade, maturidade e criatividade, tornando significativo seu desempenho na organização.

Teoria Z: Teoria que procura apresentar a razão do sucesso das empresas a partir da aplicação de uma filosofia que privilegia valores, como: o processo decisório é consensual (colegiado), a produtividade é aumentada pela participação ativa de todos na empresa, o espírito de equipe é desenvolvido através de lideranças, a organização possui uma filosofia igualitária numa relação holística, a confiança é fator fundamental no sistema empresa. As organizações Z conseguiram um alto nível de coerência em sua cultura organizacional. Os sentimentos de autonomia e liberdade fazem com que os empregados trabalhem com muito entusiasmo.

Teórico: Pessoa que explica tudo por meio de teorias. O teórico se interessa em observar e analisar os fenômenos, a fim de descobrir generalizações, princípios e regras.

Terceira Revolução Industrial: Revolução da informação; Revolução que propiciou uma socialização do conhecimento, pois as fontes de informação são tão diversas e gratuitas que só é ignorante quem não tem acesso aos recursos tecnológicos da informação.

Terceirização: Parceria entre empresas, cujas vantagens são: permite direcionar melhor os investimentos; divide riscos com o mercado; proporciona elevada agilidade decisória e administrativa pela maior flexibilidade nos processos; provoca redução na cadeia de custos indiretos; ameniza o impacto dos encargos trabalhistas em seus custos fixos; proporciona melhor qualidade pela atuação de empresas especializadas, contribuindo para a melhoria do produto; permite redução dos serviços de apoio; simplifica a organização e incrementa a produtividade.

Terceiro Setor: Setor da economia que não pode ser classificado como pertencente ao estado nem a iniciativa privada. Organizações que estão surgindo para suprir a carência do estado em proporcionar à população um mínimo de bem-estar social. Essas novas realidades fazem parte de um terceiro setor, não lucrativo e não governamental, que depende de doações de pessoas (físicas e jurídicas) e do governo para poder existir. Por terem pontos de contatos (interseções) entre governo e mercado, o terceiro setor traz divergências de atuação e abrangência, acontecendo com isso conflitos de interesse com a livre iniciativa.

Terminologia: Conjunto de vocábulos, sinais e símbolos de um campo de conhecimento, arte ou ciência. A terminologia assume papel de destaque, tendo em vista a manutenção do diálogo e o entendimento uniforme entre todos os participantes de um projeto. É um investimento de retorno garantido e de máxima valorização, especialmente, se essa terminologia for definida de forma padronizada, inteligente e de fácil identificação. Diferente do idioma, ela deve evitar ao máximo os sinônimos, pois, adotando esse princípio, tornará, entre outros benefícios, mais fácil a memorização e a associação com o conceito embutido; Ver nomenclatura.

Termo: Palavra ou uma combinação de palavras, tendo um significado precisamente delimitado na situação em que está sendo examinada. A definição de um termo atinge duas finalidades: permite ao relator compreender o seu significado e empregá-lo judiciosamente; proporciona o único teste real, quanto ao seu perfeito entendimento. Para ampliar a definição de um termo, é comum se usar ilustrações, exemplos, comparações, referenciais, padrões, oposições, limites, radicais de origem etimológica, causas, efeitos e procedências.

Termo de Garantia: Documento que assegura a autenticidade e a boa qualidade de um produto, assumindo o vendedor junto ao comprador o compromisso de ressarci-lo em caso de ineficiência, defeito ou fraude comprovada.

Termo de Rescisão do Contrato de Trabalho: Termo que serve para mostrar todos os procedimentos básicos legais que o empregador deve ter para com o empregado na hora de sua dispensa do emprego.

Território: Local perfeitamente limitado em sua área (superfície).

Território de Vendas: Território que compreende uma área geográfica ou grupo de clientes em que o vendedor deverá cumprir seus objetivos.

Tese: Trabalho científico habitualmente exigido nos cursos de pós-graduação e que deve ser defendido, oral e publicamente. Ela é um instrumento de pesquisa destinado a promover a aquisição de novos conhecimentos com objetivos de interpretação, predição e controle do fenômeno estudado. A confecção da tese requer do estudante vários quesitos, como: domínio do assunto, planejamento sistemático, elaboração da metodologia de abordagem, capacidade criativa.

Tesoureiro: Responsável por conduzir as finanças de uma organização, bem como obter recursos financeiros, tomar decisão de dispêndios, gerenciar o caixa, opinar sobre investimentos e imobilizações; Ver administrador financeiro e controlador.

Teste: Teste que constitui uma técnica de seleção muito utilizada, por possibilitar resultados objetivos, o que facilita a escolha do candidato. O teste objetiva avaliar o grau de conhecimento, habilidade e conceituação adquiridos, através do estudo, da prática, da experimentação, do exercício. Os testes podem, no mundo corporativo, ser projetados para: admissão, transferência, promoção, treinamento, aprendizado, aptidão, destreza, coordenação motora, liderança, capacidade, atitude, capacitação e habilidade, por exemplo.

Teste de Aprendizagem: Teste para verificar o que o aluno aprendeu, após um período de ensino/estudo. Ao final da avaliação da aprendizagem, são atribuídas notas (valores, conceitos) aos resultados obtidos.

Teste de Autoavaliação: Teste em que a pessoa faz a sua própria avaliação, em geral, sobre o seu progresso acadêmico e/ou profissional. Este teste permite medir o estado de conflito existente entre sua qualidade de vida com os objetivos e valores almejados.

Teste de Conhecimentos Gerais: Teste que versará sobre: redação de um tema, exercícios numéricos e interpretação de texto.

Teste de Criatividade: Teste para avaliar o potencial criativo e inovador de uma pessoa.

Teste de Desempenho: Teste para avaliar a qualidade profissional de um candidato.

Teste de Implementação: Teste que verifica se há recursos para implementar um projeto, bem como verificar se ele apresenta a resposta desejada.

Teste de Personalidade: Teste que objetiva analisar os diversos traços determinados pelo caráter (traços adquiridos) e pelo temperamento (traços inatos). São específicos quando pesquisam determinados traços ou aspectos da personalidade, como equilíbrio emocional, interesse, frustração, agressividade, nível motivacional, ansiedade.

Teste de Recuperação: Teste para verificar se o sistema pode recuperar-se adequadamente de vários tipos de falha. Este teste pode exigir que a equipe simule falha de projeto, falta de energia, falha do software e outros.

Teste de Venda: Teste que ajuda a determinar pontos fracos e pontos fortes de um novo produto. O teste de venda deve ser feito dentro de uma zona delimitada do mercado, a que chamamos de mercado experimental. As condições para os testes de venda devem ser as mais normais possíveis.

Teste do Sistema: Teste junto ao usuário, montando um manual completo de operação e manutenção do sistema. Com referência ao teste do sistema, o analista pode escolher entre testar o sistema antes de implantá-lo ou testar em paralelo com o antigo sistema funcionando. As orientações para testar o sistema são: testar cada módulo do sistema separadamente; utilizar dados reais, além dos dados de teste; executar um processamento em paralelo, antes do processamento definitivo; testar o sistema como um todo; fazer com que o usuário teste o sistema.

Teste Específico: Teste para medir conhecimentos técnicos, específicos, especializados, profissionais, por exemplo.

Teste Funcional: Teste para verificar se o sistema executa corretamente suas funções.

Teste Padrão: Teste desenvolvido em laboratório.

Teste Piloto: Teste preliminar de um produto antes de seu lançamento no mercado.

Teste Psicológico: Teste para avaliar a compreensão do homem e de suas relações. Eles versarão sobre: inteligência, percepção, personalidade, adaptabilidade, interesse, motivação, interação, cooperação, liderança.

Teste Psicométrico: Teste baseado na análise de amostras do comportamento humano, examinando-as sob condições padronizadas, verificando a aptidão, com o intuito de generalizar e prever aquele comportamento sob determinada forma de trabalho. Os testes psicométricos baseiam-se nas diferenças individuais que podem ser físicas, intelectuais, culturais e de personalidade. Eles analisam o que varia e quanto varia a aptidão do indivíduo em relação ao conjunto de indivíduos tomado como referência.

Texto: Conjunto de palavras estruturado de maneira lógica, racional e metodológica. A estrutura lógica do texto permitirá verificar se o autor segue, coerentemente, uma linha de raciocínio, isto é, o texto é congruente com a ideia que se está querendo expressar.

Texto Didático: Texto que é a ponte entre a palavra e a realidade do contexto vivenciado. Como o ideal seria que toda aprendizagem se efetuasse em situação real de vida, e não sendo isso possível, o texto didático tem por finalidade simular esta realidade, além de motivar a aula, aumenta o nível de percepção, economiza esforços, auxilia na fixação da aprendizagem, dá oportunidade da livre manifestação.

Therblig: Termo inventado por Frank B. Gilbreth para designar as subdivisões de trabalho; Anagrama invertido do nome Gilbreth: Menor unidade de movimento.

Tipo: Classe; Modelo; Conjunto de características de um elemento. O tipo pode estar associado a: ambiente, organização, tecnologia, estratégia, decisão etc.

Tipologia: Classificação.

Título: Documento que autentica um direito; Obrigação de dívida emitida por um tomador; Papel negociado no mercado de capitais; Indicação de um assunto; Designação que se coloca no princípio de uma obra.

Título Conversível: Título que pode ser trocado por ações.

Título de Dívida: Certificado que representa um crédito fornecido por um credor.

Título Derivativo: Contrato financeiro que deriva de um ativo.

Título Hipotecário: Título cuja garantia é o imóvel do tomador do empréstimo.

Tolerância: Margem de variação de fabricação de um produto, quanto as suas especificações. As tolerâncias, quando estabelecidas de forma indevida, causam custos excessivos de fabricação ou falta de qualidade necessária ao produto para atender à sua adequação ao uso. A melhor solução é especificar as tolerâncias de forma realística, exatamente de acordo com as necessidades para o perfeito desempenho do material, evitando-se esperar uma melhoria da qualidade de fabricação, apenas por exigir tolerâncias apertadas e desnecessárias, que, na maioria das vezes, não são conseguidas pelo fabricante, sendo o material aceito e utilizado por não ter sido estabelecido um devido controle para a fabricação.

Tolerância de Fabricação: Tolerância que estabelece limites de aceitação do produto. Os limites, tanto para mais como para menos, determinam a margem de tolerância, como mostrado na figura, a seguir:

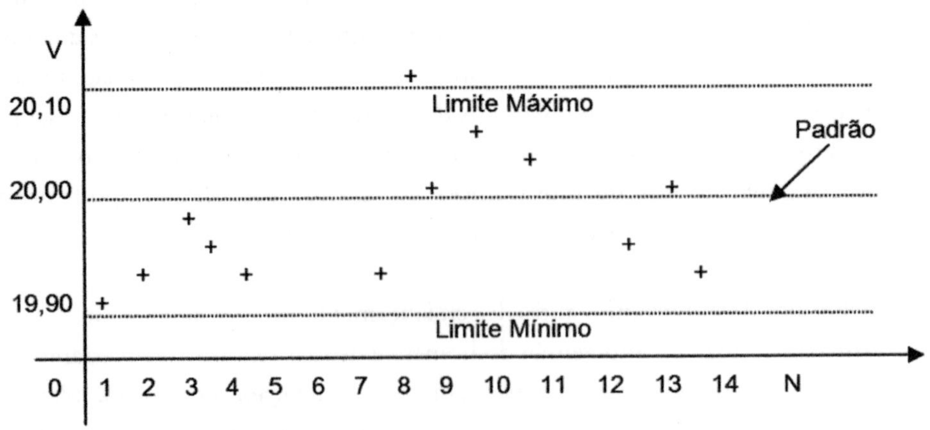

Onde:

V = Valor aferido de uma determinada grandeza

N = Número ordinal da medição

Margem de tolerância = 0,10

Tolerância de Qualidade: Ver nível de qualidade.

Tolerância do Dirigente: Tolerância para com seus subordinados. Atribuir responsabilidades às pessoas e deixá-las cometer erros poderá ser a mais alta função da direção de uma empresa. A tolerância do dirigente no que diz respeito a erros é tão importante quanto à flexibilidade no trato do problema original.

Tolerância para Acabamento: Material acrescido para compensar perdas, devido a cortes e refugos.

Tomada de Decisão: Ação que surge de um processo social contínuo e composto de numerosas pequenas ações, executado por pessoas diferentes, em momentos diversos. A tomada de decisão é a essência da responsabilidade administrativa.

Tomada de Decisão Centralizada: Decisão tomada no nível institucional da organização.

Tomada de Decisão Descentralizada: Decisão tomada no nível gerencial da organização.

Tomador de Decisão: Pessoa que decide. O tomador de decisão pode encontrar as seguintes barreiras na sua tarefa: não haver políticas preestabelecidas que o auxiliem na tomada de decisão; não ter as habilidades requeridas para tomar decisões acertadas; não ter tempo suficiente para planejar os passos necessários; não conseguir apoio à implementação; ter de correr grande risco e obter resultados imprevisíveis.

Top-Down: Nome dado a uma decisão que vai de cima para baixo.

Topografia: Estudo gráfico do terreno onde vai ser implantada a empresa (fábrica).

Total de Vendas: Somatório de todas as vendas realizadas num período, independente de terem sido faturadas ou não.

Total de Investimento: Total dos recursos aplicados em um empreendimento.

Total de Participações: Total de investimentos aplicados em empresas coligadas (controladas) e em outras sociedades (direitos de qualquer natureza).

Totalidade: Característica de todo sistema em que uma ação produz mudança em uma das unidades do sistema, provavelmente, deverá produzir mudanças em todas as outras unidades deste.

TQC: Controle total da qualidade; Ver CCQ.

Trabalhador Braçal: Trabalhador cuja contribuição resulta do emprego da força.

Trabalhador do Conhecimento: Ver especialista.

Trabalhador Intelectual: Trabalhador cuja contribuição resulta do emprego do intelecto.

Trabalho: Toda atividade humana voltada para a transformação da natureza, no sentido de satisfazer uma necessidade. Para os economistas é um dos fatores de produção. O trabalho significa o esforço, exercício ou atividade para realizar alguma coisa. Este esforço pode ser físico, mental, voluntário ou forçado. É através do trabalho que o homem transforma o ambiente onde vive.

Trabalho de Equipe: Trabalho em equipe; Trabalho que é a combinação de diferentes indivíduos, independentes e colaborativos, para objetivos comuns. Se uma pessoa está trabalhando numa equipe, ela é naturalmente motivada, porque há um compromisso entre as partes. E esta é a grande diferença num sistema tradicional em que os subordinados atendem seus chefes. A importância de se trabalhar em equipe é que cada membro é responsável também pelo resultado do grupo. Não basta apenas cumprir tarefas.

Trabalho do Administrador: Trabalho voltado a cumprir a missão para qual a organização foi criada.

Trabalho do Vendedor: Ver vendedor.

Trabalho Gerencial: Trabalho voltado a movimentar, comprar e vender recursos dentro da organização.

Trabalho Manual: Trabalho feito com as mãos que podem utilizar ferramentas, ou não; Ver artesanato.

Trabalho na Organização: Ver nível de trabalho.

Traço: Ver perfil.

Traço de Personalidade: Ver personalidade.

Tradicionalismo: Tendência de apegar-se às formulações do passado.

Trading Companies: Empresas de comércio exterior. Trading companies são empresas especializadas na prestação de serviços de representação junto aos órgãos dos governos e dos países envolvidos na transação.

Tráfego: Ver sistema viário.

Transação: Qualquer evento que inicia alguma ação de negócio; Qualquer forma de comunicação ou de relação com os demais.

Transação a Termo: Transação que envolve a compra ou venda de um valor (título) por um preço fixo para entrega em data futura.

Transferência: Deslocamento de uma situação (posição) para outra.

Transferência de Risco: Modelo de tratamento do risco. A transferência do risco pode ser por: rateio dos riscos (as empresas de seguro, em troca do prêmio, assumem os riscos); desvio do risco (pela venda o risco é passado ao comprador por contrato); governo assume o risco (é comum na agricultura o governo assumir riscos); bolsa de mercadorias assume o risco (é a venda para entrega futura).

Transformação: Característica do sistema quando todas as transições se realizam.

Transição: Característica quando um sistema passa de uma condição para outra.

Transmissor: Aquele que envia a mensagem.

Transparência: Requisito básico para a credibilidade da empresa e dos seus gestores. A sua ausência mina a imagem da organização. Tema delicado que tem impacto direto na satisfação das pessoas e está se tornando cada vez mais complexo ser transparente. Evidentemente que a transparência total é uma ingenuidade e um sonho. Não podemos desconsiderar, entretanto, que algumas organizações têm a obrigação ética e legal de praticar a transparência como é o caso do governo. A transparência está vinculada a um propósito autêntico de informar, divulgar e manter a população, perfeitamente, a par do que ocorre.

Transparência da Informação: Transparência relativa à comunicação da informação. Ver filtro de informação.

Transparência de Mercado: Transparência em que vendedores e compradores sabem tudo sobre preços, produtos, margens de lucro, custos, níveis de qualidade, perfis dos consumidores.

Transparência do Negócio: Transparência que questiona até que nível se pode desejar organizações totalmente transparentes para tudo o que ocorre dentro e fora dos seus limites.

Transportador: Empresa que executa o transporte. Os transportadores, cada vez mais, estão combinando modais, em função das vantagens específicas para a empresa que remete a carga e suas implicações para os demais elementos do canal de distribuição, bem como a armazenagem e a estocagem. Como visto não é fácil tomar decisões isoladamente, pois requer um consenso que otimize os recursos para todo o meio de transporte e seus envolvidos.

Transporte: Serviço auxiliar da logística que serve para deslocar recursos de um lado para outro, isto é, das fábricas para os distribuidores e destes para os consumidores e usuários. Também ajuda a transferir materiais de toda espécie entre: almoxarifados, depósitos, armazéns, fábricas, fornecedores, fazendas, minas, empresas etc.

Transporte de Alimentos: Transporte que deve seguir normas importantes, tais como: O meio de transporte deve garantir a integridade e a qualidade a fim de impedir contaminação e deterioração do produto; O meio de transporte deve ser identificado em ambos os lados, por meio do nome e endereço da empresa; O meio de transporte deve ser aprovado pela vigilância sanitária; O meio de transporte deve evitar contaminação e dano ao produto, devendo os mesmos serem desinfetados juntamente com o veículo de transporte.

Transporte Interno: Movimentação de materiais no âmbito da empresa. O transporte interno pode causar prejuízos à empresa, quando os meios de movimentação são insuficientes, estão mal conservados, oferecendo perigo, são vagarosos ou inadequados.

Transumer: Consumidor em transformação constante. Aquele que procura associar novidades e comodidades numa só compra.

Tratamento: Ato de relacionamento com pessoas. O tratamento dado aos clientes deve ser precedido de respeito e dignidade. Tratar pessoas como parceiras é uma boa tática. Um bom tratamento ajuda alcançar resultados positivos, reforçando a produtividade. Por outro lado, o tratamento silencioso comunica sentimentos negativos, às vezes, até mais eficientemente do que um ataque verbal.

Tratamento da Comercialização: Tratamento que pode ser feito: pelo produto (tratamento que diz respeito à distribuição e a coleta de informações); institucionalmente (tratamento que encara a comercialização do ponto de vista da propriedade e do canal de distribuição); funcionalmente (tratamento que analisa os custos dos serviços envolvidos no fluxo dos bens do produtor ao consumidor final).

Tratamento de Dados: Tratamento feito a partir da necessidade de dados na produção de produtos intermediários.

Tratamento do Problema: Tratamento que busca a solução do problema. No tratamento de um problema é bom, sempre que possível, agir com maturidade, objetividade, estabelecendo relações entre fatos, fenômenos, ideias, acontecimentos e pessoas. É muito comum se associar à criação de um sistema para gerenciar a solução de um problema.

Tratamento do Risco: Tratamento que ocorre das seguintes maneiras: absorção do risco (a própria empresa assume o risco), redução do risco (a empresa procura mudança nos seus meios) e transferência do risco (a empresa transfere para uma seguradora, por exemplo).

Treinamento: Processo educacional, aplicado de maneira sistemática, por meio do qual as pessoas aprendem e transmitem conhecimentos, atitudes, deveres, responsabilidades, altos padrões de desempenho e habilidades, em função de objetivos definidos; Ação que visa ajudar o subordinado a organizar suas ideias e aptidões de modo a poder usá-las com vantagem em suas relações. Os objetivos do treinamento são: capacitar o indivíduo a alcançar altos padrões de desempenho para cumprir seus deveres e responsabilidades; ajudar os empregados, de todos os níveis, a alcançar os objetivos da organização, proporcionando oportunidades de progresso e desenvolvimento; ensinar a prática e a conduta requeridas no desempenho de suas funções.

Treinamento Administrativo: Treinamento que deve ter como propósito primordial o desenvolvimento das habilidades diretamente relacionadas com o exercício das funções administrativas e como usá-las como ferramentas para a solução de problema e tomada de decisão.

Treinamento Anterior à Admissão: Treinamento utilizado por algumas organizações que proporcionam treinamento com vistas a aproveitamento posterior de candidatos. Tal prática é adotada, quando existe uma oferta maior do que a demanda no mercado de trabalho.

Treinamento Coletivo: Treinamento utilizado para demonstrações de laboratório, estudos de casos.

Treinamento Comportamental: Treinamento que procura desenvolver atitudes, habilidades e capacidades dos empregados relativas a métodos e processos, ou seja, saber ouvir, comunicar bem, ser criativo, adaptar-se com facilidade, ser organizado, fazer perguntas, perseverar, ter confiança, superar objeções, solucionar problemas, conhecer técnicas de negociação, ser profissional.

Treinamento Continuado: Treinamento constante, seguido de avaliação do aprendizado.

Treinamento de Sensitividade: Treinamento que aumenta a percepção do próprio comportamento, pois encoraja a expressão aberta dos sentimentos; Técnica utilizada no desenvolvimento organizacional.

Treinamento de Socialização: Treinamento também chamado de integração ou de iniciação é dirigido ao funcionário recém-admitido. Antes de iniciar suas atividades no cargo, o empregado recebe da organização as informações de seus direitos e obrigações. São propósitos deste treinamento: Informar sobre regimentos, normas, rotinas, roteiros, atribuições e instruções gerais; Apresentar os companheiros de trabalho, bem como as funções que exercerá; Mostrar as relações de autoridade e subordinação.

Treinamento de Tecnologia: Treinamento que aborda as questões de como os usuários podem otimizar os recursos tecnológicos, tendo em vista que a produtividade deve ser compatível com o investimento feito na nova tecnologia, isto é, deve tornar a empresa mais competitiva.

Treinamento do Vendedor: Treinamento cujo objetivo é fazer o vendedor produtivo. Durante o seu trabalho, o vendedor possui treinadores que estão sempre a sua disposição, como o próprio vendedor, o gerente, o supervisor e o consumidor. Se o vendedor souber ouvir o consumidor, acrescentará muitos elementos ao seu conhecimento. É útil treinar os vendedores para pensarem como consumidores.

Treinamento Específico: Treinamento que oferece informações de interesse apenas a determinado cargo.

Treinamento Executivo: Treinamento que se refere à aquisição de práticas e conhecimentos necessários para o desempenho de tarefas específicas em um cargo de liderança corporativa.

Treinamento Funcional: Treinamento para o trabalho; Treinamento utilizado para desenvolver e aperfeiçoar o empregado nas atividades inerentes ao cargo. É utilizado tanto para o novo empregado como para o antigo. Pode ser realizado dentro ou fora da organização.

Treinamento Geral: Treinamento que envolve conteúdo de interesse para todos os cargos, como: relações no trabalho, higiene e limpeza, manuseio do equipamento, por exemplo.

Treinamento Individual: Treinamento utilizado para cargos mais elevados da organização.

Treinamento On-Line: Treinamento por meio da internet. Uma vantagem desse treinamento é que os instrutores podem dedicar mais tempo para analisar as dificuldades dos alunos.

Treinamento Técnico: Treinamento que compreende o desenvolvimento de conhecimentos relativos a produtos e suas aplicações, cultura e estratégia da empresa, características do mercado, características dos consumidores, produtos e estratégias da concorrência.

Treinar: Função administrativa que visa ajudar o subordinado a organizar suas ideias e aptidões de modo a poder usá-las com vantagem em suas relações. O objetivo dessa função é capacitar o indivíduo a alcançar altos padrões de desempenho para cumprir seus deveres e responsabilidades.

Tributação: Ver carga tributária.

Tributo: Prestação monetária compulsória devido ao poder público; Somatório de impostos mais taxas. Os tributos podem ser: Direto (tributo que incide sobre a renda da pessoa); Indireto (tributo que incide sobre o preço dos produtos); Progressivo (tributo diretamente proporcional ao tempo de não pagamento).

Turno de Trabalho: Período de trabalho do contratado.

Turnover: Ver taxa de turnover; Ver número de vendedores.

TWI: Trainning Within Industry; Treinamento dentro da indústria que diz como o instrutor deve estar preparado para ensinar e como ensinar. Para estar preparado para ensinar, o instrutor deve: Determinar o pessoal a ser treinado (quem, o que, quando, quanto); Determinar as fases mais importantes e os pontos chaves (por que, como); Reunir os recursos instrucionais que serão utilizados; Ter o lugar do treinamento, devidamente preparado e arrumado para o aluno. A seguir, como ensinar o trabalho: Prepare o instruendo: ponha-o à vontade; indique o trabalho e verifique o que ele já sabe a respeito; desperte-lhe o interesse em aprender o trabalho; coloque-o em posição correta; Apresente o trabalho: fale, mostre e ilustre uma fase importante de cada vez; insista em cada um dos pontos chaves; ensine clara, completa e pacientemente apenas aquilo que o instruendo possa aprender; Faça o instruendo executar: peça ao instruendo para fazer o trabalho; corrija os erros; por meio de perguntas, verifique se ele compreendeu; prossiga até ter a certeza de que o instruendo sabe; Acompanhe e encoraje o instruendo; Diga a quem se deve dirigir quando precisar de auxílio; Anime a fazer perguntas; Verifique sempre o seu trabalho; Vá, gradualmente, deixando que o instruendo trabalhe por si mesmo, sem a sua interferência.

U

UEN: Unidade Estratégica de Negócios.

UEPS: LIFO; Último que entra, primeiro que sai.

Umidade do Ar: Medida, que juntamente com a temperatura, determina o conforto ambiental; Ver relação temperatura/umidade.

Unidade: Todo visto como uma única unidade; Valor que qualifica uma medida. A seguir, exemplos:

Hora = h (10 h); Minuto = min (20 min); Grama = g (5 g); Tonelada = t (2 t); Temperatura = °C (40 °C); Litro = l (2 l)

Unidade Amostral: Elemento disponível para seleção em algum estágio do processo de amostragem.

Unidade Central de Processamento: UCP; Unidade que é responsável pelas funções aritméticas e lógicas e pelo controle do processo. Esta unidade pode ser vista como a parte mais importante do hardware, pois abriga o processador central da máquina (computador), que comanda todas as funções, controla todos os seus componentes, permite acesso a outros equipamentos. Ele é composto dos seguintes elementos: Unidade de controle; Unidade de aritmética e lógica; Registrador de dados; Registrador de instruções; Condutor de dados.

Unidade de Armazenamento: Unidade utilizada no controle de estoque para se ter noção do valor armazenado. Alguns exemplos: quilo, grama, unidade, metro, lote, pacote.

Unidade de Comando: Ver teoria da amplitude de comando.

Unidade de Medida: Designação de uma medida. Se o resultado de uma medição é: 250,80cm. Significa que: 250,80 = Valor numérico até a segunda casa decimal; cm = Unidade de medida

Unidade de Produção: Unidade resultante de um programa de produção.

Unidade de Serviço: Unidade que funciona como assessoria para as demais unidades operacionais.

Unidade de Venda: Unidade resultante de um programa de venda.

Unidade Depreciável: Ver depreciação.

Unidade Monetária: Designação de uma moeda. Pode ser: dólares, reais, libras, pesos, marcos etc. As unidades monetárias dentro do texto devem ser escritas:

R$ 1.500,00 = 1,5 mil reais; 5 bilhões de dólares = US$ 5.000.000,00.

Unidade Piloto: Unidade ainda não pronta, mas que tem todos os detalhes de um produto acabado, sendo preciso ainda ser testada no mercado.

Unidade Reprocessada: Unidade rejeitada da produção, mas refeita e vendida como produto acabado.

Unidade Social: Grupo humano onde há a intenção de atingir objetivos específicos.

Universalismo: Característica universal que toda pesquisa deve ter, independente das opiniões em contrário.

Universo: Conjunto de dados com características comuns. O universo utiliza dados representativos, em vez de toda a população.

Universo de Dados: Ver série temporal.

Urgente: Tarefa urgente. O ideal racional presume a impossibilidade de existir o urgente. Infelizmente muitas pessoas sofrem da mania do urgente. Evite o abuso do urgente para com os outros, o tempo deles é tão precioso quanto o seu.

Uso: Utilização; Depreciação causada por uso, desgaste, corrosão, erosão, dano etc.

Uso da Informação: Utilização vital para se viver o presente e planejar o futuro. A receita de sucesso é ter a informação adequada. A falta da mesma é um dos causadores de problemas, tendo em vista que aumenta, a cada ano, o número de profissionais desinformados a respeito da empresa em que trabalham.

Uso do Equipamento: Uso correto para que o operador do equipamento não sofra acidentes de trabalho.

Uso do Tempo: Modo como utilizamos o tempo. O problema não é do tempo, mas sim do uso que dele fazemos. Como disse Benjamin Franklin: "Não gaste seu tempo inutilmente, pois é dele que a vida é feita".

Usuário: Pessoa (ou grupo de pessoas) para quem o sistema é construído. A primeira preocupação que se deve ter no desenvolvimento de um sistema é com relação às necessidades de cada usuário.

Usuário da Informação: Usuário que precisa identificar, definir, conhecer o seu fluxo e especificar o seu propósito. Uma pessoa na sua capacidade normal de agregação e interpretação controla um número de informações que varia de cinco a um máximo de nove, simultaneamente. Os usuários da informação podem ser classificados em:

Função	Visão	Conhecimento	Orientação
Operador	Local	Operações	Processos
Supervisor	Ampliada	Sistema	Orçamentos
Gerente	Geral	Projeto	Planos e Táticas
Diretor	Global	Vago	Estratégias

Usuário Final: Usuário último de um sistema de decisão e/ou de comunicação.

Utensílio: Equipamento de menor porte utilizado na produção, como: bancadas, ferramentas, móveis, prateleiras. Utensílios são contabilizados como ativos imobilizados e que sofrem a ação do tempo, isto é, tem vida útil e são depreciados.

Utilidade: Elemento indispensável ao desenvolvimento do processo produtivo, embora não venham compor o produto final. A utilidade difere do insumo, porque não é contabilizada no custo do produto.

Utilidade Marginal: Acréscimo do grau de satisfação do consumidor ao adquirir uma quantidade adicional de um produto.

Utilidade Total: Nome dado à satisfação máxima do consumidor.

Utilização da Máquina: Conjunto de técnicas para operação da máquina. A má utilização da máquina leva a empresa a executar trabalhos impróprios, aumentando o custo de fabricação, causando grande prejuízo à empresa.

Utilização Normal: Nível de utilização que atende à demanda média de um equipamento, por um período de pelo menos dois ou três anos.

V

Vacina: Programa antivírus.

Vale: Adiantamento salarial que será descontado no pagamento.

Valência: Qualidade ambiental de objetos, pessoas ou situações que agregam valor ao trabalho individual. A valência é positiva, quando ajuda na interação e percepção destes elementos. A valência é negativa, quando age de maneira contrária.

Valor: Crença, qualidade ou mérito a respeito de algo importante, sendo um dos pilares que norteia a filosofia de uma organização ou de um indivíduo. Assim, é preciso compreender o valor sob a perspectiva do consumidor, pois o valor de um produto, muitas vezes, é dado por aquilo que o usuário percebe nele.

Valor a Pagar: Conta a pagar; Levantamento que se faz, numa data qualquer, para determinar quanto, em dinheiro, a empresa terá de pagar aos seus credores e fornecedores.

Valor a Receber: Recebível; Levantamento que se faz, numa data qualquer, para determinar quanto, em dinheiro, a empresa terá de receber de seus devedores.

Valor Agregado: Todo valor acrescido ao produto de forma direta ou indireta, como maior durabilidade, melhor imagem, maior confiança, melhor serviço, melhor atendimento, maior tempo de garantia. Todo e qualquer valor que se agregue a um produto é traduzido por uma maior confiança do consumidor.

Valor Agregado do Intermediário: Valor não baseado unicamente na distribuição física de bens, mas a compilação, a comparação, a interpretação e a disseminação de grandes quantidades de informação. O recurso básico para esse intermediário distribuidor será informação e não estoque de materiais.

Valor Aumentado: Valor subjetivo que é visto pelo consumidor. Assim, os cosméticos como a esperança de ficar bonito e as vitaminas como a ter saúde e potência sexual. As pessoas compram as expectativas de benefícios, não os próprios produtos. Esta distinção é muito significativa quando se quer lançar no mercado um novo produto; Ver produto aumentado.

Valor Concorrente: Valor que se diferencia, em função do grau de concorrência. Teoricamente, são possíveis quatro graus de concorrência: Pura (perfeita); Monopólio; Imperfeita; Oligopólio.

Valor Contábil: Valor da diferença entre o custo e a depreciação acumulada de um ativo; Diferença de ativos menos passivos.

Valor da Clientela: Valor traduzido pela clientela cativa que volta sempre a comprar, aumentando a imagem da empresa.

Valor da Ideia: Ver ideia.

Valor da Informação: Valor dado pela necessidade de seu uso. O usuário deve especificar suas necessidades, determinar as fontes (quando possível), avaliar, decidir e administrar as informações (dados) coletadas; Valor que está intimamente ligado à capacidade de alterar o estado de conhecimento do usuário. A capacidade do indivíduo de receber informação, de avaliar sua relevância para o papel que ele desempenha e de interpretar a informação é muito limitada.

Valor da Marca: Valor dado pela clientela, exatamente, como é dado ao produto. Assim, nesta perspectiva, desenvolver este valor é o mesmo que fomentar os relacionamentos entre a marca e seus clientes, bem como seus agentes de influência. O projeto de uma marca estará sempre fundamentado no valor que a mesma pode dar para a empresa que a construir.

Valor da Qualidade: Valor associado ao preço do produto. Para muitas pessoas o conceito de produto de qualidade está associado a um valor mais caro. Ainda ouvimos a expressão: "Se você quer qualidade, tem de pagar por ela". Mas, hoje, isso nem sempre é verdadeiro, pois existem produtos de qualidade a preços bastante competitivos.

Valor da Transação: Valor contratado e sua forma de pagamento. Tais pagamentos estão amarrados a determinadas etapas (eventos) a serem cumpridas. Os valores são expressos em percentuais do valor total, sendo embutida uma fórmula de reajuste para pagamentos futuros, em função de um índice de inflação acordado.

Valor de Compra: Soma do preço pago, gasto com tempo e gasto de energia física e psíquica.

Valor de Face: Valor nominal; Valor ao par; Valor do título no vencimento.

Valor de Mercado: Valor dado em função do equilíbrio entre a oferta e a procura de um bem.

Valor de Troca: Valor que está em função da necessidade. A utilidade da água é diminuída pela sua relativa abundância, mas no deserto a água tem mais valor do que um diamante. O valor de troca é dado pelo mercado.

Valor de Uso: Valor dado pela constante utilização do produto. O valor de uso está associado à utilidade que um bem tem para o consumidor.

Valor de Venda: Valor que considera o custo acrescido de uma margem de lucro, para constituir o preço de venda do produto.

Valor do Conhecimento: Ver conhecimento.

Valor do Estoque: Ver controle de estoque.

Valor do Produto: Valor dado pela fórmula: Valor do Produto = Preço de Mercado + Valores Agregados - (Preço Pago + Gastos de Aquisição)

Onde: Preço de Mercado = Preço máximo que o mercado pode pagar; Valores Agregados = Valores adquiridos com a compra do produto, tais como imagem, benefícios, status (estes valores estão em função do consumidor e são, em geral, subjetivos); Gastos de Aquisição = Gastos de Tempo + Gastos de Energia Física e Psíquica

Análise: Há uma preocupação da empresa em saber que valor o consumidor dá a um determinado produto, seu e de outros concorrentes.

Valor do Produto Entregue ao Consumidor: Valor do produto menos o valor da aquisição (compra).

Valor do Projeto: Valor dado pelo resultado do projeto.

Valor Econômico: Valor formado pelo estímulo a pagar por um produto de alto valor agregado.

Valor Empresarial do Produto: Valor que a empresa dá ao produto sob os enfoques: econômico, financeiro, operacional e comercial.

Valor Estimado: Valor esperado; Valor que é média aritmética de uma série de valores, medidos anteriormente. Assim, sempre teremos de ter um estudo entre o valor estimado e o valor real.

Valor Futuro: Valor esperado acrescido de juros compostos; Ver montante.

Valor Intrínseco: Valor percebido por um investidor, em função dos cenários disponíveis para análise.

Valor Justo: Valor que pode ser entendido como o valor líquido da negociação, obtido numa situação normal de oferta e procura.

Valor Líquido: Valor resultante da diferença entre o valor bruto e o desconto.

Valor Patrimonial: Ver patrimônio.

Valor Patrimonial da Ação: Valor dado pela fórmula: Valor Patrimonial da Ação = Patrimônio Líquido / Quantidade de Ações

Onde: Ação = Parcela em que se divide o capital de uma sociedade anônima.

Exemplo: Patrimônio Líquido = 5.000,00; Quantidade de Ações = 50.000; Valor Patrimonial da Ação = 5.000 / 50.000 = 0,10

Análise: Indicador muito apreciado no mercado de ações, porque, às vezes, a ação está cotada muito abaixo do seu valor patrimonial, sendo motivo de compra, e vice-versa.

Valor Patrimonial da Marca: Ver índice de marca.

Valor Patrimonial Líquido: Ver patrimônio líquido.

Valor Percebido do Produto: Valor artificial feito por "apelos" para que o consumidor veja o produto de forma aumentada.

Valor Presente: Valor do ativo na data presente.

Valor Quantitativo: Valor que pode ser medido por uma unidade de quantidade.

Valor Qualitativo: Ver qualidade.

Valor Realizado: Valor da transação ocorrida entre o vendedor e o comprador.

Valor Residual: Valor resultante pós-depreciação.

Valorização: Ação de aquisição de valor.

Vantagem Competitiva: Vantagem que uma empresa tem em relação às demais, sobre um dado produto ou mercado; Ver competitividade.

Varejista: Distribuidor que vende produtos ao consumidor final.

Varejista de Internet: Varejista pode oferecer produtos a consumidores diretamente por meio de suas páginas na internet por um custo de entrega, significativamente, mais baixo do que a maior parte dos consumidores encontra em seus pontos de varejo real (loja).

Varejista Eletrônico: Ver comércio eletrônico.

Varejo: Espaço (real ou virtual) onde o consumidor compra um determinado produto. É no varejo que são executadas todas as atividades ligadas à venda ao consumidor final.

Varejo de Atacado: Varejo de limitados produtos. Opera com grandes volumes, possui despesas muito baixas, por estar em armazéns e oferece poucos produtos. Seu estoque está na própria loja, não possuindo depósito. Não faz entrega. Dá desconto para pagamentos em dinheiro.

Varejo de Autosseleção: Varejo de autosserviço, porém orientado por atendentes especializados. Quando compra, se baseia nos relatórios dos atendentes.

Varejo de Autosserviço: Varejo usado em muitas operações, especialmente, para oferecer bens de conveniência. É o varejo onde se encontra os menores preços, porque utiliza o próprio consumidor para localizar, escolher, comparar e comprar seus produtos. Pesquisas revelam que 80% dos consumidores decidem pelo produto e pela marca no momento da compra e, portanto, pela importância do merchandising no ponto de venda.

Varejo de Liquidação: Varejo que vende por preços abaixo do atacado e transfere parte da vantagem aos consumidores. Varejo que trabalha com sortimento variável de produtos, frequentemente, pontas de estoque, números e modelos esparsos obtidos a preços reduzidos de fornecedores.

Varejo de Loja: Ver loja.

Varejo de Serviço: Varejo para consumidores que gostam de ser bem atendidos. É um varejo de custo elevado, porque tem um giro baixo, possuem uma filosofia de bem atender mesmo com prejuízos ocasionais, entregam as mercadorias sem cobrar frete, facilitam o consumidor com crédito fácil, possuem instalações com banheiros e lanchonetes para poucos itens comercializados.

Varejo Ecológico: Varejo que se preocupa com a poluição ambiental, fazendo todo o possível para mostrar esta preocupação, como também demonstrar com ações que previnam a contaminação, a degradação e a sujeira do lugar em que está estabelecido. O varejista deve manter seu negócio sempre limpo, higienizado e agradável.

Varejo sem Loja: Varejo que atende a consumidores específicos. Por exemplo, uma pessoa que deseja uma câmera de vídeo pesquisa na Internet, faz o pedido, paga com cartão e recebe pelos correios ou vai a uma loja (depósito) para retirar o mesmo. Os compradores gostam da possibilidade de visitar a loja a qualquer hora do dia.

Varejo Virtual: Varejo que exige das empresas novidades constantes, como forma de atrair consumidores.

Variação: Diferença entre o resultado real e o esperado.

Variação de Custo: Diferença entre o custo padrão (laboratório) e o custo efetivo (linha de fabricação).

Variação Desfavorável: Variação que tem o efeito de reduzir o lucro operacional.

Variação Favorável: Variação que tem o efeito de aumentar o lucro operacional.

Variação Patrimonial: Variação dada pela fórmula: A - P = C + (R - D)

Onde: A = Ativo; P = Passivo Circulante; C = Capital Próprio; R = Receitas; D = Despesas; R - D = Rédito; |R - D| = Valor absoluto do rédito; Valor Absoluto = Valor que apresenta sempre um resultado positivo.

Ativo = Conjunto de bens, direitos e valores a receber.

Passivo Circulante = Somatório de títulos a pagar, duplicatas a pagar, contas a pagar, fornecedores a pagar, comissões a pagar, despesas gerais a pagar, hipotecas, penhor mercantil, salários administrativos, impostos a pagar, participações de empresas e dividendos a pagar.

Capital Próprio = Patrimônio Líquido (capital + reservas)

Exemplo: Capital Próprio = 1.000,00; Receitas = 500,00; Despesas = 2.000,00

Então: A - P = 1.000 + (500 - 2.000) = 1.000 - 1.500 = - 500

Análise: Como a empresa apresentou prejuízo (-500,00) e o valor absoluto do rédito (1.500,00) é maior do que o capital próprio (1.000,00), ela se encontra em estado falimentar. Assim, podemos ter os seguintes resultados para a equação patrimonial:

Se o rédito é positivo, então a empresa teve lucro.

Se o rédito for nulo, então a empresa não teve lucro nem prejuízo.

Se o rédito for negativo, então a empresa teve prejuízo.

Se o rédito for negativo e tiver um valor absoluto maior que o capital próprio, então a empresa teve prejuízo e seu passivo está a descoberto, isto é, a organização não tem condições próprias para continuar.

Variância: Desvio padrão ao quadrado.

Variável: Qualquer quantidade, qualidade, classificação, medida, característica ou atributo que pode possuir diferentes valores numéricos. O aspecto que mais salta aos olhos no equacionamento de um problema são as variáveis que assumem diferentes valores, às vezes, mutuamente excludentes para ajudar a testar a(s) hipótese(s). Portanto, uma variável pode ser considerada, também, como: valor, aspecto, propriedade, fator, objeto, traço, magnitude.

Variável Antecedente: Variável que tem por finalidade explicar a relação entre x e y. Coloca-se na cadeia causal antes da variável dependente, indicando uma influência eficaz e verdadeira. Não afasta a relação entre x e y, mas esclarece e fundamenta essa relação.

Variável Causal: Variável que molda, altera ou modifica um ponto de vista, em função da estrutura, estratégia, filosofia, missão, objetivo, estilo, função.

Variável Componente: Variável que reforça a relação entre as variáveis.

Variável Comportamental: Ver comportamento.

Variável Contínua: Variável que pode assumir um conjunto ordenado de valores dentro de determinados limites. Isso significa que os valores de uma variável contínua pelo menos refletem uma ordem hierárquica, como: alto, médio, baixo, primeiro, segundo, terceiro. As variáveis contínuas permitem informações ordenadas, porque os atributos se acham correlacionados por meio de uma divisão progressiva de graus.

Variável de Distorção: Variável que ajuda a determinar a interpretação correta, por meio da contraposição.

Variável de Planejamento: Variável que ajuda a montar um plano empresarial. Variável, tal como: ambiente, mercado, produto, recurso, produção, orçamento, consumidor, custo, orçamento, atitude, motivação, percepção, lucro, cooperação, interação, conflito, integração, personalidade, autoridade, liderança, poder, valor, padrão, política, processo, restrição, oportunidade, patrimônio, investimento, interesse, rentabilidade, retorno.

Variável de Supressão: Variável que cancela, reduz ou esconde uma relação verdadeira entre duas variáveis, fazendo surgir o perigo de interpretações enganosas.

Variável Dependente: Variável que aparece, desaparece ou varia à medida que o investigador introduz, tira ou modifica a variável independente. Ela é efeito, resultado, consequência ou resposta a algo que foi manipulado na variável independente. A definição operacional da variável procura dimensionar os mecanismos a serem usados para verificar a conexão existente entre a variável independente e dependente. Assim, por exemplo, em uma pesquisa, a variável independente (x) é a antecedente e a variável dependente (y) é a consequente. A equação é: $y = a + bx$

Variável Descontínua: Variável que não obedece a uma ordem sequencial. Pode ter referência infinita, pelo fato de não necessitar de limites de interseção e pode tomar valor inteiro.

Variável Dicotômica: Variável que diverge pela afirmação (sim) ou negação (não) de uma das posições, pertencentes a uma série, porque ela faz parte de um único atributo. Por exemplo: singular ou plural; macho ou fêmea; rural ou urbano.

Variável Empresarial: Variável relativa à vida empresarial. Variável, tal como: custo, qualidade do produto (bem, serviço), produtividade, velocidade de resposta, previsão, projeção, estrutura, função administrativa, qualidade do recurso, função organizacional, comportamento, objetivo, estratégia, política, risco, tática.

Variável Extrínseca: Variável que enfraquece a relação entre as variáveis.

Variável Independente: Variável que influencia, determina ou afeta uma outra variável, sendo condição para determinado resultado. Variável, geralmente, manipulada pelo investigador, na sua tentativa de assegurar uma relação da variável com o fenômeno observado ou a ser descoberto, para ver que influência exerce sobre um possível resultado.

Variável Interveniente: Variável que, numa sequência causal, se coloca entre a variável independente x e a dependente y, tendo como função ampliar, diminuir ou anular a influência de x sobre y.

Variável Lugar: Variável que representa a acessibilidade e disponibilidade de um determinado objeto (produto). Assim, produtos de luxo em lojas de aparência ruim não terão sucesso, e vice-versa.

Variável Moderada: Variável que tem moderada importância na solução de um problema complexo, devido a vários fatores interrelacionados. Uma vez afastada a possibilidade de as relações serem simétricas ou recíprocas, a variável moderada apresenta-se relevante para saber até que ponto os diferentes fatores têm importância na relação entre as variáveis independente e dependente.

Variável Propriedade: Variável que traduz a posse do objeto (produto) para negociar. É importante lembrar que não basta querer comprar, é preciso que se possa comprar. Assim, a política de preço (desconto, financiamento, crédito) precisa ser congruente com a disponibilidade de compra do consumidor.

Variável Qualitativa: Variável caracterizada pelos seus atributos e aspectos não somente mensuráveis, mas também definidos descritivamente. Uma variável qualitativa é fundamentada num sistema de valores. A qualidade, como se manifesta, pode simplesmente ser definida como uma extensão ao longo da escala e em termos da qual um atributo da variável pode ser apreciado.

Variável Quantitativa: Variável determinada pela relação numérica dos dados. Porém, a atribuição numérica não deve ser ao acaso, porque a variação de uma propriedade não é quantificada cientificamente. A precisão é de suma importância na quantificação e os procedimentos mais usados são: contagem e mensuração.

Variável Resultante: Variável que avalia um desempenho quanto a: atuação (eficiência, eficácia e efetividade); produtividade, lucro, custo, rentabilidade, resultado, progresso. A equação y = f (x, m) = y é função das variáveis x e m Onde: x = variável independente; y = variável dependente; m = variável moderada.

Exemplo: x = trabalho temporário; y = valorização do trabalho pela empresa tomadora de mão de obra; m = sexo, idade, instrução, formação escolar, experiência.

Variável Tempo: Ver tempo.

Variedade: Número de transições que um sistema efetua para cada transformação e sua medida dá a quantidade de informação necessária para operar o sistema (quanto de energia necessária).

Vazamento da Informação: Ação de fornecer uma informação útil, antes dela ser oficialmente tornada pública.

Veículo: Equipamento sobre rodas que serve para movimentar pessoas e cargas.

Velocidade: Razão entre a quantidade produzida e o tempo gasto; Inverso do tempo de processamento de algo.

Venda: Processo pessoal ou impessoal de assistir e/ou persuadir um comprador potencial a adquirir um bem ou serviço, ou reagir favoravelmente a uma ideia que tenha significado comercial para o vendedor; Ação que precede a transferência de propriedade ou utilização de um bem ou serviço.

Venda a Descoberto: Ver transação a termo; Venda feita por alguém que será proprietário em um tempo mediato da coisa negociada.

Venda a Prestação: Venda em que o pagamento é feito em parcelas mensais, com prazo determinado.

Venda a Varejo: Ver varejo; Ver loja de varejo.

Venda Adicional: Acréscimo de venda, feito sobre o pedido expresso pelo cliente comprador. Em outras palavras, é a contribuição do vendedor na venda.

Venda Adicional Imediata: Venda planejada para o processo da venda adicional, tendo em vista o potencial financeiro do cliente comprador.

Venda Adicional Mediata: Venda que se constitui, propriamente, em uma venda de ideias, isto é, deve-se plantar na cabeça do consumidor o desejo de ter um bem que ainda não está em linha de venda.

Venda Colaboração: Venda que procura eliminar a pressão pela procura de soluções que recompensem o comprador e o vendedor. É um trabalho com abordagem de longo prazo, com resultados mais consistentes que a venda tradicional. A venda colaboração propõe um comportamento profissional no tratamento de todas as tarefas de vendas, principalmente, para construir uma relação de confiança.

Venda Consultiva: Venda em que o vendedor atua como um profissional que procura melhorar a lucratividade de seu cliente, bem como a otimização dos recursos e processos.

Venda Criativa: Venda que compreende a utilização de técnicas de criatividade para produzir ideias inéditas e úteis sobre produtos e abordagens. Seu objetivo é gerar novas e fortes impressões sobre os compradores, levando-os a considerar as mensagens de vendas de maneira não tradicional para fechamento de uma negociação.

Venda Cruzada: Venda que embute alguma vantagem para os negociantes. Geralmente, os benefícios de tal transação são informações trocadas.

Venda de Época: Venda realizada em períodos festivos, como: carnaval, natal, fim de ano, páscoa, copa de futebol, dia das mães, dia dos pais, dia dos namorados, dia das crianças.

Venda de Introdução: Venda cuja finalidade é a de mudar ou criar hábitos de compra no consumidor.

Venda de Promoção: Venda que visa estimular a compra pelo consumidor final e a eficiência do intermediário, através de cartazes, exposições, feiras, demonstrações, amostras e vários outros esforços não habituais ou rotineiros de vendas.

Venda de Reposição: Venda baseada numa programação acordada com o comprador, que estará, em função da situação econômica, fluxo de caixa e alternativas de produto para, além dos preços, condições de pagamento e esforço de venda da empresa com propaganda.

Venda de Rotina: Venda feita ao comprador que já tem ideia formada a respeito do produto que deseja adquirir.

Venda de Sistema: Venda conhecida como venda de pacote, é uma estratégia chave de marketing industrial em propostas para construção de projetos de grande porte, como: represas, siderúrgicas, reatores nucleares, centrais telefônicas, sistemas de comunicação, sistemas de irrigação, sistemas de esgotamento sanitário.

Venda de Substituição: Venda em que a mercadoria pedida é substituída por outra. As razões que podem motivar esta troca são: a objeção do cliente é tão forte que o vendedor sente que não pode defender o produto mostrado; o vendedor sente que se mostrar mercadoria diferente da pedida tem mais probabilidade de vender mais e melhor; quando não há a mercadoria pedida.

Venda de Tirar Pedido: Venda em que o vendedor não passa de mero tirador de pedidos, pois seu produto é de consumo obrigatório e sua marca já está consagrada. Hoje, muitos pedidos são feitos por meios eletrônicos.

Venda de Utilidade: Venda em que o vendedor mostra a utilidade para o comprador daquilo que está negociando. O conceito de utilidade é muito utilizado na indústria, que compra, por exemplo: máquinas, ferramentas, materiais e equipamentos, como utilidades, para melhor processar seus produtos.

Venda de Velocidade: Venda com características mais agressivas, importando com isso um maior número de visitas do vendedor, em um curto período de tempo, para efeito de reposição rápida de estoque.

Venda Direta: Venda realizada de pessoa a pessoa, individualmente ou não, sendo considerada muito mais como um canal de distribuição do que uma realização de venda. Sua vantagem para a empresa é que não existe vínculo empregatício entre as partes. A venda direta começou há séculos com mascates itinerantes e se confunde com a própria origem do comércio. Neste caso os vendedores entram em contato direto com os compradores, por todos os meios disponíveis. Na venda direta, a pressão da indústria sobre o mercado é maior.

Venda Domiciliar: Venda feita no próprio domicílio do consumidor. É a venda porta a porta.

Venda Eletrônica: Venda feita por um terminal eletrônico de vendas. As conexões eletrônicas entre produtores, fornecedores, varejistas e consumidores se multiplicam a cada dia. Os clientes vão às compras através de um canal de televisão ou de um cabo telefônico conectado a um computador, podendo obter mais informações sobre os produtos. Todos os que participam do mercado via Internet devem pensar em como podem ser afetados por esse sistema de compra e venda.

Venda em Equipe: Venda que conta com um grupo de profissionais compromissados com um trabalho coletivo de atendimento ao cliente. Essa equipe é formada, geralmente, por: gerente do projeto, vendedores, coordenadores de setor, representantes do comprador, bem como outros profissionais interessados na negociação. Os participantes desta equipe, geralmente, multidisciplinar, precisam ter habilidades técnicas, humanas e gerenciais. A venda por contrato, geralmente, é uma venda em equipe.

Venda Faturada: Venda em que os valores dos produtos são faturados desde o momento que saem do distribuidor (fornecedor).

Venda Imediata: Venda que tem por objetivo o aumento de venda no ato presente.

Venda Impessoal: Venda que é realizada sem a interferência do vendedor e conseguida pela propaganda.

Venda Indireta: Venda que é realizada sem a interferência direta do vendedor. Um exemplo é venda executada na prateleira de um supermercado.

Venda Lenta: Venda que exige mais de uma visita (contato) para ser concretizada.

Venda Líquida: Venda cujo valor é igual à venda bruta (notas fiscais de venda) menos as deduções de: impostos, descontos, devoluções, taxas e encargos.

Venda Mediata: Venda que objetiva um aumento futuro do faturamento, através de um bom trabalho no presente.

Venda Missionária: Venda que trabalhará novos produtos a serem apresentados no futuro, isto é, posicionará na cabeça do comprador expectativa de realização positiva.

Venda Mista: Venda que é uma mistura de venda pessoal e impessoal pela qual se visa destacar o produto dentre os concorrentes.

Venda pela Televisão: Venda feita em função da apresentação de um produto, estimulando o consumidor a entrar em contato com o fornecedor. Obviamente que o anúncio só apresenta vantagens e benefícios do produto, com um preço anunciado "por apenas".

Venda pelos Correios: Venda que confia que os compradores façam pedidos por telefone, ou e-mail, a anúncios feitos por meio de folders, prospectos e catálogos. Estas vendas são para uso imediato do produto.

Venda Personalizada: Venda que procura explorar a seguinte regra: Venda para pessoas pelo método que elas mesmas gostariam de comprar. Essa regra desenvolve no vendedor a habilidade de incorporar as características do comprador, pois a tendência humana é comprar de pessoas que sejam semelhantes a nós.

Venda Pessoal: Venda que é um processo interativo, face a face, entre vendedor e comprador com o propósito de esclarecer as dúvidas sobre determinado produto. Ela é ferramenta mais eficaz em termos de custo no desenvolvimento da preferência, convicção e ação do consumidor. Também permite ao vendedor trabalhar um processo de venda específico, para cada comprador, sendo possível tomar conhecimento da personalidade do mesmo e qual a melhor tática de abordagem.

Venda por Catálogo: Venda efetuada a partir de um catálogo ou folheto enviado pelo correio. Esse tipo de varejo costuma ser utilizado por empresas de turismo que oferecem viagens. Revistas e jornais que oferecem assinaturas.

Venda por Consórcio: Venda como crédito direto ao consumidor, que trabalha com taxas de juros de mercado, os consórcios fixam suas mensalidades de acordo com o preço à vista dos produtos. Esse preço poderá ser reajustado mensalmente.

Venda por Contrato: Ver administração de contrato.

Venda por Mala Direta: Ver mala direta.

Venda por Máquina: Venda feita por máquinas que são muito utilizadas em locais de grande fluxo de pessoas, para venda de produtos como refrigerantes, sanduíches, salgados, chocolates. A compra é feita automaticamente, com a inserção de moeda ou ficha. Estas máquinas são encontradas em todos os lugares, cuja vantagem é oferecer produtos de conveniência durante 24 horas, sem manipulação de terceiros.

Venda por Produto: Ver controle do produto.

Venda por Reunião: Venda também conhecida como reunião de venda, é aquela em que um vendedor se dirige à casa de uma anfitriã que convida vizinhas e amigas para um lanche, em que serão demonstrados os benefícios, as características e vantagens dos produtos ofertados. É interessante observar que quanto mais pessoas estiverem reunidas, tanto mais tempo será necessário para uma atuação conjunta, e tanto menos tempo se terá disponível para trabalhar, realizar funções e obter resultados.

Venda por Telefone: Venda que é compensadora para a empresa, mas isso não quer dizer que seja fácil. Há uma série de preceitos para conseguir a atenção do consumidor sem irritá-lo, tais como: Objetividade é o mandamento número um desse negócio; Venda por telefone é prestação de serviço, não é "malho"; É preciso ter na ponta da língua os argumentos a favor dos produtos ofertados; Ganhar a simpatia das secretárias de escritórios; Ligar em horas apropriadas para o consumidor; Quem fala ao telefone deve ter voz agradável e modulada; Transmitir entusiasmo pelo que vende.

Venda por Vendedor: Ver relatório de vendas.

Venda Proativa: Venda em que o vendedor procura saber tudo sobre o comprador antes da visita. Quando o profissional de vendas faz isso corretamente, ele sempre chega primeiro aos melhores compradores, porque as pessoas sabem que ele está disposto a ajudar com alguma coisa nova, tendo um pouco mais de imaginação, coragem ou agressividade.

Venda Prolongada: Venda em que o vendedor já fez tudo o que estava ao seu alcance para fazer o comprador decidir, como: reuniões, propostas, demonstrações, acompanhamentos diversos, visitas, e-mails. Nesta venda é a indecisão do comprador que tem de ser trabalhada.

Venda Reativa: Venda que funciona de maneira contrária à venda proativa, ela é aquela em que o vendedor tem limitações, passando a ser um tirador de pedidos. Pode-se pensar que todas as pessoas gostariam mais de ser proativas do que reativas, mas o mundo não deixa que sejam assim. Às vezes, somos apanhados em situações que nos sufocam, antes mesmo que percebamos.

Venda Recíproca: Venda que se realiza se houver uma reciprocidade, isto é, ambos são vendedores e compradores para o mesmo ato.

Venda Relacionamento: Venda que consiste no desenvolvimento de atividades pelo vendedor com seu cliente para alcançar objetivos comuns, mutuamente benéficos e de longo prazo.

Venda Repetitiva: Venda que ajuda a medir a taxa de compra do cliente.

Venda SPIN: Venda baseada em: Situação, Problema, Implicação e Necessidade. Modelo SPIN procura descrever como deve ser o processo e não ser tratado como fórmula mágica.

Venda Tradicional: Venda que se caracteriza pelas ações em que o vendedor procura realizar a transação com mensagens sobre o produto e suas características, tentando impor ao comprador as vantagens que ele irá obter. Essa venda não se baseia no fator confiança e tampouco na satisfação das necessidades e desejos do comprador, e, ainda, contém um alto índice de pressão para o fechamento da venda.

Venda Um a UM: Venda que precisa de um contato direto do vendedor com o comprador (consumidor, usuário, paciente).

Vendedor: Representa uma unidade da mão de obra de vendas; Pessoa mais importante do processo de venda e que tem características natas, ou adquiridas, que o ajudam na abordagem de compradores potenciais. Ele deve ter comportamento adequado e utilizar técnicas de como abordar consumidores. Sua responsabilidade maior acontece no final do processo de venda, quando persuade o comprador a adquirir o produto. O trabalho do vendedor se fundamenta em atuar nas interfaces do processo de venda, localizar consumidores prospectivos e convertê-los em compradores cativos, dar prosseguimento à transação para garantir que a satisfação proporcionada foi completa.

Vendedor Arguto: Vendedor que procura fazer amizade por meio de atos sinceros e sutis. Dar indicações de novos negócios para os clientes, trazer novas ideias para lucro, ajudar a obter pessoal capaz, mostrar interesse pelo negócio do comprador. Todos estes movimentos podem trazer bons dividendos.

Vendedor Contratado: Vendedor que trabalha para a empresa em tempo integral ou parcial. Atende o comprador por telefone, e-mail ou pessoalmente.

Vendedor de Loja: Atendente de loja.

Vendedor Eficaz: Vendedor que bate a sua meta de vendas.

Vendedor Eficiente: Vendedor que consegue muito com pouco.

Vendedor Externo: Vendedor que trabalha no campo, recebendo salários, incentivos e recompensas.

Vendedor Independente: Vendedor autônomo (agente, representante) ou de firma individual, remunerado por comissões.

Vendedor Interno: Vendedor que ajuda o vendedor externo, para que este dedique mais tempo no atendimento da clientela. Sem ele algumas vendas seriam improváveis.

Vender: Atividade que permite a quem vende uma autoavaliação diária do seu trabalho. Também testa a autorrealização, porque o sucesso depende do próprio vendedor. A atividade mercadológica vender se fundamenta no pressuposto de que os consumidores não comprarão os produtos, a menos que sejam estimulados para tal. Quaisquer que sejam as mudanças que ocorram no social, econômico, político e ambiental de um país, as vendas permanecem notavelmente inalteradas em seus objetivos básicos: gerar receitas, criar consumidores cativos e desenvolver novas tecnologias de suporte; Forma de comunicação dirigida, personalizada, persuasiva, interativa e eficaz, realizada por um determinado meio, entre um vendedor e um comprador (consumidor, usuário, paciente), visando eliminar as objeções deste e realizar as expectativas daquele.

Ventilação: Sistema que terá a função de manter a temperatura do ambiente em torno de 26ºC, proporcionando, assim, maior conforto térmico, bem como a renovação do ar. Esta renovação fará com que o ambiente seja mais arejado, eliminando gases, fumaças, gorduras e vapores.

Vestiário: Local onde há armários para que os funcionários guardar seus pertences.

Vetor: Resultante de um conjunto de forças para um determinado objetivo.

Viabilidade do Produto: Estudo que examina a viabilidade comercial e econômica do produto. Este estudo pode ser realizado durante as diversas fases de desenvolvimento do produto. Quando um novo produto fracassa deve-se buscar os motivos (ou justificativas) da sua não viabilização comercial.

Viabilidade do Projeto: Viabilidade que ocorre quando: o projeto foi concebido, desenvolvido, realizado e concluído no prazo e no orçamento previstos; o projeto atendeu as especificações técnicas e qualidades previstas; o consumidor/usuário ficou satisfeito com o produto resultante; a equipe trabalhou com um alto grau de sinergia e contentamento; o produto gerado pelo projeto aumentou a rentabilidade da empresa; o projeto captou mais oportunidades de negócios.

Vida de Consumo: Ver depreciação.

Vida de Receita: Ver ciclo de vida produtor de receita.

Vida do Lote: Período de tempo em que o lote está sendo fabricado, que vai da ordem de produção até o produto acabado.

Vida do Produto: Ver ciclo de vida do produto.

Vida Útil: Período de tempo em que produto tem utilidade.

Vida Útil da Máquina: Ver lei de Kelvin.

Vigilância Sanitária: Preocupação com a saúde, o bem-estar e a qualidade de vida fez com que as pessoas se preocupassem mais com a qualidade daquilo que comem e que bebem. Daí, o governo brasileiro ter criado a ANVISA (Agência Nacional de Vigilância Sanitária), que tem como responsabilidade promover a proteção da saúde por intermédio do controle sanitário da produção e da comercialização de produtos, bem como os ambientes onde são preparados, seus processos e tecnologias empregadas.

Vírus: Nome dado a uma janela, criada por um hacker, para capturar a digitação de senhas e copiar arquivos; Ver vacina.

Visão: Capacidade que uma pessoa tem em enxergar um cenário mais amplo possível; Visão de longo prazo.

Visão Darwiniana: Visão voltada para a capacidade de adaptação ao ambiente, para sobreviver. A visão darwiniana de sobrevivência é a de que o mais apto prevalecerá sobre os demais.

Visão do Cenário: Visão do empreendedor que sabe ler o cenário, porque aquele dirigente que não observar as mudanças e tendências ambientais perderá tempo, dinheiro e recursos, até conseguir acompanhar o novo contexto. Ter visão do cenário significa não só ver o presente, mas também ter uma dose de previsão do futuro. O administrador precisa saber ler os cenários e buscar alternativas de enquadramento, através de novas estratégias.

Quando uma organização não consegue mais ler os parâmetros de seu cenário é porque ela está em declínio.

Visão do Negócio: Capacidade de dominar e manusear informações relativas à situação e à missão da empresa de forma coerente com o contexto do negócio.

Visão do Tempo: Ver significado do tempo.

Visão Estratégica: Visão que é a própria estratégia. A falta desta visão agrava o resultado da empresa.

Segundo Ansoff, a necessidade de estudar e aplicar a noção de estratégia em administração passou a ser sentida no momento em que se acentuava a velocidade das mudanças sociais, econômicas e políticas que definia o ambiente empresarial.

Visão Estrita: Visão que pressupõe uma empresa já estabelecida no mercado e que esteja compromissada com fornecedores, distribuidores e consumidores, tendo como problema encontrar condições eficazes de localização, estocagem, embarque e sistemas de informação e de comunicação.

Visão Financeira: Visão cuja falta leva o administrador a ter: insuficiência de caixa (falta de liquidez), incapacidade de levantar capital e perda de controle das despesas, dos estoques, das contas a receber e das contas a pagar; Ver política financeira.

Visão Generalista: Visão em que o executivo tem conhecimento interdisciplinar para resolver problemas, tomar decisões, fazer análises e avaliações.

Visão Gerencial: Visão que deve ter o gerente para observar a situação que está vivendo, para identificar a discrepância entre o que ele é e o que deveria ser em termos de gestão; Ver grade gerencial.

Visão Holística: Visão que dá ao administrador o conhecimento do todo circundante. Muitos gerentes não possuem visão holística da empresa e custam compreender o ambíguo, o contraditório, o ilógico e o inesperado, perdendo oportunidades por estarem envolvidos em rotinas.

Visão Inovadora: Ver inovação.

Visão Negocial: Visão que descreve o negócio, qualquer que seja, como um instrumento cujo propósito é criar e manter um cliente. Se não for capaz de criar e manter um cliente, um negócio não pode prosperar ou sobreviver. A falta dessa visão deixa o administrador incapacitado de planejar, de forma coerente todo o negócio.

Visão Pluralista: Visão comportamental em que os indivíduos e grupos possuem interesses e lutam para que os efeitos das decisões internas lhes sejam favoráveis. Parte-se da premissa de diversidade e diferenciação de interesses dos diversos atores da organização, embora se acredite que a maioria das decisões seja fruto do senso comum e do interesse coletivo.

Visão Sistêmica: Visão que é dada àquele que encara a empresa como um sistema, que tem subsistemas de sustentação e preservação dos negócios (recursos, estratégias, funções, métodos, programas, planos, projetos, políticas, mudanças, regras, avaliações). A falta de uma visão sistêmica não permite que o administrador faça um bom trabalho de coordenação, que precisa de todas as informações das partes envolvidas, quer seja de um projeto, de um grupo ou de uma empresa. Para ter uma visão sistêmica da organização, o administrador terá de ser suprido com informações relevantes, através de sistemas inteligentes de informação e de comunicação.

Visão Tradicional: Visão em que a empresa fabrica para depois vender. Hoje, a prática determina que você, primeiro, venda e, depois, fabrique, isto é, trabalha com uma carteira de pedidos.

Visibilidade: Qualidade de ser visível e identificável. A visibilidade é um requisito dos mais importantes. Assim, a visibilidade da empresa estará em função de como ela lida com o ambiente. Se seus produtos são de má qualidade, logo sua imagem será abalada. Também se ela demitir muitos empregados, logo será notada pela imprensa, pelos sindicatos e pelos governos; Ver imagem da empresa.

Visita de Venda: Nome dado à ida de um vendedor a uma empresa para vender seus produtos. Um dos vetores da qualidade da força de vendas é o número de visitas. A situação ideal é a de ter tantos vendedores quanto clientes que se queira atingir. A qualidade da força de vendas, embora imprescindível, não basta. Os territórios, demasiadamente, grandes acabam abrindo flancos para a concorrência, enquanto os demasiadamente pequenos deixam o vendedor com muito tempo ocioso. A maioria das empresas atribui zonas específicas a seus vendedores, estejam eles mais especializados em produto (consumidor). As zonas são agregadas em grupos, recebendo o nome de distritos, que reunidos formam uma região.

Visual da Empresa: Ver imagem da empresa.

Vitrine: Merchandising visual; Venda sem palavras, com uma exposição objetiva que desperta o interesse dos passantes na rua (avenida, travessa, alameda, corredor). Também é possível se pensar numa vitrine virtual que cubra a propaganda em papel e que promova vendas pela web. Pesquisas indicaram que aproximadamente 75% das vendas são motivadas por produtos expostos na vitrine, daí a importância da mesma, que simplificando a fachada valoriza os produtos. Onde se pratica a arte de vender e persuadir consumidores, uma de suas ferramentas preferidas é a vitrine.

Vitrine Eletrônica: Ver página na internet.

Vocabulário de Padrões: Ver terminologia.

Volatividade: Grau de variação dos resultados de uma série histórica em relação à média dessa própria série.

Volume de Produção: Ver lote econômico; Ver controle de produção.

Volume de Vendas: Ver controle de vendas.

W e Z

Warrant: Instrumento de crédito, que garante, por exemplo, se obter empréstimos por meio de seu desconto: Ver caução; Ver conhecimento de depósito.

Windows: Ambiente operacional Microsoft baseado em gráficos e capaz de coexistir com o DOS. Nele, diferentes aplicativos são mantidos ativos por meio de janelas que podem ser modificadas e recolocadas na tela. Os usuários podem entrar e sair de tais janelas, convertidas em ícones quando não mais necessárias.

WWW: Rede de comunicação mundial ampliada. Em 1989, Tim Berners-Lee cria na Suíça o protocolo de programa que dá à luz a WWW (Word Wide Web) ao permitir que textos e figuras sejam transferidos e captados por qualquer computador. Numa atitude rara, Tim torna a sua criação um domínio público; Ver internet.

Zero Defeito: Ver programa zero defeito.

Zona Franca de Comércio: Área que está em território nacional, mas é considerada como internacional. Os produtos negociados (importação e exportação) nestas zonas são isentos de alguns impostos; Mercado livre.

Zoneamento: Divisão de uma região em distritos com características próprias. Ao projetar um sistema de zoneamento de vendas, por exemplo, a empresa procura alcançar as seguintes características: facilidade de administração; potenciais de vendas são mais fáceis de estimar; carga de trabalho distribuída de forma justa e equilibrada. A lógica da criação de zonas é a de oferecer a cada vendedor as mesmas oportunidades de renda e de fornecer à empresa os meios de avaliar o desempenho da força de vendas.

Impressão e acabamento
Gráfica da Editora Ciência Moderna Ltda.
Tel: (21) 2201 - 6662